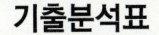  

기출분석표
국어, 영어, 음악, 사회, 도덕, 바생, 실과

합격생 4인이 풀어쓴

2024 교원임용 시험대비

2015 개정 교육과정 적용

··· **백**문이 불여일견 **설**명이 친절한 **기**출 ···

초등임용 기출문제집

··· 김지은 · 김희진 · 나혜진 · 남누리 ···

편저

초등임용 기출문제집 A 국어, 영어, 음악, 사회, 도덕, 바생, 실과

백문이 불여일견 설명이 친절한 기출

초판 1쇄 발행 2021년 07월 05일
2쇄 발행 2022년 07월 08일
3쇄 발행 2023년 07월 10일

편 저 김지은 · 김희진 · 나혜진 · 남누리
발행인 이향준
발행처 (주)법률저널
등록일자 2008년 9월 26일
등록번호 제 15-605호
주소 151-862 서울 관악구 복은4길 50 (서림동 120-32)
대표전화 02)874-1144   팩스 02) 876-4312
홈페이지 www.lec.co.kr
ISBN 978-89-6336-821-4

정가 25,000원

이 책의 구성

3) 정답
글을 요약할 때에는 중심 내용을 찾아 중요하지 않은 부분은 삭제하고, 중요한 문장을 중심으로 요약해야 한다.

해설
(나)의 [B]는 도식에 '갯벌의 이로움'을 정리해보는 학생의 활동입니다. 〈활동 결과〉에서 알 수 있듯 위 학생은 각 문단의 중심 내용을 파악하고 있지 않습니다. 결국, 이 도식화를 하는 이유는 글을 요약하기 위해서이기 때문인데, 도식에서 사용된 문장만으로 글의 내용이 이해되어야 하는데 그렇지 않기 때문입니다. 그러므로 이 학생에게는 중심 내용을 파악하는 법, 그리고 그를 바탕으로 중요하지 않은 내용은 삭제하고 중요한 부분을 중점으로 요약하도록 지도해야 합니다.

한 줄 조언
이 문제를 문제집에서 보면 '어렵지 않네!'라고 생각할 수 있지만, 이 문제가 시험장에서 여러분이 처음으로 맞닥뜨리는 문제라는 것을 잊으면 안 됩니다. 긴장감이 최고조일 때 푸는 문제가 될 테니 답의 근거를 반드시 찾아가며 침착하게 풀 수 있는 연습을 하면 도움이 될 거예요. 이 문제는 각론 내용과 수능형 문제가 균형을 잘 이룬 문제입니다. 또 어휘 학습 방법, 글의 구조, 글을 요약하는 방법을 하나의 문제로 엮은 방식이 매끄러워서 개인적으로 예상 문제를 만드실 때 이런 방식으로 엮으시는 연습을 하시는 걸 추천해드려요! 특히 순서 구조에서 자주 쓰이는 접속사를 이용하면서 나열 구조가 답이 되는 문제를 만든 것처럼, 헷갈릴 수 있는 요소들을 찾으면서 공부하시면 출제 의도가 보이기 시작할 거예요.

2018-01 초등 유사
다음은 말하기 수업에서 활용할 수업 자료이다. 물음에 답하시오. [4점]

학습 목표: 상대방을 배려하며 조언할 수 있다.

정인이의 고민
동욱: ㉠정인아, 무슨 걱정이 있니?
정인: (다소 힘들은 듯한 목소리로) 아니, 아무 일도 없는데.
동욱: (ⓒ빈정거리는 말투로) 에이, 얼굴 표정을 보니 고민거리가 있는 것 같은데?
정인: (약간 성가신 듯이) 고민은 무슨 고민? 아무 일 없다니까.

◯ **Point 01 친절한 해설**

기출 분석의 목표는 답을 도출하는 사고 과정을 이해하는 것입니다. 그러므로 기출 문제집에서 가장 중요한 것은 정답을 찾아가는 과정을 친절히 알려주는 해설입니다. 백설기 기출의 해설에는 최근 임용합격자들의 생생한 문제풀이 과정이 담겨 있어 문제를 해결하는 과정을 이해하는 데 도움이 될 것입니다.

◯ **point 02 한 줄 조언**

임용고시 준비 과정에서 겪는 가장 큰 어려움은 무엇일까요? 대부분의 수험생에게 그 원인은 교육과정 암기도, 매일 같이 해내야하는 공부도 아닌, 수험생 본인의 마음속 불안이 가장 큰 이유일 것입니다. 이 불안감을 조금이나마 달랠 수 있도록 백설기 기출의 해설에는 선배들의 따뜻한 조언이 담긴 한 줄 조언이 있습니다. 공부의 방향을 알려줄 뿐 아니라 수험생 여러분이 불안감에 매몰되지 않도록 도와줄 것입니다.

◯ **point 03 유사문제**

시중의 기출문제집을 풀다보면 교육과정이 개정되었음에도 불구하고 수록된 문제들이 이전 교육과정 기반으로 만들어진 문제여서 풀기 어려울 때가 있습니다. 문제 유형은 유사하나 교육과정이 다르기 때문에 풀지 않고 넘기기엔 찜찜하고 풀고 넘어가기에는 용어나 내용이 달라지는 경우가 있기 때문입니다. 하지만 수험생 본인이 현재 교육과정에 맞추어 문제를 바꾸어 풀기는 번거로운 부분이 많습니다. 그래서 백설기 기출에서는 2015 개정 교육과정을 기반으로 제작한 유사문제를 제공하고 있습니다. 최근 문제 출제 경향과 현재의 교육과정을 반영하여 새롭게 탈바꿈한 문제를 통해 수험생 여러분이 좀 더 꼼꼼히 시험을 대비할 수 있습니다.

서문

"지피지기면 백전백승이다."라는 말이 있지요? 시험이 적군은 아니지만, 시험에서 원하는 결과를 얻기 위해서는 그 시험에 대해 누구보다도 잘 아는 것이 중요합니다. 하지만 4인의 저자 모두 점점 더 출제 경향을 알기 어려워지는 임용 문제와 해마다 줄어드는 임용 선발 인원을 보면서 같은 길을 조금 먼저 간 선배로서 늘 안타까운 마음이 들었습니다. 지금 한창 공부를 하고 계실 여러분은 더욱 답답한 마음이시리라 생각합니다. 왜 외워야만 하는지 도무지 이해가 가지 않는 교육과정과 지도서들을 매일 붙들고 있는 하루하루에 지치기도 하실 테고요. 저자들도 불과 얼마 전까지 여러분과 같은 모습으로 임용을 준비했었기에 지금 느끼실 여러분의 마음이 너무나 이해가 됩니다. 이 책은 그때의 저희 모습으로 공부하고 있을 수험생분들께 작은 도움이 되고 싶다는 네 명의 마음이 모여 시작되었습니다.

이 책을 준비하며 저희 저자 4인이 가장 많이 생각한 것은 '친절한 기출문제집을 만들자!'였습니다. 시중의 기출문제집의 경우 해설이 부족하고 있더라도 단순 지식만 나열된 경우가 많아 정답의 이유를 이해하기 위해 이 책, 저 책을 찾아보거나 계속해서 검색을 해야 할 때가 많았습니다. 또한 오래전 기출 문제까지 실려 있어 지나치게 두껍고 문제는 풀기 어려웠던 문제집도 있었지요. 그래서 이를 해결한 기출문제집을 출간하는 것이 저희의 목표였습니다. 저희 백설기 책은 임용 준비를 지금 막 시작하는 수험생이 보아도 충분히 이해할 수 있게 설명하려고 노력했습니다. 그리고 최근의 기출문제와 함께 교육과정을 달리하는 부분은 최근의 교육과정이나 교과서 내용을 반영한 유사문제를 출제하여 달라진 교육과정을 대비하여 공부할 수 있도록 만들어졌습니다. 정답과 해설 아래에 달린 '한 줄 조언'에는 저자들이 각 과목을 공부하며 얻게 된 작은 팁을 담았으니 공부하시면서 참고해주세요. 이번 2023년 개정판에서는 수험생 여러분께서 더욱 편리하게 공부하실 수 있도록 과목별 '빠른 정답표'를 첨부하였습니다.

이 책에 실린 기출 문제를 푸시면서는 '풀었다'는 것에 의의를 두는 것이 아니라, 늘 답안 작성하는 연습을 하시길 당부 드립니다. 여러분께서 열심히 공부하셔서 아주 많은 내용을 알고 계신다고 하더라도 이를 답안으로 풀어내는 것은 또 다른 문제입니다. "구슬이 서 말이라도 꿰어야 보배라."는 말 아시죠? 여러분이 공부하신 내용을 정확한 키워드로 간결하게 답안을 쓰는 연습을 해보시기 바랍니다. 키워드가 명확히 보이지 않는 장황한 답변은 좋지 못한 인상을 줄 수 뿐더러 제대로 채점되지 않을 수 있습니다. 물론 답을 확실히 모르는 상황에 놓인다면 '하나만 걸려라!'라는 마음으로 긴 답안을 적게 되기도 하죠. 하지만 이를 계속해서 반복하다보면 정확한 답을 적는 것과는 거리가 멀어지게 됩니다. 따라서 기출 문제집을 풀기 시작하셨을 때부터 키워드가 무엇일지 생각해보고 명확한 답안을 적는 연습을 하시길 추천합니다.

전공 특성상 주변에 많은 사람들이 같은 목표 지점을 향해 달리고 있다 보니 수험 생활을 하면서 자신을 지나치게 원망하기도 하고, 나만 뒤쳐져 있지는 않나 불안해하기도 하고, 때로는 외로워지기도 합니다. 끝이 안 보이는 것 같은 공부에 지치시겠지만 돌이켜 생각해보니 임용 공부에 있어 꾸준히 자리를 지키는 것만큼 중요한 건 없는 것 같습니다. 권태로운 공부이겠지만 그 시간을 올해로 꼭 끝낸다는 마음으로 버텨내시길 응원합니다. 그리고 저희가 준비한 이 기출 문제집이 여러분들께서 원하는 목적지로 갈 수 있도록 돕는 좋은 안내서가 될 수 있다면 참 좋겠습니다. 여러분은 이미 충분히 훌륭한 선생님들입니다.

이 책과 함께 공부하시는 모든 분들이 올해 스스로 만족할 수 있는 좋은 결과 얻어내시길 기원하고 응원합니다!

저자 4인 일동 (김지은, 김희진, 나혜진, 남누리) 드림

CONTENTS

백문이 불여일견 **설**명이 친절한 **기출** 초등임용 기출문제집

차례

이 책의 구성 • 3
서문 • 4

국 어
기출문제 7
정답과 해설 208

영 어
기출문제 50
정답과 해설 247

음 악
기출문제 92
정답과 해설 261

사 회
기출문제 112
정답과 해설 278

도 덕
기출문제 144
정답과 해설 302

바른 생활
기출문제 164
정답과 해설 313

실 과
기출문제 180
정답과 해설 320

+ tip! 빠른 채점을 원하시는 분은 각 과목 정답과 해설 첫 부분에 있는 '빠른 정답표'를 이용하세요

국 어

국어과 기출의 특성

2015 개정 교육과정 적용으로 일부 문제들은 교육과정에 맞게 변형되었습니다.

국어과는 최근 킬러 문항과 무난한 문항의 조합으로 출제되고 있습니다. 특히 2022 기출에서는 중등 과정에서 배우는 기본적인 국어 개념을 답으로 요구하여 많은 수험생들이 어려움을 느꼈습니다. 심지어 반대신문식 토론 절차는 중등 국어 임용 기출문제와 거의 비슷했습니다. 그렇지 않아도 방대한 초등 임용고시의 범위가 점점 더 넓어지고 있습니다. 고득점을 목표로 하는 수험생은 중학교나 고등학교 내신 문제집을 하나 구매하셔서 각론의 기본 개념을 정리하는 것도 좋습니다. 그렇지 않다면 킬러 문항을 포기하고 교육과정, 기본이론, 각론에만 집중하시면 됩니다. 최근에는 기본이론에 있는 내용들도 각론과 연계가 되어 출제되는 경향이 짙습니다. 교육과정, 기본이론, 각론을 따로 보지 마시고 모두 연계시켜서 공부하시면 출제 가능성이 높은 부분들이 눈에 들어올 것입니다.

국어 기출분석표

*색 표시는 초득 총제입니다.

영역		년도	2013	2014	2015	2016	2017	2018	2019	2020	2021	2022	2023
교육 과정		성격·목표											
		내용 체계				내용체계 범주							
		성취기준											
		교수·학습 방향/평가 방향											
		교과 교육론	어휘 지도 방법	평가 방법 (프로토콜 분석) 과정 중심 읽기 지도 (지도 시 유의점)	과정 중심 언어지도의 특징 과정 중심 읽기 과정 중심 쓰기	평가 방법 (녹화기록법)	과정 중심 읽기	문장의 성분 (목적어)	모음지도 분석적 평가 읽기 교수·학습의 원리 (책임 이양의 원리)	자문 이론	과정중심쓰기 (열린 쓰기)		문장의 성분 작문 이론 평가 이론 (다면 평가)
기본 이론		지도서 총론											
		지도서 부록	교수·학습 모형 (반응 중심 학습 모형)	표준발음지도	한글 맞춤법	교수·학습 모형 (직접 교수 모형) 한글 맞춤법		교수·학습 모형 (반응 중심 학습 모형) 한글 맞춤법 (조사, 의존명사)	절충식 접근 방법				한글 맞춤법
각론		듣기·말하기	인사말의 특성	공감적 대화	도해조직자	반언어적, 비언어적 의사소통	학습 회의	면담				토론	
		읽기				읽기 수준 (비판적 이해) 중심 생각 파악하기	내용 확인하기	글쓴이의 마음 짐작하기 글쓴이의 생각 파악하기	주요 내용 찾기	요약하기 질문의 종류 배경지식 활성화 전략	글의 구조 (나열 구조)	이야기의 구조	
		쓰기			과정 중심 쓰기		편지에 들어가야 할 내용	고쳐쓰기 점검 자작권	논설문 쓰기	문장의 호응 고쳐쓰기	내용 조직하기 (다발 짓기)		
		문법		구개음화, 연음법칙	발음과 표기	관용 표현	합성어와 파생어 상대높임법 (하계체)		불규칙 용언	자음자의 제자원리 자음의 발음	어휘 지도 방법 (의미 자질 분석법)	어휘 지도 방법 (이미 구조도 그리기) 반의어	어휘 지도 방법 (문맥이나 상황 등 맥락을 활용한 지도)
		문학	전기문의 특성 인물 제시 방법		사건과 개연성 옛이야기의 특징						비유법 (원관념, 보조관념)	인물의 특성 (입체적 인물)	시

국어

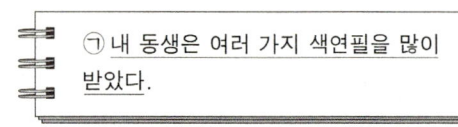

2023-01 초등

(가)는 5학년 국어 수업에서 활용한 읽기 자료이고, (나)는 교사와 학생이 나눈 대화의 일부이다. 물음에 답하시오. [4점]

(가)

> 　최근 멸종 위기에 있는 동물들이 늘어나고 있습니다. 왜냐하면 환경오염과 지구 온난화 등으로 동물들이 먹을 것이 없어지고 살 곳이 줄어들고 있기 때문입니다. 그리고 토종 동물이 다른 나라에서 들어온 동물과 벌이는 생존 경쟁에서 밀려나 사라지는 경우도 있기 때문입니다. 앞으로 전 세계의 많은 동물들이 완전히 사라질 수도 있다고 합니다.
> 　많은 사람들의 사랑을 받는 동물들이 없어지는 것을 막기 위해 우리나라뿐만 아니라 세계 여러 나라에서 많은 노력을 하고 있습니다. 각 나라는 그 수가 점점 줄어드는 동물을 '멸종 위기종'으로 지정해 보호하기도 합니다. [A]

(나)

학생 1 : 선생님, '멸종'이 무슨 뜻이에요?
교　사 : '멸종'이 무슨 뜻인지 짐작해 봅시다. 멸종이라는 낱말 바로 뒤에 나온 문장을 보면, '동물들이 먹을 것이 없어지고 살 곳이 줄어들고 있다'고 했네요. 그다음 문장에서는 어떤 부분을 보아야 할까요?
학생 1 : '사라지는'이요. [A]
학생 2 : '생존 경쟁에서 밀려나 사라지는 경우'요. 그리고 그다음 문장에는 '완전히 사라질 수도 있다'라는 부분도 있어요.
교　사 : 그럼 '멸종'은 무슨 뜻일까요?
학생 1 : 동물이 없어진다는 뜻인 것 같아요.
교　사 : 멸종은 생물의 한 종류가 없어지는 것을 뜻하는 말이에요. 읽기 자료에 있는 다른 낱말의 뜻을 알아볼까요?
학생 2 : 선생님, 중간에 '사랑을 받는'이라는 말이 나오는데 '받다'가 제가 알고 있는 뜻과 다른 것 같아요.
교　사 : '받다'는 여러 가지 뜻을 가지고 있는 낱말이라서 사전에서 뜻을 찾아보는 것도 좋은 방법이에요. 사전에서 '받다'의 여러 가지 뜻을 찾아볼까요?
학생 2 : 네. 사전을 찾아보니 제가 알고 있는 뜻은 '[1]「1」 다른 사람이 주거나 보내오는 물건 따위를 가지다.'인데, '[1]「3」 다른 사람이나 대상이 가하는 행동, 심리적인 작용 따위를 당하거나 입다.'라는 뜻도 있네요. '사랑을 받는'은 세 번째 뜻인 것 같아요.

교　사 : 낱말의 뜻을 잘 찾았네요. 오늘 다룬 낱말을 활용해 문장을 만들어 봅시다.
학생 2 : 저는 '받다'의 [1]「1」 다의 뜻으로 문장을 만들었습니다.

> ㉠ 내 동생은 여러 가지 색연필을 많이 받았다.

학생 1 : 저는 '멸종'으로 문장을 만들었습니다.

> ㉡ 전문가라도 동물의 멸종 시기를 일일히 알아맞추는 것은 쉽지 않다.

1) ① '글에서 답을 찾을 수 있는 질문'을 (가)의 [A]를 활용하여 만들어 쓰고, ② (나)의 [B]에서 교사가 낱말의 의미를 지도하기 위해 사용한 추론하기 방법을 쓰시오. [2점]

・① : _____

・② : _____

2) (나)의 ㉠, ㉡으로 고쳐쓰기를 지도하려고 한다. ① ㉠의 서술어가 요구하는 필수 문장 성분을 모두 쓰고, ② ㉡을 맞춤법에 맞게 고쳐 쓰시오. [2점]

・① : _____

・② : _____

2023-02 초등

다음은 6학년 쓰기 수업을 마친 후 교사가 작성한 성찰 일지이다. 물음에 답하시오. [3점]

> 오늘 수업은 주장하는 글을 쓰는 수업이었다. 학생들이 글을 곧잘 쓰기는 하였으나, 내가 의도한 수업이 잘 진행되었는지에 대해서는 되돌아보게 되었다. 우리 반 학생들은 지역 행정 기관 누리집에 올리기 위해 '더 좋은 우리 동네 만들기'라는 내용으로 글을 썼는데, 자신의 주장을 드러내는 데에만 집중하여 다른 사람들이 글을 읽었을 때에 수용하기 어려운 주장이나 표현을 제시하는 양상이 나타났기 때문이다.
>
> [A] 나는 누리집에 올릴 글을 쓰는 수업인 만큼, 글의 의미가 글 자체로 또는 필자의 인지 전략으로만 구성될 수 있는 것이 아니라 사회적 상호작용 속에서 구성된다는 것을 가르치고자 하였다. 그래서 글을 읽을 독자로 예상되는 사람들이 두루 공유하고 있는 지식, 신념이나 가치 등을 반영하여 더 좋은 우리 동네를 만들자는 내용으로 글을 써야 한다고 지도하였다. 그리고 가시적인 실제 독자를 넘어서 비가시적으로 존재하는 예상 독자도 충분히 수용할 수 있는 표현을 사용해야 한다고 지도하였다. 그러나 학생들의 글을 살펴보니 주장하는 글의 장르적 특성과 그러한 글이 소통되는 상황에 대해 충분히 인식하고 있다고 보기 어려웠다. 이후 쓰기 수업에서는 ㉠ 글의 의미를 구성하는 주체가 공유하고 있는 장르 관습과 쓰기 규범에 대해 학습하고 이를 내면화하는 데에 중점을 두어 지도해야겠다.
>
> 학생들이 쓴 글을 누리집에 올리기 위해서는 고쳐쓰기를 지도해야 해서, 다음 차시에는 〈표〉의 질문을 모두 활용하여 평가를 진행해야겠다고 생각하였다.
>
> 〈표〉 (㉡)에 따른 질문의 예
>
> | 자기 자신 | - 자신의 생각을 잘 담고 있나요? |
> |---|---|
> | 친구 | - 친구의 글에서 좋은 점은 무엇인가요?
- 친구의 글에서 아쉬운 점은 무엇인가요? |
> | 선생님 | - 글의 목적에 맞게 썼나요?
- 글의 내용과 짜임이 적절한가요?
- 글을 읽을 독자를 생각하였나요? |
>
> 이와 같은 평가를 통해 나는 학생이 쓴 글에 대해서 풍부한 정보를 얻을 수 있을 것이다. 그리고 학생들은 ㉢ 자신의 글이 소통될 상황을 충분히 고려하지 않고 자신의 입장에서만 주장을 펼치며 글을 쓰는 문제를 해소하는 데에 필요한 정보를 얻을 수 있을 것이다.

1) [A]에서 교사가 수업의 전제로 삼고 있는 쓰기 이론에 근거하여 ㉠에 해당하는 용어를 쓰시오. [1점]

• _____

2) ㉡에 들어갈 말에 주목하여 ① 교사가 다음 차시에 사용하고자 하는 평가 방법을 쓰고, ② ①의 평가 방법이 갖는 장점을 ㉢에 나타난 필자의 특성과 관련지어 쓰시오. [2점]

• ① : _____

• ② : _____

2023-03 초등

(가)는 2학년 문학 수업을 위한 수업 협의회의 일부이고, (나)는 수업 협의회에서 논의한 작품이다. 물음에 답하시오. [4점]

(가)

이 교사 : 다음 주 시 낭송 수업은 어떻게 진행하실 건가요?
김 교사 : 학생들이 교과서에 있는 윤동주의 동시를 좋아해서 윤동주의 다른 시를 읽어 보려고 해요. 낭송 지도를 할 때 유의할 점이 있을까요?
박 교사 : 낭송 지도를 할 때는 시 작품의 내용적 측면과 형식적 측면을 고려할 수 있어요. ㉠ 내용적 측면을 고려할 때에는 시의 느낌을 생각하면서 전체 내용을 파악하는 것이 중요합니다.
이 교사 : 낭송을 하려면 ㉡ 시 작품에서 제재나 청자, 때로는 자기 자신에 대한 화자의 태도를 파악하는 것도 필요해요. 「귀뚜라미와 나와」에서는 자신의 비밀을 말하는 내밀한 목소리를 확인할 수 있어요.
김 교사 : 이 시에서는 '귀뚜라미'를 해석하는 게 중요하다고 생각해요. 선생님들은 '귀뚜라미'를 어떻게 해석하셨나요?
이 교사 : 1연에서 '귀뚜라미'는 처음 만난 낯선 존재라고 생각했어요. '귀뚜라미'를 통해 '나'는 '나'의 외로움을 인식할 수 있지요. [A]
박 교사 : 그런데 5연에서 '귀뚜라미'는 '나'의 외로움을 달래 주는 상대로 해석이 되어요. 3연에서 '우리 둘만 알자고 약속'을 했거든요. [B]
김 교사 : 두 분처럼 ㉢ '귀뚜라미'를 다양하게 해석할 수 있는 것을 보니, 시어의 의미는 지시적인 의미와 구별되는 특징이 있군요. 그렇다면 형식적인 측면에 대한 지도는 어떻게 해야 할까요?
박 교사 : 시 낭송하기에서는 시의 율격을 지도할 필요가 있어요. 학생들이 「귀뚜라미와 나와」만으로 율격을 이해하기는 어려울 것 같으니, 다른 동시를 함께 활용하는 것이 어떨까요?
이 교사 : 윤석중의 「무엇일까요」가 좋을 것 같습니다. '귀뚤귀뚤/귀뚤귀뚤'과 '우리 우리 집에서,/ 제일 제일 큰 것은 무엇일까요.'에 ㉣ 공통적으로 나타나는 표현상의 특징에 주목하여 율격을 지도할 수 있어요.

(나)

귀뚜라미와 나와

윤동주

귀뚜라미와 나와
잔디밭에서 이야기했다.

귀뚤귀뚤
귀뚤귀뚤

아무게도 알려주지 말고
우리 둘만 알자고 약속했다.

귀뚤귀뚤
귀뚤귀뚤

귀뚜라미와 나와
달 밝은 밤에 이야기했다.

1) (가)에서 ① 박 교사가 시 낭송 지도를 위해 ㉠을 의도한 이유를 쓰고, ② ㉡에 해당하는 용어를 쓰시오. [2점]

• ① : _____

• ② : _____

2) ① (가)에서 ㉢이 [A], [B]처럼 해석되는 이유를 일상 언어와 구별되는 시어의 특징을 들어 쓰고, ② (가)의 ㉣에 해당하는 것을 쓰시오. [2점]

• ① : _____

• ② : _____

2022-01 초등

(가)는 5학년 토론 수업을 준비하기 위한 두 교사의 대화이고, (나)는 김 교사가 (다)의 토론을 위해 칠판에 적은 토론 절차이며, (다)는 김 교사의 수업 중에 학생들이 수행한 토론의 일부이다. 물음에 답하시오. [4점]

(가)

김 교사: '토론 방법과 규칙을 알고 주제를 정해 토론할 수 있다.'를 학습 목표로 토론 수업을 진행하려는데 가장 유의해야 할 점은 무엇일까요?

수석 교사: 학생이 토론의 절차와 규칙을 알고 이를 지키며 토론하게 하는 데 가장 유의해야 한다고 생각해요. 저도 처음에는 토론 절차를 기억하기 어려웠는데, (㉠)이/가 있는 쪽이 먼저 발언한다는 것을 이해하고 나니 기억하기 쉬워졌어요. 가령, 정책 논제 토론에서는 현 상태의 변화를 주장하는 찬성 측이 먼저 주장을 제시해야 반대 측이 반박할 수 있잖아요. 그래서 고전적 토론, 반대 신문식 토론 등 많은 토론 형식에서 찬성 측이 먼저 입론하게 하는 것이더라고요.

김 교사: 작년에 토론을 지도하는데 자기가 할 말만 생각하느라 상대편에서 말한 것을 놓치고 엉뚱한 이야기를 하는 학생이 많았어요.

수석 교사: 맞아요. 그래서 토론에서도 한 사람의 참여자가 의사소통 상황의 매 순간 화자 역할과 청자 역할을 동시에 수행하며, 참여자 간에 의미를 공유하고 협상함으로써 역동적으로 의미를 구성해 나가는 (㉡) 기능을 잘 발휘해야 해요. 그래야만 토론이 일방적인 말하기와 듣기가 아닌 양방향의 의사소통이 될 수 있을 테니까요.

김 교사: 학생들이 토론하다가 자신의 입장이 어느 쪽이었는지를 혼동하거나 토론 중간에 입장을 바꿔 토론의 흐름이 끊기는 경우도 많았어요. 이를 예방할 수 있는 방법이 있을까요?

수석 교사: 저는 논제를 요건에 맞게 잘 표현해 주니 도움이 되었어요. 정책 논제의 경우, 현 상태를 변화시키고자 하는 의도를 포함해야 해요. 또한 평서문 형태로 하나의 주장만 담아야 하죠. 그리고 찬성과 반대 중 어느 한 편에 유리하게 작용할 수 있는 감정적 표현은 담기지 않아야 해요. 이렇게 하면 논제를 중심으로 찬반 입장이 분명히 갈리고 논제가 어느 한 편에 유리하게 작용하는 정도도 줄일 수 있어요. 그래서 학생들이 자기 입장을 헷갈리지 않게 되고 중간에 입장을 바꾸는 일도 덜하게 되더라고요. [A]

(나)

찬성 측1 입론→반대 측2 질문→반대 측1 입론→찬성 측1 질문→
찬성 측2 입론→반대 측1 질문→반대 측2 입론→찬성 측2 질문→
(ⓐ) 반박→(ⓑ) 반박→(ⓒ) 반박→(ⓓ) 반박

(다)

사회자: (㉢)을/를 논제로 2:2 반대 신문식 토론을 시작하겠습니다. (칠판을 가리키며) 토론 절차는 칠판에서 확인할 수 있습니다. 그럼 찬성 측1 토론자부터 입론해주세요.

찬성 측1: 저희는 사형 제도가 반드시 폐지되어야 한다고 주장합니다. 그 까닭은 두 가지입니다. 첫째, 헌법 제10조에 따르면 국가는 개인의 기본적 인권을 보장할 의무가 있습니다. 둘째, 무고한 사람을 오판하여 사형 집행할 가능성이 있습니다.

사회자: 반대 측2 토론자 질문해 주세요.

반대 측2: 가해자만큼 피해자의 인권도 중요하다고 생각하지 않나요?

…(하략)…

1) (가)의 ㉠에 들어갈 말을 쓰시오. [1점]

• _____

2) 2015 개정 국어과 교육과정의 듣기·말하기 영역 '내용 체계'에 제시된 '기능' 중 (가)의 ㉡에 들어갈 말을 쓰시오. [1점]

• _____

3) ① (나)의 ⓐ~ⓓ에 들어갈 말을 순서대로 쓰고, ② (다)의 ㉢에 들어갈 말을 [A]를 반영하여 한 문장으로 쓰시오. [2점]

• ①: _____

• ②: _____

2022-02 초등·초특 공통

(가)는 4학년 문학 수업을 한 후에 두 교사가 나눈 대화이고, (나)는 문학 수업에서 활용한 작품이다. 물음에 답하시오. [4점]

(가)

김 교사 : 지난 국어 시간에 이야기의 흐름 파악하기 수업을 했어요. 먼저 이야기를 읽고 주요 인물을 찾는 활동을 했어요. 학생들이 동화에 등장하는 인물을 친숙하게 생각하더라고요.

이 교사 : 네, 학생들은 (㉠)이/가 반영된 인물들을 친숙하게 받아들이는 것 같아요. 이 시기의 학생들은 사물이 말하는 것을 자연스럽게 여기는 발달 특성이 있어요. 그래서 인물이 비현실적으로 형상화되어 있어도 쉽게 찾을 수 있어요. 이야기 흐름 파악하기 학습 활동은 어땠나요?

김 교사 : 학생들이 이야기의 흐름을 '처음-가운데-끝', '발단-전개-절정-결말'과 같은 (㉡)에 따라 정리하는 것을 어려워했어요. 선생님은 어떻게 지도하시나요?

이 교사 : 학생들이 (㉡)을/를 고려하여 사건을 파악하도록 하려면, ㉢이야기 전체에 영향을 주는 갈등을 활용하면 좋아요. 갈등은 주로 주인공과 적대자 간의 대립 상황으로 나타나지요. 학생들에게 갈등을 본격적으로 지도하기는 어려우니까, 교사가 이야기의 갈등을 찾아서 사건 간의 인과 관계를 이해하도록 안내해 줄 수 있어요.

김 교사 : 그렇군요. 갈등을 활용해서 이야기의 흐름을 정리할 수 있겠네요.

이 교사 : 네, 맞아요. 그리고 갈등이 해소되는 과정에서 ㉣등장인물의 성격이나 가치관이 변하는 경우, 그 변화를 확인하는 것도 중요해요. 예를 들면 「소가 된 게으름뱅이」의 결말에서 게으름뱅이가 자신의 잘못을 뉘우치고 부지런한 사람으로 바뀌는 것을 확인할 수 있어요.

(나)

소가 된 게으름뱅이

옛날 어느 마을에 게으른 사람이 살았어요. 모두 눈코 뜰 새 없이 바쁜 농사철에도 게으름뱅이는 온종일 방에서 뒹굴뒹굴 놀기만 했지요. 일하라는 아내의 잔소리가 듣기 싫어서 게으름뱅이는 집을 나가기로 마음먹었어요.

며칠 뒤, 집을 나온 게으름뱅이는 어느 초가집 앞을 지나게 되었어요. 그런데 노인이 마루에 앉아 쇠머리처럼 생긴 탈을 만들고 있었어요.

"영감님, 그걸 어디에다 쓰려고 만드십니까?"

"허허허, 이 탈은 일하기 싫어하는 사람이 쓰면 아주 좋은 일이 생기는 탈이라네."

신기하게 여긴 게으름뱅이는 쇠머리 탈을 얼굴에 써 보았어요. 그러자 노인이 기다렸다는 듯 게으름뱅이의 등에 쇠가죽을 척 씌웠지요. 그런데 어찌 된 일인지 쇠머리 탈은 얼굴에 착 달라붙어 떨어지지 않았어요. 눈 깜짝할 새에 소가 된 게으름뱅이는 소리를 지르며 버둥거렸어요. 이윽고 노인은 소가 된 게으름뱅이를 끌고 장터로 가서 농부에게 팔았어요.

"이 소는 무를 먹으면 곧 죽어 버리니 무밭에는 절대로 못 가게 하시오."

소가 된 게으름뱅이는 농부네 집으로 오자마자 하루 종일 힘들게 일했지요. 저녁때가 되자 너무너무 힘들고 배가 고팠어요. 하지만 농부가 가져다준 뻣뻣한 쇠죽은 먹을 수가 없었지요.

[뒷부분 줄거리] 소가 된 게으름뱅이는 놀기만 했던 지난날을 후회한다. 그는 소로 사느니 죽는 게 낫겠다는 생각을 한다. 이튿날 소가 된 게으름뱅이는 무밭으로 뛰어 들어가 무를 먹는다. 그러자 쇠머리 탈이 벗겨지며 사람으로 변한다. 집으로 돌아온 게으름뱅이는 부지런히 일하며 행복하게 살아간다.

1) (가)의 ㉠과 <보기>의 ⓐ에 공통으로 들어갈 말을 쓰시오. [1점]

<보 기>
동화는 대체로 어린이들이 주변의 사물을 살아있는 생명체로 여기는 (ⓐ)에 바탕을 둔다. 이러한 사고가 반영된 동화는 환상성과 허구성이 강하고 사물이 의인화되는 경우가 많다. 예를 들어 동화에서는 장승이 움직이고, 바느질 가위가 스스로 행동하며, 해와 바람이 말을 하기도 한다.

• _____

2) ① (가)의 ㉡에 공통으로 들어갈 말을 쓰고, ② (나)에서 (가)의 ㉢에 해당하는 것을 쓰시오. [2점]

• ① : _____

• ② : _____

3) (가)의 ㉣에 해당하는 인물의 성격 유형을 쓰시오. [1점]

• _____

2022-03 초등

(가)는 3학년 '낱말의 의미 관계' 수업을 준비하는 과정에서 교사가 작성한 메모이고, (나)는 수업을 하기 위해 구상한 교수·학습 과정안의 일부이다. 물음에 답하시오. [3점]

(가)

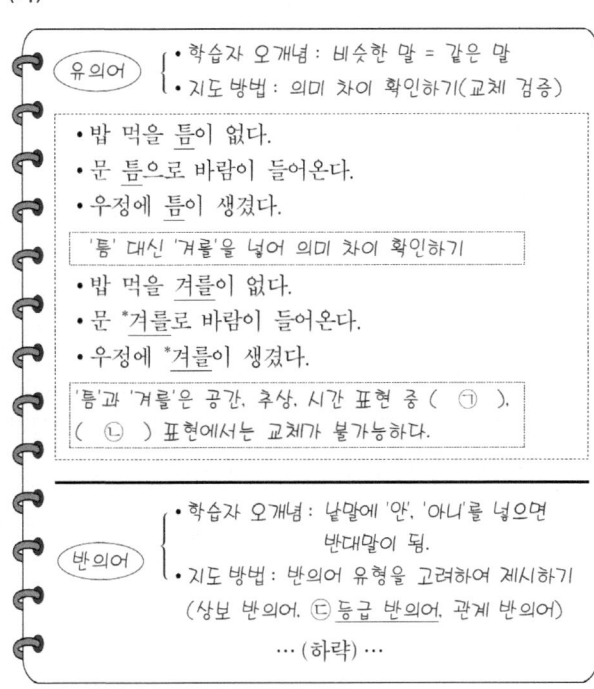

유의어
- 학습자 오개념: 비슷한 말 = 같은 말
- 지도 방법: 의미 차이 확인하기(교체 검증)

- 밥 먹을 틈이 없다.
- 문 틈으로 바람이 들어온다.
- 우정에 틈이 생겼다.

'틈' 대신 '겨를'을 넣어 의미 차이 확인하기

- 밥 먹을 겨를이 없다.
- 문 *겨를로 바람이 들어온다.
- 우정에 *겨를이 생겼다.

'틈'과 '겨를'은 공간, 추상, 시간 표현 중 (㉠), (㉡) 표현에서는 교체가 불가능하다.

반의어
- 학습자 오개념: 낱말에 '안', '아니'를 넣으면 반대말이 됨.
- 지도 방법: 반의어 유형을 고려하여 제시하기 (상보 반의어, ㉢ 등급 반의어, 관계 반의어)

…(하략)…

(나)

단계	수업 활동
도입	◦ 학습 목표 확인하기 – 낱말의 의미 관계를 파악할 수 있다. …(중략)…
전개	◦ 반대말 찾기 주다 빠름 참 스승 출석 위 받다 결석 아래 거짓 느림 제자 [A] ◦ 낱말의 의미 관계 정리하기 기쁘다 —비슷한 말— 즐겁다 —비슷한 말— 신나다 ｜반대말 ｜반대말 슬프다 —비슷한 말— 괴롭다 [B] • '기쁘다'를 쓰고, 비슷한 말과 반대말을 쓴다. 그리고 낱말의 의미 관계를 쓴다. • 옆으로 한 칸 옮겨, '즐겁다'를 기준으로 비슷한 말과 반대말을 쓰고, 낱말의 의미 관계를 쓴다. • '슬프다'와 '괴롭다' 사이의 의미 관계를 쓴다. • 옆으로 한 칸 옮겨, '신나다'를 기준으로 비슷한 말과 반대말을 쓴다.

1) (가)의 ㉠, ㉡에 들어갈 말을 쓰시오. [1점]

• _____

2) ① (가)의 ㉢에 해당하는 낱말의 쌍을 (나)의 [A]에서 찾아 쓰고, ② (나)의 [B]에서 활용한 '낱말의 의미 관계 정리 방법'을 쓰시오. [2점]

• ① : _____

• ② : _____

2021-01 초등·초특 공통

(가)는 강 교사가 5학년 읽기 수업에서 활용할 자료이고, (나)는 (가)를 바탕으로 구상한 교수·학습 과정안의 일부이다. 물음에 답하시오. [4점]

(가)

갯벌의 이로움

바닷물이 드나드는 넓은 땅을 갯벌이라 부른다. 갯벌은 사람과 자연에 여러 가지 이로움을 준다.

[A]
먼저, 갯벌은 어민들에게 경제적 이익을 준다. 갯벌에는 바닷물이 드나들면서 조개나 물고기, 낙지 등과 같은 동물들이 살기에 좋은 환경이 만들어진다. 어민들은 갯벌에서 이러한 것을 잡아 돈을 번다.

다음으로, 갯벌은 오염 물질을 정화하여 깨끗한 환경을 만든다. 갯벌은 겉으로는 진흙탕처럼 보이지만 그곳에는 작은 생물들이 많이 살고 있다. 이 생물들은 육지에서 나오는 오염 물질을 분해한다.

마지막으로, 갯벌은 물을 흡수해 저장했다가 내보낸다. 그러므로 갯벌은 큰 비가 오면 빗물을 흡수해 홍수를 막아준다.

(나)

단계	수업 활동
도입	• 학습 목표 확인하기 - 글 구조를 활용하여 글을 요약할 수 있다. • 어휘 학습하기 |	진흙으로 이루어짐	물이 드나듦	… | |---|---|---|---| | 갯벌 | + | + | | | 모래사장 | - | + | | | 늪지대 | + | - | | | … | | | |
전개	• 교사와 학생이 글 구조를 활용하여 '갯벌의 이로움'을 요약하는 방법 연습하기 (교사 안내) '갯벌의 이로움'의 글 구조를 나타내는 말을 찾아보자. → '갯벌의 이로움'의 글 구조를 말해 보자. → [B] 도식에 '갯벌의 이로움'을 정리해 보자. → '갯벌의 이로움'을 요약해 보자. (학생 활동) (㉠) (㉡)

1) 강 교사가 (나)의 '어휘 학습하기'에서 활용한 어휘 학습 방법을 쓰시오. [1점]

· _____

2) (나)의 ① ㉠에 해당하는 말 3가지를 (가)의 [A]에서 찾아 쓰고, ② ㉡에 해당하는 '갯벌의 이로움'의 글 구조를 쓰시오. [2점]

· ① : _____

· ② : _____

3) 다음은 학생이 (나)의 [B]에서 작성한 활동 결과이다. 활동 결과에 나타난 문제를 해결하기 위해 강 교사가 학생에게 지도해야 할 학습 내용을 쓰시오. [1점]

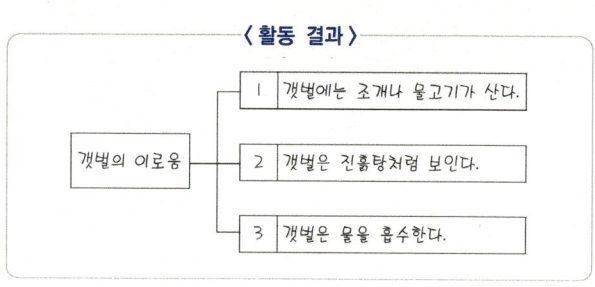

〈 활동 결과 〉

갯벌의 이로움
1. 갯벌에는 조개나 물고기가 산다.
2. 갯벌은 진흙탕처럼 보인다.
3. 갯벌은 물을 흡수한다.

· _____

2021-02 초등

(가)는 5학년 쓰기 수업에서 김 교사가 학생들에게 제공한 자료이고, (나)는 (가)를 고려하여 영수가 쓴 글이며, (다)는 김 교사의 수업에서 학생들이 쓴 글에 대하여 교사들이 나눈 대화이다. 물음에 답하시오. [4점]

(가)

전통 과자에 대한 5학년 학생들의 설문 조사 결과 정리 자료	
경험한 것	- 엿을 먹어본 경험이 있음.
알고 있는 것	- 전통 과자는 옛날 과자임. - 전통 과자는 어른들이 좋아함.
알고 싶은 것	- 엿을 포함한 전통 과자의 재료와 만드는 방법을 알고 싶음.

(나)

옛날에는 상점도 많이 없었고 아이스크림이나 초콜릿도 없었다. 그래서 우리 조상은 주로 집에서 과자를 만들어 먹었다. 우리 조상이 먹던 전통 과자에 대하여 백과사전과 ○○음식연구원에서 나온 책의 내용을 중심으로 설명해 보겠다.

　약과는 쌀가루와 꿀, 기름 등을 섞어 반죽해 기름에 지진 과자이다. 약과를 만들 때는 나무틀에 반죽을 넣어 찍어 낸 것 같다. 그런 다음 기름에 지지고 꿀물이나 조청에 넣어 두어 속까지 맛이 배면 꺼내어 먹었다.
　강정은 쌀가루를 반죽해 기름에 튀긴 뒤에 고물을 묻혀 만든 과자이다. 먼저 쌀가루에 꿀과 술을 넣어 반죽한 후 갸름하게 썰어 말렸다. 그런 다음 말린 것을 기름에 튀겼다. 튀긴 후에 꿀을 바르고 여기에 깨나 콩가루 따위를 묻혔. [A]

　엿은 곡식으로 지은 밥이나 고구마 녹말에 엿기름을 넣어 삭힌 뒤에 진득진득해질 때까지 졸인 과자이다. 엿을 만드는 데 쓰이는 곡식으로는 쌀, 찹쌀, 옥수수, 조따위가 있다.
　지금까지 우리나라의 전통 과자인 약과, 강정, 엿에 대하여 알아보았다. 전통 과자의 재료는 여러 가지가 있었고 만드는 방법도 과자에 따라 달랐다.

(다)

김 교사 : 지난 국어 시간에 우리나라의 전통 과자를 5학년 친구들에게 설명하는 글쓰기 수업을 했어요. 쓰기 전에 5학년 학생들을 대상으로 설문 조사한 결과를 정리하여 알려주고 글을 쓸 때 참고하도록 했어요. 그리고 학생들의 배경지식이 부족하다는 점을 고려하여 글을 쓰면서 필요한 자료를 찾아 활용하도록 안내하였지요.
문 교사 : 학생들이 글을 잘 썼던가요?

김 교사 : 아직은 미흡한 점이 많아요. 예상 독자에 대한 분석 결과를 반영하여 써야 하는데, 전통 과자를 좋아하는 사람이나 전통 과자를 파는 곳 등에 초점을 두고 쓴 글도 있었어요. 이런 점에 비추어 보면 영수의 글은 전통 과자에 대해 예상 독자가 (㉠)을/를 중심으로 썼으니 그나마 괜찮게 쓴 셈이네요.
문 교사 : 영수의 쓰기 과정은 어땠어요?
김 교사 : 영수의 쓰기 과정을 관찰했는데, 수집한 자료를 바탕으로 생성한 아이디어를 관련 있는 정보끼리 묶어 시각적으로 범주화하는 모습을 볼 수 있었어요. 이것은 내용 조직 단계에서 사용되는 생각 묶기 전략의 하나인 (㉡)이지요.
김 교사 : 저는 학생들이 글씨나 어법에 얽매이지 않고 처음부터 끝까지 쓰고자 하는 것을 단번에 쭉 써보도록 지도했어요. 이 전략은 학생들에게 형식보다는 의미에 초점을 두면서 부담 없이 글을 쓰게 한다는 점에서 의의가 있지요. [B]
문 교사 : 네. 그런데 학생들이 쓴 글에서 다른 문제점은 없나요?
김 교사 : 설명문에서 사실 정보를 나타낼 때는 명확하게 표현해야 하는데 학생들의 글에는 모호한 표현들이 더러 있었어요. 영수의 글에도 그런 문장이 있어요. 영수의 쓰기 과정을 지켜보았는데, ㉢ 백과사전에서 사실 정보임을 확인하고 그 문장을 쓰는데도 정작 표현은 모호하게 하더군요.

1) (다)의 ㉠에 해당하는 말을 (가)에서 찾아 쓰시오. [1점]

· _____

2) (다)의 ㉡에 해당하는 쓰기 전략을 쓰시오. [1점]

· _____

3) (다)의 ① [B]에서 김 교사가 지도한 쓰기 전략을 쓰고, ② 밑줄 친 ㉢에 해당하는 문장을 (나)의 [A]에서 찾아 그 문장의 첫 어절과 마지막 어절을 쓰시오. [2점]

· ① : _____

· ② : _____

2021-03 초등

(가)는 6학년 시 감상 수업에 활용할 작품이고, (나)는 수업 협의회의 일부이다. 물음에 답하시오. [3점]

(가)

모서리

이혜영

"아얏!
아휴 아파."
책상 모서릴 흘겨보았다.
"내 잘못 아냐."
모서리도 눈을 흘긴다.

쏘아보는 그 눈빛이
나를 돌아보게 한다.

어쩜 내게도
저런 모서리가 있을지 몰라.
누군가 부딪혀 아파했겠지
원망스런 눈초리에
"네가 조심해야지"
시치미 뗐을 거야.

모서리처럼
나도 그렇게 지나쳤겠지

부딪힌 무릎보다
마음 한 쪽이 더 아파 온다.

(나)

김 교사 : 1연에서 책상 모서리를 사람에 빗대어 표현한 점이 재미있네요.
박 교사 : 네, 저도 그렇게 생각합니다. 이 시는 표현하려는 대상을 다른 대상에 빗대어 표현한 점이 인상적입니다. 시인은 이질적인 두 대상에서 유사점을 발견하고 이를 토대로 두 대상을 결합하여 표현하였습니다. 이때 '표현하려는 대상'을 (㉠)(이)라고 하고, '빗댄 대상'을 (㉡)(이)라고 합니다. 이 표현 방법으로 인해 시가 새롭고 참신하게 느껴집니다.
김 교사 : '나'를 '모서리'에 빗대어 표현한 것도 그런 측면으로 볼 수 있을까요?
박 교사 : 네, 그렇습니다. 이 시에서는 다른 사람에 대한 나의 행동을 모서리에 빗대어 표현하고 있습니다. 이 둘 간에는 '뾰족하고 날카롭다'는 유사점이 있습니다.

김 교사 : 이 시의 주제는 어떻게 이해해야 할까요?
박 교사 : 이 시의 주제를 이해하기 위해서는 '아파'라는 시어에 주목할 필요가 있습니다. 처음에 화자는 모서리에 부딪힌 물리적 충격으로 아파하고 있습니다. 이후에 화자는 (㉢) 같은 옳지 않은 행동을 했을지 모른다는 생각에 마음 한쪽이 더 아프다고 하였습니다. 이러한 점을 생각하면 시의 주제를 파악할 수 있습니다.

1) ① (나)의 ㉠, ㉡에 해당하는 용어를 순서대로 쓰고, ② (가)를 근거로 (나)의 ㉢에 해당하는 내용을 구체적으로 쓰시오. [2점]

• ① : _____

• ② : _____

2) 다음은 수업에서 교사와 학생이 나눈 대화의 일부이다. 시를 잘못 이해하고 있는 학생의 대답을 찾아 그 문장의 첫 어절과 마지막 어절을 쓰시오. [1점]

교 사 : 1연은 어떤 상황인가요?
학생1 : 말하는 이가 책상 모서리에 무릎을 부딪힌 후에 '책상 모서릴 흘겨보았'어요.
학생2 : '모서리도' 자기 잘못이 아니라며 '눈을 흘'기었어요.
교 사 : 3연에서 말하는 이는 무슨 생각을 하였나요?
학생3 : 자신에게도 '모서리가 있을지' 모른다고 생각했어요.
학생4 : 모서리가 '원망스런 눈초리'를 보냈다고 생각했어요.
…(하략)…

• _____

2020-01 초등·초특 공통

다음은 4학년 국어과 성취기준인 '한글을 소중히 여기는 태도를 지닌다.'에 대한 수업에서 교사와 학생이 나눈 대화의 일부이다. 물음에 답하시오. [3점]

교사: 오늘은 한글의 소중함을 알기 위해 한글의 특성을 살펴보겠습니다. 한글에 대해 궁금한 점이 있나요?
학생: 선생님. 'ㄱ, ㅋ'이나 'ㅅ, ㅈ'처럼 모양이 비슷한 자음자들이 있어요. 왜 그런가요?
교사: 네, 좋은 질문이에요. 그건 자음자를 만든 원리와 관련이 있어요.
학생: 궁금해요. 알고 싶어요.
교사: 한글을 만들 당시에 어떤 원리로 자음자를 만들었는지 〈자료〉를 한번 살펴볼까요?

〈자 료〉

기본자	본뜬 발음 기관의 모양
ㄱ	혀뿌리가 목구멍을 막는 모양
ㄴ	혀가 윗잇몸에 닿는 모양
ㅁ	(㉠)
ㅅ	이 모양
ㅇ	목구멍 모양

교사: 자음자를 만들 때 발음 기관의 모양을 본떠 각각 5개의 기본자를 만들었어요. 이 점은 한글의 독창성을 보여주는 예라 할 수 있죠.
학생: 그렇군요. 그럼 나머지 자음자는 어떻게 만들어진 것인가요?
교사: ⓐ각각의 기본자에 획을 더해서 만들었지요.
학생: 음, 'ㄴ'에 획을 더해 'ㄷ'이 만들어진 거군요. 그래서 'ㄴ, ㄷ, ㅌ'은 모양이 비슷한 것인가요?
교사: 맞아요. 'ㄷ, ㅌ'은 기본자가 같아서 모양이 비슷하지요. 이외에도 또 다른 공통점이 있는데 찾아볼까요? [ㄷ]과 [ㅌ] 소리를 한번 내어 보세요. 두 소리는 발음 기관의 모양이 같으니까 (㉡)도 같지요?
학생: 아! 'ㅈ, ㅊ'도 그러네요. 모양이 비슷하니까 (㉡) 이/가 같다는 것을 알겠네요.
교사: 한글을 만들 당시에는 이런 점들을 반영하여 자음자를 만들었어요. 그래서 오늘날 한글이 체계적이고 과학적이란 평가를 받는 거지요.

1) ㉠, ㉡에 들어갈 내용을 쓰시오. [2점]

㉠ _____

㉡ _____

2) ⓐ의 원리를 적용한 학습 활동으로 '자음자 게임'을 하려고 한다. 〈'자음자 게임'의 예〉를 참고하여 ⓑ에 들어갈 게임 규칙을 쓰시오. [1점]

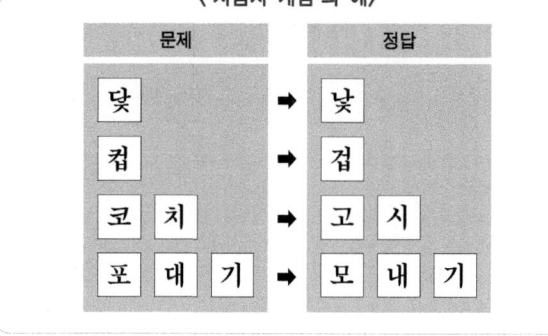

〈'자음자 게임' 규칙〉

① (ⓑ   )
② 글자의 모음자는 바꾸지 않는다.

· _____
_____

2020-02 초등

(가)는 '미래의 직업'을 읽은 영수의 사고 구술이고, (나)는 같은 글에 대한 정호의 읽기를 교사가 관찰한 결과이다. 물음에 답하시오. [4점]

(가)

[A]
> **미래의 직업**
>
> (제목을 보니 미래에는 지금과는 다른 새로운 직업이 생긴다는 것일까?)
>
> 미래 사회에는 어떤 직업이 주목받을까? 미래에는 '빈집 코디네이터', '반려동물 변호사'와 같은 생소한 직업들이(위에서 짐작했던 것이 맞네.) 각광받을 것이다. (다음 문단은 '빈집 코디네이터'에 대한 것이겠지.)

[B]
> 1인 가구의 증가와 저출산 그리고 고령화(고령화. 어려운 말이네.) 추세에 따라 앞으로는 빈집이 더 늘어날 것으로 전망된다. 이러한 사회적 변화로 '빈집 코디네이터'라는 새로운 직업이 생겨나고, 이 직업에 종사하는 이들은 빈집의 활용 방안을 연구하고 그것을 고객에게 제공할 것이다.
>
> 개, 고양이, 새, 금붕어를 키우는 사람들이 빠르게 늘고 있어서(빈집에서 이런 동물을 키우는 사람이 늘어난다고? 역시 나는 앞뒤 문단의 내용을 잘 연결하고 있어.) 이와 관련한 직업은 여러 직업 가운데에서도 가장 유망한 직업이 될 것이다. 동물끼리의 다툼 때문에 일어나는 소송이나 동물이 사람에게 가한 상해 때문에 발생하는 소송(동물이 사람에게 가한 상해 때문에 발생하는 소송? 이게 무슨 말이지? 그냥 무시.)처럼 동물과 관련한 다양한 법률적 문제를 조언하고 해결해주는 '반려동물 변호사'(반려. 앞에서도 본 것 같은데, 모르겠네. 넘어가자.) 역시 등장할 것으로 보인다.

(이제 요약 규칙을 적용해 글을 요약해야지.)

(나)

▷ "'미래의 직업'은 앞으로 생겨나는 직업에 대한 내용이겠지."와 같이 제목을 활용하여 내용을 적극적으로 이해하려고 함.

▷ '빈집 코디네이터가 하는 일은 무엇일까?', '반려동물 변호사의 역할은 무엇일까?'와 같은 질문을 잘함. [C]

▷ 요약 규칙을 적절하게 활용하여 글을 간추림.

---

1) (가)의 ① [A]에서 영수가 활용하고 있는 읽기 전략을 쓰고, ② [B]의 사고 구술에 공통적으로 나타난 문제를 해결하기 위해 영수에게 지도해야 할 읽기 기능을 쓰시오. [2점]

• ① : _____

• ② : _____

2) (나)의 [C]에서 정호가 사용하고 있는 질문 유형을 쓰시오. [1점]

• _____

3) 다음의 '영수의 요약'과 '정호의 요약'을 비교하여, '영수의 요약'에 적용되지 않은 요약 규칙을 쓰시오. [1점]

영수의 요약
미래에는 빈집의 활용 방안을 연구하고 그 정보를 고객에게 제공하는 빈집 코디네이터와 개, 고양이, 새, 금붕어와 관련된 법률적 문제를 다루는 반려동물 변호사가 주목받는 직업이 될 것이다.

정호의 요약
미래에는 빈집의 활용 방안을 연구하고 그 정보를 고객에게 제공하는 빈집 코디네이터와 반려동물과 관련된 법률적 문제를 다루는 반려동물 변호사가 주목받는 직업이 될 것이다.

• _____

2020-03 초등

(가)는 6학년 국어 수업을 위한 협의회의 일부이고, (나)는 최 교사가 수업에서 활용한 〈표〉와 이에 따라 〈학생이 고쳐 쓴 글〉이다. 물음에 답하시오. [4점]

(가)

최 교사 : 이번 단원은 '쓰기가 절차에 따라 의미를 구성하고 표현하는 과정임을 이해하고 글을 쓴다.'라는 성취기준과 관련이 있습니다. 학생들이 글 한 편을 쓸 수 있도록 지도해야 하는 성취기준이라 여러 어려움이 있는데, 선생님께서는 어떻게 준비하고 계신가요?

김 교사 : 저는 쓰기가 계획하기, 내용 생성하기, 내용 조직하기, 초고쓰기, 고쳐쓰기의 과정으로 이루어져 있다는 것을 지도하고, 각 과정에서 학습해야 할 전략을 익히도록 하는 것에 중점을 두어 수업을 진행하고자 합니다.

최 교사 : 그러시군요. 저는 특히 고쳐쓰기를 집중적으로 지도하려고 합니다. 우리 반 학생들은 ㉠ 고쳐쓰기를 할 때에 지엽적인 부분만 살펴보는 경우가 많아서 학생들에게 자신이 쓴 글을 체계적으로 살펴보게 할 예정입니다.

김 교사 : 그렇게 지도하신다면 선생님 반 학생들이 글을 고쳐쓸 때에 겪고 있는 문제가 해소되겠군요. 그 다음은 어떻게 지도하실 예정이신가요?

최 교사 : 쓰기는 회귀적인 특성을 갖고 있기 때문에 고쳐쓰기 역시 일회적인 과정으로 종료되는 것이 아닙니다. 그래서 〈학생이 고쳐 쓴 글〉에 남아 있는 미흡한 부분을 수정할 수 있는 질문을 추가로 제시하려 합니다. 이때, '문장이 자연스러운가?'와 같은 포괄적인 질문보다 ㉡ 학생의 글에 남아 있는 문제점을 수정할 수 있도록 초점화된 추가 질문을 만들고자 합니다.

(나)

〈표〉 글을 고쳐 쓸 때 검토할 내용

범주	질문
[A]	- 글의 주제가 잘 드러나는가? - 제목이 글의 내용과 어울리는가? - 글의 정보는 사실과 일치하는가?
[B]	- 각 문단에는 하나의 중심 문장이 나타나 있는가? - 중심 문장과 뒷받침 문장이 어울리는가?
[C]	- 문장은 간결하게 표현되었는가? - 어법에 맞는 낱말을 사용하였는가? - 맞춤법에 맞게 표기하였는가?

〈학생이 고쳐 쓴 글〉

> 소나무의 쓰임새
> ~~소나무~~
>
> 소나무는 예로부터 건축재로 사용하였다. 소나무는 견고하고 비틀림이 적다. 그리고 소나무의 송진은 나무가 썩는 것을 막아 준다. ~~송진은 미끄러짐을 방지하기 위해 운동선수들이 사용하기도 한다.~~ 그래서 소나무는 고급 목재로 애용해 왔다. 우리나라의 오래된 목조 건축물인 부석사 무량수전과 봉정사 극락전도 소나무로 지은 건물이다.
>
> 소나무의 꽃가루, 잎, 씨 등은 식재료로 사용한다. 소나무의 꽃가루는 날것으로 먹거나 꿀과 찹쌀가루에 섞어 과자로 만들어 먹는다. 솔잎은 솔잎차로 만들어 마신다. 씨는 껍질을 벗긴 뒤 볶아서 밥이나 차로 마시기도 한다.

1) (가)에서 두 교사가 공통적으로 전제하고 있는 쓰기 이론을 쓰시오. [1점]

•_____

2) (가)의 ㉠에서 학생들이 적용해야 하는 고쳐쓰기의 순서를 (나)의 〈표〉에 제시된 범주를 활용하여 쓰시오. [1점]

•_____

3) (나)에서 ①〈학생이 고쳐 쓴 글〉에 적용된 질문 2가지를 〈표〉에서 찾아 쓰고, ②〈표〉의 범주 [C]에 포함되도록 (가)의 ㉡에 해당하는 질문 1가지를 만드시오. [2점]

• ① : _____

• ② : _____

2019-01 초등

(가)는 최 교사가 2학년 국어 수업을 준비하는 과정에서 구상한 내용의 일부이고, (나)는 수업에서 활용할 읽기 자료와 교수·학습 과정안의 일부이다. 물음에 답하시오. [3점]

(가)

> 다음 주 수업에서 다룰 '글의 주요 내용 확인하기'는 2학년 학생이 쉽게 도달할 수 있는 학습 목표가 아니까, 이를 설명만 하고 바로 적용하도록 하면 어려워하겠군. 그러니까 구체적으로 안내를 하는 게 필요하겠군. ㉠ 수업 전반부에는 내가 질문을 활용하여 글의 주요 내용을 확인하는 방법을 시범 보여야지. 그리고 나서 학생이 그 방법을 독립적으로 사용할 수 있을 때까지 학생 수행의 비중을 점차 높여 가며 나와 함께 이를 연습해야지. 그리고 학생이 공부한 방법을 다른 글에 혼자 적용하게 한 후에 수업을 마무리해야지.

(나)

[읽기 자료]

바다 속 제주꾼

[A] 깊은 바다 속 바위에 무언가가 꼼짝하지 않고 붙어 있습니다. 가까이 다가가 볼까요? 머리가 둥글고, 발이 여덟 개이고, 빨판이 많은 것을 보니 문어입니다. 문어에 관해 같이 알아봅시다.

[B] 문어는 몸의 모양을 마음대로 바꿀 수 있습니다. 문어는 코코넛 열매처럼 몸의 모양을 바꿀 수 있습니다. 아울러, 문어는 바다뱀, 넙치, 불가사리 모양으로도 제 몸의 모양을 바꿀 수 있습니다. 또한, 문어는 몸 색깔을 마음대로 바꿀 수 있습니다. 문어는 바위 가까이 가면 바위색으로 몸의 색을 바꿀 수 있습니다. 놀랐을 때는 분홍색, 초록색, 회색 등 여러 색으로 바꿀 수도 있습니다.

[읽기 자료]

단계	교수·학습 활동
도입	• 수업 목표 확인하기 　- 글을 읽고 주요 내용을 확인할 수 있다. • 학습 동기 유발하기 　- 제목을 보고 무엇을 짐작할 수 있는지 말해 봅시다.

단계	교수·학습 활동			
전개	• 글의 주요 내용을 확인하는 방법 시범 보이기			
	읽기 자료	읽기 활동	교사의 질문	유의 사항
	[A]	(㉡)	어떤 대상에 대하여 설명하고 있나요?	※ 시범 보이기에 제시된 질문은 학생들이 새로운 글을 읽을 때에도 적용할 수 있는 것이어야 하므로 특정 글에만 해당하는 내용을 그대로 사용하여 질문을 만들지 않도록 주의한다.
	[B]	주요 내용 확인하기	(㉢)	
	• 교사와 학생이 함께 글의 주요 내용 확인하는 방법 연습하기 • 학생이 글의 주요 내용 확인하는 방법 적용하기			

1) (가)의 ㉠에 나타난 교수·학습 원리를 쓰시오. [1점]

　• _____

2) (나)의 ㉡에 들어갈 읽기 활동을 쓰고, '유의 사항'을 참조하여 ㉢에 들어갈 교사의 질문을 1가지 쓰시오. [2점]

　• ㉡ : _____

　• ㉢ : _____

2019-02 초등

다음은 5학년 국어 수업을 준비하는 과정에서 두 교사가 나눈 대화이다. 물음에 답하시오. [3점]

김 교사: 이번 수업의 학습 목표는 '적절한 근거를 들어 설득하는 글을 쓸 수 있다.'인데, 제가 수업에서 사용할 쓰기 과제와 평가 기준을 검토해 주실 수 있으신가요?

박 교사: 예, 그럼요.

[쓰기 과제]
'우리 학교에 텃밭을 만들어 주세요.'라는 내용으로 교장 선생님께 제안하는 글을 써 봅시다.

[평가 기준]

평가 범주	평가 항목	상(5점)	중(3점)	하(1점)
내용	주제의 명료성			
	내용의 풍부성			
	내용의 타당성			
조직	글 구조의 적절성			
	문단 구조의 적절성			
	글 구성의 통일성			
표현	어휘 사용의 적절성			
	표현의 효과성			
	어법의 정확성			
합계				

김 교사: 우리 반 아이들이 요즘 들어 식물 가꾸기에 관심이 많아졌어요. 쓰기 과제를 아이들의 생활과 관련되는 내용으로 제시하면 아이들이 흥미를 갖고 글을 쓸 것 같아 학교에 텃밭을 만들어 달라고 제안하는 글을 쓰게 하려고요.

박 교사: 학습 목표와 쓰기 과제를 견주어 보니, 설득이라는 쓰기의 (㉠)이/가 제안하는 글이라는 유형으로 구체화 되었군요. 다루고 있는 내용도 그렇고 독자도 실제 독자여서 학생들이 실제적인 맥락을 고려하면서 글을 쓸 수 있을 것으로 보이네요.

김 교사: 그런데 아이들이 근거를 잘 들어서 글을 쓸 수 있을지 걱정이에요. 근거에 대해 수업을 하기는 했는데 학생들이 아직 명확하게 모르는 것 같아서, 글을 쓰기 전에 이 쓰기 과제에서 활용할 근거에 대해 간단하게 환기해 주려고요.

박 교사: 설득하는 글을 쓸 때 내용의 타당성을 확보하기 위해서는 적절한 근거를 드는 것이 꼭 필요하지요. 특히 이 쓰기 과제에서는 주장을 객관적으로 뒷받침할 수 있는 근거를 들되, (㉡) 논거를 사용하는 게 필요하다고 안내해 주면 좋겠군요. 우리 지역 학교 텃밭의 현황을 소개하는 통계 자료 등이 이에 해당 되겠네요.

김 교사: 평가 기준은 어떠한가요?

박 교사: 이렇게 평가하면 시간이 많이 걸릴텐데 힘들지 않으시겠어요? 총체적 평가를 사용해도 평가자 훈련을 거치면 이 방법만큼 타당도와 신뢰도를 확보할 수 있다고 알고 있는데요.

김 교사: 그렇긴 하지만 쓰기 지도의 측면을 생각해 볼 때 제가 선택한 방법을 사용하는 것이 총체적 평가를 활용하는 것보다 다음 수업을 진행하는 데에 유용하다고 판단했어요. 다음 수업에서 평가 결과를 토대로 고쳐 쓰기를 지도하려고 계획하고 있거든요. [A]

1) ㉠에 들어갈 쓰기 과제 구성 요소와 ㉡에 들어갈 논거 유형을 각각 1단어로 쓰시오. [1점]

· ㉠ : _____

· ㉡ : _____

2) ① 김 교사가 선택한 평가 방법의 명칭을 쓰고, ② [A]에 나타난 김 교사의 평가 결과 활용 의도를 고려하여 총체적 평가와 비교했을 때 이 평가 방법이 갖는 장점 1가지를 서술하시오. [2점]

· ① : _____

· ② : _____

2019-03 초등

(가)는 수업에 활용한 옛이야기이고, (나)는 수업이 끝난 후 학생과 교사가 나눈 대화의 일부이다. 물음에 답하시오. [5점]

(가)

옛날 어느 마을에 부자 주 씨와 가난뱅이 서 씨, 두 양반이 살고 있었어. 어려서부터 함께 공부한 둘은 과거 길도 같이 떠나게 되었지. 주 씨가 나귀 잔등에 턱 걸터앉아 편히 가는 동안, 서 씨는 무거운 봇짐에 보퉁이까지 들고 햇빛이 쨍쨍 내리치는 힘겨운 고갯길을 가쁜 숨을 내쉬며 걸었어. 한참을 가다가 힘이 부친 서 씨가 말했어.

"이보게, 주 생원. 내 너무 힘들어 그러니 이 보퉁이 하나만 나귀 등에 얹어 주게."

"안 되네, 안 돼. 내 앉을 자리도 없네."

주 씨는 단칼에 거절했고, 지친 서 씨는 점점 뒤처지게 되었지. 그런데 점점 멀어지는 주 씨를, 서 씨가 소리쳐 부르지 않겠니.

"이보게. 자네도 알다시피 내가 팔자를 좀 보네. 그런데 자네 오늘 운수가 영 안 좋아. 나귀가 방귀를 세 번 뀌면 크게 다칠 테니 부디 조심하게."

[A] 주 씨는 기분이 나빠 대꾸도 않고 나귀를 재촉해 길을 갔어. 살랑살랑 부는 바람과 한가한 매미 소리에 겨우 나쁜 기분이 가시려는데 나귀가 방귀를 뿡 뀌었어. 이 소리 오늘따라 천둥소리 같네. 나귀가 힘들면 방귀를 또 뀔까 겁난 주씨는 몸을 움츠리고 가만히 있었어. 그렇게 조심을 했지만, 또 뿡 소리가 났어.

두 번째 방귀야. 주씨는 아예 나귀에서 내려 걷기로 했어. 하지만 걱정은 봄풀 자라듯 했어. 뒤뚱뒤뚱 걸어가는 나귀 엉덩이를 보자니 오만 생각이 나네.

[B] 어떡하지, 어떡해. 궁리하다 보니, 한 가지 생각이 번쩍 떠올랐네. 주 씨는 동그랗고 단단한 돌멩이 하나를 주워 방귀가 나오는 구멍을 꽉 틀어막았어. 방귀를 못 뀌게 하려고 말이지.

하지만 걸을수록 걱정이 쌓이네. 돌이 제대로 막혀 있는지. 그래서 한 번 더 확인해 보려고 나귀 엉덩이에 얼굴을 들이민 거야. 그 순간, 막혀 있던 방귀가 대포를 놓은 듯 터져 나오면서 돌멩이가 주 씨의 이마를 냅다 갈기네. 주 씨는 나 죽는다고 길바닥을 데굴데굴 굴렀어. 그래서 저만 아는 이는 제 걱정으로 망하고 제 꾀에 제가 넘어간다고 하는 거지.

(나)

학생 : 선생님, 인물의 마음을 알아보는 과제를 했는데요. 뒷부분에서는 인물의 마음을 알겠는데, 앞부분에서는 잘 모르겠어요.

교사 : 그렇지. 앞부분에서는 인물들 사이의 관계나 사건 등을 통해 인물의 마음을 미루어 생각해야 해서 좀 어렵지. 하지만 뒷부분은 작품 속 인물의 관점에서 서술하고 있어서 그의 마음이 잘 드러나지. 때로는 ㉠<u>이야기하는 이가 인물이 되어 그 인물의 목소리로 서술하고 있어</u>. 이렇게 인물의 마음이 드러나 있는 경우라도 인물의 성격이나 기분 등이 사건과 어떻게 관련되어 있는지 생각해야 해. 그래야 ㉡<u>다른 이가 던져 놓은 말의 그물에 그 인물이 스스로 걸려드는 이야기의 전개 과정</u>을 더 잘 파악할 수 있어. 그런데 이야기를 읽으면서 혹시 모르는 낱말은 없었니?

학생 : 그렇지 않아도 모르는 낱말이 있어 사전을 찾아보았는데요, 사전에도 안 나오는 낱말이 있었어요. '힘겨운 고갯길'에서 '힘겨운'은 사전에서 어떻게 찾아야 하나요?

교사 : 먼저 '힘겨운'에서 낱말의 형태가 바뀌지 않는 부분인 '힘겨우-'를 찾아야 해. 그리고 '힘겨우-'의 기본형을 알아야 해.

학생 : '힘겨우-'의 기본형은 무엇인가요?

교사 : '힘겹다'야. '힘겹-'이 '힘겨우-'로 바뀐 것이지. 이런 유형의 낱말은 기본형을 따로 알아야만 사전에서 찾을 수 있단다.

학생 : 그럼, '힘겨우-'의 기본형인 '힘겹다'를 사전에서 찾으면 되겠군요.

1) ① (가)의 [A]에서 (나)의 ㉠에 해당하는 부분을 찾아 쓰고, ② 그 속에 담긴 인물의 심리를 ㉡의 구체적 내용을 포함하여 서술하시오. [2점]

· ① : _____

· ② : _____

2) 다음은 교사가 수업을 위해 조사한 민담의 특징 중 일부이다. (가)와 부합하지 <u>않는</u> 설명을 찾아 그 문장의 첫 어절과 마지막 어절을 쓰시오. [1점]

민담은 흥미를 추구하면서도 교훈적인 작품이 많다. 이야기의 실재성을 보여주는 증거물은 제시되지 않는다. 사실에 근거를 둔 진실성은 인정되지 않지만, 허구적 진실을 통해 주제를 드러낸다. 주인공은 쉽게 난관을 극복하고 뜻하는 바를 이루는 행운을 얻는다. 부정적 인물은 자신의 이기심이나 어설픈 꾀 때문에 낭패를 당한다. 사건은 일정한 패턴이 반복되는 경우가 많다. 시공간적 배경은 구체적이지 않고 추상적이다.

·

3) (나)의 사전 활용과 관련된 대화를 참고하여 [B]에서 어간만 바뀌는 불규칙활용의 사례를 2가지 찾아 쓰고, 각각의 기본형을 쓰시오. [2점]

·

2019-01 초특

최 교사는 1학년 국어 수업에서 입문기 문자와 발음 지도를 하려고 한다. 물음에 답하시오. [4점]

[교수·학습 과정안]

단계	교수·학습 활동
도입	○ 동기 유발하기 ○ 학습 목표 확인하기 - 낱말을 바르게 소리 내어 읽을 수 있다.
전개	<활동 1> - 사진을 보며 동물의 이름을 말해 봅시다. [거북이 사진] [복어 사진] [악어 사진] <활동 2> - 낱말 카드를 보며 동물의 이름을 읽어 봅시다. [거북이 사진] [복어 사진] [악어 사진] [A] 거북이 복어 악어 <활동 3> - 선생님을 따라 낱말을 읽어 봅시다. - 모두 함께 낱말을 읽어 봅시다. | 거북이[거부기]	복어[보거]	악어[아거] | <활동 4> - 모음을 구별하는 방법을 알아봅시다.

1) 최 교사가 [A]에서 활용하려는 ① 입문기 문자 지도 방법을 쓰고, ② 학습 목표와 <활동 3>을 근거로 이 지도 방법의 장점 1가지를 쓰시오. [2점]

• ① : _____

• ② : _____

2) 다음은 <활동 4>를 지도하기 위해 두 교사가 나눈 대화이다. ① ⓐ에 공통으로 들어갈 내용을 쓰고, ② 이를 바탕으로 모음 'ㅏ, ㅓ, ㅡ'의 상대적 차이를 설명하시오. [2점]

> 최 교사: 김 선생님, 1학년 학생들에게 모음 'ㅓ, ㅜ, ㅡ'를 지도하려고 하는데, 어떻게 지도하는 게 좋을까요?
> 김 교사: 입술의 둥근 정도와 (ⓐ)로 구별해서 지도하는 게 좋겠지요.
> 최 교사: 좋은 생각이군요. 'ㅜ'와 'ㅡ'는 입술의 둥근 정도에 따라 구별하고, 'ㅓ'와 'ㅡ'는 (ⓐ)에 따라 구별하면 되겠네요.
> 김 교사: 네, 그렇죠. 모음 'ㅏ, ㅓ, ㅡ'도 (ⓐ)에 따라 지도하면 되지요.

• ① : _____

• ② : _____

2018-01 초등

다음은 말하기 수업에서 활용할 면담 자료이다. 물음에 답하시오. [4점]

> 학습 목표: 면담의 특성과 주의할 점을 알고 면담의 절차에 따라 면담할 수 있다.
>
> 민　정: 안녕하세요? 면담을 허락해 주셔서 감사합니다.
> 요리사: 네, 찾아와 주셔서 저도 반갑습니다.
> 민　정: 저는 요리사가 되기 위하여 필요한 여러 관련 정보들을 알고 싶어서 요리사님을 찾아뵈었습니다. 그럼, 지금부터 여쭤봐도 될까요?
> 요리사: 네, 궁금한 점이 있으면 무엇이든 물어보세요.
> 민　정: 요리사가 되려면 어떤 과정을 거쳐야 할까요?
> 요리사: 요리 관련 대학에 진학하여 교육을 받는 것이 보편적입니다.
> 민　정: 요리 관련 대학이요? 요리 관련 대학에 대해 좀 더 자세히 말씀해 주실 수 있으세요?
> 요리사: 네, 현재 우리나라에서 요리 관련 학과는……
> …(중략)…
> 민　정: 그런데요. 대학 교육보다는 손재주나 미각이 중요하지 않나요? ⎤
> 요리사: 타고난 재능이 있으……　　　　　　　　　　　　│
> 민　정: 타고난 재능이요?　　　　　　　　　　　　　　　│
> 요리사: 훌륭한 요리사란……　　　　　　　　　　　　　 │ [A]
> 민　정: 타고난 사람이 많죠?　　　　　　　　　　　　　│
> 요리사: 제 말을 끝까지 들어 주면 좋겠어요.　　　　　　│
> 민　정: 아, 죄송합니다.　　　　　　　　　　　　　　　 ⎦
> 요리사: 타고난 재능이 있다면 유리하겠지만 가장 중요한 건 노력이라고 생각해요.
> 민　정: 역시 ㉠<u>노력만큼</u> 중요한 건 없군요. 끝으로, 요리사로서 보람을 느낀 일이 있다면 구체적으로 말씀해 주세요.
> 요리사: 6년 전 제가 섬마을 학교에 가서 음식을 만들어 준 적이 있어요. 그때 학생들이 어찌나 좋아하던지 ㉡<u>주는 만큼</u> 받는 것 같아 행복합니다.
> 민　정: 아, 그러셨군요. 요리사라는 직업에 대해 많은 것을 알게 되었습니다. 지금까지 친절하게 답변해 주셔서 감사합니다.

1) 다음은 위 수업을 위해 계획한 지도 내용이다. [A]에 주목하여 (　) 안에 공통으로 들어갈 말을 쓰시오. [1점]

> 면담 시 지켜야 할 대화 예절을 안내하여 면담의 전개 과정이 성공적으로 이루어질 수 있도록 지도해야겠다. 가령 [A]처럼 대화에서 (　)의 기본 규칙을 어기는 상황이 발생할 수 있는데, 상대의 말을 끝까지 경청하기, 말하는 중간에 끼어들지 않기 등 (　)을/를 지키면서 예의를 갖추고 바른 태도로 대화하는 태도와 습관을 기르도록 해야겠다.

•_____

2) 다음은 면담에 앞서 민정이가 계획한 내용이다. ① 면담 자료를 참고하여 (　) 안에 들어갈 말을 쓰고, ② 민정이가 사용하지 <u>않은</u> 질문을 ⓐ~ⓓ에서 고르시오. [1점]

진행 단계	면담 내용
면담 열기	면담 대상자와 가벼운 인사말 (　　　　　　　　　)
질문하기	ⓐ 구체적 사실 질문 ⓑ 생각이나 느낌을 알기 위한 상술 질문 ⓒ 엄밀한 조사 질문 ⓓ 앞으로의 계획이나 당부 질문
면담 마무리	감사 인사

• ① : _____

• ② : _____

3) 밑줄 친 ㉠과 ㉡의 '만큼'에 적용된 띄어쓰기 원리에 대해 품사를 활용하여 각각 설명하시오. [2점]

• ㉠ : _____

• ㉡ : _____

2018-02 초등

(가)는 읽기와 쓰기가 통합된 연속 차시의 수업에 활용할 제재글이고, (나)는 (가)의 글을 바탕으로 구상한 수업 계획안이다. 물음에 답하시오. [4점]

(가)

콜럼버스 항해의 진실은?

우리는 흔히 '콜럼버스의 신대륙 발견'이라는 표현을 쓰면서 위대한 탐험가 콜럼버스가 아메리카 대륙을 발견하였다고들 한다. 그러나 과연 콜럼버스가 아메리카 대륙을 발견하였다고 할 수 있을까? '발견'은 아무도 살지 않는 비어 있는 땅을 처음 알아내고 상륙하여 개척하였을 때 사용할 수 있는 낱말이다. 그렇다면 콜럼버스가 항해했던 그 시대, 아메리카 대륙은 아무도 살고 있지 않은 비어 있는 땅이었을까?

콜럼버스가 항해 끝에 도착한 아메리카 대륙에는 적어도 수백만 명에서 수천만 명으로 추정되는 많은 사람이 다양하고 수준 높은 문화를 누리면서 넓은 땅 곳곳에 살고 있었다. 그들이 바로 인디언들, 아니 아메리카 원주민들이었다. '인디언'이라는 말은 콜럼버스가 발견한 대륙을 인도라고 믿었기 때문에 붙여진 이름이다. 요즈음에는 '아메리카 원주민'이라고 고쳐 부른다.

그들만의 문화를 형성하며 아메리카 대륙에서 대대손손 살아온 원주민들의 관점에서 보면, 콜럼버스는 초대하지 않은 손님이었다. 초대하지 않은 손님이 갑자기 나타나면서 약탈과 정복이 시작되었다. 콜럼버스와 그 뒤에 밀려든 유럽 사람들은 원주민들의 것을 약탈하였고, 정복을 위해 원주민들의 목숨을 앗아가는 일도 서슴지 않았다. 결국 콜럼버스의 항해는 전통과 문화를 가꾸어 살아오던 원주민들의 삶을 송두리째 앗아 갔다. 이처럼 콜럼버스의 항해는 '신대륙 발견'이 아니라 원주민이 살고 있던 곳을 침범한 '구대륙 침략'이었다.

(나)

학습목표	글쓴이의 관점을 파악하며 글을 읽고, 근거를 들어 주장하는 글을 쓸 수 있다.		
읽기 활동	글의 화제나 대상 파악하기	내용 확인하기	점검·조정하기
	질문을 통해 글쓴이의 관점 파악하기	추론하기	
	글쓴이의 관점 평가하기	비판하기	
쓰기 활동	글쓴이의 관점과 나의 관점 비교하기	아이디어 생산하기 자료·매체 활용하기	
	자신의 관점 새롭게 정하고 주장 세우기		
	자신의 주장에 대한 근거 찾기		
	㉠ 근거를 들어 주장하는 글 쓰기	표현하기 고쳐쓰기	
	쓴 글을 친구들과 서로 공유하기/발표하기/출판하기	㉡	

1) 다음은 (가)를 활용하여 글쓴이의 관점을 파악하는 방법을 가르치고자 개발한 수업 자료이다. ⓐ에 들어갈 말을 쓰고, ⓑ에 들어갈 말을 (가)에서 찾아 쓰시오. [2점]

관점 파악하기 위한 질문	질문에 대한 답
글쓴이는 글의 (ⓐ)을/를 왜 이렇게 붙였을까요?	콜럼버스에 관한 글쓴이의 새로운 관점을 질문 형식으로 제시하여 독자의 관심을 유도하기 위해서
글쓴이가 글에서 알려 주고 있는 내용은 무엇인가요?	콜럼버스의 신대륙 발견의 진실은 인류 문명 발전의 위대한 성취가 아니라 구대륙의 침략이었다.
글쓴이의 관점을 잘 나타내는 표현은 무엇인가요?	신대륙 발견 / 구대륙 침략 인디언 / 아메리카 원주민 아무도 살고 있지 않은 땅 / 다양하고 수준 높은 문화의 땅 위대한 탐험가 콜럼버스 / ⓑ

• ⓐ : _____
• ⓑ : _____

2) 다음은 (나)의 ㉠ 활동을 마치고 교사와 학생이 나눈 대화이다. 쓰기 윤리에 대한 지도 내용을 고려하여 ( ) 안에 들어갈 교사의 답변을 쓰시오. [1점]

학생: 선생님, 콜럼버스에 대한 자료를 찾아서 글을 써 봤어요. 그런데 인터넷이나 책에서 필요한 내용을 그대로 베껴서 쓴 부분이 있어서 마음에 걸려요. 이럴 때는 어떻게 하면 되나요?

교사: 좋은 질문이에요. 인터넷, 책, 신문 등의 자료에서 내용을 그대로 베껴 쓰면 쓰기 윤리를 어기게 돼요. 글쓴이의 저작권을 보호하면서 자료를 활용하려 글을 쓰는 방법은 ( ).

• _____

3) 2015 개정 국어과 교육과정의 쓰기 영역 내용 체계에 제시된 기능 항목에 근거하여 (나)의 ㉡에 들어갈 말을 쓰시오. [1점]

• _____

2018-03 초등

(가)는 『형이 형인 까닭은』이라는 문학 작품의 일부이고, (나)는 (가)를 활용한 수업 협의 내용이다. 물음에 답하시오. [3점]

(가)

"히잉, 남이는 데려가면서."
"남이가 뭐니? 형이라고 부르라니까. 그리고 형은 곧 입학하잖아. 새 가방이랑 새 옷을 사야 된단다."
이야, 부러워. 동이는 침을 꼴깍 삼키며 형을 쳐다보았어요. 엊그제까지만 해도 나란히 유치원을 다녔는데, 형은 이제 학생이 된대요.
아무것도 사 달라고 떼쓰지 않기로 약속하고, 동이도 시장에 갔어요.
동이는 심통이 나서 졸랐어요.
"엄마, 나도 학교 갈 테야."
"그건 안 돼."
"왜 안 돼? 형이랑 나랑 키도 비슷한데."
"키 순서로 입학하는 게 아니야. 나이 순서로 가는 거지."
동이는 엄마를 쳐다보며 원망스럽게 말했어요.
"엄만 나부터 낳지 왜 형부터 낳았어!"
"뭐, 라, 고?"
그날 밤 동이는 자다가 오줌이 마려웠어요.
화장실에 가서 시원하게 쉬를 했지요.
어어, 그런데 이상하게 바지가 뜨듯해요.
눈을 떠 보니 잠옷과 이불이 흠뻑 젖었어요.
화장실에 간 꿈을 꾸었던 거예요.
동이는 어쩔 줄 몰라서 형을 쳐다보았어요.
"혀엉......, 나 어떡하지?"
"괜찮아, 괜찮아."
남이는 동이의 젖은 옷을 벗기고, 속옷을 찾아 와 갈아입혀 주었어요.
젖은 이불은 둘둘 말아서 세탁실에 갖다 놓고 새 이불을 펴 주었어요.
따스한 이불 속에서 동이는 생각했어요.
'만약 형이 오줌을 쌌다면 난 어떻게 했을까?'
엄마, 형 좀 보래요! 큰 소리로 엄마를 불렀겠지요.
알나리깔나리 오줌 쌌대요! 몇 날 며칠을 놀려 댔겠지요.
형이 형인 까닭은 바로 형답기 때문이었어요.

(나)

김 교사: 박 선생님, 며칠 전에 『형이 형인 까닭은』이라는 작품으로 수업을 하셨지요?

박 교사: 네, '이야기를 읽고 인물의 마음을 말할 수 있다'라는 목표로 수업을 했어요. '인물의 마음 알기' 활동을 할 때 문장 카드를 사용했어요. 이건 동이의 마음을 알기 위해 사용한 문장 카드 자료입니다.

[A]
| 동이는 침을 꼴깍 삼키며 형을 쳐다보았어요. | "왜 안 돼? 형이랑 나랑 키도 비슷한데." | "엄만 나부터 낳지 왜 형부터 낳았어!" | 동이는 어쩔 줄 몰라서 형을 쳐다보았어요. |

김 교사: 이 자료로 학생들이 동이의 마음을 잘 파악할 수 있었겠군요.

박 교사: 네, 인물의 마음을 파악하는 데 도움이 되었어요. 그리고 반응 심화하기 단계에서는 '다른 작품과 관련짓기' 활동을 적극적으로 하면 좋겠어요. 예를 들어, 『원숭이 오누이』처럼 남매간의 우애를 권장하는 작품과 관련짓거나 『흥부와 놀부』처럼 형제가 이야기의 중심이 되는 작품을 활용할 수 있겠지요. 이런 작품을 활용하면 이번 차시에 배운 작품과 (㉠), (㉡)을/를 바탕으로 관련짓는 것이지요.

김 교사: 꼭 해 봐야겠어요. 그리고 학생들에게 사건을 바탕으로 이번 차시에 배운 작품을 다른 작품과 관련 지어 보라고 하면 어떨까요?

박 교사: 그것도 좋은 생각이군요. 지난 학기에 배운 『욕심쟁이 딸기 아저씨』처럼 처음에는 다투다가 나중에 화해하는 사건이 나오는 작품을 관련지어 활동하면 좋겠어요.

김 교사: 이렇게 수업에서 '다른 작품과 관련짓기' 활동을 할 때, (㉠), (㉡), 사건뿐만 아니라 제재와 소재, 배경도 관련지으면 학생들의 문학 작품에 대한 이해도를 높일 수 있겠어요.

박 교사: 물론입니다. 학생들의 반응을 심화하고 확장할 수 있는 좋은 기회가 되겠지요.

1) (나)의 [A]를 활용하여 '인물의 마음 알기' 활동을 할 때 ① 학생들에게 지도할 주된 내용을 쓰고, ② (가)에서 남이의 마음이 드러난 문장 1개를 찾아 쓰시오. [2점]

• ① : _____

• ② : _____

2) (나)의 ㉠, ㉡에 들어갈 말을 각각 쓰시오. [1점]

• ㉠ : _____

• ㉡ : _____

2018-01 초특

(가)는 김 교사가 설계한 수업 계획이고, (나)는 '활동 1'을 수행한 학생 글이며, (다)는 '활동 2'를 위해 학생에게 제시한 점검 기준표와 교사의 조언이다. 물음에 답하시오. [4점]

(가)

학습 목표	설명하는 글을 쓰고 점검하여 고쳐 쓸 수 있다.
주요 활동	활동 1. 대상에 대하여 설명하는 글쓰기
	활동 2. 자신의 글 점검하기
	활동 3. 자신이 쓴 글 고쳐 쓰기

(나)

비슷하지만 서로 다른 운동화

사람들은 운동화가 다 비슷하다고 생각한다. 그리고 운동화도 종류에 따라 그 기능이 다양하다. 운동화의 기능에 따른 특징을 살펴보겠다.

[A] 농구화는 발목 부분을 감싸서 발목 부상을 막아준다. 농구 선수가 경기 중 점프를 많이 하기 때문이다. 그래서 착지할 때 충격을 줄여주는 농구화를 신는다.

[B] 축구화는 밑창에 돌출된 부분이 있어 잘 미끄러지지 않게 한다. 축구 선수가 경기 중 뛰다가 갑자기 방향을 바꾸는 경우가 많기 때문이다. 그래서 미끄러지지 않고 방향 전환할 수 있는 축구화를 신는다.

[C] 등산화는 색깔이 다양하고 가격이 비싸서 인기가 많다. 사람들이 주말에 주로 산에 가기 때문이다. 그래서 사람들은 빨간색과 노란색처럼 화려한 색을 좋아한다.

[D] 런닝화는 다른 운동화에 비하여 가벼워서 피로를 줄여준다. 오랜 시간 뛸 때 발이 편해야 하기 때문이다. 그래서 먼 거리를 달릴 때 런닝화를 신으면 좋다.

지금까지 우리는 기능별로 알아보았다. 운동화의 기능을 잘 활용하면 운동 효과를 높일 수 있다. 그러니까 기능에 맞는 운동화를 잘 활용하면 좋겠다.

(다)

점검 수준	점검 기준	교사의 조언
(㉠)	주제에 알맞은 내용을 썼는가?	(㉡) 문단은 삭제해야겠어.
	처음, 가운데, 끝의 짜임을 갖추고 있는가?	짜임에 맞게 잘 썼어.
문단	중심 문장을 뒷받침하는 문장은 적절한가?	뒷받침하는 문장을 잘 썼어.
	문장과 문장의 연결이 자연스러운가?	첫 줄에 '그리고'를 쓰면 문장 연결이 어색해.
문장과 낱말	꼭 필요한 문장 성분을 갖추었는가?	이 문장에는 (㉢)이/가 빠져 있어.
	잘못 쓴 글자나 낱말은 없는가?	'살펴보겠다'는 맞춤법에 안 맞아.

1) 김 교사가 수업에서 가르쳐야 할 고쳐쓰기 지도 내용에 맞게 ㉠에 들어갈 말을 한 단어로 쓰고, [A]~[D] 중 ㉡에 들어갈 기호를 쓰시오. [2점]

· ㉠ : _____
· ㉡ : _____

2) (나)의 밑줄 친 문장을 고쳐 쓰도록 지도하려고 한다. ㉢에 들어갈 문장 성분의 종류를 쓰시오. [1점]

· _____

3) 다음은 '활동 3'을 마친 후 예비 교사와 김 교사의 대화 내용과 이를 바탕으로 두 교사의 수업 활동을 비교한 표이다. ( )에 들어갈 단어를 쓰시오. [1점]

김 교사 : '자신이 쓴 글 고쳐 쓰기' 활동은 어떻게 하셨어요?
예비 교사 : 고쳐 쓴 글을 저에게 제출하라고 했어요. 그런데 다시 쓰라고 하니 학생들이 귀찮아하네요.
김 교사 : 자기 글을 교사만 읽어 본다고 생각해서 그래요.
예비 교사 : 선생님께서는 어떻게 하셨나요?
김 교사 : 고쳐 쓰기 전에 학생들이 고쳐 쓴 글을 교실에 게시하겠다고 미리 알렸어요. 글을 게시한 뒤에는 모든 글을 읽어 보고 서로 칭찬하는 시간을 가졌어요.
예비 교사 : 아, 저도 그렇게 해 봐야겠어요. 그러면 학생들이 더 적극적으로 고쳐 쓰고 싶어 하겠어요.

	학생 활동	글의 독자
예비 교사	고쳐 쓴 글을 교사에게 제출함.	교사
김 교사	고쳐 쓴 글을 교실 게시판에 게시함.	교사, ( )

· _____

2017-01 초등·초특 공통

(가)는 학급 회의의 일부이고, (나)는 (가)의 결과를 바탕으로 두 학생이 작성한 편지의 일부이다. 물음에 답하시오. [4점]

(가)

사회자 : 지금부터 제3회 학급 회의를 시작하겠습니다. 먼저 국기에 대한 경례를 하겠습니다. (경례 후) 애국가는 생략하겠습니다. 지난주 국어 시간에 남수단에 사는 10살 도나티의 동영상을 보았습니다. 도나티는 가족을 위해 숯을 굽고 팔아야 해서 학교에도 제대로 다니지 못하고 몽당연필 하나로 어렵게 공부하고 있었습니다. 이 영상을 보고 나눔을 실천하자는 여러 학생의 제안이 있었습니다. 그래서 이번에는 도나티가 다니는 학교 학생들을 도울 수 있는 방법에 대해 회의하겠습니다. 의견이 있으면 발표해 주시기 바랍니다.
대　현 : 제게 좋은 생각이 있습니다. 우리가 가지고 있는 학용품을 나눠 주면 좋겠습니다.
수　경 : 저도 같은 생각입니다. 사실 우리 반에는 버려지는 연필이나 색종이가 많습니다.
호　열 : 우리 집에도 쓰지 않은 연필깎이와 공책들이 있으니 가져올 수 있습니다.
지　은 : 학용품도 좋지만 이왕이면 공부에 도움이 되도록 컴퓨터를 사 주는 것은 어떨까요?
대　현 : 컴퓨터를 사려면 돈이 많이 필요한데 우리는 그럴 돈이 없습니다.
지　은 : 그렇긴 하죠. 저는 그냥 도나티를 도울 수 있는 방법이 떠올라 발표한 것입니다. ┐
　　　　　　　　…(중략)…　　　　　　　　　　　　[A]
사회자 : '도나티를 돕기 위해 학용품을 기부하자.'라는 의견에 대한 표결을 하겠습니다. (표결 후) 우리 반 삼십 명 중에서 과반수가 넘는 스물네 명이 찬성하여 '학용품을 기부하기'로 결정하겠습니다.

(나)

[학생 1]
만난 적은 없지만 따뜻한 마음을 지닌 친구, 도나티에게
안녕, 나는 대한민국에 사는 너의 또래 친구 수경이야. 나는 사실 아무 걱정 없이 학교를 다닐 수 있는데도 가끔 공부하기 싫어서 부모님께 투정 부리기도 했어. 그런데 힘든 가운데서도 가족을 위하는 너를 보니 내가 참 부끄럽고 네가 정말 대단하다고 느꼈어.

[학생 2]
도나티에게
안녕, 난 대한민국에 사는 대현이라고 해. 어린 나이에 돈을 벌기 위해 뜨거운 숯을 굽는 걸 보고 참 불쌍해. 난 가난이 정말 싫어. 내가 남는 학용품을 보내 줄 테니 잘 썼으면 좋겠다.

---

1) 다음은 사회자 역할을 맡은 학생이 (가)의 학급 회의를 진행하기 위해 조사한 자료이다. ① ⓐ에 들어갈 용어를 쓰고, ② ⓑ의 이유를 쓰시오. [1점]

> 학급 회의는 일정한 절차와 방법에 따라 이루어진다. 사회자는 회의의 시작, 표결, 끝을 알리는 등 정해진 회의 절차에 따라야 한다. 또한 의견을 제시하고자 하는 학생들을 확인하여 순서대로 이야기할 수 있도록 (ⓐ)을/를 주는 역할을 한다. 예를 들어 한 번도 발표하지 않은 학생과 자주 발표한 학생이 동시에 의견을 제시하려고 하는 경우에는 ⓑ이전에 발표하지 않은 학생을 지명하는 것이 좋다.

- ① : _____
- ② : _____

2) 다음은 학급 회의를 마치고 [A]에 대해 교사와 지은이가 나눈 대화이다. 의견을 제시할 때 주의할 점을 고려하여 ⓐ에 들어갈 지도 내용을 쓰시오. [1점]

> 지은 : 선생님, 대현이 말이 맞아요. 그런데 적절한 제안을 하려면 어떤 점에 주의해야 하나요?
> 교사 : 회의에서 의견을 말할 때는 (ⓐ)

- _____

3) 다음은 '마음을 표현하는 글쓰기'를 지도하기 위한 교사들의 협의 내용이다. (나)를 참고하여 ⓐ, ⓑ에 들어갈 내용을 쓰시오. [2점]

> 김 교사 : 학생 1과 학생 2의 글은 어려운 상황에 처한 친구를 응원하는 마음을 편지로 표현한 것이에요.
> 이 교사 : 학생들이 쓰기 상황을 파악하는 데 어려움을 겪는 경우가 많은데 두 학생 모두 누구에게 마음을 전해야 하는지는 파악하고 있네요.
> 김 교사 : 맞아요. 학생들은 도나티와 서로 모른다고 생각해서 편지에 공통적으로 (ⓐ)을/를 밝히고 있어요.
> 이 교사 : 네, 이것은 형식과도 관련이 있고요. 그런데 학생 1의 글에 비해 학생 2의 글에서 미숙한 필자의 특성이 나타나네요.
> 김 교사 : 네, 미숙한 필자는 (ⓑ) 경향이 있어요. 자기가 하고 싶은 말만 하지요. 그렇기 때문에 학생들에게 쓰기가 필자와 독자의 상호작용이라는 점을 지도할 필요가 있어요.

- ⓐ : _____
- ⓑ : _____

2017-02 초등

(가)는 4학년 국어 읽기와 문법이 통합된 연속 차시 수업에 활용할 자료이고, (나)는 (가)의 읽기 자료 로 '활동 1'을 지도하기 위해 읽기 기능에 따른 학습 활동을 구상한 내용이다. 물음에 답하시오. [4점]

(가)

학습 목표 및 활동

학습 목표	지식과 경험을 활용하여 글을 읽고, 글에 나타난 낱말을 만들어진 방법에 따라 분류할 수 있다.	활동 1	지식과 경험을 활용하여 글 읽기
		활동 2	낱말 확장 방법에 따라 낱말 분류하기
		활동 3	상황에 맞게 높임말 사용하기

읽기 자료

목화와 의생활

의복이 우리 삶에 미치는 영향은 여러 가지로 나타납니다. 의복은 외부 환경으로부터 몸을 보호하는 수단이 되기도 하고, 아름다움을 드러내는 수단이 되기도 합니다.

[A] 고려 시대 이전, 우리나라의 일반 백성들은 주로 삼베나 모시로 옷을 만들어 입었다고 합니다. 삼베나 모시는 바람이 잘 통하여 여름에는 시원하였으나, 겨울에는 추위를 막아낼 수 없었습니다. 가죽으로 추위를 막을 수 있는 옷을 만들 수 있었지만, 값이 비싸 일반 백성들이 입기는 어려웠습니다.

우리나라에 목화가 들어온 것은 고려 시대 사람인 문익점 덕분입니다. 문익점은 원나라에 다녀오는 길에 목화씨를 몰래 가지고 들어왔습니다.

문익점은 목화 재배법을 개발하여 전국에 널리 알렸습니다. 목화가 널리 전해지면서 일반 백성들의 옷은 목화로 짠 무명으로 바뀌게 되었습니다. 그리고 목화로 이불을 만들어 겨울을 따뜻하게 보낼 수 있게 되었습니다. 나라에서는 무명이 삼베보다 부드럽고 삼베를 만들 때보다 힘이 덜 들어서, 목화 재배를 적극적으로 지원하였습니다. 목화가 널리 퍼지면서 백성들의 의생활은 변화를 맞게 된 것입니다.

…(하략)…

(나)

읽기 기능	학습 활동
내용 확인	• (㉠)
추론	• ㉡ 의복이 몸을 보호하는 수단이라는 말의 다양한 의미 떠올려 보기 • ㉢ 문익점이 목화 재배법을 사람들에게 널리 알리게 된 이유 생각해 보기
평가 및 감상	• ㉣ 목화 재배로 이전에 비해 달라진 백성들의 의생활 파악하기 • ㉤ 문익점이 목화씨를 몰래 가지고 온 행동의 옳고 그름 판단해 보기

1) (가)의 [A]를 활용하여 (나)의 ㉠에 들어갈 '학습 활동' 1가지를 만들어 쓰시오. [1점]

• _____

2) (나)의 ㉡~㉤ 중, 해당 '읽기 기능'에 대한 '학습 활동'으로 적절하지 않은 것을 찾아 기호와 그 이유를 쓰시오. [1점]

• _____

3) 다음의 ⓐ에 해당하는 사례를 (가)의 읽기 자료 에서 찾아 그중 가장 먼저 나타난 단어를 쓰시오. [1점]

> 국어의 단어 확장 방법에는 '돌다리', '검푸르다' 등과 같이 어근과 어근이 결합하여 새로운 단어를 만드는 방법과 '풋과일', '뽑히다' 등과 같이 ⓐ어근에 접사가 결합하여 새로운 단어를 만드는 방법이 있다.

• _____

4) 다음은 (가)의 '활동 3'에서 활용할 자료이다. ① ⓐ에 적용된 상대 높임법의 종류를 쓰고, ② 이 상대 높임법의 사용 상황을 화자와 청자의 관계 측면에서 설명하시오. [1점]

> 문익점은 목화씨를 김 서방에게 건네며 말하였습니다.
> ⓐ"이보게, 김 서방. 이것이 무엇인지 아는가? 목화씨라네. 겨울을 따뜻하게 보낼 수 있을 터이니 강 건너 밭에 심도록 하게."
> "알겠사옵니다. 나리."
> 김 서방은 목화씨를 받으며 고개를 갸웃거렸습니다.

• ① : _____
• ② : _____

2017-03 초등

(가)는 김 교사가 수업에 활용할 옛이야기 자료이고, (나)는 (가)를 분석한 내용의 일부이다. 물음에 답하시오. [3점]

(가)

옛날 옛적, 어느 산골에 나무꾼이 홀어머니랑 단둘이 살았어. 그날도 나무꾼이 여느 때처럼 나무를 하는데 숲이 너무 깊어 무서웠지만 두 식구 입에 풀칠이라도 하려면 어쩔 수 없었어. 그때, 어디선가 부스럭거리는 소리가 나더니 집채만 한 호랑이가 불쑥 나타나, 입을 쩍 벌리고 다가오네. 나무꾼은 깜짝 놀랐지만 정신을 바짝 차렸어. 순간 번개처럼 한 가지 생각이 떠올랐어.
"아이고, 형님! 이제야 뵙는구려."
이번에 호랑이가 깜짝 놀랐어.
"이놈, 넌 사람이고 난 호랑인데, 형제라니? 무슨 헛소리냐?"
"우리 어머니가 본디 아들을 둘 낳았는데, 형님이 호랑이 탈을 쓰고 나와 집에서 못 기르고 산으로 보냈지요. 어머니는 날마다 형님 생각에 눈물로 밤을 샌다오."
호랑이는 자기가 누구의 아들인지 모르고 있었는데, 나무꾼의 말을 들어 보니 자기가 정말 사람의 아들인 것도 같았어. 이 기미를 알아차린 나무꾼이 앞발을 덥석 잡고,
"그러니 이 길로 어머니를 뵈러 갑시다."
"그럴 수는 없다. 이 꼴을 하고 어머니를 어찌 뵙겠어?"
…(중략)…
나무꾼은 호랑이가 어찌 되었나 궁금해 처음 호랑이를 만났던 곳으로 가 보았어. 그랬더니 그곳에 새끼 호랑이들이 몇 마리 놀고 있는데, 모두 꼬리에 누런 베 헝겊을 달고 있지 뭐야. 나무꾼은 하도 신기해서 물었어.
"얘들아, 꼬리에 단 건 무어냐?"
"아버지가 돌아가셔서 상(喪)을 치르는 거예요."
"부모가 돌아가시면 그걸 다는 건 어찌 알았누?"
"아버지요. 우리 아버지는 원래 사람의 아들이었대요. 그래서 할머니 살아 계실 때는 보름마다 산돼지를 잡아다 드리곤 했는걸요. 근데 얼마 전 할머니가 돌아가신 걸 알고는 꼬리에 헝겊을 달고 석 달 열흘 내내 슬피 우셨죠. 그동안 아무것도 드시지 못하더니 며칠 전 그만 돌아가시고 말았어요."
나무꾼은 안타까움과 부끄러움에 그만 말문이 막혔어. 나무꾼은 호랑이 형님을 어머니 산소 곁에 고이 묻어 주고 진짜 형님에게 하듯 제사도 지내고 벌초도 했대.
자, 어때? 이래도 짐승이 사람만 못해? '짐승 같은 놈'이란 말 이젠 함부로 못 하겠지?

(나)

이번 수업의 주안점은 '작품 속 세계와 현실 세계의 공통점과 차이점 알기', '작품 속 인물의 생각과 행동을 나와 견주어 이해하고 평가하기'를 통합하여 작품의 주제를 탐색하는 데 있다. 이 이야기의 작품 속 세계와 현실 세계와의 공통점은 나무꾼을 통해 나타난다. 그는 어머니를 모시고 살며 일을 해야 먹고 살 수 있는, 현실에서 쉽게 찾을 수 있는 사람이다. 반면 이 이야기의 작품 속 세계와 현실 세계와의 차이점은 호랑이를 통해 나타난다. 이야기에서 호랑이는 사람처럼 말을 하고 정을 느끼기도 하는 가공의 존재이다. 호랑이는 나무꾼을 만난 뒤 ㉠<u>인간적 가치를 실천하는 존재</u>로 변화한다. 호랑이의 이러한 변화를 보고 나무꾼은 자신을 되돌아본다. 이 이야기의 독자들도 '내가 누구냐'보다는 '내가 무엇을 추구했느냐'가 중요함을 깨닫고 자신을 돌아보게 된다. 이러한 과정을 통하여 독자는 ㉡<u>이 작품의 주제</u>에 다가가게 된다.

1) (가)에서 알 수 있는 ① (나)의 ㉠이 무엇인지 쓰고, ② 그것을 구체적으로 실천한 호랑이의 행동 2가지를 쓰시오. [2점]

- ① : _____
- ② : _____

2) (나)의 ㉡이 '이야기하는 이'의 목소리로 드러난 부분을 (가)에서 찾아 쓰시오. [1점]

- _____

2016-01 초등

(가)는 최 교사가 6학년 '연설하기' 수업에서 활용한 연설문이고, (나)는 교수·학습과정안의 일부이다. 물음에 답하시오. [3점]

(가)

> 여러분은 종이컵 1톤을 만드는 데 20년생 나무 20그루가 필요하다는 것을 알고 있습니까? 우리가 편리하게 사용하였던 일회용품이 지구를 병들게 하고 있습니다. 환경을 위하여 일회용품 사용을 줄입시다.
> …(중략)…
> 대부분의 일회용품은 오랫동안 썩지 않아 환경을 오염시킵니다. ㉠혹시 종이컵이 땅속에서 썩는 데 얼마나 오랜 시간이 걸리는지 아십니까? 종이컵은 땅속에서 썩는 데 20년이 걸리고, 스타이로폼 도시락은 500년이 걸린다고 합니다.
> …(하략)…

(나)

학습 목표	자신이 쓴 연설문을 바탕으로 하여 연설할 수 있다.
학습 내용	교수·학습 활동
연설문 쓰기	○ 연설하고 싶은 주장을 정하여 쓸 내용을 떠올려 봅시다. ○ 주장의 타당성을 생각하며 연설문을 써 봅시다.
연설을 위한 계획 세우기	○ 연설할 때 주의할 점을 알아봅시다. – 표정, 몸짓, 목소리의 크기 등을 생각하며 말한다. ○ 연설할 때 비언어적, 반언어적 표현을 어떻게 활용할지 계획을 세워 봅시다.
연설하기 및 평가하기	○ 연설 계획대로 친구들 앞에서 연설하여 봅시다. ○ 친구들의 연설을 듣고 잘한 점과 부족한 점을 찾아 말하여 봅시다. – 연설을 듣고 주장의 타당성을 판단한다. – 연설하는 모습이 적절한지 판단한다.

1) 말하는 이의 의도를 고려하여 (가)의 ㉠과 다음 대화 ⓐ의 차이점을 쓰시오. [1점]

> A : 스타이로폼 도시락은 땅속에서 썩는 데 굉장히 오랜 시간이 걸린다고 하던데요.
> B : 예, 그래요. 약 500년 정도 걸려요.
> A : 그럼, ⓐ혹시 종이컵이 땅속에서 썩는 데 얼마나 오랜 시간이 걸리는지 아십니까?
> B : 네. 종이컵은 땅속에서 썩는 데 약 20년 정도 걸립니다.
> A : 아, 그렇군요.

• _____

2) 다음은 최 교사가 수업 후 수석교사와 나눈 대화의 일부이다. (나)를 참고하여 ⓑ와 ⓒ에 들어갈 용어를 쓰시오. [2점]

> 최 교사 : '연설하기' 수업은 참 어려웠어요. 학생들이 연설을 듣고 주장의 타당성을 파악하지 못하고, 주장하는 내용을 확인하고 이해하는 수준에 머무르는 것 같아요.
> 수석교사 : 아, 그러니까 학생들이 연설을 듣고 자신의 신념이나 가치관에 따라 내용을 분석하고 판단하는 (ⓑ) 듣기를 하지 못하고, 사실적 듣기나 추론적 듣기에 그쳤다는 거네요. 연설을 듣기 전에 주장의 타당성을 판단하는 기준을 미리 안내해 주었으면 좋았을 텐데요.
> 최 교사 : 그걸 미처 생각하지 못했네요. 그런데 선생님, 연설하는 모습을 보면서 순간적으로 비언어적, 반언어적 표현을 포착하여 진단하고 조언하는 것도 쉬운 일이 아니었어요. 좋은 방법이 없을까요?
> 수석교사 : 선생님, (ⓒ)을/를 써 보면 어떨까요? 이 방법은 다소 번거롭고 시간이 걸리지만, 연설하는 모습을 언제든지 반복하여 보면서 학생들의 강점과 약점에 대한 다양한 정보를 제공해 줄 수 있어요.

• ⓑ : _____

• ⓒ : _____

2016-02 초등

(가)는 4학년 국어 수업 자료이고, (나)는 민수의 중심 생각 찾기 과정을 사고 구술한 자료이다. (다)는 교사가 일반적인 중심 생각 찾기 과정에 비추어 민수의 사고 구술을 분석한 자료이다. 물음에 답하시오. [4점]

(가) 수업 자료

> **본시 학습 목표**
> 글을 읽고 중심 생각이 잘 드러나게 내용을 정리할 수 있다.
>
> **읽기 자료**
>
> ### 이가 없는 동물
>
> 우리가 아는 동물은 대부분 이가 있다. 동물은 이로 먹이를 잡거나 씹어서 삼킨다. 그러나 이가 없는 동물도 많이 있다. 이가 없는 동물도 저마다 다른 방법으로 먹이를 먹는다.
>
> 부리를 이용하여 먹이를 먹는 동물이 있다. 독수리는 튼튼하고 끝이 갈고리처럼 구부러진 부리로 먹이를 찢어 먹는다. 딱따구리는 가볍고 단단한 부리로 구멍을 파 나무에 숨어 있는 곤충을 잡아먹는다.
>
> 혀로 먹이를 잡거나 먹는 동물도 있다. 카멜레온은 곤봉처럼 생긴 아주 긴 혀를 총처럼 쏘아서 벌레를 잡아 삼킨다. 달팽이는 치설이라고 하는, 강판처럼 거친 혀로 잎이나 꽃을 갉아 먹는다.
>
> 입으로 먹이를 빨아들이거나 물과 함께 마시는 동물도 있다. 바다에 사는 해마는 기다란 주둥이 끝에 달린 진공청소기처럼 생긴 긴 입으로 아주 작은 먹이를 빨아들인다. 흰긴수염고래와 같이 고래수염이 있는 고래들은 크릴새우를 바닷물과 함께 마신다.

(나) 민수의 중심 생각 찾기 사고 구술 자료

> 이 글에는 '이', '없는', '동물', '먹이', '먹는다'가 자주 나오므로 이가 없는 동물의 먹이 먹는 것에 대하여 이야기하고 있다. 1문단은 '우리가 아는 동물은 대부분 이가 있다.'가 첫 문장이니까 중심 문장이고, 나머지 문장은 중심 문장을 보충하는 문장이다. 중심 내용은 우리가 아는 동물은 대부분 이가 있다는 것이다. 2문단은 '부리를 이용하여 먹이를 먹는 동물이 있다.'가 첫 문장이니까 중심 문장이고, 뒤에 오는 두 문장은 부리를 이용하여 먹이를 먹는 동물의 예를 든 것이다. 따라서 중심 내용은 부리를 이용하여 먹이를 먹는 동물이 있다는 것이다. 같은 방법으로 살펴보면 3문단의 중심 내용은 혀로 먹이를 잡거나 먹는 동물도 있다는 것이고, 4문단의 중심 내용은 입으로 먹이를 빨아들이거나 물과 함께 마시는 동물도 있다는 것이다. 이를 바탕으로 하여 중심 생각을 정리해보면, '우리가 아는 동물은 대부분 이가 있고 부리로 먹는 동물도 있다. 그리고 혀로 잡거나 먹는 동물도 있고, 입으로 빨아들이거나 물과 함께 마시는 동물도 있다.'이다.

(다) 교사가 민수의 사고 구술을 분석한 자료

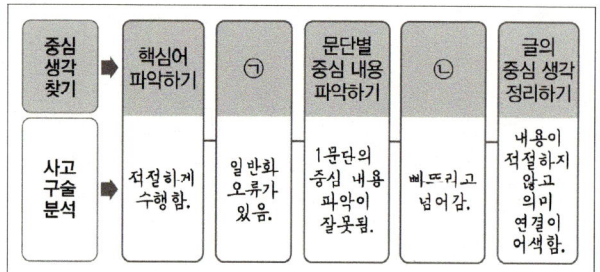

1) (나)를 참고하여 ㉠에 들어갈 활동을 쓰시오. [1점]

• _____

2) (나)에 나타난 일반화 오류에 대한 지도 내용을 구체적으로 쓰시오. [1점]

• _____

3) (나)를 참고하여 ① ㉡에 들어갈 활동을 쓰고, ㉡을 고려하여 ② (가)의 '읽기 자료'를 분석하시오. [2점]

• ① : _____
• ② : _____

2016-03 초등

(가)는 6학년 국어 수업의 학습 목표와 제재 글이고, (나)는 수업 후 학생이 쓴 독서 감상문이다. 물음에 답하시오. [4점]

(가) 학습 목표와 제재 글

학습 목표	▷ 작품 속 말하는 이가 누구인지 생각하며 이야기를 읽을 수 있다. ▷ 혼동되는 표기나 발음에 주의하며 독후감을 쓸 수 있다.
제재 글	…(상략)… 엄마는 화를 못 참겠는지 그만 내 등짝을 따갑도록 착 때렸습니다. ㉠나는 할 말은 없지만 "내만 그런 기 아인데, 씨가. 그리고 감자하고 살구하고 같나, 씨가." 이렇게 한번 투덜거려 보았습니다. 그랬더니 "호철이 이놈, 그래도 할 말은 있는가 보네! 어데 자꾸 구시렁대노!" [A] 엄마는 이러며 내 등짝을 한 차례 더 착 때렸습니다. "어쨌든지 장독이나 물어내게! 아이고, 살구나무를 볏 뿌리든지 무슨 수를 내야지 장차 장독이 안 남돌겠네!" 이러며 일산 할머니는 횡 가 버렸습니다. 이튿날, 뒤 뜸 일산 할머니가 우리 집을 또 찾아왔습니다. "우니 띠기 있는가?" "아이고, 뒤 뜸 할머니 오셨습니까? 안 그래도 장독을 하나 사 드리든지 돈으로 드리든지 해야 하는데 요새 돈이 ㉡씨가 말랐습니다. 조금만 더 기다려 주세요, 할머니에." "이거나 받게. 살구를 다 땄뿌렸네." "아이고, 할매예, 장독 깬 것도 못 물어 줬는데 살구를 이래 많이 줍니꺼!" "야, 이 사람아. 그때는 내가 성이 나가 할 소리 못 할 소리 막 했네. 아들이 살구가 오죽 먹고 싶으마 그랬겠노." "아이고, 할매예! 죄송스러버서 우째꼬요?" 엄마는 미안해 어쩔 줄 몰라 했습니다. 나는 가슴을 쓸어내렸습니다. 뒤 뜸 할매가 사립문 나서는 걸 보고 '할매예, 고맙습니더. 할매예, 고맙습니더……' 열 번도 더 되뇌었습니다. 그리고 마음으로 절도 열 번은 더 했지요.

(나) 학생의 독서 감상문

'살구가 익을 무렵'을 읽고

…(중략)…

다음날 칠산 할머니는 살구를 들고 다시 찾아와 어제는 화가 많이 나서 그랬다며 장독을 안 물어 줘도 된다고 하셨다. 호철이는 '할매, 고마워요.' 하며 마음으로 절을 열 번이 더 했다.

㉢호철이 엄마의 '돈이 씨가 말랐다.'라고 한 말이 재미있었는데, 우리 할머니도 종종 그런 말씀을 하신다. 호철이가 자신의 잘못을 용서받은 후 마음속으로 열 번 절하는 부분이 인상 깊었다. 칠산 할머니를 생각하면 시골에 계신 우리 할머니가 생각난다. 우리 할머니는 표현을 잘 하시지는 않지만, 정이 많은 분이시다. '할머니, 여름 방학에 뵈요.' 여름 방학이 되면 아버지께 할머니 댁에 다녀오자고 해야겠다.

1) 다음은 교사가 '작품 속 말하는이'를 지도하기 위해 (가)의 [A] 부분을 바꾸어 쓴 글이다. (가)의 ㉠과 다음의 ⓐ가 각각 누구인지 쓰시오. [1점]

> 울미댁은 화를 못 참겠는지 호철이의 등짝을 착 때렸습니다. 호철이는
> "내만 그런 기 아인데, 씨이. 그라고 감자하고 살구하고 같나, 씨이."
> 하고 투덜거렸습니다. 그러자
> "호철이 이놈, 그래도 할 말은 있는 갑네! 어데 자꾸 구시렁대노!"
> 울미댁은 그러며 호철이의 등짝을 한 차례 더 착 때렸습니다.
> "우짜든지 장독이나 물어내게! 아이고, 살구나무를 볏 뿌리든지 무슨 수를 내야지 장차 장독이 안 남돌겠네!"
> 그렇게 말하고, ⓐ나는 횡 나와 버렸습니다.

- ㉠ : _____
- ⓐ : _____

2) 다음은 (가)의 ㉡과 같은 표현의 특성과 효과를 나타낸 것이다. ( )에 들어갈 말을 쓰시오. [1점]

> ( ) 표현은 두 개 이상의 단어가 모여서 새로운 의미를 드러내는 것으로, 작가는 이런 표현을 사용하여 작품을 더 재미있고 인상적으로 만든다. 이 작품에서는 (가)의 ㉡과 같은 표현을 통해 작품 속 인물의 표현 의도를 효과적으로 전달하고 독자의 흥미를 높여 준다고 볼 수 있다. 학생들은 (나)의 ㉢과 같이 실제 의사소통 상황에서 이러한 표현을 떠올려 봄으로써, 국어 문화의 특성을 이해하고 자신의 표현 의도를 다채롭게 드러낼 수 있다.

- _____

3) (나)에서 ① 틀린 표기 사례를 찾아 쓰고, 이 학생에게 올바른 표기를 지도하기 위하여 교사가 알아야 할 ② 표기 원리를 쓰시오. (단, 띄어쓰기와 문장 부호 제외) [2점]

- ① : _____
- ② : _____

2016-01 초특

다음은 2009 개정 국어과 교육과정 1~2학년군 '즐겁게 대화해요' 단원에 따른 교수·학습 계획서의 일부이다. 물음에 답하시오. [5점]

[교수·학습 계획서]

단원	즐겁게 대화해요	차시	3~4차시
단원 성취 기준	상대에 적절하게 반응하며 대화를 나눈다.		
차시 목표	상대의 말에 맞장구치거나 질문하며 대화하는 방법을 안다.		
㉠ 교수·학습 활동		민기를 위한 고려사항	

- 설명하기: 상대의 말에 적절히 반응하며 대화하는 방법의 중요성을 설명하고, 적절한 대화 방법 안내하기
- 시범보이기:
  – 교사가 직접 적절한 대화와 부적절한 대화 시범보이기
  – 다양한 대화 사례가 담긴 동영상 시청을 통해 간접 시범보이기
- 확인 및 연습하기: 적절하게 대화하는 방법을 이해하고 있는지 질문하고, '역할놀이 대본'을 이용하여 다양한 활동으로 적절한 대화를 연습하기
  – ㉡ 안내된 연습하기
  – 독립된 연습하기

민기를 위한 고려사항:
- 민기가 좋아하는 캐릭터가 나오는 동영상이나 그림을 활용한다.
- ㉢ 맞장구치거나 질문하며 대화하기를 지도할 때, 반언어적(준언어적) 표현과 비언어적 표현을 함께 가르친다.
- 교수·학습 활동에서 민기를 도와줄 또래도우미를 선정해 준다.
- ㉣ 활동 참여에 대한 태도와 노력을 점검표에 기록(점수화)하고 칭찬한다.

1) 위 단원은 듣기·말하기 영역에 해당된다. 이 영역의 내용체계 범주 중, 다음에서 설명하고 있는 범주가 무엇인지 (   ) 안에 들어갈 말을 쓰시오. [1점]

> (   ) 범주는 '정보 전달, 설득, 친교 및 정서표현'이라는 국어 활동의 목적을 가진다. 또 듣기·말하기 영역의 매체는 국어 활동이 이루어지는 상황을 고려하여 설정한다.

•_____

2) (나)의 ㉠에서 적용하고 있는 교수·학습 모형의 ① 명칭을 쓰고, ② ㉡에서 이루어질 수 있는 활동의 예를 1가지 쓰시오. [2점]

• ①: _____

• ②: _____

3) 다음은 ㉢과 같이 지도할 때 구성한 역할놀이 대본이다. 교사가 언어적 표현을 지도하는 것 외에 ① 반언어적, 비언어적 요소를 함께 지도하고자 하는 이유를 쓰고, ② 대본의 ⓐ~ⓔ 중 반언어적 요소에 해당되는 것을 모두 찾아 기호를 쓰시오. [2점]

- 민기: (ⓐ 눈으로 웃으며) 현아야, 자전거 타고 놀지 않을래?
- 현아: (ⓑ 힘없는 음성으로 손을 저으며) 미안해. 내가 지금 배가 아파서 자전거를 못 타겠어.
- 민기: (ⓒ 눈을 크게 뜨며) 갑자기 왜 배가 아픈 거야?
- 현아: (ⓓ 낮은 어조로 배를 만지며) 점심을 너무 급하게 먹었나 봐.
- 민기: (ⓔ 걱정스럽게 어깨를 토닥이며) 그렇구나, 어서 집에 가서 쉬어야겠네!

• ①: _____

• ②: _____

2015-01 초등

다음은 2학년 국어 수업 계획의 일부이다. 물음에 답하시오. [4점]

▷ 단원 학습 목표
- 낱말의 관계를 활용하여 중요한 내용을 정리할 수 있다.

▷ 내용 성취기준
- [1~2학년군][읽기]-(6) 글을 읽고 중요한 내용을 확인한다.
- [1~2학년군][문법]-(3) 낱말과 낱말의 의미 관계를 알고 활용한다.

▷ 주요 학습 내용 및 활동
- 1~2차시: 글을 읽고 낱말의 관계 알기
- 3~4차시: 글을 읽고 뜻이 비슷한 낱말과 반대인 낱말 알기
- 5~6차시(본시): 낱말의 관계를 활용하여 중요한 내용 정리하기

▷ 본시 학습 목표
- 낱말의 관계를 활용하여 중요한 내용을 정리할 수 있다.

▷ 읽기 제재: '고래가 물을 뿜어요'

▷ 본시 수업 연구 자료
- 이 수업의 읽기 성취기준은 읽기의 기초적인 능력을 기르기 위한 것이다. 글의 내용을 이해하는 것은 기본적인 수준에서부터 고차적인 수준에 이르기까지 다양할 수 있으나, 여기서는 학년 수준을 고려하여 ㉠'글에 표현된 그대로의 의미를 대강 아는 수준'에서 다루도록 2009 개정 국어과 교육과정에서 명시하고 있다.
- 2학년 수준에서 설명하는 글 읽기 활동은 어려울 수 있으므로, 이 수업에서 글 행간의 의미를 미루어 이해하거나 글 전체의 자세한 내용까지 모두 이해하게 지도할 필요는 없다. 예를 들어, 설명의 대상(화제)을 알고 그것에 대해 어떠한 설명을 하였는지를 파악하는 정도에서 글의 내용을 이해하게 한다.
- 이 수업은 단원 학습 목표가 곧 차시 학습 목표인 수업으로서, 학생들은 전시 학습에서 배운 낱말의 의미 관계를 활용하여, 글의 중요한 내용을 정리하는 활동을 한다.

[A]
이 수업에서는 과정 중심 읽기 지도의 관점에 따라 '읽기 전 활동'으로 교과서 사진과 그림 자료를 활용하고 고래 관련 동영상도 보여 준다. 이 활동은 읽기 흥미와 학습 동기를 유발하고, ㉡더 나아가 이 활동은 설명하는 글을 쉽게 이해하는 데 도움을 준다.

'읽기 중 활동'으로는 글을 읽으면서 [B]와 같이 낱말의 의미 관계를 활용하여 중요한 내용을 시각적으로 구조화하는 활동을 한다. 이 활동은 설명하는 글의 중요한 내용을 정리하는 데 효과적이다. '읽기 후 활동'에서는 학생들이 '글의 중요한 내용을 정리'하는 활동으로 (㉢)을/를 하는데, 이를 통하여 학생들의 학습 활동 성과를 평가할 수 있다.

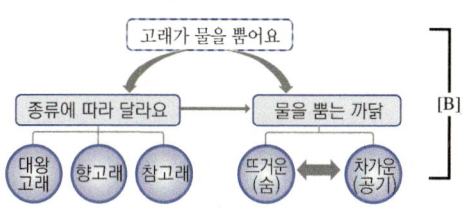
[B]

1) 다음은 2009 개정 국어과 교육과정 읽기 영역 내용 체계의 '기능' 범주이다. ㉠을 고려할 때, 이 수업에서 중점적으로 지도해야 할 ⓐ, ⓑ를 쓰시오. [1점]

▷ (ⓐ)
▷ (ⓑ)
▷ 추론
▷ 평가와 감상
▷ 읽기 과정의 점검과 조정

· ⓐ : _____

· ⓑ : _____

2) [A]를 고려할 때, ㉡의 이유를 ( )에 들어갈 말을 사용하여 쓰시오. [1점]

읽기는 글 속에 담겨 있는 내용에 독자의 ( )(이)나 경험을 활용하여 의미를 구성하는 고도의 지적 행위이다.

· _____

3) [B]는 설명하는 글 읽기 수업에서 사용하는 읽기 전략의 사례이다. [B]와 같이 글의 주요어나 내용을 선, 화살표, 공간 배열, 순서도 등을 사용하여 위계적인 다이어그램으로 재현하는 이 읽기 전략의 명칭을 쓰시오. [1점]

• _____

4) 다음은 ⓒ의 장점을 설명한 것이다. ⓒ에 들어갈 말을 쓰시오. [1점]

> (ⓒ)은/는 초고 쓰기 단계에 사용하는 방법 중 하나로서, 짧은 시간 내에 할 수 있고 말로 표현하므로 형식에 얽매이기보다는 표현해야 할 내용에 주안점을 둘 수 있다는 장점이 있다. 특히, 미숙한 필자들이 자신의 생각을 글로 전환시킬 때 인지적 어려움을 겪는데, 이 어려움을 극복하는 데 도움을 준다.

• _____

2015-01 초등 유사

다음은 3학년 국어 수업 계획의 일부이다. 물음에 답하시오. [4점]

▷ 단원 학습 목표
- 문단의 짜임을 생각하며 글을 읽고 쓸 수 있다.

▷ 내용 성취기준
- [4국02-02] 문단과 글에서 중심 생각을 파악하고 내용을 간추린다.
- [4국03-01] 중심 문장과 뒷받침 문장을 갖추어 문단을 쓰고, 문장과 문단을 중심으로 고쳐 쓴다.

▷ 주요 학습 내용 및 활동
- 1차시: 설명하는 글을 쓴 경험을 쓴 경험을 나눌 수 있다.
- 2~3차시: 중심 문장과 뒷받침 문장을 안다.
- 4~5차시(본시): 중심 문장과 뒷받침 문장을 파악하며 글을 읽을 수 있다.

▷ 본시 학습 목표
- 중심 문장과 뒷받침 문장을 파악하며 글을 읽을 수 있다.

▷ 읽기 제재: '옛날에는 어떤 과자를 먹었을까요'

▷ 이렇게 운영해 봅시다
- 이 차시는 기본 학습으로, 앞 차시에서 학습한 중심 문장과 뒷받침 문장의 관계에 대한 이해를 바탕으로 하여 ㉠문단의 중심 문장과 뒷받침 문장을 파악하며 글을 읽는 것이 목적이다.
- 수업을 한 차시씩 운영할 경우, 제재 글에 대한 배경지식을 활성화하고 제재의 내용을 확인하는 활동을 한 차시로 구성한다. 그리고 제재 글의 각 문단에서 중심 문장을 파악하고 각 문단에서 뒷받침 문장을 찾아보는 활동을 그다음 차시에 진행한다.
- 설명하는 글은 중심 문장과 뒷받침 문장이 위계적으로 연관되는 의미 구조를 가지고 있다. 이러한 의미 구조에 대한 체계적인 이해는 학습의 기초 능력이자 논리적인 사고의 바탕이 된다. 중심 문장과 뒷받침 문장의 관계를 살펴 글의 내용을 잘 이해할 수 있고, 한 편의 글을 구성할 때 통일성과 응집성을 갖춘 글을 쓸 수 있다.

1) 2022 개정 국어과 교육과정 읽기 영역 내용 체계 중 ㉠을 고려할 때, 이 수업에서 중점적으로 지도해야 할 기능을 쓰시오. [1점]

· _____

2) 다음은 이 차시를 공부한 후 학생이 쓴 배움 공책 내용 중 일부이다. 이 학생이 가지고 있는 오개념을 찾아 쓰고, 극복방안을 쓰시오. [2점]

> 오늘은 중심 문장과 뒷받침 문장을 파악하면서 글을 읽는 연습을 해 보았다. 처음에는 어려웠지만 보통 문단의 첫 문장이 중심 문장일 때가 많아서 금방 할 수 있었다. 몇 번 해 보니 참 쉬웠다. 문단의 중심 내용을 연결하기만 하면 전체 글의 중심 생각을 찾을 수 있다니 앞으로 글을 읽을 때 꼭 적용해 보아야겠다.

· 오개념 : _____

· 극복방안 : _____

3) 설명하는 글 읽기 수업에서 사용하는 읽기 전략 중에서 학생이 글을 읽기 전에 화제에 대하여 알고 있는 것, 알고 싶은 것, 글을 다 읽고 난 뒤에 알게 된 것을 자기 점검하면서 읽을 수 있도록 해 주는 이 읽기 전략의 명칭을 쓰시오. [1점]

· _____

2015-02 초등·초특 공통

(가)는 쓰기 수업을 위한 교수·학습 계획이고, (나)는 (가)에 대한 두 교사의 대화 중 일부이다. 물음에 답하시오. [3점]

(가) 교수·학습 계획

학습목표	쓰기의 과정에 따라 기행문을 쓸 수 있다.
교수·학습 활동	○ 동기 유발하기 - 가장 기억에 남는 여행 장소를 이야기한다. - 기행문을 쓰면 좋은 점을 생각해 본다. ○ 계획하기 - 예상 독자, 글의 목적, 분량에 대해 생각해 본다. - 글의 제목과 주제에 대해 생각해 본다. ○ (㉠) - 수학여행 때 찍은 사진을 보며 경험을 떠올린다. - 친구들과 수학여행 경험에 대해 이야기를 나눈다. ○ (㉡) - 다발 짓기와 개요 짜기를 한다. ○ 표현하기 - 여정, 견문, 감상이 잘 드러나게 초고를 쓴다. ○ 고쳐쓰기 - 여정, 견문, 감상이 잘 드러났는지 점검하여 고쳐 쓴다. - 문법적 오류를 점검하여 고쳐 쓴다.

(나) 두 교사의 대화

박 교사 : 최 선생님, 과정 중심의 쓰기 지도 방법에 따라 기행문 쓰기 활동을 계획했군요.

최 예비 교사 : 네. 먼저 글부터 써보라고만 하면 학생들이 부담을 많이 느끼는 것 같았어요. 그래서 이번 수업에서는 학생들에게 쓰기의 과정을 안내하고, 각 과정에서 활용할 수 있는 전략도 연습해 보게 하려고요.

박 교사 : 좋은 의견입니다. 다만, 쓰기 과정에는 (㉢)(이)라는 특성이 있어서 표현하기 활동을 하다가도 얼마든지 다시 계획하기 활동을 할 수도 있답니다. 그래서 쓰기 과정 전반에 대한 점검하기와 조정하기가 가능하지요. 그 점도 학생들에게 함께 안내해 주어야 해요.

최 예비 교사 : 잘 알겠습니다. 그밖에 이 수업에서 또 유의해야 할 사항은 무엇일까요?

박 교사 : ㉣맞춤법 오류의 경우는 수정한 결과만 알려주지 말고 수정하는 원리도 함께 설명해 주면 좋을 것 같아요.

1) ⓐ ㉠ 단계의 활동 목적과 ⓑ ㉡ 단계의 활동 목적을 각각 쓰시오. [1점]

- ⓐ : _____
- ⓑ : _____

2) ㉢에 들어갈 말을 한 단어로 쓰시오. [1점]

- _____

3) 다음은 이 수업을 받은 학생이 쓴 초고의 일부이다. ㉣에 따라 아래의 ㉤에 나타난 ⓐ맞춤법 오류와 ⓑ그 오류를 수정하는 원리를 각각 쓰시오. [1점]

작	년	에		가	족		여	행	으	로		제	주	도	에		갔	는
데		수	학	여	행	으	로		또		가	서		내		신	세	가
참		㉤안	됐	다	고		누	나	가		놀	렸	지	만	,		나	는
친	구	들	과		같	이		지	낼		수		있	어	서		기	분	이
좋	았	다	.															

- ⓐ : _____
- ⓑ : _____

2015-03 초등

다음은 6학년 국어 수업의 학습 목표와 제재 글이다. 물음에 답하시오. [4점]

학습 목표	▷ 옛이야기의 특성을 파악할 수 있다. ▷ 옛이야기에 나타난 인물, 사건, 배경을 이해할 수 있다.
제재 글	옛날에 할아버지하고 할머니 단둘이 사는 집이 있었대. 두 사람이 농사를 짓고 사는데, 한 해는 겨울에 눈이 너무 많이 와서 그 동네 사람들이 나무를 못 해다 때었어. 　그래서 집집마다 땔감이 없어서 고생들을 하는데, 그 동네에 큰 고목나무가 하나 있었거든. 동네 젊은이들이 그 고목나무라도 베어다 때야겠다고 도끼랑 톱이랑 들고 나서는 거야. [A] 　할아버지가 그것을 보고는 　"여보게들, 그 나무는 몇 십 년 동안 우리 동네 사람들이 위하던 나무라서 베면 못쓰네." 하고 말리거든. 젊은이들이 　"그럼 땔감은 없고 눈은 이렇게 쌓였고, 어떻게 해요?" 하니까 할아버지가 　"정 그렇다면 우리 집 행랑채를 헐어서 뜯어다가 나누어 때게. 그 나무는 베지 말고." 하거든. 행랑채는 머슴이 들어 사는 집인데, 그것을 헐어 기둥이고 서까래고 땔감으로 쓰라는 거지. 그 말을 듣고 할머니가 나와서 말렸어. 　"내년 봄이면 머슴을 들여야 할 텐데 행랑채를 헐어버리면 어떻게 해요? 그깟 고목나무 베어다 때든지 말든지 그냥 두지 뭘 그래요?" 　그래도 할아버지에게는 어림없어. 　"죽은 나무라면 모를까, 산 나무를 함부로 베면 못 쓰는 거야. 저 나무가 없으면 여름에 동네 사람들이 어디 가서 땀을 식혀? 그러니 아무 소리 말고 우리 집 행랑채를 헐어다 때게나." 　그러니까 동네 젊은이들이 그냥 돌아갔어. 그리고 이튿날, 할아버지가 행랑채를 비워 주니까 모두들 그것을 헐어서 나누어다가 땔감으로 썼대. 그래서 겨울을 잘 났지. (중략) 　이제 추수도 끝나고 농사일이 없으니까 총각이 하직 인사를 해. 　"그동안 일 잘 배우고 갑니다." 　그래서 할아버지가 　"우리가 자네 신세를 많이 졌는데 새경이나 받아 가지고 가게." 하고 새경을 쳐주려고 하니까 　"저는 새경 받으려고 일한 것이 아니라 은혜를 갚으려고 일한 것뿐이니 염려 마십시오. 앞으로도 이 집 농사가 잘될 것이고, 할머니 팔다리도 이제 안 아플 것입니다." 하고는 훌훌 떠나 버리네. 이 총각이 바로 고목나무 총각이야. 오래된 나무에는 신령한 힘이 있어서 이렇게 사람 모습이 되기도 한다네. 그 뒤로 마을 사람들은 고목나무를 더 잘 위하고, 모두 농사를 잘 짓고 잘 살았더란다. [B]

1) [A]가 제재 글의 사건 전개에 미치는 영향을 쓰시오. [1점]

• _____

2) 다음은 제재 글을 지도하기 위한 내용의 일부이다. ㉠~㉣ 중에서 적절하지 않은 것 1개를 찾아 ⓐ <u>그 기호를 쓰고</u>, ⓑ <u>틀린 부분을 모두 수정하시오.</u> [1점]

> ㉠ 제재 글과 같은 이야기는 전승 과정의 구술성 때문에, 이야기의 내용이 누락되거나 추가되는 경우가 있음을 지도한다.
> ㉡ 사건의 시간적·공간적 배경이 구체적이고, 중심인물의 성격이 변화하고 있음을 지도한다.
> ㉢ 행랑채를 뜯어서 땔감으로 쓰라는 할아버지의 말에 할머니가 반대하는 것은, 사건의 긴장감을 더 부각시키기 위한 것임을 지도한다.
> ㉣ "옛날에", "그 뒤로 ~ 잘 살았더란다."는 옛이야기를 시작하고 끝맺는 관용적 표현임을 지도한다.

• ⓐ : _____

• ⓑ : _____

3) [B]를 통해 알 수 있는 옛이야기의 전형적인 내용상의 특징을 2가지만 쓰시오. [2점]

• _____

• _____

2014-01 초등·초특 공통

(가)는 김 교사가 지도한 2학년 국어 수업의 개요이고, (나)는 수업 중에 학생들이 나눈 대화의 일부이다. 물음에 답하시오. [3점]

(가) 수업 개요

단계	교수·학습 활동
도입	○학습 목표 확인 – 학습 목표: 상대방에게 적절하게 반응하며 대화를 나눈다.
전개	○활동1: 상대방에게 반응하며 듣는 것의 중요성 알기 ○활동2: 대화를 나눌 때 반응하는 방법 알기 ○활동3: 적절하게 반응하며 대화 나누어 보기
정리	○정리 및 평가

(나) '활동 3'에서 학생들이 나눈 대화

진희: 오늘 급식이 참 맛이 있었어.
민영: ㉠(고개를 끄덕인다.)
진희: 나는 계란말이가 제일 맛이 있었어.
준수: ㉡나도 그래.
동규: 너희는 계란말이구나. 나는 김치 볶음이 제일 ㉢맛이[마디] 있었는데.
성현: 나도 김치 볶음.
선호: 나는 다 좋았어. 그래도 ㉣굳이[구디] 고르라면 계란말이.

1) ㉠과 ㉡은 대화를 나눌 때 상대방에게 적절하게 반응한 것이다. 이 두 반응의 공통점과 차이점을 쓰시오. [2점]

· 공통점 : _____

· 차이점 : _____

2) 다음은 김 교사가 ㉢과 ㉣을 듣고, 정확한 발음을 지도하기 위해 관련된 음운 현상을 조사한 자료이다. ( )에 들어갈 내용을 차례대로 쓰시오. [1점]

> '맛이'와 '굳이'는 받침으로 끝나는 음절 뒤에 모음으로 시작되는 음절이 이어지고 있다는 점에서 다르지 않다. 그러나 이 둘을 발음할 때 나타나는 음운 현상은 동일하지 않다. '맛이'는 ([A])로 발음되는데 이 음운 현상은 (B)이고, '굳이'는 ([C])로 발음되는데 이 음운 현상은 (D)이다.

· A : _____ · B : _____

· C : _____ · D : _____

유2) 다음은 한글 맞춤법에 대한 교사의 질문과 수석교사의 답변이다. 빈칸에 알맞은 말을 쓰시오. [1점]

> 김 교사: 선생님, 학생들에게 오늘 질문을 받았는데 제가 답변을 잘해주지 못했어요. 왜 젓가락은 'ㅅ'받침이고 숟가락은 'ㄷ'받침인가요?
> 수석 교사: 젓가락과 숟가락은 밥 먹을 때 쓰는 도구라서 비슷하게 생각할 수 있지만, 두 단어는 매우 달라요. 젓가락은 '저'와 '가락'이 합쳐진 말인데, 두 단어가 합쳐질 때 앞말이 (A)(으)로 끝나고 뒷말의 첫소리가 (B)(으)로 나서 (C)(을)를 붙인 겁니다.
> 김 교사: 아 그렇군요. 그럼 숟가락은 '수'와 '가락'이 합쳐진 말인가요?
> 수석 교사: 아니에요. 숟가락은 (D)(와)과 가락이 합쳐진 말입니다. 이 부분에 대해서는 한글맞춤법 제30항을 찾아보세요.
> 김 교사: 네, 선생님. 정말 감사합니다.

· A : _____ · B : _____

· C : _____ · D : _____

2014-02 초등

다음은 김 교사가 '글을 읽고 대강의 내용을 간추리기'를 지도하기 위해 준비한 제재 글과 이것을 활용하는 수업 구상의 일부이다. 물음에 답하시오. [4점]

제재글

한복

한복은 쭉 뻗은 직선과 부드러운 곡선이 조화를 이룬 우리나라의 전통 옷이다. 여자는 짧은 저고리와 넉넉한 치마로 멋을 풍겼으며, 남자는 바지저고리를 기본으로 조끼와 마고자로 멋을 냈다.

우리 조상들이 한복을 입게 된 것은 농사를 짓게 되면서부터이다. 그전에는 풀이나 나무껍질, 동물의 가죽이나 털로 옷을 해 입었다. 그러다가 약 2300년 전에 저고리, 바지, 치마 등이 나타났다. 우리 민족은 활동적이라서 옷 역시 활동하기에 편해야 했다. 고구려의 고분 벽화에도 한복의 이런 특징이 잘 나타나 있다.

㉠ 한복은 요즈음 우리가 입는 옷과는 달리 남녀, 나이 등에 따라 색이 정해져 있었다. ㉡ 예를 들면 여자 중에서 새색시들은 초록색 저고리와 빨간색 치마를 입었고, 처녀들은 노란색 저고리와 빨간색 치마를 입었다. ㉢ 남자들은 조끼는 남색이나 녹색 등으로 해 입었고, 저고리는 옥색, 분홍색, 보라색 등의 엷은 색으로 해 입었다. ㉣ 그리고 옥색, 분홍색, 보라색 등의 엷은 색의 옷감은 남자들의 바지 옷감으로도 사용되었다.

한복은 그 색과 모양새가 뛰어나게 아름다운 우리의 전통 옷이지만 최근에는 명절이나 잔치 때 입는 특별한 옷이 되어 버렸다. 심지어는 한복은 어떻게 입는지도 잘 모르는 사람이 많다. 이제부터라도 한복의 가치를 알고 한복을 바르게, 그리고 즐겨 입도록 노력해야 하겠다.

수업구상

(가) 제목을 보고 자신의 '경험 떠올려보기'를 하게 하자.

(나) 글의 내용을 파악할 때 이어주는 말의 쓰임새를 적극적으로 활용하도록 지도하자.

(다) 반복되는 말은 핵심어일 가능성이 많으니 어떤 말이 반복되고 있는지 생각하며 읽게 해야지.

(라) 간추린 내용을 발표하기 전에 '읽는 목적 생각하기'를 해 보자. 아니야, '읽는 목적 생각하기'는 읽기 전 활동이니까 읽기 후 활동으로 적절하지 않아.

(마) 글 전체의 내용을 파악하기 위해서는 먼저 글을 이루고 있는 문단 하나하나의 중심 내용을 확인해야 해. 그러려면 문단을 구성하고 있는 문장들의 의미 관계를 따져야겠지.

(바) 평가는 어떻게 하지? 학생들의 사고 과정을 알아보려면 이 방법이 좋겠어. 이 방법을 쓰면 학생들이 글을 읽으면서 어떤 전략을 사용했는지, 또 자기 점검이나 조정 같은 초인지적 사고를 했는지를 알 수 있어. 글을 읽으면서 머릿속으로 생각한 내용을 말해 보도록 해야겠어.

1) (가)~(라) 중에서 적절하지 <u>않은</u> 것을 찾아 기호를 쓰고, 그 이유를 설명하시오. [2점]

· 기호 : _____

· 이유 : _____
　　　　_____

2) 다음은 (마)를 시범 보이기 위해 김 교사가 제재 글의 셋째 문단을 분석한 내용이다. ( )에 제재 글의 ㉠~㉣ 중 적절한 기호를 골라 차례대로 쓰시오. [1점]

> 네 문장 중 우선 ( )과 ( )은 동일한 대상에 대한 진술이므로 하나로 묶을 수 있어. 다음으로 이 묶은 내용과 ( )이 대등한 의미이므로 다시 하나로 묶어야 해. 그러면 결국 세 문장이 하나의 내용으로 묶이는 거야. 그리고 이렇게 묶은 세 문장이 나머지 한 문장인 ( )을 뒷받침하는 예가 돼. 그러니 이 나머지 한 문장이 문단을 대표하는 중심 내용이야.

· _____, _____, _____, _____

3) (바)에서 김 교사가 사용하려고 하는 읽기 평가 방법의 명칭을 쓰시오. [1점]

· _____

2014-03 초등

(가)는 옛이야기 '비만 오면 청개구리가 우는 까닭'이고, (나)는 이에 관한 아들과 엄마의 대화이다. 물음에 답하시오. [4점]

(가)

옛날에 한 청개구리가 있었어. 엄마 말을 참 안 들었던 모양이야. 이리 가라 하면 저리 가고 저리 가라 하면 이리 가고. 밥 먹으라면 죽 찾고 죽 끓여주면 밥 찾았거든. 타이르도 보고 야단도 쳐 보했지만 아무 소용이 없었어.

청개구리 엄마는 속이 많이 상했던 모양이야. 마침내 자리에 눕고 말았어. 하루가 다르게 쇠약해졌어. 어느 날 죽음이 멀지 않은 것을 안 엄마는 아들을 머리맡에 불러 이렇게 말했어. ㉠"애야, 내가 죽거든 꼭 강가에 묻어다오." 강가에 묻어 달라 하면 산에 묻어 주겠지, 이렇게 생각했던 거야.

엄마가 숨을 거두자, 청개구리는 엉엉 울면서 다짐했어. 엄마의 유언만은 꼭 지키기로. 비가 오면 무덤이 물에 잠길 수도 있다는 걸 알고 있었지만 엄마의 마지막 말이라 꼭 들어주고 싶었던 거야. 이제 알겠지? 비만 오면 청개구리가 왜 그렇게 울어대는지.

(나)

명호 : 엄마, 내가 이리 가라 하면 저리 가고, 저리 가라 하면 이리 갔어?
엄마 : 응.
명호 : 밥 먹으라면 죽 찾고 죽 끓여주면 밥 찾았어?
엄마 : 그건 니 특기잖니.
명호 : 엄마!
엄마 : 그래, 그래. 근데, 그건 왜 묻니?
명호 : 엄마가 걸핏하면 날더러 청개구리라 하니 그렇지.
엄마 : 청개구리 소리 안 듣는 아이가 어딨니?
명호 : 뭐야. 어제만 해도 "너 같은 청개구리가 또 있을까." 했잖아.
엄마 : 누굴 닮아서 그렇게 말귀가 어둡니? 잘 들어! 너만한 아이가 엄마 속 썩이는 건 흔히 있는 일이라는 건 엄마도 알아. 그래도 니가 엄마 속 썩이면 걱정도 되고 화도 난다, 이 말씀이야.
명호 : 그럼, 내가 엄마 속 웬만큼 썩여도 엄마가 몸져눕지는 않겠네. 아이들은 다 엄마 속 썩이게 마련이라는 걸 아니까.
엄마 : 얘 좀 봐. 이젠 아예 선전 포고를 하네. 그래, 엄마 속을 얼마나 썩일 건데?
명호 : 그게 아니고. 불쌍한 쪽은 청개구리 아닌가? 엄마가 안 믿어줬잖아. 유언도 거꾸로 하고.
엄마 : 니 말이 틀렸다는 게 아니라, 청개구리도 불쌍하고 청개구리 엄마도 불쌍하다는 거지.
명호 : 그게 말이 돼?
엄마 : 니가 한 말이 말이 되면 내가 한 말도 말이 돼. 내가 이렇게 말할 거거든. '청개구리는 불쌍하다, 왜냐하면 엄마가 믿어주지 않았으니까. 청개구리 엄마도 불쌍하다, 왜냐하면 (㉡).
명호 : 엄마 말은, 청개구리가 불쌍하면 청개구리 엄마도 불쌍하고, 청개구리 엄마가 불쌍하면 청개구리도 불쌍하다는 것이네. 근데, 엄마는 날더러 걸핏하면 청개구리라 하면서도 날 믿는다는 거야? 어떻게 그럴 수 있지?
엄마 : 간단해. 믿음을 보여주면 그 믿음에 보답하기 마련이라는 것을 아니까. 니가 착한 아이로 바뀔 거라고 엄마가 믿고 있어. 이걸 니가 알았다 하자. 그런데도 니가 착한 아이로 안 바뀐다고? 있을 수 없는 일이지.
명호 : 뭔 말인지. 하여튼 좋은 말이지?
엄마 : 그나저나 수상해. 명호, 너, 이렇게 진지하게 이야기하는 거 좋아하지 않잖아. 뭔 일 있지?
명호 : 독후감 숙제 때문이지. 근데, 엄마. 나, 이 숙제 하면서 배운 거 있다.
엄마 : 뭘 배웠는데?
명호 : 이 옛이야기는 나 같은 아이들이 읽어야 할 이야기가 아니라 엄마 같은 어른이 읽어야 할 이야기라는 거. 물론 우리 엄마는 제외하고. 우리 엄마는 나를 믿고 기다려 주는 엄마니까.
엄마 : 어휴, 못 말려.

1) (가)의 ㉠에 담겨 있는 '청개구리'의 성향에 대한 '청개구리 엄마'의 생각을 서술하시오. 또 ㉠은 '청개구리'의 처신을 매우 난처하게 만드는 유언이라 할 수 있다. 그 까닭을 서술하시오. [2점]

· 청개구리 엄마의 생각 : _____

· 청개구리의 처신이 난처한 까닭 : _____

2) (나)의 전체 문맥을 고려하여 ㉡에 들어갈 말을 쓰시오. [1점]

· ㉡ : _____

3) (나)의 명호는 (가)의 독자층에 대한 문제를 제기하고 있다. 이를 드러내고 있는 한 문장을 찾아 그 첫 어절과 끝 어절을 쓰시오. [1점]

· 첫 어절 : _____
· 끝 어절 : _____

2013-01 초등

최 교사는 다음의 학습 목표에 따라 말하기 수업을 하려고 한다. 물음에 답하시오. [3점]

| 학습 목표 | 인사말의 특성을 알고 알맞은 인사말을 할 수 있다. |

⟨수업 자료⟩

안녕하십니까, 여러분! ………… ㉠ 시작하는 말 하기
여러분의 일꾼 김다슬입니다. …… ㉡ 자기소개하기
먼저 저를 회장으로 뽑아 주신 여러분께 감사드립니다. ┤㉢ 듣는 이와 관계 맺기

저는 앞으로 다음과 같은 멋진 반을 만들고 싶습니다.
첫째, 신나는 반, 웃음이 넘치는 반을 만들겠습니다. 제가 웃음 도우미가 되도록 노력하겠습니다.
둘째, 서로 도와주는 반을 만들겠습니다. 제가 먼저 하루에 한 번씩 친구 고민 들어 주기를 실천하겠습니다. ┤㉣ 주요 내용 소개하기

그런데 이런 멋진 반을 만들려면 여러분들의 도움도 필요합니다. 저는 잘 할 수 있지만 여러분들이 정말 걱정입니다. 그래서 벌점 스티커를 만들겠으니, 여러분은 벌점 스티커를 받지 않도록 노력해 주시기 바랍니다. ┤㉤ 부탁이나 당부의 말 하기

오늘 약속한 내용을 꼭 지키겠습니다. 감사합니다. ┤㉥ 마무리하는 말 하기

1) 다음은 위 수업을 위해 최 교사가 계획한 지도 내용이다. A에 들어갈 말을 한 단어로 쓰시오. [1점]

> 인사말 하기를 지도하기 위해서는 인사말의 두 가지 상황을 파악하도록 하는 것이 중요하다. 그러므로 수업 자료가 (A) 상황에서의 인사말임을 알도록 하고, 인사말 하기를 계획하는 과정에서 이러한 상황을 고려해야 함을 강조해야겠다.

· A : _____

2) 다슬이의 인사말에서, '인사말의 특성'에 비추어 적절하지 않은 부분을 ㉠~㉥ 중에서 찾아 기호를 쓰고, 그 이유를 쓰시오. [2점]

· 기호 : _____

· 이유 : _____

2013-02 초등

김 교사는 '인물, 사건, 배경을 중심으로 이야기를 이해할 수 있다.'라는 학습 목표로 수업을 하고자 한다. 물음에 답하시오. [4점]

제재 글

며칠 전, 민우는 학교가 끝난 뒤에 반 아이들과 운동장에서 축구를 하고 있었다. 민우의 자전거는 철봉 옆에 세워져 있었다. 그런데 후반전을 하는 중에 누군가 자전거 옆에서 서성거리는가 싶더니 어느 순간 훌쩍 자전거에 올라탔다. 그러고는 유유히 학교 밖으로 빠져나갔다. 그때, 민우는 골키퍼를 보고 있던 터라 그 광경을 똑똑히 보았다.

자전거를 타고 간 아이는 4학년 때 같은 반이었던 영래였다. 민우는 자전거를 훔쳐 간 범인을 자기 눈으로 분명히 보았으면서도 아무 말도 하지 않고 멍하니 바라보기만 했다.

자전거를 잃어버린 지 2주일쯤 지난 어느 날이었다. 그날은 아침부터 오후까지 안개가 자욱하였다. 민우는 피아노 학원에서 나와 집으로 향하고 있었다. 그런데 민우는 집으로 가다 파출소 앞에서 아버지와 딱 마주쳤다. 놀랍게도 아버지께서는 한 손으로 자전거를 잡고 계셨는데, 그 옆에는 영래가 죄인처럼 고개를 푹 숙이고 있었다.

아버지께서 민우를 발견하고 소리치셨다.
"민우야, 자전거 찾았다!"
민우는 멍하니 아버지를 올려다보았다.
"이거 맞지, 네 자전거? 자, 잘 봐. 새로 노란 페인트를 칠했지만 안장 뒤에 분명 M(엠)W(더블유)라고 쓰여 있잖아? 맞지?"
그건 틀림없는 민우의 자전거였다.
꼼꼼한 성격의 아버지가 혹시 잃어버릴 것에 대비하여 지워지지 않는 펜으로 안장 뒤에 아주 작게 민우의 영문 머리글자를 써 놓은 것이다. 색이 파란색에서 노란색으로 바뀐 자전거 짐칸에는 신문이 잔뜩 실려 있었다.
민우가 고개를 끄덕이자 아버지께서는 이제 확인은 끝났다는 듯 기세 좋게 말씀하셨다.

[A]
"이런 녀석은 파출소에 가서 혼 좀 나야 해. 얼른 따라 와!"
아버지께서는 영래를 파출소에 넘기실 생각인 것 같았다. 영래는 금세 울음을 터뜨릴 것처럼 겁에 질려 있었다. 아버지께서 영래를 이끌고 파출소로 가려 하자, 민우가 갑자기 아버지의 팔뚝을 잡았다.
"아버지, 제 말 좀 들어 보세요."
"무슨 말?"
"사실……, 이 자전거 제가 영래 준 거에요."
"뭐라고? 누구 맘대로 자전거를 줘?"
"아버지께서 사 주신 거니까 이 자전거 제 것이잖아요? 그렇지요?"
"그야……, 그렇지."
"제 것이니까 제 맘대로 영래 준 거에요."

"뭐, 참 어이가 없네. 너, 지금 무슨 소리 하는 거야?"
그때, 민우가 영래를 바라보며 둘만 알게 찡긋 눈짓을 하였다.
영래는 잔뜩 굳은 표정으로 겨우 고개를 끄덕였다.
"보셨지요, 아버지? 맞잖아요. 영래야, 어서 네 자전거 몰고 가. 그리고 내일 학교에서 보자."
영래는 머뭇거리다 아버지께 인사를 꾸벅하고는 자전거를 질질 끌고 안개 속으로 사라졌다.

---

1) 다음은 김 교사가 위의 제재 글로 지도할 내용을 구상한 것이다. ㉠~㉣ 중 적절하지 않은 것을 2개 골라 기호를 쓰고, 틀린 부분을 수정하시오. [2점]

㉠ 인물의 성격을 파악하기 위해서는 갈등의 양상을 이해해야 하므로, 제재 글에서 민우와 아버지 간의 갈등 원인을 찾도록 지도해야겠다.

㉡ 공간적 배경도 인물의 심리를 드러내는 역할을 하므로, '운동장', '철봉 옆'이 영래의 심리를 암시하는 공간임을 이해하도록 지도해야겠다.

㉢ 이야기의 사건은 시간의 흐름과 밀접하게 관련되므로, 시간을 나타내는 표지어들을 찾고 사건이 시간상으로 역행적으로 제시되고 있음을 지도해야겠다.

㉣ 인물이 처한 상황은 구체적인 내용을 통해 확인해야 하므로, '자전거 짐칸에는 신문이 잔뜩 실려' 있는 것이 영래가 처한 상황과 관련됨을 파악하도록 지도해야겠다.

• _____

• _____

유1) 다음은 김 교사가 위의 제재 글로 지도할 내용을 사고구술한 것이다. 빈칸에 적절한 단어를 쓰시오. [1점]

> 이 수업을 통해 학생들이 '인물, 사건, 배경을 중심으로 이야기를 이해할 수 있다.'는 학습목표를 달성할 수 있어야 해. 그 중에서도 배경의 역할에 집중해서 가르쳐야지. '파출소 앞'과 같은 배경은 글의 분위기를 조성한다는 것을 알려줘야지. 하지만 배경에만 치우치거나 인물, 사건, 배경의 요소를 개별적으로 확인하게 하기보다는, 이야기 속에서 _____을 파악하도록 하는 데 중점을 두어야겠다.

· _____

2) [A] 부분을 활용하여 인물 제시 방법을 지도할 때, [A] 부분에 드러난 주된 인물 제시 방법과 그 효과를 각각 쓰시오. [2점]

· 인물 제시 방법 : _____

· 효과 : _____
  _____

2013-03 초등·초특 공통

박 교사는 다음 학습 내용과 제재 글로 국어 수업을 하였다. 물음에 답하시오. [4점]

학습 내용	▷ ㉠전기문의 특성 이해하기 ▷ 낱말의 사전적 의미와 문맥적 의미 파악하기 ▷ ㉡전기문 읽고 자신의 삶 성찰하기
제재 글	점자는 시각 장애인이 손가락으로 더듬어 읽는 특수한 문자입니다. 박두성은 한글 점자인 '훈맹정음'을 만든 사람입니다. 일제 강점기 때 박두성은 시각 장애인을 가르치는 선생님이었습니다. 그리고 평생을 시각 장애인을 가르치고 ㉢이끄는 일만 생각하였습니다. 그런데 당시에는 일본어 점자를 가르쳐야만 하였습니다. 박두성은 우리말을 온전히 나타낼 수 있는 한글 점자가 없는 것을 안타까워하며 한글 점자 연구에 빠져들었습니다. 잘못 만들어진 점자에 한번 길들여지면 손끝의 감각은 다시 고치기가 어렵기 때문에 제대로 된 온전한 한글 점자를 만들어야 한다고 생각했습니다. 1923년 4월, 박두성은 제자들과 함께 비밀리에 '조선어 점자연구위원회'를 만들었습니다. 깨알 같은 점자를 들여다보고 읽고 다시 점자로 옮기느라고 심한 눈병에 걸리기도 하였습니다. 그러나 한글 점자 연구를 멈출 수 없었습니다. 1926년 8월, 마침내 한글 점자인 '훈맹정음'이 세상에 나왔습니다. 우리말과 우리글을 마음대로 쓸 수 없던 일제 강점기 때, 박두성이 한글 점자를 만들어 많은 시각 장애인이 우리 점자를 가지게 되었습니다.
지도 내용	(가) ▷ 박두성의 삶과 신념이 나타나 있다. ▷ 박두성의 삶을 (㉣)에 근거하여 쓴 글이다. ▷ 박두성이 살았던 일제 강점기라는 시대의 상황이 나타나 있다. (나) ▷ 박두성이 한 일이나 겪은 일을 파악하여 정리하도록 지도함. ▷ 박두성의 행동을 이해하기 위해 배경지식을 활성화하도록 지도함. ▷ 박두성의 삶을 다른 작품에 제시된 인물의 삶과 비교하여 이해하도록 지도함. ▷ 박두성의 삶에 대한 이해를 공유하고, 자신의 반응을 재정리하도록 지도함.

1) (가)는 박 교사가 ㉠ 활동에서 지도한 내용이다. ㉣에 들어갈 말을 한 단어로 쓰시오. [1점]

• ㉣ : _____

2) 박 교사는 반응중심 수업 모형을 적용하여 ㉡ 활동을 지도하였다. (나)의 지도 내용 중 '반응 명료화하기' 단계에 해당하는 것을 1개 찾아 쓰시오. [1점]

• _____

3) 박 교사는 ㉢의 뜻을 지도하기 위해 국어사전 찾기 활동을 하였다. '사전에서 낱말 뜻 찾기'의 단점과, 이와 보완적으로 사용할 수 있는 인지적 관점의 어휘 지도 방법을 각각 1가지씩 쓰시오. [2점]

• 단점 : _____

• 어휘 지도 방법 : _____

백문이 불여일견 **설명**이 친절한 **기출**
초등임용 기출문제집

영 어

영어과 기출의 특성

최근 영어과 기출을 살펴보면 출제 범위가 굉장히 넓어졌다는 것을 확인할 수 있습니다. 이러한 경향으로 인해 어떤 수험생들은 중등 영어 기출까지 공부하기도 합니다. 하지만 공부를 할 때 우선순위가 바뀌어서는 안 된다고 생각합니다. 임용은 모두가 맞히는 문제는 확실히 맞혀야 하는 시험이므로 그동안 꾸준히 출제되었던 부분을 먼저 확실히 다지고 가야 합니다. 영어과 문제는 영어 수업 상황을 준 뒤 이와 관련된 언어습득모형이나 교수법을 묻는 문항과 기능별 언어 지도 방법을 묻는 문항이 거의 매년 출제됩니다. 그러므로, 교과교육론에 대한 정확한 이해가 필수적입니다. 이때 각 이론과 관련된 어휘를 정확하게 알고 있는 것이 중요합니다. 영어 철자를 잘못 적거나 앞뒤의 문법적 상황을 고려하지 않고 답을 적어 틀리는 경우가 많습니다. 아는 단어라고 그냥 넘기기보다 꾸준히 관련 영단어를 정리해놓고 확인하는 것을 추천합니다. 또한, 시험장에 들어가기 전 지문과 문제를 꼼꼼하게 확인하고 주변 문맥과 문법에 맞게 정확히 답을 적는 연습을 하고 가야 합니다. 교육과정과 관련된 문제는 출제되지 않거나 매우 평이하게 출제되고 있으나 최근 10년 중 7개년에서 교육과정 관련 문제가 출제되었기 때문에 절대 소홀히 해서는 안 된다는 사실을 유념하세요.

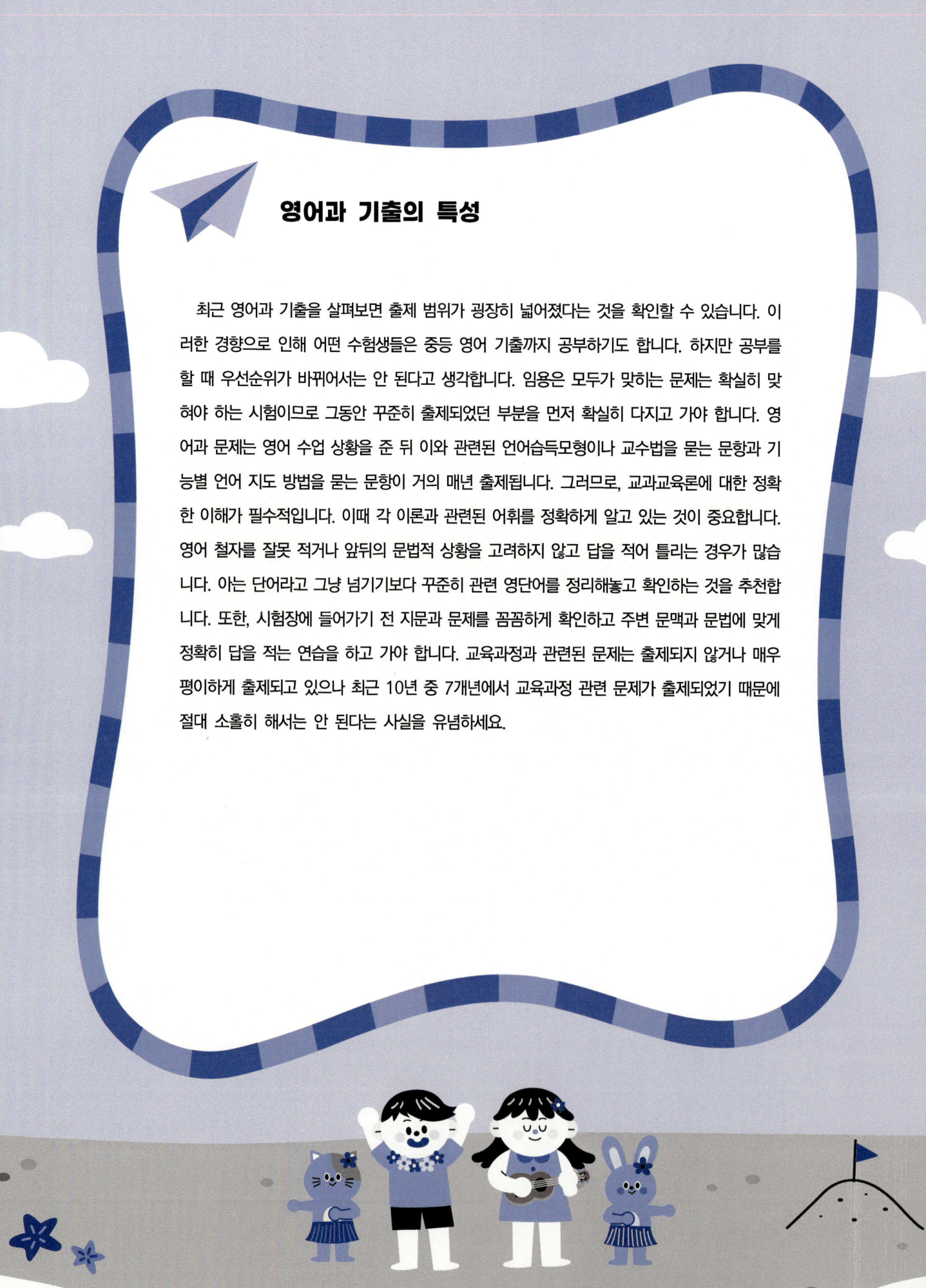

영어 기출분석표

*색 표시는 초등 출제입니다.

영역		년도	2013	2014	2015	2016	2017	2018	2019	2020	2021	2022	2023
교과과정		성격 및 목표											
		내용체계											
		성취기준			5-6 듣기 성취기준	쓰기 교수·학습 방법		5-6 쓰기 성취기준		5-6 쓰기 성취기준	핵심개념 (5-6 읽기 성취기준 관련)		
		교수·학습방향		오류 수정	오류 수정		학습자 중심의 교수·학습 방법	협동 활동(게임)					
		평가방향									자기 평가		
교육론		언어습득 모형								상호작용 가설 (의미 협상)		정의적 여과막 가설, 출력 가설	
		초등학습자의 특성		초등학습자의 일반적 특성			학습 유형						
		영어교수법	TPR	ALM				TPR			CLT 의사소통능력 (담화적 능력)		형태초점교수법 (입력 강화)
		학습자 중심 수업		PPP수업 모형, 정확성과 유창성, 질문지 지도			교사 언어		의사소통 전략(보상 전략), 질문 유형				
	기능별 언어 지도	듣기	분절음소와 초분절음소			분절음소와 초분절음소			듣기의 과정, 듣기 지도				
		말하기							말하기 오류 지도, 초분절음소	collocation (연어)	하향식 지도, 말하기 오류 지도	말하기 연습 유형	
		읽기	Phonics		과정 중심 읽기 지도, 읽기 유형					읽기 전략, 읽기 지도, 유창성			읽기 자료 유형, 음절 음소
		쓰기				쓰기 지도 단계		쓰기 지도 단계					과정 중심 쓰기 지도
		문화											
기타		교실 영어 활동	스토리텔링			챈트	스토리텔링	교실 평가			Key expression 찾기	의미 추측 전략, 형태론 일반화 오류, modeling	오류 지도 방법

2023-01 초등

(가)는 김교사의 6학년 영어 쓰기 수업의 일부이고, (나)는 수업 성찰 일지의 일부이다. 물음에 답하시오. [4점]

(가)

T : Can you guess what I did during my summer vacation? I would like to share some of my pictures.

S1: 부모님과 함께 영화를 보신 것 같아요.

T : Good guess. I will show you my writing about the summer vacation. Let's read it together.

> <My Summer Vacation>
> I visited my parents during the vacation.
> I saw a movie with them.   ⎫
> I made a cake for my mom's birthday.   ⎬ [A]
> We had a good time together!   ⎭

Ss : (함께 예시문을 읽어 본다.)

T : Today, we're going to write about what we did during the summer vacation, things we did in the past. Please close your eyes and think about your vacation. (잠시 후) What did you do?

S2: I made cookies with my sister.

T : Great! Anyone else?

S3: I went to a mountain.

T : OK, you have some ideas to write about. Shall we move on to the next step?

Ss : Yes.

T : All right. Let's write about our summer vacation. You can use my writing as an example. Also, if you need some help, please ask me or your friends.

Ss : (여름 방학에 경험한 일에 대한 글을 쓰기 시작한다.)

T : (난감한 표정인 S4에게) Are you okay?

S4: 여름 방학에 뭘 했는지 생각이 잘 안 나요.   ⎫
S5: 선생님, 저는 뭘 써야 할지 모르겠어요.   ⎬ [B]
S6: 저는 식물원에 갔었는데, 식물원이 영어로 뭐예요?   ⎭

T : Oh, let me help you. (낱말을 S6에게 써 주며) That's 'botanical garden.' [B]

S7: Teacher, I'm done. 그다음에는 뭐 해요?

T : (시계를 보며) Oh, it's time to check your writing with the group members. (체크리스트를 나눠 주며) Please use this checklist and give your thoughts on your friends' writing. Any questions? Ready, go!

S8: Look! 소문자 말고 대문자 'I'를 써야 맞는 거 아니야?

S9: 맞아, 여기를 대문자 'I'로 고칠게.

S10: 'My Fun Day'라는 제목이 좋은 것 같아.

S9: Thank you.

T : (S11의 글을 보며) I like your writing. Did you go to a magic show?

S11: Yes, I did. Look! (사진 여러 장을 보여 주며) I took a picture, too.

T : Wow! You took pictures.

S11: Yes, I took a picture.

T : (사진 여러 장을 가리키며) When you talk about more than one thing, you put 's' at the end of a word. You use a plural word. For example, 'dogs' is the plural of 'dog.' How do you say the plural of 'picture'? [C]

… (하략) …

(나)

Today, I followed the stages of process writing. First, I asked the students to think briefly about what they did during the vacation and then moved on to the next stage. While the students were writing about their vacation, I found almost half of them had difficulties. I, nevertheless, continued to the next stage in which the students exchanged feedback on their writing, and the final rewriting and sharing process followed. Looking back on my lesson, I think I was obsessed with moving forward along the writing stages in a linear way. ㉠That was my biggest mistake.

1) ① 경험을 표현하는 글의 특성을 고려하여 'input enhancement'를 (가)의 [A]에 어떻게 적용할 것인지 쓰고, ② (가)의 [C]에 해당하는 교정적 피드백 유형의 명칭을 2단어의 영어로 쓰시오. [2점]

· ① : _____

· ② : _____

2) ① (가)의 [B]와 (나)에 근거하여 과정 중심 쓰기의 단계 중 수업에서 개선이 필요한 단계의 명칭을 1단어의 영어로 쓰고, ② (나)의 ㉠을 해결하기 위해 고려해야 하는 과정 중심 쓰기 지도의 유의점을 쓰시오. [2점]

· ① : _____

· ② : _____

2023-02 초등

다음은 안 교사의 3학년 영어 수업과 강 교사의 4학년 영어 수업의 일부이다. 물음에 답하시오. [3점]

안 교사	T : Let's listen to the story again. This time, listen for the words with the same sound.  Blue bird, blue bird, what do you see? I see a big bear playing with a ball. Big bear, big bear, what do you see? I see a busy bee flying around a bus. … (하략) … T : What words did you hear in the story? S1: Big, bus. T : Very good. I'm going to say the two words again. 'Big, bus.' What sound do you hear first? S2: 버? T : Good try! Repeat after me. /b/, /b/, big. Ss : /b/, /b/, big. T : (낱말 카드를 보여 주며) Then, what letter makes the sound /b/ in 'big'? S3: 알파벳 'b'요. T : Excellent. The letter 'b' says /b/ as in 'big.' (어구 카드를 보여 주며) Read aloud the phrase after me. Big bear playing with a ball. Ss : Big bear playing with a ball. T : Very good. Let's find some more words with /b/ in the story. … (하략) …
강 교사	T : We're going to do a sorting activity using the words we know. Make groups of 4, and I'll give each group a set of 8 word cards. (낱말 카드 세트를 나눠 준다.) Do you all have the word cards? Ss : Yes. T : All right. I want you to divide the word cards into 2 groups. Look at the spelling of the words and try to find the same patterns.

Ss : Okay. (모둠별로 낱말 카드를 분류한다.)
T : Let's see how you did the activity. Group 1, what words are in the same group with 'cat'?
S1: Bat, hat, mat.

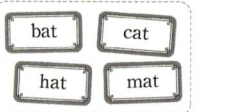 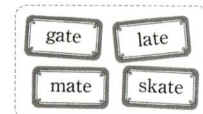

T : Very good. What words are in the other group?
S2: Gate, late, mate, skate.
T : What's the same spelling in 'bat, cat, hat, mat'?
Ss : A-T.
T : (낱말을 칠판에 쓰며) Read after me. 'At, cat.'
Ss : At, cat.
T : Good. The letter 'a' makes the /æ/ sound in these words. Now, I'm going to show a new word. (낱말 카드를 보여 주며) Look at this word. It starts like 'up.' The words 'gate' and 'late' will also help you read it aloud. Can anyone read it?
S3: Update.
T : That's correct. Do you know this word?
S3: No.
T : Then, how did you read it?
… (하략) …

1) 다음은 안 교사가 활용한 이야기 자료에 대한 설명이다. ( )에 공통으로 들어갈 말을 'd'로 시작하는 1단어의 영어로 쓰시오. [1점]

> The story has features from two different types of texts frequently used for beginning L2 learners: predictable texts and ( ) texts. Predictable texts often contain the repetition of core structures and chunks, and the repetitive language coupled with illustrations enables young L2 learners to comprehend the content easily. ( ) texts are carefully designed to help beginning readers develop phonics knowledge by using words that display target spelling-sound correspondences repetitively

• _____

2) 다음은 수업을 참관한 동료 교사들이 나눈 대화의 일부이다. ① 안 교사와 강 교사의 낱말 선정 기준을 ⓐ에 근거하여 각각 쓰고(단, 수업에서 활용된 낱말 2개씩을 예시로 들 것.), ② 강 교사가 낱말 분류하기 활동을 실시한 이유를 ⓑ와 관련지어 쓰시오. [2점]

> 교사 A : 두 분 모두 'bus'나 'cat'과 같이 친숙한 단음절 낱말을 주로 활용하였고, 같은 단음절 낱말이라도 어떤 낱말을 함께 제시할 것인지 많이 고민하신 것 같습니다.
>
> 교사 B : ⓐ영어 음절은 'onset'과 'rhyme'으로 이루어집니다. 그 점에서 두 분이 서로 다른 기준으로 낱말을 선정해서 제시하신 것 같습니다.
>
> 교사 C : 학년 수준과 파닉스 지도 요소를 고려해서 그렇게 하신 것 같아요.
>
> 교사 D : 강 교사가 사용한 낱말 분류하기 활동은 ⓑ새로운 낱말을 읽는 데 도움을 주는 것 같아요.
>
> 교사 B : 학생들이 활동을 해 보며 흥미 있게 파닉스를 배우도록 한 점도 좋았습니다

• ① : _____

• ② : _____

2022-01 초등

다음은 최 교사의 4학년 영어 읽기 수업의 일부이다. 물음에 답하시오. [3점]

읽기 중	T : Before we start reading a story, let us think. When you see unfamiliar words while reading a book, what do you do? S1: 친구나 선생님에게 물어요. S2: 번역기를 사용해요. T : They are all good ideas. Today, I'll tell you another way. Open your book to page 21. (책을 펼쳐 보이며) I'll read the story. "Hello! My name is Dan Short. I am blind." Does anyone know what the word 'blind' means? Ss: 잘 모르겠어요.  T : That's OK. Let's see together. What do you see in the picture? S3: 주인공이 지팡이를 가지고 있어요. S4: 개가 길을 안내해 주고 있어요. T : That's right. Do you think he can see things? Ss: No. T : Right. Then, what's the meaning of the word 'blind'? Ss: 눈이 안 보인다는 뜻이에요. T : Excellent. Yes, he is blind. This time, you're going to read the book on your own. Try to guess the meaning of unfamiliar words while reading. Understood? Ss: Yes. T : Great. Please remember what you did in guessing the meaning of 'blind'. … (하략) …

읽기 후	T : Did you enjoy reading the story? Ss: Yes, I did. T : You understand all the story. It's time to retell the story. ㉠ <u>Get into pairs and tell the story in your words to your partner before presenting it to the class.</u> I'll give you 5 minutes for the pair work. Ss: (활동을 한다.) T : OK, who wants to start? (손을 든 학생들을 둘러보며) S5, will you tell us the story? S5: Dan Short is blind. But the special dog help … the special dog help he can go to school. T : Very good. S6 do you have anything to add? S6: He can go to the shopping mall. He can go to airport. T : Great. Who will be the next to tell us about the special dog? … (하략) …

1) ① '읽기 중'에서 학생들이 어휘의 의미를 추측할 수 있도록 최 교사가 활용한 전략을 쓰고, ② '읽기 후'에서 ㉠의 기대 효과를 학습자의 정의적 요인과 관련하여 쓰시오. [2점]

• ① : _____

• ② : _____

2) 다음은 '읽기 후'에서 적용한 언어 습득 이론을 설명한 것이다. ( )에 공통으로 들어갈 용어를 첫 단어가 'p'로 시작하는 2단어의 영어로 쓰시오. [1점]

Learners can comprehend input without having to look closely at the grammar. However, if they are required to produce the target language, their attention tends to change its direction to linguistic features. It is in this sense that ( ) contribute(s) to L2 development. L2 learners' linguistic processing leading to ( ) generates important language learning opportunities by allowing learners to test their linguistic hypotheses and refine their interlanguage. The post-reading activity guided students into focusing on linguistic structures in order to deliver their intended meanings. Also, it appears that, for S5, the activity likely offered an opportunity to notice linguistic gaps in their interlanguage, which is another beneficial aspect of ( ).

• _____

2022-02 초등

(가)는 박 교사의 5학년 영어 수업의 일부이고, (나)는 박 교사가 수업을 마친 후에 작성한 성찰 일지의 일부이다. 물음에 답하시오. [4점]

(가)

T : (손 인형을 소개하며) Before doing an activity, I'd like to introduce our friend, Froggie. Everyone, say hello to Froggie!
Ss : Hello, Froggie!
T : Froggie, we are talking about jobs today. What do you want to be? (Froggie 목소리 흉내를 내며) I want to be a singer. (노래하는 시늉을 하며) I like singing.
T : Sounds great! Everyone, ask him what he wants to be. 3-2-1, go!
Ss : What do you want to be?
T : (Froggie 목소리 흉내를 내며) I want to be a singer. (노래하는 시늉을 하며) I like singing. (S1을 가리키며) What do you want to be?
S1 : I want to be a painter. I like painting.
T : (Froggie 흉내를 내며) Well done! (S2를 가리키며) What do you want to be?
S2 : I want a dancer.
T : Oh, I see you want to be a dancer. Can you tell me why?
S2 : I am like dancing. I can dance very well.
T : Really? I like dancing, too!

… (중략) …

T : Now, we're going to do a line-up activity. You'll ask and answer questions about dream jobs using "What do you want to be?", "I want to be a(n)…" Here is how to play the activity.
Ss : (활동 절차에 대한 자료 화면을 본다.)
T : First, line up in two rows and face each other. Then, ask and answer the question. What is the question?
Ss : What do you want to be?
T : Excellent! When I say "Move" in the middle of your conversation, students in the first row will move one step to the right. Then, do the same thing with a new partner in the second row. Got it? Please let me know whether you understand it by showing your Yes/No cards.
Ss : (일부 학생들이 No 카드를 들어 올린다.)
T : OK, I'll show you how to play step by step.

… (중략) …

Ss : (학생들이 두 줄로 선다.)
T : Let's start!
S3 : ㉠<u>I want to be a police officer.</u> I want to help people.
T : Move!
Ss : (학생들이 한 칸씩 옆으로 이동하며 활동을 이어간다.)

… (하략) …

(나)

I used a puppetry to provide language frames to my students. Providing language frames in one of the instructional techniques, called (   ), to use clear illustrations and examples for learners. For instance, I had a conversation with Froggie to show the communicative task that the students would be asked to engage in later in the class. Thus, they could realize the expected outcomes of the activity as well as the expressions needed for the task.

… (하략) …

Finally, I observed that one of the students made ㉡<u>a developmental error by overgeneralizing a morphological rule</u>. Next class, I need to check his utterances again to see whether he will make the same error.

1) (나)의 (   ) 안에 들어갈 용어를 'm'으로 시작하는 1단어의 영어로 쓰시오. [1점]

.

2) (나)의 ⓒ에 해당하는 학습자의 발화 1문장을 (가)에서 찾아 쓰시오. [1점]

   • _____

3) 말하기 연습 활동 유형은 교사의 개입 정도에 따라 3가지로 구분할 수 있다. ① 3가지 중 박 교사가 Line-up 활동에서 적용한 연습 활동 유형의 명칭을 쓰고, ② 박 교사가 ①을 어떻게 적용하고 있는지 ㉠을 예로 들어 설명하시오. [2점]

   • ① : _____

   • ② : _____

2021-01 초등

다음은 3학년 영어 수업의 일부이다. 물음에 답하시오. [3점]

김 교사
T : We're going to do a survey activity. (활동지를 나누어 주며) First, mark "○" in the worksheet to express what you like.

	🍕	🍔	🍌	🍞
나		○	○	○
친구1( )				

Ss : (활동지에 자신이 선호하는 음식을 표시한다.)
T : Now, walk around the classroom and ask and answer questions about foods by using expressions such as "Do you like …?", and "I like…", and "I don't like…." Don't forget to write down the name of the student you meet, and mark "○" under each food in the worksheet. Let's start.
Ss : (교실을 돌아다니며 활동을 수행한다.)
… (하략) …

박 교사
T : Today, we're going to talk about your favorite food. What's your favorite food? You can speak in Korean.
Ss : (자신이 좋아하는 음식을 말한다.)
T : Great. (그림 장면을 보여 주며) There are two people in the picture, Jiwoo and Mina. Can you guess what they are talking about?
Ss : Foods.
T : Right. Let's listen to the dialogue.
Ss : (CD-ROM의 내용을 듣는다.)
T : (그림 카드를 나눠주며) Listen to my questions and answer them by showing a picture card. Are you ready?
Ss : Yes!
T : What does Jiwoo like in the dialogue?
S2 : (그림 카드를 들어올린다.)
T : You're right. Anyone else?

… (중략) …
T : Now, We'll listen to a story about foods.
T : (음식 그림이 포함된 활동지를 나누어 주며) Look at the list of food pictures. Circle the foods that you hear. Let's listen.
Ss : (듣고 활동지를 완성한다.)
… (하략) …

최 교사
T : Today, we're going to learn the expressions "Do you like…?", and "I like…", and "I don't like…." OK?
Ss : Yes.
T : Before doing the first activity, let's think about how you will learn these expressions. Write your plan in the worksheet.
Ss : (각자 생각하여 아래 활동지를 완성한다.)

어떻게 학습할 수 있나요?
[예시] - 모르는 표현은 선생님께 물어보기
- 오늘 배운 표현을 여러 번 소리내어 말해 보기

T : Now, share your plan with your partner.
Ss : (짝과 함께 의견을 나눈다.)
… (중략) …
T : It's time to wrap up this lesson. Look at the checklist. Please check how well you can use the expressions now.

	얼마나 잘 할 수 있나요?	😊	😐	☹
1	좋아하는 음식에 대해 물어볼 수 있어요.	☐	☐	☐
2	좋아하는 음식을 말할 수 있어요.	☐	☐	☐

1) 다음은 김 교사가 수업에 적용한 교수적 접근 방법의 특징을 설명한 것이다. 수업 지문에서 ㉠에 해당하는 말을 찾아 영어로 쓰시오. [1점]

Mr. Kim employs the approach that emphasizes the language learner's authentic and interactive communication, which ultimately leads to the development of communicative competence. Lessons based on this approach usually focus on language use and function, involving teaching what the learner will be able to do with or through the language. In Mr. Kim's class, for example, the survey activity provides the students with the opportunity to ask about their classmates' personal preferences. While performing this activity, they likely learn the function of ㉠this target expressions.

·

2) 다음은 예비 교사 A가 세 수업을 참관하고 기록한 수업 관찰일지의 일부이다. ① ⓐ~ⓔ 중 수업 내용과 일치하지 않는 것 2가지를 찾아 기호를 쓰고, ② 각각 바르게 고쳐 쓰시오. [2점]

예비 교사 A의 수업 관찰 일지

□ 참관 수업자(날짜): 김○○ 교사(2020. 11. ○○.)
– 교사는 발화에서 활동에 대한 설명을 제시하여 학생들의 이해도를 높이고 있음.
– ⓐ 선호하는 음식을 주제로 듣기·말하기 활동이 이루어졌음.
– 설문지에 'O' 표기하는 것도 좋지만 음식 스티커를 활용하면 학생들의 흥미를 높일 수도 있음.
… (하략) …

□ 참관 수업자(날짜): 박○○ 교사(2020. 11. ○○.)
– 전체적인 수업 활동이 학습 목표에 맞게 구성되었음.
– ⓑ 듣기 전 활동에서 하향식 처리 과정을 돕기 위한 지도가 이루어졌음.
– 학생들의 이해 여부를 시각적 자료를 활용하여 표현하게 한 점이 인상적임.
– ⓒ 수업 중 학생과 학생 간 상호작용이 이루어졌음.
… (하략) …

□ 참관 수업자(날짜): 최○○ 교사(2020. 11. ○○.)
– ⓓ 학생들 스스로 학습에 대한 계획을 세워 볼 수 있도록 지도가 이루어졌음.
– ⓔ 학습 목표에 따라 상호 평가가 이루어졌음.
– 학생들에게 자기 학습에 대한 학습 일지를 쓰게 하면 좋겠음.
… (하략) …

· ① : _____

· ② : _____

2021-02 초등

다음은 김 교사의 5학년 영어 읽기 수업 장면의 일부이다. 물음에 답하시오. [4점]

읽기 전	T : Today, we'll read about three camps. S1: Camps? T : Yes. You can meet new friends and do fun activities at a camp. Ss: Oh, I see. T : Look at the reading part in your textbook. I'll ask some questions. Listen and quickly search for the answers in the reading part. Who is introducing the first camp? Ss: Minsu. T : Good. Then, who is introducing the second camp? … (하략) …
읽기 중	T : Now, read the first text silently. I'll give you three minutes.  MUSIC CAMP Hi! I'm Minsu. What's your plan for this winter vacation? I will join a music camp. On Day 1, I will go to a concert. On Day 2, I will meet my favorite singers. On Day 3, they will teach new songs. I will have a lot of fun. … (중략) … T : Time's up. Is everyone finished? Ss: Yes. T : Now, let me ask some questions. Please answer in a full sentence. What will Minsu do on Day 1? S1: He will go to concerts. T : Will he go to a concert or many concerts? S1: Oh, he will go to a concert. T : Then, who will teach new songs? S2: They will teach new songs. T : Who are they? Ss: They are … teachers? T : Not quite right. Read again about Day 2 and Day 3. … (하략) …
읽기 후	T : Now, get into pairs. Read the texts again and choose a camp to join together. You may have different opinions, but be nice to each other when you discuss. (교실을 돌아다니며 학생들의 활동을 지도한다.) S1: I want to join the writing camp. What about you? S2: Music camp. I want meet my favorite singer. T : Who is your favorite singer? S2: (자신이 좋아하는 여자 가수에 대해 이야기한다.) S1: Really? I like hi, too. T : Him? Are we talking about him or her? S1: Oh, I like her. T : Good. … (하략) …

1) 다음은 김 교사가 작성한 교수학습 과정안의 일부이다. ① 2015 개정 영어과 교육과정의 내용 체계에 근거하여 (   ) 안에 들어갈 핵심 개념을 쓰고, ② ⓐ~ⓔ 중 수업 내용과 일치하지 않는 것을 찾아 기호를 쓰고 바르게 고쳐 쓰시오. [2점]

학습 목표	캠프에 대한 글을 읽고 ( )을/를 파악할 수 있다.
읽기 전	ⓐ 학생들에게 읽기 topic을 소개한다. ⓑ 교과서를 보며 '찾아 읽기' 활동을 진행한다.
읽기 중	ⓒ 주어진 시간에 묵독을 마쳤는지 확인한다. ⓓ 교사 질문으로 학생들의 읽기 이해도를 점검한다.
읽기 후	ⓔ 언어 기능 중 듣기를 제외한 세 가지 기능을 활용한다. …(하략)…

• ① : _____

• ② : _____

2) 다음은 김 교사가 수업을 마친 후 작성한 성찰일지이다. ( ) 안에 공통으로 들어갈 용어를 'd'로 시작하는 1단어의 영어로 쓰시오. [1점]

Date: Nov. ○○, 2020.　　　Class : 5-3

During the while-reading stage, my students read about three camps. After they finished reading each text, I asked several questions. My students answered most of them quite well, but they had trouble with a few questions which required them to connect forms and meanings at the level of (　　　). For example, after reading the text about a music camp, they could not find who the personal pronoun 'they' refers to. This indicates that my students should learn rules of (　　) to comprehend stretches of language across sentences.

• _____

3) 김 교사는 학생의 발화 오류가 의미 전달에 지장을 주지 않는 경우 그 오류를 교정하지 않고 의사소통 중심으로 활동을 지도하였다. 이러한 지도 방식이 가장 잘 나타난 김 교사의 발화 1문장을 찾아 쓰시오. [1점]

• _____

2020-01 초등

다음은 배 교사의 5학년 영어 수업의 일부이다. 물음에 답하시오. [3점]

T : Today, we're going to describe a place in our town.
S1: Place?
T : Yes, place like a building. I will show you a picture of a place. (타워 그림을 보여주며) What do you see?
Ss: Tower.
T : Yes, it's a tower. S2, is it a small tower?
S2: ㉠ No. it's a long tower.
T : Right. It's a tall tower.
S2: What tower?
T : Tall tower. It is a tall tower. Everyone, repeat after me. It's a tall tower.
Ss: It's a tall tower.
T : Good. (꽃 가게 그림을 보여주며) What do you see?
Ss: Flower shop.
T : Yes. Is it big or small?
Ss: Small.
T : Good job. Repeat after me. It's a small flower shop.
Ss: It's a small flower shop.
… (중략) …
T : Now, it's time for writing. I will show a picture and describe it to you. Write a sentence as you listen. Ready?
Ss: Yes.
T : Great. (타워 그림을 보여주며) It's a tower. It's tall.
Ss: (학생들이 선생님의 발화를 듣고 그림을 묘사하는 글을 쓴다.)

<Samples of the students' English writing>

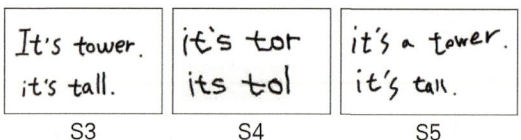

S3   S4   S5

T : Are you done?
Ss: Yes.
T : It's time to wrap up Lesson 7. Look at the checklist. Read the questions and check yourself now.
Ss: (학생들이 체크리스트를 가지고 자기 평가를 한다.)

Checklist		
★ 구두로 익힌 문장 바르게 쓰기	☺	☹
- 철자를 바르게 썼나요?		
- 구두점을 바르게 썼나요?		

1) 다음은 ㉠과 관련하여 수업을 참관한 교사들이 나눈 대화이다. ⓐ에 해당하는 용어를 1단어로 쓰시오. [1점]

교사 A: S2의 ㉠과 같은 오류가 학생들에게 많이 보이는 것 같아요.
교사 B: 맞아요. 학생들이 ⓐ함께 어울려 사용되는 단어들의 조합을 몰라서 short rain과 같은 어색한 표현을 할 때가 있어요.
교사 A: 그래서 어휘 지도 시 ⓐ을/를 다루는 것이 필요해요.
교사 B: 학생들이 해당 표현을 반복적으로 접하여 익숙한 느낌이 들도록 해야 할 것 같아요.

.
_____

2) 다음은 배 교사가 수업을 마친 후 작성한 성찰 일지이다. ① ⓑ에 들어갈 용어를 'n'으로 시작하는 1단어의 영어로 쓰고, ② ⓒ에 들어갈 질문은 2015 개정 영어과 교육과정 5~6학년군 쓰기 성취기준의 학습 요소에 근거하여 쓰시오. [2점]

Observation: Today, my students seemed to be engaged in active listening. They paid attention to what I said and asked questions which led to language modifications. In fact, there were several instances of (ⓑ). For example, S1 repeated the word 'place' to confirm what I said. S2 noticed the discrepancy between 'long tower' and 'tall tower' and requested clarification, which was followed by my repetition of word 'tall.'

Things to be improved: I need to revise the checklist, I have used. Although the three students (S3, S4, S5) made the same mistake, there was no question to check for it. I will add one more item to the checklist to make the students aware of the mistake as follows:

Checklist		
★ 구두로 익힌 문장 바르게 쓰기		
- 철자를 바르게 썼나요?		
- 구두점을 바르게 썼나요?		
- (ⓒ)		

• ① : _____

• ② : _____

2020-02 초등

다음은 강 교사의 6학년 영어 읽기 수업의 일부이다. 물음에 답하시오. [4점]

읽기 전	T : Today, we're going to read a story. (책 표지를 가리키며) Look at the front cover. What's the title? Ss : The Giving Tree. T : Great. Let's go over some words before reading the story. Look at the picture cards and repeat after me. (나뭇가지 그림 카드를 보여주며) Branch. Ss : Branch. … (중략) … T : Good job, class. Look through the text quickly to guess what happens in the story. Ss : (텍스트를 읽어본다.) T : Can you tell me what the story is about? S1 : 나무가 소년에게 많은 것을 주는 것 같아요. S2 : 소년과 나무의 우정에 관한 이야기에요. T : Well done.
읽기 중	T : I'll read the story line by line, and you read along the text after me. OK? Once there were a tree and a little boy. One day the little boy came to the tree. "I'm hungry. Can you give me some apples?" asked the boy. … (하략) … … (중략) … T : Let's make a story map. (활동지를 나눠주며) Take this worksheet. Does everybody have the worksheet? Ss : Yes. T : Good. Read the story one more time and fill in the blanks with the right sentences. 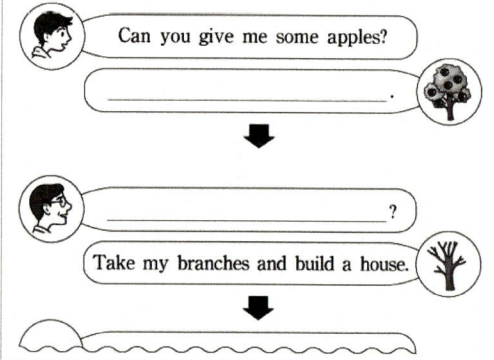 T : Let's do a reading activity with the story. On the backside of your worksheet, there are three different scripts. Can you find them? Ss : Yes. T : Good. Make groups of three and choose a script.
읽기 후	Ss : (모둠을 구성하고 모여서 대본을 고른다.) T : Good. Make groups of three and choose a script. Who do you want to be? Take a role in your group. Ss : (각 모둠에서 Tree, Boy, Narrator 중 하나를 정한다.) T : Practice reading the script aloud with your group members. Try to read your parts like the boy or the tree. Later, you will come up to the front and show your performance.

1) 강 교사의 수업에서는 읽기 전략으로서 학생들이 'skimming'을 활용하도록 하였다. 해당 부분이 나타난 교사의 발화 1문장을 찾아 쓰시오. [1점]

.

2) 다음은 강 교사가 읽기 후 단계에서 적용한 활동의 목적을 설명한 것이다. (   ) 안에 들어갈 용어를 'f'로 시작하는 1단어의 영어로 쓰시오. [1점]

> Readers Theatre is a performance of a written script that demands repeated readings. Performing the script provides students with a real purpose for the repetition, and they are able to read it faster with confidence. Because they read from the script during the performance, they are encouraged to read it with appropriate speed and expression to carry the meaning effectively. Therefore, Readers Theatre is an effective and engaging way to develop (   ) in reading.

• _____

3) 다음은 강 교사의 수업을 참관한 후 교사들이 나눈 대화이다. ⓐ~ⓔ 중에서 수업 내용과 일치하지 않는 것 2가지를 찾아 기호를 쓰고, 그 이유를 쓰시오. [2점]

> ⓐ 교사 A: 의미 이해뿐만 아니라 소리 내어 읽기를 포함하여 읽기 수업을 구성하였어요.
> ⓑ 교사 B: 읽기 전 단계에서 상향식 처리 과정을 돕기 위한 지도가 이루어지지 않았어요.
> ⓒ 교사 C: 읽기 중 단계에서 읽기와 함께 다른 언어 기능을 통합하여 구성하였어요.
> ⓓ 교사 D: 줄거리 요약하기에 대한 스캐폴딩으로 그래픽 조직자를 제공하였어요.
> ⓔ 교사 E: 읽기 후 단계에서 낱말의 소리와 철자 관계를 명시적으로 지도하였어요.

• _____
  _____

• _____
  _____

2019-01 초등

다음은 5학년 영어 듣기 수업의 일부이다. 물음에 답하시오. [3점]

박 교 사	T : Today, we're going to listen to a part of a story. 　　Have you ever heard of Snow White? Ss : 아니요. T : (성에 살고 있는 백설 공주의 그림을 보여주며) Look at the picture. Who is she? Ss : 백설 공주요! T : Good. She's Snow White. Where does she live? Ss : 성에 살아요. 　　Long time ago, there lived a princess, Snow White. 　　She lived with a queen in a castle. 　　… (중략) … 　　Snow White ran away and met a hunter in the forest. T : What is the story about? Ss : 백설 공주가 성에 살았는데, 왕비를 피해서 숲으로 도망가는 이야기에요. T : Good job, class. Take this worksheet and check how well you understand the story. 　□ 다음 질문에 답해 봅시다. 　1. What is the name of the princess? 　　_____ 　2. Who did the princess meet in the forest? 　　_____
김 교 사	T : Good morning, class. Today, we're going to listen to a part of a story. Then we'll make a story about what will happen next. Let's listen to the story first. (CD-ROM의 내용을 들려준다.) 　　Long time ago, there lived a princess, Snow White. She lived with a queen in a castle. 　　… (중략) … 　　Snow White ran away and met a hunter in the forest. T : What is the story about? Ss : 공주가 왕비를 피해서 도망가는 이야기에요. T : Good. Now, you're going to make your own story. Imagine what will happen to Snow White. Are you ready? Ss : Yes. T : Make groups of three. Let's get started. Ss : (학생들이 모둠 활동을 수행한다.)

1) 다음은 박 교사가 수업에서 적용한 듣기 과정에 대한 설명이다. ㉠에 공통으로 들어갈 용어를 's'로 시작하는 1단어의 영어로 쓰시오. [1점]

One of the key processes in L2 listening is to use background information that listeners bring to the text. This information, often called (㉠), includes what the listeners know about people, the world, culture, and the universe. In Mr. Park's class, when the students were asked questions about Snow White, they could activate their (㉠) to predict what the story would contain.

2) 다음은 수업을 참관한 교사들의 대화이다. ⓐ~ⓔ 중에서 수업 내용과 일치하지 <u>않는</u> 것 2가지를 찾아 기호를 쓰고, 각각 바르게 고쳐 쓰시오. [2점]

> ⓐ 교사 A : 박 선생님의 수업에서는 듣기 전 활동에서 시각적 자료를 활용했어요.
> ⓑ 교사 B : 박 선생님이 사용한 활동지는 사실적 이해를 묻는 질문뿐만 아니라 이해를 묻는 질문을 포함해서 좋았어요.
> ⓒ 교사 C : 김 선생님은 듣기 전 활동을 따로 하지 않고 바로 학생들에게 이야기를 들려줬어요.
> ⓓ 교사 D : 김 선생님은 이야기를 들려준 후, 세부 정보를 파악하는 질문을 했어요.
> ⓔ 교사 E : 김 선생님의 수업에서는 들려준 내용 다음에 이어질 내용을 학생들이 만들어 보도록 한 점이 인상적이었어요.

- _____
- _____

2019-02 초등

(가)는 최 교사의 4학년 영어 수업의 일부이고, (나)는 최 교사가 수업을 마친 후 작성한 성찰 일지의 일부이다. 물음에 답하시오. [4점]

(가)

T : Today, we're going to talk about jobs. The key expressions are "Who is she?" and "She's a singer." Are you ready?

Ss : Yes!

T : (가수 사진을 보여 주며) Repeat after me. Who is she?

Ss : Who is she?

T : Good job! S1, repeat after me. She's a singer.

S1 : ㉠ She's a singer. (단어마다 강세를 두어 말한다.)

T : No, you shouldn't put stress on all the words. Listen carefully. She's a singer. (singer에 강세를 두어 말한다.)

S1 : She's a singer. (singer에 강세를 두어 말한다.)

T : Perfect.

… (중략) …

T : Now, we'll do a survey. First, choose a job you like and draw a picture of the person with the job.

Ss : (학생들이 각자 그림을 그린다.)

T : S2, are you drawing a fire fighter?

S2 : Yes.

T : Why did you choose it?

S2 : Because my mom is a fire fighter.

T : Very good. S3, who is he?

S3 : He's a piano boy.

T : Oh, he's a pianist.

S3 : Yes, he's a pianist.

T : Good. Now, move around the class and ask your friends about their drawings.

Ss : (학생들이 교실을 돌아다니며 조사 활동을 수행한다.)

(나)

- 학생 관찰: 의사소통 전략 중 하나인 보상전략을 사용하는 모습이 관찰되었다. 영어 능력이 부족하여 의사소통에 문제가 발생할 수 있었는데, 보상 전략을 사용하여 문제를 해결하려고 노력하는 모습이 인상적이었다. 예를 들어, 어떤 학생은 (㉡).
- 좋았던 점: 학생들의 발화의 양을 증가시키기 위해 개방형 질문을 사용한 점과 학생들이 스스로 오류를 발견할 수 있도록 간접적으로 피드백을 제시한 점이 좋았다.
- 개선할 점: 학생들이 학습 과정과 결과에 대해 스스로 점검해 보도록 자기 평가를 활용해야겠다.

1) 다음은 (가)의 ㉠과 관련하여 교사들이 나눈 대화이다. ⓐ에 들어갈 내용을 쓰시오. [1점]

교사 A : S1이 ㉠과 같은 오류를 보인 것은 3~4학년군 말하기 영역의 성취기준인 '영어의 강세, 리듬, 억양에 맞게 따라 말할 수 있다.'와 관련이 있어요.

교사 B : 맞아요. 최 선생님의 반에는 이 성취기준을 달성하지 못하는 학생들이 있었어요.

교사 A : 이 성취기준을 달성하기 위해서는 영어에는 낱말 내에 강세가 있는 소리가 있다는 것을 학생들이 알아야 해요.

교사 B : 네, 또한 (ⓐ)는 것도 알아야 하는데, 이것을 몰라 ㉠과 같은 오류가 나타난 것 같아요.

교사 A : 노래나 찬트를 활용하여 학생들이 자연스럽게 강세, 리듬, 억양에 익숙해지도록 지도하면 좋을 것 같아요.

- _____

2) (나)의 ㉡은 보상 전략을 사용한 학생에 대한 최 교사의 분석 내용이다. (가)의 학생 발화를 활용하여 (나)의 ㉡에 들어갈 내용을 쓰시오. [1점]

- _____

3) (나)에서 최 교사가 수업에 만족한 점으로 질문과 피드백을 언급하였다. (가)의 최 교사의 발화 중에서 ① 개방형 질문에 해당하는 문장과 ② 학생의 발화 오류에 대해 간접적으로 피드백을 제시한 문장을 각각 1가지씩 찾아 쓰시오. [2점]

- ① : _____

- ② : _____

2018-01 초등

다음은 김 교사의 6학년 영어 수업의 일부이다. 물음에 답하시오. [3점]

T : I have a card from my friend. Can you guess what kind of card it is?

Ss : Birthday card?

T : Very close. It's an invitation card. My friend invited me to her birthday party. Look at the screen. (실물 화상기에 카드를 올리며) Let's read the card together.

Ss : (교사와 함께 카드의 내용을 읽는다.)

T : Good. We'll make an invitation card, like this. Think of a party you want to have. I'll give you three minutes.

Ss : (각자 자신이 열고 싶은 파티에 대해 생각한다.)

T : Now listen carefully. I'll explain how to make an invitation card. I'll put different shapes and colors of cards on the blackboard. And I'll write some model sentences with blanks. Use these model sentences and write your invitation card.

T : (카드를 나눠 주며) I'll pass the cards around. Please take one card you want.

Ss : (카드를 한 장씩 골라 갖는다.)

T : On the card, copy the model sentences. And fill in the blanks with words, like your party name, time, place, and so on. For example, take a look at this sentence, "We will ＿＿ at the party." Write what you will do at your party in the blank. Use the words and phrases that you've learned so far. Do you understand?

Ss : Yes.

… (중략) …

Ss : (모두 각자의 초대장을 완성한다.)

T : Are you finished? Now, stand up and go around the classroom. Show your card to your friends and invite them.

Ss : (초대장을 들고, 파티에 초대하는 말을 묻고 대답한다.)

T : ㉠ (학생들이 활동하는 동안 교실을 돌아다니며 체크리스트에 기록한다.)

1) 다음은 2009 개정 영어과 교육과정의 5~6학년 군 성취기준의 일부이다. 김 교사가 이 수업에서 학습 목표로 하는 성취기준을 찾아 기호를 쓰고, 김 교사의 발화 중에서 이것이 가장 잘 나타난 문장을 1개 찾아 쓰시오. [1점]

ⓐ 자신이나 가족 등에 관해 짧고 간단하게 쓴다.
ⓑ 문장 안에서 인쇄체 대·소문자를 바르게 쓴다.
ⓒ 소리와 철자의 관계를 바탕으로 쉬운 낱말을 듣고 쓴다.
ⓓ 예시문을 참고하여 간단한 초대, 감사, 축하 등의 짧은 글을 쓴다.

· ＿＿＿＿＿＿＿＿＿＿＿＿＿＿＿＿＿＿＿＿

유1) 다음은 2015개정 영어과 교육과정의 5~6학년 군 성취기준의 일부이다. 김 교사가 이 수업에서 학습 목표로 하는 성취기준을 찾아 기호를 쓰고, 김 교사의 발화 중에서 이것이 가장 잘 나타난 문장을 1개 찾아 쓰시오. [1점]

ⓐ 소리와 철자의 관계를 바탕으로 쉽고 간단한 낱말이나 어구를 듣고 쓸 수 있다.
ⓑ 알파벳 대소문자와 문장부호를 문장에서 바르게 사용할 수 있다.
ⓒ 구두로 익힌 문장을 쓸 수 있다.
ⓓ 실물이나 그림을 보고 한두 문장으로 표현할 수 있다.

· ＿＿＿＿＿＿＿＿＿＿＿＿＿＿＿＿＿＿＿＿

2) 다음은 김 교사가 밑줄 친 ㉠에서 활용한 체크리스트이다. 2009 개정 영어과 교육과정의 '언어 기능 통합 평가의 방법'에 근거하여, 김 교사가 사용한 수행평가의 방법을 쓰시오. [1점]

평가 내용 \ 학생 이름	김○○	이○○	…
활동에 적극적으로 참여하였는가?	○	△	
자신감 있게 발화하였는가?	○	☆	

날짜: 2017. 11. ○○

* 잘함(○), 보통(△), 노력 요함(☆)

• _____

유2) 김 교사는 수업에서 체크리스트를 활용한 관찰 평가를 실시하였다. 그 외에 평가 주체의 다양화를 위해 김 교사가 활용할 수 있는 평가 방법을 2015 개정 교육과정의 5~6학년군 쓰기 '평가 방법 및 유의사항'에 기초하여 쓰시오. [1점]

• _____

3) 다음은 김 교사가 수업을 마친 후 작성한 성찰 일지이다. 수업 내용과 일치하지 <u>않는</u> 것 1가지를 찾아 기호를 쓰고, 그 이유를 쓰시오. [1점]

Nov. ○○, 2017

ⓐ Today students made invitation cards. I chose this activity because an invitation card is a kind of text the students are likely to encounter in the real world.

ⓑ Every student participated in this writing activity. It was a way of getting the students to write short meaningful pieces of writing.

ⓒ I controlled the writing activity, so the students were not allowed to express their own ideas.

ⓓ Although the writing activity was structured, the students could practice communicating using the model sentences.

• _____

2018-02 초등

다음은 예비 교사들이 참관한 4학년 영어 'What Are You Doing?' 단원 수업의 일부이다. 물음에 답하시오. [4점]

박 교 사	T : We're going to learn new expressions today. I'll say some sentences and act them out. Listen and watch me carefully. OK? Ss : Okay. T : (자전거 타는 모습을 보여 주며) I'm riding a bike. T : (노래하는 모습을 보여 주며) I'm singing. … (중략) … T : Now it's your turn. I'll say a sentence. Just listen and act it out. Are you ready? Ss : Yes. T : I'm riding a bike. Ss : (자전거 타는 모습을 보여 준다.) … (하략) …
민 교 사	T : We're going to play a game. I'll act out a sentence slowly as I say. Watch me carefully and ask me, "What are you doing?" Ss : What are you doing? T : (느린 속도로 말하며) I'm riding a bike. Repeat after me slowly and move your body slowly as I do. Ss : I'm riding a bike. (느린 속도로 말하며 동작을 한다.) T : Ask me again, "What are you doing?" Ss : What are you doing? T : (빠른 속도로 말하며) I'm riding a bike. Repeat after me quickly and move your body quickly as I do. Ss : I'm riding a bike. (빠른 속도로 말하며 동작을 한다.) … (중략) … T : Now, I'll change the rule. I'll say a sentence without acting it out. Then you repeat after me and act it out. Any student who makes a mistake sits down. The student who survives to the end wins.
최 교 사	T : Make groups of four. I'll give you a set of picture cards and a set of sentence cards. Put the cards face down on the desk in two piles. Do rock-paper-scissors. Ss : (가위바위보를 한다.) T : Who will go first in each group? Raise your hand. Ss : (가위바위보에서 이긴 학생들이 손을 든다.) T : The other students in your group ask him or her, "What are you doing?" The first student in the group will turn over a picture card and a sentence card. If the cards are matched, the student takes them. If not, put them back face down. The student who has the most cards wins. … (하략) …

1) 다음은 박 교사의 수업에 활용된 교수법의 특징을 설명한 것이다. ( )에 들어갈 용어를 1단어의 영어로 쓰시오. [1점]

This teaching method is based upon the way children acquire their first language. When learning their first language, they primarily listen to commands and respond only through action before they begin to produce verbal responses. According to the theory linked to this method, it was claimed that memory is increased if it is stimulated through association with (   ) activity.

•_____

2) 민 교사와 최 교사의 수업에서처럼 게임을 영어 수업에 활용할 때 유의할 점을 2015 개정 영어과 교육과정의 '교수·학습 방법 및 유의 사항'에 근거하여 1가지 쓰시오. [1점]

•_____

3) 다음은 수업을 참관한 예비 교사들의 대화이다. 수업 내용과 일치하지 않는 것 2가지를 찾아 기호를 쓰고, 각각 바르게 고쳐 쓰시오. [2점]

ⓐ 예비 교사A : 박 선생님 수업에서는 학생들이 발화하기 전에 먼저 듣고 이해하는 것을 강조하는 이해 중심 교수 방법 중 하나가 적용되었어요.

ⓑ 예비 교사B : 민 선생님 수업에서는 학생과 학생 간의 영어 말하기를 통한 상호작용이 활발하게 이루어지고 있었어요.

ⓒ 예비 교사A : 반복 연습이 지루할 수 있는데, 민 선생님 수업에서는 동작과 발화의 속도를 달리하여 말하기 활동을 진행한 점이 좋았어요.

ⓓ 예비 교사C : 최 선생님 수업에서는 말하기 활동과 읽기 활동이 연계된 게임 활동이 인상적이었어요.

ⓔ 예비 교사B : 맞아요. 최 선생님 수업에서는 학생들이 문장 따라 읽기 활동을 게임을 통해 할 수 있었어요.

• ① : _____

• ② : _____

2017-01 초등

다음은 박 교사의 4학년 영어 듣기 수업의 일부이다. 물음에 답하시오. [3점]

T : Now, it's time for a story. Let's look at the picture in the book.
Ss : An old lady, a cat, and a pot.
T : Can you guess what will happen?
S1: 고양이가 무슨 일을 저지를 것 같아요.
T : That's right. I'll read the story. Listen carefully.

> There lived an old lady.
> She had a cat, a black cat.
> The cat was fat.
> The cat sat on the mat.
> The old lady made some soup for her dinner.
> She said to the cat, "I must go to my sister. Watch the soup in the pot."
> The cat said, "Don't worry. I'll watch the soup in the pot."
> When she went out, the cat ate the soup.
> The cat ate the pot, too.

T : Did you enjoy the story?
Ss : Yes.
T : What happened in the story?
S2: The cat ... 다 먹어버렸어요.
T : Right. The cat ate the soup and the pot. Listen to the story one more time.
(교사는 이야기를 한 번 더 들려준다.)
T : Now, what words did you hear?
Ss : Lady, black, cat, soup, pot, ...
T : Well done. What expressions did you hear?
Ss : She had a cat, ate the pot, don't worry, ...
T : You did a good job. I'll give you a worksheet with four pictures about the story. I'll read the story again.
Listen carefully and write the numbers under the pictures in the order of the story.
(교사는 학생들과 함께 결과를 확인한다.)

1) 다음은 위 수업의 이야기에 나타나는 언어적 특성을 설명한 것이다. ⓐ에 들어갈 'R'로 시작하는 단어를 영어로 쓰시오. [1점]

(ⓐ) is the use of words that have the same sound(s). (ⓐ) is frequently used in children's songs, poems or stories, especially at the end of lines. In the above story, the words – cat, fat, mat, and sat – are its example.

• _____

2) 다음은 박 교사의 수업에 대한 예비 교사의 참관 일지이다. 수업 내용과 일치하지 않는 것 2가지를 찾아 기호를 쓰고, 그 내용을 각각 바르게 고쳐 쓰시오. [2점]

수업자 : 박○○   수업일 : ○○월 ○○일 ○요일
ⓐ 선생님은 이야기를 들려주기 전에 학생들에게 시각 자료인 그림을 활용하여 이야기의 내용을 추측하게 하였다.
ⓑ 선생님은 동사의 과거 시제 규칙을 제시하고 이야기를 통해 듣기 자료를 제공하는 방식으로 지도하였다.
ⓒ 학생들은 이야기의 내용에 맞게 활동지에 있는 그림의 순서를 정하는 듣기 활동을 하였다.
ⓓ 선생님은 어휘와 어구를 지도한 후에 이야기의 내용을 파악하도록 하였다.

• ① : _____

• ② : _____

2017-02 초등

(가)는 김 교사의 3학년 영어 수업 목표와 학습 활동이고, (나)는 도입 부분이며, (다)는 전개 부분이다. 물음에 답하시오. [4점]

(가)

수업 목표	• 쉽고 간단한 말을 듣고 행동할 수 있다.
학습 활동	• 지시에 따라 그림 가리키기 • 조건을 듣고 그에 맞게 손뼉 치기

(나)

T : How was your holiday? What did you do?
Sumi : I went to a birthday party.
T : ㉠ What did you do at the party?
Sumi : We played a card game.
T : Did you? Now everyday, think of one question to ask Sumi. (잠시 기다린다.) What do you want to know?
S1 : What did you eat?
Sumi : Pizza and ice cream.
(여러 학생이 다양한 질문을 하고 수미가 대답한다.)

(다)

T : Okay, Look at me. I have five cards. Now listen. Apple ... apple ... apple. (사과, 오렌지, 수박, 포도, 딸기 그림 카드를 하나씩 들어 보이면서 세 번씩 말하고 칠판에 붙인다.)
T : (오렌지를 가리키면서) ㉡What's that?
Ss : Orange.
T : Good. Everybody, point to ... orange.
Ss : (오렌지를 가리킨다.)
T : Point to watermelon.
Ss : (수박을 가리킨다.)
(같은 방법으로 지시에 따라 몇 번 더 한다.)
T : Now, I'll write a number beside each fruit. 1, 2, 3, 4, 5. OK. now I'll say a fruit and a number. Listen carefully. Apple ... one. Is that true?
Ss : No.
T : Very good. Now, close your eyes. If I say a number, please say the fruit. Are you ready? One.
Ss : Apple!
T : Four.
Ss : Grape!
(같은 활동을 3분 정도 진행한다.)
T : Now, open your eyes and watch carefully. If it's true, clap your hands three times. (손뼉을 세 번 친다.) If it's false, clap your hands once. (손뼉을 한 번 친다.) Are you ready? Um ... strawberry, five.

… (하략) …

1) 다음은 김 교사의 수업을 참관한 예비 교사들이 나눈 대화이다. ① ⓐ에 들어갈 내용을 쓰고, ② ⓑ에 해당하는 용어를 2단어의 영어로 쓰시오. [2점]

예비 교사 A : 수업 목표와 학습 활동은 2009 개정 영어과 교육과정의 3~4학년군 듣기에 해당하는 영역 성취기준 중 '(ⓐ)'을/를 달성하기 위한 것이네요.

예비 교사 B : 도입 단계의 대화 도중에 선생님이 질문을 하고 나서 모든 학생에게 잠시 생각할 수 있는 시간을 주는 것은 다인수 학급에 효과적인 것 같아요.

예비 교사 C : 그런데 파티에 대해서 묻고 답할 때에는 ㉠과 같이 질문자가 모르는 정보를 요구하는 질문이 많았지만, 과일 카드를 이용한 본 수업에서는 ㉡과 같이 ⓑ질문자가 미리 답을 알고 있는 질문이 더 많이 사용되고 있어요.

예비 교사 D : 맞아요. 교수법에 따라 정도의 차이는 있지만 가르치는 교사 입장에서는 확인하는 질문을 할 수밖에 없는 것 같아요. 그런데 이 수업에서 특히 좋았던 점은 활동 시간이 3학년 학생들에게 적절하고 활동이 지루하지 않게 연결된 것이에요.

• ① : _____

• ② : _____

유1) 다음은 김 교사의 수업을 참관한 예비 교사들이 나눈 대화이다. ① ⓐ에 들어갈 내용을 쓰고, ② ⓑ에 해당하는 용어를 2단어의 영어로 쓰시오. [2점]

예비 교사 A : 수업 목표와 학습 활동은 2015 개정 영어과 교육과정의 3~4학년군 듣기에 해당하는 영역 성취기준 중 '(ⓐ)'을/를 달성하기 위한 것이네요.

예비 교사 B : 도입 단계의 대화 도중에 선생님이 질문을 하고 나서 모든 학생에게 잠시 생각할 수 있는 시간을 주는 것은 다인수 학급에 효과적인 것 같아요.

예비 교사 C : 그런데 파티에 대해서 묻고 답할 때는 ㉠과 같이 질문자가 모르는 정보를 요구하는 질문이 많았지만, 과일 카드를 이용한 본 수업에서는 ㉡과 같이 ⓑ질문자가 미리 답을 알고 있는 질문이 더 많이 사용되고 있어요.

예비 교사 D : 맞아요. 교수법에 따라 정도의 차이는 있지만 가르치는 교사 입장에서는 확인하는 질문을 할 수밖에 없는 것 같아요. 그런데 이 수업에서 특히 좋았던 점은 활동 시간이 3학년 학생들에게 적절하고 활동이 지루하지 않게 연결된 것이에요.

- ① : _____

- ② : _____

2) 다음은 김 교사가 (나)에서 'warm-up' 활동을 한 이유에 대한 설명이다. ⓐ에 들어갈 'm'으로 시작하는 단어를 영어로 쓰시오. [1점]

If we meet a friend or have a business appointment, we begin by chatting to establish a friendly atmosphere; it is just as important to do this when an English teacher meets a class or students. It provides an opportunity for real language practice, and creates a desirable classroom atmosphere in which students feel relaxed and (ⓐ) to learn.

- _____

3) 다음은 2009 개정 영어과 교육과정에 따라 (다)의 수업을 위해 김 교사가 설정한 고려사항과 교수·학습 방법의 선정 방향이다. ⓐ에 들어갈 내용을 쓰시오. [1점]

고려 사항	교수·학습 방법의 선정 방향
다양한 학습 전략	기억 전략, 인지 전략, 사회적 전략 등을 이용한다.
세 가지 감각 선호에 따른 학습 유형	(ⓐ)

- _____

유3) 김 교사는 수업을 위해 2015 개정 영어과 교육과정의 교수학습 방향에 기초하여, 다음과 같은 고려사항을 정하고 교수학습 방법의 선정 방향을 설정하였습니다. ⓐ에 들어갈 내용을 쓰시오. [1점]

교수·학습 방향
학습자의 영어 사용 능력, 인지적·정의적 특성, 학습 유형 및 전략 등을 고려하여 다양한 학습자 중심의 교수·학습 방법을 구안한다.

고려 사항	교수·학습 방법의 선정 방향
다양한 학습 전략	기억 전략, 인지 전략, 사회적 전략 등을 이용한다.
감각 선호에 따른 학습 유형	(ⓐ)

- ⓐ : _____

2016-01 초등

다음은 김 교사의 3학년 영어 수업의 일부이다. 물음에 답하시오. [4점]

T : Today, we'll practice the sounds, /f/ and /p/. Look at my mouth and repeat after me. /f, f, f/
Ss : (교사의 입모양을 보며 따라 발음한다.)
T : This time, practice /f/ with your mirror.
Ss : (거울로 자신의 입모양을 보며 /f/ 발음을 연습한다.)
T : (같은 방법으로 /p/ 발음을 지도한다.)
(입모양과 단어가 나오는 동영상을 보여주며) Watch the video clips. Listen and repeat the words. 'fast, fish, full'
Ss : (화면을 보며 단어를 따라 말한다.)
T : Listen and repeat the words. 'pass, push, pull'
Ss : (화면을 보며 단어를 따라 말한다.)
T : Now, I'll say two words. If the two words sound the same, say 'same'. If the two words sound different, say 'different'. Listen carefully. 'fast, fast'
Ss : Same.
T : Great. 'full, pull'
Ss : Different.
T : Well done. Look at the word on the card. Read the word aloud.
Ss : (카드에 제시된 단어 'full'을 소리 내어 읽는다.)
T : (S1을 가리키며) Did you have lunch?
S1 : Yes.
T : Are you full?
S1 : Yes, I'm ...er... pull.
T : Not 'pull'. Look at my mouth. 'full'
S1 : I'm full.
T : Good. (같은 방법으로 'pull'을 지도한다.)
… (중략) …
T : Now, listen carefully to the chant.
Ss : (아래의 찬트를 듣는다.)

Chant
Where's the restaurant?
Run fast. Run fast.
Here's the restaurant.
Pull the door. Pull the door.

T : Listen again and repeat the chant line by line. ㉠When you chant, you clap the strong beats. And chant each line with a falling tone.
Ss : (손뼉을 치며 찬트를 듣고 따라서 한다.)
… (하략) …

1) 위 수업에서 소리의 차이를 지도하기 위해 김 교사가 활용한 최소 대립쌍을 찾아 쓰시오. [1점]

• _____

2) 다음은 김 교사의 수업에 대한 예비교사의 관찰 일지이다. ⓐ~ⓔ중 위 수업의 내용과 일치하지 <u>않은</u> 기호를 2가지 찾아 쓰고, 각각 바르게 고쳐 쓰시오. [2점]

```
수업자: 김 OO                수업일: OO월 OO일 월요일
ⓐ 발음을 읽기와 연계하여 지도하고 있다.
ⓑ 낱말 카드를 활용하여 발음을 지도하고 있다.
ⓒ 학생의 발음 오류를 비명시적인 방법으로 지도하고 있다.
ⓓ 학생들이 소도구를 활용하여 발음을 연습하게 하고 있다.
ⓔ 발음을 문장 내, 단어 내, 개별 소리의 순으로 지도하고 있다.
```

• ① : _____

• ② : _____

3) 김 교사가 지도하고자 하는 발음의 요소 중에서 1가지를 밑줄 친 ㉠에 근거하여 쓰시오. [1점]

• _____

2016-02 초등

다음은 Mr. Jung의 6학년 영어 수업의 일부이다. 물음에 답하시오. [3점]

T : Look at the pictures in Activity A. What did Minsu do last Saturday?
Ss: He played basketball. He went shopping and bought a T-shirt.
T : That's right. In Activity A, fill in the blanks with the words or phrases in the box.

Activity A 민수의 일기를 완성해 봅시다.

bought, played, went shopping, got up

Saturday, July 4

Today, I (　　) at seven.
I (　　) basketball with Dad.
In the afternoon, I (　　) with Mom.
I (　　) a T-shirt.
It was a great day.

T : (학생들이 바르게 썼는지 확인하며 지도한다.)
　　Now, let's move on to Activity B. What did you do yesterday?
S1: I cleaned my room.
S2: I played with my cat.
T : Good. Write what you did yesterday.

Activity B 일기를 완성해 봅시다.

_____, _____
Today, I _____ at _____.
I _____.
In the afternoon, I _____.
I _____.
It was a _____ day.

T : Are you done? Read your writing to your partner.
　　… (하략) …

---

1) 다음은 Activity A에 관한 설명이다. (　　)에 공통으로 들어갈 단어를 영어로 쓰시오. [1점]

Diary writing is an effective way to teach the past tense. In Activity A, the students complete the sentences with the past-tense verbs and verb phrases. They are guided to attend to the language (　　) which they need to express what happened in the past. Through this activity, the students can understand that mastering language (　　) contributes to constructing messages.

• _____

2) 다음은 위 수업에 대한 Mr. Jung과 Ms. Lee의 대화이다. 2009 개정 영어과 교육과정의 '쓰기' 교수·학습 방법에 근거하여 ①(　　)에 공통으로 들어갈 단어를 영어로 쓰고, ② 밑줄 친 ㉠에서 Mr. Jung이 중점을 두어 지도해야 할 점을 쓰시오. [2점]

Mr. Jung : In Activity A, I ask my students to complete Minsu's diary, hoping that they learn about how to write a diary.
Ms. Lee : I see. Minsu's diary provides guidance and serves as a(n) (　　) for Activity B.
Mr. Jung : Right. My students can write their diaries better if they use Minsu's diary ad a(n) (　　).
Ms. Lee : Yes. And Activity B provides your students with some chances to express themselves.
Mr. Jung : I agree, but the chances are limited So they need ㉠another activity where they can write freely.

• ① : _____
• ② : _____

유2) 다음은 위 수업에 대한 Mr. Jung과 Ms. Lee의 대화이다. 2015 개정 영어과 교육과정의 '쓰기' '교수 학습 방법 및 유의사항'에 근거하여 ① ( )에 공통으로 들어갈 단어를 영어로 쓰고, ② 밑줄 친 ㉠에서 Mr. Jung이 중점을 두어 지도해야 할 점을 쓰시오. [2점]

> Mr. Jung : In Activity A, I ask my students to complete Minsu's diary, hoping that they learn about how to wirte a diary.
> Ms. Lee : I see. Minsu's diary provides guidance and serves as a(n) ( ) for Activity B.
> Mr. Jung : Right. My students can write their diaries better if they use Minsu's diary ad a(n) ( ).
> Ms. Lee : Yes. And Activity B provides your students with some chances to express themselves.
> Mr. Jung : I agree, but the chances are limited So they need ㉠<u>another activity</u> where they can write freely.

• ① : _____

• ② : _____

2015-01 초등·초특 공통

다음은 Mr. Han이 실행한 4학년 영어 수업의 일부이다. 물음에 답하시오. [3점]

(Mr. Han이 모둠 활동을 준비하고 있는 Chansu에게 질문한다.)
T : Um... What are you doing, Chansu?
S : Well, I'm draw a picture.
T : Oh, I see. You're drawing a picture. It looks very nice. Hmm... Let me see. Are you drawing a cat?
S : No. It's a dog!
T : Really? I'm sorry!
(잠시 Chansu의 옆에 앉아 그림을 그리며)
Chansu, I'm drawing a picture, too.
S : (Mr. Han의 그림을 보며) Oh, are you drawing a tiger?
T : Yes, I'm drawing a tiger.
(이하 생략)

1) 2009 개정 영어과 교육과정에 제시된 '언어 형식' 교수·방법 중 Mr. Han의 수업에 잘 드러난 것 1가지를 쓰시오. (단, '오류 수정'과 관련된 내용은 제외함.) [1점]

• _____

유1) Mr. Han은 학생의 오류에 대해 어떻게 피드백하고 있는지 2015 개정 교육과정의 말하기 '교수·학습 방법 및 유의 사항'에 근거하여 쓰시오. [1점]

• _____

2) 다음은 Mr. Han과 그의 수업을 참관한 Ms. Lee가 수업 후 나누는 대화이다. (   )에 ⓐ 's'로 시작하는 단어를 쓰고, Mr. Han의 교수 방식이 ⓑ 영어 교사에게 주는 시사점을 쓰시오. [2점]

Ms. Lee : Mr. Han, I observed that you helped the children very nicely interacting with individual children.
Mr. Han : Right. There were some patterns they had not fully mastered yet. So I used the patterns communicatively at a level that is within their reach. I provided the (s   ) necessary for the children to communicate more competently.
Ms. Lee : That's great. You moved around the class giving the children chances to interact with you.
Mr. Han : Yes, I did. I want to expose the children to language that is just beyond what they already know. I use language of this level naturally when I communicate with them.

• ⓐ : _____

• ⓑ : _____

2015-02 초등

(가)는 김 교사가 실행한 5학년 영어 이야기 읽기 수업이고, (나)는 수업 후 작성한 일지이다. 물음에 답하시오. [4점]

(가)

읽기 전	T : Now, we're going to read a story. Look at the picture on page 70. Can you guess what the story is about? Ss : (자신의 생각을 이야기한다.) T : Sounds interesting. Let's watch the video clip and listen to the dialogue. Ss : (화면을 보면서 듣는다.) T : What's the story about? What's the topic? Ss : 미녀와 야수가 사랑하게 되는 이야기요. T : Right. It's about love between a beautiful girl and wild animal.
읽기 중	T : Let's read the story aloud all together. I'll read first. Listen carefully and read after me. Ss : (교사를 따라 다 함께 읽기를 반복한다.) T : Everyone, read the story aloud by yourself. I'll give you 3minutes. Ss : (각자 소리 내어 이야기를 읽는다.) T : Who will read the story aloud to the class? Any volunteer? (몇 명의 학생들에게 혼자 일어서서 큰 소리로 읽을 기회를 준다.) T : Excellent! This time, get into pairs. Take a part in the dialogue and read it to your friend. When it's over, switch the roles. Ss : (짝과 역할을 바꿔가며 읽는다.) T : Are you done? Then, look at the three questions on page 72, and answer them. (학생들과 함께 이야기의 세부 내용을 확인한다.)
읽기 후	T : Have you enjoyed reading the story? Ss : Yes. T : Imagine what will happen after the end of the story. Each pair, talk about that with each other and make a short story. A very short story. Ss : (짝과 의견을 나누고 함께 새로운 이야기를 만든다.) T : Now, tell your story to the class. Who wants to tell the story first? Ss : (앞에 나와 발표한다.)

(나)

Mon. Sept. 15, 2014

I employed reading aloud technique at the while-reading stage. It can be effective for learners with low-level literacy skills. First, I read the sentences one by one and the students read after me in chorus. Next, each student did reading aloud individually, and several students read aloud to the class. And then, the whole class got into pairs and did paired reading. The students appeared to participate actively. However, when the check-up questions were given, many of them failed to answer the questions correctly. To solve this problem I need to use the other reading technique in the next class. At the post-reading stage, I tried to help the students develop creativity. For this, I asked them to make use of their (㉠). In addition, I wanted them to practice speaking skill as well, and led them to tell a story.

1) (가)의 읽기 전 단계에 제시된 '듣기 활동'은 2009 개정 영어과 교육과정 5~6학년군 듣기 영역의 어떤 성취기준을 반영하는지 쓰시오. [1점]

• _____

유1) (가)의 읽기 전 단계에 제시된 '듣기 활동'은 2015개정 영어과 교육과정 5~6학년군 듣기 영역의 어떤 성취기준을 반영하는지 쓰시오. [1점]

• _____

2) (나)의 일지에 근거하여 김 교사가 적용한 ⓐ 읽기 기법의 단점 1가지를 간략하게 기술하고, 다음 수업에서 활용할 것으로 예상되는 ⓑ 읽기 기법을 한글 혹은 영어로 쓰시오. [2점]

• ⓐ : _____

• ⓑ : _____

3) (가)에서 사용된 단어를 활용하여 (나)의 ㉠을 한 단어의 영어로 쓰시오. [1점]

• _____

2014-01 초등

다음은 박 교사와 최 교사의 영어 수업 장면의 일부이다. 물음에 답하시오. [4점]

<table>
<tr>
<td rowspan="2">박 교사의 수업</td>
<td>
T : It's time for a survey. Let me show you how to do the survey. For the activity, you'll ask your friends about their hobbies, and your friends will answer the questions. Look at me and listen carefully. (손인형을 가지고 다음과 같이 대화하는 모습을 보여준다.)

T : What's your hobby?
Puppet : My hobby is swimming. How about you?
T : My hobby is riding a bike.
(조사 결과를 기록한다.)

T : Do you understand? OK. Now, Let's start. (교실을 돌아다니며 학생들의 활동을 모니터링한다.)
S1: What's your hobby?
S2: My hobby is skating. How about you?
S1: My hobby is play tennis.
T : (S1에게) 'playing tennis', not 'play tennis'. What's your hobby?
S1: My hobby is playing tennis.
Ss : (교실을 돌아다니며 친구들과 취미에 대해 묻고 답한 후 결과를 기록한다.)
T : Now go back to your seat. Talk about your survey results with your group members.
Ss : (모둠별로 조사 결과를 함께 정리하여 표로 만든다.)
T : One person in each group, come up to the front and report the result to the class.
(이하 생략)
</td>
</tr>
</table>

<table>
<tr>
<td>최 교사의 수업</td>
<td>
T : Hello! Today we are going to learn the expressions, "What's your hobby?" and "My hobby is ..." First, let's listen to the CD-ROM title.
Ss : (두 사람이 취미에 대해 서로 묻고 답하는 화면을 보고 듣는다.)
T : Good! Repeat after the CD-ROM title.
Ss : (화면을 보면서 한 문장씩 따라한다.)
T : Now, get into two groups. You are Group A, and you are Group B. Group A, repeat the question part. Group B, repeat the answer part.
Ss : (두 모둠으로 나누어 연습한다.)
T : Now, let's practice key expressions. Listen and repeat after me. What's your hobby?
Ss : What's your hobby?
T : My hobby is swimming.
Ss : My hobby is swimming.
T : What's your hobby?
Ss : What's your hobby?
T : My hobby is riding a bike.
Ss : My hobby is riding a bike.
(이하 생략)
</td>
</tr>
</table>

1) 박 교사의 발화 중 2009 개정 교육과정에 따른 영어과 교육과정에 제시된 교수·학습 방법에 비추어 적절하지 않은 것을 찾아 쓰고, 그 이유를 제시하시오. [1점]

· 발화와 이유 : _____

유1) 박 교사의 발화 중 2015 개정 교육과정에 따른 영어과 교육과정에 제시된 교수·학습 방법에 비추어 적절하지 않은 것을 찾아 쓰고, 그 이유를 제시하시오. [1점]

· 발화와 이유 : _____

2) 최 교사의 수업에 활용된 교수법의 특징을 다음과 같이 기술할 때, ( )에 공통으로 들어갈 낱말을 영어로 쓰시오. [1점]

In classrooms where the method is adopted learners memorize (   ) and perform drills. (   ) and drills form the basis of classroom practices. (   ) provide the means of contextualizing key structures and illustrate situations in which structures might be used. After (   ) have been presented and memorized, sentences containing specific grammatical patterns in the (   ) become the focus of various kinds of drill and pattern-practice exercises.

• _____

3) 다음은 두 교사의 수업을 참관한 예비교사 A, B가 나눈 대화이다. ㉠~㉥ 중 적절하지 않은 기호 2개를 쓰고, 그 이유를 각각 제시하시오. [2점]

예비교사 A: ㉠박 선생님 수업에서는 학생들 사이에 상호 작용이 이루어지고 있네요. ㉡이런 활동은 3P 모형의 두 번째 단계에 적합할 것 같아요.
예비교사 B: ㉢박 선생님 수업에서 학생들이 조사 결과를 함께 표로 만드는 활동은 2009 개정 교육과정에 따른 영어과 교육과정에서 권장하는 협동 학습에도 부합하는 것 같습니다.
예비교사 A: ㉣최 선생님의 수업은 교사 주도여서 학생들이 수동적인 것 같습니다. ㉤학생들은 동일한 형식의 표현을 반복적으로 따라하고 있네요.
예비교사 B: ㉥하지만 반복적으로 따라하니까 학생들이 실제 의사소통 상황에서 정확한 영어 표현을 유창하게 사용할 수 있을 것 같아요.

• 기호와 이유 : _____
_____

• 기호와 이유 : _____
_____

유3) 다음은 두 교사의 수업을 참관한 예비교사 A, B가 나눈 대화이다. ㉠~㉥ 중 적절하지 않은 기호 2개를 쓰고, 그 이유를 각각 제시하시오. [2점]

예비교사 A: ㉠박 선생님 수업에서는 학생들 사이에 상호 작용이 이루어지고 있네요. ㉡이런 활동은 3P 모형의 두 번째 단계에 적합할 것 같아요.
예비교사 B: ㉢박 선생님 수업에서 학생들이 조사 결과를 함께 표로 만드는 활동은 2015 개정 교육과정에 따른 영어과 교육과정에서 권장하는 협동 학습에도 부합하는 것 같습니다.
예비교사 A: ㉣최 선생님의 수업은 교사 주도여서 학생들이 수동적인 것 같습니다. ㉤학생들은 동일한 형식의 표현을 반복적으로 따라하고 있네요.
예비교사 B: ㉥하지만 반복적으로 따라하니까 학생들이 실제 의사소통 상황에서 정확한 영어 표현을 유창하게 사용할 수 있을 것 같아요.

• 기호와 이유 : _____
_____

• 기호와 이유 : _____
_____

2014-02 초등

김 교사는 '과거에 한 일에 대해 묻고 답할 수 있다.'라는 학습 목표를 설정하고, 이에 따라 'CD-ROM 타이틀 보며 듣기', '듣고 따라 말하기', '주머니 돌리기 놀이하기'의 세 단계로 학습 활동을 구성하였다. 다음은 김 교사가 세 번째 단계에서 놀이 활동 방법을 설명하는 수업 장면이다. 물음에 답하시오. [3점]

> T : Let me show you how to do the activity. You'll listen to a song. When the song starts, pass the bag. Pass the bag to the student next to you. OK?
> Ss : OK.
> T : Good! When the song stops, don't pass the bag. Stop passing the bag when the song stops. Minho, will you pass the bag when the song stops?
> S1 : No.
> T : Right. Let me go ahead. The student with the bag takes out a card. Then I'll ask him/her, "What did you do last weekend?" He/She looks at the card and answers. For example, when I ask you, "What did you do last weekend?", you say, "I went camping." Do you see how to do the activity?
> Ss : Yes.
> T : Very good! Now let's start.
> (이하 생략)

1) 다음은 위와 같은 놀이 활동을 통해 학생들이 언어 형식을 학습하는 과정을 설명한 것이다. ( )에 공통으로 들어갈 낱말을 영어로 쓰고, 이러한 과정으로 초등학생에게 언어 형식을 학습하게 하는 이유 1가지를 학습자의 인지 특성과 관련하여 서술하시오. [2점]

> In the given activity the phrase, 'went camping', is not analyzed into component parts of manipulated in any way. No explanation of the past tense is provided. Instead, children may catch the phrase as a ( ) while they participate in the activity. the ( ) may be used as a pre-fabricated expression for some time, but it is available to be broken down and re-used with other words. The breaking down and recombining of a previously learnt ( ) is a process of grammar construction.

· 낱말 : _____

· 이유 : _____
_____

2) 김 교사가 정한 규칙에 따라 놀이 활동을 할 경우, 이 놀이 활동으로는 설정된 학습 목표를 달성하기 어렵다. 그 이유를 쓰시오. [1점]

· _____
_____

2013-01 초등

다음은 4학년 영어과 수업 활동의 일부이다. 물음에 답하시오. [4점]

> 교 사: Now, I'm going to tell you a short story. This is a "yesterday" story. This is a story from yesterday. And I'm going to act it out as I tell it. Pay attention, please. Are you ready?
> 학생들: Yes.
> 교 사: (몸짓으로 표현하면서 이야기한다.) Yesterday, I walked home. I cooked dinner. After dinner, I talked on the phone for a few minutes. I studied English and I watched TV. I brushed my teeth and washed my face. I went to bed. I turned off the light and fell asleep. Are you following me?
> 학생들: Yes.
> 교 사: OK. It's time for everybody to act it out together. Everybody, stand up. Are you ready to act?
> 학생들: Yes!
> 교 사: All right. Listen carefully and act. (천천히 이야기한다.) Yesterday, I walked home.
> (이하 생략)

1) 위 수업 활동을 통해 달성하고자 하는 성취 기준을 내용 기준과 수행 기준을 포함하여 쓰시오. [1점]

· _____

2) 위 수업에 활용된 교수법의 특징을 다음과 같이 기술할 때, ㉠에 들어갈 낱말을 영어로 쓰시오. [1점]

> This teaching method attempts to teach language through physical activity. At first the focus is on comprehension but comprehension is a means to an end. The ultimate aim is to teach basic speaking skills. The difficulty of the input is gradually increased and eventually students take over the teacher's role. Unlike other methods that reflect a grammar-based or structural view of language, this method requires initial attention to (㉠) rather than to the form of items. Grammar is thus taught inductively.

· ㉠: _____

3) 위 수업에 활용된 교수법은 몸을 움직이기 좋아하는 어린 학습자의 특성에 맞으므로 현장에서 적용하기에 효과적이다. 이 교수법의 장점을 교사와 학생 측면에서 각각 1가지씩 쓰시오. [2점]

· 교사 측면: _____

· 학생 측면: _____

2013-02 초등

정 교사는 다음 이야기를 이용하여 스토리텔링 활동을 하였다. 물음에 답하시오. [3점]

> The first little pig builds his house.
> Makes with straws one by one.
> A wolf is coming. Hoo, hoo!
> A wolf is coming. Hoo, hoo!
> Everything is gone.
>
> The second little pig builds his house.
> Makes with logs one by one.
> A wolf is coming. Hoo, hoo!
> A wolf is coming. Hoo, hoo!
> Everything is gone.
>
> The third little pig builds his house.
> Makes with bricks one by one.
> A wolf is coming. Hoo, hoo!
> A wolf is coming. Hoo, hoo!
> Everything is still there.

1) 정 교사가 위 이야기를 이용한 이유는 다음과 같다. 빈칸에 공통으로 들어갈 낱말을 완성하시오. [1점]

> For Young children language should be learnt in a holistic way. In the given story the target expression can be taught without being broken into component parts. It is picked up easily, because the story contains r____ which makes it more noticeable. Songs, rhymes and stories often use r____ to make target expressions salient. Another strong point of the story is that it has rhythm. With rhythm it gets more enjoyable and stimulates children's interest.

· r _____

2) 정 교사는 스토리텔링 활동을 한 후, 후속 활동으로 〈활동 A〉와 〈활동 B〉를 순서대로 실시하였다. 정 교사가 실시한 스토리텔링 활동과 후속 활동의 차이점을 강세 박자 언어인 영어의 발음 구성 요소 측면에서 쓰고, 정 교사가 〈활동 A〉를 〈활동 B〉보다 먼저 실시한 이유를 쓰시오. [2점]

〈활동 A〉	잘 듣고, 들려주는 낱말의 첫소리가 🐷의 첫 소리와 같으면 손을 들어봅시다. (pig, bus, pen, cat, pin을 차례로 들려준다.)
〈활동 B〉	잘 듣고, 밑줄 친 부분에 주의하며 낱말을 큰 소리로 따라 읽어봅시다. p̲ig p̲in p̲en p̲ear

· _____

· _____

MEMO
초등임용
기출문제집

음악

음악과 기출의 특성

　음악과는 매해 출제되는 형식이 거의 변하지 않습니다. 총 5점 중 교육과정 1~2점, 각론 2~3점, 교과교육론 0~1점으로 골고루 출제가 되는 편이죠. 그 중에서 가장 비중이 많은 것은 단연 각론 내용입니다. 음악과 각론은 음악 기본 이론, 즉 악보 읽기, 계이름과 음이름 읽기, 악기 연주법, 창법, 감상곡 이론 등이 주를 이룹니다. 언뜻 보면 양이 매우 많아보이지만, 3~4학년군에서 배운 내용을 5~6학년군에서 반복하거나 아주 조금 더 심화된 내용을 배우게 되기 때문에 알맹이는 그렇게 많은 편은 아닙니다. 표현 영역은 악기 연주법, 노래 부르는 법, 제재곡에 관련된 내용이 나옵니다. 제재곡은 틈날 때마다 꾸준히 듣는 것이 중요합니다. 시험장에서 악보를 만났을 때, 노래의 멜로디가 머리에 떠오를 수 있는 수준까지는 반복적으로 듣는 것을 추천드려요. 악기 연주의 경우 대부분 음이름이나 계이름을 주고 운지법을 물어보거나, 그 자체를 물어보기도 합니다. 악보를 기본적으로 읽을 줄 알아야 하기 때문에, 악보 읽기 연습부터 기초적으로 하고 시작하시는걸 추천 드립니다. 감상 영역은 감상곡의 전반적인 특징들이 나옵니다. 지엽적인 문제는 거의 감상곡에서 나온다고 봐도 무방합니다. 특히 국악곡의 경우는 이름이 헷갈리는 경우가 많아서, 청킹을 따서 헷갈리지 않도록 꼼꼼하게 외우셔야 해요. 교육과정은 그렇게 많지 않기 때문에, 내용체계, 성취기준, 교수·학습 방법 및 평가 방법까지 다 외우시는걸 추천드려요! 음악은 단순 암기인 내용이 많기 때문에 내가 모르면 남도 맞추지 못하고, 내가 풀 수 있는건 남들도 풀 수 있습니다. 그러니 점수를 챙길 수 있으면 실수 없이 챙겨 가는 것이 좋습니다.

음악 기출분석표

*색 표시는 초등 출제 문제입니다.

영역		년도	2013	2014	2015	2016	2017	2018	2019	2020	2021	2022	2023
교육과정		핵심 역량											
		내체표					'생활화' 영역 내용 요소(2009)				'생활화' 영역		'표현' 영역 기능	
		성취기준			'생활화' 영역 성취기준(2009)	'표현' 영역 성취기준(2009)							
		교학방유		'생활화' 영역 교수·학습 방법 및 유의사항(2007)				'표현' 영역 교수·학습 방법 및 유의사항(2009)	'표현' 영역 평가 방법 및 유의사항	초등학교 음악 요소 및 개념 체계표 '감상' 영역 평가 방법 및 유의사항	초등학교 음악 요소 및 개념 체계표		'표현' 영역 평가 방법 및 유의사항
기본이론		지도서 총론											
		교과교육론				오르프			코다이	코다이			
각론		표현	밧꽃 장보 사장조 주요 화음 육자배기조	음이름과 계이름의 특징 바장조	덕석몰자	트레몰로 주법 민요 '닐리리야'	스타카토 의미	사장조 계이름 고사리꺾자 장단 사장조 주요 화음	가단조의 특징 소금 운지법과 연주 방법 우쭐타기 불임줄의 의미		사장조의 주요 화음	〈도라지〉 〈닐리리야〉 장구 장단 단소 연주법 옥타브 기호 멜로디언 연주	악곡의 형식 화음 〈쾌지나 칭칭 나네〉 〈정정이 소리〉 함께 비교
		감상		정간보 부호	대취타 삼재장단 악보 기본 정간보 부호		프로코피예프 '피터와 늑대' 종모제례악			시조 '동창이'	슈베르트 '송어' 쳐녀만세		
		생활화											

음악

2023 초등

(가)는 2015 개정 음악과 교육과정 5~6학년군의 제재곡과 제재곡의 일부이다. (나)는 음악 수업을 준비하는 과정에서 지도 교사와 예비 교사들이 나눈 대화이다. 물음에 답하시오. [5점]

(가)

(나)

지도 교사: 학생들이 음악의 형식을 학습하면 악곡 전체를 이해하는 데 도움이 됩니다. 그런데 교사가 음악의 형식을 말로만 설명하면 학생들이 어려워할 수 있으니 활동 중심으로 수업을 설계해 주세요.

예비 교사1: 〈제재곡 1〉과 〈제재곡 2〉의 가락을 계명창으로 익힌 후 ㉠같은 가락과 다른 가락을 구별함으로써 형식을 이해하게 하려고 합니다. 또 ㉡모둠을 둘로 나누어 두 곡을 동시에 리코더로 연주하면서 소리의 어울림을 느끼는 활동을 할 계획입니다.

예비 교사2: 저는 ㉢〈제재곡 3〉과 〈제재곡 4〉를 긴자진 형식으로 부를 때 나타나는 한배의 변화를 노래와 신체로 표현하게 할 계획입니다. 그리고 메나리토리의 특징을 살려 가락 만들기 활동을 하려고 합니다.

지도 교사: ㉣〈제재곡 3〉과 〈제재곡 4〉의 메나리토리는 하행 진행을 할 때만 사용하는 음이 있으니 이를 구별할 수 있도록 지도해 주세요.

예비 교사1: 수업 후에 평가는 어떻게 해야 할까요?

지도 교사: 활동 중심으로 수업을 했으니 2015 개정 음악과 교육과정에서 제시하는 수행 평가의 방법을 적용하면 좋겠네요. ㉤예비 교사 1은 가락의 흐름을 구별하며 리코더 연주하기를, 예비 교사 2는 한배의 차이를 살려 노래 부르기를 평가할 수 있어요.

1) ① (나)의 ㉠을 활용하여 파악할 수 있는 (가)의 〈제재곡 1〉과 〈제재곡 2〉의 공통된 형식을 쓰고, ② (나)의 ㉡을 위해 두 곡이 필수적으로 갖추어야 할 조건을 음악 요소를 포함하여 쓰시오. [2점]

· ① : _____
· ② : _____

2) ① (나)의 ㉢에 근거하여 (가)의 〈제재곡 3〉과 〈제재곡 4〉 중 먼저 불러야 하는 곡과 그 이유를 쓰고, ② (나)의 ㉣에 해당하는 음을 계이름으로 쓰시오. [2점]

· ① : _____
· ② : _____

3) (나)의 ㉤에서 지도 교사가 두 예비 교사에게 공통적으로 제안한 평가 방법을 쓰시오. [1점]

· _____

2022 초등

(가)와 (나)는 2015 개정 음악과 교육과정 5~6학년군 수업을 위해 최 교사가 재구성한 제재곡의 일부와 활동 내용이다. 물음에 답하시오. [5점]

(가)

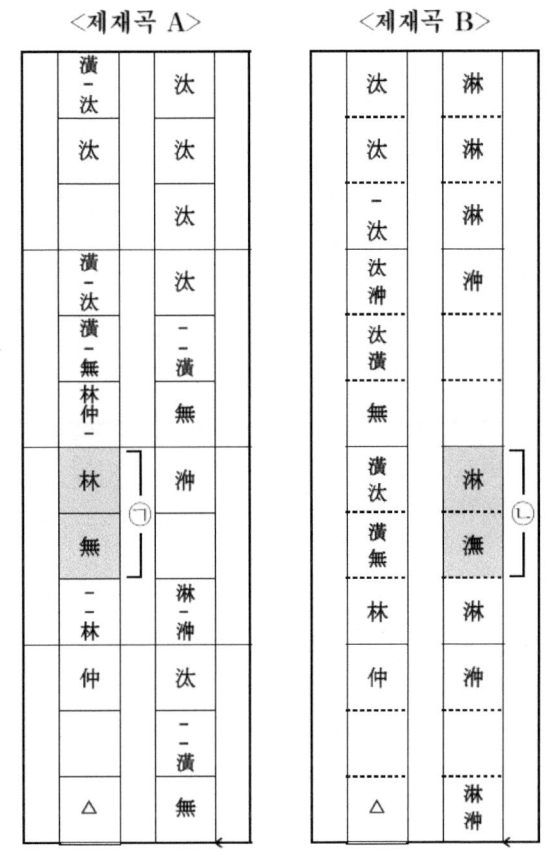

〈활동 내용〉
- 장구 장단을 치며 악곡의 장단감을 익힌다.
- 입김 세기에 주의하며 바른 자세와 주법으로 단소를 연주한다.

(나)

〈제재곡〉

〈활동 내용〉
- 리코더와 멜로디언의 바른 주법을 익힌다.
- 2성부일 때, 위의 성부는 리코더로 아래의 성부는 멜로디언으로 연주하며 소리의 어울림을 감지한다.

1) 2015 개정 음악과 교육과정 내용 체계의 '기능' 중 (가)와 (나)의 활동 내용에 해당하는 것을 쓰시오. [1점]

• _____

2) (가)의 ①〈제재곡 A〉와 〈제재곡 B〉의 기본 장단을 비교하여 〈제재곡 B〉에만 나오는 장구 타법의 구음을 2가지 쓰고, ② ㉠과 ㉡을 연주할 때 단소의 운지와 입김의 세기 정도를 각각 비교하여 쓰시오. [2점]

• ① : _____
• ② : _____

3) (나)의 ① ㉢의 뜻을 쓰고, ②〈활동 내용〉에 근거하여 ㉣에 해당하는 멜로디언의 건반을 〈보기〉에서 찾아 순서대로 쓰시오. [2점]

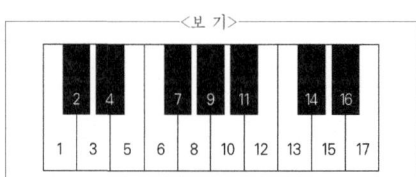

• ① : _____
• ② : _____

2021 초등

(가)는 2015 개정 음악과 교육과정 5~6학년군 '감상' 영역을 수업하기 위한 지도 교사와 예비 교사들의 대화이고, (나)와 (다)는 〈활동 자료〉와 〈교수·학습 내용〉이다. 물음에 답하시오. [5점]

(가)

지도 교사: 감상 영역의 교수·학습 방법 및 유의 사항에 대해서 이야기해 봅시다.
예비 교사A: 실음을 통해 음악 요소와 개념을 구별할 수 있도록 지도합니다.
예비 교사B: 음원, 그림, 영상 등의 자료를 활용하여 악곡의 특징을 파악하도록 지도합니다.
지도 교사: 네, 잘 알고 있네요. 음악 감상을 통해 학생들이 음악에 대한 미적 체험을 할 수 있도록 영역별 연계성을 고려하여 다양한 교수·학습 방법을 활용하면 됩니다. 그럼 각자의 수업 계획에 대해서 이야기해 볼까요?
예비 교사A: 저는 슈베르트의 실내악곡인 피아노 5중주 제4악장 '송어'를 감상하고, 주제를 편곡한 악보로 멜로디언 반주에 맞추어 노래 부르기 활동을 병행해 다양한 (　　　)을/를 지도하려고 합니다. 또한 악곡의 특징을 이해하여 성부 간 (　　　)도 느끼게 할 계획입니다.
예비 교사B: 저는 줄풍류 음악을 통해 악곡의 시대적 배경과, 관악기·현악기의 음색 구분 및 다양한 (　　　)을/를 지도하고자 합니다. 그리고 가락선 악보를 제시하고, 장단의 변화를 지도하여 악곡의 이해를 높이고자 합니다.
지도 교사: 좋습니다. 좋은 수업 기대하겠습니다.

(나)

〈활동 자료〉
(1) 피아노 5중주 제4악장 '송어' 주제 가락 악보 일부

(2) '멜로디언 반주에 맞추어 노래 부르기' 악보 일부

〈교수·학습 내용〉
ⓐ 음악을 감상하고, 떠오르는 느낌을 이야기해 본다.
ⓑ 슈베르트의 피아노 5중주 제4악장 '송어'에 대해 알아보고 연주에 사용된 악기를 탐색한다.
ⓒ 멜로디언 성부에 들어갈 화음 반주를 알아본다.
ⓓ 멜로디언 소리를 들으며 화음 반주에 맞추어 경쾌하게 노래 부른다.

(다)

〈활동 자료〉
(1) 악기 배치도

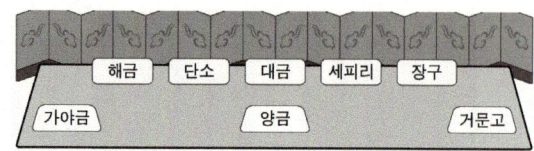

(2) 〈세피리 선율〉

박	1	2	3	4	5	6	7	8	9	10	11	12
無林仲太黃		仲			無林		仲		仲		黃	太

〈교수·학습 내용〉
ⓐ 조선 시대 선비들이 즐겼던 풍류 음악 중 하나로, 세 곡으로 이루어진 모음곡이다.
ⓑ 현악기 중심의 음악에서 장구는 변죽을 친다.
ⓒ 악곡 선율을 따라 그리면서 감상하고, 악기 음색을 탐색한다.
ⓓ (㉡) 장단과 양청도드리 장단을 사용하고 있어 한배의 변화를 느낄 수 있다. (㉡) 장단은 '영산회상'에도 사용된다.

1) 2015 개정 음악과 교육과정 5~6학년군의 음악 요소와 개념 중 (가)의 (　) 안에 공통으로 들어갈 음악 요소를 쓰시오. [1점]

• _____

2) (나)의 ①〈활동 자료〉중 (2)의 ㉠에 적용할 수 있는 화음의 구성음을 주요 3화음 중에 1가지 골라 고정도법 계이름으로 쓰고, ②〈교수·학습 내용〉중 ⓑ와 관련하여 슈베르트의 피아노 5중주 제4악장 '송어'의 악기 편성을 모두 쓰시오. [2점]

• ① : _____

• ② : _____

3) (다)의 ① 〈활동 자료〉와 〈교수·학습 내용〉으로 지도할 수 있는 악곡 이름을 쓰고, ② 〈활동 자료〉 (2)의 악보를 참고하여 ⓒ에 들어갈 장단 이름을 쓰시오. [2점]

· ① : _____

· ② : _____

2020 초등

(가)는 음악 수업을 준비하는 과정에서 지도 교사와 예비 교사들이 나눈 대화이고, (나)와 (다)는 〈활동 자료〉와 〈활동 내용〉이다. 물음에 답하시오. [5점]

(가)

지도 교사 : 〈평시조 부르기〉와 〈제재곡의 일부 가락 바꾸기〉 수업에서 고려해야 할 사항을 이야기해 봅시다.

예비 교사1 : 자신의 느낌을 음악으로 표현하기 위해서는 음악 요소의 이해와 활동이 함께 이루어져야 할 것 같아요.

예비 교사2 : 평시조 부르기에서는 무릎장단 치기를 통해 장단, 한배 등의 음악 요소를 체득할 수 있어요.

예비 교사3 : 그리고 율명을 따라 가락선 그리기를 하면서 ( )의 음악 요소를 이해할 수 있어요.

예비 교사1 : 그런데 제재곡의 일부 가락 바꾸기는 학생들이 많이 어려워하는 것 같아요.

예비 교사2 : 그렇지 않아요. 코다이의 말 리듬과 손 기호를 활용하면 이미 학습한 '음의 길고 짧음'과 '( )' 등의 음악 요소를 자연스럽게 심화하면서 제재곡의 일부 가락 바꾸기를 쉽게 할 수 있어요.

지도 교사 : 좋습니다. 여러분의 견해를 들으니 좋은 수업이 기대되는군요.

(나)

〈활동 자료〉 평시조의 초장

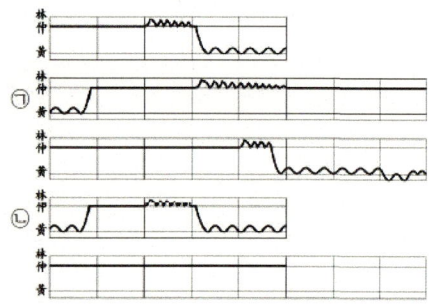

〈활동 내용〉
(1) 5박과 8박의 시조 장단을 익힌다.

(2) 가락선을 따라 시김새를 표현하며 율명을 부른다.
(3) 평시조 초장의 5·8·8·5·8 장단에 맞게 노랫말을 붙여 부른다.

〈시조 초장〉 동창이 밝았느냐 노고지리 우지진다.

(다)

〈활동 자료〉 제재곡의 일부

〈활동 내용〉
(1) 리듬을 코다이 말 리듬으로 익히며, 빈 마디에 들어갈 리듬을 '타 타 티 티 티 타'로 한다.
(2) 셋째 마디에서 넷째 마디까지의 가락선은 ⓐ의 차례가기가 되도록 한다.
(3) 빈 마디의 화음 진행은 ⓑ의 화음이 되도록 한다.

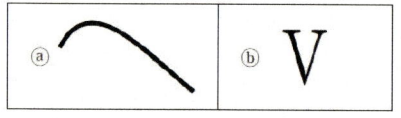

1) (가)의 ( ) 안에 공통으로 들어갈 음악 요소를 쓰시오. [1점]

• _____

2) ① (나)의 〈활동 내용〉 (1)의 그림을 참고하여 ㉠의 제4, 6, 8박에 공통된 장단 치는 방법을 쓰고, ② ㉡의 5박 장단에 붙여서 부를 노랫말을 〈활동 내용〉 (3)에 제시된 시조 초장에서 찾아 쓰시오. [2점]

• ① : _____

• ② : _____

3) ① (다)의 〈활동 내용〉을 조건으로 하여 빈 마디에 들어갈 가락의 계이름을 쓰고, ② 그 가락의 첫 번째 음과 세 번째 음에 해당하는 음표의 이름과 음길이를 쓰시오. [2점]

• ① : _____

• ② : _____

2020 초특

다음은 통합학급 교사인 최 교사가 특수교사인 강 교사와 교내 메신저로 지적장애 학생 지호의 음악과 수행평가에 대해 나눈 대화의 일부이다. 물음에 답하시오. [3점]

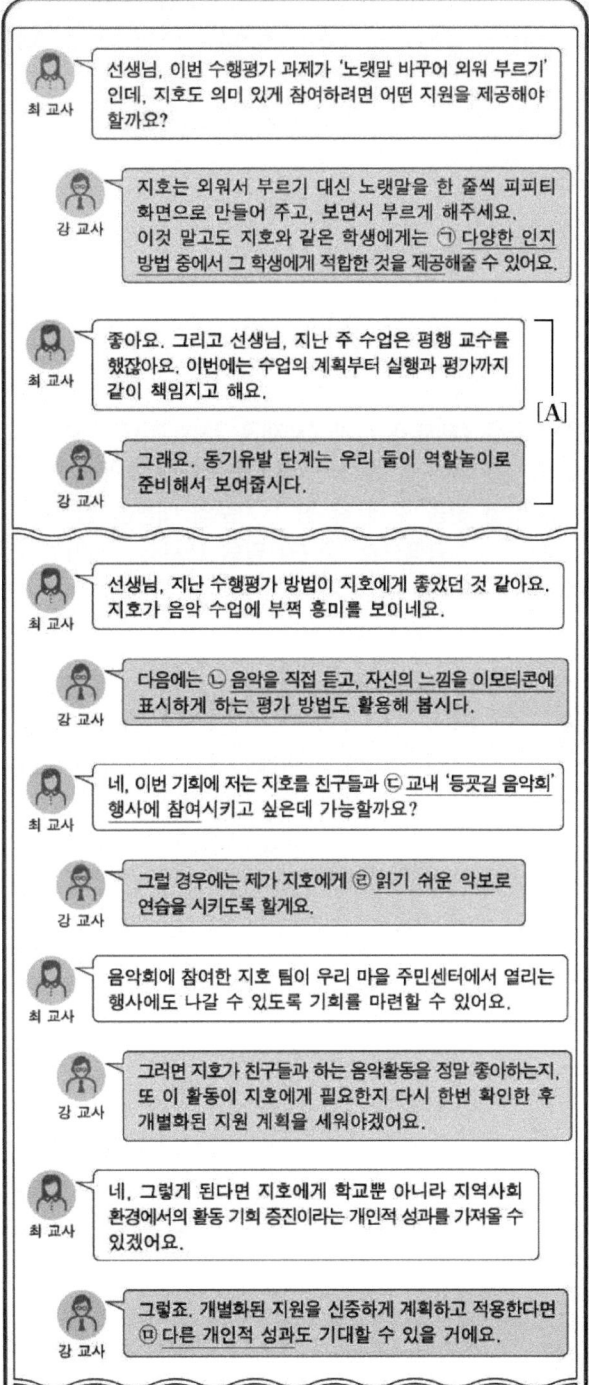

1) ① 2015 개정 특수교육 교육과정 중 공통 교육과정 음악과 5~6학년군 감상 영역의 '평가 방법 및 유의 사항'에 근거하여 ⓒ에 해당하는 평가 방법을 쓰고, ② ⓒ이 해당되는 음악과 영역을 쓰시오. [2점]

• ① : _____

• ② : _____

2) 다음은 ㉣의 일부이다. □ 속의 숫자가 나타내는 음악 요소를 쓰시오. [1점]

원 악보	𝄞 4/4 ♩ ♩ ♩ ♩
읽기 쉬운 악보	5 4 3 4

• _____

2019 초등

(가)는 2015 개정 음악과 교육과정 5~6학년군의 음악 요소와 개념을 포함하고 있는 제재곡이고, (나)는 제재곡의 지도 내용을 제시한 것이다. 물음에 답하시오. [5점]

(가)

(나)

〈제재곡 1〉 지도 내용
(1) 본 제재곡은 '다'음을 으뜸음을 하는 다장조이다.
(2) 악곡의 구조는 aaʹbaʹ이다.
(3) ㉡을 리코더로 연주할 때는 뒷구멍을 반 정도 막고 조금 세게 분다.

〈제재곡 2〉 지도 내용
(4) 본 제재곡은 3음으로 구성된 악곡이다.
(5) 녹두장군 전봉준의 이야기를 담고 있는 전래 동요이다.
(6) ㉣을 소금으로 연주할 때는 약한 입김으로 분다.

1) ① (가)의 〈제재곡 1〉의 주요 3화음 중 ㉠에 어울리는 화음의 구성음을 음이름으로 쓰고, ② 〈제재곡 2〉를 소금으로 연주할 때 ㉢에 해당하는 율명의 기호를 다음 〈보기〉에서 찾아 순서대로 쓰시오. (단, 첫 음은 '汰(태)'로 하시오.) [2점]

보기

ⓐ	ⓑ	ⓒ	ⓓ	ⓔ
㴌(고)	潢(황)	南(남)	林(임)	湳(남)

- ① : _____
- ② : _____

2) (나)의 〈제재곡 1〉과 〈제재곡 2〉의 지도 내용 (1)~(6) 중 옳지 않은 것 2가지를 찾아 각각 번호를 적고 내용을 바르게 고쳐 쓰시오. [2점]

- _____
- _____

3) 다음은 〈제재곡 1〉과 〈제재곡 2〉를 지도한 후, 이의 평가를 위해 김 교사가 작성한 평가 계획의 일부이다. 영역별 활동 주제 및 평가 기준의 내용을 참고로 할 때, ⓐ에 공통으로 들어갈 말을 쓰시오. [1점]

구분	표현 영역	감상 영역	생활화 영역
활동 주제	제재곡을 리코더와 소금으로 연주하기	여러 나라의 민요 감상하기	'학급 음악회'를 계획하고 열기
평가 기준 (상중하 평가)	▷바른 주법으로 악기를 연주하는가? ▷악곡의 특징을 살려 표현하는가? ▷음악표현 활동에 적극적으로 참여하는가?	▷여러 나라 민요의 음악적 특징을 구별할 수 있는가? ▷다양한 문화권의 음악을 흥미를 갖고 듣는가?	▷음악회 준비를 위한 모임에 정기적으로 참여하는가? ▷음악을 즐기는 마음으로 참여하는가?
평가상의 유의점	악기 연주하기 등의 표현 활동은 기능, 표현, (ⓐ) 등을 평가한다.	음악에 관한 포괄적인 이해의 정도와 (ⓐ) 등을 평가한다.	학교 내외의 음악 활동에 참여하는 정도, 음악에 대한 (ⓐ) 등을 평가한다.

- _____

2019 초특

다음은 특수학교 5학년 학생을 지도하는 특수교사의 음악 수업 성찰 일지이다. 물음에 답하시오. [3점]

수업 성찰 일지

2018년 ○월 ○일

11월 학예회에서 우리 반은 기악 연주를 할 예정이다. 어떤 종류의 악기가 좋을까? 바이올린 같은 현악기, 리코더 같은 단선율악기, 피아노와 같은 건반악기로 연주하는 것도 좋겠지만, 우리 반 학생들은 개인차가 너무 커서 그런 여러 가지 가락악기를 모두 사용하기는 어려울 것 같다. 마침 요즘 음악 시간에 ㉠핸드벨을 배우고 있으니 핸드벨 중심으로 발표를 해야겠다.

연주곡으로는 평소 학생들이 좋아하고 익숙하게 느끼는 '숲속을 걸어요'가 적절할 것 같다. 그런데 학생들이 이 노래의 박자나 음악 기호에 맞추어 연주할 수 있을지 모르겠다. 우선 코다이의 리듬음절 읽기를 적용하여 연습해 본 후, 추가로 지도 방법 수정이 필요할지 검토해 봐야겠다.

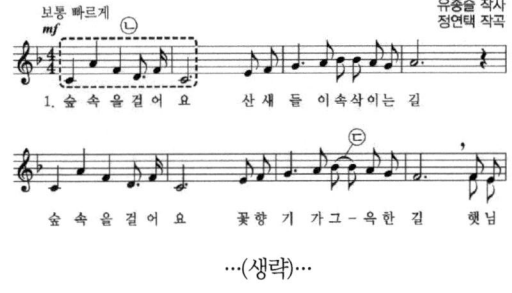

…(생략)…

---

1) ㉠은 2015 개정 기본 교육과정 음악과 5~6학년 교육과정에서 중점을 두고 가르치도록 선정한 가락악기 중 하나이다. ㉠은 가락악기 중 어떤 악기인지 분류명을 쓰시오. [1점]

•

2) '숲속을 걸어요' 악보에 있는 ① ㉡ 부분을 코다이(Z. Kodaly)의 리듬음절 읽기로 쓰고, ② ㉢ 음악 기호의 의미를 쓰시오. [2점]

• ① :

• ② :

2018 초등

(가)는 2009 개정 음악과 교육과정 5~6학년군 교과서에 제시된 악곡들의 일부이다. (나)는 (가)의 〈제재곡〉에서 지도할 '음악 요소 및 활동'에 대해 예비 교사들이 협의한 내용을 정리한 것이고, (다)는 교수·학습 자료이다. 물음에 답하시오. [5점]

(가)

(나)

〈제재곡 1〉의 협의 내용
(1) ⓒ의 가락의 흐름은 차례가기 가락 진행이라고 지도한다.
(2) ⓒ의 가락에 어울리는 화음은 주요 3화음 중 버금딸림화음(Ⅳ)이라고 지도한다.
(3) ⓔ의 알맞은 음표는 제재곡이 여린내기의 악곡이므로 세 박의 점2분음표(𝅗𝅥.)라고 지도한다.

〈제재곡 2〉의 협의 내용
(4) 〈제재곡 2〉는 남도 민요라고 지도한다.
(5) ⓜ에 알맞은 시김새는 흘러내리는 소리로 표현하도록 지도한다.
(6) 〈제재곡 2〉의 노랫말 속에 지역 방언이 들어 있음을 지도한다.

(다)

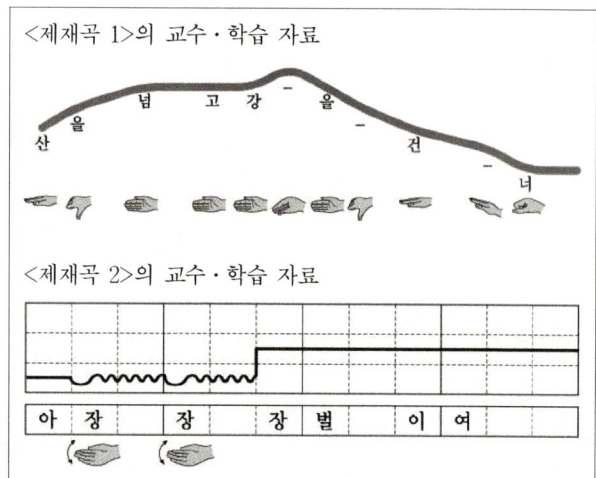

1) ① (가)의 〈제재곡 1〉에서 ⓙ부분의 계이름을 이동도법으로 쓰고, ② (가)의 〈제재곡 2〉의 기본 장단에 맞는 장구 장단의 구음을 ⓐ~ⓔ까지 차례대로 쓰시오. [2점]

| 덩 | 덕 | 쿵 | ⓐ | ⓑ | ⓒ | ⓓ | ⓔ |

· ① : _____
· ② : _____

2) (나)의 〈제재곡 1〉과 〈제재곡 2〉의 협의 내용에서 옳지 않은 것을 각각 1가지씩 찾아 번호를 쓰고, 내용을 바르게 고쳐 쓰시오. [2점]

· ① : _____
· ② : _____

3) 다음은 (다)를 활용하여 〈제재곡 1〉과 〈제재곡 2〉를 지도할 때 고려할 수 있는 2009 개정 음악과 교육과정의 '교수·학습 방법' 중 '내용 영역별 지도'를 기술한 것이다. ( ) 안에 알맞은 말을 쓰시오. [1점]

가락, 시김새, 창법을 지도할 때에는 손, ( ) 악보 등을 활용하여 다양하게 표현하도록 한다.

· _____

2017 초등

(가)는 2009 개정 음악과 교육과정 5~6학년군 '생활화' 영역의 내용을 실천한 학생들과 교사의 대화이고, (나)는 대화 중에 나오는 음악의 악보들이다. 물음에 답하시오. [5점]

(가)

교사: 오늘은 여러분들이 가족이나 친구들과 음악회에 다녀온 경험에 대해 이야기해 볼까요?

정연: 저는 지난주에 교향악단 연주회에 다녀왔는데, 그중에서 프로코피예프(S. Prokofiev)의 '피터와 늑대'가 아주 재미있었어요. 등장인물이 바뀔 때마다 다른 악기로 연주했어요. 그중에서 할아버지를 표현한 가락은 할아버지가 낮은 소리로 꾸짖는 것 같았고, 새를 표현한 가락은 새가 날렵하게 높이 날아다니는 것 같았어요.

은서: 선생님, 저는 동요 발표회에 다녀왔는데 학교에서 배운 노래들을 다시 들을 수 있어서 참 좋았어요. 그중에서 '"넌 할 수 있어"라고 말해 주세요' 노래를 들으니 자신감이 생기는 것 같았어요.

지안: 선생님, 저는 선생님께서 추천하신 국립 국악원 공연을 보고 왔는데, 종묘 제례악과 '아리랑' 공연이 가장 인상 깊었어요.

교사: 그래. 종묘 제례악은 노래, 춤, 기악이 함께 어우러지는 종합 예술인데 ⑤노래를 악장, 춤을 일무라고도 해요. 그리고 ⑥세종이 궁중 잔치용으로 만든 것을 세조 때 일부 고쳐 제례 음악으로 채택하였어요.

다혜: 그러면 종묘 제례악의 대표 음악은 무엇인가요?

교사: 조선 역대 왕들의 ⑥문덕을 기리는 '보허자'와 무공을 기리는 '정대업'이 있어요. 그런데 '아리랑'이 왜 인상 깊었나요?

지안: 학교에서 직접 배운 곡이기도 하고, 가끔 집에서 정간보를 보고 단소로 연주하는 곡이거든요.

교사: 그랬구나. ⑥유네스코 인류 무형 문화유산으로 지정된 종묘 제례악과 '아리랑' 공연을 보아 좋았겠군요.

지안: 네. 이번 국악 공연을 보고 ⑩전통음악의 소중함과 우수성을 알게 되었고, 외국인들에게도 꼭 소개하고 싶어요.

(나)

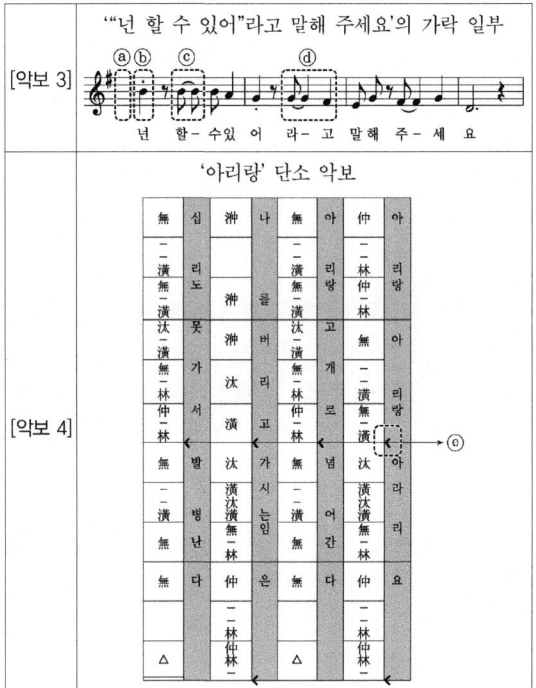

1) '피터와 늑대'의 원곡에서 (나)의 ① [악보 1]과 ② [악보 2]의 가락을 연주하는 악기 이름을 각각 쓰시오. [1점]

• ① : _____

• ② : _____

2) 다음은 (나)의 [악보 3]에 나오는 음악 요소 및 개념에 대한 지도 내용이다. ⓐ~ⓓ 중에서 적절하지 않은 것을 찾아 기호를 쓰고, 바르게 고쳐 쓰시오. [1점]

ⓐ : 4/4박자의 셈여림을 살려 표현하기
ⓑ : 악센트가 있는 음을 특히 세게 표현하기
ⓒ : 붙임줄로 연결된 두 음을 한 음처럼 붙여서 표현하기
ⓓ : 당김음 리듬을 정확하게 표현하기

• _____

3) ① (가)의 ㉠~㉣ 중에서 잘못 서술된 것을 찾아 기호를 쓴 후 바르게 고쳐 쓰고, ② (나)의 [악보 4]에서 ⓒ의 이름을 쓰시오. [2점]

- ① : _____

- ② : _____

4) 2009 개정 음악과 교육과정 5~6학년군 '생활화' 영역의 내용 체계 중 (가)의 ㉤에 해당하는 것을 쓰시오. [1점]

- _____

유4) 김 교사는 (가)의 ㉥ 활동 후 다음의 방법으로 평가를 진행하였다. 2015 개정 음악과 교육과정에 근거하여 다음과 같이 특정 주제에 대해 연구하여 학생 스스로 결과물을 내는 평가 방법을 무엇이라 하는지 쓰시오. [1점]

> 김 교사 : 종묘제례악과 아리랑처럼, 우리나라의 전통 음악에는 무엇이 있을까요? 여러분들이 외국인에게 소개하고 싶은 전통음악을 정해봅시다. 그리고 이에 대해 조사해 볼까요?
>
> ```
> 강강술래에 대하여
>                        5학년 O반 OOO
> 1. 강강술래란?
>   강강술래는 한국의 전통 민속놀이에서 부르는 노래로...
>                   (생략)
> ```

- _____

2016 초등·초특 공통

(가)의 〈악보 1〉은 2009 개정 음악과 교육과정의 3~4학년군 제재곡이고, 〈악보 2〉는 5~6학년군 제재곡이다. (나)는 〈악보 1〉을 활용한 수업에 대해 교사들이 나눈 대화이고, (다)는 〈악보 2〉를 활용한 예비교사의 교수·학습 활동 계획이다. 물음에 답하시오. [5점]

(가)

(나)

- 최 교사: 제 수업은 〈악보 1〉을 활용한 기악 중심 수업이었습니다.
- 신 교사: 악보의 첫째 단 둘째 마디의 음을 ㉠<u>멜로디언의 텅잉(tonguing) 주법</u>으로 바르게 연주하려면 건반을 한 번만 눌러야 하는데, 이것을 선생님께서 직접 보여주셔서 학생들이 잘 따라 한 것 같아요.
- 정 교사: 탬버린으로 둘째 단 4마디 전체를 반주할 때, 선생님께서 특정한 리듬꼴을 반복하여 연주하라는 뜻의 (㉡) 반주를 활용하신 것도 좋았어요.
- 신 교사: 선생님께서 〈리듬 악보〉를 제시하신 것도 효과적인 것 같았어요. 학생들이 〈리듬 악보〉의 음표 기둥에 적힌 표시를 보고 (㉢) 주법으로 바르게 연주하더군요.

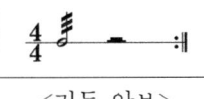

〈리듬 악보〉

(다)

음악 요소	활동
토리	메나리토리의 특징을 이해하며 노래 부르기
장단	굿거리장단을 ㉣<u>장구의 바른 주법</u>으로 연주하기
장단의 세	장단의 세를 살려 무릎장단 치기
형식	두 모둠으로 나누어 긴자진형식으로 노래 부르기
장단꼴	A의 두 장단꼴을 다는 형과 맺는 형으로 반주하기

1) (나)의 ㉡, ㉢에 알맞은 음악 용어를 각각 쓰시오. [2점]

- ㉡ : _____

- ㉢ : _____

2) (다)에서 제재곡의 음악 요소에 맞지 <u>않은</u> 활동 2가지를 찾아 틀린 부분을 각각 바르게 고치시오. [2점]

- ① : _____

- ② : _____

3) (나)의 ㉠ 활동과 (다)의 ㉣ 활동을 공통으로 지도할 수 있는 2009 개정 음악과 교육과정 표현 영역의 성취기준 1가지를 쓰시오. [1점]

- _____

2015 초등

(가)는 2009 개정 음악과 교육과정 3~4학년군 감상 영역의 내용 체계이며, (나)는 3~4학년군 감상 수업을 위한 제재곡의 일부이다. 물음에 답하시오. [5점]

(가) 2009 개정 음악과 교육과정 3~4학년군 감상 영역의 내용 체계

> ㉠ 음악의 요소 및 개념 이해하기
> ㉡ 악곡의 특징을 이해하며 감상하기

(나) 제재곡

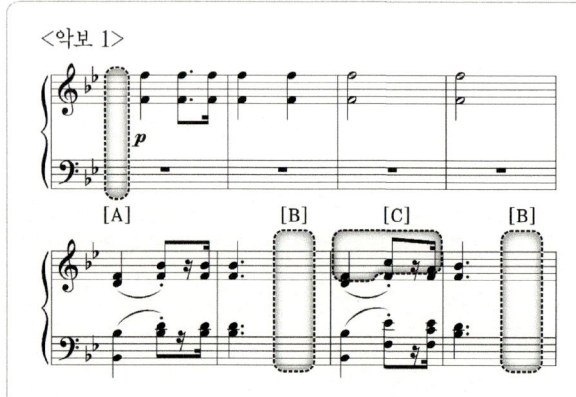

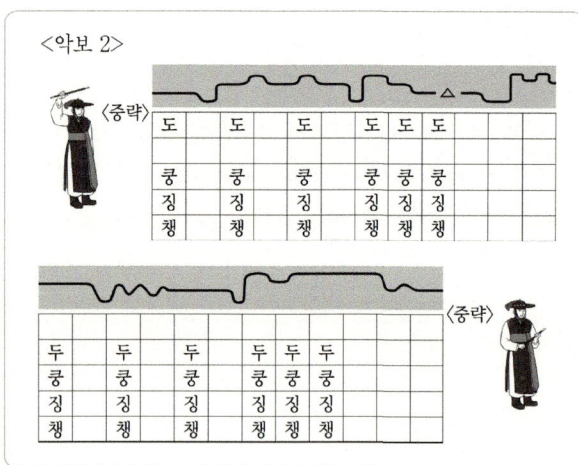

1) 〈악보 1〉의 제재곡을 학생들에게 들려주면서 ㉠과 연계하여 지도할 학습 활동으로 적절하지 않은 것 2가지를 찾아 수정하시오. [2점]

> ▷ 여리게 시작되는 부분에서 작은 동작으로 박자 젓기
> ▷ [A]에 들어갈 2박자의 강약에 맞추어 발구르기
> ▷ [B]에 들어갈 4분쉼표 부분에서 손 들어 올리기
> ▷ 5~6마디와 7~8마디의 반복되는 리듬꼴을 손뼉치기
> ▷ [C] 부분의 차례가기 가락선을 손으로 나타내기

• _____

• _____

2) 〈악보 2〉와 〈악보 3〉에서 한 장단의 기본박이 몇 박인지 각각 쓰고, 두 정간보에 사용된 타악기 연주법의 기보 방식을 각각 쓰시오. [2점]

구 분	〈악보 2〉	〈악보 3〉
기본박	ⓐ___ 박	ⓑ___ 박
기보 방식	ⓒ___	ⓓ___

• ⓐ : _____

• ⓑ : _____

• ⓒ : _____

• ⓓ : _____

3) 〈악보 1〉과 〈악보 2〉의 제재곡으로 아래와 같은 학습 활동을 하였을 때, ㉡에 근거하여 두 곡에서 공통으로 지도할 수 있는 성취기준 1가지를 쓰시오. [1점]

학습 활동
▷ 행사 관련 사진이나 동영상 장면을 보면서 악곡명의 의미에 대해 알아보기 ▷ 생활 주변의 문화 행사에서 연주되는 사례 찾아서 발표하기

• _____

유3) 〈악보 1〉과 〈악보 2〉의 제재곡으로 아래와 같은 학습 활동을 하였다. 2015 개정 음악과 교육과정 3~4학년군 생활화 영역 성취기준에 근거하여 두 곡에서 공통으로 지도할 수 있는 내용 요소를 쓰시오. [1점]

학습 활동
▷ 제재곡을 활용하여 행사 역할극 놀이하기 ▷ 역할극 후 자신의 느낀 점을 다양하게 표현하기 ▷ 자신의 느낀 점을 친구들과 공유하기

· _____

2015 초특

(다)는 '2009 개정 교육과정' 음악과 3~4학년군 '덕석몰자'를 제재로 작성한 교수·학습 계획서의 일부이다. 물음에 답하시오. [2점]

(다) 교수·학습 계획서

1) (다)의 수업 제재곡인 ⓒ '덕석몰자'의 ⓐ <u>노래 형식</u>과 ⓑ <u>장단</u>을 쓰시오. [2점]

· ⓐ : _____

· ⓑ : _____

2014 초등

다음은 박 교사가 2007 개정 음악과 교육과정의 세 영역을 통합하여 재구성한 단원 개관이다. 물음에 답하시오. [5점]

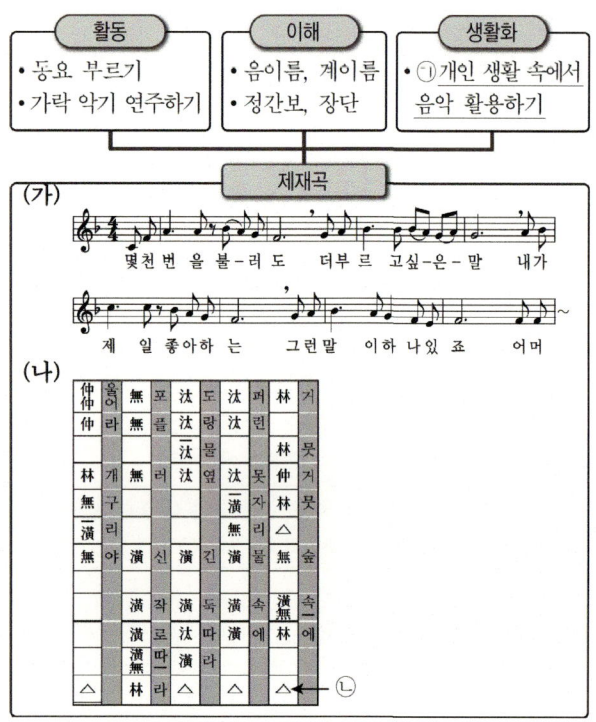

1) 다음은 ㉠에 대하여 박 교사와 예비교사가 나눈 대화이다. ㉢의 방안을 2007 개정 음악과 교육과정에 제시된 생활화 영역의 교수·학습 방법에 근거하여 1가지 쓰시오. [1점]

> 박 교사 : 이 단원의 이전 차시들에서 제재곡 (가)와 (나)를 노래하고, 각각 리코더와 단소로 연주합니다. 마지막 차시에서 음악의 생활화를 위해 홈페이지 꾸미기를 합니다.
> 예비교사: 그럼, 마지막 차시의 홈페이지 꾸미기에서 어떻게 활동 영역을 ㉢생활화 영역과 연계할 수 있나요?

•_____

유1) (다)는 박 교사가 2015 개정 음악과 교육과정의 세 영역을 통합하여 재구성한 단원 개관이고, (라)는 ㉠에 대하여 박 교사와 예비교사가 나눈 대화이다. ㉢과 관련된 2015 개정 음악과 교육과정에 제시된 성취기준을 쓰시오. [1점]

(다)

표현	감상	생활화
• 동요 부르기 • 가락 악기 연주하기	• 음이름, 계이름 • 정간보, 장단	• ㉠개인 생활 속에서 음악 활용하기

(라)

> 박 교사 : 이 단원의 이전 차시들에서 제재곡 (가)와 (나)를 노래하고, 각각 리코더와 단소로 연주합니다. 마지막 차시에서 음악의 생활화를 위해 제재곡을 활용하여 학부모 초청 학급 학예회를 개최할 예정입니다.
> 예비교사: 그럼, 마지막 차시의 학예회는 어떤 성취기준을 근거로 ㉢생활화 영역과 연계할 수 있나요?

•_____

2) 다음은 박 교사가 수업에서 활용할 악곡의 일부이다. 음이름과 계이름을 완성하고, 음이름 사용의 장점을 리코더 지도를 예로 들어 설명하시오. [2점]

• 음이름 : 다 바 _____
• 계이름 : 솔 도 _____
• 음이름 사용의 장점 : _____

3) (나) 악보에서 ㉡의 명칭을 쓰고, 이 악곡에 적절한 반주 장단을 부호로 완성하되 세 표시(〉)를 넣으시오. [2점]

• ㉡의 명칭 : _____

• 장단 :

①	i						

완성할 부분

2013 초등

(가)와 (나)는 '다른 나라 동요 부르기' 활동에 사용하는 제재곡 중 2개 악곡의 일부이고, (다)와 (라)는 우리나라 민요의 일부이다. 물음에 답하시오. [5점]

1) (가)와 (나)의 악곡을 활용한 학습 활동으로 적절하지 않은 것을 각각 1개씩 찾아 기호를 쓰고, 틀린 부분을 수정하시오. [2점]

(가)를 활용한 학습 활동	(나)를 활용한 학습 활동
㉠ 원곡을 듣고 7음 가락 따라 부르기	㉢ 같은 음 반복과 당김음에 유의하여 노래 부르기
㉡ (가)의 출처인 아시아 지역의 생활 모습과 문화 이야기 하기	㉣ (나)의 출처인 유럽 음악을 감상한 후 느낀 점 이야기 하기

• _____

• _____

2) (나)의 (A)에 어울리는 3화음의 이름과, 이 화음을 연주할 때 사용하는 건반 3개의 번호를 쓰시오. [1점]

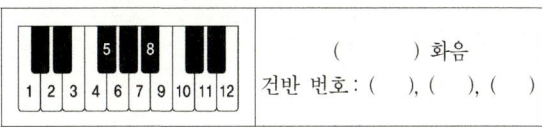

• (　　) 화음 _____

• 건반 번호 : _____

3) 2007 개정 음악과 교육과정의 '이해' 영역에 근거하여 (다)와 (라)에 공통되는 '조'의 이름을 쓰고, 두 곡에서 볼 수 있는 공통적인 '시김새'의 특징을 구성음과 관련 지어 서술하시오. [2점]

• '조'의 이름 : _____

• '시김새'의 특징 : _____
_____

백문이 불여일견 **설**명이 친절한 **기**출
초등임용 기출문제집

사회과 기출의 특성

　사회과는 교육과정이 출제되는 경우는 거의 없는 대신 기본이론과 교과교육론이 항상 출제됩니다. 그만큼 중요도가 높다는 이야기겠지요? 따라서 기본이론, 교과교육론 등을 공부할 때 디테일한 부분까지 꼼꼼히 공부하고 여름방학부터는 그 내용들을 꾸준히 복습하고 점검해주는 것이 좋습니다. 각론에서 출제되는 문제들은 타 과목과 비교하여 지엽적이지 않고 난이도가 높지 않은 편입니다. 다만 아무리 각론의 중요도가 상대적으로 낮다고 해도 용어를 묻거나 개념을 활용하여 문제에 제시된 조건에 맞게 서술하거나 정답을 찾는 문제들이 출제되는 경우가 많기 때문에 각 영역별로 주요 개념이 어떤 의미인지는 짚고 넘어가는 정도로는 꼭 공부하셔야 합니다. 각론을 영역별로 보자면 지리 영역이 상대적으로 출제가 많이 되고 나머지 영역은 고루 나오는 편입니다. 기출분석표를 참고하시되, 전년도에 나왔으니까 이번 년도에는 출제되지 않을 거라고 안심하시지 마시고 그와 비슷하게 낼 수 있는 문제가 무엇이 있을지, 그리고 대두되고 있는 사회 이슈와 연관해서 물을 수 있는 개념에는 무엇이 있는지 생각하시면서 공부해보세요.

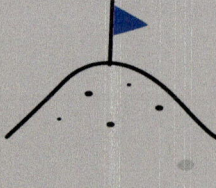

사회 기출분석표

*색 표시는 초등 출제입니다.

영역		년도	2013	2014	2015	2016	2017	2018	2019	2020	2021	2022	2023
교육과정						목표 기능	목표 기능	내용체계표 영역('2009)					사회과의 목표 영역(기능)
기본 이론	지도서 총론		시민성 전달 모형 반성적 탐구 모형 나선형 교육과정의 원리 탐구학습모형	사료학습 개념학습모형	사회과학적 탐구 모형 논쟁문제학습모형 평가 영역	탄력적 환경확대법 도해력	현장학습	의사결정학습모형 사료학습 교육과정의 지역화 포트폴리오 평가	탐구학습모형 주제 중심의 통합적 구성	탄력적 환경 확대법 반성적 탐구 모형	개념학습모형 개념 의미	사료 학습	탐구학습모형 및 기본 설정 논쟁문제학습모형
		정치				자원의 희소성 생산 기능		지방자치제	국가 기관(국회)	상권분립			
		경제											
각론		법		기본권	가족 구성의 변화 해가족과 확대가족		법의 의미 헌법재판소 기본권			심급제도 재판의 공정성			
		일반사회					전통문화		저출산&고령화 사회 공공기관의 의미			환경과 인간의 관계를 보는 관점, 기후, 지리정보, 공정무역	사회 변화 정보 격차
		지리	기온 강수량	자연환경 지도의 기본 요소		지도의 기본 요소 등고선	우리나라 지형의 특징	세계지도와 지구본 위도와 경도	백지도 대한민국 4극과 통상 기선	장소감	국토 발달 교통 발달		상대적 위치, 위선의 기준, 세계시간
		역사		조선 후기 시대적 문화								연표, 강화도 조약, 감정 이입적 역사 이해	

사회

2023-01 초등

(가)는 위치 학습에 대한 예비 교사와 지도 교수의 대화이고, (나)는 예비 교사가 작성한 교수·학습 과정안이다. 물음에 답하시오. [5점]

(가)

예비 교사: 위치에 대한 수업은 쉬운 듯 보이지만, 막상 수업을 설계하는 데 어려운 면이 있습니다.

지도 교수: 그렇습니다. 지표면상의 현상을 다루는 지리 학습에서 위치 개념은 중요합니다. 위치를 표현하는 방식에는 두 가지가 있습니다. 하나는 ㉠다른 사물 또는 다른 장소와 관련지은 위치 표현 방식인데, 방위를 이용하는 경우가 그 예입니다. 다른 하나는 좌표 체계에 의한 위치 표현 방식인데, 방안 좌표나 지리 좌표를 이용하는 경우가 그 예입니다.

예비 교사: 그래서 3~4학년군과 5~6학년군의 위치 표현 학습의 내용이 달랐던 거네요.

지도 교수: 그렇지요. 다음 [자료]의 세계 지도에는 가로선(A)과 세로선(B)이 여러 개 그려져 있는 것을 볼 수 있습니다. A와 B는 그 명칭도 다르고 기준도 서로 다릅니다. 그런데 위치 학습을 할 때 단순히 A와 B의 명칭이나 기준을 아는 것을 넘어, 그것이 우리 생활에서 갖는 의미까지도 학습하는 것이 중요합니다. A는 기후대 분포와 관계가 있고, ㉡B는 시간대 분포와 관련이 있습니다.

예비 교사: 말씀하신 점을 잘 고려하여 수업을 계획해 보겠습니다.

[자료]

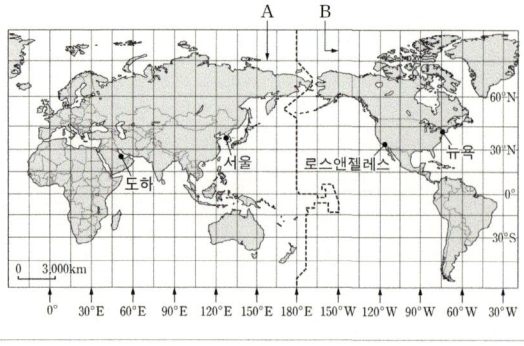

(나)

단계	교수·학습 활동
문제 파악	• 탐구 문제 파악하기
(㉢)	• 탐구 문제에 대한 잠정적 결론 제시하기
탐색	• (㉢)이/가 제대로 되었는지 검토하기
증거 제시	• 자료 수집 및 분석하기 〈활동 1〉 – 세계 지도에서 섬, 해안, 내륙에 위치한 국가 찾아보기 〈활동 2〉 – 내륙 국가와 섬 국가의 전통 음식 비교하기 – 해안 국가와 섬 국가의 전통 가옥 비교하기 – 내륙 국가와 해안 국가의 도시 입지 비교하기
결론 도출 및 일반화	• ㉣증거를 바탕으로 한 결론 내리기

1) (가)의 ㉠에 해당하는 용어를 쓰시오. [1점]

•　

2) (가)의 ① A의 기준선의 명칭을 쓰고, ② ㉡과 관련하여 다음 도시들 중에서 GMT(그리니치평균시)를 기준으로 '날짜와 시각'이 세 번째로 이른 도시의 위치 특성을 해당 도시가 속한 대륙 및 인근 대양의 이름을 모두 포함하여 쓰시오. [2점]

뉴욕(75°W), 도하(45°E), 로스앤젤레스(120°W), 서울(135°E)
* 이상 가나다순이며, 괄호 안은 표준시의 기준임.

• ① :　
• ② :　

3) (나)의 ① ㉢에 공통으로 들어갈 단계의 명칭을 쓰고, ② 교수·학습 활동 내용에 따라 ㉣에 해당하는 구체적인 내용을 쓰시오. [2점]

• ① :　
• ② :

2023-02 초등

(가)는 수업 협의회 내용의 일부이고, (나)는 교수·학습 자료이다. 물음에 답하시오. [4점]

(가)

박 교사: 먼저 김 선생님께서 수업 계획에 대해 간단하게 말씀해 주세요.

김 교사: 이번 수업 주제는 정보화 사회의 특징과 문제점입니다. 이 주제가 포함된 단원에서는 저출산, 고령화, 정보화, 세계화 등과 같은 (㉠)(으)로 나타난 일상생활의 모습을 분석하고 관련된 문제에 대응하는 능력을 함양하는 데 주안점이 있습니다.

정 교사: 그럼 수업에서는 어떤 활동이 이루어지나요?

김 교사: 먼저 정보화 사회의 의미와 정보화 사회에서 나타나는 일상생활의 모습을 설명하고자 합니다. 이를 통해 학생들이 개념적 지식을 이해하도록 하는 데 초점을 두고자 합니다.

그다음, [자료 1], [자료 2], [자료 3] 등의 자료를 제시하고, 학생들이 자료를 읽고 분석한 후 그 결과를 바탕으로 하여 정보화 사회의 문제점을 찾는 활동을 하게 하고자 합니다. [A]
이를 통해 학생들이 다양한 자료를 분석하고 활용하는 능력을 습득할 수 있게 하는 데 초점을 두고자 합니다.

박 교사: 정보화 사회의 문제점과 관련하여 찬반 의견이 대립되는 문제도 수업에서 다루어 보면 어떨까요?

김 교사: 그 점을 고려하여 다음 수업에서는 논쟁 문제해결에 적합한 수업 모형을 선택하고, ㉡단계별 발문도 잘 준비하겠습니다.
… (하략) …

(나)

[자료 1]
○○ 신문   2022년 ○○월 ○○일
정보화 사회, 더 어려움을 겪는 사람들
코로나19 장기화로 비대면 생활 방식이 빠르게 확산하면서, 고령층, 농어촌 지역 주민, 장애인 등이 더 어려움을 겪고 있다. 정부 발표에 따르면, 컴퓨터나 모바일 기기의 보유, 활용 능력 및 이용 정도 면에서 모두 차이가 있었다.
… (하략) …

[자료 2] 인터넷 뱅킹 이용 실태
20대 96.4, 30대 98.9, 40대 96.8, 50대 84.9, 60대 51.1, 70세 이상 18.5

[자료 3] 무인 주문의 어려움 정도
20대 1.2, 30대 1.4, 40대 3.4, 50대 9.9, 60대 16.9, 70세 이상 25.9

- 과학기술정보통신부·한국지능정보사회진흥원, 「2021 인터넷이용실태조사」, 표 재구성 -

1) (가)와 다음 글의 ㉠에 공통으로 들어갈 용어를 쓰시오. [1점]

(㉠)은/는 과학과 기술의 발달, 새로운 문화의 전파, 인구의 증가와 감소 등 다양한 요인으로 나타나며, 일상생활의 여러 측면에 영향을 미치는 현상이다. (㉠)이/가 나타나는 속도와 양상은 시대와 장소에 따라 다르다.

· _____

2) ① 사회과의 3가지 목표 영역 중 (가)의 [A]에서 김 교사가 초점을 두고 있는 목표 영역의 명칭을 쓰고, ② (나)의 [자료 1], [자료 2], [자료 3]에 공통으로 나타난 현상을 지칭하는 용어를 포함하여 정보화 사회의 문제점을 쓰시오. [2점]

· ①: _____

· ②: _____

3) 다음은 (가)의 ㉡과 관련하여 김 교사가 작성한 수업 단계별 발문이다. 단계의 성격에 부합하도록 ⓐ에 들어갈 말을 발문 형식으로 쓰시오. [1점]

단계	교수·학습 활동
문제 제기	• 은행, 식당의 무인 운영 확대에 대해 의견이 어떻게 대립하는가?
개념의 명확화	• (ⓐ)
사실의 경험적 확인	• 무인 운영으로 발생하는 이익은 얼마인가?
가치 갈등 해결	• 이익 추구와 접근권 중 무엇이 더 중요한가?
대안 모색 및 결론	• 무인 운영 확대의 대안은 무엇인가?

· _____

2022-01 초등

(가)는 김 교사가 작성한 교수·학습 과정안이고, (나)는 수업 협의회의 일부이다. 물음에 답하시오. [5점]

(가)

학습 목표	세계의 다양한 삶의 모습
차시명	기후에 따른 사람들의 생활 모습을 살펴봅시다
학습 목표	열대기후에 따른 사람들의 생활 모습을 탐색할 수 있다.
단계	교수·학습 활동
도입	동기 유발 및 학습 목표 확인
전개	활동 1: 열대기후의 분포 알아보기 - 백지도에 나타내기 활동 2: 생산의 뜻이 무엇인지 예상하기 - 기온과 강수량의 특징, 사람들의 생활 모습 조사하기 활동 3: 기후와 사람들의 생활 모습 간의 관계 파악하기 - 토론하며 나의 입장 정리하기
정리	내용 정리 및 차시 예고

(나)

수석 교사 : 환경과 인간의 관계를 보는 관점은 ㉠환경결정론, ㉡환경가능론, 생태학적 관점 등이 있습니다. 선생님은 오늘 수업을 어떤 관점에서 진행하셨나요?

김 교사 : 저는 환경과 인간이 서로 영향을 주고받는다는 생태학적 관점으로 진행했습니다. 그런데 오늘 수업에서 지도만 사용하니 학생들이 기후 분포를 정확히 이해하지 못하는 것 같습니다. 기후의 전체적인 분포를 가르치기에 적절한 지리교구가 있을까요?

수석 교사 : 세계 기후의 분포를 설명하려면, 기후에 영향을 주는 요인에 대해 알아야 합니다. 기후 요인에는 (㉢), 수륙분포, 해발고도 등이 있습니다. 지구본은 (㉢)이/가 높아짐에 따라 기온이 낮아지는 현상을 설명할 수 있는 적절한 교구입니다. 이를 사용하면 쾨펜(W. Köppen)의 5가지 기후 구분 중 기온을 기준으로 한 ㉣4가지 기후의 분포를 학생들이 이해하기 쉽게 설명할 수 있습니다. 이 외에 지리정보시스템(GIS)을 기반으로 한 디지털 지도를 사용할 수도 있습니다.

김 교사 : 기후를 다룰 때는 지도와 지구본, 디지털 지도를 모두 활용해야겠네요.

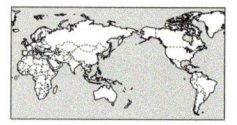

수석 교사 : 네. 여러 가지 지리교구들을 적절하게 사용하면, 위치와 같은 공간정보나 지형, 기후, 인구, 산업과 같이 지역의 특성을 나타내는 (㉤) 등 다양한 지리 정보를 얻을 수 있습니다. 끝으로 오늘 수업과 관련해 추가적으로 학생들과 알아보고 싶은 내용이 있습니까?

김 교사 : 열대기후 지역의 커피나 카카오 등의 교역과 관련 있는 (㉥)을/를 생각하고 있습니다. (㉥)은/는 경제적으로 소외된 지역의 생산자와 노동자에게 더 나은 거래 조건을 제공하여 불평등한 세계 무역과 빈곤 문제를 해결하려는 목적으로 출발한 교역을 말합니다.

수석 교사 : 좋은 생각입니다.

1) 기후와 인간 간의 관계를 (나)의 ① ㉠과 ② ㉡의 관점에서 서술하시오. [2점]

- ① : _____
- ② : _____

2) (나)의 ㉢을 기준으로 ㉣을 순서대로 서술하시오. (단, ㉢을 포함하여 쓸 것) [1점]

- _____

3) ① (나)의 ㉤에 들어갈 용어와, ② (나)의 ㉥에 공통으로 들어갈 용어를 쓰시오. [2점]

- ① : _____
- ② : _____

2022-02 초등

(가)는 예비 교사가 작성한 교수·학습 과정안이고, (나)는 예비 교사와 지도 교사가 나눈 대화이다. 물음에 답하시오. [4점]

(가)

차시명	갑신정변에 참여한 사람들의 주장을 알아봅시다.
수업 방법	사료 학습
단계	교수·학습 활동
도입	• 전 차시에서 배운 내용을 확인한다. − 흥성대원군 집권 이후부터 갑신정변 발발 직전의 사건들을 정리한다. • 학습 목표를 확인한다. − 갑신정변에 참여한 사람들의 주장을 이해할 수 있다.
전개	• 제시된 사료를 확인한다. 〈갑신정변 개혁안〉 • 문벌을 폐지하고 백성들이 평등한 권리를 갖는 제도를 마련하며 능력에 따라 관리를 임명한다. • 부정한 관리를 처벌하고 백성들이 빚진 쌀을 면제한다. …(하략)… • ㉠ ⎡ − 누가, 언제 작성하였는가? ⎢ − 사료가 위조되지 않았는가? [A] ⎣ − 사료에 제시된 용어가 당대에 사용된 용어인가? • 사료를 분석·해석한다. − 이들은 어떤 정책들을 제시하였는가? − 이들은 왜 이런 정책들을 발표하였는가? − 조선을 가장 많이 변화시킬 수 있는 정책은 무엇이었는가? − 이들이 제시한 정책들은 우리나라 최초의 근대적 조약에 어떤 영향을 미쳤는가? • 결론을 확인한다. − 갑신정변에 참여한 사람들은 새로운 국가를 만들려는 개혁을 시도하였다.
정리	• 학습한 내용을 정리한다.

(나)

예비 교사: 흥성대원군 집권기부터 갑신정변이 일어나기 전까지 있었던 사건들을 ㉡시간의 흐름에 따라 체계적으로 배열한 표로 학생들에게 제시하려고 합니다.

지도 교사: 좋은 생각입니다. 특정 사건들을 연도와 함께 제시함으로써 사건들의 선후 관계나 인과 관계를 한눈에 파악할 수 있겠네요. 그런데 ㉢"이들이 제시한 정책들은 우리나라 최초의 근대적 조약에 어떤 영향을 미쳤는가?"는 이 사료를 분석·해석하는 데 맞지 않은 질문입니다.

예비 교사: 아, 그렇군요. 수정하겠습니다. 갑신정변에 참여한 사람들의 주장을 잘 이해하기 위해 수업에서 좀 더 유의해야 할 점이 있을까요?

지도 교사: 역사적 (㉣)을/를 잘 해야 합니다. 공감이나 동일시와 달리, 역사적 (㉣)은/는 갑신정변이 일어난 상황에 대한 맥락적 이해와 참여한 사람들의 행위 의도나 동기, 관점을 파악하는 것입니다.

1) (가)의 [A]에 근거하여 ㉠에 들어갈 활동을 쓰시오. [1점]

• ㉠: _____

2) '우리나라 최초의 근대적 조약'의 명칭을 포함하여 (나)의 ㉢의 이유를 서술하시오. [1점]

• _____

3) ① (나)의 ㉡에 해당하는 용어와, ② (나)의 ㉣에 공통으로 들어갈 용어를 쓰시오. [2점]

• ①: _____

• ②: _____

2021-01 초등

(가)는 예비 교사가 작성한 수업 구상안의 일부이고, (나)는 예비 교사와 지도 교수의 대화이다. 물음에 답하시오. [4점]

(가)

단원명: 국토와 우리 생활
학습 목표
지도를 활용하여 우리나라 인구 분포의 변화와 그에 따른 영향을 알 수 있다.
교수·학습 자료

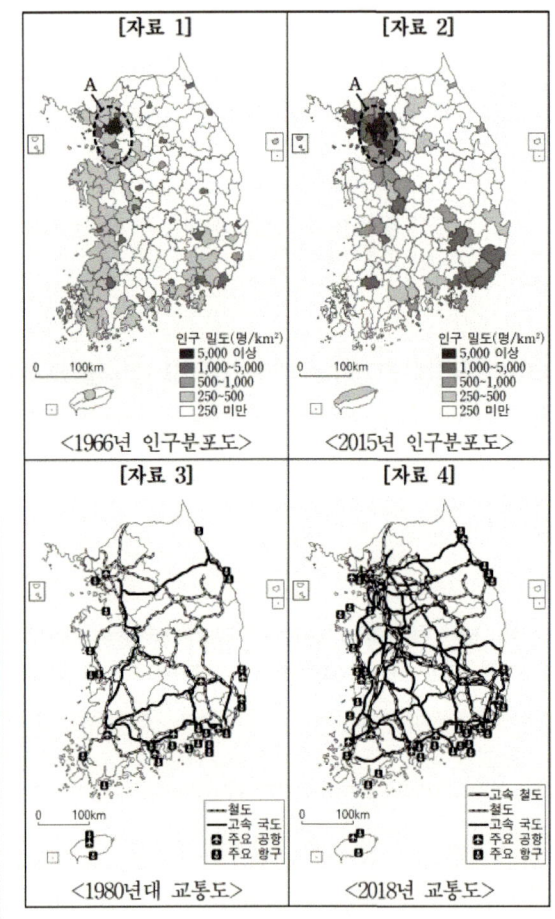

(나)

예비 교사: 이번 수업에서는 우리나라 인구 분포의 변화와 그에 따른 영향을 알아보기 위해 다양한 지도를 활용하려고 합니다. [자료 1]과 [자료 2]를 비교했을 때 알 수 있는 A 지역의 인구 분포 변화의 특징은 (㉠)입니다. 이로 인한 영향에는 어떤 것들이 있을까요?

지도 교수: 소비 시장이 확대되어 다양한 산업이 발달한다는 장점도 있지만, 최근에는 주택 부족, 환경 오염 등의 문제가 매우 심각합니다. 그래서 이러한 문제를 해결하기 위한 여러 가지 정책들이 추진되고 있습니다.

예비 교사: 그렇군요. 어떤 정책이 있습니까?

지도 교수: (㉠)(으)로 인한 문제를 해결하기 위해 다양한 정책을 통하여 여러 가지 기능을 분산시키고 있습니다. 신도시와 같이 아파트 단지를 건설하여 주거 기능을 분산시키거나, 농촌 지역에 공업 단지를 만들어 공업 기능을 분산시키고 있습니다. 최근에는 정부 청사를 다른 지역으로 이전하여 (㉡)을/를 분산시키고 있습니다.

예비 교사: [자료 3]과 [자료 4]를 비교해 보면 교통의 발달은 인구 분포의 변화와도 밀접한 관련이 있는 것 같습니다.

지도 교수: 그렇습니다. 교통 발달에 따라 통학, 통근 등 사람이 일상생활을 할 때 활동하는 범위인 (㉢)이/가 달라지고 있습니다. 또한 어떤 교통수단을 이용할 때 어느 지점에서 특정 지점까지 소요되는 시간인 (㉣)이/가 달라지고 있습니다.

1) (나)의 ㉠과 ㉡에 들어갈 용어를 쓰시오. [2점]

- ㉠ : _____
- ㉡ : _____

2) (가)의 [자료 3]과 [자료 4]에 나타난 교통 발달에 따른 ㉢과 ㉣의 변화 양상을 서술하시오. (단, ㉢과 ㉣에 들어갈 용어를 모두 포함할 것) [2점]

- _____

2021-02 초등

(가)는 박 교사가 작성한 4학년의 '필요한 것의 생산과 교환' 단원에 해당하는 교수·학습 과정안의 일부이고, (나)는 수업 협의회의 일부이다. 물음에 답하시오. [5점]

(가)

학습 목표	생산의 의미를 알 수 있다.
단계	교수·학습 활동
도입	• 사진을 보고 공통점 말하기 – 고기잡이, 자동차 만들기, 건물 짓기 등의 모습 • 생산의 뜻이 무엇인지 예상하기

전개	• 생산의 정의 확인하기
	  – 생산이란 생활에 필요한 것을 만들어내는 것이다.
	• 생산의 속성 검토하기
	  – 생산의 (㉠) 검토하기
	• 생산의 예와 비예 구분하기
	  – 농부가 버섯을 따는 것
	  – 근로자가 반도체를 만드는 것　[A]
	  – 연예인이 공연하는 것
	  – 환자가 병원에서 치료받는 것
	  – 택배 기사가 물건을 배달하는 것
	• 관련 개념 찾기
	• 개념 간의 위계 구조 파악하기
	  – (㉡)

정리	• 자신과 관련된 생산 활동의 사례 설명하기 • 생산 개념의 이해 정도를 평가하기

(나)

수석 교사: 먼저 박 선생님께서 수업 의도에 대하여 간단하게 말씀해주시면 감사하겠습니다.

박 교사: 이 시간에는 학생들의 생산 개념 이해에 중점을 두고, 개념이 갖고 있는 특성을 중심으로 수업하는 속성 모형을 적용해 보았습니다.

수석 교사: 사회과 내용의 많은 부분이 개념으로 구성되어 있기 때문에 수업을 통해 개념을 잘 형성시키는 것이 중요합니다. 오늘 수업에서는 다양한 사례를 제시하면서 생산의 속성을 검토하는 것이 좋았습니다.

허 교사: 저는 개념을 지도할 때 주로 원형 모형을 적용합니다. 지난번에 공공 기관을 지도할 때도 경찰서를 대표적인 사례로 제시하고 검토한 이후에 예와 비예를 검토하는 과정으로 수업을 하였습니다.

박 교사: 원형 모형을 선택하신 이유가 있으신가요?

허 교사: 속성 모형을 적용하기에 몇 가지 한계가 있어 ㉢ 속성 모형과 비교하여 원형 모형이 가지는 장점을 활용하는 것이 좋다고 판단했습니다.

수석 교사: 개념은 인지 활동의 기본 요소로, 개념을 학습하는 것은 기억과 이해를 쉽게 할 뿐만 아니라 추상적 사고를 가능하게 하기 때문에 고차적 사고력을 신장할 수 있게 합니다. 그런데 개념 학습은 인지적 수업 모형에 해당하는 것이기 때문에 의사 결정 학습이나 논쟁 문제 학습 등과 같은 수업 모형과는 달리 (㉣) 영역을 직접 다루기 힘든 한계점이 있습니다. 그래서 사회과의 목표 영역 중에서 (㉣)에 가장 도달하기 어렵습니다.

1) (가)의 [A]에서 ① 생산의 비예를 찾아 쓰고, ② 비예가 되는 이유를 ㉠에 근거하여 서술하시오. [2점]

• ① : _____

• ② : _____

2) (가)의 ㉡에 들어갈 생산과 소비 개념 간의 관계를 쓰시오. [1점]

• _____

3) ① (가)의 ㉠에 근거하여 ㉢을 서술하고, ② (나)의 ㉣에 들어갈 용어를 쓰시오. [2점]

• ① : _____

• ② : _____

2020-01 초등

(가)는 수업 협의회 내용 중 일부이고, (나)는 '지도로 본 우리 지역' 수업에서 활용한 교수·학습 자료이다. 물음에 답하시오. [4점]

(가)

> 김 교사: 초등학교 3~4학년군에서 고장에 대해 학습할 때에는 학생들이 ㉠ 고장이나 지역 등 어떤 곳에 대한 정서적 감정을 탐색하는 것이 중요합니다. 이 과정에서 고장에 대한 기억과 느낌이 사람마다 서로 다르다는 점을 확인할 필요가 있습니다. [A]
> 이 교사: 학생들이 고장의 심상 지도를 그린 후, 친구들의 심상 지도와 비교하여 고장의 모습에 대한 공통점과 차이점을 알아보는 것이 좋겠습니다.
> 김 교사: 선생님께서 작성하신 수업 계획을 보니 고장의 주요 명소와 세계의 명소를 함께 살펴보는 활동이 있던데, 고장과 지역 범위 내에서만 학습이 이루어지는 것이 바람직하지 않을까요?
> 이 교사: ㉡ 3~4학년군에서는 대체적으로 우리 고장과 지역을 중심으로 학습이 이루어지지만, 학생들에게 물리적 거리보다 경험적 거리가 더 중요하게 작용할 수 있다는 점도 함께 고려한 것입니다.

(나)

'영미의 집'을 찾는 방법을 비교해 봅시다.

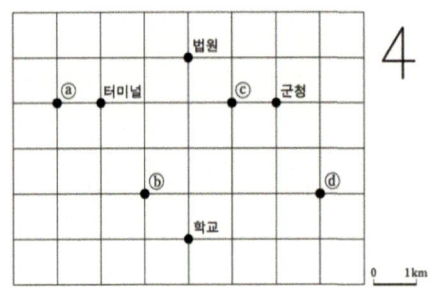

〈활동 1〉 영미의 집을 찾아보자!

영미의 집은
○ 군청에서 터미널 방향에 있습니다.
○ 법원에서 학교 방향으로 직진하다 왼쪽으로 가면 있습니다.

〈활동 2〉 지도의 기본 요소를 활용하여 영미의 집을 다시 한 번 찾아보자!

영미의 집은
○ (　　　　㉢　　　　)

1) (가)의 [A]를 고려하여 ㉠에 해당하는 개념을 2015 개정 사회과 교육과정의 성취기준에 제시된 용어로 쓰시오. [1점]

• _____

2) (가)의 ㉡에 해당하는 2015 개정 사회과 교육과정의 내용 구성 원리를 쓰시오. [1점]

• _____

3) (나)에서 ① 교사가 의도한 '영미의 집' 위치를 ⓐ~ⓓ 중 찾아 쓰고, ② 다음의 〈조건〉을 고려하여 ㉢에 들어갈 내용을 쓰시오. [2점]

〈조건〉
• 학교에서 출발하시오.
• 실선 위로 이동하는 최단 경로를 찾으시오.
• 지도의 기본 요소 중 방위와 축척을 모두 활용하시오.

• _____

• _____

2020-02 초등

(가)는 수업 협의회 내용 중 일부이고, (나)는 초임 교사가 수업에서 활용한 교수·학습 자료이다. 물음에 답하시오. [5점]

(가)

초임 교사 : 지난 수업에서 학생들이 국회의원에게 보낸 제안서에 대해 긍정적으로 검토하겠다는 답변이 왔습니다.
수석 교사 : 학생들이 이 사실을 알면 기뻐하겠네요. ㉠ 학생들이 자신의 흥미와 필요에 따라 일상생활 속 문제의 해결 방안을 탐구하고 실천하면서 민주주의를 경험적으로 학습한 좋은 사례입니다.
초임 교사 : 오늘 수업은 학생들이 법원에서 하는 일에 대해 명확하게 학습할 수 있도록 하는 데 초점을 맞추었습니다.
수석 교사 : 구조화된 학습지에서 ㉡ 재판과 관련된 여러 제도들이 공통적으로 추구하는 목적을 제시하고 나아가 이러한 목적이 궁극적으로는 국민의 자유와 권리 보장에 기여할 수 있다는 것을 상기시킨 점이 좋았습니다. 다음 수업은 어떻게 준비하고 있나요?
초임 교사 : 다음 수업에서는 국회, 정부, 법원 간의 견제를 보여주는 그림을 활용해 권력 분립을 이해할 수 있도록 할 계획입니다.

(나)

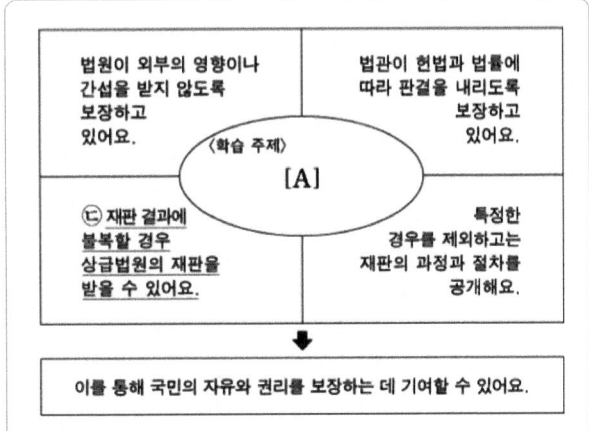

1) (가)의 ㉠이 바, 바스, 셔미스(R. Barr, J. Barth & S. Shermis)가 분류한 사회과 교육의 세 유형 중 어디에 해당하는지 쓰시오. [1점]

· _____

2) ① (가)의 ㉡을 고려하여 (나)의 [A]에 들어갈 내용을 쓰고, ② (나)의 ㉢에 해당하는 제도의 명칭을 쓰시오. [2점]

· ① : _____

· ② : _____

3) 다음은 권력 분립에 대한 수업을 위해 초임 교사가 준비한 교수·학습 자료이다. ⓐ와 ⓑ에 들어갈 내용을 각각 1가지씩 쓰시오. [2점]

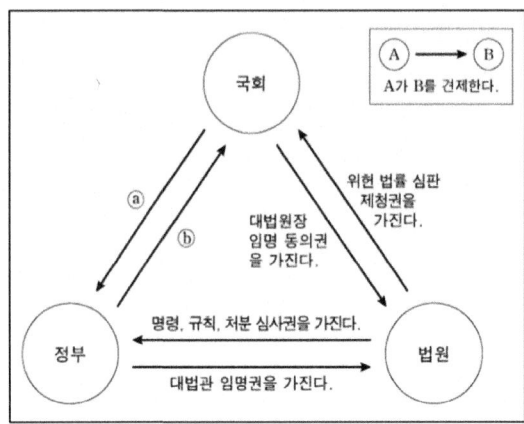

· ⓐ : _____

· ⓑ : _____

2019-01 초등

(가)는 사회 변화 현상에 대한 교수·학습 과정안이다. 물음에 답하시오. [5점]

(가)

[자료 1] 연령계층별 인구 및 구성비   단위: 천 명(%)

연도 연령계층	2016	2026	2036	2046	2056
(A)	6,856 (13.4)	6,277 (11.9)	5,934 (11.2)	5,057 (10.0)	4,395 (9.4)
(B)	37,627 (73.4)	35,320 (67.0)	31,174 (59.1)	27,300 (53.8)	24,077 (51.2)
(C)	6,763 (13.2)	11,108 (21.1)	15,641 (29.7)	18,408 (36.3)	18,529 (39.4)
총인구	51,246	52,704	52,750	50,765	47,001

*통계청(2016), 「장래인구추계: 2015-2065」 중위추계 표 재구성

[자료 2] 사회 변화에 대한 신문 자료

○○ 신문   2018년 ○○월 ○○일

(㉠)이/가 뜬다

노인 전문 병원과 같은 서비스 시장이 확대되고, 노인 휴대 전화, 효도 신발 등 노년층을 주 대상으로 하는 제품의 판매도 빠르게 늘어나고 있다. 노인을 대상으로 하는 제품과 서비스를 생산하는 산업을 (㉠)(이)라고 한다. 이 산업은 사회 변화에 부응하여 나날이 성장하고 있다.

(나)

단계	교수·학습 활동
문제 파악	• 인구 변화가 우리 사회에 미치는 영향을 파악한다.
가설 설정	• ㉡ 탐구 문제와 관련하여 가설을 설정한다.
탐색	• 제시된 가설의 가능성을 검토한다. • 탐구 계획을 수립한다.
증거 제시	• 사회 변화 모습을 보여 주는 자료를 수집하고 적절한 형태로 가공한다. • 자료를 평가하고 수집된 자료와 가설의 관계에 대해 분석한다.
㉢	• 결과를 요약하고 증거를 통해 결론을 내린다.

1) (가)의 [자료 1]에서 초고령 사회로 진입하는 연도를 찾아 쓰고, 그 근거를 쓰시오. [2점]

．_____

2) [자료 1]의 (C) 인구의 변화 현상과 [자료 2]의 ㉠을 포함하여 (나)의 ㉡에서 작성할 가설을 쓰시오. (단, 인구 변화 현상은 2015 개정 사회과 교육과정 성취기준에 제시된 용어를 사용하시오.) [2점]

．_____

3) (나)의 ㉢에 들어갈 용어를 쓰시오. [1점]

．_____

2019-02 초등

(가)는 예비 교사와 지도 교사의 대화이고, (나)는 교수·학습 자료이다. 물음에 답하시오. [4점]

(가)

> 예비 교사: 3~4학년군의 대주제 '우리가 살아가는 곳'에서는 어떤 지도를 활용할 수 있을까요?
> 지도 교사: 중주제 '우리 고장의 모습'에서는 고장의 실제 모습을 파악하기 위해 우선 디지털 영상 지도를 이용해 고장의 주요 지형지물들의 위치를 파악할 수 있습니다. 그리고 (㉠)에 주요 지형지물들의 위치를 기입하는 활동을 할 수 있습니다.
> 예비 교사: 사회과 교육과정 5~6학년군의 중주제 '국토의 위치와 영역', '지구, 대륙 그리고 국가들', '우리나라와 가까운 나라들'에서는 다양한 지역을 다룹니다. 5~6학년군에서 다양한 지역의 위치를 학습하기 위해서는 어떤 활동을 할 수 있을까요?
> 지도 교사: (나)의 지도들과 같은 (㉠)을/를 활용해 지도를 완성하는 활동을 할 수 있습니다.

(나)

[자료 1]

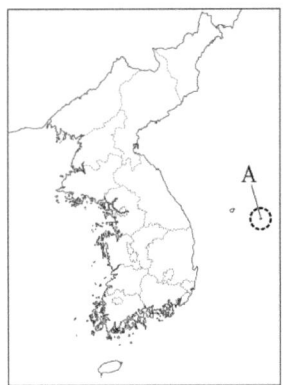

[자료 2]

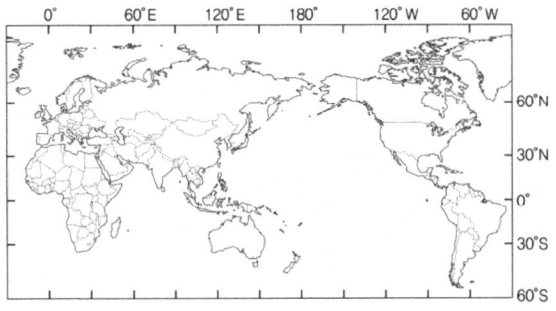

1) (가)의 ㉠에 공통으로 들어갈 내용을 2015 개정 사회과 교육과정의 성취기준에 제시된 용어로 쓰시오. [1점]

• _____

2) (나)의 [자료 1]에 표시된 A섬에 대해 '우리나라 영토의 4극'과 '영해 설정 기준선의 유형' 측면에서 쓰시오. [2점]

• _____

3) (나)의 [자료 2]에서 〈조건〉을 만족하는 국가는 6대륙 중 어느 대륙에 속하는지 쓰시오. [1점]

─── 〈조 건〉 ───
• 위도 30°와 60° 사이에 위치한다.
• 환태평양 조산대에 속한다.
• 우리나라가 여름일 때 겨울이다.
• 날짜 변경선의 서쪽에 위치한다.

• _____

2019 초특

(가)는 '우리 지역의 공공 기관' 수업의 판서 자료이고, (나)는 수업 후 실시한 교사 협의회에서 나눈 대화이다. 물음에 답하시오. [4점]

(가)

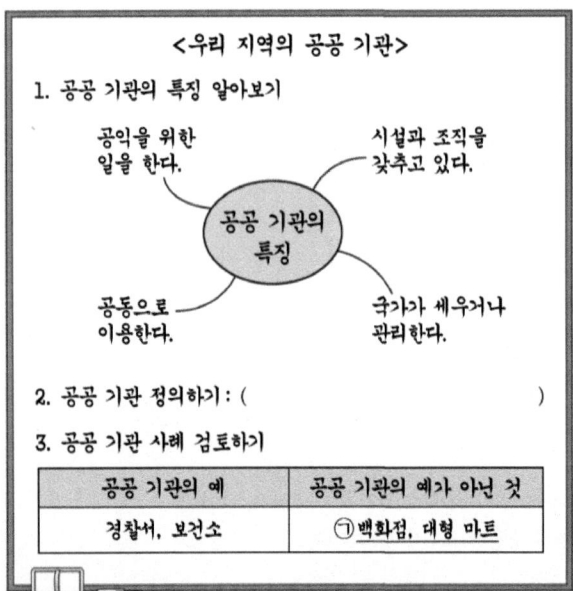

(나)

김 교사: 오늘 수업은 ⓒ 5~6학년군에서 학습하는 '국가기관'의 내용과 연결되기 때문에 개념과 그 사례를 명확하게 학습하는 것이 중요하다고 생각했습니다.

이 교사: 저도 동의합니다. 그런데 개념 학습 모형 중 속성모형을 사용한 이유는 무엇인가요?

김 교사: 공공 기관의 개념과 사례를 학습하는 활동은 공공기간의 결정적 속성에 대한 이해를 필요로 합니다. 그래서 저는 ⓒ 판서로 제시한 '공공 기관의 특징'을 활용하여 공공 기관을 정의하고, 그에 따라 '공공 기관의 예'와 '공공 기관의 예가 아닌 것'을 구분하는 활동을 하였습니다.

이 교사: 다음 수업은 어떻게 진행할 계획인가요?

김 교사: 오늘 수업이 일반 사회 영역을 중심으로 공공 기관의 의미와 특징을 살펴보았다면, 다음 수업에서는 학생들이 생활 속에서 직접 이용해 본 경험이 있는 공공 기관의 위치를 우리 지역의 지도에서 찾아보는 활동을 할 예정입니다. 이 단원이 속한 대주제 '우리 지역의 어제와 오늘'은 지역이라는 주제에 대해 ㉣ 지리적 특성, 역사적 내력, 정치 생활의 원리를 유기적으로 연결하도록 구성되어 있습니다. 다음 수업은 이 점을 고려한 것입니다.

1) (나)의 ⓒ을 고려하여 (가)의 ㉠이 공공 기관의 예가 아닌 이유를 2가지 쓰시오. [2점]

· _____

· _____

2) (나)의 ⓒ 중 국가의 예산안을 심의·확정하는 권한과 입법권을 가진 기관을 쓰시오. [1점]

· _____

3) (나)의 ㉣에 해당하는 사회과 교육과정의 내용 구성 원리를 쓰시오. [1점]

· _____

2018-01 초등

(가)는 김 교사와 학생들의 대화이고, (나)는 김 교사의 교수·학습 과정안이다. 물음에 답하시오. [4점]

(가)

김 교사: 교과서에 나온 국내 총생산, 1인당 국민 총소득 그래프를 보세요. 우리 경제가 어떻게 변했나요?
학생 1: 빠르게 변화한 것 같아요.
김 교사: 맞아요. 우리나라는 우수한 인적 자원을 바탕으로 농업과 어업 중심의 산업에서 경공업 중심의 산업을 거쳐 중화학 공업과 첨단 산업 중심으로 변화했어요. 중화학 공업에는 어떤 것이 있을까요? [A]
학생 2: 철강, 배, 자동차, 기계, 석유 화학 등이 있어요.
김 교사: 잘 대답했어요. 그러면 우리나라 경제가 성장하는 데 정부는 어떤 노력을 했을까요? 정부는 한정된 예산으로 연구·개발을 지원하고, 중요 시설을 건설하고, 외국에 우리나라의 기술과 제품을 홍보하는 등의 정책을 추진해 왔어요.
…(중략)…
김 교사: 종합하면, 예산은 한정되어 있는데, 어느 분야에 우선순위를 두고 지원할 것인지 결정을 잘 내렸기 때문에 빠른 성장을 이룰 수 있었어요. 만일 여러분이 우리나라의 경제 성장 지원 정책을 결정해야 한다면, 어떤 선택을 할 건가요? 함께 생각해 봅시다.

(나)

단계	교수·학습 활동
결정 상황 확인	'한정된 예산을 다양한 경제 성장 지원 정책 중 어디에 지원할 것인가'라는 결정이 필요한 문제 상황을 확인한다.
대안 개발	문제의 (㉠)적 측면과 (㉡)적 측면을 분석하고, 가능한 대안을 개발한다.
평가 기준 작성	대안을 평가할 평가 기준에 대해 브레인스토밍을 한 후, 평가 기준표를 작성한다.
대안 평가	평가 기준에 따라 각 대안에 대해 점수를 매기고, 각 대안의 장단점을 평가한다.
최종 결정	대안들 중 결론을 내리고 (㉢)에 옮길 수 있는 계획을 수립한다.

1) 2009 개정 사회과 교육과정(교육과학기술부 고시 제2012-14호) 내용 체계의 일반사회 영역 중 (가)의 [A]에 해당하는 주제를 쓰시오. [1점]

· _____

2) ① (나)에 활용된 사회과 수업 모형의 명칭을 쓰고, ② ㉠과 ㉡에 들어갈 말을 각각 쓰시오. [2점]

· ①: _____

· ②: _____

3) (나)의 ㉢과 다음 제시문의 ( ) 안에 공통으로 들어갈 단어를 쓰시오. [1점]

(나)에 활용된 수업 모형의 주제는 학생들이 다룰 수 있는 실제적인 주제, 개인의 가치를 바탕으로 취사선택할 수 있는 주제, ( )이/가 가능한 주제가 적합하다.

· _____

2018-01 초등 유사

(가)는 김 교사와 학생들의 대화이고, (나)는 김 교사가 (가) 수업을 위해 활용한 교수·학습 과정안이다. 물음에 답하시오. [3점]

(가)

| 김 교사 : 교과서에 나온 국내 총생산, 1인당 국민 총소득 그래프를 보세요. 우리 경제가 어떻게 변했나요?
| 학생 1 : 빠르게 변화한 것 같아요.
| 김 교사 : 맞아요, 우리나라는 우수한 인적 자원을 바탕으로 농업과 어업 중심의 산업에서 경공업 중심의 산업을 거쳐 중화학 공업과 첨단 산업 중심으로 변화했어요. 중화학 공업에는 어떤 것이 있을까요?
| 학생 2 : 철강, 배, 자동차, 기계, 석유 화학 등이 있어요.
| 김 교사 : 잘 대답했어요. 그러면 우리나라 경제가 성장하는 데 정부는 어떤 노력을 했을까요? 정부는 한정된 예산으로 연구·개발을 지원하고, 중요 시설을 건설하고, 외국에 우리나라의 기술과 제품을 홍보하는 등의 정책을 추진해 왔어요.
| …(중략)…
| 김 교사 : 종합하면, 예산은 한정되어 있는데, 어느 분야에 우선순위를 두고 지원할 것인지 결정을 잘 내렸기 때문에 빠른 성장을 이룰 수 있었어요. 만일 여러분이 우리나라의 경제 성장 지원 정책을 결정해야 한다면, 어떤 선택을 할 건가요? 함께 생각해 봅시다.

(나)

단계	교수·학습 활동
문제 정의	문제 결정 상황을 제시한다.
대안 나열	해결하기 위한 대안을 나열한다.
선택 기준 작성	나열한 대안들 중에서 최상의 대안을 선택할 수 있도록 선택 기준을 작성한다.
대안 평가	작성한 선택 기준에 따라 대안을 평가한다. - 전 단계에서 나열한 대안을 평가할 수 있는 (㉠)을 작성하여 평가한다. 〈우리나라 경제 성장을 위한 지원 정책〉 | 지원 분야	기준		
---	---	---	---
	발전 가능성	예산	…
문화·예술			
제조업			
중공업			
농·축산업				
의사 결정	(㉠)에서 평가 점수가 가장 높은 대안을 선택한다.

1) 2015 개정 사회과 교육과정에 근거하여, (나)와 같은 학습 과정에서 중점적으로 기르고자 하는 역량을 쓰시오. [1점]

· _____

2) 의사 결정 학습 모형에서는 학생들이 ㉠을 이용하여 의사 결정에 활용할 수 있도록 하고 있다. (나)의 학습 과정을 참고하여 ㉠의 이름을 쓰시오. [1점]

· 이름 : _____

3) 다음은 (가) 수업 후 김 교사의 수업 계획안이다. 수업 계획안의 내용을 참고하여 ㉡에 들어갈 개념을 쓰시오. [1점]

본시 학습 목표	경제 성장 과정에서 드러난 문제점과 이를 해결하려는 노력을 알 수 있다.
도입	동기 유발 - 경제 성장 과정에서 있었던 역사적 사건 알아보기
전개	- (㉡) 알아보기 - (㉡)의 개념 알기 (㉡)의 문제점 알아보기 ① 경제적 수준에 따라 원하는 권리를 누릴 수 있는 기회가 달라짐 ② 형편이 어려운 사람들은 인간다운 삶을 살지 못할 수 있음 …(생략)…
정리	학습 내용 정리하기

· _____

2018-02 초등

(가)는 세계 지도와 통계 자료이고, (나)는 6.25 전쟁 때 월남했던 할아버지와 예비 교사의 대화를 채록한 자료이다. 물음에 답하시오. [5점]

(가)

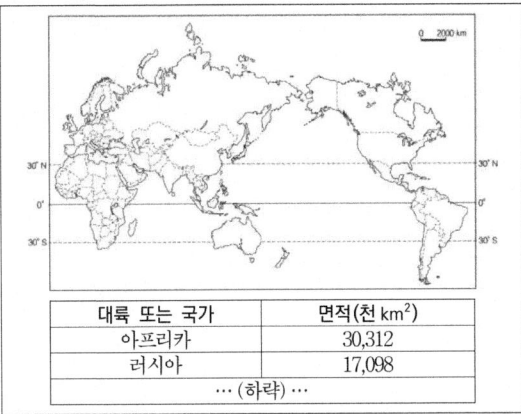

대륙 또는 국가	면적(천 km²)
아프리카	30,312
러시아	17,098
… (하략) …	

(나)

… (상략) …
예비 교사: 할아버지, 고향은 어디세요?
할아버지: 내 고향은 함경도 흥남인데, 6.25 전쟁 때 속초로 피란을 와서 가족과 함께 살고 있어.
예비 교사: 피란 생활은 어떠셨어요?
할아버지: 많이 힘들었어. 그 당시 국제 연합군이 파견된 것도 기억나.
예비 교사: 그들 가운데 직접 본 외국 사람도 있는지요?
할아버지: 아프리카 대륙에서 온 에티오피아 사람들을 만났어. 그들의 활동이 신문에 나기도 했지.
예비 교사: 우리나라와 ㉠에티오피아의 기후가 많이 달라서 힘들었을 텐데. 우리 학생들에게도 다른 나라가 힘들 때 도와줄 수 있도록 가르치는 게 좋겠어요.
… (하략) …

1) 다음은 (가)의 세계 지도와 통계 자료를 활용한 수업에서 이루어진 교사와 학생의 대화이다. ① 학생의 질문과 직접적으로 관련 있는 세계 지도의 단점을 쓰고, ② (　)에 들어갈 지리 교구를 쓰시오. [2점]

교사: 여러분, 세계 지도와 통계 자료를 보세요.
학생: 선생님, 세계 지도를 보면 러시아가 아프리카 대륙보다 커 보여요. 그런데 이상해요. 통계 자료를 보면 아프리카 대륙이 러시아보다 훨씬 커요! 왜 그런가요?
교사: 좋은 질문이에요. 그러한 의문을 해결하기 위해 인터넷, 지도 이외에 실제 지구의 모습을 축소시켜 입체적으로 만든 (　)을/를 활용해 봅시다.

- ① : _____
- ② : _____

2) 다음은 (나)를 활용한 수업에 대해 예비 교사와 지도 교사가 협의한 대화 내용이다. ① ⓐ에 들어갈 단어를 쓰고, ② 사료 학습에서 자료를 준비할 때 예비 교사가 고려해야 할 사항을 밑줄 친 ⓑ로부터 추론하여 쓰시오. [2점]

예비 교사: 할아버지와의 대화를 채록한 자료를 활용해서 6학년 학생을 대상으로 수업을 하려고 하는데, 만 3년에 걸친 6.25 전쟁의 전개 과정을 어떻게 알려 주면 좋을까요?
지도 교사: 5학년 단계의 학생들에게는 '인과 의식'이, 6학년 단계의 학생들에게는 '(ⓐ) 의식'이 발달한다는 점을 고려해야 해요. 할아버지가 흥남에서 피란 온 사실을 국군과 국제 연합군의 후퇴라는 6.25 전쟁의 전개 과정 속에서 설명하는 방식을 제안합니다.
예비 교사: 채록 자료의 분량이 많은데 어떻게 하지요? 그리고 그 자료와 함께 6.25 전쟁 때 참전했던 국제 연합군에 대한 당시의 신문 기사도 소개하려고 하는데…….
지도 교사: ⓑ자료의 분량이 많으면 요약해야 해요. 그리고 옛날 자료는 학생들이 이해할 수 있는 내용으로 다시 만들어야 합니다. 전체 채록 자료 가운데 중요한 내용을 간추리고, 신문 기사의 어려운 한자와 생소한 어투를 오늘날 사용하는 표현으로 바꾸어 사용하세요.

- ① : _____
- ② : _____

3) 다음은 (가)와 (나)를 활용한 수업에 대해 예비 교사와 지도 교사가 협의한 대화 내용이다. (　) 안에 들어갈 단어를 쓰시오. [1점]

예비 교사: ㉠을 이해하는 데 도움이 되는 가장 핵심적인 학습 활동에는 무엇이 있을까요?
지도 교사: 학습자가 세계 지도에서 에티오피아의 수리적 위치를 확인하는 활동이 중요합니다. 수리적 위치를 나타내는 하나의 요소인 (　)을/를 확인함으로써 학습자가 ㉠을 추측할 수 있기 때문입니다.

- _____

2018 초특

다음은 사회과 교수·학습 및 평가 계획에 대한 수석 교사와 신임 교사의 대화이다. 물음에 답하시오. [4점]

수석 교사 : '우리 사회의 과제와 문화의 발전' 단원에 대한 수업도 벌써 중반에 접어들었네요. 내일 할 수업의 구성을 간략하게 설명해 주세요.

신임 교사 : 1948년의 대한민국 정부 수립, 1960년의 4.19 혁명, 1980년의 5.18 민주화 운동, 1987년의 6월 민주 항쟁, 1991년의 (㉠) 제도의 부활 등과 관련된 사진, 신문 기사, 회고록, 다큐멘터리를 활용하여 우리나라의 민주화 과정을 살펴보려고 합니다. [A]
저는 특히 지역 주민들과 그들이 뽑은 대표들이 지역의 일을 스스로 결정하고 처리하는 (㉠) 제도의 본격적인 실시가 풀뿌리 민주주의를 정착시키는 계기가 되었음을 강조하려 합니다.

수석 교사 : 공동체의 문제를 해결하는 과정에 국민들이 적극적으로 참여해 온 것이 우리나라의 민주주의 발전에 큰 밑거름이 되었다는 사실에 초점을 맞추면 좋겠네요.

신임 교사 : 수업 정리 단계에서는 우리 고장의 문제를 다루고 있는 신문 자료를 조사해 오는 과제를 줄 계획입니다. 그리고 다음 주 수업에서 학생들의 조사 결과를 ㉡지역사회 학습과 연계하여 지도하고자 합니다.

수석 교사 : 좋은 생각입니다. 다음 주 수업에서는 이번 학기 ㉢사회과 수행평가의 진행 상황에 대해서도 점검하는 것이 좋겠어요.

1) ㉠에 공통으로 들어갈 말을 쓰시오. [1점]

· _____

2) [A]와 같이 과거의 인간 활동과 사상이 담긴 다양한 형태의 자료를 활용하는 사회과의 수업 기법을 쓰시오. [1점]

· _____

3) ① 밑줄 친 ㉡을 통해 도달하고자 하는 목표를 쓰고, ② 다음 제시문이 설명하고 있는 ㉢의 유형을 쓰시오. [2점]

학생이 쓰거나 만든 결과물을 일정 기간 지속적으로 모아 둔 개인별 작품집 혹은 서류철을 이용한 평가 방법으로 특정한 영역에 대해 일회적으로 평가하는 것이 아니라 학생 개개인의 변화 과정을 종합적으로 평가하기 위해 일정 기간 지속적으로 평가하는 방법

· ① : _____

· ② : _____

2017-01 초등

(가)와 (나)는 사회과 교수·학습 과정안이다. 물음에 답하시오. [4점]

(가)

수업 목표	우리 문화를 세계에 알리는 홍보물을 만들고, 세계 문화 발전에 기여하는 자세를 지닐 수 있다.
도입	• ㉠김치, 한복, 한옥, 한글, 효 사상, 탈놀이 등의 사진 살펴보기 • 학습 문제 확인하기
전개	• 학습 활동 안내하기 활동 1 우리 문화에 대하여 이야기하기 - 우리 문화의 독창성 이야기하기 - 자랑하고 싶은 우리 문화 찾아보기 활동 2 세계에 우리 문화를 알리기 위한 홍보물 만들기 - 외국인에게 자랑하고 싶은 우리 문화 정하기 - 모둠별로 다양한 홍보물 만들기 활동 3 홍보물 발표하기 - 모둠별로 만든 홍보물 발표하기 - 홍보물 제작·발표를 통해 느낀 점 나누기
정리	• 세계 문화 발전에 기여하려는 자세 지니기 • 우리 문화에 관심을 가지고 문화를 계승·발전시키기 위한 마음 다지기

(나)

수업 목표	우리나라의 지형도에서 평야가 주로 어디에 발달해 있는지 조사하고 그 까닭을 설명할 수 있다.
도입	• 탐구 문제 파악하기 - 지형도에서 평야의 위치 찾아보기 ▶ 주로 서쪽과 남쪽에 발달해 있음. - 평야의 속성 알아보기 ▶ 넓고 평평한 땅으로서, 주로 강의 하류에 나타남.
전개	• 가설 설정하기 • 탐색하기 • 정보 수집 및 분석하기 활동 1 산지 분포의 특징 알아보기 - [자료 1]에서 산과 산맥의 위치 찾아보기 활동 2 강 흐름의 특징 알아보기 - [자료 2]에서 강의 위치 찾고 흐름 알아보기
정리	• ㉡증거를 통해 결론 내리기

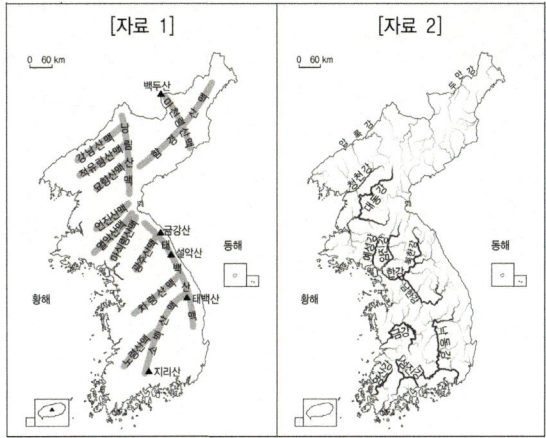

1) (가)의 ㉠을 참고하여, 다음이 설명하는 개념을 쓰시오. [1점]

> ○ 어떤 집단이나 공동체에서 오랜 세월에 걸쳐 이어져 내려온, 보전하고 발전시킬 만한 가치를 인정받은 문화이다.
> ○ 과거와 현재를 이어 주면서 공동체 의식을 느낄 수 있도록 하는 역할을 한다.

• _____

2) 2009 개정 사회과 교육과정의 목표에 비추어, (가)에 비해 (나)에서 중점적으로 기르고자 하는 기능이 무엇인지 1가지 쓰시오. [1점]

• _____

3) (나)의 [자료 1], [자료 2]에 나타난 지형의 특성과 방위를 반영하여 ㉡을 한 문장으로 쓰시오. [2점]

• _____

2017-01 초등 유사

(가)와 (나)는 사회과 교수·학습 과정안이다. 물음에 답하시오. [4점]

(가)

수업 목표	우리 문화를 세계에 알리는 홍보물을 만들고, 세계 문화 발전에 기여하는 자세를 지닐 수 있다.
도입	• ㉠판소리, 아리랑, 봉산탈춤, 한글 등의 사진 살펴보기 • 학습 문제 확인하기
전개	• 학습 활동 안내하기 [활동 1] 우리 문화에 대하여 이야기하기 – 우리 문화의 독창성 이야기하기 – 자랑하고 싶은 우리 문화 찾아보기 [활동 2] 세계에 우리 문화를 알리기 위한 홍보물 만들기 – 외국인에게 자랑하고 싶은 우리 문화 정하기 – 모둠별로 다양한 홍보물 만들기 [활동 3] 홍보물 발표하기 – 모둠별로 만든 홍보물 발표하기 – 홍보물 제작·발표를 통해 느낀 점 나누기
정리	• 세계 문화 발전에 기여하려는 자세 지니기 • 우리 문화에 관심을 가지고 문화를 계승·발전시키기 위한 마음 다지기

(나)

수업 목표	우리나라의 지형도에서 평야가 주로 어디에 발달해 있는지 조사하고 그 까닭을 설명할 수 있다.

도입	• 탐구 문제 파악하기
	 – 지형도에서 평야의 위치 찾아보기
	  ▶주로 서쪽과 남쪽에 발달해 있음.
	 – 평야의 속성 알아보기
	  ▶넓고 평평한 땅으로서, 주로 강의 하류에 나타남.

전개	• 가설 설정하기 • 탐색하기 • 정보 수집 및 분석하기 [활동 1] 산지 분포의 특징 알아보기 – [자료 1]에서 산과 산맥의 위치 찾아보기 [활동 2] 강 흐름의 특징 알아보기 – [자료 2]에서 강의 위치 찾고 흐름 알아보기
정리	• ㉡증거를 통해 결론 내리기

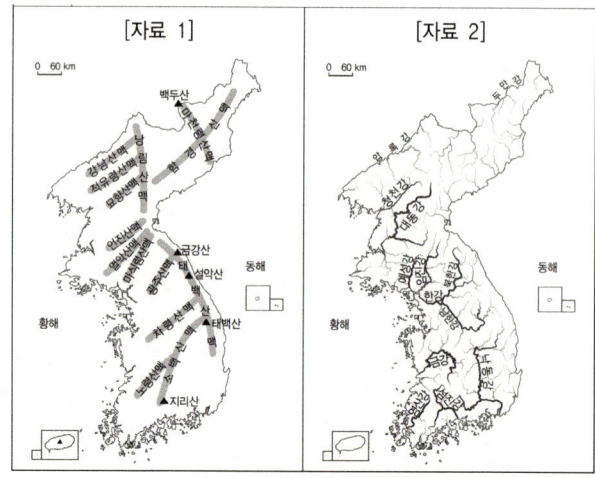

1) (가)의 ㉠을 참고하여 다음이 설명하는 개념을 쓰시오. [1점]

> – 우리 조상 대대로 내려온 문화 중에서 다음 세대에 물려줄 만한 가치를 지닌 것
> – 형태가 있는 것, 형태가 없는 것, 자료 등으로 구분됨

• _____

2) 바, 바스, 셔미스(Barr, Barth, Shemrmis)는 사회과의 교육을 유형화하여 세 가지의 전통이 존재함을 밝혀냈다. 그 중 (나)의 수업이 추구하는 전통은 어떤 측면인지 쓰시오. [1점]

• _____

3) (나)의 [자료 1], [자료 2]에 나타난 지형의 특성과 방위를 반영하여 ㉡을 한 문장으로 쓰시오. [2점]

• _____

2017-02 초등

다음은 6학년 '우리나라의 민주 정치' 단원에 대한 수업 협의회 내용의 일부이다. 물음에 답하시오. [5점]

> 지도 교사: 1차시에는 어떤 방법으로 수업할 계획인가요?
> 예비 교사: 교실 공간에서 벗어나 학생들이 정치를 실감 나게 경험하도록 하기 위해 ㉠국회 방문을 하려고 합니다.
> 지도 교사: 학교 밖에서 학생을 지도하기 위해서는 사전 준비와 지도가 필요합니다. 다른 예비 교사들과 협의하시기 바랍니다. 그러면 2차시 수업 내용은 무엇인가요?
> 예비 교사: 2차시에는 사례를 들어 법의 의미와 필요성을 도출할 계획입니다.
> 지도 교사: 법의 의미를 학습할 때, ㉡도덕과 비교하여 법이 지니는 특징을 학생들과 함께 토의하는 것이 좋습니다. 3차시 주제는 헌법의 의미와 내용인가요?
> 예비 교사: 네. 헌법은 우리나라 법 중에 가장 기본이 된다는 것을 지도할 계획입니다. 그리고 법률의 위헌 여부를 심판하고, 국가가 하는 일들이 국민의 기본권을 침해하는지 여부를 판정하는 기관인 (㉢)을/를 소개할 계획입니다.
> 지도 교사: 기본권에 대해서는 어떻게 가르칠 예정인가요?
> 예비 교사: 우리 헌법에서 보장하고 있는 ㉣기본권은 인간의 존엄과 가치 및 행복 추구권을 포함하여 6가지로 분류할 수 있습니다. 이해를 돕기 위해 학습지를 활용하려 합니다.
>
> **학습지** 다음 빈칸에 들어갈 알맞은 기본권을 쓰시오.
> (단, 인간의 존엄과 가치 및 행복 추구권은 제외함.)
>
> | 기본권 | 관련 헌법 조항의 예 |
> |---|---|
> | ㉤ | 제18조 모든 국민은 통신의 비밀을 침해받지 아니한다. |
> | ㉥ | 제27조 ① 모든 국민은 헌법과 법률이 정한 법관에 의하여 법률에 의한 재판을 받을 권리를 가진다. |
> | 사회권 | 제32조 ① 모든 국민은 근로의 권리를 가진다. |

1) 다음은 ㉠을 준비하는 두 예비 교사의 대화이다. ⓐ에 들어갈 수업 기법과 ⓑ에 들어갈 자료 수집 방법을 쓰시오. [1점]

> 예비 교사 A: 다음 주에는 (ⓐ)이/가 예정되어 있어.
> 예비 교사 B: (ⓐ)은/는 사회현상을 직접 보고 경험하면서 교과서 내용과 실제 상황을 연결한다는 점에서 의미 있는 학습 활동이지. 이번 국회 방문에서는 국회의원들이 어떤 일을 하는지 살펴보고, 국회에서 일하는 사람과 (ⓑ)을/를 통해 자료를 수집할 예정이야.
> 예비 교사 A: 그렇구나. (ⓑ)을/를 하기 위해서는 질문지 만들기, 녹음기와 카메라 등 자료 수집 도구 정하기, 시간 및 장소 예약하기 등 학생들과 함께 철저한 사전 준비를 해야 해.

• ⓐ: _____

• ⓑ: _____

2) 다음은 ㉡을 위한 자료이다. 이를 근거로 하여, ① 법과 도덕의 공통점과 ② 법의 특징을 쓰시오. [2점]

법의 사례	도덕의 사례
▹부모는 그 자녀에게 법률이 정하는 교육을 받게 해야 한다. ▹아동의 생명에 위해를 가한 자는 3년 이상의 징역에 처한다.	▹어른을 공경하는 마음을 가져야 한다. ▹형제간에 우애 있게 지내야 한다.

• ①: _____

• ②: _____

3) ㉢에 들어갈 국가 기관의 명칭을 쓰시오. [1점]

• _____

4) ㉣을 참고하여, 학습지의 ㉤, ㉥에 들어갈 기본권을 쓰시오. [1점]

• ㉤: _____

• ㉥: _____

2016-01 초등

(가)는 2009 개정 사회과 교육과정의 목표를 도식화한 것이고, (나)는 윤 교사가 ⓒ을 기르기 위해 구상한 4학년 사회 '경제생활과 바람직한 선택' 수업의 개요이다. 물음에 답하시오. [4점]

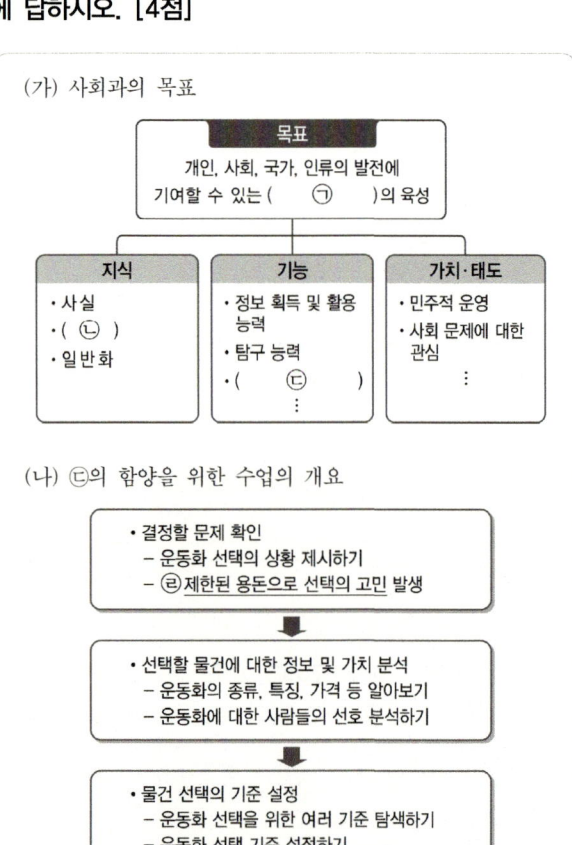

1) (가)의 ㉠에 들어갈 내용을 쓰고, (나)를 통해 중점적으로 기르고자 하는 기능 영역의 목표 ㉢을 쓰시오. [2점]

- ㉠ : _____
- ㉡ : _____

2) (나)의 ㉣이 발생하는 이유를 설명하는 경제 용어를 쓰시오. [1점]

- _____

3) 윤 교사는 다음 차시 수업을 위해 아래 자료를 만들었다. 이 자료를 활용하여 윤 교사가 달성하고자 하는 수업의 목표를 ㉡과 A를 포함하여 진술하시오. [1점]

(A)의 예	(A)의 예가 아닌 것
▷ 농부가 대규모 농사를 짓는 것	▷ 엄마가 시장에서 물건을 사는 것
▷ 제빵사가 빵을 만드는 것	▷ 학생이 주말에 자전거 타는 것
▷ 의사가 환자를 치료하는 것	▷ 가족들이 함께 공연 보는 것

- _____

2016-02 초등·초특 공통

(가)는 현행 3~6학년 사회 교과서 단원의 주제 중 일부를 제시한 것이고, (나)는 D단원의 지도 학습 관련 자료이다. 물음에 답하시오. [5점]

(가)

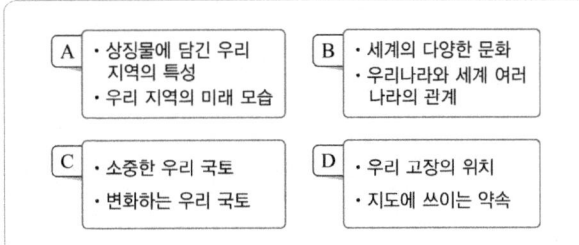

(나)

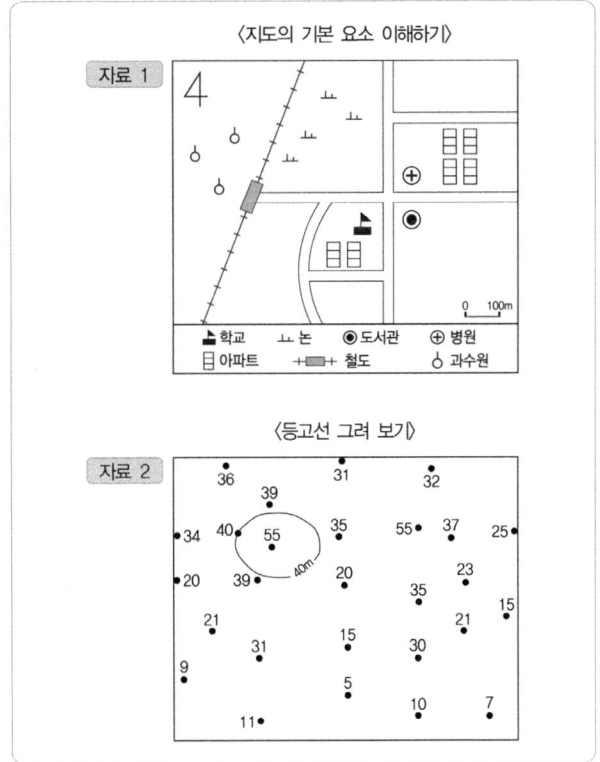

1) ① (가)의 A~D를 공간 규모에 따라 배열하고, ② 이러한 배열에 가장 부합하는 사회과 내용 조직의 원리를 쓰시오. [2점]

- ① : _____
- ② : _____

2) [자료 1]에서 확인되는 지도의 기본 요소 중 2가지만 쓰시오. [1점]

・_____

3) [자료 2]에서 20m 등고선을 그릴 경우, 그 모습에 가장 가까운 영어 알파벳을 쓰시오. [1점]

・_____

4) (나)와 다음 글을 참고하여 ㉠을 쓰시오. [1점]

(㉠)은/는 '언어나 숫자로 전달할 수 없는 공간적인 정보와 아이디어를 다루는 의사소통 능력'(Balchin, 1972)으로서 문해력, 구두 표현력, 수리력과 함께 인간의 4대 의사소통 방식 중 하나이다. 이와 관련하여 [자료 1]은 공간적인 정보를 해석할 수 있는 능력, [자료 2]는 공간적인 정보를 변환 혹은 표현할 수 있는 능력을 기르는 데 초점을 두고 있다. 지도 학습은 (㉠)을/를 기르는 데 중추적인 역할을 한다.

・_____

2015-01 초등

(가)는 사회과의 본질에 대한 세 가지 유형을 비교한 것이고, (나)는 사회과 수업 계획안에 대한 두 교사의 대화이다. 물음에 답하시오. [5점]

(가)

구분	Ⅰ	Ⅱ	Ⅲ
목표	합리적 의사결정자	애국심 강한 시민	꼬마 사회과학자
내용	학생의 필요와 흥미를 반영한 사회문제	사회 유지에 필요한 핵심적인 지식과 가치	㉠

(나)

송 교사: 임 선생님, '가족'을 주제로 한 이번 수업은 어떻게 계획하셨나요?

임 교사: 이번 수업에서는 (가)의 Ⅲ에 따라, 가족 형태와 관련된 가설을 설정한 다음, 자료를 분석하여 가설을 검증하고 결론을 도출할 예정입니다. [그림 1]과 [그림 2]가 이번 수업에서 제가 활용할 자료입니다.

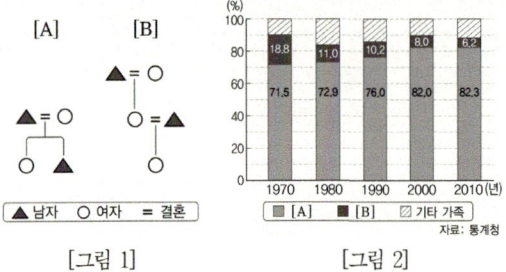

[그림 1]   [그림 2]

송 교사: 그렇다면, 이번 수업의 학습 주제는 (㉡)이겠군요.

주제	학습 주제
현대 사회의 가족	○ (㉡) ○ 바람직한 가족 구성원의 역할 알기 ○ 가족 문제 해결하기

임 교사: 네, 그렇습니다.

송 교사: 양성평등에 관한 다음 수업 계획도 생각해 보셨나요?

임 교사: 다음 수업에서는 ㉢<u>사회적으로 의견이 대립되고 정답이 분명하지 않아 해결이 쉽지 않으며 사회 구성원 다수에게 영향을 미치는 문제</u>를 선정하여 수업하려고 합니다. 군가산점제의 재도입과 같은 문제가 그 예입니다. 그래서 이런 문제를 다루는 데 적합한 수업 모형을 고민하고 있습니다.

송 교사: 올리버(D. Oliver)와 쉐이버(J. Shaver)는 용어 정의, 사실 및 (㉣)에 관한 의견의 불일치로 인해 ㉢과 같은 문제들이 발생한다고 보았습니다. 이런 점에서 그들이 개발한 법리 모형을 적용해 보면 어떨까요?

임 교사: 좋은 제안 감사합니다.

1) (가)의 ㉠에 적합한 내용을 쓰시오. [1점]

2) 가족 형태를 나타낸 [그림 1]을 보고, [A], [B]에 해당하는 용어를 사용하여 [그림 2]에 나타난 [A], [B]의 변화 경향을 비교하시오. [1점]

3) ㉡에 적합한 학습 주제를 쓰시오. [1점]

4) ㉢에 해당하는 개념과 ㉣에 들어갈 말을 쓰시오. [2점]

• ㉢ :
• ㉣ :

2015-02 초등

(가)는 사회과 평가 문항의 예시이고, (나)는 이에 대한 교사와 예비교사의 대화이다. 물음에 답하시오. [4점]

(가)

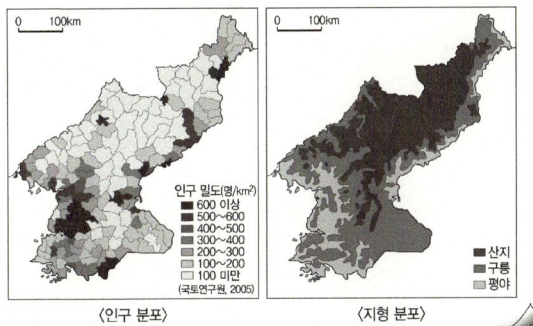

(나)

교 사 : 사회과 평가 문항들을 살펴보고 평가 요소, 수업에 주는 시사점 및 채점 기준에 대해 이야기를 나눠봅시다.

예비 교사 A : 〈예시 1〉과 〈예시 2〉는 사회과 평가 영역 중에서 지식 영역을 측정하는 문항입니다. 특히 〈예시 1〉은 (㉠)의 습득 여부를 〈예시 2〉는 개념의 이해 정도를 측정합니다.

예비 교사 B : 〈예시 2〉를 통해 학생들이 ㉡오개념을 파악할 수 있고, 이를 수업에 반영할 수 있습니다.

예비 교사 C : 〈예시 3〉은 자료 분석 능력을 평가하는 데 유용합니다. 그런데 학생들의 반응이 다양하여 ㉢채점의 어려움이 있습니다.

1) ㉠에 들어갈 평가 요소를 쓰시오. [1점]

・ _____

2) ㉡에 해당하는 것 2가지를 〈예시 2〉의 〈보기〉에서 찾아 기호를 쓰고 그 내용을 바르게 고치시오. [2점]

・ _____

・ _____

3) ㉢을 해결하기 위해 채점 기준표를 작성하였다. 〈예시 3〉 문항과 학생 답안의 채점 결과를 참고하여, 채점 기준의 [A]를 작성하시오. [1점]

수준	상	중	하
채점 기준	인구 분포와 지형 분포의 특징 둘 다를 기술하고, 두 현상 간의 관계를 설명한 경우	[A]	두 현상 간의 관계에 대한 설명 없이, 인구 분포나 지형 분포의 특징 중 하나만 기술한 경우
학생 답안	인구는 남서쪽에 많이 분포한다. 높은 산지는 북동쪽에 많다.	채점 결과	중

・ _____

2014-01 초등

다음은 5학년 '조선 사회의 새로운 움직임' 단원의 수업 계획에 대한 두 교사의 대화 내용이다. 물음에 답하시오. [3점]

박 교사: 저는 '정조 시기의 사회와 문화'라는 주제로 수업을 하려고 해요. 이 주제에서 수원 화성에 대해 다룰 예정인데, 이때 정조가 수원에 화성을 건설한 동기와 과정을 이야기로 들려주려고 해요. 정조가 아버지인 사도세자에 대한 효심으로 수원에 화성을 건설하게 되었다는 이야기를 기승전결의 구조로 제시하는 거죠.

김 교사: 역사 이야기를 실감나게 들려주면 학생들의 흥미를 높이는 데 도움이 될 것 같아요. ㉠하지만 학생들이 정조가 사도세자에 대한 효심만으로 수원 화성을 건설했다고 생각하게 되는 문제가 있지 않을까요?

박 교사: 김 선생님께서 방금 말씀하신 ㉠을 보완하기 위해 왕권 강화와 같은 정조의 다른 의도를 생각해 볼 수 있도록 (㉡)

김 교사: 좋은 지도 방안이네요. 저는 이 단원에서 (㉢)을(를) 주제로 수업할 계획인데, 〈자료 1〉과 〈자료 2〉를 제시하고 이와 관련된 탐구 문제를 학생들이 스스로 파악해 볼 수 있게 하려고 합니다.

박 교사: 그 주제에서 정조가 서얼 차별 문제를 해결하려고 했던 것에 대해서도 다루실 건가요?

김 교사: 네.

박 교사: 그렇다면 (㉣)이(가) 쓴 소설 (㉤)을(를) 활용하면 어떨까요? 서얼이라서 차별받았던 주인공이 자신의 신세를 한탄한 부분을 제시하면 좋을 것 같아요. 소설의 마지막 부분을 보면 주인공이 율도국의 왕이 되었죠.

김 교사: 그런데 그 소설의 저자에 대한 논란이 있더군요. (㉣)이(가) 자신이 저자라고 직접 밝힌 적이 없기 때문이죠. 그렇지만 많은 학자들은 소설 속의 사상이 그의 사상과 거의 일치한다는 점과 이식(1584~1647)이 그 소설에 대해 기록한 내용을 볼 때 논란의 여지가 없다고 주장해요. [A]

(중략)

〈자료 1〉	〈자료 2〉
경상도 울산, 경주에서 백성들이 왜적을 맞아 목숨을 바쳐 싸우고 있습니다. … 경주, 울산 등에서 왜적과 싸운 사람들에게는 10년간 세금을 면제해 주고 공명첩을 주어야 할 것입니다. 〈선조실록〉(선조 27년, 1594년)	흉년이 들어서 … 공명첩 2만 장을 만들어 전국에 나누어 보내어 팔도록 하였다. 〈숙종실록〉(숙종 16년, 1690년)

1) 박 교사가 계획한 수업에서, ㉡에 들어갈 적절한 지도 방안을 서술하시오. [1점]

2) [A] 부분에 비추어 ㉢에 들어갈 수업 주제를 쓰시오. [1점]

3) ㉣에 공통으로 들어갈 저자의 이름과 ㉤에 들어갈 소설 이름을 각각 쓰시오. [1점]

- ㉣ : _____
- ㉤ : _____

2014-01 초등 유사

다음은 5학년 '사회의 새로운 변화와 오늘날의 우리' 단원의 수업 계획에 대한 두 교사의 대화 내용이다. 물음에 답하시오. [3점]

박 교사: 저는 '정조 시기의 사회와 문화'라는 주제로 수업을 하려고 해요. 이 주제에서 수원 화성에 대해 다룰 예정인데, 이때 정조가 수원에 화성을 건설한 동기와 과정을 이야기로 들려주려고 해요. 정조가 아버지인 사도세자에 대한 효심으로 수원에 화성을 건설하게 되었다는 이야기를 기승전결의 구조로 제시하는 거죠.

김 교사: 역사 이야기를 실감나게 들려주면 학생들의 흥미를 높이는 데 도움이 될 것 같아요. ㉠하지만 학생들이 정조가 사도세자에 대한 효심만으로 수원 화성을 건설했다고 생각하게 되는 문제가 있지 않을까요?

박 교사: 김 선생님께서 방금 말씀하신 ㉠을 보완하기 위해 왕권 강화와 같은 정조의 다른 의도를 생각해 볼 수 있도록 (㉡)

김 교사: 좋은 지도 방안이네요. 저는 이 단원에서 (㉢)을(를) 주제로 수업할 계획인데, 〈자료 1〉에 대한 자료를 제시하고 이와 관련된 탐구 문제를 학생들이 스스로 파악해 볼 수 있게 하려고 합니다.

박 교사: 그 시대의 사람들의 생활 모습을 가르치는 데 좋은 주제네요.

김 교사: 맞아요.

박 교사: 그렇다면 (㉣)이(가) 쓴 소설 (㉤)도 활용하면 어떨까요? 최초의 한글 소설이기도 하고 그 당시 사람들의 생각과 감정이 잘 드러나 있는 소설이니까요. 소설의 마지막 부분을 보면 주인공이 율도국의 왕이 되었죠.

김 교사: 그런데 그 소설의 저자에 대한 논란이 있더군요. (㉣)이(가) 자신이 저자라고 직접 밝힌 적이 없기 때문이죠. 그렇지만 많은 학자들은 소설 속의 사상이 그의 사상과 거의 일치한다는 점과 이식(1584~1647)이 그 소설에 대해 기록한 내용을 볼 때 논란의 여지가 없다고 주장해요. [A]

〈자료 1〉

1) 박 교사가 계획한 수업에서, ㉡에 들어갈 적절한 지도 방안을 서술하시오. [1점]

·_____

2) [A] 부분에 비추어 ㉢에 들어갈 수업 주제를 쓰시오. [1점]

·_____

3) ㉣에 공통으로 들어갈 저자의 이름과 ㉤에 들어갈 소설 이름을 각각 쓰시오. [1점]

· ㉣: _____

· ㉤: _____

2014-02 초등·초특 공통

(가)는 사회과 교육과정 중 3~4학년의 '영역 및 학습 내용 성취 기준'의 일부이고, 주요 용어에 대한 해설이다. (나)는 '사회 변화와 우리 생활' 단원의 한 주제를 지도하기 위한 수업 계획안이다. 물음에 답하시오. [6점]

(가)

〈영역 및 학습 내용 성취 기준〉

(1) 우리가 살아가는 곳
 이 단원은 우리가 살고 있는 지역의 위치, 지역적 특성, 그리고 그 이용 모습을 살펴보고, 우리 지역의 자연환경과 생활과의 관계를 파악하며 …(중략)… 또한 지도의 요소를 알고 그것을 통해 우리 지역의 모습을 지도로 나타낼 수 있도록 한다.
 (이하 생략)

〈주요 용어 해설〉

▷ 자연환경
 자연환경은 인간의 힘이 가해지지 않은 자연 그대로의 환경을 말한다. 여기에는 땅의 모양으로서 산지, 평야, 분지, 하천 등을 포함하는 (㉠), 어느 지역에서 오랜 기간에 걸쳐 나타나는 지속적이고 평균적인 대기 상태를 의미하는 (㉡), 그리고 토양, 식생 등이 있다.

▷ 지도
 지도는 지표의 일부 또는 전체를 간소화하여 평면에 표현한 것이다. 지도의 요소에는 한 지점을 기준으로 삼아 어떤 쪽의 위치를 나타내는 (㉢), 지표면의 자연적·인문적 요소를 지도에 표현하는 약속인 (㉣), 그리고 축척, 등고선 등이 있다.

(나)

단 계	교수·학습 활동
문제 제기	ㅇ 소수자의 의미가 무엇인지 알아본다.
A	ㅇ (㉤)
B	ㅇ (㉥)
속성 검토 및 개념 정의	ㅇ 소수자의 속성이나 특성을 제시한다. ㅇ 소수자의 개념을 정의한다.
개념 분석 또는 이해도 검증	ㅇ 소수자와 유사하거나 혼동될 수 있는 관련 개념들을 검토한다.
관련 현상 또는 문제 검토	ㅇ 최근 증가한 북한 이탈 주민이 소수자로서 겪는 문제를 검토한다. 예를 들어, ⓐ 북한 출신이라는 이유로 취업이나 승진 등에서 차별받은 사례를 검토한다.

1) (가)의 ㉠~㉣에 들어갈 용어를 각각 쓰시오. [2점]

 · 자연환경 : ㉠ _____, ㉡ _____

 · 지도의 요소 : ㉢ _____, ㉣ _____

2) (나)에 활용된 개념 학습의 수업 모형을 쓰시오. [1점]

 · _____

3) A, B 단계의 ㉤과 ㉥에 들어갈 핵심적인 교수·학습 활동을 각각 서술하시오. [2점]

 · ㉤ : _____

 · ㉥ : _____

4) ⓐ에서 북한 이탈 주민이 침해당한 헌법상 국민의 기본적 권리의 명칭을 쓰시오. [1점]

 · _____

2014-02 초등·초특 공통 유사

(가)는 사회과 교육과정 중 '3~4학년'의 '내용 체계표'의 일부이다. (나)는 '사회 변화와 문화의 다양성' 단원의 한 주제를 지도하기 위한 수업 계획안이다. 물음에 답하시오. [6점]

(가)

영역	핵심 개념	내용 요소
지리 인식	(㉠)	▷ 지도의 기본 요소 (㉡, 기호와 범례, 줄인자, 땅의 높낮이 표현)

(나)

단 계	교수·학습 활동
문제 제기	○ 소수자의 의미가 무엇인지 알아본다.
A	○ (㉢)
B	○ (㉣)
속성 검토 및 개념 정의	○ 소수자의 속성이나 특성을 제시한다. ○ 소수자의 개념을 정의한다.
개념 분석 또는 이해도 검증	○ 소수자와 유사하거나 혼동될 수 있는 관련 개념들을 검토한다.
관련 형상 또는 문제 검토	○ 최근 증가한 북한 이탈 주민이 소수자로서 겪는 문제를 검토한다. 예를 들어, ㉤ 북한 출신이라는 이유로 취업이나 승진 등에서 차별받은 사례를 검토한다.

1) (가)의 ㉠, ㉡에 들어갈 용어를 각각 쓰시오. [2점]

- ㉠ : _____
- ㉡ : _____

2) (나)에 활용된 개념 학습의 수업 모형을 쓰시오. [1점]

- _____

3) A, B 단계의 ㉢과 ㉣에 들어갈 핵심적인 교수·학습 활동을 각각 서술하시오. [2점]

- ㉢ : _____
- ㉣ : _____

4) ㉤에서 북한 이탈 주민이 침해당한 헌법상 국민의 기본적 권리의 명칭을 쓰시오. [1점]

- _____

2013-01 초등

다음은 사회과 교육의 성격에 대한 세 교사의 관점을 나타낸 것이다. 물음에 답하시오. [5점]

- 김 교사는 널리 수용되는 관습과 가치 전수가 사회과 교육에서 중요하다고 생각하고 있으며, 수업 시간에 애국심이나 공동체 의식과 관련된 단원을 가르칠 때, 나라를 위해 헌신한 인물의 일대기나 교훈적인 사례를 강조하여 설명한다.
- 최 교사는 듀이(J. Dewey)가 강조한 ㉠<u>일상의 문제 상황을 현실적으로 파악하고 논리적·경험적으로 증명할 수 있는 증거에 의해 이를 해결하는 사고력</u>을 함양하는 것을 사회과의 목적이라고 생각하고 있으며, 수업 시간에 일상생활의 쟁점이나 문제 상황을 인식하고, 이와 관련된 사실 문제와 가치 문제를 분석하는 학습 활동을 중요시한다.
- 박 교사는 사회과 교육에 적합하다고 판단되는 개념이나 원리 등을 다양한 학문 영역에서 선택하여 심화시키면서 반복하여 가르치는 것이 중요하다고 생각하고 있으며, 수업 시간에 ㉡<u>사회과학자들에 의해 이미 타당성이 입증된 구조화된 사회과학적 지식</u>을 학습자 수준에서 체계적으로 탐구하도록 안내한다.

1) 김 교사가 강조하는 사회과 교육의 모형(전통)을 쓰시오. [1점]

· _____

2) 최 교사의 관점에서 볼 때, 김 교사가 강조하는 사회과 교육 모형(전통)의 문제점을 '학습자관'의 측면에서 1가지 제시하고, ㉠이 의미하는 '사고력'이 무엇인지 쓰시오. [2점]

· _____

· ㉠ : _____

3) 박 교사가 강조하는 사회과 교육 모형(전통)의 관점에 부합하는 사회과 교육과정의 '내용 조직 원리'를 쓰고, ㉡에 설명된 지식의 성격에 대하여 최 교사의 관점에서 제기할 수 있는 문제점을 쓰시오. [2점]

· 내용 조직 원리 : _____

· 문제점 : _____

2013-02 초등

다음은 '세계 여러 지역의 전통 가옥과 기후의 관계'를 주제로 한 수업 과정을 간략히 나타낸 것이다. 물음에 답하시오. [4점]

단계	교수·학습 활동
문제 제기	교사 : (세계 여러 지역의 전통 가옥의 모습을 나타내는 사진을 보여주면서) 세계 전통 가옥의 모습은 왜 이렇게 다양할까요?
㉠	학생 : (다양한 대답을 한다.) 교사 : 여러분의 답변을 정리하면, '세계의 전통 가옥은 기후의 영향을 많이 받아 다양한 모습으로 나타난다.'는 것입니다.
탐색	교사 : (㉡)
입증	교사 : 조사한 결과를 정리해 봅시다. 학생 : 건조한 지역에는 흙벽돌집, 눈과 비가 많은 곳에는 지붕의 경사가 급한 집, 북극권에는 이글루 등이 나타납니다. (중략) 교사 : 그렇다면, 세계 여러 지역의 전통 가옥의 모습에 영향을 미치는 중요한 기후 요소 두 가지는 무엇일까요? 학생 : (㉢)와(과) (㉣)입니다. 교사 : 이제, 그 조사 결과가 정확한지, 또 우리가 제기한 문제에 대한 대답으로 적합한지 생각해 봅시다. 학생 : (수집한 자료를 분석하고 평가한다.)
일반화	교사 : 우리가 처음에 제기한 질문에 대답해 볼까요? 학생 : 세계의 전통 가옥의 모습은 그 지역의 기후로부터 많은 영향을 받습니다.

1) 이 수업에 적용된 수업 모형과 ㉠ 단계의 명칭을 쓰시오. [2점]

· 수업 모형 : _____

· ㉠ 단계의 명칭 : _____

2) '탐색' 단계에서 학생들의 활동 내용과 방향을 안내하기에 적합한 교사의 핵심 발문 ㉡을 쓰시오. [1점]

· _____

3) ㉢과 ㉣에 알맞은 용어를 쓰시오. [1점]

· ㉢ : _____

· ㉣ : _____

도덕과 기출의 특성

많은 수험생이 싫어하는 과목 중 하나인 도덕은 참 암기할 것이 많습니다. 특히, 단계명이 비슷한 온갖 수업 모형은 매년 수험생을 괴롭히죠. 하지만 최근 10년 중 무려 8개년에서 수업 모형을 묻는 문제가 출제된 만큼 절대 놓쳐서는 안 되는 내용이기도 합니다. 저는 과목별 수업 모형은 따로 링카드를 만들어서 들고 다녔는데, 도덕과 모형은 아예 A4 한 장에 정리하고 코팅해서 들고 다녔어요. 한동안 아침마다 매일 보고, 틈틈이 다시 점검했더니 모형 단계는 물론 각 모형과 관련된 이론, 각 단계의 특징과 어울리는 활동까지 완전히 외워지더라고요. 자주 보면 결국 외워지게 될 거니 조금 더 힘을 내서 도전해 보세요. 최근 기출에서는 단순 암기로 푸는 모형 문제는 출제 빈도가 떨어지고 있으니 토씨 하나 틀리지 않고 외우겠다는 부담은 버리고, 각 모형과 연계된 이론, 수업 활동을 연결하는 방식으로 공부하시는 것을 추천합니다.

모형 문제는 누구나 출제 사실을 예상하고 시험장에서 대응할 수 있지만, 최근 수험생을 괴롭히는 것은 학자들의 이론에 대해 파고드는 문제들이 아닐까 생각합니다. 학자들의 이론이 잘 이해되지 않는다고 해서 그냥 통으로 외우기보다는 텍스트를 꼼꼼하게 읽고 완전히 이해하는 것이 필요합니다. 맹자의 사단과 같은 핵심 용어를 정확히 적도록 요구하는 문제를 넘어, 학자들의 이론을 바탕으로 새로운 상황에 적용하도록 하는 문제까지 출제되고 있으므로 고득점을 위해서는 더 깊이 있는 공부가 필요합니다.

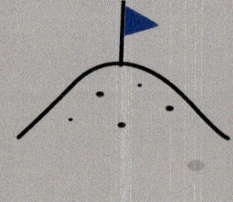

도덕 기출분석표

*색 표시는 초등 출제입니다.

영역		2013	2014	2015	2016	2017	2018	2019	2020	2021	2022	2023
교육과정	핵심 역량								도덕과 핵심역량			
교육과정	내용 체계	가치·덕목	가치·덕목	영역명		영역명, 가치·덕목	주제		가치·덕목(핵심 가치)			
교육과정	성취 기준											
교육과정	교수·학습 방법											
교육과정	평가	평가					평가 방법					
지도서총론 및 교과교육론	수업 모형	콜버그의 도덕적 토론 수업 모형	개념 분석 수업 모형, 가치 갈등 해결 수업 모형	가치판단형 수업 절차의 도덕적 추론 방법, 학습 목표 제시	가치 분석 수업 모형, 가치 갈등 해결 수업 모형	역할놀이 수업 모형	도덕 이야기 수업 모형	가치 판단 중심의 수업 과정·절차		콜버그의 도덕적 토론 수업 모형	6수업과정·절차(실습실연행), 가치분석수업모형(가치원리검사)	도덕적 토론 수업 모형, 가치 명료화 수업 모형
지도서총론 및 교과교육론	학자	콜버그의 도덕성 발달 단계			콜버그의 도덕성 발달 단계, 칸트의 정언명령	피아제의 도덕성 발달 이론, 프로이트의 정신분석학적 도덕심리학	반두라의 사회학습 이론	아리스토텔레스의 행복론		유가(군자, 소인)	맹자의 성선론	덕목 보따리
지도서총론 및 교과교육론	일반 이론	도덕 사회화론·발달론		가치 관계 확대법								
기타									자율형 단원(교과 편찬 방향)	도덕과 학습지도의 기본원리(통합성)		

도덕

2023 초등

(가)는 3학년 '함께 지키는 행복한 세상' 단원의 3차시를 지도하기 위하여 예비 교사가 구상한 안이고, (나)는 예비 교사와 지도 교수가 나눈 대화이다. 물음에 답하시오. [4점]

(가)

지도 중점	공익과 사익이 부딪치는 상황에서 바르게 판단하기	
구분	A안	B안
주요 절차 및 내용	○문제 사태 제시하기 강아지와 산책을 나간 지호는 목줄을 불편해하는 강아지가 불쌍하고 강아지에게 이리저리 끌려다니는 자신 또한 불편하였다. 엄마는 밖에서 강아지의 목줄을 풀지 말라고 하셨지만, 오가는 사람도 별로 없어서 지호는 목줄을 풀어 줄지 고민이다. ○도덕적 토론 도입하기 – 도덕적 문제 부각하기, '왜'라는 질문하기, (㉠) 등 ○도덕적 토론 심화하기 ○실천 동기 강화하기	○문제 사태 제시하기 ○가치 선택하기 ○선택한 가치에 긍지 갖기 ○선택한 바대로 행동하기

(나)

예비 교사 : 이번 차시의 지도 중점을 고려하여 'A안'과 'B안'으로 구상해 보았습니다. 지도 교수 : 전체적으로 볼 때 두 안은 중요한 공통점을 지니고 있습니다. 전통적 도덕교육에서 강조되어 온 직접적인 가치 교육의 방법과는 달리, 두 안은 간접적인 가치 교육의 방법을 취하고 있습니다.

예비 교사 : 직접적인 가치교육의 방법에는 도덕적 인물의 삶을 본받을 수 있도록 하는 모델링 접근과 덕목들을 한데 모아 전달하는 (㉡) 접근 등이 있는데, 저는 이러한 접근들이 도덕적으로 사고하고 판단하는 활동에 초점을 두는 데 적합하지 않다고 생각했습니다. 그래서 도덕적 사고 판단력을 기르는 데 적합한 'A안'과 'B안'으로 구상한 것입니다.

지도 교수 : 그런데 두 안은 공통점뿐만 아니라 중요한 차이점이 있습니다. 'A안'에서는 가치 판단의 위계적 통합에 따른 도덕성 발달 계열의 보편성을 염두에 두고 있습니다. 하지만 'B안'에서는 가치들 간의 위계성이 중요하게 고려되지 않고 개인의 경험과 생각에 따른 가치의 선택을 중요시하기 때문에 (㉢)을/를 조장할 우려가 있습니다. <u>(㉢)은/는 절대적이고 보편적인 도덕 원리가 존재하지 않으며, 도덕적 가치가 개인과 공동체 그리고 시대와 장소에 따라 상이하다고 보는 관점입니다.</u>

1) 다음 대화를 참고하여 ① (가)의 ㉠에 들어갈 활동을 쓰고, ② 밑줄 친 발언을 통해 교사가 학생에게 방지하고자 하는 것이 무엇인지 쓰시오. [2점]

- ① : _____
- ② : _____

2) (나)와 다음 글의 ㉡에 공통으로 들어갈 용어를 쓰시오. [1점]

> 플라톤의 대화편 『메논』에서 덕의 종류를 열거하여 말한 메논의 대답에 이어, 소크라테스는 자신이 찾고 있는 것은 하나의 덕인데, 메논은 (㉡)을/를 늘어놓고 있다는 반응을 보인다. (㉡)은/는 'A안'의 이론적 토대를 구축한 학자가 전통적 도덕교육의 효과를 부정하면서 사용한 표현이기도 하다.

- _____

3) (나)의 ㉢에 공통으로 들어갈 용어를 쓰시오. [1점]

- _____

2022 초등

(가)는 4학년 '공손하고 다정하게' 단원을 지도하기 위하여 예비교사가 작성한 차시별 수업 계획이고, (나)는 예비교사와 지도 교수가 나눈 대화이다. 물음에 답하시오. [4점]

(가)

차시	주제	주요 교수·학습 활동
1	예절은 중요해요	◦ 예절의 의미와 중요성을 알기 ◦ 대상과 상황에 따른 예절을 알기
2	일상생활에서 예절을 지켜요	◦ 대상과 상황에 알맞은 행동을 직접 실행하면서 몸에 익히기
3	예절 바른 생활을 위해 지혜롭게 생각해요	◦ 예절과 관련한 가치 문제를 확인하기 ◦ 자기 입장을 설정하고 사실적 타당성을 탐색하기 ◦ 잠정적 가치를 결정하고 가치 원리를 검사하기
4	예절을 지키면 모두가 행복해요	◦ 예절 바른 마음을 존중하고 기꺼이 실천하려는 열정을 갖기

(나)

예비 교사 : 이 단원은 예절의 중요성을 이해하고 대상과 상황에 따른 예절이 다름을 탐구하여 이를 습관화하는데 지도의 중점이 있습니다. 각 차시별 주제의 성격을 고려하여 주요 교수·학습 활동을 구상했습니다.

지도 교수 : 차시별 주제와 주요 교수·학습 활동이 서로 관련되어 있고, 전체적으로 보아 이 단원의 내용 체제에 따라 활동을 짜임새 있게 구상했습니다. 세부적으로 살펴보면, 2차시에서는 도덕 행동에 지도의 중점을 두고 있는데 구체적으로 어떤 수업 방식을 적용할 계획인가요?

예비 교사 : 도덕과의 '6수업 과정·절차' 중 행동적 접근에 적합한 수업 방식이 2가지 있는데, 그중 (㉠) 중심의 수업 과정·절차를 적용하려고 합니다. '실천 체험형'과 달리, (㉠)형은 도덕적 행동을 직접적인 훈련을 통해 익히고, 가상의 상황을 설정하여 올바른 행동을 실제로 해보면서 익히는 특징을 지니고 있기 때문입니다.

지도 교수 : 3차시에서는 가치 분석 수업 모형을 적용하고 있네요. 특히 '가치 원리를 검사하기'는 예절과 관련한 문제 사태에서 가치 판단의 합리성과 보편화 가능성을 검토하는 데 도움을 제공하는 활동입니다. ㉡역할 교환 검사, ㉢보편적 결과 검사 등이 이에 해당하는데, 실제 수업에서 잘 구현하기 바랍니다.

예비 교사 : 그런데 4차시에서 예절을 도덕적 마음과 관련해서 지도하려고 하는데, 이를 뒷받침할 수 있는 이론을 동양윤리에서 찾을 수 있습니까?

지도 교수 : 맹자(孟子)의 심성론(心性論)이 대표적입니다. 그 심성론에 따르면, 인간의 본성은 인의예지(仁義禮智)이며, 이 본성은 '측은지심(惻隱之心)', '수오지심(羞惡之心)', '(㉣)', '시비지심(是非之心)'이라는 도덕적 마음으로 드러납니다. 그래서 인간 누구에게나 도덕적 마음을 기르는 공부가 중요합니다.

1) (나)의 ㉠에 공통으로 들어갈 용어를 쓰시오. [1점]

•_____

2) 다음 밑줄 친 내용을 적용하여 (나)의 ①㉡과 ②㉢에 해당하는 교사의 발문 전략을 서술하시오. [1점]

> [문제 상황] 전교 어린이회 회장인 범수는 회의 시각이 다가오는데도 참석하지 않는 윤지를 걱정하였다. 범수는 다급한 마음에 조용히 아침 독서 활동 중인 윤지 반의 교실 문을 노크 없이 벌컥 열고 큰 목소리로 윤지를 불렀다. 윤지 반 친구들은 모두 깜짝 놀라며 눈살을 찌푸렸다.
> [잠정적 가치 결정] 윤지 반 친구들에게 예절을 지키지 않더라도 윤지를 회의에 참석할 수 있도록 하는 것은 옳다.

• ① : _____

• ② : _____

3) (나)의 ㉣에 들어갈 용어를 한글로 쓰시오. [1점]

•_____

2021 초등

(가)는 3학년 '생명을 존중하는 우리' 단원을 지도하기 위하여 박 교사가 작성한 차시별 활동 중점 및 교수·학습 자료이고, (나)는 박 교사와 지도 교수가 나눈 대화이다. 물음에 답하시오. [4점]

(가)

차시	활동 중점	교수·학습 자료
1차시	지식 이해	○ '우체통의 새' 예화 ⓐ 어느 마을의 이장님이 우체통 속에 둥지를 튼 새를 위해 "우편물을 우체통 옆에 꽂아 주세요."라는 쪽지를 남겼다.
2차시	실습 실연	○ 생명 존중을 실천한 모범 사례 및 그와 반대되는 사례
3차시	가치 판단	○ 하인즈(Heinz) 이야기 ⓑ 유럽 어느 마을에 사는 하인즈의 부인이 암으로 죽어 가고 있었다. 그 부인을 살리는데는 오직 한 가지 약밖에 없었다. …(중략)… ⓒ 절망을 느낀 하인즈는 아내를 위해 약을 훔칠지 고민에 빠졌다.
4차시	가치 심화	○ 생명 지킴이 활동을 수행한 나의 실천 기록장

(나)

박 교사 : 이 단원의 지도 중점은 생명의 존엄성과 생명을 대하는 올바른 태도를 탐구하여 이를 생활 속에서 꾸준히 실천하도록 하는 데 있습니다. 도덕과의 기본형 단원에 따라 총 네 차시로 구성하여 활동 중점과 교수·학습 자료를 구상했는데, 이에 대해 어떻게 생각하시나요?

지도 교수 : 각 차시별로 활동 중점의 특징을 반영하여 교수·학습 자료를 잘 선정했습니다. 실제 이 단원의 수업 전체 과정에서는 ㉠생명의 소중함을 알고 애착을 가지며 실천하는, 인지와 정서와 행동의 세 측면을 조화롭게 형성하기 위한 노력이 중요합니다.

박 교사 : ⓐ에서 이장님의 마음을 학생들에게 어떻게 지도해야 하는지를 유가(儒家)의 사례에 근거하여 알고 싶습니다.

지도 교수 : 중국 선진 시대 제선왕의 사례를 제시할 수 있습니다. 제선왕이 죄 없이 사지로 끌려가는 소가 두려워 벌벌 떨고 있는 모습을 보고 놓아주라고 말한 적이 있었습니다. 이때의 제선왕의 마음은 불인(不忍)에 해당합니다. 유가에서는 이 마음을 기반으로 하여 '이로움'(利)에 밝은 (㉡)이/가 아니라 '의로움'(義)에 밝은 군자(君子)를 도덕적 인간상으로 여깁니다. 도덕적 측면에서 (㉡)와/과 군자를 구별함으로써 교육의 역할과 가능성을 긍정한 것입니다.

박 교사 : 3차시 수업에서는 콜버그(L. Kohlberg)의 도덕성 발달 이론을 반영한 토론식 수업에 적합한 이야기를 적용하려고 합니다.

지도 교수 : ⓑ와 ⓒ가 각각 갖추고 있는 상황 제시 조건은 무엇인가요?

박 교사 : (㉢)

1) (나)의 ㉠에 해당하는 도덕과 학습 지도의 기본 원리를 쓰시오. [1점]

·_____

2) (나)의 ㉡에 들어갈 말을 쓰시오. [1점]

·_____

3) (나)의 ㉢에 들어갈 내용 2가지를 서술하시오. [2점]

· ① : _____

· ② : _____

2020 초등

다음은 2015 개정 도덕과 교육과정과 교과서 구성에 대해 예비 교사와 지도 교수가 나눈 대화이다. 물음에 답하시오. [4점]

> 예비 교사 : 도덕과 교육과정의 '타인과의 관계' 영역에서는 타인과의 바람직한 관계 설정을 지향합니다. 이를 이해하는데 도움이 되는 이론에는 무엇이 있습니까?
>
> 지도 교수 : 대표적으로 길리건(C. Gilligan)의 이론을 들 수 있습니다. 이 학자는 상호 연계성의 인간관계를 중요시하였으며, 정의(justice)와 권리(right)의 도덕 외에 (㉠)와/과 (㉡)의 도덕이 존재한다고 보았습니다. 이를 바탕으로 정의 지향적 도덕성과 (㉠) 지향적 도덕성은 상호 보완적으로 접근되어야 함을 강조하였습니다.
>
> 예비 교사 : 초등학생들의 도덕성 함양을 위해 도덕과 교육과정에서 제시한 교과 역량은 무엇입니까?
>
> 지도 교수 : 6가지가 있습니다. 예를 들면, (㉢)은/는 도덕성을 전제로 자신 및 타인의 감정을 인식하고 보살펴 줄 수 있는 것이며, 이와 관련된 기능으로 '도덕적 민감성 갖기, 공감 능력 기르기, 다양성 수용하기'가 있습니다.
>
> 예비 교사 : 그렇다면 초등 도덕 교과서의 단원은 어떻게 구성되어 있습니까?
>
> 지도 교수 : 기본형 단원은 학년 당 6개로 구성되어 있습니다. 기본형 단원은 3~6학년 모두 동일한 체제와 구성 방식으로 되어 있어 구성의 통일성과 수업의 용이성 면에서는 장점을 지닙니다. 반면, 구성이 획일적이고 경직되어 있다는 것은 단점이라고 할 수 있습니다. 이러한 단점을 보완하기 위해 (㉣)에서는 기본형 단원의 획일화된 구성 방식에서 탈피하여 교사와 학생들이 스스로 함께 만들어 나가는 도덕 수업을 시도해 보도록 하고 있습니다.

1) ㉠과 ㉡에 각각 들어갈 용어를 2015 개정 도덕과 교육과정에 제시된 '핵심 가치' 중에서 쓰시오. [1점]

 • ㉠ : _____

 • ㉡ : _____

2) ㉢에 들어갈 내용을 2015 개정 교육과정에 제시된 용어로 쓰시오. [1점]

 • _____

3) ① ㉣에 들어갈 용어를 쓰고, ② 다음의 내용을 고려하여 기본형 단원과 비교한 ㉣의 특징을 1가지 쓰시오. [2점]

> 기본형 단원은 가치·덕목 중심이다. 여기서 가치·덕목 중심이란 2015 개정 도덕과 교육과정 초등 내용 체계표에 설정되어 있는 가치·덕목을 집중적으로 추구한다는 의미이다.

 • ① : _____

 • ② : _____

2019 초등

다음은 도덕과 교육의 이론과 수업 방안에 대해 예비 교사와 지도 교사가 나눈 대화이다. 물음에 답하시오. [4점]

예비 교사: 도덕과에서 중시하는 덕은 무엇이고, 그것이 어떻게 형성되는지에 대해 알고 싶습니다.

지도 교수: 덕이란 원래 '아레테(aretē)'에서 온 말로 인간을 포함한 모든 존재가 기능 면에서 탁월성을 발휘하는 상태를 의미합니다. (㉠)에 따르면, 덕은 지적 덕과 도덕적 덕으로 구분됩니다. 지적 덕은 주로 이성적 탐구 활동에 의해 형성됩니다. 지적 덕 중에서 도덕적 삶과 관련하여 옳고 좋은 것에 대해 숙고하고 탐구함으로써 형성될 수 있는 탁월한 마음의 상태를 실천적 지혜라고 합니다. 반면에 도덕적 덕은, 정의로운 행동을 함으로써 정의로워지며 절제하는 행동을 함으로써 절제하게 되는 것과 같이, 어린 시절부터 올바른 행동을 실천함으로써 형성되는 습관의 산물입니다.

예비 교사: 그런데 올바른 행동을 하는 데 있어서 욕구와 감정도 작용하지 않나요?

지도 교수: 좋은 질문입니다. 그래서 (㉠)은/는 ㉡중용을 선택하고 그에 따라 행동할 것을 강조하고 있습니다.

예비 교사: 네. 그렇다면 학생들에게 덕을 함양시키기 위해 구체적으로 어떻게 접근해야 하나요?

지도 교수: 다음 세 가지를 통합적으로 고려하여 접근할 것을 추천합니다. 첫째는 올바른 행동을 반복적으로 실천하게 하고, 둘째는 감정과 욕구를 적절히 다스리면서 올바른 정념을 갖추도록 하며, 셋째는 ㉢옳고 좋은 것을 잘 헤아려 바르게 선택하게 합니다.

1) ㉠에 공통으로 들어갈 학자가 '인간이 궁극적으로 추구하는 최고선'이라고 주장한 것을 쓰시오. [1점]

• _____

2) '쾌락' 대신 '두려움'을 ㉡에 적용하여 〈보기〉와 같은 형식으로 쓰시오. [2점]

〈보 기〉
쾌락이 과도할 경우에는 방탕하게 되고, 부족할 경우에는 무감각하게 된다. 쾌락에 관해서 중용은 절제이다.

• _____

3) 도덕과의 '6 수업 과정·절차' 중 ㉢과 '합리적 의사결정의 학습'을 주된 활동으로 하는 수업 과정·절차의 명칭을 쓰시오. [1점]

• _____

2018 초등

(가)는 2009 개정 도덕과 교육과정(교육과학기술부 고시 제2012-14호)에 의거하여 김 교사가 작성한 교수·학습 과정안의 일부이고, (나)는 김 교사와 지도 교수가 나눈 대화이다. 물음에 답하시오. [4점]

(가)

학습 목표	아름다운 삶의 실천 사례를 살펴보고 이를 본받으려는 마음을 다진다.

절차	교수·학습 활동
도입	◦ 아름다운 삶의 모습에 대한 호기심 유발하기 ◦ 학습 문제 확인하기
전개1	◦ 아름다운 삶의 감동적인 사례 제시하기 ◦ 감동적인 사례에 담긴 의미 파악하기
전개2	◦ (㉠) ◦ 아름다운 삶과 관련하여 유사한 상상의 이야기 구성하기
… (하략) …	

(나)

김 교사: 5학년 1단원 3차시의 학습 목표와 교과서에 제시된 내용의 성격을 고려하여 교수·학습 과정안을 작성했습니다.

지도 교수: 김 선생님은 아름다움의 의미를 탐구하는 1차시의 아름다움이 지닌 가치를 판단하는 2차시의 후속 활동으로, 3차시에서는 아름다운 삶의 사례를 살펴보고 본받을 수 있도록 교수·학습 과정안을 작성했군요.

김 교사: '전개 1'의 교수·학습 활동을 뒷받침하는 이론에는 어떤 것이 있습니까?

지도 교수: ㉡반두라(A. Bandura)의 사회 학습 이론이 대표적입니다.

김 교사: '전개 2'의 교수·학습 활동은 어떻습니까?

지도 교수: 도덕 이야기 수업 모형에서의 핵심 활동을 적용하였네요. 내러티브 접근에 따르면, ㉠의 활동은 ㉢가치 규범과 바람직한 삶의 문제에 관한 자기 연관성을 높여 가치의 내면화를 도모하는 데 효과적입니다.

김 교사: 그렇군요. 제가 작성한 교수·학습 과정안은 도덕적 심정의 함양을 목표로 하고 있는데, 어떤 평가 방법을 활용할 수 있습니까?

지도 교수: 여러 가지가 있지만, 학생의 내면의 움직임과 가치·태도의 양상을 파악하기 위해서는 학습 활동지에 자신의 생각이나 의견을 답하게 하는 (㉣)을/를 추천해요. 이 평가 방법의 유형에는 자유 반응형, 체크리스트형, 등위형 등이 있어요.

1) (가)와 (나)를 통해 추론할 수 있는, 2009 개정 도덕과 교육과정(교육과학기술부 고시 제2012-14호)의 내용 체계에 제시된 주제를 쓰시오. [1점]

· _____

2) ① ㉡에 근거하여 '전개 1'의 교수·학습 활동을 통해 달성하고자 하는 교육적 효과를 쓰고, ② ㉢을 고려하여 ㉠에 들어갈 활동을 쓰시오. [2점]

· ① : _____

· ② : _____

3) ㉣에 들어갈 평가 방법을 쓰시오. [1점]

· _____

2018 초등 유사

(가)는 2015 개정 도덕과 교육과정에 의거하여 김 교사가 작성한 교수·학습 과정안의 일부이고, (나)는 김 교사와 지도 교수가 나눈 대화이다. 물음에 답하시오. [4점]

(가)

학습 목표	아름답게 살아가는 사람들의 모습을 살펴보고 이를 본받으려는 마음을 다진다.

절차	교수·학습 활동
도입	◦ 아름답게 살아가는 사람들의 모습에 대한 호기심 유발하기 ◦ 학습 문제 확인하기
전개1	◦ 아름답게 살아가는 사람들의 감동적인 사례 제시하기 ◦ 감동적인 사례에 담긴 의미 파악하기
전개2	◦ (㉠) ◦ 아름답게 살아가는 사람들의 삶과 관련하여 유사한 상상의 이야기 구성하기
… (하략) …	

(나)

김 교사 : 4학년 1단원 3차시의 학습 목표와 교과서에 제시된 내용의 성격을 고려하여 교수·학습 과정안을 작성했습니다.

지도 교수 : 김 선생님은 아름다움의 의미를 탐구하는 1차시의 아름다움이 지닌 가치를 판단하는 2차시의 후속 활동으로, 3차시에서는 아름다운 삶의 사례를 살펴보고 본받을 수 있도록 교수·학습 과정안을 작성했군요.

김 교사 : '전개 1'의 교수·학습 활동을 뒷받침하는 이론에는 어떤 것이 있습니까?

지도 교수 : ㉡반두라(A. Bandura)의 사회 학습 이론이 대표적입니다.

김 교사 : '전개 2'의 교수·학습 활동은 어떻습니까?

지도 교수 : 도덕 이야기 수업 모형에서의 핵심 활동을 적용하였네요. 내러티브 접근에 따르면, ㉠의 활동은 ㉢가치 규범과 바람직한 삶의 문제에 관한 자기 연관성을 높여 가치의 내면화를 도모하는 데 효과적입니다.

김 교사 : 그렇군요. 제가 작성한 교수·학습 과정안은 도덕적 심정의 함양을 목표로 하고 있는데, 어떤 평가 방법을 활용할 수 있습니까?

지도 교수 : 여러 가지가 있지만, 학생의 내면의 움직임과 가치·태도의 양상을 파악하기 위해서는 학습 활동지에 자신의 생각이나 의견을 답하게 하는 (㉣)을/를 추천해요. 이 평가 방법의 유형에는 자유 반응형, 체크리스트형, 등위형 등이 있어요.

1) (가)와 (나)를 통해 추론할 수 있는, 2015 개정 도덕과 교육과정의 내용 체계에 제시된 가치·덕목을 쓰시오. [1점]

· _____

2) ① ㉡에 근거하여 '전개 1'의 교수·학습 활동을 통해 달성하고자 하는 교육적 효과를 쓰고, ② ㉢을 고려하여 ㉠에 들어갈 활동을 쓰시오. [2점]

· ① : _____

· ② : _____

3) ㉣에 들어갈 평가 방법을 쓰시오. [1점]

· _____

2017 초등·초특 공통

(가)는 교수와 학생이 나눈 대화의 일부이고, (나)는 도덕과 교수·학습 과정안의 일부이다. 물음에 답하시오. [4점]

(가)

학생: 도덕과 교육의 목표는 도덕성 함양이라고 알고 있는데요. 그럼, 도덕성은 구체적으로 무엇을 의미하나요?

교수: 도덕성은 '도덕을 행할 능력'을 의미하는데, 학자마다 조금씩 다르게 정의하고 있어요. 예를 들어, 피아제(J. Piaget)는 도덕적 판단 능력을 도덕성으로 보았어요. 피아제는 도덕성 발달을 크게 두 차원으로 설명하고 있어요. 즉, 도덕성 발달을 ㉠규칙을 절대시하고 도덕적 책임의 근거를 행위의 결과에서 찾으며 권위에 복종하는 도덕적 사고에서, ㉡규칙의 상대성을 인정하고 도덕적 책임의 근거를 행위자의 의도에서 찾으려는 도덕적 사고로의 이행으로 설명하고 있어요. 그리고 프로이트(S. Freud)는 원초아(Id)의 비합리적이고 충동적인 힘이 부모나 성인의 금지의 목소리에 의해 규제되는 내적 자제력인 초자아(Super Ego)를 도덕성의 주요 요인으로 보았어요. 프로이트는 초자아의 기능이 서로 구분되는 두 개의 부분, 즉 ㉢우리에게 하지 말아야 할 것을 일러 주고 그러한 요구를 어겼을 때 죄책감과 수치심을 가지게 하는 것과 도덕적 완성에 대한 열망과 도덕적 가치를 실현할 때 긍지와 자부심을 가지게 하는 것에 의해 수행되는 것으로 설명하고 있어요.

학생: 피아제의 관점이 도덕성의 인지적 측면에 초점을 두고 있다면, 프로이트의 관점은 도덕성의 정의적 측면에 초점을 두는 것으로 이해할 수 있겠네요. 그런데 도덕성의 요소에는 인지적, 정의적 측면 외에 또 무엇이 있나요?

교수: 행동적 측면이 있어요. 행동적 측면에는 실천 능력이나 습관 등이 포함되지요. 도덕과 수업은 도덕성의 세 측면에서 각각 접근할 수도 있지만 통합적으로 접근하는 것이 바람직해요.

학생: 그렇군요. 제가 이번에 맡은 모의 수업은 4학년 3단원 4차시인데요. 저는 특히 도덕성의 행동적 측면을 길러주기 위해 학생들에게 실천의 기회를 제공해 주고 싶어요. 그러면 수업안을 어떻게 구상하면 좋을까요?

교수: 그럼, 도덕적 행위 능력을 키워줄 수 있는 교수·학습 과정안을 함께 만들어 봅시다.

학생: 네.

(나)

절차	교수·학습 과정	
도입	○학습 동기를 유발하고 학습 문제를 파악하기	
	A안	B안
전개	○도덕적 문제 상황과 관련한 자료를 제시하기	○도덕적 문제 상황을 제시하기
	(준호와 성민이가 장난을 치면서 골목길을 지나가다가 이웃집 아저씨와 서로 부딪힌다.) 아저씨: 아이고, 내 허리야. 준 호: (진심 어린 표정으로) 아저씨, 죄송해요. 많이 아프시죠? 성 민: (두 손을 모아) 정말 죄송합니다. 아저씨: 너희들, 요 옆집 살지? 좀 아프긴 하지만, 괜찮다. 아주머니: 이런 좁은 길에서는 특히 조심해야 된다. 준호, 성민: (정중한 자세로) 네, 앞으로 조심하겠습니다.	준호와 성민이가 장난을 치면서 골목길을 지나가다가 이웃집 아저씨와 서로 부딪히는 상황만을 제시한다.
	… (하략) …	

1) ① '나쁜 행동을 했을 경우에 도덕 규칙이 자연에 내재되어 있어서 하늘이 벌을 줄 것이라는 믿음에 근거하는 경향'은 (가)의 ㉠과 ㉡ 중 어디에 해당하는지 기호와 그 기호의 내용을 지칭하는 용어를 쓰고, ② ㉢을 지칭하는 용어를 쓰시오. [2점]

• ① : _____

• ② : _____

유1) 다음을 읽고, ㉠과 ㉡에 해당하는 초자아의 각 부분의 명칭을 쓰시오. [2점]

> 프로이트는 초자아의 기능이 서로 구분되는 두 개의 부분, 즉 ㉠우리에게 하지 말아야 할 것을 일러 주고 그러한 요구를 어겼을 때 죄책감과 수치심을 가지게 하는 것과 ㉡도덕적 완성에 대한 열망과 도덕적 가치를 실현할 때 긍지와 자부심을 가지게 하는 것에 의해 수행되는 것으로 설명하고 있어요.

• ㉠ : _____

• ㉡ : _____

2) 다음은 (나)의 A안과 B안의 장점을 나타낸 것이다. ⓐ에 들어갈 내용을 교육적 효과의 측면에서 쓰시오. [1점]

	A안의 장점	B안의 장점
차이점	근본에 따라 충실하게 시연함으로써 모범적인 행동을 익힐 수 있다.	(ⓐ)
공통점	실제 상황과 비슷한 경험을 제공함으로써 학생들의 참여와 흥미를 높일 수 있다.	

• _____

3) (나)의 교수·학습 과정안에서 다루는 주제가 속한 2009 개정 도덕과 교육과정(교육과학기술부 고시 제2012-14호)의 ① 내용 영역의 명칭과, ② 이 주제에 해당하는 영역별 가치·덕목 1가지를 쓰시오. [1점]

• ① : _____

• ② : _____

유3) (나)의 교수학습 과정안에서 다루는 주제가 속한 2015 개정 도덕과 교육과정의 ①내용 영역의 명칭과, ②이 주제에 해당하는 영역별 가치·덕목 1가지를 쓰시오. [1점]

• ① : _____

• ② : _____

2016 초등

다음은 예비교사와 지도교사가 도덕과 수업 방안에 대해 나눈 대화의 일부이다. 물음에 답하시오. [4점]

예비교사 : 저는 학생들의 도덕적 판단력을 신장시키기 위한 수업을 해 보고 싶은데, 도덕 판단을 내리기 위해 어떤 기준을 활용하면 좋을지 알고 싶습니다.

지도교사 : 칸트(I. Kant)의 도덕 법칙을 생각해 보시면 어떨까요? 칸트는 도덕 판단을 인간의 이성적 능력에 의한 자율적인 사고 과정으로 보았어요. 그에 의하면 실천 이성이 명령하는 인간 행동과 사회적 삶의 최고의 도덕 법칙은 (㉠)이며, 이 중 ㉡인간 존엄성을 고양시키고 인간을 수단이 아닌 목적으로 대우하는 것이 하나의 중요한 명령입니다.

예비교사 : 그렇다면 도덕적 판단력을 기를 수 있는 수업 방안에는 무엇이 있나요?

지도교사 : 도덕적 판단력을 기르기 위해서는 학생들에게 도덕적인 문제 사태를 제시하고, 이에 대한 각자의 입장을 선택하고 정당화하는 수업이 효과적입니다.

예비교사 : 선생님께서 말씀하신 것과 관련된 도덕과 수업 모형에는 어떤 것이 있나요?

지도교사 : 여러 가지가 있는데요. 다음은 수업 모형을 비교한 자료입니다. 각 모형은 서로 다른 특징이 있지만, 모두 도덕적 판단력을 기르는 데 유용합니다.

수업모형	특징
도덕 딜레마 토론 모형	▷㉢콜버그(L. Kohlberg)가 주장한 도덕성 발달 단계에 기초 ▷명료화 질문, 특정 문제 탐색 질문, 인접 단계의 논의 강조하기(+1 전략) 등을 활용하여 도덕적 추론 능력의 향상 도모
가치 분석 모형	▷잠정적 가치 결정이 바람직한 가치 원리에 입각하고 있는지에 대한 ㉣ 가치 원리 검사 활용 ▷자신의 입장을 뒷받침해 줄 사실적 근거의 진위 확인 및 타당성 탐색
가치 갈등 해결 모형	▷재판관처럼 학생들이 복합적이고 논쟁적인 문제의 해결을 강조하는 (㉤) 모형에 기초 ▷도덕적 문제와 관련된 여러 가지 사실 관계의 상황적 특성의 분석

1) ① ㉠에 들어갈 용어를 쓰고, ② ㉢ 중 ㉡에 따라 도덕 판단을 하는 단계의 특징을 쓰시오. [2점]

• ① : _____

• ② : _____

2) ㉣ 중에서 다음 사례의 질문이 활용될 수 있는 검사명을 쓰시오. [1점]

> 경수가 심판을 맡은 축구 경기에서 친구인 민호가 반칙을 했다. 이때 경수는 "친구끼리는 서로 도와주어야 한다."는 가치 원리에 따라 민호의 반칙을 눈감아 주었다. 이 가치 원리는 "모든 사람을 공정하게 대해야 한다."는 일반적인 가치 원리로부터 타당하게 도출될 수 있는가?

• _____

3) ㉤에 들어갈 용어를 쓰시오. [1점]

• _____

2015 초등·초특 공통

(가)는 도덕과 3학년 2단원 4차시 중 2차시의 수업 계획안이고, (나)는 수업 계획에 관한 대화이다. 물음에 답하시오. [4점]

(가)

단계	주요 활동 내용
도입	○ 동기 유발하기 ○ ㉠ 학습 목표 제시하기
전개	○ 도덕적 문제 사태 제시하기 점심시간에 친구들과 운동장에서 달리기 연습을 하고 있는 아름이에게 민서가 "꽃돼지가 잘 달리네."라고 했다. 그 말을 들은 아름이는 속상한 마음에 달리기를 멈추고 주저앉아 울음을 터트렸다. 이를 본 민서는 어찌할 줄 몰라 당황해 하고 있다. ○ 도덕적 문제 확인하기 ○ 문제 해결 방법에 대해 토론하기 ○ [A] 자신의 입장을 선택하고 정당화하기 ○ 자기 반성 및 성찰, 실천 의지 다지기
정리	○ 정리 및 차시 예고하기

(나)

예비교사 : 이 수업은 ㉡2009 개정 도덕과 교육과정에 제시된 4개의 내용 영역 중 (㉢) 영역에 해당하고, '친구 사이의 우정과 예절'을 주제로 하고 있어요. 그런데 전개 단계의 [A]활동은 어떻게 지도해야 하나요?

김 교사 : 이 활동에는 도덕적 추론의 논증 방식들을 적용해 볼 수 있어요. (㉣)적으로 추론하는 방식, 즉 논의가 되는 문제 상황을 해결한 여러 사례들로부터 일반적인 해결 방법을 추론하는 방식이 있습니다. 예를 들면 '친구 간에 갈등이 생겼을 때 대화를 통해 해결한 사례들이 많았음을 근거로 하여, 친구 간의 갈등 해결을 위해서는 대화가 중요하다'고 결론을 도출하는 방식이지요.

예비교사 : 그렇군요.

김 교사 : 이와 달리 (㉤)적으로 추론하는 것도 알려줄 필요가 있어요. 이것은 사고와 판단의 타당한 이유 혹은 근거를 제시하면서 상위의 도덕 원리로부터 '친구 간에 서로 피해를 주지 말아야 한다.'는 구체적인 행동 준거를 도출해 내는 방식이지요.

1) 내용 요소와 행동 진술을 포함하여 ㉠을 제시하시오. [1점]

2) ⓐ ㉡을 구성하는 방식과 ⓑ ㉢에 들어갈 영역명을 쓰시오. [2점]

· ⓐ :
· ⓑ :

3) ㉣, ㉤에 해당하는 말을 각각 쓰시오. [1점]

· ㉣ :
· ㉤ :

2015 초등 유사

(가)는 도덕과 3학년 2단원 4차시 중 2차시의 수업 계획안이고, (나)는 수업 계획에 관한 대화이다. 물음에 답하시오. [4점]

(가)

단계	주요 활동 내용
도입	○ 동기 유발하기 ○ ㉠ 학습 목표 제시하기
전개	○ 도덕적 문제 사태 제시하기 점심시간에 친구들과 운동장에서 달리기 연습을 하고 있는 아람이에게 민서가 "꽃돼지가 잘 달리네."라고 했다. 그 말을 들은 아람이는 속상한 마음에 달리기를 멈추고 주저앉아 울음을 터트렸다. 이를 본 민서는 어찌할 줄 몰라 당황해 하고 있다. ○ [A] 관련 규범 확인 및 의미와 타당성 파악 ○ 여러 대안의 설정과 각 대안의 결과 검토 ○ 대안의 선택 및 정당화 ○ 대안 선택의 수정 및 잠정적 의사 결정
정리	○ 정리 및 차시 예고하기

(나)

예비교사 : 이 수업은 ㉡2015 개정 도덕과 교육과정에 제시된 4개의 내용 영역 중 (㉢) 영역에 해당하고, '친구 사이의 우정과 예절'을 주제로 하고 있어요. 그런데 전개 단계의 [A]활동은 어떻게 지도해야 하나요?

김 교사 : 이 활동을 통해 학생들은 갈등을 일으키는 가치가 무엇인지를 찾아야 합니다. 그러므로 문제와 관련된 규범을 찾고 그 가치 규범의 의미와 타당성을 파악하는 과정이 필요하죠. 가치 규범의 타당성을 알아보는 방법에는 (㉣)적으로 추론하는 방식, 즉 학생들의 경험이나 사실적 지식, 정보 등을 통해 검토해보는 방식이지요.

예비교사 : 그렇군요.

김 교사 : 이와 달리 (㉤)적으로 추론하는 것도 알려줄 필요가 있어요. 이것은 사고와 판단의 타당한 이유 혹은 근거를 제시하면서 상위의 도덕 원리로부터 구체적인 행동 준거를 도출해 내는 방식이지요.

1) 내용 요소와 행동 진술을 포함하여 ㉠을 제시하시오. [1점]

2) ⓐ ㉡을 구성하는 방식과 ⓑ ㉢에 들어갈 영역명을 쓰시오. [2점]

· ⓐ :

· ⓑ :

3) ㉣, ㉤에 해당하는 말을 각각 쓰시오. [1점]

· ㉣ :

· ㉤ :

2014 초등

(가)는 교육 실습에서 5학년 '감정, 내 안에 있는 친구' 단원을 가르치기 위해 예비교사가 작성한 수업 계획의 일부이고, (나)는 이에 대해 지도교사와 예비교사가 나눈 대화의 일부이다. 물음에 답하시오. [4점]

(가)

수업 목표	감정의 의미와 중요성을 안다.
단계	주요 활동 내용
도덕적 문제 사태의 제시	◦ 도덕적 문제 사태를 제시하기 학교 대표로 친구와 함께 독서 경시 대회에 나가기 위해 준비에 몰두하고 있는 윤아가 시끄럽게 게임을 하고 있는 동생으로 인해 몹시 화가 나 게임기를 빼앗자 동생이 우는 상황
A	(생략)
문제 사태의 성격 분석	◦ 학교 대표로서 열심히 준비해야 하는 윤아의 상황을 살펴보기 ◦ 모처럼 게임을 할 수 있는 기회를 빼앗긴 억울한 동생의 처지를 살펴보기
자기 입장의 선택과 정당화	◦ 자신의 입장을 선택하고 그것을 정당화하기
자기 입장의 수정 및 대안 숙고	◦ 자신의 입장을 바꿀 필요성이 있을 경우 수정하고 대안을 찾아보기

(나)

예비교사 : 이 수업은 '감정, 내 안에 있는 친구' 단원의 첫 번째 차시로 감정의 의미, 종류 및 특성이 무엇인지를 알게 하는데 중점을 두었어요.

지도교사 : 본 수업 계획을 볼 때, 수업 목표를 잘 달성하기 위해서는 두 가지 점을 고려할 필요가 있어요. 첫째는 단원설정의 취지를 고려하여 반드시 가르쳐야 할 가치·덕목이 무엇인지를 알아야 해요. 요즘 초등학생은 감정을 잘 다스리지 못하고, 상황에 맞게 감정을 적절히 표현하는 능력이 부족해요. 그래서 이 단원에서는 학생들이 흥분이나 분노 등의 감정을 적절히 다스리고 표현하는 것과 관련된 ㉠중심 가치·덕목을 가르치는 것이 지도의 핵심이에요.

예비교사 : 그렇군요. 다른 하나는 무엇인가요?

지도교사 : 둘째는 수업 목표 달성에 보다 효과적인 수업모형을 선택하여 적용해야 해요. 그런데 수업 계획을 보니, 수업 목표와 주요 내용 및 방법 사이에 정합성이 부족해요. 이 점을 고려할 때, 본 수업 목표를 달성하기 위해서는 아래의 수업 모형을 적용하는 것이 더 효과적이라고 생각해요.

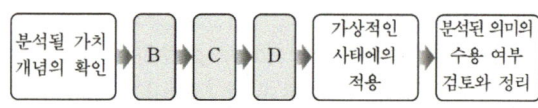

예비교사 : 네, 선생님 말씀에 동의합니다. 그렇다면 선생님이 추천하신 수업모형을 적용하여 ㉠중심 가치·덕목을 가르치고자 할 때 교사가 특히 고려해야 할 사항은 무엇인가요?

지도교사 : 제가 추천한 수업모형에서 사용하는 ㉡개념 분석 방법과 그 특징을 잘 이해하여 적용하는 것이 중요해요.

1) ㉠에 해당하는 것을 2007 개정 도덕과 교육과정에 제시된 용어로 쓰시오. [1점]

• _____

2) 도덕 교육의 관점에서 ㉡의 원형을 쓰고, ㉠을 활용하여 D단계에서 할 수 있는 발문 1가지를 서술하시오. [2점]

• ㉡의 원형 : _____

• 발문 : _____

3) A단계의 핵심 활동과 B, C, D 각 단계의 핵심 활동에서 공통적으로 추구하는 것이 무엇인지를 쓰시오. [1점]

• _____

2014 초등 유사

(가)는 교육 실습에서 5학년 '내 안의 소중한 친구' 단원을 가르치기 위해 예비교사가 작성한 수업 계획의 일부이고, (나)는 이에 대해 지도교사와 예비교사가 나눈 대화의 일부이다. 물음에 답하시오. [4점]

(가)

수업 목표	감정의 의미와 중요성을 안다.
단계	주요 활동 내용
도덕적 문제 사태의 제시	◦ 도덕적 문제 사태를 제시하기 학교 대표로 친구와 함께 독서 경시 대회에 나가기 위해 준비에 몰두하고 있는 윤아가 시끄럽게 게임을 하고 있는 동생으로 인해 몹시 화가 나 게임기를 빼앗자 동생이 우는 상황
A	(생략)
문제 사태의 성격 분석	◦ 학교 대표로서 열심히 준비해야 하는 윤아의 상황을 살펴보기 ◦ 모처럼 게임을 할 수 있는 기회를 빼앗긴 억울한 동생의 처지를 살펴보기
자기 입장의 선택과 정당화	◦ 자신의 입장을 선택하고 그것을 정당화하기
자기 입장의 수정 및 대안 숙고	◦ 자신의 입장을 바꿀 필요성이 있을 경우 수정하고 대안을 찾아보기

(나)

예비교사: 이 수업은 '내 안의 소중한 친구' 단원의 첫 번째 차시로 감정의 의미, 종류 및 특성이 무엇인지를 알게 하는데 중점을 두었어요.

지도교사: 본 수업 계획을 볼 때, 수업 목표를 잘 달성하기 위해서는 두 가지 점을 고려할 필요가 있어요. 첫째는 단원설정의 취지를 고려하여 반드시 가르쳐야 할 핵심 가치가 무엇인지를 알아야 해요. 요즘 초등학생은 감정을 잘 다스리지 못하고, 상황에 맞게 감정을 적절히 표현하는 능력이 부족해요. 그래서 이 단원에서는 학생들이 흥분이나 분노 등의 감정을 적절히 다스리고 표현하는 것과 관련된 ⊙ 가치·덕목을 가르치는 것이 지도의 핵심이에요.

예비교사: 그렇군요. 다른 하나는 무엇인가요?

지도교사: 둘째는 수업 목표 달성에 보다 효과적인 수업모형을 선택하여 적용해야 해요. 그런데 수업 계획을 보니, 수업 목표와 주요 내용 및 방법 사이에 정합성이 부족해요. 이 점을 고려할 때, 본 수업 목표를 달성하기 위해서는 아래의 수업 모형을 적용하는 것이 더 효과적이라고 생각해요.

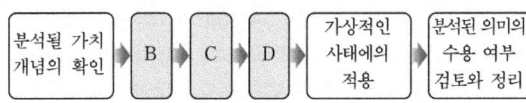

예비교사: 네, 선생님 말씀에 동의합니다. 그렇다면 선생님이 추천하신 수업모형을 적용하여 ⊙ 가치·덕목을 가르치고자 할 때 교사가 특히 고려해야 할 사항은 무엇인가요?

지도교사: 제가 추천한 수업모형에서 사용하는 ⓒ 개념 분석 방법과 그 특징을 잘 이해하여 적용하는 것이 중요해요.

1) ⊙에 해당하는 것을 2015 개정 도덕과 교육과정의 내용체계표에 제시된 용어로 쓰시오. [1점]

· _____

2) 도덕 교육의 관점에서 ⓒ의 원형을 쓰고, ⊙을 활용하여 D단계에서 할 수 있는 발문 1가지를 서술하시오. [2점]

· ⓒ의 원형 : _____

· 발문 : _____

3) A단계의 핵심 활동과 B, C, D 각 단계의 핵심 활동에서 공통적으로 추구하는 것이 무엇인지를 쓰시오. [1점]

· _____

2013 초등

(가)는 3학년 4단원의 지도 요소와 두 교사의 수업 계획의 일부이고, (나)는 도덕과 교육의 두 가지 이론적 근거를 정리한 표이다. 물음에 답하시오. [4점]

(가)

단계	4. 너희가 있어 행복해	
지도 요소	⊙ 친구 간의 우정과 믿음의 중요성을 알고, 친구 간에 서로 믿고 아껴주는 생활 태도를 지닌다. 이를 위해 친구들에게 잘못한 일을 반성하고, 친구 간에 사이좋게 지내기 위해 지켜야 할 일들을 찾아본다.	
김 교사의 수업 계획	도덕적 문제의 제시	• 관련된 규범이 담긴 이야기 읽기
	문제 사태와 관련된 규범 탐구	• 우정의 의미 파악하기 • 친구와 우정을 지키기 위한 방법 찾기
	도덕적 정서와 의지의 강화	• ⓒ 학생들에게 '관포지교' 이야기를 통해 감동을 주고, 좋은 친구가 되려는 마음을 길러준다.
	(이하 생략)	
박 교사의 수업 계획	도덕적 문제 사태의 제시	• 딜레마 이야기 제시하기 가희와 민지는 문방구에 갔다. 가희는 평소에 갖고 싶었던 인형을 옷 속에 몰래 숨겨 나왔다. 그 사이에 민지는 가게 주인에게 잡혀 인형을 훔쳐 간 친구의 이름을 대라고 추궁 당한다.
	도덕적 토론의 도입	• 도덕적 문제 부각하기 • (ⓒ)
	도덕적 토론의 심화	• 심층적 토론하기 학생: "내가 만약 민지라면 가희의 이름을 말할 거야. ㉣ 그렇지 않으면 나도 가희랑 함께 훔친 사람으로 의심 받아 피해를 볼 수 있거든."
	(이하 생략)	

(나)

	도덕 사회화론	도덕성 발달론
중점	내용	형식
목표	품성	(A)

1) 다음 글의 괄호 안에 들어갈 적합한 용어를 쓰시오. [1점]

> ⊙과 같은 내용 진술 방식은 도덕과 평가의 실질적 기준으로 기능함으로써 평가 주체와 평가 대상들 간에 (　　)을(를) 확보하는 데 기여할 수 있다.

유1) 평가에서 상호 주관성을 확보하기 위해서는 다양한 평가 주체를 활용한 평가 방법을 활용해야 합니다. 2015 개정 도덕과 교육과정의 '타인과의 관계' 영역의 평가 방법 및 유의사항에 제시된 내용을 바탕으로 빈칸에 들어갈 평가 방법을 쓰시오. [1점]

> 교사는 연구 보고서법을 활용하여 사이버 상황과 관련된 문제 해결 능력을 평가할 수 있으며 보고서를 평가할 때 자기 평가, 동료 평가, 교사 평가 등 다면적인 평가가 이루어지도록 한다. 그리고 다른 사람을 배려하는 행동 등에 대한 평가는 _____ 을/를 사용할 수 있다.

• _____

2) ⓒ은 (나)의 '도덕 사회화론'과 '도덕성 발달론' 중 어디에 근거하는지를 골라 쓰고, A에 들어갈 적합한 용어를 쓰시오. [1점]

• _____

• A : _____

3) ⓒ에서 박 교사는 "가희가 인형을 사려고 어머니한테 돈을 받았는데, 학교에서 잃어버렸다는구나."라고 말할 계획이다. ⓒ에 적합한 박 교사의 활동을 쓰고, ㉣에 해당하는 발달 단계보다 한 단계 위의 특징을 쓰시오. [2점]

• ⓒ 활동 : _____

• ㉣ 보다 한 단계 위의 특징 : _____

백문이 불여일견 **설**명이 친절한 **기**출
초등임용 기출문제집

바른생활

바른생활과 기출의 특성

2015 개정 교육과정 적용으로 일부 문제들은 교육과정에 맞게 변형되었습니다.

바른 생활과는 교육과정과 총론에서 출제되는 문제가 대부분인 과목입니다. 각론 부분이 문제에 사진이나 제시문으로 제시될 때도 있지만, 결국 물어보는 답은 내용체계표나 총론 내용입니다. 또한 내용체계표와 총론 내용이 많지 않기 때문에 반드시 외우셔야 합니다. 하지만 단편적으로 외우시기보다는 내용 요소에 해당하는 학습 요소가 무엇인지 연결하면서 외우시는 것이 필요합니다. 실제로 '북한'에 대한 수업 자료가 제시된 2019년도 문제를 보고 내용요소로 '우리나라'가 아닌 '다른 나라'를 쓴 선생님들이 적지 않았습니다. 기출문제를 보면 알 수 있듯 문제에서는 학습 내용이 제시되고 이에 적합한 내용요소 혹은 기능, 총론 내용 등을 물어보기 때문에 학습 내용과 연계시키며 명확하게 이해하는 것이 중요합니다. 바른 생활은 여러분들에게 선물같은 존재일 수 있지만, 선물을 받지 못하면 의미가 없으니 반드시 맞힐 수 있도록 합시다!

바른생활 기출분석표

*색 표시는 바른생활 출제입니다.

영역		년도	2013	2014	2015	2016	2017	2018	2019	2020	2021	2022	2023
교육과정		성격 및 목표 (내용, 교과역량, 기능)	슬생 탐구기능 즐생 표현기능		슬생 강조하는 요소 (주변의 변화)	바생 실천기능 즐생 표현기능	바생 실천기능 (내면화하기) 즐생 교과역량 (심미적 감성)	슬생 교과역량 (지식 정보 처리 역량)	슬생 탐구기능 (관찰하기, 조사하기)	바생 실천기능 (내면화하기) 슬생 탐구기능 (예상하기) 즐생 교과역량 (의사소통)	바생 실천기능 (습관화하기)	바생 교과역량 (자기관리 역량) 슬생 탐구기능 (무리짓기)	바생 실천기능 (스스로하기)
		내용체계 및 성취기준	즐생 소주제		바생 활동주제			바생 내용요소 (공중도덕)	바생 내용요소 (나라 사랑)				
		교수·학습 방향	바생 교수·학습 방향	바생 교수·학습 방향	즐생 교수·학습 방향		즐생 교수·학습 방향(영역)			즐생 교수·학습 방향(통합/연계)			
		평가 방향										즐생 구성 차시 판단 준거	
지도서 총론		주제별 교과서				슬생 목표 도식화							
		교과별 목표 도식화 (내용, 교과역량, 기능)											
		교수·학습 지도 (수업 모형, 기능 지도방법, 지도 시 유의점)		즐생 표현 놀이 중심 교수·학습 모형		즐생 표현 놀이 중심 교수·학습 모형 (단계명/활동)	슬생 탐구 활동 중심 교수·학습 모형 (탐구 활동하기)	즐생 표현 놀이 중심 교수·학습 지도 시 유의점	즐생 교수·학습 방향(알리듬/리듬꼴/기본박)		즐생 표현 놀이 중심 교수·학습 모형 (단계명/활동)		즐생 표현 놀이 중심 교수·학습 지도 시 유의점
각론				슬생 겨울잠을 자는 이유 즐생 박자 개념 (잠자리 포즈)							슬생 겨울잠을 자는 장소	즐생 겨울을 화분만들기	슬생 겨울철 생활도구

바른생활

2023 초등

다음은 『여름 2-1』에 해당하는 수업 장면의 일부이다. 이 수업에서 지도하고자 하는 실천 기능을 2015 개정 바른 생활과 교육과정에 제시된 용어로 쓰시오. [1점]

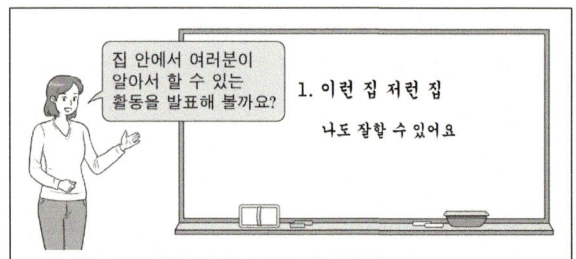

· _____

2023 초등 유사

다음은 『여름 2-1』에 해당하는 수업 장면의 일부이다. 이 수업에서 지도하고자 하는 과정·기능을 2022 개정 바른 생활과 교육과정에 제시된 용어로 쓰시오. [1점]

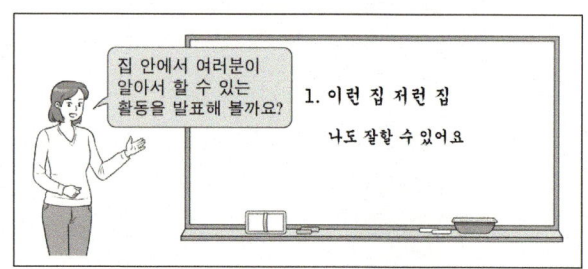

· _____

2022 초등

(가)는 『봄 2-1』 '알쏭달쏭 나' 단원의 '마음 신호등' 차시에 대한 교수·학습 자료이고, (나)는 김 교사와 박 교사의 대화이다. 박 교사가 기르고자 하는 바른 생활과 교과 역량을 2015 개정 바른 생활과 교육과정에 제시된 용어로 쓰시오. [1점]

(가)

(나)

김 교사: 이 차시는 내용 체계상 '나'라는 소주제, 그리고 '몸과 마음을 건강하게 유지한다.'라는 성취 기준에 해당하는 것으로 알고 있습니다.

박 교사: 네. 그래서 저는 (가)의 교수·학습 자료를 통해 말과 행동으로 표현하기 전에 지켜야 할 마음의 약속에 초점을 두어 지도하고자 합니다. 이 차시의 활동 목적이 일상 생활을 하는 데 필요한 기본 생활 습관을 형성함으로써 변화하는 사회에 유연하게 적응하며 살아갈 수 있는 능력과 관련을 맺고 있기 때문입니다.

2022 초등 유사

(가)는 『봄 2-1』 '알쏭달쏭 나' 단원의 '마음 신호등' 차시에 대한 교수·학습 자료이고, (나)는 김 교사와 박 교사의 대화이다. 박 교사가 기르고자 하는 내용 요소가 포함된 바른 생활과 영역을 2022 개정 바른 생활과 교육과정에 제시된 용어로 쓰시오. [1점]

(가)

(나)

김 교사: 이 차시는 '[2바01-03] 가족이나 주변 사람을 배려하며 관계를 맺는다.'라는 성취 기준에 해당하는 것으로 알고 있습니다.

박 교사: 네. 그래서 저는 (가)의 교수·학습 자료를 통해 말과 행동으로 표현하기 전에 지켜야 할 마음의 약속에 초점을 두어 지도하고자 합니다. 이 차시의 활동 목적이 일상 생활을 하는 데 필요한 기본 생활 습관을 형성함으로써 변화하는 사회에 유연하게 적응하며 살아갈 수 있는 능력과 관련을 맺고 있기 때문입니다.

2021 초등

(가)와 (나)는 『여름 1-1』 '여름 나라' 단원의 '해 마을에 이런 일이' 차시에 대한 교수·학습 자료이고, (다)는 예비 교사와 지도 교사가 나눈 대화이다. ( )안에 들어갈 말을 쓰시오. [1점]

(가)

(나)

에너지 아끼기 실천 기록표

(다)

예비 교사: 전기는 우리가 살아가는 데 중요한 자원입니다. 저는 (가)를 통해 학생들에게 에너지 절약 수칙을 지도하려고 합니다.
지도 교사: 좋은 생각입니다. 그런데 학생들이 에너지 절약을 생활 속에서 꾸준히 실천할 수 있도록 (나)와 같은 실천 기록표를 활용할 필요가 있습니다. 이 차시의 성취기준의 내용과 실천 기능이 공통적으로 ( )에 해당하기 때문입니다.

• _____

2021 초등 유사

(가)와 (나)는 『여름 1-1』 '여름 나라' 단원의 '해 마을에 이런 일이' 차시에 대한 교수·학습 자료이고, (다)는 예비 교사와 지도 교사가 나눈 대화이다. ( )안에 들어갈 말을 쓰시오. [1점]

(가)

(나)

에너지 아끼기 실천 기록표

(다)

예비 교사: 전기는 우리가 살아가는 데 중요한 자원입니다. 저는 (가)를 통해 학생들에게 에너지 절약 수칙을 지도하려고 합니다.
지도 교사: 좋은 생각입니다. 그런데 학생들이 에너지 절약을 생활 속에서 꾸준히 실천할 수 있도록 (나)와 같은 실천 기록표를 활용할 필요가 있습니다. 이 차시의 과정·기능이 ( )에 해당하기 때문입니다.

• _____

2020 초등

다음은 수업 협의회 내용 중 일부이다. ( ) 안에 공통으로 들어갈 말을 2015 개정 바른 생활과 교육과정에 제시된 용어로 쓰시오. [1점]

> 예비 교사 : 바른 생활과의 목표는 무엇입니까?
> 지도 교사 : 기본 생활 습관과 기본 학습 습관을 기르는 것, 바른 생활을 실천하는 과정에서 가치와 태도를 ( )하고 다양한 실천 기능을 익히는 것, 공동체 의식을 함양하고 자기 관리 능력과 의사소통 능력을 기르는 것입니다.
> 예비 교사 : 그렇다면, '1. 학교에 가면' 단원의 '약속을 해요' 차시에서 지도해야 할 실천 기능은 무엇입니까?
> 지도 교사 : '약속을 해요' 차시는 학교생활에 필요한 약속과 규칙을 정해서 지키는 것이기에 ( )하기를 함양하는데 적절합니다. 이 실천 기능을 지도할 때는 학생들이 바른 생활에 필요한 가치들을 마음으로 받아들이도록 하는 것이 중요합니다.

• _____

2020 초등 유사

다음은 수업 협의회 내용 중 일부이다. ( ) 안에 공통으로 들어갈 말을 2015 개정 바른 생활과 교육과정에 제시된 용어로 쓰시오. [1점]

> 예비 교사 : 바른 생활과의 목표는 무엇입니까?
> 지도 교사 : 공동체 구성원으로서 '지금-여기-우리 삶'의 문제를 ( )하고 실천하는 것입니다.
> 예비 교사 : 그렇다면, '1. 학교에 가면' 단원의 '약속을 해요' 차시에서 어떻게 지도해야 할까요?
> 지도 교사 : '약속을 해요' 차시는 학교생활에 필요한 약속과 규칙을 정해서 지키는 것이기에 공동체 구성원으로서 스스로를 ( )하고 실천하도록 해야 합니다.

• _____

2019 초등

다음은 『겨울 1-2』 '여기는 우리나라' 단원의 '통일이 된 우리나라' 차시에 대한 교수·학습 자료이다. 이를 통해 지도하고자 하는 내용 요소를 2015 개정 바른 생활과 교육과정의 내용 체계에 제시된 용어로 쓰시오. [1점]

•

2019 초등 유사

다음은 『겨울 1-2』 '여기는 우리나라' 단원의 '통일이 된 우리나라' 차시에 대한 교수·학습 자료이다. 이를 통해 지도하고자 하는 가치·태도 범주의 내용 요소를 2022 개정 바른 생활과 교육과정의 내용 체계에 제시된 용어로 쓰시오. [1점]

•

2018 초등

다음은 『가을 1-2』 '내 이웃 이야기' 단원 9차시의 활동 내용을 재구성한 교수·학습 과정안의 개요이다. 이를 통해 지도하고자 하는 2015 개정 바른 생활과 교육과정의 내용 체계에 제시되어 있는 내용 요소를 쓰시오. [1점]

- 일반화된 지식: 이웃은 서로의 생활에 영향을 미친다.
- 성취기준: 공공장소의 올바른 이용과 시설물을 바르게 사용하는 습관을 기른다.
- 활동 내용

절차1	공원에서 일어나고 있는 상황 파악하기
절차2	공원을 이용할 때 지켜야 할 일 알아보기
절차3	공원을 이용할 때의 다양한 상황과 모범적인 행동을 설정하여 역할놀이하기
절차4	공공장소에서의 바른 생활 다짐하기

·

2018 초등 유사

다음은 『가을 1-2』 '내 이웃 이야기' 단원 9차시의 활동 내용을 재구성한 교수·학습 과정안의 개요이다. 이를 통해 지도하고자 하는 2022 개정 바른 생활 교육과정의 내용 체계에 제시되어 있는 지식·이해 범주의 내용 요소를 쓰시오. [1점]

- 활동 내용

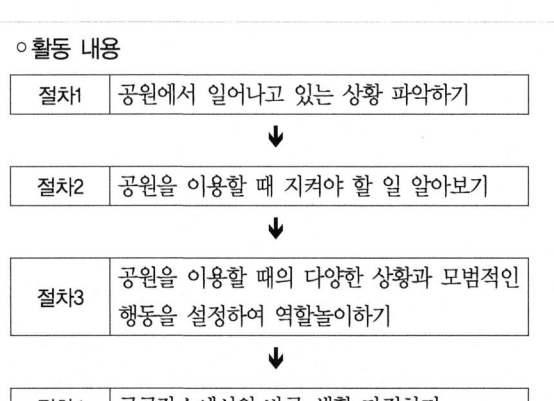

·

2017 초등

다음은 2015 개정 바른 생활과 교육과정의 '가을 모습'이라는 소주제의 성취기준과 그에 따른 교수·학습 과정을 구상한 것이다. 이를 통해 기르고자 하는 교과 실천 기능을 쓰시오. [1점]

- 성취기준
  추수하는 사람들의 수고에 감사하는 태도를 기른다.
- 교수·학습 과정

단계	내용
동기 형성의 단계	가을에 과수원에서 사과를 따는 농부의 사진을 보기
가치 공감의 단계	과수원에서 땀 흘리며 사과를 따는 농부의 정성과 노력을 느끼기
가치 획득의 단계	사과를 먹을 때 수확하느라 애쓴 농부에게 감사의 마음을 갖기

•

2017 초등 유사

다음은 바른 생활과의 교수·학습 과정을 구상한 것이다. 이를 통해 기르고자 하는 2022 개정 바른 생활 교육과정의 내용 체계에 제시되어 있는 가치·태도 범주의 내용 요소를 쓰시오. [1점]

- 성취기준
  추수하는 사람들의 수고에 감사하는 태도를 기른다.
- 교수·학습 과정

단계	내용
동기 형성의 단계	가을에 과수원에서 사과를 따는 농부의 사진을 보기
가치 공감의 단계	과수원에서 땀 흘리며 사과를 따는 농부의 정성과 노력을 느끼기
가치 획득의 단계	사과를 먹을 때 수확하느라 애쓴 농부에게 감사의 마음을 갖기

•

2016 초등

(가)는 바른 생활과의 수업 계획을, (나)는 2009 개정 바른 생활과 교육과정의 목표를 나타낸 것이다. (가)의 수업을 통해 기르고자 하는 실천 기능 ⊙을 2009 개정 교육과정에 제시된 용어로 쓰시오. [1점]

(가)

단계	주요 활동
시작하기	○ 활동 주제 찾기
실행하기	○ 활동 1: 모둠별로 공동 작품 만들기 ○ 활동 2: 친구들과 함께 게시판 꾸미기
마무리하기	○ 학습 정리 및 차시 예고하기

(나)

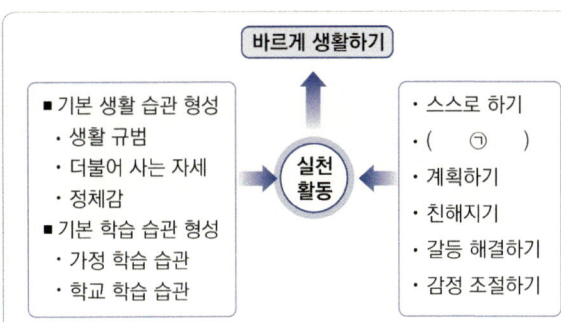

• _____

2016 초등 유사

(가)는 바른 생활과의 수업 계획을, (나)는 2022 개정 바른 생활과 교육과정의 목표이다. (가)의 수업을 통해 기르고자 하는 과정·기능을 2022 개정 교육과정에 제시된 용어로 쓰시오. [1점]

(가)

단계	주요 활동
시작하기	○ 활동 주제 찾기
실행하기	○ 활동 1: 모둠별로 공동 작품 만들기 ○ 활동 2: 친구들과 함께 게시판 꾸미기
마무리하기	○ 학습 정리 및 차시 예고하기

(나)

> 나. 목표
> 공동체 구성원으로서 '지금-여기-우리 삶'의 문제를 성찰하고 실천한다.
>
> 첫째, 지금 만나는 삶의 문제를 인식하고 스스로 해결하려 노력한다.
> 둘째, 자신이 속한 공동체에서 살아가는 데 필요한 생활 습관과 학습 습관을 형성한다.
> 셋째, 주변 사람들과 소통하고 배려하며 생활한다.

• _____

2015 초등

(가)는 박 교사가 지도하려는 단원의 차시명과 활동 주제를 나타낸 것이고, (나)는 이를 위해 준비한 자료이다. (가), (나)를 참고하여 2009 개정 바른 생활과 교육과정에 제시된 ㉠에 해당하는 내용을 쓰시오. [1점]

(가)

대주제	소주제	차시명	활동 주제
이웃	가게	5차시 '화났어요'	㉠

(나)

> 지우개: 책상아, 네 얼굴이 왜 이렇게 더럽니?
> 책　상: 민주가 내 얼굴에 크레파스로 낙서했어.
> 연　필: 도화지가 있을 텐데 왜 네 얼굴에 그렇게 한 거지? 그런데 지우개야, 너는 왜 모퉁이가 잘렸니?
> 지우개: 준호가 아무 이유도 없이 뜯어 버렸어. 연필아, 너는 연필심이 어디 갔니?
> 연　필: 우영이가 장난삼아 부러뜨렸어 뭐야. 우리는 언제쯤 주인에게 사랑받을 수 있을까?

• _____

2015 초등 유사

(가)는 박 교사가 지도하려는 주제에 해당하는 영역의 내용 체계를 나타낸 것이고, (나)는 이를 위해 준비한 자료이다. (가), (나)를 참고하여 2022 개정 바른 생활과 교육과정에 제시된 ㉠에 해당하는 내용을 쓰시오. [1점]

(가)

영역	핵심아이디어	범주	내용 요소
우리는 누구로 살아갈까	• 우리는 내가 누구인지 생각하며 생활한다. • 우리는 서로 관계를 맺으며 생활한다.	가치 · 태도	• ㉠ _____ • 자기 존중 • 배려 • 더불어 사는 삶

(나)

> * 상황: 미세먼지와 황사가 심한 상황에서 외출하는 어린이 (누리)와 엄마
> ◉ 장소: 집
> ◉ 등장인물: 엄마, 누리
>
> 누리: 엄마, 오랜만에 마트에 가니까 신나요.
> 엄마: 엄마도 그래. 누리야, 지금은 봄이라 미세먼지와 황사가 심하니 마스크를 쓰고 나가자.
> 누리: 마스크 쓰면 답답한데 꼭 써야 해요?
> 엄마: 미세먼지와 황사가 심한 봄철에는 우리의 건강을 위해 외출할 때는 마스크를 써야 해.
> 누리: 알겠어요, 엄마.

• _____

2014 초등

다음은 2009 개정 교육과정에 따른 바른 생활과 교육과정에 제시된 주제 체계 및 교수·학습 지도 중 일부이다. (가)의 활동 주제를 포괄하며, '더불어 사는 자세'에 해당하는 (나)의 영역 명을 쓰시오. [1점]

	대주제	소주제	(가) 활동 주제
주제 체계	학교와 나	나와 친구	친구와 서로 도우며 공부하기
	가을	가을 날씨와 생활	서로 돕는 생활하기
	겨울	겨울맞이	나누는 생활 실천하기
교수·학습 지도	기본 생활 습관의 형성을 위해서 …(중략)… (나) _____ 영역에서는 '이해와 배려', '나눔과 봉사', '감사', '생명 존중' 등에 대해서 지도한다.		

• _____

2014 초등 유사

다음은 2022 개정 교육과정에 따른 바른 생활과 교육과정에 제시된 성취기준이다. 성취기준을 고려하여 성취기준 적용 시 고려 사항의 ㉠에 들어갈 단어를 쓰시오. [1점]

성취 기준	[2바02-01] 공동체에서 내가 할 수 있는 일을 찾아보고 실천한다. [2바02-02] 우리나라의 소중함을 알고 사랑하는 마음을 기른다. [2바02-03] 차이나 다양성을 서로 존중하면서 생활한다. [2바02-04] 새로운 활동에 호기심을 갖고 도전한다.
성취기준 적용 시 고려 사항	[2바02-01] 공동체에 대한 관심을 학교에서 마을로 확대하며 민주시민 교육에 활용할 수 있다. [2바02-02] 우월적·배타적 민족주의 관점으로 접근하지 않도록 유의한다. 3학년 도덕과의 통일 교육, 독도 교육과 연계하여 적용할 수 있다. [2바02-04] 새로운 활동에 대한 도전과 관련하여 자기 인식과 자신감, 자기주도성, (㉠), 비판적 사고, 창의성, 문제 해결력 등을 다룰 수 있다. 또한 다양한 매체를 활용하면서 디지털 소양과 연계할 수 있다.

• ㉠: _____

2013 초등

다음은 2009 개정 교육과정에 따른 '바른 생활'과 수업안의 개요이다. '올바른 생활을 하는 사람의 육성'이라는 교과 목표에 비추어 볼 때, 교육과정에 제시되어 있는 2가지 습관 중 이 수업을 통해 길러주고자 하는 습관을 쓰시오. [1점]

주제학습	시작하기	○ 활동 주제를 함께 찾고 활동 계획 세우기
	실행하기	○ 활동1 : 짝과 함께 서로 도우며 과제 해결하는 방법 익히기 ○ 활동2 : 모둠을 구성하여 질문, 경청, 집중하는 방법 익히기
	마무리하기	○ '실행하기'를 통해 배우고 느낀 점 이야기하기 ○ 학교에서의 실천 과제 제시 및 차시 예고하기

• _____

2013 초등 유사

다음은 2022 개정 교육과정에 따른 '바른 생활'과 수업안의 개요이다. 교육과정 중 바른 생활과의 목표에 제시되어 있는 2가지 습관 중 이 수업을 통해 길러주고자 하는 습관을 쓰시오. [1점]

주제학습	시작하기	○ 활동 주제를 함께 찾고 활동 계획 세우기
	실행하기	○ 활동1 : 짝과 함께 서로 도우며 과제 해결하는 방법 익히기 ○ 활동2 : 모둠을 구성하여 질문, 경청, 집중하는 방법 익히기
	마무리하기	○ '실행하기'를 통해 배우고 느낀 점 이야기하기 ○ 학교에서의 실천 과제 제시 및 차시 예고하기

• _____

MEMO
초등임용
기출문제집

백문이 불여일견 **설**명이 친절한 **기**출
초등임용 기출문제집

실과 기출의 특성

실과는 교육과정에서 출제되는 문제의 비율이 꽤 높은 과목입니다. 쉽게 나올 때는 교과 역량이 출제될 때가 있고, 때에 따라 소위 '교학평방'이라고 하는, 교수 학습 방법 및 평가 방법에서까지도 출제가 됩니다. 거의 매해 1점씩 교육과정에서 출제되고 있기 때문에 고득점을 노리시는 분이라면 꼭 교육과정도 꼼꼼하게 암기해두셔서 핵심 어절을 쓱쓱 쓰실 수 있을 정도로 공부하셔야 합니다. 실과에서도 역시 교수·학습방법/모형에 관련된 문제가 계속해서 출제되고 있습니다. 모형의 경우 과거에는 단순하게 모형의 단계 이름을 쓰는 문제도 출제되곤 했는데요, 보다 최근에는 단계에 맞는 활동을 적는 문제가 자주 출제되었습니다. 각론의 경우 다른 과목과 비교하여 난이도가 크게 높은 편은 아니니 본인의 공부 유형(인터넷 강의/독학 등)에 맞추어 공부하고 공부했던 내용을 중간 중간 복습한다면 각론 내용에서는 크게 걱정하실 필요가 없을 것 같습니다. 다만 실과에서는 스케치 그리기, 조직도 그리기, 명령어 쓰기 등의 다소 독특한 양식의 답안을 요구하는 문제가 나오는 경우가 있으므로 이러한 문제를 기출 문제를 통해 몇 번 풀어보시면 실과 과목에 대한 자신감이 생길 거예요!

실과 기출분석표

*세 표시는 초등 출제, 학년구분은 당시 교육과정에 따랐습니다.

영역			년도	2013	2014	2015	2016	2017	2018	2019	2020	2021	2022	2023
교육과정			성격 및 목표							교과역량			교과역량	교과역량
			내용체계 및 성취기준	2007개정 내용요소 쓰기 : 괘적한 주거환경 영역			'창의적인 의생활의 실천' 단원 성취기준 빈칸							
			교학평일		평가 중점에 근거한 평가기준 쓰기			2009 교수·학습 계획 빈칸	2009 평가중점 (평가내용0)			해심개념 (기술 활용 영역)		평가 중점
			기타		2009 교육과정 개정 중점 쓰기									
각론			의생활				실자수 놀기의 마무리 방법				고무뜨기 조직도 그리기			
	가정생활		식생활			에너지 영양소, 식품구성 자전거						식품구성 자전거		식품구성 자전거
			주생활											
			가족·발달											
			동식물							특용(약용)작물, 경제동물				
	기술의 세계		발명/특허품			발명 기법, 스케치 그리기		적용된 발명 기법 쓰기, 가공하기의 활동내용					적용된 발명 기법의 의미와 명칭	
			소프트웨어/로봇/전기		3군 스위치 실제도 그리기, 다이오드 대체시 변화		범퍼카 로봇의 작동 원리, 센서		발광다이오드 연결		로봇 작동 명령어 쓰기		반려동물 등록제	엔트리 작동 명령어 쓰기
			수송/진로											
교과교육론			교수·학습방법 (모형)	프로젝트 수업 (모형구성 4단계), 프로젝트 접근법 특성				프로젝트 수업 평가 단계의 학생활동	문제해결학습 모형학생활동	Jigsaw 집단구성 방법	실습중심 교수학습방법의 교수활동	기술적 문제 해결 과정		홈 프로젝트 모형
			기타							교차오염				

실과

2023 초등

(가)는 '한 그릇 음식 만들기' 수업에서 ○○ 모둠이 작성한 실습 일지의 일부이고, (나)는 수업 협의회 대화의 일부이다. 물음에 답하시오. [4점]

(가)

○○ 모둠의 실습 일지

- 음식명: 비빔밥
- 재료: 밥 4공기, 쇠고기 150g, 애호박 $\frac{1}{2}$개, 당근 $\frac{1}{2}$개, 사과 1개, 달걀 4개, 소금 약간, 설탕 약간, 식용유 2큰술, 간장 1작은술, 참기름 1작은술, 다진 마늘 1작은술, 고추장 4큰술
- 조리 기구: 식품 저울, 계량스푼, 큰 그릇, 도마, 칼, 프라이팬, 조리용 젓가락
- 주의할 점: 손을 깨끗이 씻고 뜨거운 조리 기구 조심하기

… (하략) …

(나)

수석 교사: 두 선생님께서 진행한 공개 수업에 대해 이야기해봅시다. 박 선생님의 '한 그릇 음식 만들기' 수업부터 얘기해 주시겠어요?

박 교사: 우리 반은 밥을 이용해 한 그릇 음식을 만들었어요. 지난 차시에 모둠별로 비빔밥, 주먹밥, 볶음밥 등 만들 음식을 정해 재료와 기구를 준비했습니다. 이번 수업에서는 그 음식을 모둠이 함께 직접 만들고, 상을 차려 식사를 한 후 뒷정리까지 해 보았습니다.

수석 교사: 음식 만들기와 같은 실습 활동에서는 만든 음식의 맛이나 모양 등 실습 결과물에만 주목하여 평가하기도 하던데, 평가는 어떻게 하셨나요?

박 교사: ㉠'2015 개정 실과 교육과정의 평가 방향'에서 강조하는 4가지 중점에 따른 평가 기준을 미리 제시하고 그에 따라 평가를 진행했습니다.

수석 교사: 김 선생님의 수업에 대해서도 이야기해 보자면, '기초 프로그래밍'과 '손바느질'을 접목한 점이 좋았습니다. ㉡'블록 기반 프로그래밍을 활용한 숫자 도안 제작하기'였죠?

김 교사: 네, 저는 학생들이 자기가 배운 프로그래밍을 바느질 등 다른 단원 공부에도 적용해 보면 좋겠다고 생각했어요.

… (하략) …

1) 6가지 식품군 중 (가)의 비빔밥 재료에 들어 있지 않은 식품군의 명칭을 쓰시오. [1점]

• _____

2) 다음은 (나)의 ㉠과 관련하여 박 교사가 제시한 평가 기준표이다. 평가 내용을 고려하여 [A]에 해당하는 평가 중점을 쓰시오. [1점]

평가 중점	평가 내용
기초 지식과 배경지식의 이해 능력	• 밥의 영양소를 말할 수 있나요? • 6가지 식품군과 영양소를 알고 있나요?
의사결정능력, 창의력 등을 활용한 실천적 문제해결능력	• 밥에 부족한 영양소를 보충할 식품을 선택할 수 있나요? • 조리법을 창의적으로 구안할 수 있나요?
실험·실습 방법과 과정에 따른 실천적 수행 능력	• 조리법에 따라 음식을 만들었나요? • 조리한 음식을 그릇에 담아 상을 차릴 수 있나요?
[A]	• 가정에서도 한 그릇 음식을 만들어보려고 노력하나요? • 생활 속에서 식품 위생을 실천하나요?

• _____

3) 다음 [B-1], [B-2]는 (나)의 ⓒ 과제를 해결하기 위한 프로그램이다. 엔트리봇의 초기 설정값과 [B-1]을 참고하여, [B-2]의 실행 결과가 나오도록 ⓐ, ⓑ에 들어갈 명령어를 각각 쓰시오. (단, 각도는 0°~360°만 사용할 것.) [2점]

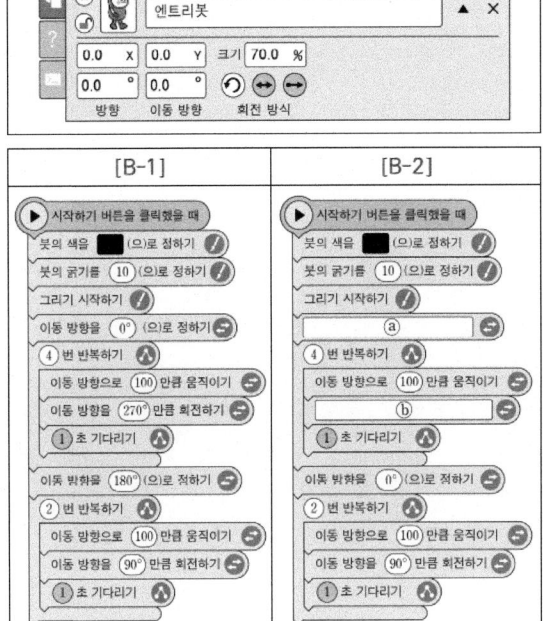

- ⓐ : _____
- ⓑ : _____

2023 초특

(나)는 수업 설계노트이다. 물음에 답하시오. [1점]

(나) 수업 설계 노트

- 수업 개요
  - 단원(제재)명: 소중한 생명(반려견 돌보기)
  - 수업 목표: ㉠반려견 돌보기 활동을 통해 생명의 소중함을 알고 실천한다.
  - 수업 활동

  활동1 반려견 돌보는 방법 알기
  활동2 반려견 돌보기 사회상황 이야기(social story) 스크립트 만들기

  <반려견 돌보기 사회상황 이야기 스크립트 초안 일부>

  우리 집에는 강아지가 살고 있다. 학교에서 돌아오면 강아지가 반갑다고 꼬리 치며 자꾸 나에게 다가온다.

강아지가 내 앞에 앉아 있고, 나는 강아지를 쓰다듬고 있다. 내가 강아지를 쓰다듬으면 강아지의 기분이 좋아진다.	(㉡) 조망문

  활동3 스크립트를 통해 반려견 돌보기 실천하기

- 가정과의 수업 연계 및 협조 사항
  - 가정통신문을 통한 사전 동의 및 안내
  - ㉢가정으로 학습의 장소를 확대하여 실생활에서 적용·실천할 수 있는 관찰, 실습, 조사 등의 활동으로 구성
  - 사회상황 이야기 자료를 활용하여 지우가 반려견 돌보기 행동을 실천하도록 안내
  - 행동계약서를 만들고 규칙을 실천할 때마다 (㉣)을/를 제공하면 효과적임을 안내

1) ① (나)의 ㉠에서 중점적을 길러 주고자 하는 실과의 핵심 역량을 쓰시오. [1점]

· _____

2) ① (나)의 ㉢에 해당하는 실과 교수·학습 모형을 쓰시오. [1점]

· _____

2022 초등

(가)는 '생활 속 동·식물' 단원의 공개 수업 계획 협의회의 일부이고, (나)는 '발명과 문제 해결' 소단원에서 발명 기법에 관한 교수학습 활동의 일부이다. 물음에 답하시오. [4점]

(가)

지도 교사: 실과 공개 수업 계획 협의회를 시작하겠습니다. '생활 속 동·식물' 단원의 '반려동물'과 '경제동물' 중에서 관심 있는 수업 주제에 대해 자유롭게 의견 주시기 바랍니다.

예비 교사A: 우리 반 학생들이 반려동물에 관심이 많고, 최근 유기견 문제가 사회적 이슈가 되고 있어 반려동물 돌보기를 주제로 수업을 계획하고자 합니다.

예비 교사B: 대부분의 학생들이 고기반찬을 좋아하므로 경제 동물과 식품 관련 내용을 중심으로 수업을 하고 싶습니다.

지도 교사: 모두 좋은 주제를 선정했군요. 반려동물 수업 주제와 관련된 제도에 대해 알아본 게 있나요?

예비 교사A: 네, 반려동물 돌보기 수업과 관련된 제도를 알아보았습니다. ㉠이 제도는 반려동물을 잃어버렸을 때 쉽게 찾을 수 있도록 도와주고 유기 동물이 늘어나는 것을 막기 위해 시행하고 있습니다.

지도 교사: 반려동물 돌보기와 관련해서 아주 중요한 제도인 것 같습니다. 경제동물 수업 주제와 관련된 제도도 있나요?

예비 교사B: 네, 경제동물 기르기 수업과 관련해서는 동물 복지 인증 제도가 있습니다. 이 제도는 농장에서 기르는 경제동물에게 본래의 습성을 유지할 수 있는 환경을 제공하고 스트레스와 고통을 줄여 주는 사용 방법을 인증하는 것입니다. '가정생활과 식품 안전' 단원의 식품 품질 인증 표시에도 동물 복지 인증 표지가 제시되어 있습니다.

지도 교사: 학생들은 관행적인 축산에 의해 생산된 축산물과 동물 복지 인증 제도로 생산된 축산물에 대한 배경을 이해할 필요가 있겠군요. 그리고 미래 소비자인 학생들은 ㉡이러한 배경 이해에 기초하여 식품 소비 문제를 해결하기 위한 대안을 탐색한 후, 가치 판단에 따라 결정된 의사를 실행할 수 있는 능력이 필요하겠지요.

…(하략)…

(나)

교 사: 생활 속 물건에 적용된 발명 기법을 찾아보면 발명 기법 아이디어를 더 쉽게 찾을 수 있습니다. 그러면 모둠별로 발명 사례를 찾아보고 물건에 적용된 발명 기법을 조사하는 활동을 해봅시다.

학생들: 네, 알겠습니다.

…(중략)…

모둠명	조사한 발명 사례	적용된 발명 기법
① 장영실	• 프린터, 복사기, 스캐너 기능이 결합된 가정용 복합기	• ㉢하나의 물건에 다른 물건이나 기능을 더하여 새로운 물건을 만드는 '더하기 기법'이다.
② 정약용	• 벨크로(velcro) 테이프 • 가시 철조망	• (㉣)
③ 다빈치	• 트레드밀(treadmill) • 거꾸로 세운 화장품 용기	• (㉤)

교 사: 지금부터 모둠별로 조사한 결과를 발표해 봅시다. 1모둠부터 발표해 주세요.

학생 A: 장영실 모둠에서 발표하겠습니다. 우리 모둠에서는 가정용 복합기 사례를 조사했습니다. 이 발명 사례에는 하나의 물건에 다른 물건이나 기능을 더하여 새로운 물건을 만드는 '더하기 기법'이 적용되었습니다.

교 사: 발명 사례와 기법을 잘 조사하여 발표했네요. 다음으로 2 모둠에서 발표해주세요.

…(하략)…

1) (가)의 ㉠에 해당하는 제도를 쓰시오. [1점]

·_____

2) (가)의 ㉡에 해당하는 실과 교과 역량을 2015 개정 실과 교육과정에 제시된 용어로 쓰시오. [1점]

·_____

3) (나)의 ㉢과 같이 ① ㉣과 ② ㉤에 들어갈 발명 기법의 의미와 명칭을 서술하시오. [2점]

· ① : _____
· ② : _____

2022 초특

다음은 2015 개정 특수교육 교육과정 중 기본 교육과정 실과 5~6학년군 '건강한 식생활' 단원 지도 계획의 일부이다. 물음에 답하시오. [3점]

단원	2. 건강한 식생활
단원 목표	건강한 성장을 위해 올바른 식생활 습관을 실천할 수 있다. - 건강에 이롭고 안전한 식품을 선택한다. - 골고루 먹는 식습관을 실천한다. ... [A]
학습 목표	건강에 이로운 음식으로 균형 잡힌 밥상을 차릴 수 있다.
활동 지도 계획	○ 도입(주의 집중) - 교사가 모델이 된 동영상 보여 주기 　· 균형 잡힌 밥상을 차리는 모습 　· 건강에 이로운 음식을 먹는 모습 ○ 활동 1: 건강에 이로운 음식 알기 - 교사가 도입 동영상에 나온 이로운 음식 설명하기 - 도입의 동영상을 보고 학생이 어제 먹은 음식과 교사가 먹은 음식에서 이로운 음식 찾기 - 제시된 그림에서 학생이 이로운 음식 찾아 붙임 딱지 붙이며 범주화하기 - 학생이 새롭게 배운 이로운 음식을 기억할 수 있도록 시연하고 노랫말 만들어 부르기 ... [B]  ○ 활동 2: 골고루 먹는 균형 잡힌 밥상 차리기 - 건강에 이로운 음식으로 식단 짜기 - 균형 잡힌 밥상 차리기 　· 접시에 반찬을 골고루 담기 　· 반찬을 담은 접시를 밥상 위에 놓기 　· 숟가락과 젓가락을 밥상 위에 놓기 　· 밥과 국을 밥상 위에 놓기 ※ 유의점 - 학생의 건강상 특이사항을 고려하여 식단 구성에 유의하도록 지도함 - 밥상 차리기 활동 중 학생이 오류를 보이면 피드백을 제공하여 교정함 ○ 정리: 학생들의 결과물 중에서 가장 균형 잡힌 식단을 선정하여 칭찬하기

1) 2015 개정 실과 교육과정에 근거하여 [A]와 관련된 핵심 개념을 쓰시오. [1점]

2) ①[B]에 적용된 반두라(A. Bandura)의 관찰학습 하위 과정(단계)의 명칭을 쓰고, ②[B]에 제시된 그림을 보고 '6대 영양소' 중 4가지 이상을 쓰시오. [2점]

· ① : _____

· ② : _____

2021 초등

(가)는 실과 연구 수업 계획 협의회의 일부이고, (나)는 '발명과 문제 해결' 단원의 교수·학습 과정안 일부이다. 물음에 답하시오. [4점]

(가)

수석 교사 : 이번에 예정된 실과 연구 수업 내용을 협의하고자 합니다. 계획하신 내용에 대해서 말씀해 주세요.

김 교사 : 저는 이번 연구 수업에서는 생활 속 친환경 농업 단원에서 친환경 농업 홍보물 제작하기 활동을 할 예정입니다.

수석 교사 : 그렇군요. 이 단원의 내용 요소는 친환경 미래 농업 외에 생활 속 농업 체험이 있지요. 생활 속 농업 체험 수업 활동으로는 어떤 것들이 이루어지나요? [A]

김 교사 : 재활용품으로 실내 화분 만들기나 지렁이를 이용한 친환경 퇴비 만들기 등과 같은 활동을 합니다.

수석 교사 : 시사성 있는 단원 내용인 것 같습니다. 이 선생님은 무슨 수업을 계획하고 있나요?

이 교사 : 저는 '가정생활' 분야에서 균형 잡힌 식생활 단원의 식품구성자전거를 활용한 수업을 계획하고 있습니다.

수석 교사 : 자전거라는 소재가 학생들에게 익숙하여 학습 동기를 유발하는 데도 좋을 것 같습니다. 식품구성자전거에 대해서 간단하게 말씀해주세요.

이 교사 : 식품구성자전거는 하루에 섭취해야 하는 식품군의 종류와 횟수 등을 그림으로 나타낸 것입니다.

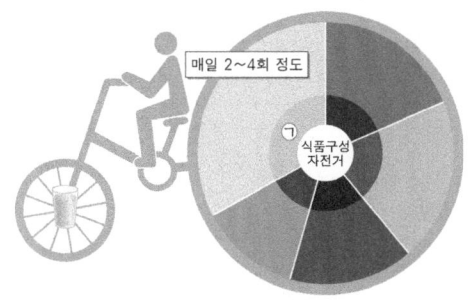

매일 2~4회 정도
ⓘ 식품구성자전거

수석 교사 : 식품 구성 자전거의 내용 구성을 이해하면 균형 잡힌 식생활을 하는 데 많은 도움이 될 것 같습니다. 박 선생님은 무슨 수업을 계획하고 있나요?

박 교사 : 저는 '기술의 세계' 분야에서 발명과 문제 해결 단원 수업을 계획하고 있습니다.

수석 교사 : 2015 개정 실과 교육과정에서는 학생들이 기술적 문제 해결 과정을 경험할 수 있도록 하는 내용이 교수·학습 방법 및 유의 사항에 제시되어 있지요?

박 교사 : 그렇습니다. 그래서 (나)와 같이 기술적 문제 해결 과정 중심의 교수·학습 과정안을 작성해 보았습니다.

(나)

단원명	발명과 문제 해결
학습목표	여러 가지 재료를 활용하여 창의적인 제품을 만들 수 있다.
단계	교수·학습 활동
문제의 이해	• 문제를 제시한다. [여러 가지 재료를 활용한 창의적인 제품 만들기] • 문제를 정의한다.
연구와 개발	• 정보를 수집한다. • 다양한 아이디어를 구상한다. - 1안: 목재 탁상 달력 만들기 - 2안: 페트병 우산 꽂이 만들기 - 3안: 아크릴 필통 만들기 • (ⓒ) <table><tr><td>1안</td><td>2안</td><td>3안</td></tr><tr><td>목재 탁상달력</td><td>페트병 우산 꽂이</td><td>아크릴 필통</td></tr><tr><td>장·단점, 실행 가능성, 기타</td><td>장·단점, 실행 가능성, 기타</td><td>장·단점, 실행 가능성, 기타</td></tr></table> • 최선의 안을 선정한다.
실현하기	• 최선의 안을 적용하기 위한 계획을 수립한다. • 수립된 계획을 바탕으로 마름질, (ⓒ), 조립하여 제작한다.

1) (가)의 [A]에 해당하는 2015 개정 실과 교육과정에서의 핵심 개념을 쓰시오. [1점]

• _____

2) (가)의 그림에서 뒷바퀴 배분 면적을 고려하여 ⓘ에 해당하는 식품군 용어를 쓰시오. [1점]

• _____

3) (나)의 ① ⓒ에 들어갈 활동과 ② ⓒ에 들어갈 용어를 쓰시오. [2점]

• ① : _____
• ② : _____

2020 초등

다음은 '생활 소품 만들기'와 '로봇의 기능과 구조' 단원 수업에 대한 수석 교사와 김 교사의 대화이다. 물음에 답하시오. [4점]

수석 교사: 이번 주 '생활 소품 만들기' 수업 단원에 대해 이야기해 볼까요? 교육과정을 보니 다양한 바느질 도구를 활용하도록 되어 있더군요.

김 교사 : 네, 저희 반은 대바늘뜨기를 선택하여 소품 뜨기를 하고 있어요. 이번 수업에서는 ㉠소매 끝, 목둘레 부분 등 가로로 신축성이 필요한 부분을 떠야 해요. 그래서 대바늘뜨기 기본 조직 중 하나인 겉뜨기와 안뜨기를 1코씩 규칙적으로 반복하여 뜨는 조직을 지도하려 합니다. 실습 중심 교수·학습 방법을 적용하려고 하는데, 전반적인 수업의 흐름을 어떻게 구성하면 좋을까요?

수석 교사: 먼저 실습할 활동과 생활의 연계성, 실습 목적, 새로운 개념이나 기능을 제시합니다. 그 후 실습 과정, 방법, 유의점을 구두로 설명하고 시각적 자료를 제공하죠. 그 다음 단계에서는 선생님이 (㉡)을/를 하고 학생에게 관찰 관점을 제공하여 학생이 잘 이해하고 있는지 점검해야 해요.

김 교사 : 그 다음 단계에서는 학생이 연습할 수 있도록 하고 저는 학생의 연습을 관찰하며 즉각적 피드백을 제공하면 되겠군요. 마지막으로 지식, 기능, 태도 등을 평가하고요.

수석 교사: 그럼 '로봇의 기능과 구조' 단원은 어떻게 지도할 계획인가요?

김 교사 : 로봇 작동 원리의 이해를 위한 수업을 하고 싶은데… 감이 잘 안오네요.

수석 교사: 지난달 지도한 소프트웨어 학습 내용을 로봇과 연계해볼까요? 제가 만든 블록기반 언플러그드 활동으로 로봇 작동 원리 수업을 해 보면 어때요?

김 교사 : 아! 참 좋은 생각이네요. ㉢선생님께서 만든 언플러그드 활동을 이용하여 로봇청소기의 움직임을 구현해보는 문제를 제시해야겠어요.

1) ㉠에 해당하는 대바늘 뜨기 편성물 조직도의 첫째 단 첫 코가 [그림]의 기호와 같을 때, 둘째 단의 첫 코부터 다섯 째 코까지를 기호로 나타내시오. [1점]

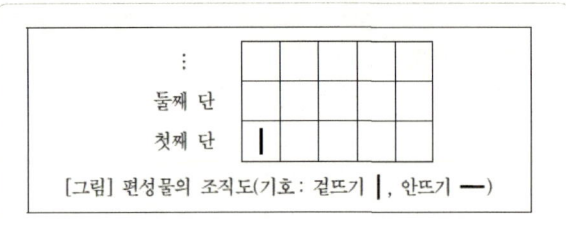

2) ㉡에 들어갈 교수 활동을 김 교사가 선택한 학습 내용을 포함하여 쓰시오. [1점]

3) 다음은 ㉢의 '문제'와 그 문제를 성공적으로 해결한 '학생의 문제 해결 결과'이다. ⓐ와 ⓑ에 들어갈 명령어를 '로봇 작동 명령어 꾸러미'에서 각각 1개씩 찾아 쓰시오. (단, 문제에 주어진 것 이외의 조건은 고려하지 않으며, 명령어에 □가 있을 경우 □ 안에 적합한 수를 넣어 명령어를 완성할 것) [2점]

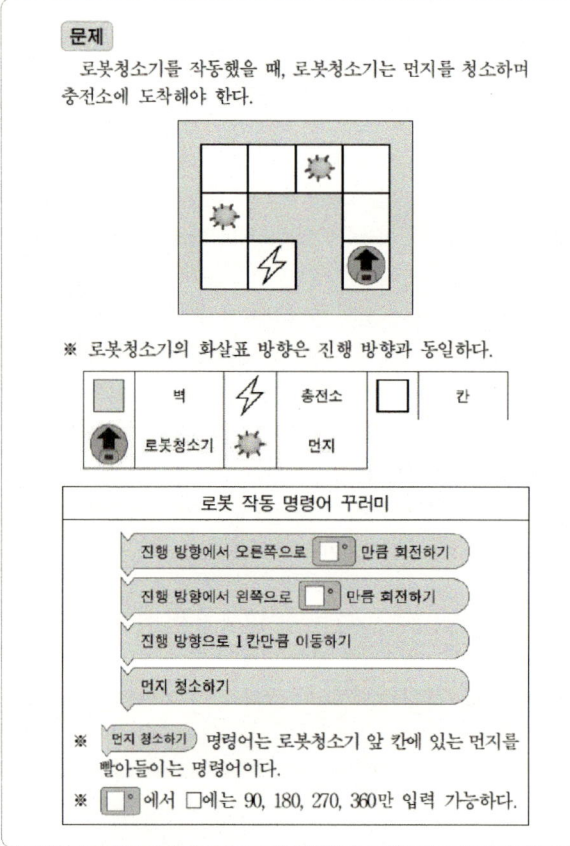

· ⓐ : _____

· ⓑ : _____

2019 초등

(가)는 학교 현장 교육 실습 협의회 내용의 일부이고, (나)는 예비 교사 A가 작성한 교수·학습 과정안의 일부이다. 물음에 답하시오. [4점]

(가)

지도 교사: 안녕하세요. 이번 협의회 시간에는 2015 개정 실과 교육과정에 대해 알아보고, 다음 주 공개 수업에 대해 상의하고자 합니다. 2015 개정 실과 교육과정에 대해 여러분들이 알고 있는 내용을 말해 볼까요?

예비 교사 A: 예, 2015 개정 실과 교육과정에서는 교과 역량이 강화되었다고 알고 있습니다. 실과 교육과정에 제시된 교과 역량은 6가지로 가정생활 분야에서 3가지, 기술의 세계 분야에서 3가지가 제시되어 있습니다. 그중에서 (㉠)은/는 삶의 주체로서 자신의 발달 과정에서 자아 정체감을 형성하여 일상생활의 문제를 스스로 판단·수행할 수 있으며, 주도적인 관점에서 자기 관리 및 생애를 설계할 수 있는 능력입니다.

지도 교사: 예, 그렇군요. 저도 실과는 스스로 살아갈 수 있는 힘을 키우는 것을 목적으로 하는 교과라고 생각하고 있어요. 실과 교수·학습 방법에 대해서도 알고 있나요?

예비 교사 B: 2015 개정 실과 교육과정에서는 관련 내용에 따라서 다양한 교수법을 활용하도록 제시하고 있다고 알고 있습니다.

지도 교사: 구체적인 내용도 알고 있나요?

예비 교사 A: 예를 들면, 프로젝트법, 실험·실습법, 협동 학습, 문제 중심 수업 등 다양한 방법을 활용하되, 특히 활동이나 실제 사례에 초점을 두도록 하고 있습니다.

지도 교사: 네, 잘 알고 있네요. 다음 주 실과 공개 수업은 잘 준비하고 있나요?

예비 교사 A: 네, 저는 공개 수업을 위해 협동 학습의 직소(Jigsaw) 모형을 적용하여 교수·학습 과정안을 만들어 보았습니다.

예비 교사 B: 저는 '밥을 이용한 한 그릇 음식을 위생적이고 안전하게 준비·조리하여 평가한다.'라는 성취 기준과 관련된 수업을 준비하고 있습니다. 이를 위해 실과 실습실을 점검하고 준비물을 확인하고 있습니다.

…(하략)…

(나)

단원	생활 속 식물 분류와 가꾸기
성취기준	[6실04-02] 생활 속 식물을 활용 목적에 따라 분류하고, 가꾸기 활동을 실행한다.
학습 목표	작물을 활용 목적에 따라 분류하고 구체적인 종류를 알 수 있다.
단계	교수·학습 활동
I 모둠 구성	5명이 한 모둠을 구성한다.
II 과제 제시 및 선택	• 학습 목표를 확인한다. • 작물을 활용 목적에 따라 분류한다. - 과제 1: 식량 작물 - 과제 2: 원예 작물
II 과제 제시 및 선택	- 과제 3: (㉡) 작물 - 과제 4: 사료 작물 - 과제 5: 녹비 작물 • 모둠원들은 중복되지 않게 각각 1가지 과제를 선택하여 맡는다.
III (㉢) 집단 활동	과제에 대한 정보 탐색과 모집단에서의 발표 준비를 한다.
IV 모집단 활동	과제에 대해 모집단에서 발표한다.

1) (가)의 ㉠에 들어갈 교과 역량을 쓰시오. [1점]

• _____

2) (나)의 ① ㉡에 들어갈 용어를 쓰고, ② ㉢에 들어갈 용어를 포함하여 III 단계에서 집단을 구성하는 방법을 쓰시오. [2점]

• ① : _____
• ② : _____

3) 다음은 예비 교사 B가 실과 실습실을 점검하고 준비물을 확인한 내용의 일부이다. ⓐ에 공통으로 들어갈 용어를 쓰시오. [1점]

예비 교사 B는 조리 실습 전 손을 씻을 수 있는 세정제를 준비하는 한편, 실과 실습실에 있는 모든 조리 도구를 깨끗이 세척하고 소독하였다. 특히, 도마는 채소나 육류 등 식재료별로 각기 다른 것을 사용할 수 있도록 색깔별로 준비하였다. 예비 교사 B가 이렇게 하는 이유는 (ⓐ)을/를 염려했기 때문이다. 예비 교사 B가 염려하는 (ⓐ)은/는 조리 과정이나 조리 후 식품이, 오염된 다른 식품이나 사람의 손, 조리 도구를 통해 오염되는 것을 말한다.

• _____

2019 초특

(가)는 지적장애 학생 은지의 통합학급 담임인 윤 교사가 특수교사인 최 교사와 실과 수업에 대하여 나눈 대화이고, (나)는 최 교사가 은지의 행동을 관찰한 결과이다. 물음에 답하시오. [1점]

(가) 대화내용

> 윤 교사: 다음 ㉠실과 수업 시간에는 '생활 속의 동물 돌보기' 수업을 하려고 합니다. 그때 은지에게는 국어과 목표인 '여러 가지 동물의 이름 말하기'를 지도하려고 해요. 은지가 애완동물이나 반려동물뿐만 아니라, ㉡소·돼지·닭과 같이 식품과 생활용품의 재료 등을 얻기 위해 기르는 동물의 이름에 대해서도 알았으면 좋겠습니다.
> 최 교사: 그렇지 않아도 특수학급에서 은지에게 '여러 가지 동물의 이름 말하기'를 지도하고 있어요. 지난시간에는 ㉢햄스터가 그려진 카드를 은지에게 보여주면서 이름을 물어보며 '햄'이라고 즉시 촉진해 주었더니 '햄스터'라고 곧잘 말하더라고요.

1) (가)의 ㉡에 해당하는 동물 분류의 명칭을 쓰시오. [1점]

- _____

2018 초등

(가)는 김 교사의 '건강 간식 만들기' 단원 수업을 관찰하고 작성한 수업 비평문의 일부이고, (나)는 최 교사의 '전기·전자의 이용' 단원과 '창의적인 제품 만들기' 단원을 연계한 수업의 일지 중 일부이다. 물음에 답하시오. [4점]

(가)

'건강 간식 만들기' 단원 수업에서 김 교사가 제시한 학습 과제는 방과 후에 학생 자신이 먹을 간식을 직접 고르고 먹어 보는 활동이었다. 이 학습 과제는 교육과정의 성취기준 달성을 위한 것으로, 학생들이 학습 내용을 자신의 문제 상황으로 바꿔 인식하게 해 주었다. 이러한 전략은 2009 개정 실과 교육과정의 교수·학습 방법 중 문제 해결 교수·학습 방법을 적용해보려는 시도로 볼 수 있는데, 실제로 김 교사는 수업 후 면담에서 그 교수·학습 방법을 적용하였다고 밝혔다. 학생들은 학습 과제에 대한 문제 인식을 마치고, 여러 간식에 대한 정보를 수집하여 간식 선택을 위한 여러 대안을 준비한 후, (㉠)하는 활동을 하였다. 그런 다음 선택한 간식을 구입하거나 만들어서 먹어 보고, 그 결과를 학생 스스로 평가하였다.

…(하략)…

(나)

일자: 2017. 10. 12. 수업 장소: 실과 실습실

오늘 '전기·전자의 이용' 수업은 '창의적인 제품 만들기' 단원과 연계하여 목재와 전기·전자 부품을 이용한 간단한 탁상등을 제작하는 것이었다. 이를 위해 학생들은 탁상등을 스케치한 후, 발광 다이오드 2개, 고정 저항기, 직류 전원 장치, 스위치, 전선 등을 사용한 전기·전자 회로의 실체도를 그리고, 탁상등을 제작하였다. 탁상등을 제작한 후 발광 다이오드에 불이 켜지는지 점검하였다. A 모둠의 탁상등 스케치와 전기·전자 회로의 실체도는 [그림]과 같았다.

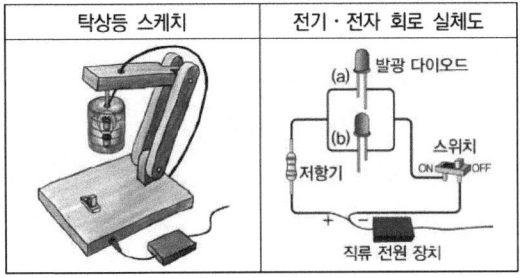

[그림]

평가 단계에서는 2009 개정 실과 교육과정에 제시된 '평가 목표와 내용'에 따라 학생 평가 계획서를 작성하였는데, 다음 〈표〉는 그 일부이다. 교수·학습 활동과 연계하여 수행평가를 실시함으로써 가급적 수업 시간 내에 학습 과제를 완성하게 하였으며, 과제가 가정 학습으로 연장되지 않게 하였다.

〈표〉 학생 평가 계획서

실과 평가 중점	평가 내용
기본적인 개념이나 원리, 사실 등의 기본 지식과 배경 지식의 이해 능력	○ 목재의 특성과 종류에 대해 말할 수 있는가? ○ 전기·전자 부품의 명칭과 기능을 말할 수 있는가?
(㉡)	○ 목제품 제작 과정에 따라 탁상등을 만들 수 있는가? ○ 전기·전자 회로 실체도에 따라 간단한 전자 제품을 만들 수 있는가?

…(하략)…

1) (가)의 ㉠에 들어갈 학생 활동을 김 교사가 제시한 학습 과제와 적용된 교수·학습 방법을 고려하여 쓰시오. [1점]

· _____

2) (나)의 [그림]에 있는 실체도에서 스위치를 닫았을 때 (a), (b) 중 ① 불이 켜지지 않는 발광 다이오드를 쓰고, ② 모든 발광 다이오드에 불이 켜지게 하려면 어떻게 연결해야 하는지 설명하시오(단, 발광 다이오드가 불이 켜지는 데 부품과 전원에는 문제가 없다). [2점]

· ① : _____

· ② : _____

3) (나)의 〈표〉에서 ㉡에 들어갈 내용을 쓰시오. [1점]

· _____

2018 초등 유사

(가)는 김 교사의 '쉽게 배우는 소프트웨어와 프로그래밍' 단원 수업을 관찰하고 작성한 수업 비평문의 일부이고, (나)는 최 교사의 '나의 생활 자원 관리' 단원의 수업의 일지 중 일부이다. 물음에 답하시오. [4점]

(가)

'쉽게 배우는 소프트웨어와 프로그래밍' 단원 수업에서 김 교사가 제시한 과제는 간단한 프로그램을 만드는 활동이었다. 이 학습 과제는 교육과정의 성취기준인 '[6실04-09] 프로그래밍 도구를 사용하여 기초적인 프로그래밍 과정을 체험한다.'를 달성하기 위한 것으로, 학생들이 자신만의 프로그램을 만들어 기초적인 프로그래밍 과정을 체험할 수 있게 했다. 이러한 전략은 2015 개정 실과 교육과정의 교수·학습 방법 중 문제 해결 교수·학습 방법을 고려한 것으로 볼 수 있다. 학생들은 지난 시간에 프로그래밍의 의미, 프로그래밍 도구의 구조와 기능을 알아보았으며, 이번 시간에는 블록형 코딩 프로그램을 이용하여 (㉠)에 필요한 프로그래밍을 하였다. 이를 통해 김 교사는 통한 학생들의 (㉡) 신장에 초점을 맞추었다. 그런 다음 학생들이 만든 프로그램이 문제를 해결할 수 있는지 확인하고, 그 결과를 학생 스스로 평가하였다.
…(하략)…

(나)

일자 : 2021. 10. 12.
수업 장소 : 5-1 교실

오늘 '나의 생활 자원 관리' 단원의 수업은 옷 관리와 환경의 관계를 알 수 있도록 계획하였다. 이를 위해 동기유발 자료로는 최근 문제가 되고 있는 (㉢) 관련 동영상 자료를 사용하였다. 이에 따라 옷 관리의 중요성을 알아보고, 옷과 환경의 관계, 환경을 생각하는 옷 관리 방법을 알아보았다. 평가 단계에서는 2015 개정 실과 교육과정에 제시된 '평가 중점에 따른 평가 내용'에 따라 학생 평가 계획서를 작성하였는데, 다음 〈표〉는 그 일부이다. 교수·학습 활동과 연계하여 수행평가를 실시함으로써 가급적 수업 시간 내에 학습 과제를 완성하게 하였으며, 과제가 가정 학습으로 연장되지 않게 하였다.

〈표〉 학생 평가 계획서

실과 평가 중점	평가 내용
기본적인 개념이나 원리, 사실 등의 기본 지식과 배경 지식의 이해 능력	• 올바른 옷 관리의 방법을 설명할 수 있는가? • 옷 관리와 환경과의 관계를 설명할 수 있는가?
(㉣)	• 환경을 고려하는 옷 관리 방법을 자신의 생활 상황에 적용하려는 태도를 갖는가?

…(하략)…

1) (가)에서 김 교사가 제시한 학습 과제와 관련된 2015 실과 교육과정의 교수·학습 방법 및 유의사항을 고려하여 ① ㉠과 ② ㉡에 들어갈 말을 쓰시오. [1점]

• ① : _____
• ② : _____

2) 다음 그림은 김 교사가 프로그램을 만드는 방법을 설명하면서 보여준 화면입니다. 이 화면을 보며 프로그램에 대해서 잘못 말한 학생을 찾아 오류를 수정하시오. [1점]

[그림 출처: 천재교과서 6 지도서 5. 쉽게 배우는 소프트웨어와 프로그래밍]

규리 : 시작하기 버튼을 누르면 프로그램이 시작하는 거야.
예지 : x는 가로 방향으로의 이동, y는 세로 방향으로의 이동을 이야기하는구나.
은우 : 특정 문장을 말하는 시간을 늘리고 싶다면 그 블록을 찾아 시간을 길게 입력하면 돼.
동건 : 선생님과 똑같이 만들고 오브젝트만 2배 빠르게 움직이고 싶다면, 초(시간)와 x와 y뒤의 숫자를 선생님의 2배로 입력하면 돼.
준희 : y에서 -가 붙으면 아래쪽으로 움직이는구나.

• _____

3) 〈보기〉를 참고하여 (나)의 ㉢에 들어갈 내용을 쓰시오. [1점]

〈보기〉

㉢의 정의

최신 트렌드를 즉각 반영하여 빠르게 제작하고 빠르게 유통시키는 의류를 가리키는 말이다.

• _____

4) (나)의 〈표〉에서 ㉣에 들어갈 내용을 쓰시오. [1점]

• _____

2017 초등

(가)는 '생활 속의 동·식물 이용' 단원의 수업과 관련하여 교사들이 나눈 대화의 일부이고, (나)는 '창의적인 제품 만들기' 활동에 참여한 학생 다솜이의 실습 일지이다. 물음에 답하시오. [4점]

(가)

김 교사: '생활 속의 동·식물 이용' 단원 수업이 끝났습니다. 이 단원의 '생활 속의 식물 가꾸기'는 꽃이나 채소 등의 식물을 선택하여 지도할 수 있는데, 선생님들께서는 이 단원의 수업을 어떻게 구현했는지 이야기를 나누어 봅시다.

이 교사: 저는 교과서에 있는 상추 가꾸기 대신 토마토 가꾸기를 했습니다. 학교 주변의 지역 특산물이 토마토이기 때문입니다. 이것은 '교과 내용이 실생활과의 관련성이 높으므로 학생, 학교, 지역 사회의 여건 등을 고려하여 학습 내용의 순서나 비중, (㉠) 등을 달리하여 지도한다.'라는 교육과정의 교수·학습 계획에 근거한 것입니다. 실생활과 친숙한 활동이라 그런지 학생들이 가꾸기 활동을 잘 수행했어요.

박 교사: 우리 반은 고추 가꾸기를 했습니다. 그런데 이 수업을 실험·실습, 협동 학습 등의 활동 중심으로 운영하다 보니, 활동량이 많은 날에는 충실히 진행하기 어려웠습니다. 그래서 교육과정의 교수·학습 계획 부분에 제시된 '필요에 따라 학습의 실효성을 거둘 수 있도록 (㉡)할 수 있다.'라는 내용에 근거해 수업을 조절해서 진행했습니다. 그 결과 실습을 충실히 할 수 있었습니다.

정 교사: 저는 채소 가꾸기를 프로젝트 수업으로 진행했습니다. 먼저 학생들은 가꾸고 싶은 채소를 자유롭게 선정했고 재배 방법, 재배에 필요한 재료와 준비물 등을 조사하여 재배 계획서를 작성했습니다. 그리고 채소를 심고 잘 관리하여 수확도 많이 했습니다. 학생들은 이 모든 과정을 재배 일지에 기록했고, 마지막으로 평가 단계에서 (㉢)을/를 하였습니다.

(나)

나는 '창의적인 제품 만들기' 수업에서 내 연필꽂이의 불편한 점을 발명 과정을 통해 개선한 새 연필꽂이 만들기 활동을 했다.

내 연필꽂이는 나무로 되어 있어서 연필이 짧으면 잘 보이지 않고, 연필꽂이가 넓어서 연필이 쓰러지고 뒤섞이는 문제가 있다는 것을 알았다.

이 문제들을 해결하기 위해 짧은 연필이 잘 보이도록 [그림]의 A와 같이 투명한 아크릴을 이용하는 것으로 하였고, 연필이 쓰러지지 않고 뒤섞이지 않도록 [그림]의 B와 같이 칸을 만들기로 했다.

새로 만들 연필꽂이에 대한 나의 아이디어를 스케치, 구상도, 제작도 순서로 그렸는데, 정확하게 표현했다고 선생님께서 칭찬하셨다.

그러나 연필꽂이를 만들고 나니 생각한 만큼 깔끔하게 만들어지지 않아서 속상했다. 선생님께서는 (㉣)을/를 하지 않고 그대로 조립했기 때문에 자른 면과 모서리가 날카롭다고 말씀하셨다. 나는 이 활동을 통해 제품을 만드는 모든 과정이 중요하다는 것을 깨달았다.

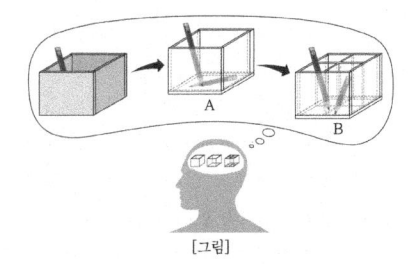

[그림]

1) (가)의 ㉠, ㉡에 들어갈 말을 2009 개정 실과 교육과정의 교수·학습 계획에 근거해서 쓰시오. [1점]

• ㉠ : _____

• ㉡ : _____

2) (가)의 ㉢에 들어갈 학생 활동을 쓰시오. [1점]

• _____

3) (나)의 [그림]에서 ① A와 ② B에 각각 적용된 발명 기법을 쓰시오. [1점]

• ① : _____

• ② : _____

4) (나)의 ① ㉣에 들어갈 활동명을 쓰고, ② ㉣ 과정에서 다솜이가 했어야 할 활동 내용을 구체적으로 쓰시오. [1점]

• ① : _____

• ② : _____

2017 초등 유사

(가)는 '동식물과 함께하는 나의 생활' 단원의 수업과 관련하여 교사들이 나눈 대화의 일부이고, (나)는 '멋진 발명품 만들기' 활동에 참여한 학생 다솜이의 실습 일지이다. 물음에 답하시오. [4점]

(가)

> 김 교사: '동식물과 함께하는 나의 생활' 단원 수업이 끝났습니다. 이 단원의 '생활 속의 식물'은 꽃이나 채소 등의 식물을 선택하여 지도할 수 있는데, 선생님들께서는 이 단원의 수업을 어떻게 구현했는지 이야기를 나누어 봅시다.
>
> 이 교사: 저는 교과서에 있는 상추 가꾸기 대신 토마토 가꾸기를 했습니다. 학교 주변의 지역 특산물이 토마토이기 때문입니다. 이것은 '학생, 학교, 지역 사회의 여건 등을 고려하여 학습 내용의 순서나 비중, (㉠) 등을 달리하여 지도할 수 있다.'라는 교육과정의 교수·학습 방향에 근거한 것입니다. 실생활과 친숙한 활동이라 그런지 학생들이 가꾸기 활동을 잘 수행했어요.
>
> 박 교사: 우리 반은 고추 가꾸기를 했습니다. 그런데 이 수업을 실험·실습, 협동 학습 등의 활동 중심으로 운영하다 보니, 활동량이 많은 날에는 충실히 진행하기 어려웠습니다. 그래서 교육과정의 교수·학습 방향 부분에 제시된 '교과 내용의 특성상 실험·실습, 현장 견학 등의 체험 활동으로 인하여 수업 시간이 부족할 경우에는 창의적 체험 시간 등을 활용하도록 하고, 다양한 체험 활동을 중심으로 수업을 계획할 경우, 교수·학습의 효율성을 위해 (㉡)할 수 있다.'라는 내용에 근거해 수업을 조절해서 진행했습니다. 그 결과 실습을 충실히 할 수 있었습니다.
>
> 정 교사: 저는 채소 가꾸기를 프로젝트 수업으로 진행했습니다. 먼저 학생들은 가꾸고 싶은 채소를 자유롭게 선정했고 재배 방법, 재배에 필요한 재료와 준비물 등을 조사하여 재배 계획서를 작성했습니다. 그리고 채소를 심고 잘 관리하여 수확도 많이 했습니다. 학생들은 이 모든 과정을 재배 일지에 기록했고, 마지막으로 평가 단계에서 (㉢)을/를 하였습니다.

(나)

> 나는 모둠원과 함께 '멋진 발명품 만들기' 수업에서 우리 반 우산꽂이의 불편한 점을 발명 과정을 통해 개선한 새 우산꽂이 만들기 활동을 했다.
>
> 우리 반의 우산꽂이는 긴 우산과 접는 우산을 함께 넣기 때문에 접는 우산을 찾기가 어렵다는 것을 알았다. 그래서 <u>책상에 접는 우산을 꽂을 수 있도록 통을 붙인 개인 우산 꽂이</u>[A]를 만들자는 의견, <u>우산꽂이를 투명한 재질로 바꾸자는 의견</u>[B] 등 다양한 의견이 나왔다. 이렇게 문제들을 해결하기 위해 모둠원과 여러 의견을 나누었지만 의견이 여러 개여서 발명 아이디어 중에서 가장 좋은 아이디어를 선택하는 과정이 필요했다. 이를 위해 선생님이 알려주신 (㉣)을 사용하였다. 그래서 각 의견마다 장점, 단점, 흥미로운 점을 종합적으로 평가했다.
>
> 이렇게 해서 가장 좋은 아이디어를 선택했고, 새로 만들 우산꽂이에 대한 우리 모둠의 아이디어를 스케치, 구상도, 제작도 순서로 그렸는데, 정확하게 표현했다고 선생님께서 칭찬하셨다. 나는 오늘 활동을 통해 제품을 만드는 모든 과정이 중요하다는 것을 깨달았고 백지장도 맞들면 낫다는 것을 몸소 깨닫게 되었다.

1) (가)의 ㉠, ㉡에 들어갈 말을 2015 개정 실과 교육과정의 교수·학습 방향에 근거해서 쓰시오. [1점]

- ㉠ : _____

- ㉡ : _____

2) (가)의 ㉢에 들어갈 학생 활동을 쓰시오. [1점]

- _____

3) (나)의 [그림]에서 ① A와 ② B에 각각 적용된 발명 기법을 쓰시오. [1점]

- ① : _____

- ② : _____

4) (나)의 ① ㉣에 들어갈 아이디어 선택 기법의 명칭을 쓰시오. [1점]

- _____

2016 초등

초등 5~6학년군 실과 수업에서 (가)는 범퍼카 로봇 체험 활동에 대하여, (나)는 다양한 바느질 도구를 활용한 생활 용품 만들기 수업 계획에 대하여 지도교사와 예비교사들이 나눈 대화의 일부이다. 물음에 답하시오. [4점]

(가)

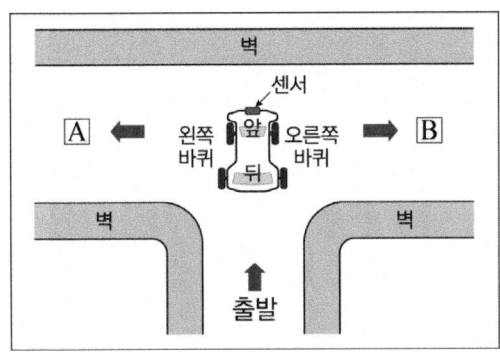

[그림]

지도교사 : 범퍼카 로봇은 벽에 부딪히면 진행 방향과 반대 방향으로 약간 물러난 뒤, 왼쪽 방향으로 회전하여 진행하도록 프로그램 되어 있습니다. [그림]의 범퍼카 로봇은 앞쪽 벽에 부딪힌 후 Ⓐ 방향으로 가야 하는데 Ⓑ 방향으로 갔습니다. 이렇게 될 가능성이 있는 여러 가지 원인을 각자 이야기해 봅시다.

예비교사 A : ㉠<u>로봇은 신호를 감지 장치에서 제어 장치로 전달하고, 제어 장치가 신호를 판단하여 구동(동작) 장치로 전달하는 과정을 거쳐 작동합니다.</u> 신호를 바르게 전달하는지 점검해야 할 것 같습니다.

예비교사 B : ㉡<u>범퍼카 로봇이 벽에 부딪힌 것을 감지하기 위해서는 황화카드뮴(CdS) 센서가 필요합니다.</u> 센서의 종류가 올바른지 확인해야 할 것 같습니다.

예비교사 C : 범퍼카 로봇에는 직류모터를 사용하는데, ㉢<u>직류모터는 전원의 극성을 바꾸면 반대 방향으로 회전합니다.</u> 제어 장치가 바퀴의 회전을 변경하도록 바르게 작동하는지 확인해야 할 것 같습니다.

예비교사 D : 범퍼카 로봇은 앞바퀴로 방향을 바꿉니다. 이 로봇이 뒤로 물러난 후, Ⓐ 방향으로 가기 위해서는 ㉣<u>로봇의 오른쪽 앞바퀴는 정지하고, 왼쪽 앞바퀴는 앞으로 회전해야 합니다.</u> 바퀴를 회전시키는 모터가 바르게 작동하는지 점검해야 할 것 같습니다.

(나)

지도교사 : 앞 시간에는 손바느질로 간단한 헝겊 용품을 만들어 보았습니다. 이번 시간에는 십자수 바늘, 대바늘, 코바늘 등 바느질 도구를 선택하여 생활 용품을 만드는 수업을 계획해 봅시다.

예비교사 A : 저는 십자수 놓기로 친구에게 선물할 열쇠고리를 만들도록 지도하고 싶습니다.

지도교사 : 십자수 놓기는 십자수용 천에 십자 형태로 실을 수놓는 것입니다.

예비교사 A : 십자수의 바느질법도 헝겊 용품 만들 때의 손바느질법과 같습니다.

지도교사 : 아닙니다. 헝겊 용품 만들기에서는 손바느질을 마무리할 때 매듭을 지었지만, ㉤<u>십자수 놓기를 마무리할 때는 매듭을 짓지 않고 다른 방법을 사용합니다.</u> 이 점을 학생들에게 강조해야 합니다.

예비교사 B : 선생님, 저는 대바늘뜨기로 아프리카의 신생아들에게 보낼 아기 모자 만들기를 지도하고 싶습니다.

예비교사 C : 저는 코바늘뜨기로 아동 복지 시설에 기증할 인형을 만들도록 지도하고 싶습니다.

지도교사 : 여러분의 수업 계획은 바느질 도구 사용법도 가르칠 수 있고 생활 용품의 활용이라는 목적에도 적절하네요.

1) (가)의 ㉠~㉣ 중 잘못된 것 2가지를 찾아 기호를 쓰고, 각각 바르게 고치시오. [2점]

• ① : _____

• ② : _____

2) (나)의 ㉤에 해당하는 십자수 놓기의 마무리 방법을 쓰시오. [1점]

• _____

3) 다음은 2009 개정 실과 교육과정의 '창의적인 의생활의 실천' 단원의 성취 기준이다. (나)에서 예비교사들이 의도한 지도 목적 중 생활 용품의 활용이라는 측면에서 (   )에 해당하는 말을 쓰시오. [1점]

> 손바느질의 기초를 익혀 간단한 헝겊 용품을 만들 수 있으며, 십자수, 뜨개질 등 바느질 도구를 이용하여 생활 용품을 창의적으로 만들어 씀으로써 환경을 생각하고 (   )하는 의생활을 영위한다.

• _____

유3) 다음은 2015 개정 실과 교육과정의 '가정 생활과 안전' 영역의 성취 기준과 성취기준 해설이다. (나)에서 예비교사와 지도교사가 나눈 말을 참고하여 ① ㅂ과 ② ㅅ에 해당하는 말을 쓰시오. [1점]

> [6실02-05] 바느질의 기초를 익혀 간단한 수선에 활용한다.
> [6실02-06] 간단한 생활 소품을 창의적으로 제작하여 활용한다.
> [6실02-06] 다양한 바느질 도구를 활용하여 간단한 생활 소품을 만들어 (ㅂ)와/과 의미를 알게 한다. 이러한 활동을 통해 손 조작 능력, (ㅅ) 등 다양한 능력을 향상할 수 있도록 하고, 환경과 나눔을 실천하도록 지도한다.

• ① : _____

• ② : _____

2015 초등·초특 공통

(가)는 2009 개정 실과 교육과정에 따른 수업에서 한 학생이 작성한 노트의 일부이고, (나)는 실과 수업을 앞둔 예비교사들이 이 노트를 보면서 나눈 대화의 일부이다. 물음에 답하시오. [4점]

(가) 학생의 노트

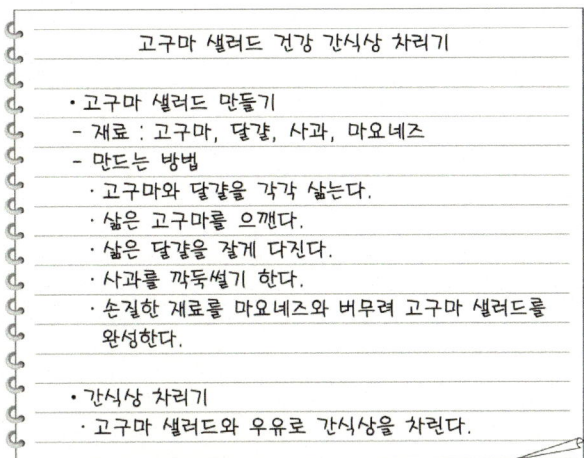

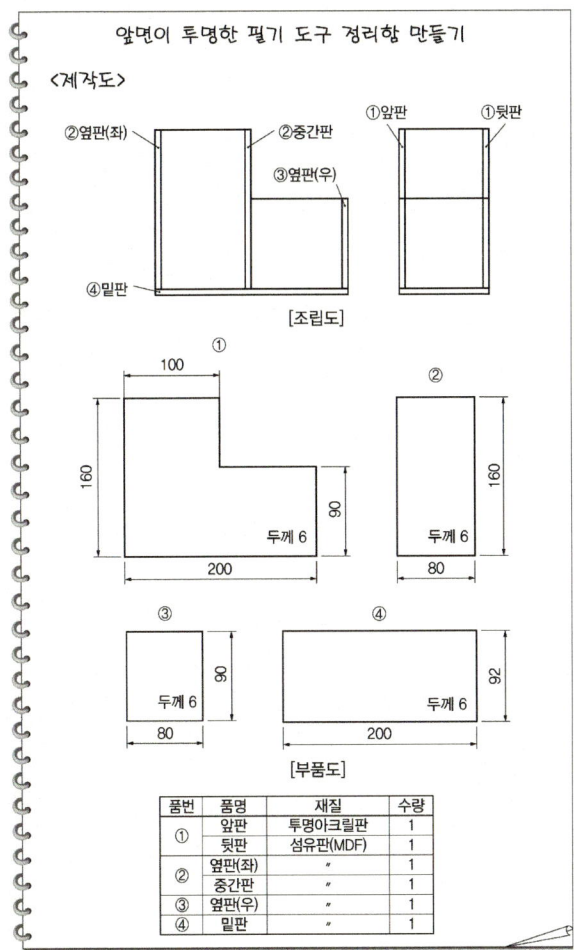

(나)

예비교사A : 다음 주에 실과 수업이 있는데 참고할 자료가 없을까요?
예비교사B : 옆 반에는 예비교사가 이미 실과 수업을 했네요. 여기 한 학생의 노트가 있어요. 이 노트를 보면서 이야기해볼까요?
예비교사A : 그래요. 노트 첫 페이지는 '건강 간식 만들기' 소단원의 내용이네요. 학생이 고구마 샐러드와 우유로 간식상을 차렸군요. 앞에서 배운 '나의 영양과 식사' 소단원의 내용을 적용하여 ㉠이 학생이 차린 간식상에 영양소와 식품군이 골고루 들어있는지 스스로 평가해 보는 활동을 하면 좋을 것 같아요. 왜냐하면 영양소의 기능과 식품군을 이해하고 이를 바탕으로 식생활 관리 능력을 기르는 것이 중요하니까요.
예비교사B : 노트의 다음 페이지는 '생활과 기술' 단원의 내용이네요. 제작도의 재료를 보면, 학생들은 일반적으로 제품 전체를 한 가지 재료만으로 만드는데 이 학생은 앞판을 투명한 재료로 바꾸었네요. 수업에서 ㉡2009 개정 실과 교육과정 중 '창의적인 제품 만들기' 소단원의 성취 기준에 제시된 기법 사용을 강조한 것 같아요. 그런데 ㉢노트에 제작도는 있는데 그 앞 단계인 스케치와 구상도가 없네요.

1) ㉠과 관련하여 ⓐ 간식상에 포함된 '에너지(열량) 영양소'의 종류를 모두 쓰고, ⓑ '식품 구성 자전거'의 식품군 중 간식상에서 빠져있는 식품군을 쓰시오. [2점]

• ⓐ : _____

• ⓑ : _____

2) ㉡에 해당하는 기법을 쓰시오. [1점]

• _____

유2) 예비교사 B가 (나)에서 언급했던 수업 내용을 2015 개정 실과 교육과정의 성취기준을 참고하여 수업을 한다고 했을 때, 아래 보기의 빈칸에 들어갈 말이 무엇인지 쓰시오. [1점]

〈보기〉
( )을/를 활용하여 창의적인 제품을 구성하고 제작한다.

· _____

3) ⓒ과 관련하여 (가)의 제작도에 해당하는 필기 도구 정리함의 모양을 입체적으로 나타내는 스케치를 그리시오. (단, 투명한 면, 두께, 치수는 나타내지 않아도 됨.) [1점]

2014 초등

다음은 교사들이 교과 협의회에서 논의한 내용이다. 물음에 답하시오. [4점]

> 최 교사: 각자 맡은 단원의 지도 방법에 대해 이야기해 봅시다.
> 박 교사: 저는 '간단한 음식 만들기' 단원의 수업을 생각해 보았어요. 이 단원에서는 '밥이나 빵을 이용한 한 그릇 음식 만들기'만 하는 줄 알았더니 자신의 식생활을 평가하고 계획하는 차원에서도 지도하도록 교육과정에 제시되어 있더라고요.
> 김 교사: 그건 2007 개정 실과 교육과정의 개정 중점 중 하나인 (㉠)을(를) 반영한 것이죠. 같은 취지로 5학년 '옷 입기와 관리하기' 단원에서는 바느질 교육뿐만 아니라 실생활에서 자신의 의생활을 주체적으로 영위할 수 있는 능력 함양에 초점을 두고 있어요. 이는 또 다른 개정 중점인 '생활양식과 관련된 교육 목표 설정과 접근 방식으로써 교과의 정체성을 강조'하기 위한 일환으로 볼 수도 있어요. 저는 '인터넷과 정보' 단원의 평가 계획을 미리 세워보려고 합니다.
> 최 교사: 저는 '생활 속의 전기·전자' 단원을 검토해 보았어요. 전기·전자 부품과 공구를 사용하여 회로를 꾸며보는 활동으로 전기·전자 부품을 생활 속에 적용해 보는 과제를 수행하게 하면 어떨까요? 예를 들어, [그림]과 같이 ㉡<u>1층과 2층을 연결하는 계단의 천장에 위치한 전등을 1, 2층 모두에서 켜고 끌 수 있는 회로</u>를 구상하는 과제를 해 보려고 합니다.

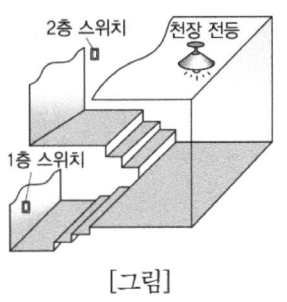

[그림]

1) ㉠에 들어갈 개정 중점을 쓰시오. [1점]

· _____

2) 다음은 김 교사가 작성한 '인터넷과 정보' 단원 평가 계획의 일부이다. 교육과정에 제시된 실과 평가 중점에 근거하여 ( )에 적합한 평가 기준을 쓰시오. [1점]

평가 중점	평가 기준
관련 지식의 이해	인터넷을 통한 정보 탐색 방법과 정보 선택 기준을 이해하고 있는가?
실험·실습 방법과 절차에 따른 실험·실습 능력	( )
실생활에서 실천하려는 태도	생활 속에서 인터넷을 이용하여 정보를 탐색하려는 자세를 가지고 있는가?

· _____

3) ㉡을 위하여, 발광다이오드(LED), 3로 스위치, 건전지(3V)를 이용한 전자 회로를 먼저 구성해 보려고 한다. 회로가 작동되도록 전선을 그려 넣어 아래의 실체도를 완성하시오. 또한, 완성된 회로에서 '발광다이오드'를 '저항기(100Ω)를 연결한 발광다이오드'로 대체하여 회로를 작동시킬 경우, 발광다이오드만을 사용한 회로와 비교하여 어떤 변화가 일어나는지 쓰시오. [2점]

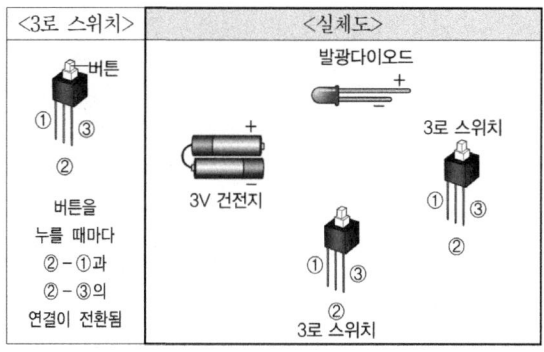

· 대체 후 변화: _____

2014 초등 유사

다음은 교사들이 교과 협의회에서 논의한 내용이다. 물음에 답하시오. [4점]

최 교사: 각자 맡은 단원의 지도 방법에 대해 이야기해 봅시다.

박 교사: 저는 5학년 '자전거와 안전' 단원의 수업을 생각해 보았어요. 이 단원에서는 '자전거의 구성요소'만 배우는 줄 알았더니 '자전거를 안전하게 관리하는 방법을 알고 실천'하도록 지도하게끔 교육과정에 제시되어 있더라고요.

김 교사: 그건 2015 개정 실과 교육과정의 영역 중에서 (㉠)에 해당하는 내용이죠? 저는 6학년 '나의 가족관계와 가정생활' 단원을 맡았어요. 그래서 가족이 어떤 기능이 있는지, 어떤 다양한 가족의 형태가 존재하는지 알아보려 해요. 학생들이 다양한 형태의 가족에 대해서 부정적인 인식을 갖지 않도록 잘 준비해야겠어요.

최 교사: 저는 '신나는 진로 여행' 단원을 검토해 보았어요. 학생들이 모든 직업은 가치가 있고 중요하다는 것을 깨달을 수 있도록 직업 일기를 작성하게 해보려고 합니다. 자신이 최근에 만나거나 본 직업 중 한 가지를 선정하여, 직업에 대한 일기 형식의 간단한 글쓰기를 하는 것입니다. 이때 이상적으로 보람과 즐거움, 자아실현, (㉡) 측면에서 직업의 중요성을 느낄 수 있도록 지도하려고 합니다.

1) 2015 개정 실과 교육과정을 참고하였을 때, ㉠에 들어갈 알맞은 말을 쓰시오. [1점]

• _____

2) 다음은 박 교사의 반의 학생인 다인이가 수업을 듣고 배움 노트에 작성한 내용이다. 자전거를 안전하게 관리하는 방법 Ⓐ~Ⓔ 중 옳지 않은 것을 골라 바르게 수정하시오. [1점]

> 6월 20일 화
> 4교시 실과)
> 배움 주제: 자전거를 안전하게 관리하는 방법
> 1) ABC자전거 점검 관리법
> ① Air(에어)
> - Ⓐ타이어 공기압은 최대 공기압의 95%가 적정
> - Ⓑ자전거 안장에 앉았을 때, 타이어가 지면에 닿는 면이 7~10cm가 되는 것이 좋음
> ② Break(브레이크)
> - Ⓒ브레이크 레버를 잡을 때 중간에서 잡는 것이 좋음
> - Ⓓ핸들 기준으로 1/3에서 잡히면 수리해야 함
> ③ Chain(체인)
> - Ⓔ눌렀을 때 1~2cm정도 늘어지는 상태가 좋음

• _____

3) 다음은 김 교사가 수업 준비를 위해 찾아본 내용이다. ㉮, ㉯의 빈칸에 들어갈 말을 쓰시오. [2점]

다양한 형태의 가족	
(㉮)	결혼하지 않고 혼자 사는 가족
(㉯)	자녀 계획 없이 결혼한 부부만으로 구성된 가족
핵가족	부부와 결혼하지 않은 자녀로 이루어진 가족
확대 가족	부부, 자녀 외에 조부모 등이 함께 사는 가족
다문화 가족	한 가족 내에 두 개 이상의 국적이나 인종, 문화를 지닌 사람들로 구성된 가족
분거 가족	직장이나 교육 등으로 인해 떨어져 사는 가족. '비동거 가족'이라고도 한다.
재혼 가족	최소한 한쪽 배우자가 재혼함으로써 형성된 가족
공동체 가족	혈연이나 가족에 의한 가족이 아니라 특정 목적(육아, 종교, 취미 등)에 의해 함께 살기로 한 가족

• ㉮: _____

• ㉯: _____

4) 최 교사가 계획한 수업에서 (㉡)에 들어갈 말을 쓰시오. [1점]

• _____

2013 초등

다음은 김 교사가 작성한 수업일지의 일부이다. 물음에 답하시오. [4점]

> 쾌적한 주거 환경 단원과 생활 속의 목제품 단원을 통합하여 동료 교사가 추천해 준 교수·학습 모형을 적용한 수업을 실시하였다. ㉠이 교수·학습 모형에 따라 먼저 학생들과 논의하여 주제를 '깨끗한 주변 환경 만들기'로 정하였다. 이어서 학생들은 모둠별로 소주제를 선정한 후, 활동 내용과 방법을 결정하였다.
> 영희네 모둠은 '집안 정리정돈 하기와 정리함 만들기'를 활동 주제로 정한 후, 집을 깨끗하게 관리하는 친구 엄마를 면담하여 보고서를 작성하고, 물건을 정리할 수 있는 목재 정리함을 만들었다.
> 정수네 모둠은 '교실 정리정돈 하기와 모둠 정리함 만들기'를 활동 주제로 정한 후, 면담과 조사 활동을 통해 수집한 자료를 바탕으로 홍보물을 만들고, ㉡버려진 목재로 모둠 정리함을 만들었다. 수업의 마무리 단계에서 학생들은 결과물을 발표하고 전시하였다.

1) 김 교사가 적용한 ㉠의 모형을 구성하는 4가지 단계를 순서대로 쓰시오. [1점]

• _____

2) ㉡은 2007 개정 실과 교육과정의 '쾌적한 주거 환경' 영역에 제시된 내용 요소 중 무엇에 해당하는지 쓰시오. [1점]

• _____

3) 다음은 영희네 모둠이 만든 정리함의 구상도이다. 이 구상도에 따라 제작도를 그릴 때 부품 (A)에 해당하는 치수를 괄호 안에 쓰고, 판재에 모든 부품의 마름선을 그을 때 유의할 점을 쓰시오(단, 사용한 판재의 두께는 일정하다). [2점]

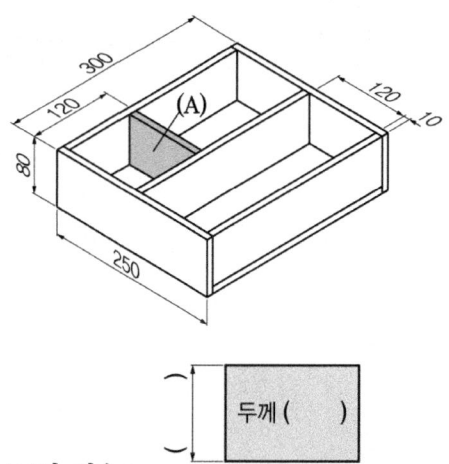

· 부품 (A)의 치수 :

· 유의할 점 : _____

2013 초등 유사

다음은 수석 교사와 신규 교사인 김 교사의 대화이다. 질문에 답하시오. [4점]

> 수석교사: 5학년 실과 수업 잘 준비하고 있나요?
> 김 교사: 네 선생님, 다음 단원은 '6. 나와 직업'으로, 학생들 스스로 자신에 대해서 알아보는 시간을 가지려 합니다.
> 수석교사: 학생들의 진로지도와 밀접한 관련이 있는 차시네요. 혹시 2015 실과 교육과정은 참고하셨나요? ㉠단원이 속한 영역과 ㉡내용요소를 고려하여 계획하시면 더욱 좋은 수업이 될 것 같습니다. 생각하신 활동이 있나요?
> 김 교사: '나'에 대해서 알아보는 만큼 ㉢MBTI 성격유형 간이검사, ㉣홀랜드 흥미유형 간이 검사, ㉤간이 다중지능 검사를 생각 중입니다.
> 수석교사: 지금 실과 수업 중인 단원은 성 발달과 관련된 단원이었나요?
> 김 교사: 네, 그래서 과정 중심 평가계획을 세워두었는데 '잘함'과 '보통'의 평가 기준을 세우는 것이 어렵네요. 이 부분을 한번 봐주시겠어요?

1) 2015 개정 실과 교육과정에서 ㉠단원이 속한 영역과 ㉡내용요소가 무엇인지 쓰시오. [1점]

• ㉠: _____

• ㉡: _____

2) 김 교사가 생각한 ㉢, ㉣, ㉤의 검사는 각각 학생들의 어떠한 것을 알아보기 위함인지 쓰시오. [1점]

• ㉢: _____

• ㉣: _____

• ㉤: _____

3) 다음은 김 교사가 세운 평가 계획의 일부이다. 평가 계획의 내용을 고려하여 Ⓐ와 Ⓑ에 들어 갈 평가 기준을 작성하시오. [2점]

학습 단원		2. 건강한 성
평가 과제		성적 발달이 이루어지며 변화하고 있는 내 몸에게 하고 싶은 말과 내 몸을 사랑하는 방법 적어보기
성취 기준		[6실01-02] 아동기에 나타나는 남녀의 성적 발달 변화를 긍정적으로 이해하고 성적 발달과 관련한 자기 관리 방법을 탐색하여 실천한다.
평가 기준	매우 잘함	자신의 신체 변화를 정확하게 이해하고, 적절한 관리 방법을 탐색하며, 적극적으로 실천하고자 하는 태도를 보인다.
	잘함	(Ⓐ)
	보통	(Ⓑ)
	노력 요함	자신의 신체 변화를 잘 알지 못하고, 적절한 관리 방법을 탐색하지 못한다.
평가 상의 유의점		• 학생마다 발달 형태가 다를 수 있고, 다양한 관리 방법을 적용할 수 있음에 유의하여 활동을 전개한다. • 자신의 성장과 발달을 인정하고 사랑하도록 하며, 정확한 관리 방법을 실천하도록 노력하는지에 중점을 두어 평가한다.

• Ⓐ: _____

• Ⓑ: _____

백문이 불여일견 설명이 친절한 기출
초등임용 기출문제집

정답 및 해설

빠른 <국어> 정답표

백문이 불여일견 설명이 친절한 기출

2023학년도 기출

1-1	① 동물들이 사라지는 것을 막기 위해 세계 여러 나라는 어떤 노력을 하나요? / 동물들이 없어지는 것을 막기 위해 그 수가 점점 줄어드는 동물을 무엇으로 지정해 보호하나요? ② 문맥의 실마리를 이용 / 문맥이나 상황 등 맥락을 활용한 지도
1-2	① 주어, 목적어, 부사어 ② 전문가라도 동물의 멸종 시기를 일일이 알아맞히는 것은 쉽지 않다.
2-1	담화 공동체
2-2	① 다면 평가 ② 여러 독자와의 상호작용을 통해 자기중심적 경향에서 벗어날 수 있다.
3-1	① 시를 낭송할 때는 시의 분위기를 생각하면서 읽어야 하기 때문이다. ② 어조
3-2	① 시어는 함축적인 의미를 가지고 있기 때문이다. ② 시어가 반복되고 있다.

2022학년도 기출

1-1	입증의 책임(증명의 부담)
1-2	상호 교섭하기
1-3	① 반대 측1, 찬성 측1, 반대 측2, 찬성 측2 ② 사형 제도는 폐지되어야 한다.
2-1	물활론적 사고
2-2	① 글의 구조, 이야기의 구조 ② 노인이 쇠머리탈을 게으름뱅이에게 씌워 소로 변하게 한 것
2-3	입체적 인물
3-1	공간, 추상
3-2	① 빠름, 느림 ② 의미 구조도 그리기

2021학년도 기출

1-1	의미 자질 분석법
1-2	① 먼저, 다음으로, 마지막으로 ② 나열 구조
1-3	글을 요약할 때에는 중심 내용을 찾아 중요하지 않은 부분은 삭제하고, 중요한 문장을 중심으로 요약해야 한다.
2-1	알고 싶은 것
2-2	다발 짓기
2-3	① 얼른 쓰기(또는 내리쓰기) ② 약과를, 같다
3-1	① 원관념, 보조 관념 ② 다른 사람을 아프게 해 놓고 모른 척 시치미를 떼며 원망스런 눈초리로 지나치는 것
3-2	모서리가, 생각했어요.

2020학년도 기출

1-1	㉠ 입술 모양 ㉡ 조음 위치
1-2	글자의 초성을 기본자로 바꾼다.
2-1	① 예측하기 ② 추론하기 / 맥락 이해하기
2-2	사실적 질문
2-3	상위어 대체
3-1	인지주의 작문 이론, 과정 중심 글쓰기
3-2	글 수준[A], 문단 수준[B], 문장과 낱말 수준[C]의 순서로 고쳐 쓰기를 한다.
3-3	① 제목이 글의 내용과 어울리는가? / 중심 문장과 뒷받침 문장이 어울리는가? ② 문장 호응이 잘 이루어지는가?

2019학년도 기출

1-1	책임 이양의 원리
1-2	㉡ : 글의 소재 알아보기 ㉢ : 설명하려는 대상과 그 특징은 무엇인가요?
2-1	㉠ : 목적 ㉡ : 사실
2-2	① : 분석적 평가 ② : 구체적인 평가 정보를 다음 교수·학습에 환류(feedback)할 수 있다.
3-1	① : 이 소리 오늘따라 천둥소리 같네. ② : 나귀가 방귀를 세 번 뀌면 크게 다친다는 팔자 이야기에 신경이 쓰여 겁이 났다.
3-2	주인공은, 얻는다
3-3	떠올랐네→떠오르다, 주워→줍다

2019학년도 초특 기출

1	① : 절충식 접근 방법 ② : 낱말의 의미를 지도할 뿐만 아니라 낱말의 발음도 바르고 정확하게 지도할 수 있다.
2	① : 혀의 높낮이 ② : 'ㅏ'를 발음할 때 혀의 높이가 가장 낮고, 'ㅡ'를 발음할 때 혀의 높이가 가장 높다. 'ㅓ'를 발음할 때는 'ㅏ'와 'ㅡ'의 중간 높이에 혀가 위치한다.

2018학년도 기출

1-1	말 차례
1-2	①: 면담의 목적 확인하기 ②: ⓓ
1-3	㉠: '노력만큼'의 '만큼'은 조사로서 앞의 명사에 붙여 쓴다. ㉡: '주는 만큼'의 '만큼'은 의존명사로서 앞의 용언과 띄어 쓴다.
2-1	ⓐ: 제목 ⓑ: 초대하지 않은 손님
2-2	반드시 만든 사람과 출처를 분명히 밝히고, 올바른 절차를 거쳐, 꼭 필요한 부분만 부분적으로 참고한다.
2-3	독자와 교류하기
3-1	①: 이야기 속에서 동이의 말과 행동을 살펴 동이의 마음을 파악해보기 ②: "괜찮아, 괜찮아."
3-2	㉠: 주제, ㉡: 인물

2018학년도 초특 기출

1-1	㉠: 글 ㉡: C
1-2	목적어
1-3	학생들

2017학년도 기출

1-1	①: 발언권 ②: 골고루 발언하도록 하기 위해(평등한 참여)
1-2	실천 가능성이 있는 의견을 제시해야 합니다.
1-3	ⓐ: 쓴 사람 ⓑ: 자기중심적
2-1	고려 시대 이전 옷의 종류와 장단점에 대한 의미 지도 그리기
2-2	㉣: '평가 및 감상'이 아닌 '내용 확인'의 단계에 적합한 활동이다.
2-3	삶
2-4	①: 하게체(예사 낮춤) ②: 화자가 청자보다 위치나 지위, 나이 등이 높아 화자를 낮출 때 사용한다.
3-1	①: 효(사랑) ②: 산돼지 잡아 드리기, 꼬리에 헝겊을 달고 석 달 열흘 내내 울기
3-2	이래도 짐승이 사람만 못해? '짐승 같은 놈'이란 말 이젠 함부로 못 하겠지?

2016학년도 기출

1-1	㉠은 몰라서 쓴 것이 아니라 서술문으로 표현해 나가다 결론 부분에서 의문 형식으로 강조한 설의법적 표현으로 독자의 관심을 불러일으키기 위함이고 ㉡은 말하는 이가 실제로 모르는 내용을 물어보는 질문이다.
1-2	ⓑ: 비판적 ⓒ: 녹화 기록법
2-1	중심 문장과 뒷받침 문장 파악하기
2-2	모든 문단의 첫 문장이 중심 문장인 것은 아니다. 중심 문장은 중심 생각을 나타내는 문장으로 문단 내에서 중심 문장의 위치는 다양할 수 있다.
2-3	①: 문단 간의 연결 관계 파악하기 ②: 1문단이 주제 문단이고 2, 3, 4문단은 보충적 문단이다.
3-1	㉠: 호철이 ⓐ: 칠산 할매
3-2	관용
3-3	①: '뵈요'는 '봬요(뵈어요)'의 틀린 표기이다. ②: 어간 모음 'ㅚ' 뒤에 '-어'가 붙어 'ㅙ'로 줄어지는 것은 'ㅙ'로 적는다. ('봬'는 '뵈어'의 준말이다.)

2016학년도 초특 기출

1	실제
2	①: 직접 교수 모형 ②: 교사의 안내를 받아 역할놀이 대본으로 대화 연습하기
3	①: 말을 할 때는 말하는 내용과 말투, 표정, 몸짓 등이 잘 맞아야 그 의미가 정확하게 전달될 수 있기 때문이다. ②: ⓑ, ⓓ

2015학년도 기출

1-1	ⓐ: 낱말 및 문장의 이해 ⓑ: 내용 확인
1-2	학습자가 자신의 '배경지식'을 활용할 수 있도록 도움을 주기 때문이다.
1-3	도해(그래픽) 조직자
1-4	구두 작문(말로 쓰기)
2-1	ⓐ: 내용 생성하기는 글을 쓰기 위해 아이디어를 떠올리고 수집하는 활동이다. ⓑ: 내용 조직하기는 글의 주제나 목적, 독자 등을 고려하여 생성된 내용을 적절히 조직하는 활동이다.
2-2	회귀적(회귀성)
2-3	ⓐ: 띄어쓰기, '안됐다'로 써야 한다. ⓑ: 문장의 각 단어는 띄어 씀을 원칙으로 한다.
3-1	인물 간 갈등을 야기하고 있다.
3-2	ⓐ: ㉡ ⓑ: 사건의 시간적·공간적 배경이 구체적이지 않고, 중심인물의 성격은 (평면적 성격을 띠고 있어서) 변하지 않고 있음을 지도한다.
3-3	· 권선징악의 교훈이 있다. · 전기적(비현실적)이다. · 행복한 결말로 끝나는 구조를 갖는다. 中 2개

2014학년도 기출

1-1	• 공통점: 대화의 분위기를 조성하며 대화에 참여하는 재미를 느끼게 해 준다. 또는 상대방에게 공감하는 표현이다. • 차이점: ㉠은 비언어적 표현이지만, ㉡은 언어적 표현이다.
1-2	• A: 마시 • B: 연음 현상 • C: 구지 • D: 구개음화
2-1	• 기호: (라) • 이유: '읽는 목적 생각하기'라는 전략은 꼭 읽기 전에만 사용하는 것은 아니다. (모든 읽기 전략은 모든 과정에서 통합적 혹은 개별적으로 결합되어 사용할 수 있다.)
2-2	㉢, ㉣, ㉡, ㉠
2-3	프로토콜 분석법
3-1	• 청개구리 엄마의 생각: 엄마의 유언과 반대로 행동할 것이다. • 청개구리의 처신이 난처한 까닭: 평소처럼 행동하면 유언을 못 지키게 되고, 평소와 달리 유언을 따라 행동하면 엄마의 무덤이 물에 잠기게 되기 때문이다.
3-2	엄마도 청개구리가 자신의 말을 지킬 거라고 믿어주지 않았으니까.
3-3	• 첫 어절: 이 • 끝 어절: 거

2013학년도 기출

1-1	공식적인
1-2	• 기호: ㉤ • 이유: '부탁이나 당부의 말 하기'는 기본적으로 공식적인 인사말의 짜임에서 '마무리하는 말 하기'에 포함되어 짜임 구성에서부터 오류가 있으며, 내용 면에서 회장 당선의 인사말에는 고마움을 나타내고 예의를 갖춰야 하는데 벌점에 대한 말을 하여 고마움의 표시라는 목적에 어긋난다.
2-1	㉡: 공간적 배경도 인물의 심리를 드러내는 역할을 하므로, '파출소 앞'이 영래의 심리를 암시하는 공간임을 이해하도록 지도해야겠다. ㉢: 이야기의 사건은 시간의 흐름과 밀접하게 관련되므로, 시간을 나타내는 표지어들을 찾고 사건이 시간상으로 순행적으로 제시되고 있음을 지도해야겠다.
2-2	• 인물 제시 방법: 인물의 말과 행동(에 의한 간접 제시 방법) • 효과: 인물의 말과 행동을 통해 독자가 스스로 인물의 성격을 판단할 수 있으며, 사실적이고 생생한 느낌으로 인물을 표현한다.
3-1	사실
3-2	박두성의 삶에 대한 이해를 공유하고, 자신의 반응을 재정리하도록 지도함.
3-3	• 단점: 기본 어휘에서 파생된 어휘의 의미를 인식하지 못하여 학생 개인이 지닌 배경지식을 충분히 끌어내지 못한다. • 어휘 지도 방법: 의미 자질 분석법, 의미 구조도 그리기, 의미 지도 그리기 등

2023-01 초등

정답과 해설

1) 정답

① 동물들이 사라지는 것을 막기 위해 세계 여러 나라는 어떤 노력을 하나요? / 동물들이 없어지는 것을 막기 위해 그 수가 점점 줄어드는 동물을 무엇으로 지정해 보호하나요?
② 문맥의 실마리를 이용하기 / 문맥이나 상황 등 맥락을 활용하기

해설①

'글에서 답을 찾을 수 있는 질문'을 (가)의 [A]를 활용하여 만들어 쓰는 문제입니다. 즉 (가)의 [A]의 내용을 활용해서 질문을 만들라는 의미라고 할 수 있습니다. (가)의 [A]에서는 '동물들이 없어지는 것을 막기 위해 세계 여러 나라가 많은 노력을 하고 있다.', '각 나라는 수가 점점 줄어드는 동물을 멸종위기종으로 지정해 보호하기도 한다.'는 정보를 알 수 있기 때문에 이와 관련된 문제를 만들면 됩니다. 이 문제는 수능형 문제로 배경지식이 없어도 충분히 풀 수 있지만, 배경지식 활성화 전략 중 질문하기와 연관이 있는 문제라는 것을 알고 넘어가는 것이 좋습니다. 특히 5학년 1학기 8단원 지도서에 질문의 종류에 따른 예시가 나옵니다.

글에서 답을 알 수 있는 질문	• 대나무와 박에서 나오는 소리는 어떤 느낌을 준다고 했나요? • 우리 조상들이 악기를 만들 때 사용한 재료는 무엇무엇인가요? • 우리 악기들의 특징은 무엇무엇인가요?
자신의 생각을 말해야 하는 질문	• 자신이 좋아하는 악기는 어떤 재료로 만들었나요? • 악기의 소리를 들으면 어떤 생각이 떠오르나요? • 악기들이 어울리면 어떤 소리를 낼까요?

[국어 5-1, 8. 아는 것과 새롭게 안 것]

지도서 같은 부분에 지도상의 유의점도 제시되어 있으니 참고하시면 좋을 것 같습니다.

> 글의 내용을 중심으로 질문을 만들어 보고, 글에서 답을 알 수 있는 질문의 답은 대체로 정해져 있는 반면에 지식이나 경험을 활용해 머릿속에서 답을 생각해야 하는 질문의 경우에는 답이 정해져 있지 않음을 깨닫도록 한다. 이때 질문을 만드는 활동을 어려워한다면 아는 지식을 의문으로 바꾸어 보도록 하고 학생들이 따라 하도록 교사가 질문을 만드는 과정을 시범을 보여 줄 수 있다.

[국어 5-1, 8. 아는 것과 새롭게 안 것]

해설②

어휘 지도 방법에 대한 문제입니다. (나)의 [B]에서 '멸종이라는 낱말 바로 뒤에 나온 문장을 보면'이라는 교사의 말로 알 수 있듯이, 교사는 낱말이 사용되는 문맥을 통해 낱말의 의미를 추론하는 방법을 사용하고 있습니다. 그러므로 어휘 지도 방법 중 '문맥이나 상황 등 맥락을 활용하기'라고 할 수도 있고, 4학년 1학기 7단원 지도서에 등장하는 '문맥의 실마리를 이용하는 방법'이라고 할 수도 있습니다.

낱말의 뜻을 짐작하는 방법 알기

■ 낱말의 뜻을 짐작하는 과정 살펴보기

○ '원격'이라는 낱말의 뜻을 짐작하는 과정 살펴보기
- 친구들은 '원격'이라는 낱말의 뜻을 어떻게 짐작했나요? (문맥의 앞뒤 내용을 살펴보고 상황에 맞는 뜻을 찾아 짐작했습니다.)
- 여러분이라면 어떤 방법으로 낱말의 뜻을 짐작할지 말해 봅시다.
- 그 밖에도 낱말의 뜻을 짐작하는 방법이 있다면 말해 봅시다. (낱말을 쪼개어 뜻을 짐작해 봅니다. / 모양이 비슷한 다른 낱말의 뜻으로 뜻을 유추해 봅니다. / 다른 낱말을 넣어 뜻이 통하는지 살펴봅니다.)

낱말	짐작한 뜻	그렇게 짐작한 까닭
극비	매우 비밀스러운	기록한 다음에 자동으로 지워진다고 하니까 감추려는 것처럼 생각되어서
감응	받아들이고, 응답하는 것	감지할 때 '감'과 응답할 때 '응'이 들어가는 낱말이어서
상용	사용되는 것	문맥에 매일 사용할 수 있다는 설명이 나와서

[국어 4-1, 7. 사전은 내 친구]

---

2) 정답

① 주어, 목적어, 부사어
② 전문가라도 동물의 멸종 시기를 일일이 알아맞히는 것은 쉽지 않다.

해설①

㉠ '내 동생은 여러 가지 색연필을 많이 받았다'의 서술어는 '받다'입니다. 즉, '받다'라는 서술어가 요구하는 필수 문장 성분을 쓰는 문제입니다. 필수 문장성분을 알기 위해서는 문장을 하나 만들어보는 것이 좋습니다. 예를 들어 '내가 친구에게 선물을 받았다.'라는 문장을 만들면, 주어인 '내가', 부사어인 '친구에게', 목적어인 '선물을'이 들어간다는 것을 알 수 있습니다. 이 중에서 하나라도 빠지면 문장이 어색해지기 때문에 필수 문장 성분은 주어, 목적어, 부사어라는 것을 알 수 있습니다. 다만 현재 교과서에 부사어는 문장 전체를 꾸며주는 부사어를 주로 다루고 있어 관련 내용은 지도서에서 찾기 어렵습니다. 지도서에서 부사어는 다음과 같이 다루어지고 있습니다.

● 부사어의 호응

(1) 비록/설령/설사 ~ -어도/더라도/ㄹ지라도/ㄴ들
  예) 비록 영자가 떠났더라도
(2) 아무리/암만 ~ -어도/더라도/ㄹ지라도/ㄴ들
  예) 아무리 지구가 둥글어도
(3) 만약/만일 ~ -면/ㄴ다면/거든
  예) 만약 지구가 편평하다면
(4) 아마/혹시 ~ -겠다/ㄹ 것이다/지도 모르다
  예) 아마 제주도에는 폭우가 올 것이다.
(5) 반드시/꼭 ~ -어야 한다/ㄹ 것이다/고 말다
  예) 우리는 반드시 문제를 내일까지 풀어야 한다.
(6) 전혀/절대로 ~ -지 않다/못하다
  예) 이 영화는 절대로 오락적이지 않다.
(7) 도저히 ~ [부정]
  예) 이 문제는 도저히 영희가 풀 수 없다.

■ 출처: 채희락(2002), 「한국어 부사어의 분류와 분포 제약」, 『언어와언어학』 제29집, 한국외국어대학교 언어연구소.

[국어 5-2, 4. 겪은 일을 써요]

해설②

우선 ㉡ 문장에서 맞춤법이 틀린 부분을 찾아보면 '일일히'와 '알아맞추는'을 찾을 수 있습니다. 먼저 일일히를 보면, 한글맞춤법 제6장 제51항 '부사의 끝음절이 분명히 '이'로만 나는 것은 '이'로 적는다'는 규정에 따라 '일일이'라고 적어야 합니다. 또한 '길길이', '번번이', '나날이(날+날+이)'처럼 한 단어를 반복하여 결합한 첩어 뒤에는 '이'로 적습니다. '알아맞추는'에서 '맞추다'는 대상끼리 서로 비교하다, 혹은 맞닿게 하다'의 뜻을 가지며, '맞히다'는 '적중하다'는 뜻을 가지기 때문에 '알아맞히다'가 맞습니다.

한글 맞춤법

제6장 그 밖의 것
제51항 부사의 끝음절이 분명히 '이'로만 나는 것은 '-이'로 적고, '히'로만 나거나 '이'나 '히'로 나는 것은 '-히'로 적는다.

1. '이'로만 나는 것
  가붓이 깨끗이 나붓이 느긋이 둥긋이
  따뜻이 반듯이 버젓이 산뜻이 의젓이
  가까이 고이 날카로이 대수로이 번거로이
  많이 적이 헛되이
  겹겹이 번번이 일일이 집집이 틈틈이

2. '히'로만 나는 것
  극히 급히 딱히 속히 작히
  족히 특히 엄격히 정확히

3. '이, 히'로 나는 것
  솔직히 가만히 간편히 나른히 무단히
  각별히 소홀히 쓸쓸히 정결히 과감히
  꼼꼼히 심히 열심히 급급히 답답히
  섭섭히 공평히 능히 당당히 분명히
  상당히 조용히 간소히 고요히 도저히

[문화체육관광부고시 제2017-12호]

> **한 줄 조언**
> 수능형 문제와 각론 문제를 적절하게 출제한 문항이라고 생각합니다. 하지만 마지막 맞춤법 문제는 시험장에서 정말 많은 수험생들을 당황시켰을 것 같습니다. 맞춤법 문제는 쉬운 것 같다가도 내가 나를 믿지 못하기 때문에 끝까지 의심하게 되는 문제입니다. 특히 한글 맞춤법 6장 제 51항은 그 규정이 모호해서 평소 틀리는 사람이 굉장히 많은 조항입니다. 이 문제를 통해 해당 맞춤법을 한 번 더 공부하시고, 이런 문제가 나왔을 때 멘탈을 부여잡고 어느 정도는 내려 놓을 수 있는 마인드 컨트롤도 연습하시길 바랍니다.

2023-02 초등 | 정답과 해설

1) 정답
담화 공동체

해설
[A]에서 '사회적 상호작용'에서 글이 구성된다는 부분을 보았을 때, 교사가 수업의 전제로 삼고 있는 쓰기 이론은 '사회구성주의 작문이론'이라는 것을 알 수 있습니다. 이 이론에서 글의 의미를 구성하는 주체는 '담화 공동체'를 의미합니다.

작문 이론의 전개		
1. 결과 중심 작문 이론	2. 과정 중심 작문 이론	3. 대안적 작문 이론
- 수사학 - 형식주의 작문 이론	- 인지주의 작문 이론 - 사회구성주의 작문 이론	- 대화주의 작문 이론 - 장르 중심 작문 이론 - 후기 과정 작문 이론

- 사회구성주의 작문이론
- 지식은 개인 내적인 인지 작용을 통해서가 아닌, 사회적 상호작용으로 구성된다.
- 개인 필자는 공동체가 요구하는 관습과 규범을 따르며 합의에 이른다.
- 의미를 구성하는 주체인 **담화 공동체** 구성원들과 나누는 대화의 과정을 중시하여 **쓰기 워크숍** 활동을 추구한다.

[박태호, 구성주의 패러다임의 측면에서 본 작문 이론의 전개 동향, 한국교원대학교 초등교육연구소, 제 2호, 1992.02, 62-5]

2) 정답
① 다면 평가
② 여러 독자와의 상호작용을 통해 자기중심적 경향에서 벗어날 수 있다.

해설 ①
제시문의 표를 보았을 때 질문의 주체가 다양한 것으로 보아 ⓒ에 들어갈 말은 '평가 주체'라는 것을 유추할 수 있습니다. 그러므로 교사가 다음 차시에 사용하고자 하는 평가 방법은 다양한 평가 주체의 평가이므로 '다면 평가'임을 알 수 있습니다. 이 문제의 출제근거는 2015 개정 국어과 교육과정의 평가 방법 및 유의사항에서도 찾을 수 있습니다.

> (라) 평가 방법 및 유의 사항
> ① 평가 목표는 쓰기의 목적, 읽는 이, 주제에 맞게 한 편의 글을 온전하게 썼는지를 평가하는 데 주안점을 두어 설정한다.
> ② 교사의 평가뿐 아니라 자기 평가와 상호 평가를 실시하여 학습자의 쓰기 활동을 다면적으로 평가한다.

해설 ②
다면 평가는 자신의 글이 다양한 독자에게 어떻게 받아들여지는 지 알 수 있기 때문에 '자신의 입장에서만 주장을 펼치며 글을 쓰는' 학생이 자기중심적인 글쓰기 성향에서 탈피할 수 있도록 도울 수 있습니다. '다양한 주체와 상호작용'한다는 의미와 '자기중심적인 글쓰기를 탈피'한다는 의미가 들어간다면 정답으로 인정되었을 것입니다.

> **한 줄 조언**
> 첫 번째 문제는 평소 외우던 평가 방법에 매몰되었다면 오히려 답을 쓰는 것이 쉽지 않았을 문제였습니다. 그저 평가의 주체가 다양한 평가를 말하는 것뿐인데 어떤 특별한 평가 이론이 있는지 머리를 싸맨 수험생들이 많았을 것 같습니다. 최근 경향으로 보았을 때 수험생들의 유연한 사고를 요하는 문제가 많이 보입니다. 여러분들의 지식을 유연하게 활용할 수 있는 연습을 하는 것이 도움이 될 것 같습니다.

2023-03 초등 | 정답과 해설

1) 정답
① 시를 낭송할 때는 시의 분위기를 생각하면서 읽어야 하기 때문이다.
② 어조

해설 ①
(가)의 ㉠을 보면 박 교사는 학생들이 시의 내용을 파악하여 시의 느낌을 생각하는 것을 중시한다는 것을 알 수 있습니다. 이는 시의 느낌을 살려 분위기에 맞게 낭송하기 위함입니다. 시의 '느낌'이나 '분위기'에 맞게 낭송하기 위해서라는 의미가 들어가면 정답으로 인정되었을 것입니다.

> **낭송할 시 찾기**
> 낭송하고 싶은 시 찾아보기
> • 친구들 앞에서 낭송하고 싶은 시를 정해 봅시다. 자신이 좋아하는 시를 골라도 좋고, 어떤 시를 낭송할지 망설여진다면 몇 편의 시를 짝에게 보여주고 함께 낭송할 시를 골라도 좋습니다.

> 학교 도서관에서 한 시간 정도 자유롭게 낭송할 시를 탐색하도록 할 수 있다. 또는 사전에 좋아하는 시를 골라 오거나 시집 한 권을 가져오도록 안내할 수 있다. 1학년 때 배운 시나 이 단원에서 배운 시 가운데에서 낭송할 시를 골라도 좋다. 이때 교사는 학생의 수준을 고려해 학생이 좋은 시를 고를 수 있도록 돕는다.

- 시의 분위기를 생각하며 시를 소리 내어 읽는 것을 낭송이라고 합니다.
- 인물의 마음이나 시의 장면을 상상하면서 시를 읽으면 시의 분위기에 맞게 낭송할 수 있습니다.

[국어 2-1, 1. 시를 즐겨요]

해설②

ⓒ 시 작품에서 제재나, 청자 때로는 자기 자신에 대한 화자의 태도를 뜻하는 용어를 찾기 위해 먼저 (가)에서 이 교사가 '자신의 비밀을 말하는 내밀한 목소리'라고 이야기하는 것에 주목해야 합니다. 이는 시에서 화자의 말투, 즉 어조를 의미한다는 것을 알 수 있습니다. '귀뚜라미와 나와'처럼 청자에게 비밀스러운 태도를 취하는 어조를 가진 시 작품, 윤동주 시인의 시처럼 자기자신을 비판하는 어조를 가진 시 작품 등이 있습니다.

2) 정답

① 시어는 함축적인 의미를 가지고 있기 때문이다.
② 시어가 반복되고 있다.

해설①

(가)에서 ⓒ이 [A], [B]처럼 해석되는 이유는 귀뚜라미가 일상적에서 쓰이는 언어가 아니라, 여러 의미를 가진 함축적인 언어로 쓰였기 때문입니다. 이는 (가)에서 김 교사가 '두 분처럼 귀뚜라미를 다양하게 해석할 수 있는 것을 보니, 시어의 의미는 지시적인 의미와 구별되는 특징이 있군요.'라고 말하는 부분에서 알 수 있습니다. 이는 시어는 일상언어와 달리 지시적인 의미가 아니라 함축적인 의미를 가졌다는 것을 암시합니다.

해설②

(가)의 ㉣을 알기 위해서는 ㉣이 포함된 이 교사의 말을 보아야 합니다. '귀뚤귀뚤/귀뚤귀뚤'과 '우리 우리 집에서/ 제일 제일 큰 것은 무엇일까요'에서 공통적으로 나타나는 표현상의 특징을 찾으면 바로 시어가 반복되고 있다는 것을 알 수 있습니다. 또한 이 교사의 말 바로 직전 박 교사의 말을 볼 때 시의 율격을 지도해야 한다는 이야기를 하고 있습니다. 시의 율격은 글자 수, 행과 연의 반복 등 다양하게 만들 수 있지만 제시문에서 다뤄지고 있는 '무엇일까요'와 '귀뚜라미와 나'에서 율격을 만들고 있는 것은 시어의 반복임을 알 수 있습니다. 이러한 단서들로 '반복'이라는 키워드를 찾아내어 쓴다면 정답으로 인정되었을 것입니다.

한줄 조언

마지막 문제는 수능형으로 푸는 문제들이었습니다. 하지만 수능형임에도 시어가 '함축적'이라는 배경지식이 필요하고, 운율을 만들기 위해 시어의 반복이 필요하다는 배경지식이 필요했습니다. 이처럼 수능형 문제들도 국어과에 대한 기본 배경지식이 바탕이 되어야 풀 수 있는 문제들이 많이 출제되고 있습니다. 초등 국어 수준 뿐 아니라 국어과 기본 배경지식들도 상식 수준으로 알아두는 것이 좋을 것 같습니다.

2022-01 초등 | 정답과 해설

1) 정답

입증의 책임(증명의 부담)

해설

이 문제의 정답은 지도서에 정확히 제시되어 있지 않습니다. 이는 정책 논제를 주로 다루는 반대 신문식 토론(CEDA 토론)에서 다루는 개념입니다. 지도서에는 토론 주제의 종류만이 제시되어 있습니다.

> ● 토론 주제의 종류
> 논제는 사실 논제, 가치 논제, 정책 논제로 분류할 수 있다.
> (1) 사실 논제
> 어떤 내용이 참인지 거짓인지를 구체적인 자료로 입증하는 문제이다. 법정 토론에서 주로 사용된다.
> (2) 가치 논제
> 어떤 것이 '좋다/나쁘다', '바람직하다/바람직하지 않다' 등 가치 판단이 개입되는 문제이다. 예를 들어 "인터넷 게임은 아동에게 해롭다"가 이러한 논제에 해당된다.
> (3) 정책 논제
> 새로운 정책의 시행 여부나 의사 결정을 취급하는 논제로 행동의 변화를 요구한다. 학교 수업에서는 정책 논제를 다루는 것이 수월하다.
> [국어 5-2, 6. 타당성을 생각하며 토론해요]

반대 신문식 토론에서 찬성 측과 반대 측이 가지는 부담에 대한 내용은 다음과 같습니다.

> ● CEDA 찬·반 논쟁의 내용: 증명의 부담과 반증의 부담
> CEDA 논쟁의 내용은 긍정측에게 주어진 증명의 부담과 부정측에게 주어지는 반증의 부담을 해결하는 과정으로 구성된다. 긍정측에 서는 것은 현 상태(status quo)의 문제점을 증명하고, 변화를 주장하게 된다. 예를 들어 현재 사형제도가 시행되고 있는 상태라면 긍정측은 "사형제도를 폐지해야 한다."에 찬성하는 주장을 하게 됨으로써 현 상태에 대한 '변화'가 필요하다는 '증명'을 해야 할 '부담'을 갖게 된다.
> [이두원(2006), 'CEDA 찬,반 논쟁의 커뮤니케이션 전략 연구: 효과적인 입론, 교차조사, 반박을 중심으로']

토론에서의 책임에 대한 내용은 다음과 같습니다.

> ● 입증, 반박, 의사소통의 책임
> 토론자는 입증, 반증, 의사소통에 대한 책임을 져야 한다. 예를 들어 정책 토론의 경우 찬성 측은 현재 상황의 변화의 필요성을 제기한 만큼 그것을 입증할 책임이 있다. 반면 반대 측은 찬성 측이 제기한 발언을 듣고 나서 찬성 측의 주장이 설득력이 없다고 반박해야 할 책임을 진다. 마지막으로 토론자들은 청중이 토론을 참관하기 전에는 막연하게 안고 있었던 논제의 쟁점에 대해서 보다 정확하게 이해한 상태에서 비판적으로 판단할 수 있도록 하기 위해서 청중과의 의사소통에도 힘써야 한다.
> [백미숙, 『토론』, 커뮤니케이션북스, 2014]

그리고 이와 비슷한 문제가 2014년도에 국어 임용시험 기출문제로 출제된 적이 있습니다.

1. 다음은 반대 신문식(CEDA 방식) 토론의 절차를 학습하기 위해 정리한 교수·학습 자료이다. <보기>의 학생 질문에 대한 교사의 답변을 완성하려고 할 때 ㉠에 들어갈 말을 쓰시오. [2점]

…(중략)…

<보기>
학생: 반대 신문식 토론의 경우 찬성 측에서 입론을 먼저 시작해서 정해진 순서대로 토론을 하다가, 협의 시간 이후에는 순서를 바꾸어 찬성 측이 마지막으로 반박하게 하는 이유가 있나요?
교사: 아, 그것은 주로 정책 논제를 다루는 토론에서는 찬성 측이 (㉠   ) 때문입니다.

[2014 중등1차-국어-전공A-문제지, 한국교육과정평가원]

정답이 거의 같은 문제이기 때문에 참고하시길 바랍니다.

2) 정답

상호 교섭하기

해설

> ● 국어 듣기·말하기 기능
> - 맥락 이해·활용하기   - 내용 확인하기
> - 청자 분석하기   - 추론하기
> - 내용 생성하기   - 평가·감상하기
> - 내용 조직하기   - 경청·공감하기
> - 자료·매체 활용하기   - 상호 교섭하기
> - 표현·전달하기   - 점검·조정하기

위 기능 중 '화자 역할과 청자 역할을 동시에 수행하며, 참여자 간에 의미를 공유하고 협상함으로써 역동적으로 의미를 구성해 나가는 기능'이 무엇인지 생각해보아야 합니다. 또한 이를 통해 토론이 일방적인 말하기와 듣기가 아닌 양방향의 의사소통이 가능하다고 했기 때문에 상호 교섭하기가 답이 됩니다.

3) 정답

① 반대 측1, 찬성 측1, 반대 측2, 찬성 측2
② 사형 제도는 폐지되어야 한다.

해설①

반대 신문식 토론의 순서를 묻는 문제입니다. 이 또한 지도서에는 제시되어 있지 않습니다. 절차는 다음 그림과 같습니다.

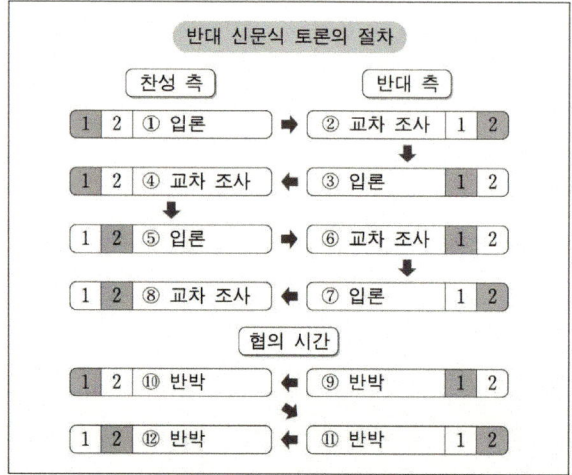

[2014 중등1차-국어-전공A-문제지, 한국교육과정평가원]

그림을 바탕으로 했을 때 결국 문제에서 묻고 있는 것은 '협의 시간'의 토론 절차라는 것을 알 수 있습니다. 이는 위 그림에서 반대 측1⇒찬성 측1⇒반대 측2⇒찬성 측2의 순서라는 것을 알 수 있습니다.

해설②

(다)의 ㉢에 들어갈 말은 결국 (다)에서 이루어지는 토론의 논제입니다. 제시문 (다)에서 찬성 측의 입론이 '사형 제도가 반드시 폐지되어야 한다.'임을 알 수 있습니다. 또한 [A]에서 알 수 있듯이 정책 논제는 '현 상태를 변화시키고자 하는 의도를 포함'해야 하고, 평서문 형태로 하나의 주장만 담아야 합니다. 이를 조합하면 '현재의 사형 제도가 폐지되어야 한다.'이 답이 될 수 있습니다. 위에서 언급한 조건을 충족한다면 다른 답들도 정답 처리 되었을 것입니다.

> 한줄조언
> 저는 이 문제를 처음 풀어보고 '그냥 틀리라고 낸 문제구나'라는 생각이 들었습니다. 지도서에 있지도 않은 개념에다 절차를 맞히는 문제는 지문에서 유추하기도 어렵기 때문입니다. 비록 중등 임용시험에서 출제가 되었던 내용이라고 하더라도, 안 그래도 많은 시험 범위를 자랑하는 초등 임용고시를 준비하면서 중등내용까지 공부하는 것은 불가능합니다. 저라면 시험장에서 '나처럼 다른 사람들도 틀리겠지'하는 마음으로 다른 문제에 더 집중했을 것 같습니다. 이런 킬러 문제가 나왔을 때 멘탈을 부여잡을 수 있는 힘이 필요합니다. 괜히 1번 문제로 배치한 게 아닌 것 같습니다. 혹시 이 부분이 기출이 되어 걱정이 되는 분들은 토론의 종류 정도는 알아두셔도 좋겠습니다.

2022-02 초등·초특 공통

1) 정답

물활론적 사고

해설

(가)의 ㉠이 위치한 이 교사의 말을 먼저 살펴보면 '이 시기의 학생들은 사물이 말하는 것을 자연스럽게 여긴다'는 것을 알 수 있습니다.

또한 보기의 ⓐ는 '어린이들이 주변의 사물을 살아있는 생명체로 여기는' 것임을 알 수 있습니다.

사실 교육학 배경지식이 없다면 이 '물활론적 사고'를 생각하기 쉽지 않습니다. 이는 피아제의 전조작기 아동의 특성으로 제시된 개념입니다.

> **● 피아제 전조작기 유아의 사고 특성**
> ① 자기중심적 사고: 유아가 자신의 입장에서만 사물을 생각하며 다른 사람의 입장에서 이해하지 못하는 것
> ② 물활론적 사고: 생명이 없는 대상에 생물의 특성을 부여하여 살아있는 존재처럼 생각하는 사고
> ③ 직관적 사고: 현저히 눈에 띄는 지각적 속성에 의해 그 대상을 판단하는 사고
> ④ 지각의 중심화: 자신이 지각하는 한 가지 요소에만 주의를 집중하고 그 외 다른 요소들을 고려하지 못하는 것
> ⑤ 상징적 사고: 내면의 표상을 다양한 형태의 상징으로 표현하는 것
> ⑥ 실재론적 사고: 보고 듣고 느끼고 생각하는 것들이 모두 형상화되어 실재한다고 믿음
> ⑦ 전환적(변환적) 추론: 서로 관련 없는 두 사건을 인과관계가 있는 것으로 추론함
> ⑧ 인공론적 사고: 모든 사물과 현상이 인간이 만들었다고 믿는 사고
> ⑨ 비가역적 사고: 변화가 일어난 상태에서 그 변화를 역으로 돌려 원래의 상태로 되돌려 생각할 수 없는 사고 특성
> [Ginsburg, Herbert P, 피아제의 인지발달이론, 학지사, 2006]

교육학 개론이나 아동발달이론에서 나오는 개념이기 때문에 지엽적이라고 하기는 어렵지만, 지도서에 제시된 내용이 아니라 오답률이 높았을 것이라고 생각합니다. 간단한 교육학 내용은 교직 논술을 대비하며 공부하시는 것을 추천합니다.

2) 정답

① 글의 구조, 이야기의 구조
② 노인이 쇠머리탈을 게으름뱅이에게 씌워 소로 변하게 한 것

해설

① (가)의 ㉡은 제시문에서 '처음-가운데-끝', '발단-전개-절정-결말'과 같다고 말하고 있습니다. 이 문제의 출제 근거는 2015 개정 국어과 교육과정의 성취기준에서도 찾을 수 있습니다.

> [6국02-02] 글의 구조를 고려하여 글 전체의 내용을 요약한다.
> • 성취기준 해설
> [6국02-02] 이 성취기준은 읽은 내용을 글의 구조를 고려하여 자신의 언어로 요약하는 능력을 기르기 위해 설정하였다. 요약하기는 단순히 글의 분량을 줄이는 것이 아니라, 주요 내용을 뽑아 이를 중심으로 간추려 정리하는 것이다. 이때 '머리말-본문-맺음말', '서론-본론-결론', '발단-전개-위기-절정-결말' 등 글의 형식상 구조를 고려하여 요약하는 것이 적절하다.
> …(하략)…

이를 통해 ㉡에 글의 (형식상) 구조가 들어갈 수 있음을 알 수 있습니다. 또한 6학년 지도서에도 이야기 구조에 대해 다음과 같이 제시되어 있습니다.

> 이야기 구조에는 발단, 전개, 절정, 결말이 있어요.
> • 발단: 이야기의 사건이 시작되는 부분
> • 전개: 사건이 본격적으로 발생하고 갈등이 일어나는 부분
> • 절정: 사건 속의 갈등이 커지면서 긴장감이 가장 높아지는 부분
> • 결말: 사건이 해결되는 부분

[국어 6-2, 2. 이야기를 간추려요]

4학년 지도서에도 참고 자료로 다음과 같이 제시 되어 있습니다.

단계	특징	예시
발단	- 사건의 암시 - 작품의 도입 부분으로, 등장인물이 소개되고 배경이 제시되며 사건의 실마리가 나타나는 단계	- 토끼와 거북이가 달리기 경주를 하기로 한다.
전개	- 사건의 형성 - 사건이 본격적으로 전개되는 단계로 사건이 복잡하게 얽히고 인물 사이의 갈등이 일어남. 복선, 암시, 생략 등의 기교가 요구되는 단계	- 그래서 거북이는 토끼와 경주를 시작한다. 그들은 각자의 속도로 달리기 시작한다.
위기	- 사건의 반전 - 새로운 사태의 발생, 갈등의 고조 및 심화, 사건이 절정에 이르는 계기가 되는 단계	- 하지만 거북이는 뛸 수 없어서 토끼에 비해 엄청나게 뒤처진다.
절정	- 사건의 전환 - 갈등과 분규가 가장 격렬해지고 사건이 최고조에 이르는 단계이며 동시에 사건 해결의 실마리가 제시됨. 인물의 성격과 행동이 가장 두드러지는 부분이며, 주제의 방향이 결정되는 단계	- 이에 토끼가 충분히 따돌렸다고 생각하고 낮잠을 잔 사이, 거북이는 멈추지 않고 꾸준히 걷는다.
결말	- 사건의 해결(초목표 달성) - 사건이 마무리되며, 모든 갈등이 해결되고 주인공의 운명이 결정되는 단계	- 마침내 거북이가 결승선에 먼저 도착하고, 그제서야 깨어난 토끼는 자신이 어리석었음을 깨닫고 한탄한다.

[국어 4-1, 5. 내가 만든 이야기]

② (가)의 ㉢은 '이야기 전체에 영향을 주는 갈등'입니다. 찾아 쓰라는 말이 없어서 글의 내용을 재구성하여 답을 적어도 인정이 될 것입니다. 여기에서 주의할 점은 '이야기 전체에 영향을 주는'입

니다. 갈등은 쉽게 찾을 수 있지만, 이야기 전체에 영향을 주어야 하기 때문입니다. 이야기 전체에 영향을 주는 갈등을 제시문에서 찾아보면 '노인이 쇠머리탈을 게으름뱅이에게 씌워 소로 변하게 한 것' 혹은 '노인이 게으름뱅이를 소로 변하게 하여 장터에 판 것' 등 다양한 답변이 가능합니다. 다만, 이야기 전체에 영향을 미쳐야 해서 '게으름뱅이의 아내가 잔소리한 것'은 답안으로 인정되기 어려울 것입니다.

3) 정답

입체적 인물

해설

(가)의 ㉣을 먼저 살펴보면, '등장인물의 성격이나 가치관이 변하는 경우'에 해당하는 인물의 성격 유형이 무엇인지 알아내야 한다는 것을 알 수 있습니다. 인물의 성격 유형은 다음과 같습니다.

아래를 바탕으로 ㉣에 알맞은 인물 유형을 찾아보면 '입체적 인물'이라는 것을 알 수 있습니다.

- ● 성격 변화에 따라
  ① 평면적 인물: 작품의 시작부터 끝까지 성격이 변하지 않고 고정된 인물, 한 가지 성격이 두드러지게 드러나는 인물
  ② 입체적 인물: 사전의 전개 과정에 따라 성격이 변화하며 발전하는 인물, 복잡한 여러 면의 성격을 지닌 인물
- ● 성격에 따라
  ① 전형적 인물: 자신이 속한 사회, 직업, 계층을 대표하는 인물
     - 장점 : 모든 사람들이 쉽게 이해함
     - 단점 : 인간을 도식적, 단선적으로 이해
  ② 개성적 인물: 특정한 계층의 보편적인 성격이 아닌, 개인의 독자적 성격을 지니고 있는 인물
  √ 고전소설은 전형적 인물, 현대소설은 개성적 인물이 많음
- ● 역할에 따라
  ① 주동 인물: 작가가 표현하고자 하는 주제를 실천, 작가 의식을 대변하는 인물
  ② 반동 인물: 주동 인물과 대립, 갈등하는 인물
                …(하략)…
  [김미현, 한국현대소설론(강의), 이화여자대학교, 2012]

> 2022년도 초등임용고시는 국어에서 킬러문항을 많이 만든 것 같습니다. 물활론적 사고나 입체적 인물은 사실 대학교에서 한 번쯤은 들은 말일 테지만, 지도서에서 제시된 내용이 아니기 때문에 오답률이 비교적 높을 것으로 예상됩니다. 교육학 내용이고 일반적 내용이라 지엽적이라고는 할 수 없지만, 저는 '치사한' 문제로 보입니다. 이전까지는 이런 문제는 다 틀리니까 맘 편히 틀리라고 말했지만, 상위권을 노리는 수험생이라면 이제 교육학 내용도 공부를 해야 할 것 같습니다. 또 중등과 연계되는 내용도 공부할 필요가 있다고 생각합니다. 다만 욕심내어 공부할 양을 과하게 늘리지 마시고, 중등 기본 개념 정도만 익히셔도 도움이 될 것 같습니다.

2022-03 초등

1) 정답

공간, 추상

해설

(가)에서 알 수 있듯이 ㉠, ㉡은 '공간, 추상, 시간' 중에서 두 가지에 해당합니다. ㉠, ㉡이 무엇에 해당하는지 알기 위해서는 (가)에 제시된 예시 문장을 볼 필요가 있습니다. 틈대신 겨를을 넣어 의미의 차이를 확인하는 과정을 보고, 의미에 차이가 생기는 것이 문장이 공간, 추상, 시간 중 어떤 의미에 해당하는지를 확인하기만 하면 됩니다.

먼저 '밥 먹을 틈이 없다.'와 '밥 먹을 겨를이 없다.'는 같은 뜻으로 해석이 됩니다. 그러므로 의미의 차이가 없습니다. 이를 통해 공간, 추상, 시간 중 시간 표현은 교체가 가능하다는 것을 알 수 있습니다.

다음으로 '문 틈으로 바람이 들어온다.'와 '문 겨를로 바람이 들어온다.'를 보면, 틈을 겨를로 교체할 수 없다는 것을 알 수 있습니다. 그러므로 공간 표현은 교체가 불가능합니다.

마지막으로 '우정에 틈이 생겼다.'와 '우정에 겨를이 생겼다.'를 보면 이 문장 또한 틈을 겨를로 교체할 수 없음을 알 수 있습니다. 이에 따라 추상 표현도 교체가 불가능합니다.

이러한 예시들로 보았을 때 ㉠, ㉡은 공간과 추상에 해당함을 알 수 있습니다.

2) 정답

① 빠름, 느림
② 의미 구조도 그리기

해설 ①

국어 지도서에는 반의어의 개념을 '반대말'이라고 제시하고 있습니다. 지도서에서 찾을 수 있는 반대말에 대한 설명은 다음과 같습니다.

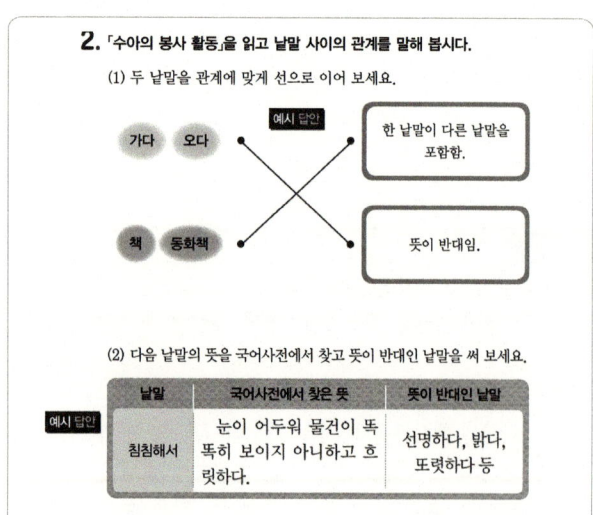

3. 보기 에서 낱말을 찾아 빈칸에 알맞은 낱말을 넣어 봅시다.

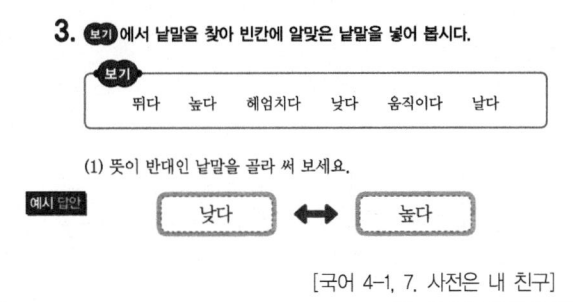

[국어 4-1. 7. 사전은 내 친구]

하지만 이 개념만으로는 문제를 풀 수 없습니다. (가)의 ㉢에 해당하는 등급 반의어를 찾기 위해서는 먼저 반의어의 종류를 알아야 합니다.

- **상보 반의어**
  (1) 의미가 상호 배타적이다.
  (2) 구분법
   - 두 단어를 동시에 부정할 수 없다.
   - '매우', '너무'를 붙이면 말이 안된다.
     예) 살다-죽다, 남자-여자, 합격-불합격,
         긍정-부정, 기혼-미혼
- **등급 반의어(정도 반의어)**
  (1) 정도(등급)의 차이가 있는 반의어.
  (2) 구분법
   - 두 단어를 모두 부정해도 모순이 아니다.
   - '매우', '너무'를 붙여도 말이 된다.
   - 등급(정도)를 수치화하여 그래프로 나타낼 수 있다.
     예) 길다-짧다, 깊다-얕다, 많다-적다,
         뜨겁다-차갑다, 쉽다-어렵다, 검은색-흰색
- **방향 반의어**
  (1) 일정한 방향성이 있는 반의어
  (2) 구분법
   - 상호 의존적이다. 한 쪽이 있으면 다른 쪽도 있다.
     예) 부모-자식, 스승-제자, 남편-아내, 형-아우,
         올라가다-내려가다, 오다-가다, 사다-팔다

[미래엔 언어와 매체(고등) 2. 국어의 구조]

이러한 반의어의 종류를 바탕으로 문제에서 등급 반의어를 찾는다면, '빠름-느림'입니다. 빠르고 느린 정도를 수치화해서 그래프로 표현이 가능하기 때문입니다.

다른 예시들이 어떤 반의어에 해당하는지는 다음과 같습니다.

- 주다-받다: 방향 반의어
- 참-거짓: 상보 반의어
- 스승-제자: 방향 반의어
- 출석-결석: 상보 반의어
- 위-아래: 방향 반의어

위에서 언급한 구분법을 잘 기억하고 종류를 구분하는 연습을 해봅시다. 이와 관련한 개념으로 유의어의 종류도 있습니다. 아래를 참고하세요.

- **완전 동의어** : 어떤 맥락에서도 서로 교체가 가능한 두 단어
  예) 계란-달걀
- **포함 동의어** : 한 단어가 다른 단어를 포함하고 있어 교체가 가능한 경우와 불가능한 경우가 있는 두 단어
  예) 길-도로
- **부분 동의어** : 두 단어의 공통부분과 다른 부분이 있어 교체가 가능한 경우도 있지만 맥락에 따라 둘 중 하나만을 사용해야 하는 두 단어
  예) 뽑다-빼다

[미래엔 언어와 매체(고등) 2. 국어의 구조]

해설 ②

(나)의 [B]에서는 낱말과 낱말 사이의 관계를 사용하여 정리하고 있습니다. 2009 개정 교육과정의 부록에 나오는 어휘 지도의 방법을 참고하면 문제를 풀 수 있습니다.

① **국어사전 찾기를 통한 지도**
  ▷ 뜻을 모르는 낱말에 직면했을 때 그 뜻을 알기 위해 많이 사용하는 일반적인 방법이다.
② **문맥이나 상황 등 맥락을 활용한 지도**
  ▷ 낱말이 쓰인 문장의 앞뒤 문맥, 발화 맥락 등의 단서를 활용하여 뜻을 파악하는 방법이다.
③ **의미 관계 비교를 통한 지도**
  ▷ 반의 관계, 유의 관계, 상하 관계 등의 의미 관계를 사용하여 뜻을 파악하는 방법이다. 의미 구조도 그리기 등의 방법을 사용할 수 있다.

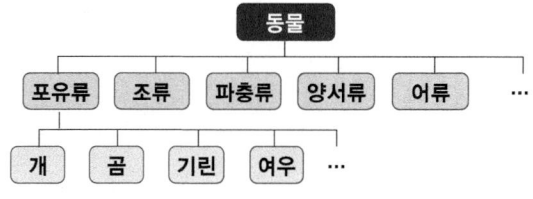

〈의미 구조도〉

④ **의미 지도 그리기**
  ▷ 하나의 주제를 중심으로 이와 관련된 어휘나 사실을 열거하고 범주화하는 방법이다.

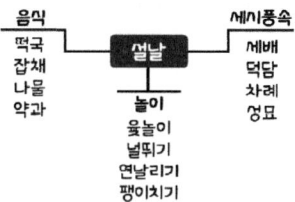

〈의미 지도〉

⑤ **낱말 구조 분석을 통한 지도**
  ▷ 접두사, 접미사와 어근의 분석, 낱말의 어원 등을 통하여 낱말의 이해와 생성을 지도하는 방법이다.
⑥ **말놀이를 통한 지도**
  ▷ 끝말잇기, 수수께끼, 스무고개, 삼행시 등의 놀이를 통해 지도하는 방법이다.

[국어 교과교육론 어휘 지도]

의미 관계를 사용하여 낱말을 정리하고 있기 때문에 답은 '의미 구조도 그리기'가 됩니다.

한 줄 조언

위의 문제들에 비하면 평이하게 풀 수 있는 문제입니다. 하지만 반의어의 종류가 초등 지도서에는 제시되어 있지 않기 때문에 어려움을 느꼈을 수험생도 많을 것입니다. 초등에서 다루고 중등에서 조금 더 깊게 다루는 개념들이 앞으로 더 출제될 수도 있어 보입니다.

2021-01 초등·초특 공통
정답과 해설

1) 정답
의미 자질 분석법

해설

● **의미 자질을 활용한 어휘 지도 방법**

의미 자질 분석법은 낱말의 의미를 변별하는 데 바탕이 되는 자질을 중심으로, 해당 어휘가 그 자질을 가졌는지 없는지를 '+, −' 혹은 '○, △, ×'로 표시하는 방법이다. 낱말과 낱말 사이의 정확한 의미 차이나 한 낱말의 개념을 분석적으로 접근할 수 있다는 점에서 의의가 있다.

예)

낱말 \ 의미 자질	인간	남성	기혼
처녀	+	−	−
총각	+	+	−
아내	+	−	+
남편	+	+	+

[국어 4-1, 7. 사전은 내 친구]

강 교사가 활용한 어휘 학습 방법은 (나)의 표에서 알 수 있습니다. 표에서는 의미의 자질을 '+, −'로 표시하면서 어휘를 분석하고 있으므로, 이를 보고 '의미 자질 분석법'을 사용하고 있다는 것을 알 수 있습니다.

2) 정답
① 먼저, 다음으로, 마지막으로
② 나열 구조

해설①

(나)의 ㉠은 교사가 '갯벌의 이로움'의 글 구조를 나타내는 말을 찾아보자는 안내에 따른 학생의 활동입니다. 글의 구조를 살펴보려면 먼저 문단의 구분을 보아야 합니다. 첫 문단을 보면 앞으로 어떤 내용이 나올 것인지 알려주고 있다는 것을 알 수 있습니다. '여러 가지 이로움을 준다.'는 부분에서 이 다음에는 그 이로움이 어떤 것인지 설명하는 글이 나오리라는 것을 예상할 수 있습니다. 게다가 이 글에서는 친절하게도 문단마다 '먼저, 다음으로, 마지막으로'와 같은 접속사로 구조를 확실히 보여주고 있습니다. 그러므로 학생들은 글 구조를 나타내는 말로 '먼저, 다음으로, 마지막으로'를 찾을 수 있을 것입니다.

해설②

글의 다양한 구조

1) **순서 구조**: 시간이나 공간의 순서에 따라 설명하는 글의 구조

〈교사의 시범 예시〉

도서관에는 많은 책이 있다. 도서관의 책은 일정한 과정을 거치면 빌릴 수 있는데 도서관에서 책을 빌리는 과정은 다음과 같다. 먼저 읽을 책을 선정한다. 도서관에는 많은 책이 있으므로 그 가운데에서 어떤 책을 읽을지 먼저 결정해야 한다. 그러고는 도서관에서 빌릴 책을 찾는다. 십진분류법을 활용하면 빌릴 책을 쉽게 찾을 수 있다. 그런 다음 사서 선생님께 빌릴 책을 제출한다. 마지막으로 사서 선생님께서 대출 확인을 해 주시면 책을 빌려 갈 수 있다.

이 글은 도서관에서 책 빌리는 과정을 '먼저', '그러고는' 따위의 시간 순서를 나타내는 말로 설명하고 있으므로 '순서 구조'입니다. 순서 구조 틀로 책을 빌리는 과정을 파악할 수 있습니다. (칠판에 직접 순서 구조 틀을 그리며 시범을 보인다.)

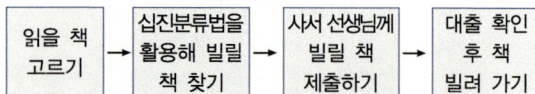

순서 구조 틀을 바탕으로 하여 다음과 같이 요약할 수 있습니다.

도서관에서 책을 빌리는 과정은 다음과 같다. 먼저 읽을 책을 고른다. 그러고는 십진분류법을 활용해 빌릴 책을 찾는다. 그런 다음 사서 선생님께 빌릴 책을 제출한다. 마지막으로 대출 확인 후 책을 빌려 간다.

2) **나열 구조**: 하나의 주제에 대해 몇 가지 특징을 늘어놓는 글의 구조

〈교사의 시범 예시〉

종이는 우리 생활 곳곳에서 활용되고 있을 만큼 쓰임새가 많다. 종이는 학교에서 학생들이 수학 문제를 풀 때 연습장으로 사용할 수 있다. 그리고 미술 시간에 그림 그리기 재료로도 사용할 수 있다. 또 점심시간에 친구와 놀려고 종이비행기를 만들 때 재료로도 사용할 수 있다.

이 글은 종이의 쓰임새를 나열하고 있으므로 '나열 구조'입니다. 나열 구조 틀로 종이의 쓰임새를 파악해봅시다. (칠판에 직접 나열 구조 틀을 그리며 시범을 보인다.)

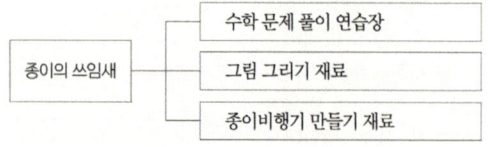

나열 구조 틀을 바탕으로 하여 다음과 같이 요약할 수 있습니다.

종이는 쓰임새가 많다. 수학 문제를 풀 때 연습장으로 사용할 수 있다. 그리고 그림을 그릴 수도 있다. 또 종이비행기를 만들 수도 있다.

[국어 5-2, 7. 인물의 삶 속으로]

물론 (가)에서 '먼저', '다음으로'와 같은 접속사가 쓰였지만, 이는 시간 순서에 따라 쓰인 것이 아니기 때문에 순서 구조가 아닌 나열 구조라고 할 수 있습니다. 글을 제대로 읽지 않고 접속사만 읽는다면 순서 구조와 헷갈릴 수 있도록 만든 잘 만든 문제입니다.

3) 정답

글을 요약할 때에는 중심 내용을 찾아 중요하지 않은 부분은 삭제하고, 중요한 문장을 중심으로 요약해야 한다.

해설

(나)의 [B]는 도식에 '갯벌의 이로움'을 정리해보는 학생의 활동입니다. 〈활동 결과〉에서 알 수 있듯 위 학생은 각 문단의 중심 내용을 파악하고 있지 않습니다. 결국, 이 도식화를 하는 이유는 글을 요약하기 위해서이기 때문인데, 도식에서 사용된 문장만으로 글의 내용이 이해되어야 하는데 그렇지 않기 때문입니다. 그러므로 이 학생에게는 중심 내용을 파악하는 법, 그리고 그를 바탕으로 중요하지 않은 내용은 삭제하고 중요한 부분을 중점으로 요약하도록 지도해야 합니다.

한 줄 조언

이 문제를 문제집에서 보면 '어렵지 않네!'라고 생각할 수 있지만, 이 문제가 시험장에서 여러분이 처음으로 맞닥뜨리는 문제라는 것을 잊으면 안 됩니다. 긴장감이 최고조일 때 푸는 문제가 될 테니 답의 근거를 반드시 찾아가며 침착하게 풀 수 있는 연습을 하면 도움이 될 거예요. 이 문제는 각론 내용과 수능형 문제가 균형을 잘 이룬 문제입니다. 또 어휘 학습 방법, 글의 구조, 글을 요약하는 방법을 하나의 문제로 엮은 방식이 매끄러워서 개인적으로 예상 문제를 만드실 때 이런 방식으로 엮으시는 연습을 하시는 걸 추천해드려요! 특히 순서 구조에서 자주 쓰이는 접속사를 이용하면서 나열 구조가 답이 되는 문제를 만든 것처럼, 헷갈릴 수 있는 요소들을 찾으면서 공부하시면 출제 의도가 보이기 시작할 거예요.

2021-02 초등 정답과 해설

1) 정답

알고 싶은 것

해설

(다)의 ⊙은 (나)에서 영수가 전통 과자에 대해 어떻게 썼는지 알아야 답을 찾을 수 있습니다. 특히 ⊙ 앞에 '예상 독자'라고 나와 있어서 예상 독자라는 키워드를 가지고 (나)를 다시 한번 읽어보아야 합니다. 영수의 글은 전통 과자인 약과, 강정, 엿을 만드는 방법과 필요한 재료를 설명하고 있습니다. 이를 바탕으로 (가)를 보면 영수의 글과 가장 관련 있는 것은 '알고 싶은 것'에 해당한다는 것을 알 수 있습니다. 글의 예상 독자인 5학년 학생들의 설문 조사 결과 학생들이 알고 싶은 것은 '엿을 포함한 전통 과자의 재료와 만드는 방법'이었기 때문입니다.

2) 정답

다발 짓기

해설

● **내용 조직하기**

- 우리 속담에 '구슬이 서 말이라도 꿰어야 보배'라는 말이 있다. 아무리 많은 아이디어를 생성했다고 하더라도 그것을 적절히 조직하지 못하면 허사이다. 학생들에게 일련의 과정을 거쳐 글을 써보게 하면 아이디어를 많이 생성했는데도 이것을 어떻게 조직해야 할지 난감해하는 경우를 흔히 볼 수 있다. 이런 학생들에게는 글의 주제나 목적, 독자 등을 고려하여 생성된 내용을 적절히 조직하는 것을 집중적으로 가르쳐주어야 한다.
- 내용 조직하기 활동은 아이디어 간의 관계를 파악하는 능력을 기르는 데 초점이 있다. 학생들이 아이디어 간의 관계를 파악하게 하는 데 무엇보다 중요한 것은 이것을 <u>시각화</u>해 보게 하는 것이다.
- 예를 들어, 다발 짓기(clustering)나 생각 그물 만들기(mind mapping)와 같은 전략을 활용하면 아이디어 간의 관계를 파악하는 데 도움이 된다. 그리고 얼개 짜기(개요 작성)를 할 때의 경우처럼 아이디어를 적절히 배열할 때에도 이른바 시각화 전략(visual strategies)을 사용하면 유용하다. 과거처럼 서론, 본론, 결론 등으로 획일적이고 엄격한 틀을 제시하기보다는 자기가 쓸 글의 주제나 조직 방식 등을 생각해서 다양한 방법으로 시각화해 보게 하면 글의 전체 구조를 좀 더 쉽게 이해할 수 있고, 초고를 쓸 때 실질적인 도움을 받을 수 있다.
- 다발짓기는 생성한 아이디어를 관련 있는 것끼리 묶는 활동이다. 이 활동은 수렴적 사고를 요하는 활동이다. 생각 그물 만들기는 중심 개념에서부터 관련된 아이디어를 시각적으로 표시해 나가는 활동이다. 이는 수렴적 사고를 요하는 측면도 있지만, 다분히 확산적 사고를 요한다.

[국어 교과교육론 과정 중심 쓰기]

● **내용을 조직하는 방법(다발 짓기)**

① 글의 흐름 : 시간과 장소의 변화에 따라 이어진다.
② <u>생각 묶기</u> : 일어난 일과 일에 관한 생각이나 느낌을 처음-가운데-끝으로 묶는다.
➡ 시간 흐름과 장소 변화에 따라 일어난 일을 정리할 수 있다. 흐름에 맞게 생각이나 느낌을 묶는 것을 다발 짓기라고 한다.
➡ 떠올린 내용을 다발 짓기로 나타낼 때도 글을 읽을 사람, 글 쓰는 상황이나 목적을 계속 생각해야 한다.
➡ 자신의 경험을 여러 가지 떠올려 생각 그물 형태로 정리한다. 한 가지 일에 대해 누구와 언제, 어디에서 무엇을 했고, 그때의 생각이나 느낌을 자세히 정리하도록 지도한다.
※ 쓸 내용을 떠올리거나 조직하기 어려울 때는 쓸 내용을 구두 작문할 수도 있다.

[국어 5-1, 4. 글쓰기의 과정]

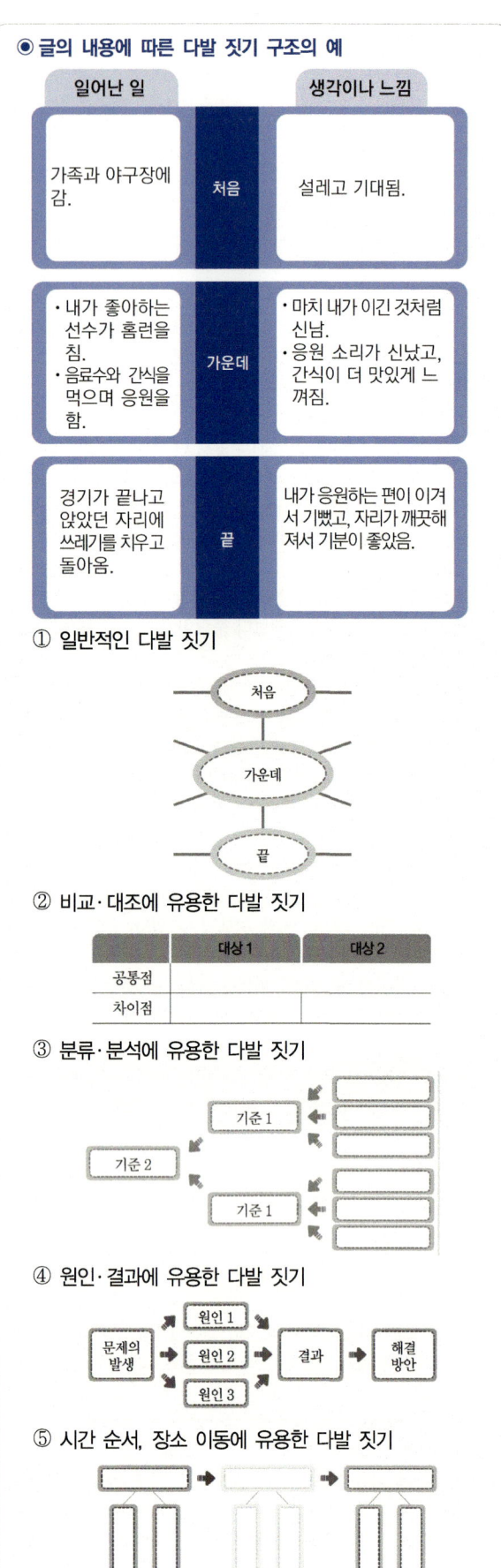

ⓒ은 수집한 자료를 바탕으로 생성한 아이디어를 관련 있는 정보끼리 묶어 **시각적으로 범주화**하는 모습이라는 것을 문제에서 알 수 있습니다. 여기에서 우리는 아이디어를 시각화하는 방법 중 가장 대표적인 두 가지를 떠올릴 수 있습니다. 바로 다발 짓기와 생각 그물 만들기입니다. 생각이 나지 않으셨다면 이 문제를 통해 다시 한번 정리해주세요. 그리고 '생성한 아이디어를 관련 있는 정보끼리 묶는' 활동은 확산적인 활동이라기보다는 수렴적인 활동입니다. 그래서 생각 그물 만들기와 헷갈릴 수 있지만 이미 생성된 아이디어를 범주화한다는 부분에서 다발짓기라는 것을 확신할 수 있습니다.

3) 정답
① 얼른 쓰기(또는 내리쓰기)
② 약과를, 같다

해설 ①

- 얼른 쓰기(speed writing)는 글씨나 맞춤법 등에 얽매이지 말고 쓰고자 하는 것을 처음부터 끝까지 쭉 내려쓰는 것을 말한다.
  [국어 교과교육론 과정 중심 쓰기]

- 글쓰기에 대한 부담감을 해결하는 얼른 쓰기
  ▷ 글쓰기에 대한 스트레스를 줄이는 방법은 '일단 쓰고 나서 나중에 고치는' 방법을 사용하는 것이다. 글쓰기를 계획할 때 초고를 충분히 만족할 만한 수준으로 쓸 수 있도록 하는 데만 치중한다면, 결과적으로 글의 수준을 저하시키는 결과를 초래하게 될 것이다.
  [국어 5-1, 4. 글쓰기의 과정]

[B]에서 김교사는 '학생들이 글씨나 어법에 얽매이지 않고 처음부터 끝까지 쓰고자 하는 것을 단번에 쭉 써보도록 지도했다'고 했습니다. 이는 얼른 쓰기 또는 내리쓰기에 대한 설명입니다. 여기에서 감을 잡지 못했다면, '이 전략은 학생들에게 형식보다는 의미에 초점을 두면서 부담 없이 글을 쓰게 한다는 점에서 의의가 있지요.'라는 부분에서 글쓰기에 대한 스트레스를 줄일 수 있는 얼른 쓰기가 답이라는 것을 확신할 수 있습니다.

해설 ②

밑줄 친 ⓒ은 '백과사전에서 사실 정보임을 확인하고 그 문장을 쓰는데도 정작 표현은 모호하게 하더군요.'입니다. 그러므로 사실 정보임에도 표현을 모호하게 한 부분은 (나)의 [A]에서 찾으면 됩니다. 다른 문장들은 '~이다.', '~했다.'와 같이 명확한 어미를 사용한 데 반해 '약과를 만들 때에는 나무틀에 반죽을 넣어 찍어 냈던 것 같다.'는 문장은 모호한 표현을 사용하고 있다는 것을 알 수 있습니다. 그러므로 답에서 요구하는 이 문장의 첫 어절과 마지막 어절은 '약과를, 같다'가 됩니다.

> **한 줄 조언**
> 국어 문제는 보통 지문이 쓰기 수업이더라도 소문항은 다른 분야에서 나오는 경우가 많은데, 이 문제는 문항들이 전부 쓰기에 대한 문제였습니다. 그만큼 쓰기 부분의 중요성이 크다는 것을 문제를 통해 느낄 수 있어요. 특히 소문항 1번 같은 수능형 문제를 제외하고는 쓰기 과정에서 학생을 지도하는 방안이 답으로 나오고 있다는 것을 생각하셔야 해요. 교사로서 학생의 쓰기를 지도할 때 활용도가 높은 방법을 먼저 공부하는 식으로 중요도를 확인하며 공부하면 도움이 될 거예요!

2021-03 초등 — 정답과 해설

1) 정답

① 원관념, 보조 관념
② 다른 사람을 아프게 해 놓고 모른 척 시치미를 떼며 원망스런 눈초리로 지나치는 것

해설 ①

> ● **직유법과 은유법(6-1-1)**
> ▷ 표현하고자 하는 대상은 잠인데 다른 대상인 죽음을 끌어들여 잠에다 연결해서 표현하는 방법이 직유법이다. 이때 잠은 원관념이 되며, 죽음은 보조 관념이 된다. "죽음은 영원한 잠이거늘"이라는 은유법에서는 '죽음=잠'이라는 등식이 만들어진다. 즉 죽음을 잠으로 대치함으로써 원관념인 죽음은 뒤로 숨고 보조 관념인 잠이 시의 표면에 나타나게 된다.
> [국어 6-1, 1. 비유하는 표현]

(나)의 박 교사의 말에서 '이 시는 표현하려는 대상을 다른 대상에 빗대어 표현한 점이 인상적입니다.'를 보면 비유법에 대한 문제라는 것을 알 수 있습니다. '이때 '표현하려는 대상'을 (㉠)(이)라고 하고, '빗댄 대상'을 (㉡)(이)라고 합니다.'라는 부분을 보면 비유법에서 가장 대표적인 원관념, 보조 관념 문제라는 것을 알 수 있습니다. 작가가 실제로 표현하려는 대상은 '원관념'이고 이를 표현하기 위해 빗댄 대상을 '보조 관념'이라고 하므로 답은 순서대로 원관념, 보조 관념이 됩니다.

해설 ②

이 문제는 수능형 문제로 지문을 차근차근 읽으면 충분히 풀 수 있을 것입니다. 먼저 (나)의 박 교사의 마지막 말에서 화자가 모서리에 부딪힌 물리적 충격으로 아파한 후에 ㉢ 행동에 대한 성찰이 이루어졌음을 알 수 있습니다. 또한 같은 박교사의 말에서 알 수 있듯 (나)의 ㉢은 화자가 반성한 '옳지 않은 행동'을 뜻합니다. 이러한 근거들을 가지고 다시 (가)로 돌아와서, 화자의 아픔 뒤 화자가 반성한 옳지 못한 행동을 찾을 수 있는 문장은 '누군가 부딪혀 아파했겠지 원망스런 눈초리에 "네가 조심해야지" 시치미 뗐을 거야.'입니다. 이러한 화자의 행동을 여러분의 말로 정리해서 쓰면 정답으로 인정되는 문제입니다.

2) 정답

모서리가, 생각했어요.

해설

교사와 학생의 대화를 보면서 먼저 시를 잘못 이해하고 있는 학생을 찾아야 합니다.

먼저 시 1연의 1행부터 3행을 보면 학생1은 상황을 잘 이해하고 있다는 것을 알 수 있습니다. 말하는 이가 '책상 모서릴 흘겨보았'다고 명시되어 있기 때문입니다.

또한, 1연 4행부터 5행을 보면 학생2도 시를 잘 이해하고 있음을 알 수 있습니다. '모서리도 자기 잘못이 아니라며 눈을 흘기었다'고 쓰여 있기 때문입니다.

다음으로 학생3은 3연에서 말하는 이가 모서리를 보며 자신의 모습을 반성하고 있다는 것을 잘 이해하고 있습니다.

하지만 마지막으로 학생4는 '모서리'가 원망스런 눈초리를 보냈다고 생각했기 때문에 시를 잘못 이해하고 있음을 알 수 있습니다. 3연에서 원망스런 눈초리를 보내는 것은 말하는 이의 과거 모습이기 때문입니다.

그러므로 답을 구하기 위해서는 학생4의 대답에서 첫 어절과 마지막 어절을 쓰면 찾으면 됩니다. 답은 '모서리가, 생각했어요'가 됩니다.

> **한 줄 조언**
> 이 문제를 문제집에서 보면 그렇게 어려운 문제가 아닐 수도 있어요. 하지만 특히 1번 문제에서 수험생들이 시험장에서 생각지도 못하게 헷갈렸던 것은 ㉠이 원관념인지, 보조 관념인지에 대한 부분이었어요. 이처럼 원관념, 보조 관념이라는 용어만 알고 있는 것은 시험장에서 당황스러움을 가져올 수 있으니 예시까지 확실히 기억해서 답을 정확히 쓸 수 있도록 연습합시다! 2번 문제는 지문과 문제를 침착하게 차근차근 읽으면 풀 수 있을 거예요. 하지만 좀 더 확신을 두고 문제를 풀고 싶다면, 제가 해설에 쓴 것처럼 이게 답일 수밖에 없는 이유를 찾는 연습을 하는 게 도움이 될 수 있어요. '느낌', '감'이 아니라 정확히 근거를 찾으면서 답을 써보세요!

2020-01 초등·초특 공통 — 정답과 해설

1) 정답

㉠ 입술 모양
㉡ 조음 위치

해설 ㉠

● **자음자의 제자 원리**

자음을 나타내는 글자 중에서 기본적인 글자는 해당 자음을 발음할 때 가장 중요한 역할을 하는 발음 기관의 모양을 본떠서 만들었다.

기본 자음자	본뜬 발음 기관의 모양
ㄱ	혓등이 연구개(여린입천장)에 닿는 모양
ㄴ	혀끝이 윗니 바로 뒤의 잇몸에 닿는 모양
ㅁ	아랫입술과 윗입술이 다물어진 모양
ㅅ	이의 모양
ㅇ	목구멍의 모양

[국어 1-1. 2. 재미있게 ㄱㄴㄷ]

표에 따르면 정확한 답은 '아랫입술과 윗입술이 다물어진 모양'이 되지만, 이를 입 모양, 입술 모양 등으로 나타내기도 해서 유사 답안으로 인정된 것으로 보입니다.

해설 ㉡

● **자음의 발음**

		순음(입술소리)	치조음(잇몸소리)	경구개음(센입천장소리)	연구개음(여린입천장소리)	후음(목청소리)
파열음	평음(예사소리)	ㅂ	ㄷ		ㄱ	
	경음(된소리)	ㅃ	ㄸ		ㄲ	
	격음(거센소리)	ㅍ	ㅌ		ㅋ	
파찰음	평음(예사소리)			ㅈ		
	경음(된소리)			ㅉ		
	격음(거센소리)			ㅊ		
마찰음	평음(예사소리)		ㅅ			ㅎ
	경음(된소리)		ㅆ			
비음		ㅁ	ㄴ		ㅇ	
유음			ㄹ			

[국어 교과교육론 4. 문법 영역의 지도]

[ㄷ]과 [ㅌ] 소리를 한번 내어 보세요. 두 소리는 발음 기관의 모양이 같으니까 '㉡도 같지요?'라는 말에서 힌트를 얻을 수 있어요. 우선 첫 번째로 '소리를 내어' 보면 알 수 있다는 뜻이 되는 말입니다. 또 발음 기관의 모양이 같은 것과 연관이 된다는 것도 알 수 있지요. 그래서 소리가 조음 되는 위치, 즉 조음 위치가 답이 됩니다.

2) 정답

글자의 초성을 기본자로 바꾼다.

해설

이 부분은 제시된 자음자 게임을 보고 풀면 되는 수능형 문제입니다. 쉽게 알 수 있는 것은 모음자는 그대로 두고 자음자만 바꾸었다는 사실입니다. 하지만 여기에서 주의해야 하는 부분은, 받침자는 변하지 않았다는 것과 자음자를 기본자로 바꾸었다는 것입니다. 이를 통해 '글자의 초성을 기본자로 바꾼다.'라는 답을 끌어낼 수 있습니다. 다만 자음자를 기본자로 바꾼다고 서술한다면 반드시 받침자는 바꾸지 않는다는 조건을 적어야 합니다. 그렇지 않으면 받침자가 변하지 않은 이유를 설명할 수 없으므로 틀리게 됩니다. 또한, 기본자라고 하지 않고 예사소리라고 하면 포대기에서 'ㄷ'이 'ㄴ'으로 변한 것을 설명할 수 없으므로 틀리게 됩니다. 'ㄷ' 또한 예사소리이기 때문이죠.

> **한줄 조언**
> 이 문제는 수험생들이 싫어할만한 문법 부분을 중점으로 다룬 문제입니다. 문법 공부를 소홀히 했다면 지레 겁먹고 실수할 수도 있는 문제죠. 하지만 차근차근 풀어나가면 난이도가 높은 문제는 아니라는 걸 알 수 있어요. 제자원리나 조음 위치는 고등학교 때도 모두 배운 적이 있어서, 조금만 침착하게 생각하면 답을 생각해낼 수 있을 거예요. 이제 국어 문법 분야에서도 상식적인 부분들은 확실하게 설명할 수 있을 정도로 알아두셔야 할 것 같아요. 특히 제자원리는 중요한 부분이니 확실히 점검해주세요!!

2020-02 초등

1) 정답

① 예측하기
② 추론하기 / 맥락 이해하기

해설 ①

[A] 부분을 읽고 영수가 사용하고 있는 '읽기 전략'을 파악해야 합니다. '제목을 보니 미래에는 지금과는 다른 새로운 직업이 생긴다는 것일까?'라는 부분을 보면 제목을 보고 내용을 예측한다는 걸 알 수 있어요. '다음 문단은 '빈집 코디네이터'에 대한 것이겠지.'라는 부분을 보면 또 다음 부분을 예측합니다. 이를 통해 답인 '예측하기'를 유추해낼 수 있습니다.

● **배경지식 활성화 전략**

연상하기	▷ 제목이나 교사가 제시한 자료에 기초해 학생 자신이 이미 알고 있는 것을 브레인스토밍하고, 그것을 바탕으로 하여 가장 흥미 있는 것을 골라 그에 대한 질문과 답을 기록한다.

예측하기	▷ 책을 읽기 전에 읽을 책 제목, 사진, 기타 정보를 대하면서 읽기를 멈추고 책에 있는 내용을 추측하는 것을 말한다.
미리 보기	▷ 책을 읽기 전에 책의 앞면과 뒷면, 제목, 저자 이름, 책 두께 등을 미리 살펴본다.
KWL	▷ 글을 읽기 전에 화제에 대해 알고 있는 것, 알고 싶은 것, 글을 다 읽고 난 뒤에 알게 된 것을 자기 점검하며 읽을 수 있도록 해 주는 읽기 전략이다.
질문하기	▷ 읽기 전·중·후에 모두 유용한 전략인데, 특히 읽기 전 질문은 관련 배경지식을 활성화하도록 해 주고, 읽기 목적을 세울 수 있게 해 준다.
구조 파악하기	▷ 글쓴이가 사용한 구조 유형에 따라 독자가 글을 읽어 나가는 활동이다.

[국어 3-2. 2. 중심 생각을 찾아요]

해설 ②

[B]의 사고 구술에 공통으로 나타난 문제를 먼저 알아봅시다. '개, 고양이, 새, 금붕어를 키우는 사람들이 빠르게 늘고 있어서'라는 부분은 첫 문단에 나온 반려동물 변호사를 설명하기 위해 나온 설명입니다. 그런데 '빈집에서 이런 동물을 키우는 사람이 늘어난다고?'라고 사고 구술을 하고 있습니다. 또 이 여기에서 '역시 나는 앞뒤 문단의 내용을 잘 연결하고 있어. 부분이 답에 대한 힌트를 주고 있다.' 즉, 앞뒤 문단의 내용을 잘 연결하지 못한다는 것을 힌트로 준 것이죠. 이는 읽기 기능 중 '맥락 이해하기'와 가장 관련이 깊습니다.

이에 더해서 '동물이 사람에게 가한 상해 때문에 발생하는 소송? 이게 무슨 말이지? 그냥 무시.' 부분과 '반려. 앞에서도 본 것 같은데, 모르겠네. 넘어가자.' 부분에서 '추론하기'라는 답을 끌어낼 수도 있습니다.

● 2015 개정 교육과정 읽기 영역 내용 체계–기능
① <u>맥락 이해하기</u> ② 몰입하기
③ 내용 확인하기 ④ <u>추론하기</u>
⑤ 비판하기 ⑥ 성찰·공감하기
⑦ 통합·적용하기 ⑧ 독서 경험 공유하기
⑨ 점검·조정하기

2) 정답

사실적 질문

해설

'빈집 코디네이터가 하는 일은 무엇일까?', '반려동물 변호사의 역할은 무엇일까?'와 같은 질문들은 글에 제시된 정보를 회상하여 답할 수 있는 질문입니다. 질문의 종류를 정확히 알고 있다면 무난하게 풀 수 있습니다.

● 질문의 종류 알기

질문의 종류를 범주화–목록화해 독서 과정에 접목할 수 있다. 첫째, 사실적 수준의 질문이다. 사실적 수준의 질문은 글에 직접적으로 진술되어 있는 정보 회상과 관련 있는 질문이다. 이 질문을 하려면 글에 제시된 정보를 회상하면 된다. 이 수준의 질문은 어떤 상위 수준의 사고 과정도 촉진하지 않는다.

두 번째 질문은 추론적 수준의 사고를 요구하는 질문이다. 이 질문은 글에서 행간을 읽거나 글에 기초한 정보에서 추론적 사고를 함으로써 만들어지는 질문이다. 이 질문은 학생이 스스로 원인과 결과를 관련 짓는 독해 전략을 향상할 수 있다.

세 번째 질문은 적용적 수준의 사고를 요구하는 질문이다. 이 정보와 지식은 개인의 배경지식과 글에 기초한 정보를 함께 융합함으로써 파악된다. 이 질문은 예측하기 독해 전략과 관련 있다.

마지막으로, 교류적 수준의 사고를 요하는 질문이다. 교류적 수준의 질문은 글에 기초한 지식과 개인의 배경지식, 가치들과 관련 있다.

[국어 6-2, 독서단원 '책을 읽고 생각을 넓혀요']

3) 정답

상위어 대체

해설

영수의 요약과 정호의 요약이 다른 부분은 '개, 고양이, 새, 금붕어'와 '반려동물'입니다. 이는 구체적인 항목들을 더 일반적인 말로 대체하는 '상위어 대체'에 해당합니다.

● 요약하기

▷ 요약하기는 읽은 내용에 대한 기억이나 회상을 말한다. 중요한 점은 이러한 내용이 독자가 자신의 방식으로 재구성한 것이어야 한다는 점이다. 또 요약하기는 독자가 글을 이해하기 위해 사용하는 전략을 인식할 수 있게 해 준다. 요약하기 활동은 글을 읽은 다음에 글 전체의 내용을 제대로 파악하는지 판단하게 해 주므로 평가 방법으로도 사용된다.

▷ 브라운과 데이(Brown & Day, 1983)가 제시한 요약하기 규칙은 다음과 같다(Irwin, 1991).
  1. 삭제: 중요하지 않거나 중복되는 정보는 삭제한다.
  2. 상위어 대체: 구체적인 낱말들은 더 일반적인 말로 대체한다. 항목이 나열될 경우 상위어로 대치한다.
     예) 묶을 수 있는 낱말을 이용해서 간단하게 정리한다.
  3. 선택: 중심 문장이 명시적으로 주어졌을 때 그 주제 문장을 선택한다.
  4. 구성: 중심 문장이 명시적으로 주어져 있지 않을 때 스스로 만들어 본다.

[국어 4-1. 2. 내용을 간추려요]

백문이 불여일견 **설명**이 친절한 **기출**

한줄 조언

실제 시험에서 풀면 느껴지지 않을 수도 있지만, 생각보다 힌트가 많은 문제입니다. 국어 과목에서 중요한 부분들이 문제화된 좋은 문제입니다. 하지만 그렇다고 쉬운 문제라고는 할 수 없어요. 읽기 전략, 읽기 기능, 요약하기 방법 등을 정확히 알고 있어야 그중에서 답을 하나 고를 수 있는 문제이기 때문입니다. 국어 과목은 말이 다 비슷비슷해서 외우기가 어려운데, 마인드맵 식으로 공부하면 조금 수월할 거예요. 문제들도 상위항목을 제시하고 그 밑에 있는 항목 중 가장 적절한 것을 고르는 문제가 많이 나오기 때문에, 구조화를 잘하는 것이 가장 중요합니다.

2020-03 초등

1) 정답

인지주의 작문 이론, 과정 중심 글쓰기

해설

작문이론은 형식주의 작문이론, 인지주의 작문이론, 사회 구성주의 작문이론으로 구성되어 있습니다. 이 중 인지주의 작문이론은 쓰기는 여러 절차에 따라 의미를 구성하는 것이고, 회귀성이 있다고 설명합니다. 그러므로 김 교사의 말 중 '쓰기가 계획하기, 내용 생성하기, 내용 조직하기, 초고 쓰기, 고쳐쓰기의 과정으로 이루어져 있다'와 '각 과정에서 학습해야 할 전략을 익히도록 하는 것에 중점을 두어'라는 부분에서 김 교사는 인지주의 작문이론을 전제하고 있음을 알 수 있습니다. 최 교사 또한 '쓰기는 회귀적인 특성이 있으므로 고쳐쓰기 역시 일회적인 과정으로 종료되는 것이 아닙니다.'라는 부분에서 인지주의 작문이론을 전제하고 있다는 것을 알 수 있습니다. 하지만 교사들의 말을 보면 과정 중심 글쓰기의 내용과도 겹치는 부분이 많아, 이 또한 답으로 인정된 것으로 보입니다.

과정 중심 글쓰기	과정 중심 접근은 쓰기 과정, 즉 아이디어를 생성하고 조직, 표현, 수정 또는 교정하는 일련의 과정을 강조한다. 과정 중심 접근에서는 쓰기 행위를 일종의 문제 해결 행위로 간주한다. 일련의 쓰기 과정에서 회귀성을 강조하여 필요한 경우에는 얼마든지 되돌아갈 수 있도록 한다. 교사는 결과 중심 접근에서처럼 평가자가 아니라 '참여자'로서 일련의 쓰기 과정에 역동적으로 개입하여 그들을 적절히 안내해 줌으로써 학생들의 글쓰기 활동을 촉진한다.

[국어 교과교육론 과정 중심의 교수·학습]

작문이론	설명
형식주의 작문이론	• 쓰기의 결과로 생산된 결과물로서의 글(text)에 최우선적인 관심을 둔다. • 쓰기 능력은 체계적인 모방과 연습을 통해 신장시킬 수 있는 것 • 쓰기 교육에서 교사가 해야 할 일은 모범적인 글을 생산하는 데 필요한 객관화된 지식을 전달해 주고, 정확성 측면에서 완성된 학생의 작품에서 나타나는 오류를 지적하고 교정해 주는 것 • 모범적인 글을 많이 보면서 모방하고 숙달될 때까지 체계적이고 반복적으로 글쓰기를 연습하는 것이 중요
인지주의 작문이론	• 쓰기는 고도의 인지적인 사고 과정을 통해 일련의 문제들을 해결해 가는 목표 지향적인 문제 해결 과정 • 쓰기는 고정된 단계가 아니라, 필자가 쓰기 과정에서 조절하고 통제해야 하는 몇 가지 하위 과정들의 집합 • 기존의 결과 중심의 쓰기 교육을 지양하고 '쓰기 전략'을 쓰기 교육의 내용으로 삼음 • 한 번에 완벽한 글을 쓰도록 요구하지 않고 학습자로 하여금 교사의 비계 지원(scaffolding)하에 일련의 문제 해결 과정으로서의 쓰기를 경험하도록 함으로써 글쓰기 자체에 대한 두려움이나 부담감을 줄여주고 점차 자기 주도적인 쓰기 능력을 갖게 해 줌.
사회 구성주의 작문이론	• 쓰기는 일종의 사회·문화적 실천 행위 • 쓰기는 객관화된 지식을 실현하는 과정도, 순수하게 개인적인 의미 구성 과정도 아닌 담화 공동체 구성원들과의 상호 작용을 통한 의미 구성 과정 • 필자는 사회 문화적 상황 맥락 안에서 담화 공동체 구성원들과 상호 작용을 하면서 글을 쓰는 존재 • 글은 필자 개인이 생성한 결과라기보다는 담화 공동체 안에서 교사나 동료와의 의미 협상을 통한 상호 작용의 결과 • 지식이 사회적으로 합의된 결과물이라는 견해를 바탕으로 개인의 쓰기 행위보다는 개인을 둘러싸고 있는 사회적 환경 내지 사회적 맥락에 관심을 가짐.

[국어 교과교육론 쓰기 영역의 지도]

2) 정답

글 수준[A], 문단 수준[B], 문장과 낱말 수준[C]의 순서로 고쳐쓰기를 한다.

해설

㉠에 따르면 최 교사는 '학생들에게 자신이 쓴 글을 체계적으로 살펴보게 할 예정'입니다. 먼저 (나)의 표에 제시된 범주를 알기 위해서는 질문을 눈여겨보아야 합니다. 질문을 바탕으로 보았을 때, [A]는 글의 주제, 제목과 관련한 범주이고 [B]는 문단, [C]는 문장과 어법에 관련된 범주입니다. 지도서에서 이와 관련된 표는 다음과 같습니다.

◉ 자신이 쓴 글을 고쳐 쓰고 공유하기

고쳐쓰기 수준	점검할 내용
글 수준	① 글 전체의 주제가 잘 드러나는지 확인한다. ② 읽는 사람을 고려해서 썼는지 살펴본다. ③ 글의 목적에 맞는 내용을 썼는지 생각한다. ④ 제목이 글 내용과 어울리는지 확인한다. ⑤ 서론, 본론, 결론에 알맞은 내용이 들어갔는지 판단한다. ⑥ 중복되는 내용이 없는지 살핀다.
문단 수준	① 한 문단에 하나의 중심 생각만 있는지 점검한다. ② 문단의 중심 생각이 잘 나타나 있는지 확인한다. ③ 중심 문장과 뒷받침 문장이 자연스럽게 연결되는지 확인한다. ④ 필요 없는 문장이 있는지 판단한다. ⑤ 타당한 근거를 들어 썼는지 확인한다.

문장과 낱말 수준	① 문장 호응이 잘 이루어지는지 확인한다. ② 분명하지 않은 표현을 사용했는지 생각한다. ③ 지나치게 단정적인 표현이 있는지 확인한다. ④ 알맞은 낱말을 사용했는지 확인한다.

[국어 6-2, 7. 글 고쳐 쓰기]

이 표에 따라 정답은 '글 수준[A], 문단 수준[B], 문장과 낱말 수준[C]의 순서로 고쳐쓰기를 한다.'가 됩니다.

3) 정답

① 제목이 글의 내용과 어울리는가? /
  중심 문장과 뒷받침 문장이 어울리는가?
② 문장 호응이 잘 이루어지는가?

해설 ①

제목을 소나무에서 소나무의 쓰임새로 바꾸었기 때문에 표에 있는 질문 중에서 '제목이 글의 내용과 어울리는가?'라는 질문이 적용되었음을 알 수 있습니다. 또한, 송진에 대한 문장을 삭제한 것을 보면 '중심 문장과 뒷받침 문장이 어울리는가?'라는 질문이 적용되었음을 알 수 있습니다. '각 문단에는 하나의 중심 문장이 나타나 있는가?'와 헷갈릴 수도 있지만, 송진에 대한 문장은 중심 문장이라고 할 수 없어서 답이 될 수 없습니다.

해설 ②

표의 범주 [C], 즉 문장과 낱말 수준에 해당하면서 '학생의 글에 남아 있는 문제점을 수정할 수 있도록 초점화된 추가 질문'을 써야 하는 문제입니다. 앞 문제에서 범주 [C]를 알아내지 못했다고 해도 그에 해당하는 질문들을 보면서 비슷하게 만들어내면 답을 쓸 수 있어요. 〈학생이 고쳐 쓴 글〉에서 어색한 부분은 '소나무는 예로부터 건축재로 사용하였다.'라는 부분입니다. 이는 주어인 '소나무'와 서술어인 '사용하였다'의 호응이 부적절하기 때문입니다. 그래서 [C]의 범주가 문장과 낱말임을 고려했을 때, '문장의 호응이 잘 이루어지는가?'라는 질문이 답이 됨을 알 수 있습니다.

● 문장의 호응

▷ 문장은 서술어를 중심으로 문장 성분들의 결합으로 이루어진다. 문장에서 한 성분이 나타나면 반드시 다른 성분이 나타나야 하는 제약 관계를 호응이라고 한다. 즉 앞의 문장 성분이 문장에 나타날 때 성분들 사이에 모순되지 않는 문장 성분이 함께 나타나야 한다. 한 문장이 문법성을 갖춘다는 것은 문장 성분들 사이의 호응이 잘 이루어지는 것을 뜻한다고 볼 수 있다.

㉮ 이 섬에는 해수욕장이 세 곳 있어 여름 피서지로도 인기가 있다.

▷ 위와 같은 문장의 경우 "이 섬에는 인기가 있다."와 같이 문장의 호응이 잘못되었다. '이 섬에는'을 '이 섬은'으로 고쳐 주어야 한다. 문법적이지 않은 문장은 결국 의미 파악을 어렵게 한다. 정확한 의미 전달을 위해서는 문법적인 문장을 써야 한다.

[국어 5-1, 4. 글쓰기의 과정]

한 줄 조언

소문항 1번 같은 경우에는 '인지주의 작문이론'이라고 쓰신 선생님들보다 '과정 중심 글쓰기'라고 쓰신 선생님들이 많을 거예요. 저도 작문이론이라는 개념은 생소해서 놀랐어요. 하지만 설명을 보고 아는 것 중에서 가장 비슷한 것을 쓴다면 '과정 중심 글쓰기'가 될 것 같아요. 모르는 것이 나와도 당황하지 않고 최선을 다해 답에 가장 가까운 것을 적는다면, 답안으로 인정될 수도 있어요! 또 소문항 3번은 소문항 2번 문제를 정확하게 풀지 않으면 푸는 데 비교적 어려움이 있어요. 소문항 3번을 푸실 때 범주 [C]를 보고 좌절한 선생님도 있을 거예요. 하지만 해설에도 적어두었듯이, 범주 [C]를 정확하게 모르더라도 그에 해당하는 질문과 비슷하게 질문을 만들어내면 정답으로 인정될 확률이 높아집니다! 정답을 쓰지 못하겠으면 그와 가장 가까운 답을 쓰는 훈련도 필요해요.

2019-01 초등 정답과 해설

1) 정답

책임 이양의 원리

해설

(가)의 ㉠ 부분을 요약하면, 교사가 먼저 시범을 보이고 학생 수행의 비중을 점차 늘리면서 마지막에는 학생이 혼자 적용하도록 하고 있습니다. 이는 교수·학습 원리 중 '책임 이양의 원리'에 대한 설명입니다.

● 구체적인 방법을 가르쳐주는 읽기 지도

학생들에게 구체적인 방법을 가르쳐줄 때에는 이른바 인지적 도제 이론(cognitive apprenticeship theory)에서 강조하는 책임 이양의 원리를 적용하는 것이 필요하다. 처음에는 교사가 시범이나 예시 등을 통해 적극적으로 학생들을 안내해 주고 점차적으로 학생이 자기 주도적으로 문제를 해결하도록 해야 한다는 것이다.

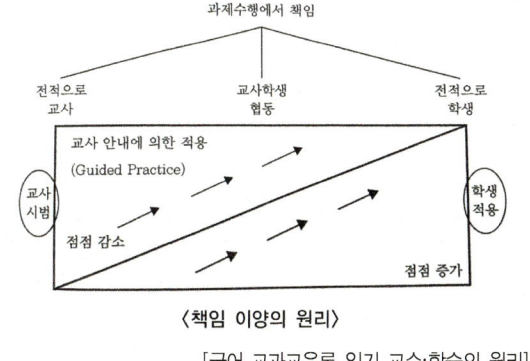

〈책임 이양의 원리〉

[국어 교과교육론 읽기 교수·학습의 원리]

2) 정답
ⓛ : 글의 소재 알아보기
ⓒ : 설명하려는 대상과 그 특징은 무엇인가요?

해설 ⓛ
[A] 부분에서 우리는 글에서 설명하는 것이 문어라는 것을 알 수 있습니다. 즉 글에서 설명하는 대상, '소재'를 알아보는 활동이 답이 됩니다.

해설 ⓒ
주요 내용을 확인하는 활동에서 교사의 질문을 묻고 있습니다. 주요 내용을 확인하는 방법을 먼저 봅시다.

> ● 글을 읽고 주요 내용을 찾는 방법
> ① 제목을 보고 <u>무엇에 대한 내용인지</u> 짐작한다.
> ② <u>글쓴이가 하고 싶은 말</u>이 무엇인지 찾는다.
> ③ 글쓴이가 그렇게 말한 까닭을 찾는다.
> ➡ 글에서 주요 내용이란 글쓴이가 하고 싶은 말, 즉 글쓴이의 생각으로 접근해 지도한다.
> ➡ 글을 읽을 때에는 글쓴이가 하고 싶은 말과 그 까닭을 찾아보면 내용을 이해하기 쉽다.
> ● 글을 읽고 주요 내용 확인하기
> ▷ 글을 읽고 주요 내용을 확인하는 것은 읽기의 기초적인 능력이다. 글의 내용은 기본적 수준에서부터 고차적 수준에 이르기까지 다양할 수 있으나, 여기에서는 표현된 그대로의 의미를 대강 아는 수준에서 다룬다. 예를 들어 설명하는 글의 경우, <u>화제가 무엇인지 알고 화제에 대해 어떤 설명을 했는지를 파악</u>하며, 이야기 글의 경우에는 주인공이 누구인지, 언제 무엇을 왜 했는지 등에 대한 핵심적인 대상이나 어휘를 찾도록 하는 것이다. 주요 내용을 확인하는 것은 '화제가 어떠하다', '누가 무엇을 했다'와 같이 주요 내용을 파악하는 수준에서 다룬다.
> [국어 2-2, 9. 주요 내용을 찾아요]

이 글은 설명문이기 때문에 어떤 소재에 대해 어떤 설명을 하고 싶은지 아는 것이 주요 내용을 확인하는 방법이 됩니다. 그러므로 답은 '설명하려는 대상과 그 특징은 무엇인가요?'가 됩니다. 소재에 대한 설명을 질문이라면 답으로 인정되었을 거라고 예상됩니다.

> **한 줄 조언**
> 전 실제로 2019학년도 시험을 보았습니다. 시험 당시에 이 문제를 풀 때 든 생각은 '다 같이 틀리겠지?' 이었습니다. 교수·학습의 원리는 너무 처음 보는 개념이었기 때문에 그냥 포기했던 기억이네요. 어차피 이 시험은 만점 맞기 위한 시험이 아니기 때문에, 시험 당시에 당황스럽더라도 선택과 집중을 하셔야 해요. 비교적 쉬운 문제였던 소문항 2번 문제도 정확한 답이 있다기보다는, 응용해서 적는 문제여서 답에 대한 확신하기 어려웠어요. 대부분 국어는 맨 처음 풀기 때문에 시작하자마자 정신적으로 무너지는 친구들도 많았어요. 하지만 모든 문제를 맞을 수는 없다는 사실을 인정하고, 넘어갈 건 넘어간다면! 충분히 고득점도 가능합니다.

2019-02 초등

1) 정답
㉠ : 목적
㉡ : 사실

해설 ㉠
이 문제는 '설득'이 쓰기의 목적 중 하나라는 것을 알면 쉽게 풀 수 있는 문제입니다. 국어과의 내용 체계를 중요하게 생각하지 않은 수험생들은 다소 당황할 수 있는 문제였지만 내용 체계를 외우지 않더라도 침착하게 생각해내면 답을 유추해낼 수 있습니다.

• 2015 개정 교육과정 내용 체계 - 쓰기

핵심 개념
▶ 목적에 따른 글의 유형 　• 정보 전달 　• 설득 　• 친교·정서 표현 ▶ 쓰기와 매체

해설 ㉡
이 문제는 '우리 지역 학교 텃밭의 현황을 소개하는 통계 자료 등'이라는 부분이 큰 힌트가 됩니다. 이 부분을 보고 논거의 종류를 알고 있다면, 바로 사실 논거가 답이 됨을 알 수 있죠.

> ● 수집한 자료를 평가하는 방법
> ① 근거와 관련 있는 내용인지 살펴봐야 한다.
> ② 근거를 뒷받침하는지 살펴봐야 한다.
> ③ 믿을 만한 자료인지 살펴봐야 한다.
> [출처를 살펴보고 전문가의 의견인지(<u>소견 논거</u>) / 객관적인 자료인지(<u>사실 논거</u>) / 최신 자료인지 살펴본다.]
> [국어 6-2, 3. 타당한 근거로 글을 써요]

2) 정답
① : 분석적 평가
② : 구체적인 평가 정보를 다음 교수·학습에 송환(feedback)할 수 있다.

해설 ①
김 교사의 평가 기준을 보면 내용, 조직, 표현으로 평가 범주를 나눈 것을 알 수 있습니다. 또한, 김 교사의 말에서 답은 총체적 평가와는 다른 평가라는 것을 알 수 있습니다. 이를 통해 하위의 성취 영역으로 나누어 결과물을 평가하는 분석적 평가가 답이 된다는 것을 알 수 있습니다.

해설 ②
분석적 평가의 장점은 객관적인 평가 정보를 토대로 학생에게 피드백을 할 수 있다는 것입니다. 여기에서 집중하셔야 할 부분은 '김 교사의 평가 결과 활용 의도를 고려하여'와 '총체적 평가와 비교했을 때 이 평가 방법이 갖는 장점 1가지'라는 것입니다. 분석적 평가의 장점은 여러 가지지만 그중에서 김 교사의 평가 결과 활용 의도에 맞는, 총체적 평가와는 다른 장점을 찾아 적어야 합니다. 아래 분석적 평가의 설명을 보면 확실히 할 수 있습니다.

◉ 분석적 평가

분석적 평가는 쓰기 영역을 하위의 성취 영역으로 나누어 평가하는 것으로, 글의 내용, 조직, 문체, 어법 등 쓰기 능력을 구성하는 범주들에 따라 쓰기 결과물을 평가하는 것이다. 분석적 평가를 위해서는 대상 글의 수집 및 정리, 하위 평가 영역 결정, 채점 및 조정하기, 평가 결과 처리 등과 같은 절차를 따를 필요가 있다. 그리고 분석적 평가의 하위 평가 영역은 일반적으로 내용, 조직, 표현 등과 같은 상위의 분석 기준에 의한다. (중략)

분석적 평가의 장점으로는 첫째, 학생의 글쓰기에 대한 피드백에서 구체적으로 어떤 기능이 부족한지 혹은 잘 하는지에 대한 진단적 정보를 제공하여 학생의 글쓰기에 대한 실제적인 지도의 토대를 제공할 수 있다. 둘째, 각각의 하위 평가 기준별로 평가 척도를 마련함으로써 평가자의 주관을 최소화하여 평가의 객관성을 확보할 수 있다. 그러나 분석적 평가 방법은 단점도 갖고 있는데, 첫째, 글의 분석 기준에 대한 만족할 만한 합의에 이르지 못했다는 점, 둘째, 평가 기준에만 있는 것만을 평가함으로써 평가를 총체적으로 할 수 없다는 점, 셋째, 평가를 위한 시간이 많이 걸린다는 점 등이 그것이다.

[국어 교과교육론 쓰기 평가 방법]

한줄 조언

제가 시험 당시에 이 문제를 풀 때는 1번 문제에 비해 그래도 풀 수 있는 문제가 나왔다는 생각에 기뻤던 기억이에요. 저는 국어 내용 체계 표에서 핵심 개념과 기능까지는 외웠기 때문에 풀면서 내심 뿌듯했어요. 국어는 솔직히 공부의 가성비가 조금 떨어지는 과목이잖아요. 외울 건 많은데 사실상 그날 컨디션과 센스에 좌우되는 수능형 문제도 많이 나오고요. 그런데 이렇게 내가 공부한 부분에서 문제가 나오면 그 후로 자신감이 확 늘어서 흐름을 타게 되는 것 같아요. 그러니 본인이 시험 때 정신력을 유지하기 힘들다면, 객관적인 공부량을 늘리는 것도 방법이 될 거예요.

2019-03 초등

1) 정답

①: 이 소리 오늘따라 천둥소리 같네.
②: 나귀가 방귀를 세 번 뀌면 크게 다친다는 팔자 이야기에 신경이 쓰여 겁이 났다.

해설 ①

'이야기하는 이가 인물이 되어 그 인물의 목소리로 서술'하는 부분을 찾아야 해요. 다행히 (가)의 [A]이 짧아서 천천히 읽으면서 찾아도 되는 문제입니다. '이 소리 오늘따라 천둥소리 같네.'는 화자가 주씨라는 인물이 되어서 서술하고 있는 부분이기 때문에 이 문장이 답이 됩니다.

해설 ②

①의 답에 담긴 인물의 심리를 ⓒ,즉 '다른 이가 던져 놓은 말의 그물'의 구체적 내용을 포함해서 서술해야 하는 문제입니다. 다른 이가 던져 놓은 말의 그물은 서 씨의 말, "나귀가 방귀를 세 번 뀌면 크게 다칠 테니 부디 조심하게."입니다. 이 내용을 포함해서 겁을 먹은 주 씨의 심리를 서술하면 됩니다.

2) 정답

주인공은, 얻는다

해설

이 문제는 답을 찾는 데에는 큰 어려움이 없을 거예요. (가)의 주인공인 주 씨는 난관을 극복하거나 행운을 얻지 못하죠. 하지만 첫 어절과 마지막 어절을 쓰라는 부분을 잘 보지 못하고 문장을 통으로 써서 틀리는 선생님도 있었어요. 문제는 항상 정확히 읽어주세요!

3) 정답

떠올랐네→떠오르다, 주워→줍다

해설

(나)의 대화에서는 '힘겨우-'의 기본형이 '힘겹다'이며, 이와 같은 낱말을 찾기 위해서는 기본형을 알아야 한다는 것을 알 수 있습니다. 불규칙 용언에는 다음과 같이 어간이 바뀌는 경우, 어미가 바뀌는 경우, 어간과 어미가 바뀌는 경우가 있습니다.

◉ 불규칙 용언
▷ 활용할 때 어간과 어미의 형태가 일정하게 유지되지 못하고 그 형태의 변화를 예측하지 못하는 용언을 말한다.

◉ 어간이 바뀌는 경우
 'ㄷ' 불규칙 용언: 듣다, 걷다, 깨닫다 등(규칙: 얻다 등)
 'ㅂ' 불규칙 용언: 눕다, 줍다, 돕다 등(규칙: 잡다 등)
 'ㅅ' 불규칙 용언: 잇다, 짓다, 낫다 등(규칙: 벗다 등)
 'ㄹ' 불규칙 용언: 흐르다, 이르다 등(규칙: 따르다 등)

◉ 어미가 바뀌는 경우
 '여' 불규칙 용언: 하다(규칙: 파다 등)
 '러' 불규칙 용언: 푸르다, 이르다 등(규칙: 치르다 등)
 '너라' 불규칙 용언: 오다(규칙: 가다, 자다 등)

◉ 어간과 어미가 바뀌는 경우
 'ㅎ' 불규칙 용언: 하얗다, 파랗다 등(규칙: 좋다 등)

[국어 3-1, 7. 반갑다 국어사전]

이에 따라 [B]에서 알 수 있는 어간만 바뀌는 용언은 '떠올랐네'

와 '주워'입니다. 이들의 기본형인 '떠오르다'와 '줍다'까지 적어야 정답입니다.

> **한줄조언**
>
> 기출 문제를 보면 옛이야기와 관련된 문제들의 비중이 꽤 높은 것을 알 수 있습니다. 모두 난이도가 높은 문제는 아니기 때문에 옛이야기가 나오면 마음을 좀 놓으셔도 될 것 같아요. 이 문제도 대부분 시험 당일 문제 센스로 풀 수 있는 수능형 문제이기 때문에 평소 교과서 수록 옛이야기를 보면서 문제화될 수 있는 부분을 점검해도 좋을 것 같아요.

2019-01 초특

정답과 해설

1) 정답

①: 절충식 접근 방법
②: 낱말의 의미를 지도할 뿐만 아니라 낱말의 발음도 바르고 정확하게 지도할 수 있다.

해설 ①

[A]를 보면 먼저 사진으로 동물의 이름을 말해보도록 하고 그림과 단어를 함께 제시하여 읽어보도록 합니다. 이는 의미 중심 접근 방법이라고 할 수 있어요. 그 후에는 단어와 단어의 발음을 제시하는 발음 중심 접근 방법을 택하고 있는 것을 보면 '절충식 접근 방법'이 답이 된다는 것을 알 수 있습니다.

> • 절충식 접근 방법은 발음 중심 접근 방법과 의미 중심 접근 방법을 일정한 순서로 연결해서 한글 학습이 이루어질 수 있도록 한 방법이다. 이는 발음 중심 방법과 의미 중심 방법의 장점을 살리고 단점을 보완하기 위해 접근하는 방법이다.
>
> [국어 지도서 부록 초기 문자 지도]

해설 ②

학습 목표가 '낱말을 바르게 소리 내어 읽을 수 있다.'이고 활동 3이 낱말을 따라 읽는 활동입니다. 그러므로 앞 활동에서 배운 의미뿐 아니라, 발음도 바르고 정확하게 지도할 수 있다는 의미의 답이 정답이 됩니다. 절충식 접근 방법이 의미 중심 접근 방법의 단점을 보완할 수 있다는 것이 이 문제의 키워드가 되겠네요.

	장점	단점
발음 중심 접근 방법	• 자음자와 모음자가 결합해 하나의 글자를 이루는 한글의 구조를 체계적이고 논리적으로 지도할 수 있다. • 자음과 모음의 글자 요소와 그 글자 요소의 음가를 대응시켜 발음의 규칙성을 지도할 수 있다. • 자소와 음소 대응의 매우 규칙적인 한글 지도에 알맞다. • 철자에 유의하게 되므로 맞춤법과 정서법 학습에 유용하다.	• 분석적이고 논리적이어서 학생들이 이해하는 데 어려움이 있다. • 추상적이고 무의미한 단위까지 다루므로 학생의 학습 흥미 유발과 유지가 어렵다. • 의미보다는 문자 자체에 더 큰 관심을 가지게 되므로 독해 지도와 연계되지 않는다. • 낱자와 음소의 대응을 강조하게 되면 받침이 있는 음절, 음운 변동이 있는 낱말들을 읽고 쓰는 데 어려움이 있다.
의미 중심 접근 방법	• 낱말이나 문장을 하나의 단위로 읽어 나가기 때문에 발음보다는 의미 파악에 초점을 둘 수 있다. • 제한된 낱말, 문장만 지도하므로 학습이 쉽다. • 실생활에서 익숙한 낱말이나 문장을 중심으로 지도하므로 학습의 흥미를 유발하고, 지속적인 관심을 유지할 수 있다. • 문자 읽기에 그치지 않고, 읽은 내용을 생활과 관련시켜 말해보는 활동을 곁들여 읽기와 말하기 지도를 병행할 수 있다.	• 의미 파악에 과도하게 초점을 두어 정확한 발음을 지도하기 어렵다. • 제한된 낱말, 문자만 지도하므로 학습량이 적다. • 일단 배운 글자는 그 형태 또는 기억에 의해 쉽게 읽을 수 있으나 배우지 않은 단어나 문장은 거의 읽을 수 없다. 즉, 학습 전이가 매우 낮다. • 기억이 나지 않는 낱말을 추측해 읽게 된다.

[국어 지도서 부록 초기 문자 지도]

2) 정답

①: 혀의 높낮이
②: 'ㅏ'를 발음할 때 혀의 높이가 가장 낮고, 'ㅡ'를 발음할 때 혀의 높이가 가장 높다. 'ㅓ'를 발음할 때는 'ㅏ'와 'ㅡ'의 중간 높이에 혀가 위치한다.

해설

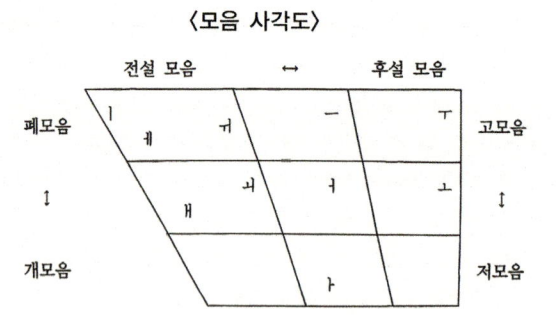

〈모음 사각도〉

• 이 모음 사각도에 있는 각 음소의 위치는, 이 모음 사각도가 구강 속에 있다고 생각할 때, 구강에서 각 모음이 발음되는 위치인데, 모든 사람이 구강구조가 다르기 때문에 정확히 같은 위치에서 발음되지는 않지만, 대부분 해당 음소가 있는 위치나 그 주위에서 발음된다. 각 음소들을 발음할 때에는 그 음소의 위치에서 입의 개구도, 혀의 전후, 고저를 고려하면서 발음한다.

[국어 교과교육론 문법 영역의 지도]

> **한줄조언**
> 절충식 접근 방법은 워낙 중요하게 많이 다뤄서 생각해내기는 쉬웠을 거예요. 하지만 수업 사례를 보고 의미 중심 접근 방법인지, 발음 중심 접근 방법인지 구분하는 능력이 필요한 문제였습니다. 즉, 각 방법에 대한 정의만 보고 넘어가지 말고 실제 수업 사례와 연결해서 공부하셔야 해요.

2018-01 초등   정답과 해설

1) 정답
말 차례

해설

면담에 관련된 내용이 현재 2015 개정 교육과정에서는 축소가 되었습니다. 2009 개정 교육과정에는 다음과 같은 내용이 있었습니다.

> ● 면담을 할 때 주의할 점
> ① 면담 대상자가 말하는 도중에 끼어들어 말하지 않는다.
> ② 면담 주제에서 벗어난 질문을 하지 않는다.
> [국어 6-1, 4. 주장과 근거를 판단해요]

이 문제와 관련된 2015 개정 교육과정의 부분은 다음과 같습니다.

> ● 대화 예절을 지키며 대화하는 방법
> ① 인사할 때에는 눈을 마주치며 인사해야 한다.
> ② 친구 앞에서 귓속말을 하지 않는다.
> ③ <u>대화 도중에 끼어들지 않는다.</u>
> ④ 거친 말을 사용하지 않는다.
> ⑤ 이름을 따뜻하게 불러 준다.
> ⑥ 알맞은 높임말(경어법)을 사용한다.
> [국어 4-2, 3. 바르고 공손하게]

2) 정답
①: 면담의 목적 확인하기
②: ⓓ

해설

2015 개정 교육과정에서는 면담의 절차 부분이 삭제되었습니다. 2009 개정 교육과정에는 다음과 같은 내용이 있었습니다.

> ● 면담의 절차
> ① 면담 준비하기
> ② 면담 진행하기
>   - 면담 열기: 가벼운 인사말, 면담의 목적
>   - 질문하기: 구체적인 사실에 대한 질문, 생각이나 느낌에 대한 질문, 앞으로의 계획이나 당부에 대한 질문
>   - 면담 마무리: 감사 인사
> ③ 면담 정리하기
> [국어 6-1, 4. 주장과 근거를 판단해요]

2015 개정 교육과정에 남아 있는 문제와 관련된 면담에 관한 내용은 다음과 같습니다.

> • 면담: 면담은 정보를 수집하거나 상담을 하거나 설득을 하는 데 목적이 있다. 면담은 면담을 하는 사람과 면담을 받는 사람에 의해 진행된다. 면담을 하는 사람은 면담의 이유나 목적을 분명하고 구체적으로 설정해야 하며, 미리 질문의 요점을 정리하여 목적에 도달할 수 있는 질문이 되도록 해야 한다. 또한 면담의 대상으로 삼은 사람이 어떤 인물인지 판단할 필요가 있다. 이에 따라 질문하는 방식도 달라진다. 면담을 받는 사람은 정보를 명료하고 이해하기 쉽게 설명해야 한다.
> [국어 5-2, 6. 타당한 근거를 들어 토론해요]

3) 정답
㉠: '노력만큼'의 '만큼'은 조사로서 앞의 명사에 붙여 쓴다.
㉡: '주는 만큼'의 '만큼'은 의존명사로서 앞의 용언과 띄어 쓴다.

해설 ㉠

제41항 조사는 그 앞말에 붙여 쓴다.
해설) 조사는 독립성이 없기 때문에 다른 단어 뒤에 종속적인 관계로 존재한다.
[국립국어원 한글맞춤법]

해설 ㉡

제42항 의존 명사는 띄어 쓴다.
해설) 의존 명사는 의미적 독립성은 없으나 다른 단어 뒤에 의존하여 명사적 기능을 담당하므로, 하나의 단어로 다루어진다. 독립성이 없기 때문에, 앞 단어에 붙여 쓰느냐 띄어 쓰느냐 하는 문제가 논의의 대상이 되었지만, 문장의 각 단어는 띄어 쓴다는 원칙에 따라 띄어 쓰는 것이다.
[국립국어원 한글맞춤법]

> **한줄조언**
> 면담 부분이 사라졌다고 해서 이 부분을 그냥 넘어가서는 안 돼요! 이 문제는 면담에 대해 얼마나 잘 알고 있느냐 물어보는 문제이기도 하지만, 대화 예절에 대한 문제이기도 하기 때문입니다. 2009 개정 교육과정의 내용 중에서 에서 축소되었거나 삭제되었다면 2015 개정 교육과정에는 어떻게 반영이 되어있는지 반드시 확인을 해 주셔야 해요. 소문항 3번은 국어 문법 중에 헷갈릴 만한 부분이 문제화되었다고 생각합니다. 이런 문제를 보면 문법 중에 우리가 많이 헷갈리는 부분들을 더 유심히 볼 필요가 있다는 걸 알 수 있겠죠?

2018-02 초등

1) 정답

ⓐ : 제목
ⓑ : 초대하지 않은 손님

해설 ⓐ

ⓐ : ⓐ를 알기 위해서는 ⓐ가 들어가 있는 질문에 대한 답을 먼저 알아야 합니다. 표에서 알 수 있는 힌트는 '질문 형식'과 '독자의 관심을 유도'가 됩니다. 글에서 질문 형식으로 되어있는 부분이면서 독자의 관심을 유도할 수 있는 것은 제목입니다.

> ● 글쓴이의 생각을 파악하는 방법
> ① 글의 제목을 생각해 본다.
> ② 각 문단의 중심 내용을 확인한다.
> ③ 글쓴이의 의견이 무엇인지 알아보고, 어떤 근거를 제시했는지 살펴본다.
> ④ 글쓴이가 여러 번 강조해 사용한 낱말이 무엇인지 확인한다.
> [국어 6-2, 5. 글에 담긴 생각과 비교해요]

해설 ⓑ

ⓑ : ⓑ는 제시문 안에서 찾아 쓰는 문제입니다. 신대륙 발견을 주장하는 사람들에게 콜럼버스는 위대한 탐험가지만, 글쓴이가 주장하는 구대륙 침략의 관점에서 콜럼버스는 '초대하지 않은 손님'입니다.

2) 정답

반드시 만든 사람과 출처를 분명히 밝히고, 올바른 절차를 거쳐, 꼭 필요한 부분만 부분적으로 참고한다.

해설

2009 개정 교육과정에는 다음과 같은 내용이 있었습니다. 하지만 2015 개정 교육과정에는 이와 완전히 똑같은 부분은 없습니다.

> • 기사문을 쓸 때 타인의 저작권을 침해하지 않으면서 자료를 올바르게 활용하는 방법
> - 자료를 활용할 때에는 반드시 만든 사람과 출처를 분명히 밝힌다.
> - 자료를 활용할 때에는 올바른 절차를 거친다.
> - 자료를 활용할 때에는 꼭 필요한 부분만 부분적으로 참고한다.
> [2009 개정 교육과정 6-2]

2015 개정 교육과정에는 저작권에 관련된 내용이 다음과 같이 제시되어 있습니다.

> ● 저작권
> ▷ 저작권은 저작물을 만든 사람이 다른 사람의 이용을 허락할 수 있는 권리를 말한다. 저작권의 주인은 그 저작물을 만든 사람에게 있기 때문에 다른 사람이 저작물을 이용할 때에는 저작권을 가진 사람에게 허락을 받거나 이용료를 내야 한다. 예를 들어 영화를 보거나 책을 살 때 우리가 내는 돈에는 저작권을 가진 사람에게 주는 돈이 포함된다.
> ▷ 저작권의 중요성: 저작권을 침해하면 저작물을 만든 사람에게 정신적, 경제적인 피해를 끼치게 된다. 다른 사람의 창작물을 함부로 베낀다면 우리나라 문화 산업 발달에 나쁜 영향을 끼친다.
> ▷ 저작권을 존중하는 방법: 다른 사람의 사진이나 그림 등을 허락 없이 가져오지 않는다. 숙제할 때 다른 사람이 해 놓은 숙제를 그대로 베끼지 않는다. 글을 함부로 복사하여 다른 누리집에 올리지 않는다. 인터넷에서 불법으로 동영상 파일을 내려 받지 않는다. 책을 함부로 복사하여 사용하지 않는다.
> [국어 4-1, 4. 일에 대한 의견]

3) 정답

독자와 교류하기

해설

쓴 글을 친구들과 교류하는 활동을 하므로 쓰기 영역 기능 중 가장 적절한 것은 독자와 교류하기가 됩니다.

> ● 2015 개정 교육과정 쓰기 영역 내용 체계 기능
> ① 맥락 이해하기
> ② 독자 분석하기
> ③ 아이디어 생산하기
> ④ 글 구성하기
> ⑤ 자료·매체 활용하기
> ⑥ 표현하기
> ⑦ 고쳐 쓰기
> ⑧ 독자와 교류하기
> ⑨ 점검·조정하기

> **한 줄 조언**
> 소문항 1번 같은 문제는 각론 지식이 없더라도 센스를 발휘한다면 풀 수 있을 거예요. 다만 글에서 찾아 쓰는 문제는 철자가 틀리면 안 되니 그 점에 유의해 주세요. 소문항 2번에서 다루는 저작권 문제는 현 교육 추세에서 굉장히 중요하게 생각하기 때문에, 2015 개정 교육과정에서 어떻게 반영하고 있는지 확실하게 알아두셔야 해요. 완전히 같은 문제가 나오기는 어렵겠지만 코로나19로 인해 온라인 개학을 거치면서 저작권에 대한 이해가 필수적으로 되었어요. 그래서 이 부분을 확실히 체크하고 넘어가셔야 합니다.

2018-03 초등   정답과 해설

1) 정답

① : 이야기 속에서 동이의 말과 행동을 살펴 동이의 마음을 파악해보기
② : "괜찮아, 괜찮아."

해설

문장 카드의 내용을 보면 동이의 말과 행동이라는 것을 알 수 있습니다. 또한, 등장인물의 마음을 짐작하는 방법은 아니지만, 다음과 같은 각론 내용이 있습니다.

> ● **글을 읽고 글쓴이의 마음 짐작하는 방법**
> ① 글쓴이의 상황을 살펴본다.
> ② 글에 나타난 말이나 행동, 마음을 나타내는 말을 찾아본다.
> ③ 자신의 비슷한 경험을 떠올린다.
> ➡ 글쓴이의 마음은 글에 직접 드러나지 않을 수도 있다.
> ➡ 글쓴이의 상황은 일이 일어난 차례대로 정리하거나 인과 관계로 정리해 파악할 수 있다.
> ➡ 한 편의 글에서도 글쓴이의 마음이 다양하게 변할 수 있음을 안내한다.
> ➡ 글쓴이의 마음을 짐작하면 글을 더 잘 이해할 수 있음을 알고, 나아가 타인의 마음을 헤아리고 공감하는 태도를 기르도록 한다.
>
> [국어 2-1, 8. 마음을 짐작해요]

남이의 마음이 드러난 부분은 남이의 말과 행동이 나타나는 부분인데, 말은 "괜찮아, 괜찮아."뿐이고 행동은 동이의 젖은 옷을 벗기고, 속옷을 찾아와 갈아입혀 준 것입니다. 행동은 남이의 행동을 나타낸 것뿐 남이의 마음을 나타내지는 않기 때문에 답은 남이의 말이 되겠네요.

2) 정답

㉠ : 주제, ㉡ : 인물

해설

• 반응 심화하기 단계는 <u>주제</u>, <u>인물</u>, <u>사건</u>, <u>배경</u> 등을 바탕으로 하여 다른 작품과 관련지어 보면서 작품에 대한 이해도를 높이고, 그 결과를 현실 세계나 자신의 삶에 투영해 봄으로써 반응을 심화하는 단계이다. 특정 주제로 토의나 토론 활동을 하여 반응을 심화하는 방법도 좋다.

단계	주요 활동
반응 준비하기	• 동기 유발 • 학습 문제 확인 • 학습의 필요성 또는 중요성 확인 • **배경지식 활성화**
반응 형성하기	• 작품 읽기 • 작품에 대한 개인 반응 정리
반응 명료화하기	• 작품에 대한 **개인 반응 공유 및 상호 작용** • **자신의 반응 정교화 및 재정리**
반응 심화하기	• (주제, 인물, 사건, 배경 등을 바탕으로) **다른 작품과 관련짓기** • 일반화하기

[국어 지도서 부록 교수·학습모형]

한 줄 조언

국어는 수업 모형이 그리 중요하지 않게 여겨지는 과목이지만, 한 번 나오면 꽤 깊이 다룹니다. 소문항 2번 문제도 해당 단계의 세세한 설명까지 알고 있어야 풀 수 있는 문제였습니다. 국어는 모형 공부를 할 때, 단계 명만 외우기보다는 그 설명과 유의점을 확실히 알 수 있도록 공부하셔야 합니다.

2018-01 초특   정답과 해설

1) 정답

㉠ : 글   ㉡ : C

해설 ㉠

먼저 고쳐 쓸 때 점검 수준은 2015 개정 교육과정에 다음과 같이 제시되어 있습니다.

> ● **고쳐쓰기**
> • 학생들에게 글을 고쳐 쓰라고 하면 뭔가 자기 글에 큰 문제가 있는 것처럼 생각한다. 고쳐쓰기를 잘못된 행위로 받아들일 것이 아니라, 글쓰기 과정의 일부로 받아들이도록 한다. 그리고 학생들에게 고쳐 쓰라고 하면 기껏해야 글씨나 맞춤법을 바로잡거나, 아니면 낱말 몇 개를 바꾸고 마는 경우가 많은데 이것은 바람직하지 않다. <u>텍스트 수준, 문단 수준, 낱말 수준의 순서로</u> 고치는 활동을 하게 하는 것이 좋다.

2009 개정 교육과정에서 고쳐쓰기 점검 부분은 다음과 같이 제시되어 있습니다.

점검 수준	점검 내용
글	• 무엇에 대하여 쓴 글인지 알 수 있는가? • 글의 내용에 어울리는 제목을 붙였는가? • 서론, 본론, 결론의 짜임에 알맞은 내용을 썼는가? • 주장에 알맞은 근거를 제시하였는가? • 꼭 써야 할 내용을 빠뜨리지 않았는가?
문단	• 한 문단에 하나의 중심 생각만 있는가? • 문단의 중심 생각이 중심 문장으로 잘 표현되었는가? • 중심 문장을 뒷받침하는 문장은 적절한가? • 근거를 보충하는 자료가 충분한가? • 문단의 길이가 적절한가? • 문장과 문장이 자연스럽게 연결되는가?

문장과 낱말	• 문장의 호응이 잘 이루어졌는가? • 지나치게 생략된 문장 성분은 없는가? • 분명하지 않거나 적절하지 않은 낱말은 없는가? • 잘못 쓴 글자나 낱말은 없는가?

[2009 개정 국어 6-1, 10. 자신이 쓴 글 고쳐쓰기]

해설 ㄴ

ㄴ은 제시문에서 삭제해야 할 문단을 찾아내기만 하면 됩니다. 다른 문단에서는 운동화의 기능을 말하고 있는데 C는 색깔을 언급하고 있습니다. 글 전체가 운동화의 기능에 따른 특징을 설명하는 글이기 때문에 맥락에 맞지 않는 C는 삭제해야 합니다.

[국어 교과교육론 과정 중심 쓰기]

2) 정답

목적어

해설

'지금까지 우리는 기능별로 알아보았다.'라는 문장만 봐도 우리는 '무엇을?'이라는 의문을 가질 수 있습니다. 문장 성분 중 '무엇을'에 해당하는 부분은 목적어이기 때문에 답은 목적어가 됩니다.

● 목적어

목적어는 타동사에 의해 표현되는 행위의 대상을 나타내는 문장 성분이다.

> 가. 나는 밥을 먹었다.
> 나. 나는 그의 근무지를 알지 못한다.
> 다. 나는 과일이 익기를 기다렸다.
> 라. 철수는 영희를 팔을 당겼다.

목적어는 (3가)처럼 단일어뿐만 아니라(3나, 다)처럼 구나 절 또한 목적어가 된다. 그리고 목적어는 (3라)처럼 한 문장 내에서 두 개일 경우도 있다. 그런데 이때에는 보통 둘째 목적어가 첫째 목적어의 한 부분이거나 한 종류 또는 그 수량을 나타낸다.

[국어 교과교육론 단어 구조]

3) 정답

학생들

해설

김 교사의 말 중 '글을 게시한 뒤에는 모든 글을 읽어 보고 서로 칭찬하는 시간을 가졌어요.' 부분에서 글의 독자가 학생들이 된다는 건 쉽게 알 수 있습니다.

한 줄 조언

이 문제들은 관련된 각론 지식이 존재함에도, 그 배경지식 없이도 풀 수 있는 문제입니다. 이런 문제는 문제만 차근차근 잘 읽고 실수만 하지 않으면 풀 수 있습니다. '나는 못 풀 것 같은데?'라고 생각하는 선생님이 있을 수도 있는데, 자신감을 가지셔도 좋아요. 분명히 이 문제를 시험장에서 만났다면 풀었을 거예요. 진심으로 이 문제가 어려웠다면 비문학 지문을 읽으면서 독해력을 키우시는 것이 좋을 것 같습니다.

2017-01 초등·초특 공통 정답과 해설

1) 정답

① : 발언권
② : 골고루 발언하도록 하기 위해(평등한 참여)

해설 ①

2015 개정 교육과정에서는 학급 회의 사회자의 역할에 '발언권'이라는 단어를 사용하고 있지는 않습니다. 대신 '골고루 말할 기회'라는 말로 표현하고 있습니다. 발언권이라는 단어는 피라미드 토의에 대한 설명에 다음과 같이 제시되어 있습니다.

> ▷ 모둠 토의나 학습 토의에서 소수의 학생이 발언권을 독점하거나 여러 의견 가운데 한두 개의 의견을 선택할 때 다수결로 결정하는 경우가 빈번하다. 하지만 토의에서는 해결 방안을 선택하는 것보다 학생들이 장단점을 검토하고 그 과정에서 적절한 해결 방법을 찾아가는 과정을 경험하는 것이 중요하다.

[국어 5-1, 6. 토의하여 해결해요]

해설 ②

이전에 발표하지 않은 학생을 지명하는 것이 좋은 이유를 찾으라는 문제입니다. 이는 교육학을 배운 선생님들이라면 쉽게 이유를 유추할 수 있을 테지만, 지도서에는 다음과 같이 제시되어 있습니다.

▷ 회의 참여자의 역할

맡은 역할	하는 일
사회자	• 회의 절차를 안내한다. • 골고루 말할 기회를 준다.
회의 참여자	• 친구가 의견을 말할 때 끼어들지 않는다. • 다른 사람의 의견을 존중한다. • 사회자 허락을 얻고 말한다. • 자신의 의견만 옳다고 주장하지 않는다. • 알맞은 크기의 목소리로 말한다.
기록자	• 중요한 내용을 요약해서 기록한다. • 회의 날짜와 시간, 장소를 기록한다.

[국어 4-1, 6. 회의를 해요]

2) 정답
실천 가능성이 있는 의견을 제시해야 합니다.

해설
이 답은 회의뿐 아니라 토의에도 해당합니다. 2015 개정 교육과정에서는 다음과 같이 제시되어 있습니다.

> ● 친구의 의견을 평가할 기준
> ① 회의 주제와 관련이 있어야 한다.
> ② 실천할 수 있어야 한다.
> ③ 근거가 분명해야 한다.
> [국어 4-1, 6. 회의를 해요]
>
> ● 토의에서 의견을 마련할 때 생각할 점
> ① 토의 주제에 맞는 의견인지 생각한다.
> ② 알맞은 주장과 근거를 들었는지 생각한다.
> ③ 실천할 수 있는 의견인지 생각한다.
> [국어 5-1, 6. 토의하여 해결해요]

3) 정답
ⓐ : 쓴 사람
ⓑ : 자기중심적

해설 ⓐ
학생들이 편지에 공통으로 밝히고 있는 것이 무엇인지 물어보는 문제이기 때문에, 학생들의 편지를 보고 확인해 보아야 합니다. 제시문에 '학생들은 도나티와 서로 모른다고 생각해서' 부분이 힌트가 됩니다. 그다음으로 이 교사가 이는 형식과도 관련이 있다고 하니 편지의 형식 중에서 가장 적합한 '쓴 사람'이 답이 됩니다.

> • 편지에 들어가야 할 내용
> 편지를 쓸 때는 받을 사람, 첫 인사, 전하고 싶은 말, 끝인사, 쓴 날짜, 쓴 사람을 갖추어 쓴다.
> [국어 3-1, 4. 내 마음을 편지에 담아]

해설 ⓑ
이 부분은 2015 개정 교육과정에는 명확하게 제시된 부분이 없습니다. 이 문제는 다음과 같은 2009 개정 교육과정의 성취기준을 바탕으로 출제된 것으로 보입니다.

> [2009 개정 교육과정] 성취기준 - 3~4학년군 (3)쓰기
> (5) 읽는 이를 고려하여 자신의 마음을 표현하는 글을 쓴다.
> 다른 사람과 글로 소통하려면 자기중심적인 쓰기에서 벗어나 독자의 흥미나 관심, 입장, 반응 등을 고려하여 글을 써야 한다. 처음에는 학생들이 잘 알거나 친숙한 사람을 독자로 하여 글을 쓰도록 하고 학년이 올라감에 따라 점차 잘 알지 못하거나 친숙하지 않은 이를 독자로 하여 글을 쓰도록 한다.

다만, 2015 개정 교육과정에서 다음과 같이 이 문제와 관련된 부분이 있습니다.

(2) 초등학교 중학년 시기 학습자의 국어 능력
• 초등학교 중학년(3~4학년) 시기는 인지 발달 면에서 구체적 조작기(8~13세)로의 이행기에 해당되며, 전 조작기를 이제 막 벗어난 단계이다. 논리적 사고가 발달하고 자기중심적인 사고가 점차 줄어드는 시기이다.

> **한 줄 조언**
> 회의에 관련된 문제입니다. 최근 학생자치에 관한 관심이 높아지면서 학급 회의, 토의·토론도 주목을 많이지고 있습니다. 이 부분은 확실히 체크하고 넘어가시길 바랍니다. 또 시기별 학습자의 특성과 같은 부분은 확인하시길 바랍니다.

2017-02 초등

1) 정답
고려 시대 이전 옷의 종류와 장단점에 대한 의미 지도 그리기

해설

> ● 내용 정리하기
> 읽은 내용을 정리해 보는 활동으로 '의미 지도 그리기'를 해 보게 할 수 있다. 이 활동은 독서 전에 할 수도 있는데, 이것은 흔히 도해(그래픽) 조직자(graphic organizer)나 선행 조직자, 마인드 맵(mind map) 등과 유사한 것으로, 읽은 내용을 간단히 그림 형태로 표현해 보게 하는 것이다.
> [국어 교과교육론 읽기 후 단계]

의미 지도 그리기가 아니더라도 내용을 확인하는 활동이면 답으로 인정이 되었을 거예요. 다만 문제에서 [A]를 활용하라고 언급했으니 반드시 고려 시대 이전의 의복에 관한 내용은 들어가 있어야 합니다.

2) 정답
ⓔ, '평가 및 감상'이 아닌 '내용 확인'의 단계에 적합한 활동이다.

해설
추론은 제시문을 바탕으로 좀 더 새롭고 다양한 내용을 생각해 보는 활동을 뜻합니다. 그러므로 ⓒ의복이 몸을 보호하는 수단(→제시문 바탕)이라는 말의 다양한 의미 떠올려보기, ⓓ문익점이 목화 재배법을 사람들에게 널리 알리게 된(→제시문 바탕) 이유 생각해 보기는 적절한 활동입니다. 다음으로 평가와 감상은 읽은 후 느낀 점을 말하는 활동, 인물 행동의 옳고 그름을 판단하는 활동 등의 활동입니다. 이에 따라 ⓕ문익점이 목화씨를 몰래 가지고 온 행동의 옳고 그름 판단 해보기는 적절한 활동입니다. 하지만 ⓔ목화 재배로 이전에 비해 달라진 백성들의 의생활 파악하기는 평가와 감상이라기보다는 내용 확인에 더욱 적절한 활동입니다.

3) 정답

삶

해설

문제에서 한 설명은 파생어를 만드는 방법입니다. 글에서 가장 먼저 나오는 파생어를 찾으면 됩니다.

복합어	합성어	두 개 이상의 어근이 결합하여 만들어지는 낱말을 뜻한다. ex) 논밭, 빛나다, 높푸르다
	파생어	어근의 앞이나 뒤에 접사가 결합하여 만들어지는 낱말이다. ex) 군말, 되찾다, 헛걸음

● **파생어**

국어의 파생은 접두사가 어근에 결합하여 형성된 접두파생과 접미사가 어근에 결합하여 형성된 접미파생이 있다. 접두파생법과 접미파생법의 파생어를 보자.

가) 접두파생어
- 파생명사: 맨손, 돌배
- 파생동사: 덧나다, 엿듣다, 짓밟다

나) 접미파생어
- 파생명사: 잠, 너희, 기쁨
- 파생동사: 먹이다, 공부하다, 좁히다
- 파생형용사: 높다랗다, 가난하다, 놀랍다
- 파생부사: 자연히, 마주, 없이
- 파생조사: 밖에, 부터, 조차

[국어 교과교육론 단어 구조]

4) 정답

① : 하게체(예사 낮춤)
② : 화자가 청자보다 위치나 지위, 나이 등이 높아 화자를 낮출 때 사용한다.

해설

〈상대 높임법〉

구분		평서법	의문법	명령법	청유법	감탄법
격식체	하십시오체 (아주 높임)	하십니다	하십니까	하십시오	하시지오	없음
	하오체 (예사높임)	해(시)오	하시오	하시오	합시다	하구려
	하게체 (예사 낮춤)	하네	하는가	하게	하세	하구먼
	해라체 (아주 낮춤)	한다	하지	해라	하자	하구나
비격식체	해요체 (두루 높임)	해요	해요	해요	해요	해요
	해체 (두루 낮춤)	해	해	해	해	해

[국어 3-1, 3. 알맞은 높임 표현]

한줄조언

문법 내용의 비중이 큰 문제였습니다. 특히 파생어를 찾는 문제는 제 주변 선배들도 맞았다고 한 사람이 없었어요. 파생어가 뭔지는 알아도 '삶'을 파생어라고 생각하는 사람이 얼마나 될까요? 심지어 시험 중에 그 떨리는 중에 떠올리는 사람은 드물을 거예요. 즉 문법 관련 문제들은 반드시 예시를 많이 알아두셔야 해요. 대표적인 예시뿐 아니라 헷갈릴 수 있는 부분도 주시하면 좋습니다.

2017-03 초등 — 정답과 해설

1) 정답

① : 효(사랑)
② : 산돼지 잡아 드리기, 꼬리에 헝겊을 달고 석 달 열흘 내내 울기

해설 ①

호랑이가 나무꾼을 만난 뒤 실천하는 ③ 인간적 가치를 알기 위해서는 (가) 제시문에서 나무꾼을 만난 뒤에 변한 호랑이의 행동을 파악하면 됩니다. 산돼지를 어머니에게 잡아다 드리는 행동, 어머니가 돌아가신 후 꼬리에 헝겊을 단 행동을 보면 이는 '효도'라는 것을 알 수 있습니다.

해설 ②

효도하는 행동을 제시문에서 찾아 쓰면 됩니다. 제시문을 그대로 쓸 필요는 없지만, 최대한 제시문을 바탕으로 쓰는 것이 좋아요.

2) 정답

이래도 짐승이 사람만 못해? '짐승 같은 놈'이란 말 이젠 함부로 못 하겠지?

해설

ⓒ 이 작품의 주제를 이야기하는 이의 목소리로 드러난 부분을 찾아 쓰는 문제입니다. 이 작품은 화자가 이야기를 들려주는 방식으로 진행이 되는데, 마지막 부분만 작품의 이야기가 아니라 화자의 말이 나타납니다. 즉 이 부분이 화자가 정말로 말하고자 하는 이 작품의 주제가 됩니다.

한줄조언

또 옛이야기가 나왔습니다. 전 어렸을 때 비슷한 이야기를 들은 적이 있어 좀 더 문제가 친근하게 느껴졌어요. 소문항 문제들이 모두 배경지식 없이도 풀 수 있는 수능형 문제입니다. 그리 어려운 문제는 아니지만, 소문항 2번처럼 찾아 쓰는 문제는 철자까지 정확해야 한다는 사실 명심해주세요.

2016-01 초등

1) 정답

㉠은 몰라서 쓴 것이 아니라 서술문으로 표현해 나가다 결론 부분에서 의문 형식으로 강조한 설의법적 표현으로 독자의 관심을 불러일으키기 위함이고 ㉡은 말하는 이가 실제로 모르는 내용을 물어보는 질문이다.

해설

㉠혹시 종이컵이 땅속에서 썩는 데 얼마나 오랜 시간이 걸리는지 아십니까?가 정말 질문이라면, 그 바로 뒤에 '종이컵은 땅속에서 썩는 데 20년이 걸리고, 스타이로폼 도시락은 500년이 걸린다고 합니다.'라고 스스로 답을 할 리가 없겠죠? 이 점에서 이 질문은 연설 중 사람들의 관심을 불러일으키기 위한 질문이라는 것을 알 수 있습니다.

ⓐ혹시 종이컵이 땅속에서 썩는 데 얼마나 오랜 시간이 걸리는지 아십니까?는 B의 대답을 듣고 '아, 그렇군요.'하고 답하기 때문에 알고 답하는 것이 아니라는 걸 알 수 있어요. 이 질문은 진짜 답을 원하는, 궁금해서 하는 질문입니다.

2) 정답

ⓑ : 비판적   ⓒ : 녹화 기록법

해설 ⓑ

결국, 물어보는 것은 자신의 신념이나 가치관에 따라 내용을 분석하고 판단하는 듣기가 무엇인지예요. 여기에서 포인트는 '사실적 듣기', '추론적 듣기'와 같은 카테고리 안에 있는 개념이라는 것이 되겠네요. 이 듣기 수준은 지도서에는 나와 있지 않지만, 읽기 수준은 2학년 지도서에 있습니다. 하지만 이 개념을 잘 모른다고 하더라도 국어에서 '비판적 이해'가 얼마나 중요한지 모두 알 테니, 키워드를 적을 수는 있을 거예요.

• 읽기 수준

① 사실적 이해	▷ 글에 명시적으로 제시된 개념이나 정보를 문자 그대로 이해하는 정도를 말한다. 글을 읽고 그 내용을 이해하기 위해서는 먼저 그 글에 무엇이 쓰여 있는지를 알아야 한다. 사실적 이해 활동으로는 세부 내용 파악하기, 중심 내용 파악하기, 글 속에 제시된 사건과 행동의 인과 관계 파악하기 등이 있다. 사실적 이해 수준은 전체 글 내용 파악을 위한 기초라는 점에서 매우 중요하다.
② 추론적 이해	▷ 글을 읽고 의미를 구성하는 과정에서 표현된 내용을 근거로 표현되지 않은 내용을 추론하는 정도를 말한다. 추론적 이해 활동으로는 중심 내용 추론하기, 세부 내용 추론하기 등이 있다.
③ 비판적 이해	▷ 글의 내용, 구조, 필자의 동기나 태도, 관점 등에 대해 신뢰성과 타당성을 판단•평가하는 정도를 말한다. 비판적 이해 활동으로는 글 내용의 정확성에 대해 평가하기, 사회•문화적 척도에 비추어 글 내용이나 표현의 타당성 평가하기 등이 있다.
④ 감상적 이해	▷ 필자가 사용한 문예적인 기법이나 형식, 글 내용에 대한 독자의 반응을 말한다. 감상적 이해 활동으로는 주제나 글 구성에 대한 정의적 반응하기, 인물, 사건, 배경에 대한 정의적 반응하기, 심상 활동하기 등이 있다.

[국어 2-2, 9. 주요 내용을 찾아요]

해설 ⓒ

다소 번거롭고 시간이 걸리지만, 연설하는 모습을 언제든지 반복하여 볼 수 있다는 것이 키워드가 되겠네요.

⊙ **녹화 기록법**

이 방법은 관찰 기록법의 단점을 보완하기 위한 것으로, 학습자의 듣기•말하기 과정을 다양한 매체를 활용하여 녹화한 후 녹화된 내용을 분석하면서 평가하는 것이다. 이 방법은 학습자의 실제적인 듣기•말하기 상황의 전모를 파악할 수 있을 뿐만 아니라, 녹화된 장면을 여러 번 보면서 평가할 수 있기 때문에 정확하고 객관적인 평가를 할 수 있는 장점을 갖는다.

[국어 교과교육론 듣기•말하기 영역의 평가]

> **한 줄 조언**
> 2015 개정 교육과정에서는 '연설'의 비중이 크게 줄어들었습니다. 대신 '발표' 부분이 이와 비슷한 내용을 다루고 있습니다. 비중이 줄어든 '면담' 또한 발표 부분에 추가되었기 때문에 이 부분의 중요도가 높다고 생각됩니다. 또 각 부분마다 그에 적합한 평가 방법을 함께 연결해서 공부하시면 이런 평가 문제가 나올 때 더 수월하게 풀어나가실 수 있을 거예요.

2016-02 초등

1) 정답

중심 문장과 뒷받침 문장 파악하기

해설

민수의 사고 구술에서 ㉠에 해당하는 부분은 '1문단은 '우리가 아는 동물은 대부분 이가 있다.'가 첫 문장이니까 중심 문장이고, 나머지 문장은 중심 문장을 보충하는 문장이다.'입니다. 그 앞 문장이 핵심어 파악하기, 그 뒤 문장이 문단별 중심 내용 파악하기라는 것에서 알 수 있어요. ㉠ 활동은 중심 문장을 찾고 중심 문장을 보충하는 문장, 즉 뒷받침 문장을 찾는 활동입니다.

교수•학습 방법 및 유의 사항
• 글의 중심 생각 파악하기를 지도할 때에는 중심 낱말을 찾고 그것을 바탕으로 하여 문단에서 중심 문장과 뒷받침 문장을 파악한 후 이를 토대로 한 편의 글에서 중심 내용을 간추려 글쓴이가 글에서 드러내고자 하는 중심 생각을 파악하도록 한다.

2) 정답

모든 문단의 첫 문장이 중심 문장인 것은 아니다. 중심 문장은 중심 생각을 나타내는 문장으로 문단 내에서 중심 문장의 위치는 다양할 수 있다.

해설

- 성취기준 "[4국02-01] 문단과 글의 중심 생각을 파악한다."의 오개념과 극복방안
- 오개념
  ① 문단의 중심 문장은 문단의 첫 문장이다.
  ▷ 일반적으로 글에서 문단의 중심 문장이 맨 처음에 오는 경우가 많기는 하지만, 문단의 중심 문장의 위치는 다양하다.
  [국어 3-1, 2. 문단의 짜임]

3) 정답

①: 문단 간의 연결 관계 파악하기
②: 1문단이 주제 문단이고 2, 3, 4문단은 보충적 문단이다.

해설

이 부분은 2009 개정 교육과정 성취기준에 있던 내용이에요. 지금 여러분이 풀지 못하는 건 당연해요. 게다가 힌트가 될 만한 사고 구술 분석 부분이 '빠트리고 넘어감'으로 적혀 있어서 유추해서 풀지도 못합니다. 그러니 문제를 못 맞혔다고 상심하지 마시고 09 개정 해설을 아래 첨부할 테니 참고하세요.

● 글을 읽고 대강의 내용을 간추린다.
글을 읽고 대강의 내용을 간추리는 활동은 글 전체의 내용을 이해하기 쉽게 해 주고, 글의 내용을 기억하는 데 도움이 된다. 설명하는 글, 의견을 제시한 글의 경우에는 문단의 흐름에 따라 정리하거나 간추릴 수 있다. ① 글에 반복하여 나타나는 핵심어 찾기, ② 문단의 중심 문장과 뒷받침 문장 파악하기, ③ 문단의 중심 내용 파악하기, ④ 문단과 문단의 연결 관계 파악하기, ⑤ 문단의 중심 내용을 연결하여 대강의 내용 간추리기 등을 지도한다.

한줄 조언

이 문제는 제가 수험생일 때 기출문제 한 번 풀어봐야지 하고 풀었다가 틀렸던 문제예요. 특히 제시문에 있는 ⓒ이 대체 뭔지 알 수 없어서 결국은 포기해버렸죠. ⓙ은 사고 구술 분석이 있으니 일반화 오류가 있는 부분을 찾으면 되는데, ⓒ은 빠뜨리고 넘어갔다고 되어있어 찾지도 못하죠. 문제를 푸는 센스와 각론 지식을 적절하게 섞은 문제라고 생각합니다. 지금은 교육과정이 바뀌었으니 너무 실망하지 마세요.

2016-03 초등

1) 정답

㉠: 호철이
ⓐ: 칠산 할매

해설 ㉠

작품 속 말하는 이에 대한 배경지식이 없어도 충분히 풀 수 있는 수능형 문제입니다. 1인칭 시점인 글을 3인칭 시점으로 바꾸었을 때, ㉠나를 알 수 있는 부분은 다음과 같습니다.

"내만 그런 기 아인데, 씨이. 그라고 감자하고 살구하고 같나, 씨이."
이렇게 한번 투덜거려 보았습니다. 그랬더니
"호철이 이눔, 그래도 할 말은 있는 갑네! 어데 자꾸 구시렁대노!"
엄마는 이러며 내 등짝을 한 차례 더 착 때렸습니다.

여기에서 등짝을 맞은 사람, 투덜거리는 사람이 호철이라는 사실을 '엄마'의 말을 통해 알 수 있습니다.

해설 ⓐ

ⓐ나가 누구인지 알 수 있는 부분은 다음과 같습니다.

"우짜든지 장독이나 물어내게! 아이고, 살구나무를 뼛 뿌리든지 무슨 수를 내야지 장차 장독이 안 남아돌겠네!"
이러며 칠산 할매는 휭 가 버렸습니다.

앞 대사는 똑같은데 제시문에서는 칠산 할매, 소문항에서는 나로 표현되어 있어 쉽게 파악할 수 있는 문제입니다.

2) 정답

관용

해설

• 관용 표현이란?
둘 이상의 낱말이 합쳐져 그 낱말의 원래 뜻과는 다른 새로운 뜻으로 굳어져 쓰이는 표현이다. 관용 표현에는 관용어와 속담 따위가 있다.
[국어 6-2, 2. 효과적으로 말해요]

3) 정답

①: '뵈요'는 '봬요(뵈어요)'의 틀린 표기이다.
②: 어간 모음 'ㅚ' 뒤에 '-어'가 붙어 'ㅙ'로 줄어지는 것은 'ㅙ'로 적는다. ('봬'는 '뵈어'의 준말이다.)

해설

[한글맞춤법] 제35항

모음 'ㅗ, ㅜ'로 끝난 어간에 '-아/-어, -았/-었'이 어울려 'ㅘ/ㅝ, 왔/웠'으로 될 적에는 준 대로 적는다.
예) 꼬아→꽈, 꼬았다→꽜다
(다만, 제18항 4에서 다루어진 '푸다'의 경우는 '푸어→퍼'처럼 어간 모음 'ㅜ'가 줄어지므로, '풔'로 적지 않는다.)

[붙임1] '놓아'가 '놔'로 줄 적에는 준 대로 적는다.
해설(붙임1): 예컨대 '좋다'의 어간 '좋-'에 어미 '-아'가 붙으면 '좋아'가 되는데, 이 '좋아'가 줄어져서 '좌'가 되지는 않는다. 그러나 '놓다'(규칙 동사)의 경우는 놓아→(노아→)놔 놓아라→(노아라→)놔라처럼, 어간 받침 'ㅎ'이 줄면서 두 음절이 하나로 줄어진다. 그리하여 '놓다'의 경우는 예외적인 형식을 인정한 것이다.
[붙임2] <u>'ㅚ' 뒤에 '-어, -었-'이 어울려 될 적에도 준 대로 적는다.</u>
예) 되어→돼, 되었다→됐다
해설(붙임2): 어간 모음 'ㅚ' 뒤에 '-어'가 붙어서 'ㅙ'로 줄어지는 것은 'ㅙ'로 적는다.

[국립국어원 한글맞춤법]

한 줄 조언

저는 사실 이 문제가 아니었다면 계속 '다음에 뵈요.'라고 말하고 다녔을 거예요. 틀린 부분을 알 수 있었다고 해도 표기 원리도 못 적었을 것 같네요. 맞춤법 원리들을 다 외우는 건 불가능하고 또 비효율적이에요. 한글맞춤법은 항상 예시가 함께 나와 있으니 예시를 보고 문제화할 수 있을 만한 것들만 체크하고 넘어가면 될 것 같아요.

2016-01 초특

1) 정답

실제

해설

실제
• 다양한 목적의 듣기·말하기 　- 정보를 전달하는 말 　- 설득하는 말 　- 친교 및 정서 표현의 말 • 듣기·말하기와 매체

[2009 개정 교육과정 국어과 내용체계]

2015 개정 국어과 교육과정에서는 '실제'라는 말이 사용되지 않았어요.

2) 정답

①: 직접 교수 모형
②: 교사의 안내를 받아 역할놀이 대본으로 대화 연습하기

해설①

◉ **직접 교수 모형**

단계	주요 활동
설명하기	• 동기 유발 • 학습 문제 제시 • 학습의 필요성 또는 중요성 안내 • 학습의 방법 또는 절차 안내
시범 보이기	• 적용 사례 또는 예시 제시 • 방법 또는 절차 시범
질문하기	• 세부 단계별 질문하기 • 학습 내용 및 방법 재확인
활동하기	• 적용 • 반복 연습

국어의 교수·학습 모형은 교수님마다 다르게 제시하는 경우가 많아서 단계명 자체가 중요하지는 않아요. 여기에서 중요한 건 '시범 보이기' 활동을 하는 모형이 무엇인지 알아내는 것입니다.

해설②

ⓒ<u>안내된 연습하기</u>에서 할 수 있는 활동은 굳이 모형을 외우고 있지 않더라도 제시문에서 충분히 유추할 수 있어요. 〈'역할 놀이 대본'을 이용하여 다양한 활동으로 적절한 대화를 연습하기〉가 제시되어 있고, 말 그대로 교사의 안내가 기반이 되는 단계이기 때문에 이 둘을 잘 융합한 활동을 쓰면 됩니다.

[국어 지도서 부록 교수·학습 모형]

3) 정답

①: 말을 할 때는 말하는 내용과 말투, 표정, 몸짓 등이 잘 맞아야 그 의미가 정확하게 전달될 수 있기 때문이다.
②: ⓑ, ⓓ

해설①

◉ **비언어적 의사소통 대 언어적인 의사소통**
▷ 실제로 사람들은 의사소통 과정에서 자신이 하는 말에만 관심을 두기 때문에 음성이나 얼굴 표정, 눈빛, 자세, 몸짓으로 자신을 드러낸다는 것을 거의 의식하지 못한다. 그렇지만 정작 상대방은 말로 전달되는 언어적 메시지보다는 목소리나 억양, 얼굴 표정, 몸짓, 말하는 자세와 태도에서 전달되는 <u>비언어적 또는 준언어적 메시지에 주목해서 의미를 파악하는 경향이 높다.</u>

[국어 4-1, 3. 느낌을 살려 말해요]

해설②

ⓐ 눈으로 웃으며 ➡ 비언어적 표현
ⓑ 힘없는 음성으로 손을 저으며 ➡ 반언어적 표현
ⓒ 눈을 크게 뜨며 ➡ 비언어적 표현
ⓓ 낮은 어조로 배를 만지며 ➡ 반언어적 표현
ⓔ 걱정스럽게 어깨를 토닥이며 ➡ 비언어적 표현

● **준언어적, 비언어적 표현에 주의하며 듣기**
▷ 말하는 이는 언어적 내용뿐만 아니라 <u>억양, 강세, 침묵 등의 준언어적 표현</u>과 <u>눈빛, 표정, 몸짓, 거리 유지 등 다양한 비언어적 표현</u>을 함께 사용한다.

[국어 2-1, 10. 다른 사람을 생각해요]

한줄 조언

초등 특수 문제에 나오는 문제를 보면 출제자가 중요하게 여기는 부분을 알 수 있기 때문에 초등 특수도 함께 분석하는 것이 필요합니다. 따로 문제를 풀지는 말고 이 책에 실은 문제만 함께 보면 충분합니다.

2015-01 초등   정답과 해설

1) 정답
ⓐ : 낱말 및 문장의 이해
ⓑ : 내용 확인

해설

실제

• 다양한 목적의 읽기
  - 정보를 전달하는 글
  - 설득하는 글
  - 친교 및 정서 표현의 글
• 읽기와 매체

지식	기능	태도
• 읽기의 본질과 특성 • 글의 유형 • 읽기와 맥락	• 낱말 및 문장의 이해 • 내용 확인 • 추론 • 평가와 감상 • 읽기 과정의 점검과 조정	• 가치와 중요성 • 동기와 흥미 • 읽기의 생활화

[2009 개정 국어과 교육과정 읽기 영역 내용체계]

2) 정답
학습자가 자신의 '배경지식'을 활용할 수 있도록 도움을 주기 때문이다.

해설

● **스키마 활성화하기**
독자가 가지고 있는 지식이나 경험을 일반적으로 스키마(schema-배경지식)라고 한다. 글을 읽을 때 스키마를 활성화하면 글을 좀 더 쉽게 풍성하게 이해하는 데 도움이 되며, 글의 내용을 기억하는 데에도 도움이 된다.

[국어 교과교육론 과정 중심 읽기 지도]

이 소문항의 제시문은 2009 개정 교육과정의 성취기준 중 일부입니다. 하지만 굳이 성취기준을 외우지 않더라도 '읽기 전 활동', '교과서 사진과 그림자료', '고래 관련 동영상' 등을 보면 배경지식(스키마) 활성화 전략에 대한 설명이라는 것을 알 수 있어요. 이러한 A를 고려했을 때 ⓒ<u>더 나아가 이 활동은 설명하는 글을 쉽게 이해하는 데 도움을 준다.</u>의 이유는 읽기가 배경지식이나 경험을 활용하여 의미를 구성하는 고도의 지적 행위이기 때문이죠.

3) 정답
도해(그래픽) 조직자

해설

● **도해 조직자[graphic organizer]**
▷ 도해 조직자[graphic organizer]란 글의 구조를 시각적으로 재구성한 것을 말한다. 능숙한 독자는 작가가 사용한 글의 구조를 파악하면서 읽는다. 글의 구조를 이용해 글에서 어떤 정보가 상대적으로 중요한지 판단하고, 정보 사이에 관계를 찾고, 장기 기억에서 저장한 정보를 회상하며 주제를 구성한다. 능숙한 작가 또한 마음속에 특정한 글의 구조를 염두에 두고 글을 쓰거나, 글이 보다 쉽고 분명하게 의미를 전달하도록 글의 구조에 의거해서 글의 내용을 수정한다. 그러므로 글의 구조는 작가가 글의 내용을 효과적으로 전달하려고 사용하는 기제이며, 동시에 독자가 글의 내용을 이해하고 회상하는 데 효과적인 장치가 될 수 있다.
▷ 도해 조직자는 이러한 구조를 선, 화살표, 순서도, 공간 배열 등을 사용해 위계적인 도표로 재현한 것으로, 독자에게 글의 구조적 특징과 내용을 명확하게 이해시키려는 기제라고 할 수 있다.

[국어 5-2, 7. 중요한 내용을 요약해요]

4) 정답
구두 작문(말로 쓰기)

해설

• 표현하기 능력을 길러주기 위한 구두 작문 또는 말로 쓰기(oral composition), 얼른 쓰기, 컴퓨터 활용하기, 의미 지도 그리기 등의 활동을 할 수 있다.
• 말로 쓰기는 초고를 실제로 쓰기 전에 쓸 내용을 말로 해 보게 하는 활동이다. 필자가 말로 써보면 글쓰기에 대한 부담을 줄일 수 있다.

[국어 교과교육론 과정 중심 쓰기의 과정]

> **한 줄 조언**
> 내용체계, 성취기준과 연계된 읽기 전략, 과정 중심 쓰기 등 기본적으로 암기가 기반이 되어야만 하는 문제입니다. 이렇게 단어로 쓰라고 하는 문제는 오히려 한 글자만 틀려도 답으로 인정이 되지 않기 때문에 더 신경을 써야 해요. 성취기준과 연계되어서 읽기 전략이 문제로 나왔는데, 그럼 우리는 국어 성취기준을 외워야 할까요? 절대 아니죠. 여기에서 우리는 '아 국어는 성취기준에 빈칸 뚫어서 외운 걸 쓰라고 하는 게 아니라, 다른 힌트와 연계하는구나.'를 알 수 있어요. 모두 아시겠지만, 이 시험은 중요도 판단, 선택과 집중이 가장 중요해요. 이 문제를 통해 우리는 여러 '전략'들이 중요하다는 것을 알 수 있으니, 한 번 더 점검해주세요.

2015-01 초등 유사 정답과 해설

1) 정답
중심 생각 파악하기

해설

범주		내용 요소		
		초등학교		
		1~2학년	3~4학년	5~6학년
과정·기능	읽기의 기초	• 글자, 단어 읽기 • 문장, 짧은 글 소리 내어 읽기 • 알맞게 띄어 읽기	• 유창하게 읽기	
	내용 확인과 추론	• 글의 중심 내용 확인하기 • 인물의 마음이나 생각 짐작하기	• 중심 생각 파악하기 • 내용 요약하기 • 단어의 의미나 내용 예측하기	• 글의 구조를 파악하기 • 글의 주장이나 주제 파악하기 • 글의 구조 고려하며 내용 요약하기 • 생략된 내용과 함축된 의미 추론하기
	평가와 창의	• 인물과 자신의 마음이나 생각 비교하기	• 사실과 의견 구별하기 • 글이나 자료의 출처 신뢰성 평가하기 • 필자와 자신의 의견 비교하기	• 글이나 자료의 내용과 표현 평가하기 • 다양한 글이나 자료 읽기를 통해 문제 해결하기
	점검과 조정		• 읽기 과정과 전략에 대해 점검·조정하기	

[2022 개정 국어과 교육과정 읽기 영역 내용 체계]

2) 정답
- 오개념: 문단의 중심 내용을 연결하기만 하면 전체 글의 중심 생각을 찾을 수 있다.
- 극복방안: 다양한 장르를 읽고 연습하는 기회 제공, 중심 내용을 바탕으로 하되 글쓴이의 의도나 목적 등을 고려해 중심 생각을 파악해야 하는 글도 있음을 지도

해설

◉ 성취기준 "[4국02-01] 문단과 글의 중심 생각을 파악한다."의 오개념과 극복방안

▷ 오개념

> ③ 문단의 중심 내용을 연결하기만 하면 전체 글의 중심 생각을 찾을 수 있다.

▷ 글 전체의 중심 생각이 단순히 각 문단의 중심 문장을 연결하는 것만으로 구성된다는 것은 오개념이다. 전체 글의 중심 생각을 문단의 중심 문장을 연결하고 필자의 의도를 종합적으로 고려해 결정되는 것이다. 단순히 문단의 중심 문장만을 연결한 것을 글 전체의 중심 생각이라 생각해서는 안 된다. 어떤 글은 문단의 중심 문장을 연결하기만 해도 글의 중심 생각을 파악할 수 있지만, 중심 내용을 바탕으로 하되, 글쓴이의 의도나 목적 등을 고려해 중심 생각을 파악해야 하는 글도 있다. 교사는 다양한 장르를 읽고 연습하는 기회를 제공하며, 또 글의 장르가 동일한 설명적인 글이라도 전자로 파악하는 경우와 후자로 파악하는 경우가 있음으로 인식할 수 있도록 지도해야 한다.

[국어 3-1, 2. 문단의 짜임]

3) 정답
KWL

해설

> KWL - 설명하는 글 읽기 수업에서 사용하는 읽기 전략 중에서 학생이 글을 읽기 전에 화제에 대하여 알고 있는 것, 알고 싶은 것, 글을 다 읽고 난 뒤에 알게 된 것을 자기 점검하면서 읽을 수 있도록 해 주는 읽기 전략

[국어 5-1, 8. 아는 것과 새롭게 안 것]

2015-02 초등·초특 공통 정답과 해설

1) 정답
- ⓐ: 내용 생성하기는 글을 쓰기 위해 아이디어를 떠올리고 수집하는 활동이다.
- ⓑ: 내용 조직하기는 글의 주제나 목적, 독자 등을 고려하여 생성된 내용을 적절히 조직하는 활동이다.

해설

● 과정 중심 쓰기의 과정

계획하기	
내용 생성하기	
내용 조직하기	조정하기
표현하기	
고쳐쓰기	
편집하기	

〈쓰기의 과정〉

2) 내용 생성하기
- 내용 생성하기는 글을 쓰기 위해 아이디어를 떠올리고 수집하는 활동이다. 반드시 일치하는 것은 아니지만 아이디어를 많이 끌어낼 수 있는 사람이 글을 잘 쓸 가능성이 높다. 그런데 종래의 결과 중심의 글쓰기 지도에서는 내용 생성하기 활동을 강조하지 않았다. 결과 중심의 글쓰기 지도에서는 완성된 글 자체에 초점을 두기 때문에, 생성하기에 관심을 갖지 않는 것은 당연한 일이다.

3) 내용 조직하기
- 우리 속담에 '구슬이 서 말이라도 꿰어야 보배'라는 말이 있다. 아무리 많은 아이디어를 생성했다고 하더라도 그것을 적절히 조직하지 못하면 허사이다. 학생들에게 일련의 과정을 거쳐 글을 써보게 하면 아이디어를 많이 생성했는데도 이것을 어떻게 조직해야 할지 난감해하는 경우를 흔히 볼 수 있다. 이런 학생들에게는 글의 주제나 목적, 독자 등을 고려하여 생성된 내용을 적절히 조직하는 것을 집중적으로 가르쳐주어야 한다.

[국어 교과교육론 과정 중심 쓰기의 과정]

2) 정답
회귀적(회귀성)

해설

〈쓰기 영역의 결과 중심 접근과 과정 중심 접근 비교〉
- 여기에 비해 과정 중심 접근은 쓰기 과정, 즉 아이디어를 생성하고 조직, 표현, 수정 또는 교정하는 일련의 과정을 강조한다. 과정 중심 접근에서는 쓰기 행위를 일종의 문제 해결 행위로 간주한다. 그래서 일련의 과정에서 학생들 각자가 문제를 접하고 이를 효과적으로 해결해 나가게 하는 데 초점을 둔다. 일련의 쓰기 과정에서 회귀성을 강조하여 필요한 경우에는 얼마든지 되돌아갈 수 있도록 한다.

[국어 교과교육론 과정 중심의 교수·학습]

3) 정답
ⓐ : 띄어쓰기, '안됐다'로 써야 한다.
ⓑ : 문장의 각 단어는 띄어 씀을 원칙으로 한다.

해설

〈제1장 총칙〉
제2항 문장의 각 단어는 띄어 씀을 원칙으로 한다.
뜻이 '되지 않다.'라면 기본형이 안 되다 이므로 안 됐다가 맞지만, 제시문에서는 '안타깝다', '불쌍하다'의 뜻을 가진 안되다가 기본형이기 때문에 안됐다는 붙여 적어야 합니다. 띄어쓰기와 관련된 맞춤법은 다음과 같습니다.

제2항 문장의 각 단어는 띄어 씀을 원칙으로 한다.
제41항 조사는 앞말에 붙여 쓴다.
제42항 의존명사는 띄어 쓴다.
제43항 단위를 나타내는 명사는 띄어 쓴다.
제45항 두 말을 이어주거나 열거할 적에 쓰이는 말들은 띄어 쓴다.

이 중에 가장 적절한 원리는 제2항입니다. 안되다는 '불쌍하다'의 뜻을 가진 하나의 단어이기 때문이죠.

[한글맞춤법(2009 개정) 부록]

한줄 조언
과정 중심 쓰기는 꾸준히 출제되고 있는 부분이기 때문에 확실히 알아두어야 합니다. 또한, 맞춤법 문제도 여러 번 출제되었기 때문에 확실히 점검해야 합니다. 다만 이 한 문제를 풀기 위해 모든 맞춤법 조항을 외우는 것은 비효율적이라고 생각해요. 저라면 소문항 3번에서 ⓐ만 맞추고 ⓑ는 버렸을 것 같아요. 모든 것을 완벽하게 다 외울 수 있는 분은 외우는 것을 추천하지만, 저는 머리가 나쁜 편이라 선택과 집중을 확실히 했어요. 대신 살을 주고 뼈를 취하려면 살을 내주어도 끄떡하지 않을 정신력이 갖춰져야 해요. 이 한 문제 틀린 만큼 다른 곳에서 만회한다고 생각하세요!

2015-03 초등

1) 정답
인물 간 갈등을 야기하고 있다.

해설

- 사건
▷ 사건이란 인물들이 벌이는 행동을 의미한다. 그래서 갈등을 촉발하고 긴장을 야기한다. 갈등이란 상대방과 부딪히고 마찰을 빚는 상황을 의미한다. 한 무대에서 여러 등장인물이 저마다의 목표나 목적을 가지고 사건(행동)을 벌이면, 서로 부딪히게 되고, 그렇게 갈등을 빚는 것이다. 그러니 헷갈리지 말아야 한다. 사건으로 인해 갈등이 형성되는 것이지, 사건이 곧 갈등은 아니다. 이는 큰 차이가 있다.

2) 정답

- ⓐ : ㉡
- ⓑ : 사건의 시간적·공간적 배경이 구체적이지 않고, 중심인물의 성격은 (평면적 성격을 띠고 있어서) 변하지 않고 있음을 지도한다.

| 해설

㉠ 옛이야기는 '구비문학'이라고도 하죠. 입에서 입으로 전승되었기 때문에 누락되거나 추가되는 경우가 많습니다.
㉡ 옛이야기는 제시문에서도 알 수 있듯이 '옛날에'와 같이 구체적이지 않은 시간적 배경을 가지고 있습니다. 또 '할아버지하고 할머니 단둘이 사는 집'과 같이 배경 또한 구체적이지 않습니다. 중심인물의 변하지 않는 평면적인 성격 또한 옛이야기의 특징입니다.
㉢ 행랑채를 뜯어서 땔감으로 쓰라는 할아버지의 말에 할머니가 반대하는 것은, 할아버지의 행동이 함께 살아온 할머니조차 이해할 수 없는 행동이라는 것을 보여줍니다. 이를 통해 사건의 긴장감이 드러납니다.
㉣ "옛날 옛적에", "호랑이 담배 피우던 시절에"와 같이 옛이야기에는 이야기를 시작하고 끝맺는 관용적 표현이 많습니다.

3) 정답

- 권선징악인 교훈이 있다.
- 전기적(비현실적)이다.
- 행복한 결말로 끝나는 구조를 갖는다.

| 해설

● **옛이야기의 특징**
① 줄거리 중심으로 이야기가 전개되어 있다.
② 산문 형식을 띠고 있다.
③ 주인공이나 등장인물의 성격 묘사가 거의 없다.
④ 동화가 발생한 당시 그 지역 민족의 생활과 이상, 종교, 미신 그리고 미래를 향한 의지가 반영되어 있다. (민족적이며 민중적인 것이다.)
⑤ 소박한 도덕적 윤리적 교훈이 포함되어 있다. (단순하고 보편적인 것이다.)
⑥ 문장 또는 단어의 반복이 있어 읊조리기에 좋다.
⑦ 시간과 장소에 대한 구체적인 묘사가 없다.
⑧ 구전되어 왔다.

한줄 조언
옛이야기는 단골 출제 지문입니다. 지문만 옛이야기고 전혀 다른 것을 물어보는 문제도 있지만, 이렇게 옛이야기의 특징을 물어볼 수도 있으니 반드시 알아두셔야 합니다.

2014-01 초등·초특 공통

1) 정답

- 공통점 : 대화의 분위기를 조성하며 대화에 참여하는 재미를 느끼게 해 준다. 또는 상대방에게 공감하는 표현이다.
- 차이점 : ㉠은 비언어적 표현이지만, ㉡은 언어적 표현이다.

| 해설

● **공감적 대화**
▷ 관심 가지기: 상대가 전달하고자 하는 의미를 제대로 파악하고 의미 있는 대화를 하려면 우선 자신이 상대에게 관심을 가지고 있음을 말과 행동으로 표현하면서 적극적인 반응을 보여 주어야 한다. 이러한 반응은 시선 접촉(부드러운 눈 맞춤), 얼굴 표정(온화한 미소), 고개 끄덕임, 편안하고 자연스러운 자세 같은 비언어적인 몸동작과 즉각적인 언어적 응대로 표현된다.
▷ 경청하기: 마음으로 상대의 말을 듣는 것을 우리는 공감적 듣기라고 한다. 공감적 듣기란 상대의 말을 분석하거나 비판하기보다는 일단 상대의 관점에서 문제를 바라보고 이해하려고 노력하는 듣기를 말한다. 스튜어트와 로건은 공감적 듣기를 보다 효율적으로 하기 위한 방법을 크게 집중하기, 격려하기, 반영하기의 세 가지로 제시하고 있다.
▷ 공감하기: 공감이란 다른 사람의 경험을 존중하고 이해해 주는 것을 말한다. 공감적 대화를 하려면 상대가 무엇을 생각하고 필요로 하는지를 귀 기울여 들을 수 있어야 한다.
[국어 3-2, 5. 바르게 대화해요]

㉠(고개를 끄덕인다)와 ㉡나도 그래. 사이의 공통점과 차이점을 찾는 문제입니다. 사실 이 부분은 2009 개정 교육과정 지도서에는 확실히 명시되어 있지만 2015 개정 교육과정에는 공감적 대화 부분만 남아 있습니다. 그래서 최근 문제로 이 문제가 나왔다면 고개 끄덕임과 "나도 그래."의 공통점은 '상대에게 공감하는 대화이다.'라고 할 수 있어요. 또 두 표현의 차이점은 언어적 표현과 비언어적 표현의 차이라는 것을 아는 데에는 큰 어려움이 없을 거예요.

2) 정답

- A : 마시
- B : 연음 현상
- C : 구지
- D : 구개음화

| 해설

A는 '맛이'를 발음 나는 대로 읽어보면 [마시]로 읽히는 것은 쉽게 알 수 있습니다. 이와 관련된 음운 현상인 연음 현상에 대한 설명은 다음과 같습니다.

백문이 불여일견 **설**명이 친절한 **기**출

● 연음 법칙과 받침의 발음
▷ 연음 법칙이란 앞 음절의 받침이 뒤 음절의 첫소리로 발음 되는 현상을 말한다. 원칙적으로 모음으로 시작하는 조사나 어미가 연결될 때는 연음 법칙이 적용된다.

[한국일보 기사-이대성 국립국어원 학예연구관]

하지만 지도서에서 '연음 현상'이라고 개념 자체를 언급하지는 않습니다. 다음은 2009 개정 교육과정 지도서에서 발췌한 내용입니다.

> 연음 현상은 글자와 다르게 소리 나는 현상 중의 하나이다. 연음 법칙은 받침으로 끝나는 음절에 모음으로 시작되는 음절이 이어질 때 앞의 받침이 뒤 음절의 첫소리로 발음되는 음운 법칙이다. 연음 현상은 체언과 조사의 결합으로 일어나는 경우가 있고, 체언이나 용언 등 하나의 낱말 안에서 일어나는 경우가 있다. 그러나 두 가지 모두 동일한 연음 현상이기 때문에 특별히 구별하지 않고 지도한다. 또, 이 원칙이 그대로 적용되지 않는 경우도 많으므로 학생들이 절대적인 원칙으로 받아들이지 않도록 주의한다.
>
> [2009 국어 2-1 단원의 개관]

C 또한 '굳이'를 발음 나는 대로 읽어보면 [구지]로 읽히는 것을 쉽게 알 수 있습니다. 이와 관련된 음운 현상인 구개음화 역시 2015 개정 교육과정 지도서에는 제시되어 있지 않습니다. 다음은 2009 개정 교육과정 지도서의 내용입니다.

> **구개음화**
> 'ㄷ, ㅌ' 받침 뒤에 종속적 관계를 가진 '-이(-)'나 '-히-'가 올 적에는, 그 'ㄷ, ㅌ'이 'ㅈ, ㅊ'으로 소리 나더라도 'ㄷ, ㅌ'으로 적는다. (예: 맏이-[마지], 해돋이-[해도지], 굳이-[구지], 같이-[가치], 끝이-[끄치])
>
> [2009 국어 2-1 단원의 개관]

● 사이시옷의 표기(한글맞춤법 규정 제30항)
제30항 사이시옷은 다음과 같은 경우에 받치어 적는다.
1. 순우리말로 된 합성어로서 앞말이 모음으로 끝난 경우
   (1) 뒷말의 첫소리가 된소리로 나는 것
      ㉮ 귓밥, 나룻배, 나뭇가지, 냇가, 맷돌 등
   (2) 뒷말의 첫소리 'ㄴ, ㅁ' 앞에서 'ㄴ' 소리가 덧나는 것
      ㉮ 아랫니, 아랫마을, 뒷머리, 냇물, 빗물 등
   (3) 뒷말의 첫소리 모음 앞에서 'ㄴㄴ' 소리가 덧나는 것
      ㉮ 뒷일, 베갯잇, 깻잎, 나뭇잎, 댓잎 등
2. 순우리말과 한자어로 된 합성어로서 앞말이 모음으로 끝난 경우
   (1) 뒷말의 첫소리가 된소리로 나는 것
      ㉮ 귓병, 샛강, 아랫방, 전셋집, 찻잔 등
   (2) 뒷말의 첫소리 'ㄴ, ㅁ' 앞에서 'ㄴ' 소리가 덧나는 것
      ㉮ 곗날, 제삿날, 훗날, 툇마루, 양칫물 등
   (3) 뒷말의 첫소리 모음 앞에서 'ㄴㄴ' 소리가 덧나는 것
      ㉮ 가욋일, 사삿일, 예삿일, 훗일 등
3. 두 음절로 된 다음 한자어
   한자어와 한자어를 결합하는 경우 사이시옷을 붙이지 않는 것을 원칙으로 하되, 다음 6개 단어만은 예외로 한다.
   ㉮ 곳간(庫間), 셋방(貰房), 숫자(數字), 찻간(車間), 툇간(退間), 횟수(回數)

[한글맞춤법 규정 제 30항]

> **한줄 조언**
> 사실 이 문제는 공감적 대화라는 개념을 알지 못하더라도 언어적 센스가 있는 분이라면 풀 수 있었을 거예요. 이런 문제를 시험에서 맞닥뜨렸을 때 위험한 건 자신을 스스로 믿지 못하는 거예요. 왠지 공감하는 게 공통점인 것 같은데 그 근거를 확실히 대지 못해서, 외운 것 중에 비슷한 다른 개념을 쓰는 선생님도 있을 거예요. 하지만 국어는 다른 과목과는 다르게 암기를 완벽하게 하는 것보다 맥락적으로 푸는 게 더 중요한 과목입니다. 국어는 하루에 하나라도 교과서 제시문을 읽고 문제화시켜보세요. 언어적 감이 생길 거예요.

유2) 정답
- A : 모음
- B : 된소리
- C : 사이시옷
- D : 술

해설

* 받침 'ㅅ'과 'ㄷ'
- 젓가락 : 고유어 '저'와 '가락'의 합성어. 앞말이 모음으로 끝나고 뒷말의 첫소리가 된소리로 나기 때문에 사이시옷을 붙임 → 한글맞춤법 제30항
- 숟가락 : '술'과 '가락'의 합성어. 끝소리가 'ㄹ'인 말이 딴말과 어울릴 적에 'ㄹ' 소리가 'ㄷ' 소리로 나는 것은 'ㄷ'으로 적음 → 한글맞춤법 제29항

2014-02 초등

1) 정답

- 기호 : (라)
- 이유 : '읽는 목적 생각하기'라는 전략은 꼭 읽기 전에만 사용하는 것은 아니다. (모든 읽기 전략은 모든 과정에서 통합적 혹은 개별적으로 결합되어 사용할 수 있다.)

해설

- 과정 중심 접근을 취해 읽기 지도를 할 때는 몇 가지 점에 주의해야 한다.
- 첫째, 읽기 각 과정에서 제시한 전략들은 해당 과정에만 필요한 것이 아니다. 예를 들어 읽기 전 활동에 제시한 배경지식 활성화나 예측하기는 일련의 읽기 활동 전체에서 필요한 것이다.

[국어 교과교육론 과정 중심 읽기 지도 시 유의점]

2) 정답

ⓒ, ⓔ, ⓑ, ⓐ

해설

수능형 문제는 매년 꼭 한 문제씩 나오죠. 겁먹지 말고 차근차근 풀면 생각보다 쉽게 풀 수 있어요. 먼저 두 문장이 동일한 대상에 대한 진술이라고 하니 남자 한복에 대해 말하는 ⓒ, ⓔ이 먼저 들어가겠죠. ⓐ은 한복에 대한 진술이고 ⓑ은 여자 한복에 대한 진술이니까요. 그리고 이 묶은 내용과 대등한 의미라고 하니, 남자 한복에 대응하여 여자 한복에 대해 말하는 ⓑ이 다음으로 들어가죠. 마지막으로 ⓒ, ⓔ, ⓑ이 뒷받침하고 있는 중심 문장, ⓐ이 들어가는 것이 가장 적절합니다.

3) 정답

프로토콜 분석법

해설

● **프로토콜 분석**

- 독자는 글을 소리 내어 읽으면서 그 순간 머릿속에 떠오르는 생각도 함께 소리 낸다. 다시 말하면 글을 소리 내어 읽으면서 그 순간 머릿속에 떠오르는 생각도 함께 소리 낸다. 다시 말하면 글을 소리 내어 읽으면서 이 글로부터 연이어지는 생각(의미)도 소리 내는 것이다. 이를 사고 구술(think aloud)이라고 한다. 프로토콜이란 피험자가 자신의 사고 행위를 구술한 것을 모아 놓은 자료를 말한다. 연구자는 이 자료를 분석하여 어떤 글에서 어떤 의미가 형성되는지 알아낼 수 있다. 프로토콜은 작용 기억의 산물이라 할 수 있다.
- 프로토콜 분석은 의미가 형성되는 과정의 모습을 생생하게 드러내 준다는 면에서 이해 과정에 대한 연구 방법으로 좋은 방법이다. 또한 읽기 과정에서의 연상이나 추론 양상을 파악하는 데에도 유용하다. 그러나 피험자의 소리 내어 읽기 훈련이 선행되어야 하는데, 나이 어린 독자의 경우 어려움이 따르고, 분석을 위해서는 연구자가 고도의 이론적 지식을 갖추어야 한다는 점에서 한계를 지니고 있다.

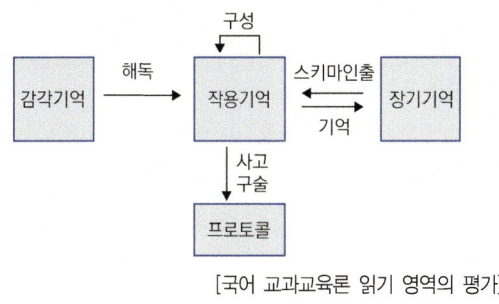

[국어 교과교육론 읽기 영역의 평가]

한줄조언

기본이론 부분에서 문제가 많이 나왔어요. 첫 번째 문제에서 알 수 있듯이 우리는 읽기 전 전략, 읽기 중 전략 등이 무엇이 있는지 암기하기보다는 이 전략들을 활용할 때 주의해야 할 점을 알고 있어야 해요. 물론 읽기 전략들은 기본적으로 알아두셔야겠지만 한발 더 나아가서 지도할 때의 유의점까지 알아두는 습관을 기르시면 좋아요. 평가 방법도 무엇이 있는지 단편적으로 외우는 게 아니라, 예시가 나왔을 때 고를 수 있을 정도가 되어야 해요. 그럴 뿐만 아니라 각 방법의 단점이나 보완점, 활용할 때의 유의점도 알아두어야겠죠? 다시 말하지만, 국어만큼 유기적으로 공부해야 하는 과목은 없어요. 한 개념을 공부해도 마인드맵을 공부하듯 가지를 치며 공부하세요!

2014-03 초등

1) 정답

- 청개구리 엄마의 생각: 엄마의 유언과 반대로 행동할 것이다.
- 청개구리의 처신이 난처한 까닭: 평소처럼 행동하면 유언을 못 지키게 되고, 평소와 달리 유언을 따라 행동하면 엄마의 무덤이 물에 잠기게 되기 때문이다.

해설

- 청개구리 엄마의 생각을 알 수 있는 부분 – '강가에 묻어 달라 하면 산에 묻어 주겠지, 이렇게 생각했던 거야.'
- 청개구리의 처신이 난처한 까닭을 알 수 있는 부분 – '비가 오면 무덤이 물에 잠길 수도 있다는 걸 알고 있었지만 엄마의 마지막 말이라 꼭 들어주고 싶었던 거야.'

2) 정답

엄마도 청개구리가 자신의 말을 지킬 거라고 믿어주지 않았으니까.

해설

- 청개구리가 불쌍한 이유 – '그게 아니고. 불쌍한 쪽은 청개구리 아니냐? 엄마가 안 믿어줬잖아. 유언도 거꾸로 하고.'라고 말하는 명호의 말을 보면, 청개구리가 불쌍한 이유는 엄마가 믿어주지 않아서라는 걸 알 수 있어요. '청개구리는 불쌍하다, 왜냐하면 엄마가 믿어주지 않았으니까. 청개구리 엄마도 불쌍하다, 왜냐하면' 다음에 나올 말은 결국 청개구리도 엄마를 믿어주지 않아서가 될 수밖에 없겠죠.

3) 정답

- 첫 어절: 이
- 끝 어절: 거

해설

- 독자층에 대한 문제를 제기하는 문장: '이 옛이야기는 나 같은 아이들이 읽어야 할 이야기가 아니라 엄마 같은 어른이 읽어야 할 이야기라는 거.'
독자라는 말이 직접적으로 나오지는 않았지만 읽는 사람에 관한 내용이 나오는 문장은 이 문장 하나뿐이네요.

> **한줄조언**
> 이렇게 한 세트가 모두 수능형 문제로 나온 건 2013년 이후로는 없었어요. 하지만 최근 추세로 보았을 때 불가능하진 않으니 실제 시험장에서 당황하지 않았으면 해요. 이런 문제를 풀 때는 제시문에서 내가 쓴 답이 정답일 수밖에 없는 근거를 찾는 것이 중요해요. 내가 답을 적고도 확신이 없어서 다른 과목 문제를 풀다가도 계속 다시 돌아올 때가 많거든요. 또 마지막 문제처럼 답이 무엇인지보다 문제가 무엇을 요구하는지를 정확히 알아야 하는 문제들을 조심해야 해요. 그 문장을 적는 것이 아니라 첫 어절과 끝 어절을 찾아 써야 한다는 걸 놓치면 안 돼요. 문제는 차근차근 밑줄도 그어가면서 확실하게 읽는 연습을 합시다!

2013-01 초등 정답과 해설

1) 정답

공식적인

해설

'인사말의 두 가지 상황'이라는 어구에서 공식적, 비공식적 상황을 생각해낼 수 있어야 해요! 그 후 수업 자료가 둘 중 어떤 상황인지 생각하면 공식적인 상황이라는 것을 알 수 있습니다. '공식적/비공식적인 상황'이라는 개념을 모르더라도 수업 자료의 상황이 많은 사람 앞에서 발표하는 상황이기 때문에 답을 생각해낼 수도 있습니다.

'인사말하기'가 2015 개정 교육과정에서는 1학년 내용으로 바뀌었습니다. 문제의 출제 근거는 2007 개정 국어 지도서에는 있지만, 2015 개정 국어 지도서에는 없으므로 그 대신 6학년 '공식적인 말하기 상황의 특성' 부분을 점검하세요.

> **공식적인 말하기 상황의 특성**
> ① 여러 사람 앞에서 발표하는 상황이기 때문에 큰소리로 또박또박 말해야 한다.
> ② 듣는 사람은 집중해서 들어야 한다.
> ③ 여러 사람 앞에서 말하는 상황이므로 높임 표현을 사용해야 하며, 바른 자세와 태도로 말해야 한다.
> ④ 듣는 사람이 이해하기 쉽게 자료를 활용하면 좋다.
> ※ 공식적인 말하기의 예) 학급 회의, 토론, 학급 임원 선거에서 소견 발표, 전교 학생회 회장단 선거 후보 연설, 뉴스 등
> ➡ 연설할 때에는 여러 사람 앞에서 말하므로 높임 표현을 써야 한다. 그리고 듣는 사람의 특성에 맞춰 알기 쉽게 발하고, 연설 시간도 생각해야 한다.
> [국어 6-1, 3. 짜임새 있게 구성해요]

2) 정답

- 기호: ㉤
- 이유: '부탁이나 당부의 말 하기'는 기본적으로 공식적인 인사말의 짜임에서 '마무리하는 말 하기'에 포함되어 짜임 구성에서부터 오류가 있으며, 내용 면에서 회장 당선의 인사말에는 고마움을 나타내고 예의를 갖춰야 하는데 벌점에 대한 말을 하여 고마움의 표시라는 목적에 어긋난다.

해설

인사말의 특성을 모르더라도 충분히 풀 수 있는 문제입니다. '벌점 스티커를 받지 않도록 노력해 주시기 바랍니다.'라는 문장을 보면, 부탁이나 당부라고 하기 어려워요. 당부라고 할 수도 있다고 헷갈릴 수는 있지만 '저는 잘 할 수 있지만, 여러분들이 정말 걱정입니다.'라는 문장에서 당부의 태도가 아니라는 것을 알 수 있어요. 당부에는 고마움이 담겨 있어야 하고 예의가 있어야 합니다!

위에서 언급했듯이 '인사말하기'가 2015 개정 교육과정에서는 1학년 내용으로 바뀌었습니다. 문제의 출제 근거는 2007 개정 국어 지도서에는 있지만, 2015 개정 국어 지도서에는 없어서 그 대신 국어 1-1 지도서의 '바르게 인사하기' 부분을 점검해주세요.

> **한줄조언**
> 국어 공부가 어려운 이유는 너무 당연한 것들이기 때문인 것 같아요. 연설하다가 갑자기 남을 탓하는 건 그냥 지나가는 사람이 봐도 이상한 걸 느끼는데, 이게 왜 이상한지 이유를 적으라고 하면 멈칫하게 되죠. 하지만 임용고시에 나오는 모든 문제의 답은 '답이 될 이유'가 분명한 것들이에요. 제가 문제를 낸 사람이라면 이 문제에 민원이 들어왔을 때 변명할 수 있도록 답의 근거를 만들었을 거예요. 그 답의 근거를 생각하면서 내가 쓴 답이 답일 수밖에 없는 확신을 두고 문제를 풀어나가시면 국어 과목에 대한 불안함이 조금은 사라질 거예요.

2013-02 초등

1) 정답

- ⓒ, 공간적 배경도 인물의 심리를 드러내는 역할을 하므로, '파출소 앞'이 영래의 심리를 암시하는 공간임을 이해하도록 지도해야겠다.
- ⓒ, 이야기의 사건은 시간의 흐름과 밀접하게 관련되므로, 시간을 나타내는 표지어들을 찾고 사건이 시간상으로 순행적으로 제시되고 있음을 지도해야겠다.

해설

㉠ 인물의 성격을 파악하기 위해서는 갈등의 양상을 이해해야 하므로 (O), 제재 글에서 민우와 아버지 간의 갈등 원인(→자전거)을 찾도록 지도해야겠다. (O)

㉡ 공간적 배경도 인물의 심리를 드러내는 역할을 하므로(O), '운동장', '철봉 옆'(X)이 영래의 심리를 암시하는 공간임을 이해하도록 지도해야겠다.

㉢ 이야기의 사건은 시간의 흐름과 밀접하게 관련되므로(O), 시간을 나타내는 표지어들을 찾고 사건이 시간상으로 역행적(X)으로 제시되고 있음을 지도해야겠다.

㉣ 인물이 처한 상황은 구체적인 내용을 통해 확인해야 하므로(O), '자전거 짐칸에는 신문이 잔뜩 실려' 있는 것이 영래가 처한 상황과 관련됨을 파악하도록 지도해야겠다. (O)

이 문제는 배경지식 없이 그날의 센스로 푸는 '수능형' 문제입니다. 국어 과목에 자신이 있는 선생님들은 딱히 준비하지 않아도 수월히 풀겠지만, 그렇지 않은 선생님들은 대비하기가 어려운 까다로운 문제죠. 이런 문제는 제시문 내에서 답이 될 수밖에 없는 근거를 찾으면 좋아요.

㉠에서는 '민우와 아버지의 갈등'이 키워드라고 할 수 있어요. 제시문에 민우와 아버지의 갈등이 드러나 있고, 그 갈등의 원인이 자전거라는 것을 생각해 보면 △표시 정도를 하고 넘어갈 수 있어요.

㉡은 '영래의 심리를 드러내는 공간이 운동장, 철봉 옆일까? 애매한데?'라고 생각하고 제시문을 다시 보았어요. 제시문에서 나오는 공간적 배경은 운동장, 철봉 옆, 파출소 앞 세 곳뿐인데, 영래의 심리를 표현하는 공간이 있다면 그건 파출소 앞이라고 추리할 수 있을 거예요.

㉢을 보면 앞부분 '이야기의 사건은 시간의 흐름과 밀접하게 관련되므로'까지는 타당해요. 보통 이런 식으로 한 문장 내에서 하나는 맞는 진술, 하나는 틀린 진술을 써서 헷갈리게 하는 경우가 많으니 주의하세요. 여기에서는 '시간상으로 역행적으로 제시'가 키워드가 될 것 같아요. 제시문에서 시간 표지어들을 찾으면 '며칠 전, 2주일쯤 지난, 그날'이 있는데 순서대로 배치가 되어있다는 걸 쉽게 알 수 있어요.

㉣은 영래가 자전거로 신문 배달을 했다는 사실을 보여주는 묘사입니다. 그러므로 처한 상황과 관련되어 있다고 할 수 있겠죠.

유1) 정답

상호 연관성

해설

교수·학습 방법 및 유의 사항
① 인물, 사건, 배경을 지도할 때에는 이들 요소를 개별적으로 확인하게 하기보다는 이야기 속에서 상호 연관성을 파악하도록 하는 데 중점을 둔다.

2) 정답

- 인물 제시 방법: 인물의 말과 행동(에 의한 간접 제시 방법)
- 효과: 인물의 말과 행동을 통해 독자가 스스로 인물의 성격을 판단할 수 있으며, 사실적이고 생생한 느낌으로 인물을 표현한다.

해설

	인물 제시 방법	
	직접 제시 방법-말하기 (Telling)	간접적 제시 방법-보여주기 (Showing)
특징	이 방법은 서술자가 직접적으로 인물의 특성을 요약하며 소개하는 방법으로 등장인물에 대한 요약과 설명은 물론 심리 분석과 타 인물의 보고 등을 통하여 이루어진다.	등장인물의 외양 묘사, 행동, 대화 등 객관적인 상황을 묘사해 줌으로써 간접적으로 인물의 성격을 보여주는 방식이다.
장점	▷ 등장인물의 심리를 상세하게 분석하여 명백히 설명해 준다. ▷ 독자는 그 설명과 논평을 그대로 받아들이기만 하면 된다. ▷ 이 방법은 비교적 쉽게 작중 인물의 개성을 나타낼 수 있다.	▷ 인물을 생생하게 묘사할 수 있다. 따라서 독자는 작가의 견해 설명을 들을 필요가 없이 바로 등장인물과 접할 수 있다. ▷ 인물들이 자신의 언어와 행동을 통해 그들 자신을 독자에게 드러내도록 하는 것이므로 작가로서는 시간과 노력이 많이 드는 반면, 독자에게는 훨씬 생생하고 구체적으로 인물의 개성을 전달할 수 있다. ▷ 과거의 사실을 현재법에 의하여 재생시키고 직접 호소할 수 있다.

한쌤 조언

제시문으로 문학 작품이 나왔다는 건 이 문학 작품을 충분히 이해하고 있는지 묻는 문제가 나온다는 뜻이기도 해요. 다르게 말하면 이 글을 읽고 이해만 할 수 있으면 적어도 한 문제는 맞힌다는 뜻이죠. 책을 많이 안 읽으신 분들이어도 국어 교과서의 제시문 정도는 쉽게 이해할 수 있으므로, 문학 작품이 제시문으로 나오면 마음을 편히 먹고 문제를 푸세요. 저는 수능 때처럼 제시문을 읽기 전에 문제들을 먼저 읽으면서 제시문을 읽을 때 어떤 점에 유의해서 봐야 하는지 생각했어요. 꼭 이렇게 해야 하는 건 아니지만 만약 수능형 문제가 고난이도로 출제가 된다면 이 방법이 효과적일 거예요.

2013-03 초등·초특 공통

정답과 해설

1) 정답
사실

해설

◉ **전기문의 특성**
① 전기문은 인물의 삶을 <u>사실</u>에 근거해 쓴 글이다.
② 전기문에는 인물이 살았던 시대 상황이 나타난다.
③ 전기문에는 인물이 한 일과 인물의 가치관이 나타난다.
➡ 가치관은 사람이 어떤 행동이나 일을 선택하고 실천하는 데 바탕이 되는 생각을 말한다.

[국어 4-2, 6. 본받고 싶은 인물을 찾아봐요]

2) 정답
박두성의 삶에 대한 이해를 공유하고, 자신의 반응을 재정리하도록 지도함.

해설

단계	주요 활동
반응 준비하기	• 동기 유발 • 학습 문제 확인 • 학습의 필요성 또는 중요성 확인 • 배경지식 활성화
반응 형성하기	• 작품 읽기 • 작품에 대한 개인 반응 정리
반응 명료화하기	• 작품에 대한 개인 반응 공유 및 상호 작용 • 자신의 반응 정교화 및 재정리
반응 심화하기	• (주제, 인물, 사건, 배경 등을 바탕으로) 다른 작품과 관련짓기 • 일반화하기

▷ 박두성이 한 일이나 겪은 일을 파악하여 정리하도록 지도함. → 반응 형성하기
▷ 박두성의 행동을 이해하기 위해 배경지식을 활성화하도록 지도함. → 반응 준비하기
▷ 박두성의 삶을 다른 작품에 제시된 인물의 삶과 비교하여 이해하도록 지도함. → 반응 심화하기
▷ 박두성의 삶에 대한 이해를 공유하고, 자신의 반응을 재정리하도록 지도함. → 반응 명료화하기

[국어 교과교육론 교수·학습모형]

3) 정답
• 단점 : 기본 어휘에서 파생된 어휘의 의미를 인식하지 못하여 학생 개인이 지닌 배경지식을 충분히 끌어내지 못한다.
• 어휘 지도 방법 : 의미 자질 분석법, 의미 구조도 그리기, 의미 지도 그리기 등

해설

① 국어사전 찾기를 통한 지도
▷ 뜻을 모르는 낱말에 직면했을 때 그 뜻을 알기 위해 많이 사용하는 일반적인 방법이다.

② 문맥이나 상황 등 맥락을 활용한 지도
▷ 낱말이 쓰인 문장의 앞뒤 문맥, 발화 맥락 등의 단서를 활용하여 뜻을 파악하는 방법이다.

③ 의미 관계 비교를 통한 지도
▷ 반의 관계, 유의 관계, 상하 관계 등의 의미 관계를 사용하여 뜻을 파악하는 방법이다. **의미 구조도 그리기** 등의 방법을 사용할 수 있다.

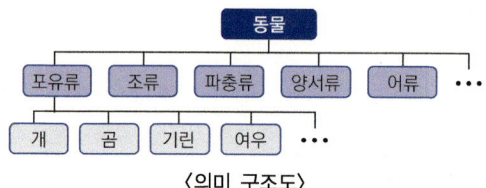
〈의미 구조도〉

④ 의미 지도 그리기
▷ 하나의 주제를 중심으로 이와 관련된 어휘나 사실을 열거하고 범주화하는 방법이다.

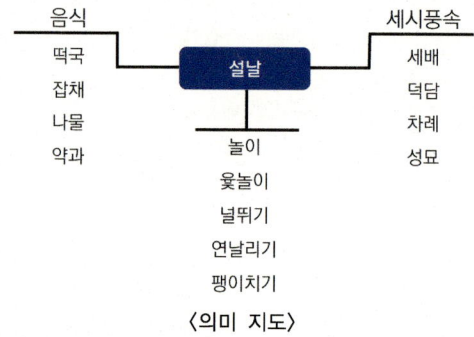
〈의미 지도〉

⑤ 낱말 구조 분석을 통한 지도
▷ 접두사, 접미사와 어근의 분석, 낱말의 어원 등을 통하여 낱말의 이해와 생성을 지도하는 방법이다.

⑥ 말놀이를 통한 지도
▷ 끝말잇기, 수수께끼, 스무고개, 삼행시 등의 놀이를 통해 지도하는 방법이다.

[국어 교과교육론 어휘 지도]

> **한줄 조언**
> 2013년 문제 중에 가장 지식적인 측면을 강조한 문제라고 생각합니다. 전기문의 특성, 반응중심 수업 모형, 어휘 지도 방법 등의 내용을 모두 알고 있어야 풀 수 있는 문제예요. 하지만 단순히 그 개념만을 알고 암기하고 있다고 풀 수 있는 문제는 아닙니다. 수업 모형은 단순히 단계 명을 묻는 것이 아니라 각 단계의 활동과 특징을 알아야 풀 수 있고, 어휘 지도 방법 또한 그 개념뿐 아니라 각 방법의 장, 단점과 보완할 방안을 알아야 풀 수 있었어요. 우리가 공부할 때도 암기에 집착하기보다는 유기적으로 공부하는 태도가 필요한 이유입니다. 연결할 수 있는 부분은 연결하고 비교할 수 있는 개념들은 비교하며 공부하기를 추천해 드려요!

빠른 <영어> 정답표

백문이 불여일견 설명이 친절한 기출

2023학년도 기출

1-1	①: visited, saw, made, had 등 과거 시제를 나타내는 동사에 밑줄을 긋거나 볼드체로 나타낸다. ②: metalinguistic feedback
1-2	①: pre-writing ②: 쓰기의 전, 중, 후 단계를 선형적으로 지도하기보다는 필요에 따라 이전 단계로 돌아가며 순환적 쓰기가 이뤄지도록 지도해야 한다.
2-1	decodable
2-2	①: 안 교사는 big, bear, ball 등과 onset이 같은 음절의 단어를 선정하였고, 강 교사는 bat, cat, hat, mat과 같이 rhyme이 같은 음절의 단어를 선정하였다. ②: 강 교사가 낱말 분류하기 활동을 실시한 이유는 철자와 소리의 관계에 대한 이해를 바탕으로 새로운 낱말을 읽을 때 규칙을 적용하도록 돕기 위해서이다.
2-3	①: Why did you choose it? ②: Oh, he's a pianist.

2022학년도 기출

1-1	①: 그림을 제공한다. ②: 친구들 앞에서 발표하기 전에 연습 기회를 제공해 발표에 대한 학생의 불안감을 낮춘다.
1-2	pushed output
2-1	modeling
2-2	I want to be a cooker.
2-3	①: 유도 연습 (guided practice) ②: 'I want to be a(n) ____.'라는 예시를 주고 학생이 빈칸에 'police officer'를 넣어 말하도록 하였다.

2021학년도 기출

1-1	Do you like…?
1-2	①: ⓒ, ⓔ ②: ⓒ: 수업 중 교사와 학생 간의 상호작용이 이루어졌다. ⓔ: 학습목표에 따라 자기평가가 이루어졌다.
2-1	①: 세부 정보 ②: ⓔ, 언어 기능 중 쓰기를 제외한 세 가지 기능을 활용한다.
2-2	discourse
2-3	Who is your favorite singer?

2020학년도 기출

1-1	collocation (연어)
1-2	①: negotiation ②: 알파벳 대소문자를 바르게 썼나요?
2-1	Look through the text quickly to guess what happens in the story.
2-2	fluency
2-3	ⓑ, 읽기 전 단계에서 상향식 처리 과정을 돕기 위해 그림카드를 보여주고, 단어를 따라 읽는 활동을 하였다. ⓔ, 읽기 후 단계에서 역할놀이를 통해 낱말의 소리와 철자 관계를 암시적으로 지도하였다.

2019학년도 기출

1-1	schemata
1-2	ⓑ: 박 선생님이 사용한 활동지는 사실적 이해만 묻는 질문들이 포함되어 있어요. ⓓ: 김 선생님은 이야기를 들려준 후, 세부 정보를 파악하는 질문이 아니라 전체 줄거리와 주제를 묻는 질문을 했어요.
2-1	영어에서는 문장 내에서도 강세가 있는 낱말과 약하게 발음하는 낱말이 있다.
2-2	단어 만들기(word coinage) 전략을 사용했다.
2-3	①: Why did you choose it? ②: Oh, he's a pianist.

2018학년도 기출

1-1	ⓓ, Use these model sentences and write your invitation card.
유1	ⓓ, Use these model sentences and write your invitation card.
1-2	관찰평가(observation)
유2	자기 평가 또는 학생 상호평가
1-3	ⓒ, 교사는 통제 작문이 아닌 유도 작문 활동을 하여 빈 칸에 자기의 생각을 넣어 글을 완성하게 하였다.
2-1	physical
2-2	지나치게 경쟁적인 게임은 오히려 역효과가 날 수 있으므로 유의하여야 하며 경쟁적인 게임이나 놀이보다는 협동할 수 있는 활동이 되도록 한다.
2-3	①: ⓑ, 민 선생님 수업에서는 학생 상호 간에 영어 말하기보다는 교사와 학생 전체 간의 통제된 말하기 연습이 이루어졌어요. ②: ⓔ, 최 선생님 수업에서는 학생들이 문장 따라 읽기 활동이 아닌 암기한 문장인 "What are you doing?"을 게임을 통해 발화해보는 활동을 했어요.

2017학년도 기출

1-1	Rhyme
1-2	①: ⓑ, 선생님은 동사의 과거 시제 규칙을 설명하지 않고 이야기를 통해 듣기 자료를 제공하는 방식으로 지도하였다. ②: ⓓ, 선생님은 먼저 이야기를 듣고 내용을 파악하게 한 후에 들은 어휘와 어구를 말하여 보도록 질문을 통해 확인하였다.
2-1	①: 과업을 수행한다. ②: display question(s)
유1	①: 한두 문장의 쉽고 간단한 지시나 설명을 듣고 이해할 수 있다. ②: display question(s)
2-2	motivated
2-3	시각, 청각, 촉각, 운동 감각적(中 택3) 선호에 따른 교수·학습 자료와 활동을 이용한다.
유3	시각, 청각, 촉각, 운동 감각적 유형 등 학습자들의 선호에 따른 다양한 교수·학습 자료와 활동을 이용한다.

2016학년도 기출

1-1	pull-full
1-2	①: ⓒ, 학생의 발음 오류를 명시적인 방법으로 지도하고 있다. ②: ⓔ, 발음을 개별 소리, 단어 내, 문장 내의 순으로 지도하고 있다.
1-3	강세(Stress), 리듬(Rhythm), 억양(Intonation) 中 1
2-1	form(s)
2-2	①: example ②: 학생들의 자유로운 글쓰기를 유도하여 의미를 표현하는 데에 비중을 두게 한다.
유2	①: example ②: 학생들의 자유로운 글쓰기를 유도하여 의미를 표현하는 데에 비중을 두게 한다.

2015학년도 기출

1-1	언어 형식은 의사소통 활동의 맥락에서 실제적으로 사용되는 기회를 통해 자연스럽게 익혀나가도록 지도한다.
유1	즉각적인 오류 수정을 하지 않고, 학습자가 스스로 오류를 발견하고 수정할 수 있도록 교정적 피드백을 제공하였다.
1-2	ⓐ: scaffolding ⓑ: 학생들의 능력이나 수준 등을 고려하여 다양한 학습의 기회와 방법을 제공해야 한다. / 교사와 학생의 상호작용 중에 교사는 정의적 여과막을 낮추고 암시적 피드백과 근접 발달 능력(ZPD) 내의 이해 가능한 입력(i+1)을 제공하여 학생이 언어 표현을 습득(acquisiton)할 수 있게 도와야 한다.
2-1	중심 내용을 이해한다.
유	쉽고 간단한 말이나 대화를 듣고 줄거리를 파악할 수 있다.
2-2	ⓐ: 발음에 치중하게 되어 의미 파악에 어려움을 겪을 수도 있다. ⓑ: 묵독(silent reading)
2-3	imagination

2014학년도 기출

1-1	'Playing tennis', not 'play tennis'라는 발화가 잘못되었다. 그 이유는 의사소통에 지장을 주지 않는 한 교사의 즉각적인 오류 수정을 피하고, 가급적 학생 스스로 오류를 발견하고 수정할 수 있도록 지도해야 하기 때문이다.
유1	'Playing tennis', not 'play tennis'라는 발화가 잘못되었다. 그 이유는 의사소통에 지장을 주지 않는 한 교사의 즉각적인 오류 수정을 피하고, 가급적 학생 스스로 오류를 발견하고 수정할 수 있도록 지도해야 하기 때문이다.
1-2	dialogues
1-3	ⓒ: 익힌 표현을 실제적으로 적용하는 모습이므로 3P모형의 세 번째 단계인 'Production'에 적합하다. ⓗ: 반복적으로 따라하는 활동은 정확한 표현 연습을 할 수 있지만 유창하게 하는 것을 촉진하지는 못한다.
유3	ⓒ: 익힌 표현을 실제적으로 적용하는 모습이므로 3P모형의 세 번째 단계인 'Production'에 적합하다. ⓗ: 반복적으로 따라하는 활동은 정확한 표현 연습을 할 수 있지만 유창하게 하는 것을 촉진하지는 못한다.
2-1	낱말: chunk 이유: 아동은 개별 단어를 알지 못하더라도 의미 파악 능력이 뛰어나 의미를 덩어리지어 이해하려는 특성이 있기 때문이다.
2-2	주어진 놀이 활동은 교사만 질문하고 학생은 카드를 뒤집어 해당 카드에 대한 내용만을 얘기할 수 있으므로 의미 있는(authentic and meaningful) 발화를 하지 못하고 학생은 질문할 기회조차 없기 때문에 학습 목표를 달성하기 어렵다.

2013학년도 기출

1-1	지나간 일에 관한 간단한 말을 듣고 행동한다.
1-2	meaning
1-3	교사 측면: 학생의 이해 정도를 학생의 동작으로 명료하게 확인할 수 있다. 학생 측면: 초기에 발화가 요구되지 않아 불안감(정의적 여과막)이 낮아진다. / 몸을 움직여 반응함으로써 흥미 있게 참여가 가능하고 장기 기억에 도움이 된다.
2-1	refrain / repetition
2-2	• 스토리텔링 활동에서는 억양, 리듬 강세 등의 초분절 음소로서 자연스럽게 영어 발음에 노출시키고 〈활동 A〉, 〈활동 B〉에서는 분절 음소를 학습한다. 〈활동 A〉를 통해 다양한 소리를 듣고 p소리를 변별하게끔 하고(자음의 소리를 변별) 〈활동 B〉에서 공통적으로 발견된 소리(p소리)를 철자와 연결 짓고 발음하는 학습으로 이끌기 위해 〈활동 A〉를 먼저 실시하였다.

2023-01 초등

1) 정답

① : visited, saw, made, had 등 과거 시제를 나타내는 동사에 밑줄을 긋거나 볼드체로 나타낸다.
② : metalinguistic feedback

해설 ①

Input Enhancement(입력 강화)는 읽기 자료의 특정 부분을 밑줄, 굵은 글씨(볼드체), 하이라이트 등의 형태로 강조하여 학습자들이 문법적 규칙에 주목할 수 있도록 하는 방법을 의미합니다. 주어진 [A]에서 강조해야 하는 부분은 경험을 나타내기 위해 동사를 과거형으로 나타낸 것이므로 visted, saw, made, had를 강조한다는 답안을 제시해야 합니다.

해설 ②

교사는 'plural word(복수형)'와 같은 문법적 용어를 사용하여 학생의 발화 오류를 지도하고 있습니다. 제시문의 상황과 같이 상위언어를 사용하여 오류를 지도하는 방법을 metalinguistic feedback (상위언어 피드백)이라고 합니다.

2) 정답

① : pre-writing
② : 쓰기의 전, 중, 후 단계를 선형적으로 지도하기보다는 필요에 따라 이전 단계로 돌아가며 순환적 쓰기가 이뤄지도록 지도해야 한다.

해설 ①

[B]에서 아직 글감을 찾지 못한 것을 확인할 수 있으므로 글감을 찾고 글을 쓸 준비를 하는 쓰기 전 단계(pre-writing)에 대한 보완이 필요합니다.

해설 ②

쓰기의 가장 큰 특징은 순환적이라는 것입니다. 다음 단계로 나아가는 것에 초점을 두는 것이 아니라 필요에 따라 전 단계로 돌아가며 회귀적 글쓰기가 이뤄지도록 해야 합니다.

> **한줄조언**
> 첫 번째 영어 문항은 평이한 수준으로 출제되었습니다. 아마, 수험생들이 대부분 잘 알고 있는 내용이라 큰 어려움없이 해결했을 것이라 생각합니다. 쉬운 문제에서 어이없게 틀리는 일이 없도록 꼼꼼하게 체크하는 것을 추천합니다!

2023-02 초등

1) 정답

decodable

해설

주어진 글에서 ( ) texts에 대해 초보 수준의 읽기 학습자들의 Phonics 지식 습득을 위해 반복적으로 소리와 철자와의 대응을 보여주는 단어를 제시하는 것으로 설명하고 있습니다. 이는 'decodable texts'에 대한 설명입니다. 'decodable texts'는 명확하게 구별되고 반복되는 음성 패턴을 가지고 있어 학생들은 이를 읽으며 Phonics 패턴을 연습하며 소리와 철자와의 관계를 습득할 수 있습니다.

[Brown, K. J. (1999). 'What kind of text: For whom and when? Textual scaffolding for beginning readers.']

2) 정답

① : 안 교사는 big, bear, ball 등과 onset이 같은 음절의 단어를 선정하였고, 강 교사는 bat, cat, hat, mat과 같이 rhyme이 같은 음절의 단어를 선정하였다.
② : 강 교사가 낱말 분류하기 활동을 실시한 이유는 철자와 소리의 관계에 대한 이해를 바탕으로 새로운 낱말을 읽을 때 규칙을 적용하도록 돕기 위해서이다.

해설 ①

영어에서 음절의 성분은 onset, neclueus와 coda로 나눌 수 있으며, 우리말의 초성, 중성, 종성과 유사하다. nucleus와 coda는 묶어서 rhyme라고 부르며 rhymee은 운율을 형성한다.
안 교사는 첫 소리 즉, onset이 같은 단어를 선정하였고, 강교사는 각운이('-at') 같은 단어를 선정하였으므로 같은 rhyme의 단어를 선정하였다는 설명을 적으면 된다.

해설 ②

파닉스 지도는 소리와 철자와의 관계를 익혀 이를 적용하는 것을 바탕으로 한다. 강 교사는 각운이 '-at'인 단어와 '-ate'인 단어를 분류하여 소리와 철자의 관계를 가르치고 이 규칙을 바탕으로 새로운 단어들을 읽도록 하고 있다.

[Kirtley, C., Bryant, P., MacLean, M., & Bradley, L. (1989). 'Rhyme, rime, and the onset of reading.']

> **한줄조언**
> 영어과에서는 단어의 첫 글자를 주고 나머지 단어를 적으라는 문제가 매년 출제됩니다. 교과교육론을 공부하며 주요 단어는 꼭 철자를 정확히 암기해두는 것을 추천합니다.

백문이 불여일견 설명이 친절한 기출

2022-01 초등

정답과 해설

1) 정답

① : 그림을 제공한다.
② : 친구들 앞에서 발표하기 전에 연습 기회를 제공해 발표에 대한 학생의 불안감을 낮춘다.

해설

박 교사는 그림을 비계로 제공하여 학생들이 잘 모르는 'blind'의 의미를 추측하도록 돕고 있으므로 박 교사가 학생들의 의미 추측을 위해 활용한 전략은 '그림 제공하기' 입니다.

이 문제는 답을 두고 수험생 사이에서 여러 의견이 있었을 것이라 생각합니다. 많은 학생들이 적었을 것으로 예상되는 '형상화(imagery)'는 학습한 개념을 기존에 알고 있는 이미지와 연결하여 쉽고 오래 기억하도록 하는 인지 전략입니다. 문제의 박 교사는 새로운 이미지를 제공하고 있기 때문에 형상화는 적절한 답이 아닙니다.

또한, 추측(guessing)의 경우, 문제에서 의미를 추측하기 위해 활용한 전략을 요구했으므로 문제에서 요구하는 답과는 거리가 있습니다.

2) 정답

pushed output

해설

'읽기 후' 활동에 적용한 언어 습득 이론은 '출력 가설(Output Hypothesis)'입니다. Input은 의미 이해에 도움이 되지만 충분한 습득을 위해서는 Output을 통해 오류를 인식하고 언어 형태를 의식하는 것이 필요하다는 것이 출력 가설의 주된 내용입니다.

제시문에서는 빈칸이 L2 발달에 기여하고, 학습자가 자신의 발화를 테스트하고 오류를 바로잡을 수 있게 하며, 모국어와 TL의 차이를 인식하게 한다고 설명하고 있습니다. 이는 출력 가설에서 강조하는 'pushed output'의 장점입니다. 출력 가설은 학습자가 출력할 수 밖에 없는 환경을 만드는 것이 필요하다고 주장하는데, 이렇게 강제된 환경에 의해 유도된 발화를 'pushed output'이라고 합니다.

한줄조언

2022학년도의 1번 문제를 풀며 많은 학생이 당황스러웠을 거란 생각을 합니다. 시험이 끝난 뒤에도 한동안 이 문제의 정답이 무엇인가에 대해 갑론을박이 벌어지기도 했었죠. 이 문제를 해결하는 방법은 그냥 단순하게 생각하는 것이었습니다. '그림 자료를 활용해 의미 추측을 돕고 있다.'는 상황을 적기만 하면 되는 문제였죠. 출제자가 '전략'이라는 말로 함정을 만든 것인지 알 수 없지만, 많은 학생이 '전략'이라는 말에 너무 집중한 나머지 답을 적기 어려워했던 문제였던 것 같습니다. 특히, 여러 학생이 '형상화(imagery)'라는 오답을 적은 것을 보아 그동안 영어 교육론에 등장하는 전략들이 오히려 이 문제 해결에 간섭을 일으켰다는 생각

이 듭니다.

답이 명확하게 떠오르지 않을 때는 문제와 지문으로 다시 돌아가 앞뒤 상황을 꼼꼼하게 살펴야 합니다. 새로운 자료를 제공하고 있다는 문제의 상황을 발견했다면 형상화는 답이 아니라는 결론을 내릴 수 있습니다. 애초에 형상화는 장기 기억을 돕는 인지 전략이기에 모르는 단어의 의미를 추측하고 있는 문제의 상황과 맞지 않는 전략이기도 하고요. 모두가 공부하는 내용을 '정확하게' 공부하는 것이 얼마나 중요한지를 보여주는 사례이기도 합니다. 앞서 영어과 기출의 특성에서 언급했듯이 중등 기출까지 뒤져가며 새로운 것을 공부하기에 앞서 꼭 알아야 하는 내용부터 확실히 챙겨야 함을 보여주었던 문제입니다.

2022-02 초등

정답과 해설

1) 정답

modeling

해설

박 교사는 인형극을 활용해 Key expression을 제시하고 있습니다. 이처럼 학생들에게 언어의 틀을 제공하고 따라 하도록 하는 것을 modeling이라고 합니다.

2) 정답

I want to be a cooker.

해설

문제는 형태적 특징을 지나치게 일반화함으로써 나타나는 오류가 드러난 부분을 찾아 쓸 것을 요구하고 있습니다. (가)를 살펴보면 학생이 '요리사'라는 단어를 뜻하는 영어 단어를 몰라 '요리하다'를 뜻하는 cook에 'er'을 붙여 'cooker'라고 말한 부분을 찾을 수 있습니다. 이는 직업을 뜻하는 영어 단어가 '동사+er'의 형태로 구성되는 특징을 지나치게 일반화하여 나타난 오류입니다. 그러므로 이 오류가 나타난 'I want to be a cooker.'를 찾아 적으면 됩니다.

3) 정답

① : 유도 연습 (guided practice)
② : 'I want to be a(n) _____.' 라는 예시를 주고 학생이 빈칸에 'police officer'를 넣어 말하도록 하였다.

해설 ③

말하기 연습의 단계는 통제 정도에 따라 통제 연습과 유도 연습으로 나뉩니다. 박 교사는 Line up 활동을 통해 단순히 표현을 반복해서 말하는 것이 아니라 자신의 의견을 넣어 말하며 친구들과 교류하는 의미 있는 연습이 이뤄지도록 하고 있으므로 이는 guided practice(유도 연습)에 해당합니다.

2021-01 초등 — 정답과 해설

1) 정답
Do you like…?

해설

김 교사 두 번째 발화에서 주어진 수업의 'target expressions'을 확인할 수 있습니다. 1번 문제의 지문 중 'In Mr. Kim's class, for example, the survey activity provides the students with the opportunity to ask about their classmates' personal preferences.'을 통해 활동의 핵심 표현이 **개인적 선호를 묻는 것**임을 알 수 있습니다. 그러므로 답은 "Do you like…?"가 됩니다.

2) 정답
①: ⓒ, ⓔ
②: ⓒ: 수업 중 교사와 학생 간의 상호작용이 이루어졌다.
   ⓔ: 학습 목표에 따라 자기평가가 이루어졌다.

해설

ⓐ: 좋아하는 음식에 대한 survey 활동을 했으므로 맞는 설명입니다.
ⓑ: dialogue를 듣기 전 그림을 보고 dialogue의 내용을 추측해보게 하는 하향식 지도가 이루어졌으므로 옳은 설명입니다.
ⓓ: 'Write your plan in the worksheet.'라는 최 교사의 발화를 통해 학습 계획을 세운 것을 확인할 수 있습니다.

> **한 줄 조언**
> 2번 문항의 경우 기존과는 다르게 답을 적도록 한 문제입니다. ①에는 일치하지 않는 내용의 기호를 쓰고, ②에는 각각을 바르게 고칠 것을 요구한 문제입니다. 익숙한 방식과 달라 수험생들의 실수가 많았을 것으로 예상됩니다. 어떻게 채점될 것인지 수험생 입장에서 예상할 수 없으므로 늘 꼼꼼하게 문제를 읽고 문제에서 요구한 방식으로 적도록 해야 해요.

2021-02 초등 — 정답과 해설

1) 정답
①: 세부 정보
②: ⓔ, 언어 기능 중 쓰기를 제외한 세 가지 기능을 활용한다.

해설

김 교사는 읽기 자료를 읽은 뒤 학생들과 질문을 주고받으며 읽은 내용의 구체적인 정보를 확인하고 있으므로 빈칸에 어울리는 핵심 개념은 '**세부 정보**'입니다.

보통 영어과 교육과정을 공부할 때 내용 체계표는 외우지 않지만 '세부 정보'는 대부분의 수험생들이 외우는 영어 성취기준에도 계속 등장하는 표현이기 때문에 어렵지 않게 해결할 수 있는 문제였습니다.

영역	핵심개념
읽기	철자
	어휘 및 문자
	세부 정보
	중심 내용
	맥락
	함축적 의미

김 교사의 읽기 후 활동에서 학생들이 텍스트를 읽은 뒤, 친구들과 묻고 답하도록 하고 있으므로 언어 기능 중 쓰기를 제외한 세 가지 기능을 활용하고 있다고 고쳐야 합니다.

2) 정답
discourse

해설

김 교사의 성찰일지를 통해 학생들이 형식(this)과 의미(favorite singers)를 연결하는데에 어려움을 느끼고 있음을 알 수 있습니다. 이는 학생들이 개별 단어나 문장들을 이해하고 있으나 문장 단위 이상의 의미를 파악하는 능력 즉, 'Discourse competence'가 부족함을 의미합니다. 좀 더 구체적으로는 담화적 능력 중 문장 간의 구조적 연결을 다루는 Cohesion(결합성)이 부족하다고 볼 수 있습니다. 즉, 학생들은 개별 단어, 문장 수준을 넘어 담화 수준의 이해가 부족한 상태이므로 빈칸에 어울리는 단어는 '**discourse**'입니다.

이 문제에서 예시로 제시된 **대명사** this와 빈칸 주변에 나타난 'to connect forms and meanings at the level of ___.', 그리고 마지막 문장에 있는 'language across sentences'가 문제해결의 중요한 단서입니다.

[Canale, Swain(1980), 'Theoretical Bases of Communicative Approaches to Second Language Teaching and Testing']

3) 정답
Who is your favorite singer?

해설

읽기 후 활동에서 S2는 'I want meet my favorite singer.'라고 문법적으로 오류가 있는 표현을 사용하였으나 김 교사는 이를 'want to'로 교정하지 않고 대화를 이어갔습니다. 그러므로 김 교사가 오류를 교정하지 않고 넘어간 뒤의 발화인 'Who is your favorite singer?'를 적어야 합니다.

> **한줄 조언**
> 2번 문제의 답인 discourse는 우리가 정말 잘 알고 있는 단어이지만 막상 시험장에서는 답이 바로 떠오르지 않을 수 있어요. 우리가 공부했던 원문이 아니라 다른 지문 속에 빈칸을 뚫었기 때문에 당연히 낯설게 느껴지는 것이 당연해요. 바로 답이 생각나지 않을 때에는 다시 문제와 지문으로 돌아가야 합니다. 여러분이 놓친 힌트들이 분명 숨어있을 거예요. 문제와 지문의 조건을 다시 분석해서 출제자들이 숨겨놓은 해결의 실마리를 찾아야 해요.

2020-01 초등 — 정답과 해설

1) 정답
collocation (연어)

해설
<u>collocation (연어)</u>는 chunk의 한 종류로 단어 간의 어울림을 말하며 문장 구성에서 일반적 통사 구성과는 다른 어휘적 긴밀성을 보이는 단어들 사이의 결합 양상 혹은 그 관계를 뜻합니다. 연어 속의 한 단어를 유사 단어로 바꾸면 부자연스럽거나 어색해지는 현상이 벌어집니다.

문제에서는 '<u>함께 어울려 사용되는 단어들의 조합</u>'이라는 조건을 주었으므로 chunk가 아닌 collocation을 적어야 합니다. collocation의 예시로는 'heavy rain', 'heavy smoker' 등이 있습니다.

문제에서 영어로 적으라는 조건이 없었으므로 collocation, 연어 모두 맞는 답입니다.

[이동주, 김진언(2018), '초등학교 영어교과서의 동사 연어(collocation) 사용 양상 분석']

2) 정답
ⓐ : negotiation
ⓑ : 알파벳 대소문자를 바르게 썼나요?

해설 ①
배 교사의 수업에서 학생1은 교사가 말한 'place'를 반복해 말함으로써 자신의 이해를 확인하고 있고 (confirmation check), 학생2는 'long tower'와 'tall tower'의 차이를 구분하기 위해 어떤 tower인지 다시 묻고 있습니다. (clarification requests). 이 두 가지를 포함하는 것이 <u>의미 협상(negotiation of meaning)</u>이므로, ⓑ에 들어갈 알맞은 용어는 <u>negotiation</u>입니다.

해설 ②
2015 개정 교육과정 5~6학년군 쓰기 성취기준의 학습요소는 아래와 같습니다.

> **(가) 학습요소**
> • 알파벳 대소문자
> • 구두로 익힌 낱말, 어구, 실물, 그림
> • 문장부호, 구두로 익힌 문장
> • 초대, 감사, 축하 글

S3~S5가 쓴 것을 보면 철자, 구두점, 알파벳 대소문자를 쓰는 것에서 오류를 보입니다. 그러므로 체크리스트에 들어갈 내용으로 알맞은 것은 알파벳 대소문자를 바르게 썼는지 묻는 문제입니다.

학습요소를 외우지 않았더라도 수업 속 학생들이 적은 내용의 오류를 찾아 해결할 수 있는 문제입니다.

2020-02 초등 — 정답과 해설

1) 정답
Look through the text quickly to guess what happens in the story.

해설
skimming (훑어읽기)는 요지(main idea)파악을 위해 빨리 읽는 방법으로, 신문 기사, 잡지, 소설 등을 읽을 때 사용하는 읽기 전략입니다. 그러므로, 이러한 읽기 전략이 나타난 교사 발화는 text를 빠르게 훑고 이야기 전체를 예측하도록 한 '**Look through the text quickly to guess what happens in the story.**' 입니다.

[김규미(2020), '영어 읽기 전략 훈련을 위한 플립형 수업의 적용']

2) 정답
fluency

해설
주어진 지문에서 문제와 관련해 가장 강력한 힌트를 주는 문장은 '**and they are able to read it faster with confidence.**'입니다. 이를 통해 강 교사가 적용한 읽기 후 활동의 목적이 '**fluency**'임을 찾을 수 있습니다.

3) 정답
ⓑ, 읽기 전 단계에서 상향식 처리 과정을 돕기 위해 그림카드를 보여주고, 단어를 따라 읽는 활동을 하였다.
ⓔ, 읽기 후 단계에서 역할놀이를 통해 낱말의 소리와 철자 관계를 암시적으로 지도하였다.

해설
ⓐ : 읽기 중 단계에서 소리 내어 읽기를 지도하고 있습니다. (I'll read the story line by line, and you read along the text after me. OK?

ⓒ : 읽기 중 단계에는 쓰기 활동도 함께 하고 있습니다. (Read the story one more time and fill in the blanks with the right sentences.)

> **한줄 조언**
> 제시된 수업 상황에 맞지 않는 보기를 골라 수정하는 문제는 영어과에서 꼭 출제되는 유형의 문제입니다. 영어과는 지문이 영어로 제시되지만 임고생 수준에서 어려운 내용의 지문이 아니기 때문에 해석의 어려움은 없으리라 생각합니다. 모두가 쉽게 가져갈 수 있는 문제이니 실수해서 놓치는 경우가 없도록 꼼꼼하게 수업 상황과 보기를 비교하여 문제를 풀도록 합니다. 임용은 남들이 못 맞히는 문제를 맞히는 것보다 모두가 맞히는 문제를 꼭 맞히는 것이 훨씬 더 중요한 시험이라는 것을 잊지 마세요.

> **한줄 조언**
> 영어과는 답을 영어로 쓸 것을 요구하는 문제가 꼭 하나씩은 출제됩니다. 그러므로 주요 용어들의 철자를 정확히 외워두는 것이 필요합니다. 보통 단어를 외울 때 눈으로 보며 외우다 보니 긴장된 상황에서는 아는 단어의 스펠링을 잘못 쓰는 경우가 생겨요. 꼭 한 번씩은 단어들을 직접 적어보도록 하세요. 저는 영어과에서 나오는 용어들을 따로 정리해두고 공부했습니다.

2019-01 초등 — 정답과 해설

1) 정답
schemata

해설
듣기에서의 배경 정보(배경지식)를 활용하라고 하였으므로 빈칸의 알맞은 용어는 schemata/ schema입니다. 두 번째 괄호에서 students(their)의 schema이기 때문에 복수형인 **schemata**가 정답이나 schema도 정답처리 되었습니다.

2) 정답
ⓑ : 박 선생님이 사용한 활동지는 사실적 이해만 묻는 질문들이 포함되어 있어요.
ⓓ : 김 선생님은 이야기를 들려준 후, 세부 정보를 파악하는 질문이 아니라 전체 줄거리와 주제를 묻는 질문을 했어요.

해설
ⓐ : 박교사는 듣기 전 단계에서 그림을 활용하고 있습니다. {(성에 살고 있는 백설 공주의 그림을 보여주며) Look at the picture.}
ⓒ : 김교사는 활동 안내 후, 바로 이야기를 들려주었습니다.
ⓔ : 김교사는 이야기의 일부만 들려준 후, 이어질 내용을 만들어 보도록 하였습니다. (Then we'll make a story about what will happen next.)

2019-02 초등 — 정답과 해설

1) 정답
영어에서는 문장 내에서도 강세가 있는 낱말과 약하게 발음하는 낱말이 있다.

해설
㉠에 나타난 오류는 문장 내의 모든 단어에 강세를 주어 말하는 것입니다. 그러므로 영어에서는 문장 내에서 강세를 주는 낱말과 그렇지 않은 낱말이 있다는 내용을 적어야 합니다.

2) 정답
단어 만들기(word coinage) 전략을 사용했다.

해설
이 문제는 의사소통 전략 중 보상 전략을 묻는 문제입니다. 수업 장면에서 학생3은 'pianist'라는 단어를 몰라서 자신이 아는 단어(piano, boy)를 활용하여 새로운 단어를 만들어냈습니다. 이에 해당하는 보상 전략은 **단어 만들기(word coinage)**입니다.

[Yule, George(1997), 'Communication Strategies']

3) 정답
① : Why did you choose it?
② : Oh, he's a pianist.

해설
개방형 질문이란 답이 하나로 정해지지 않고, 여러 가지 답이 나올 수 있는 질문입니다. 수업 장면에서 이에 해당하는 질문을 찾으면 됩니다.
학습자의 오류를 간접적으로 피드백하는 방법에는 recast, clarification request, elicitation, metalinguistic feedback, reptition 등이 있습니다. 제시된 수업은 **고쳐 말하기(recast)**를 사용하였으므로, 해당 발화를 찾아 적으면 됩니다.

[김민정, 이은주(2018), '초등학생의 발화 오류에 대한 원어민 교사와 한국인 교사의 오류수정 피드백 유형 및 반응']

2018-01 초등

1) 정답
ⓓ, Use these model sentences and write your invitation card.

해설

지문 속 수업의 활동인 초대장 쓰기를 파악하여 성취기준을 찾은 뒤, 그 성취기준이 가장 잘 드러난 문장인 'Use these model sentences'(예시문을 사용하여) 'write your invitation card'(초대장을 써보세요)를 찾아 써야 합니다.

유1) 정답
ⓓ, Use these model sentences and write your invitation card.

해설

수업의 주요 활동인 초대장 쓰기를 파악하여 관련된 성취기준을 찾은 후, 성취기준이 가장 잘 드러난 문장을 찾아 쓰면 됩니다.

> [6영04-05] 예시문을 참고하여 간단한 초대, 감사, 축하 등의 글을 쓸 수 있다.

2) 정답
관찰평가(observation)

해설

2009 개정 교육과정의 '언어 기능 통합 평가의 방법'에 **관찰 평가**, 자기 평가, 학생 상호 평가 등 다양한 방법으로 평가하라는 방법이 나오지만 꼭 이 근거가 아니더라도 관찰평가라는 답을 쉽게 도출할 수 있는 문제입니다.

유2) 정답
자기 평가 또는 학생 상호평가

해설

2015 개정 교육과정의 5~6학년군 쓰기 영역의 '평가 방법 및 유의사항'에는 다음과 같은 내용이 있습니다.

> 교사에 의한 관찰, 지필, 포트폴리오 등의 수행평가 외에 자기 평가, 학생 상호평가 등 학습자들에 의한 평가를 부분적으로 반영하는 것도 고려할 수 있다.

학습자들에 의한 평가 중 한 가지를 골라 적으면 됩니다. 학습자들에 의한 평가는 교사가 미처 관찰하지 못한 학습 활동상의 태도 등의 부분에서 보완적인 평가의 기능을 할 수 있다는 장점이 있습니다. 교육과정에서 관련 내용을 밝히고 있지만, 교육과정에 제시된 내용을 모르더라도 해결 가능한 문제입니다.

3) 정답
ⓒ, 교사는 통제 작문이 아닌 유도 작문 활동을 하여 빈 칸에 자기의 생각을 넣어 글을 완성하게 하였다.

해설

수업 상황을 보면 교사는 빈 칸을 채워 초대장을 완성하도록 하고 있으므로 이는 통제 작문이 아닌 유도 작문 활동입니다.

> **한줄 조언**
> 최근 영어과의 출제 경향을 보면 성취기준을 통으로 적는 문제보다는 보기를 주고 수업 장면에 어울리는 것을 고르게끔 하고 있어요. 그렇다고 영어과 성취기준 암기를 소홀히 해서는 안 되겠죠? 주변 친구들을 보면 처음부터 통으로 암기하는 유형과 빈 칸 뚫기부터 시작해서 점차 통으로 암기하는 유형이 있더라고요. 사람마다 편한 방식이 있으니 본인에게 맞는 방법을 찾아 암기하시면 됩니다. 저는 성취기준은 통으로 암기하는 것이 더 잘 맞아서 처음부터 전체를 외웠어요.

2018-02 초등

1) 정답
physical

해설

명령을 듣고 구두로 반응하기 전에 행동으로만 반응한다는 점에서 TPR에 관한 내용임을 알 수 있습니다. 교수법의 이름에서도 나타나듯 TPR의 가장 큰 특징은 학습자들이 신체적 반응을 통해답할 수 있도록 하는 것입니다. 그러므로 빈 칸에 어울리는 단어는 **'physical'**입니다.

[JJ Asher(1969), 'The total physical response approach to second language learning']

2) 정답
지나치게 경쟁적인 게임은 오히려 역효과가 날 수 있으므로 유의하여야 하며 경쟁적인 게임이나 놀이보다는 협동할 수 있는 활동이 되도록 한다.

해설

2015 개정 영어과 교육과정의 '교수·학습 방법 및 유의 사항'에는 게임에 관해 다음과 같이 밝히고 있습니다.

놀이나 게임은 학습 참여를 높이고 흥미를 지속시키는 긍정적인 효과가 있으므로 카드, 컴퓨터를 이용한 게임 등 다양한 활동을 활용하도록 한다. 다만, 지나치게 경쟁적인 게임은 오히려 역효과가 날 수 있으므로 유의하여야 하며 경쟁적인 게임이나 놀이보다는 협동할 수 있는 활동이 될 수 있도록 한다.

이에 기초하여 답변을 구성하면 됩니다.

3) 정답

①: ⓑ, 민 선생님 수업에서는 학생 상호 간에 영어 말하기보다는 교사와 학생 전체 간의 통제된 말하기 연습이 이루어졌어요.
②: ⓔ, 최 선생님 수업에서는 학생들이 문장 따라 읽기 활동이 아닌 암기한 문장인 "What are you doing?"을 게임을 통해 발화해보는 활동을 했어요.

해설

ⓐ: 박 교사는 학생들에게 발화를 요구하지 않고 듣고 몸짓으로 표현하도록 했습니다. (Just listen and act it out.)
ⓒ: 민 교사는 자신의 발화 속도와 학생들이 몸짓하는 속도에 차이를 두며 활동을 진행했습니다.
ⓓ: 학생들이 서로 묻는 말하기 활동과 그림 카드와 문장 카드를 매치시키는 읽기 활동이 통합되어 있습니다. (The other students in your group ask him or her, "What are you doing?" The first student in the group will turn over a picture card and a sentence card.)

한줄조언

영어과 교육과정은 참 외워야 할 것이 많습니다. 성취기준부터 '교수·학습 방법'과 '평가 방법'(이하, 교학방평)까지 외워야 한다니요. 게다가 2015 개정 교육과정은 성취기준 아래에 '교수·학습 방법 및 유의 사항'과 '평가 방법 및 유의 사항'(이하, 교학방평유)이 추가되어 더욱 부담이 느껴지실 거예요.
성취기준은 처음부터 통으로 외우는 것을 추천해 드리고 성취기준 아래의 교학방평유와 뒤쪽의 교학방평은 빈칸 뚫기부터 시작해서 외우는 것을 추천합니다. 위 문제에서 볼 수 있듯이 교학방평유나 교학방평은 원문을 그대로 쓰라고 요구하기보다는 이에 근거해 여러분의 답변을 구성하도록 출제됩니다. 처음부터 통으로 외우기보다는 키워드를 중심으로 내용을 숙지하는 것을 추천해 드립니다. 제 개인적인 생각으로는 교학방평유가 생기면서 뒤쪽의 교학방평은 상대적으로 중요성이 떨어지는 것 같아요. 보통 영어 문제는 한두 기능을 중심으로 한 수업 장면이 제시됩니다. 영역별로 주요한 유의 사항들이 성취기준 아래의 교학방평유에 제시되고 있어서 실제 수업과 관련된 즉, 출제 가능성이 높은 내용들은 대부분이 교학방평유에 있어요. 보다 효율적인 공부를 위해 성취기준 아래에 있는 '교수·학습 방법 및 유의 사항'과 '평가 방법 및 유의 사항'에 좀 더 비중을 두어 공부하시는 것을 추천합니다.

2017-01 초등   정답과 해설

1) 정답

Rhyme

해설

cat, fat, mat, sat 등의 단어를 예로 들어 비슷하거나 같은 소리의 반복인 <u>각운(Rhyme)</u>을 설명하고 있습니다.

2) 정답

①: ⓑ, 선생님은 동사의 과거 시제 규칙을 설명하지 않고 이야기를 통해 듣기 자료를 제공하는 방식으로 지도하였다.
②: ⓓ, 선생님은 먼저 이야기를 듣고 내용을 파악하게 한 후에 들은 어휘와 어구를 말하여 보도록 질문을 통해 확인하였다.

해설

ⓐ: Let's look at the picture in the book.
ⓒ: Listen carefully and write the numbers under the pictures in the order of the story.

한줄조언

영어 공부를 할 때, 관련 용어들을 따로 정리해두는 것이 필요합니다. 제시문이나 수업 상황을 주고 그에 대한 용어를 묻는 형식의 문제가 자주 출제되는데, 정말 익숙한 단어도 시험 상황에서 잘 생각이 나지 않는 경우가 있어요. 평소에 주요 용어를 정리해서 봐두시면 훨씬 도움이 됩니다.

2017-02 초등   정답과 해설

1) 정답

①: 과업을 수행한다.
②: display question(s)

해설 ①

2009 개정에 나온 용어로 적으면 ①과 같이 적을 수 있고 2015 개정에 적용을 해본다면 '[4영01-05] 한두 문장의 쉽고 간단한 지시나 설명을 듣고 이해할 수 있다.'로 적을 수 있습니다.

해설 ②

질문자가 답을 알고 있으면서도 던지는 질문은 질문의 유형 중 전시성 질문(display questions)에 속합니다. 이러한 질문의 목적은 학생들이 알고 있는지를 확인하는 것으로 수업 상황에서 자주 등장합니다. 이와 반대로 모르는 정보를 얻기 위해 하는 질문은 정보 질문(information questions)이라고 합니다.

[M Boyd(2006), 'How contingent questioning promotes extended student talk']

유1) 정답

①: 한두 문장의 쉽고 간단한 지시나 설명을 듣고 이해할 수 있다.
②: display question(s)

해설 ①

수업 목표와 활동을 통해 관련된 성취기준을 찾는 문제입니다. 제시된 목표와 활동만으로 성취기준을 찾기가 어렵다면 교사의 말을 듣고 과일을 가리키는 수업 장면에서도 답을 유추할 수 있습니다.

해설 ②

질문자가 답을 알고 있으면서도 던지는 질문은 질문의 유형 중 전시성 질문(display questions)에 속합니다. 이러한 질문의 목적은 학생들이 알고 있는지를 확인하는 것으로 수업 상황에서 자주 등장합니다. 이와 반대로 모르는 정보를 얻기 위해 하는 질문은 정보 질문(information questions)라고 합니다.

[M Boyd(2006), 'How contingent questioning promotes extended student talk']

2) 정답

motivated

해설

'Warm-up' 활동의 목적은 학생들의 정의적 여과막을 낮추어 동기부여를 하는데 있으므로 어울리는 답은 'motivated'입니다.
'동기부여'에 관한 내용이 들어가야 한다는 것을 알면서도 motivate나 motivation을 적어 틀릴 수 있는 문제이니 주의합니다.

3) 정답

시각, 청각, 촉각, 운동 감각적(中 택3) 선호에 따른 교수·학습 자료와 활동을 이용한다.

해설

학습자의 감각 선호 유형에는 시각형, 청각형, 촉각형, 운동 감각형 등이 있습니다. 문제에서 3가지 감각에 따른 유형이라고 하였으므로, 이 중 3가지를 골라 답을 구성하면 됩니다.

유3) 정답

시각, 청각, 촉각, 운동 감각적 유형 등 학습자들의 선호에 따른 다양한 교수·학습 자료와 활동을 이용한다.

해설

학습자의 감각 선호 유형에는 시각형, 청각형, 촉각형, 운동 감각형 등이 있습니다. 학생마다 선호하는 감각 유형이 다르므로 학습자들의 선호에 따른 다양한 방법을 활용하여 학습자 중심을 수업을 구안할 수 있습니다.

2016-01 초등

1) 정답

pull-full

해설

최소 대립쌍(minimal pair)이란 한 개의 소리만 다르고 나머지는 소리가 같은 두 개의 단어를 의미합니다. 김 교사는 full, pull을 활용하여 f/p 소리를 구별하도록 가르치고 있습니다.

[JA Barlow(2002), 'Minimal pair approaches to phonological remediation']

2) 정답

①: ⓒ, 학생의 발음 오류를 명시적인 방법으로 지도하고 있다.
②: ⓔ, 발음을 개별 소리, 단어 내, 문장 내의 순으로 지도하고 있다.

해설

다음 문장에서 ⓐ, ⓑ, ⓓ와 관련된 수업 장면을 확인할 수 있습니다. (Well done. Look at the word on the card. Read the word aloud.)

3) 정답

강세(Stress), 리듬(Rhythm), 억양(Intonation) 中 1

해설

김 교사는 초분절음소에 대해 가르치고 있으므로, 강세(Stress), 리듬(Rhythm), 억양(Intonation) 모두 답이 될 수 있습니다.
초분절음소란 개별음들이 모여서 낱말 이상의 단위에 사용이 될 때 나타나는 강세와 리듬, 억양 등의 음성 현상을 말합니다.

[JE Pierce(1966), 'The supra-segmental phonemes of English']

2016-02 초등

1) 정답
form(s)

해설

Mr. Jung은 Activity A에서 빈칸을 주고 어울리는 과거형을 채워보게 함으로써, <u>언어 형식</u>에 주의를 기울이도록 하고 있습니다. 그러므로, 빈칸에 어울리는 단어는 form(s)입니다.

2) 정답
① : example
② : 학생들의 자유로운 글쓰기를 유도하여 의미를 표현하는 데에 비중을 두게 한다.

해설

Activity A에서 민수의 일기가 예(example)로써 참고가 되고 Activity B는 자유 쓰기 활동이므로 교사의 통제를 받지 않고 자유롭게 의미를 표현하게 하는데 비중을 두게 해야 합니다.

유2) 정답
① : example
② : 학생들의 자유로운 글쓰기를 유도하여 의미를 표현하는 데에 비중을 두게 한다.

해설

2015 개정 영어과 교육과정의 '쓰기' '교수·학습 방법 및 유의사항'에는 다음의 내용이 있습니다.

> 감사 카드나 생일 초대 카드는 생활 주변에서 익숙하게 접하는 쓰기 자료들이다. 학습자들의 수준에 맞는 카드를 양식에 맞게 써보도록 한다. 학습 활동으로는 생일 카드 만들기, 스승의 날, 어버이날, 크리스마스 등 특별 행사에 맞는 카드를 만들고 영어로 적절한 말 쓰기 등, 학습자들의 수준에서 실생활과 관련된 쓰기 활동이 가능하다. <u>예시문을 제시하되 단순히 베끼거나 따라 쓰는 것을 넘어, 각자 쓰고 싶은 내용을 써보는 단계로까지 확장하고 필요시 교사가 적절하게 도움을 주며 활동을 마무리할 수 있도록 유도한다.</u>

민수의 일기를 예시문으로 제시하고 있으므로 빈칸에 어울리는 단어는 <u>example</u>입니다. 교육과정의 내용을 모르더라도, 주어진 수업 상황과 제시문을 통해 충분히 유추 가능한 답입니다.

㉠을 통해 학습자가 자유롭게 쓸 수 있도록 해야 한다는 내용이 있으므로 ㉠은 자유 작문 활동입니다. 자유 작문 활동의 목적은 자유롭게 자신의 생각을 표현하는 것이므로 의미 전달에 중점을 두어 지도해야 합니다.

2015-01 초등·초특 공통

1) 정답
언어 형식은 의사소통 활동의 맥락에서 실제적으로 사용되는 기회를 통해 자연스럽게 익혀나가도록 지도한다.

해설

2009 개정 교육과정은 듣기, 말하기, 읽기, 쓰기 4개의 기능 외에도 '어휘 및 언어 형식'에 대한 교수·학습 방법을 제시하였습니다. 그 중, 문항과 관련된 내용은 아래와 같습니다.

> (마) 어휘 및 언어 형식
> ② 언어 형식은 의사소통 활동의 맥락에서 실제 사용되는 기회를 통해 자연스럽게 익혀나가도록 지도한다.

유1) 정답
즉각적인 오류 수정을 하지 않고, 학습자가 스스로 오류를 발견하고 수정할 수 있도록 교정적 피드백을 제공하였다.

해설

2015 개정 교육과정의 말하기 '교수·학습 방법 및 유의사항'에는 다음의 내용이 있습니다.

> 의사소통에 지장을 주지 않는 한 교사의 <u>즉각적인 오류 수정을 피하고</u>, 학습자 스스로 오류를 발견하고 수정할 수 있도록 다양한 <u>교정적 피드백</u>을 제공한다.

이에 근거하여 어떻게 피드백하고 있는지 묻고 있으므로 '<u>교정적 피드백</u>'이라는 키워드를 넣어서 답변을 구성하면 됩니다.

2) 정답
ⓐ : scaffolding
ⓑ : 학생들의 능력이나 수준 등을 고려하여 다양한 학습의 기회와 방법을 제공해야 한다. / 교사와 학생의 상호작용 중에 교사는 정의적 여과막을 낮추고 암시적 피드백과 근접 발달 능력(ZPD) 내의 이해 가능한 입력(i+1)을 제공하여 학생들이 언어 표현을 습득(acquisiton)할 수 있게 도와야 한다.

해설

Mr. Han은 학생들이 아직 완전히 익히지 못한 수준의 패턴들을 가르치는 과정에서, 교사와 상호작용을 통해 좀 더 높은 수준에 도달하도록 돕고 있습니다. 이를 위해 교사가 제공하는 것을 scaffolding(비계)라고 합니다. Scaffolding이란 의사소통 과정에서 보다 뛰어난 학습자나 성인이 제공하는 도움을 의미합니다. 이는 학습자들의 의사소통 문제를 해결할 뿐만 아니라 ZPD(Zone of Proximal Development) 내에서 언어 발달을 촉진하는 기능을 합니다.

이러한 방식이 주는 시사점과 관련된 내용은 다음과 같습니다.

2015 개정 교육과정, '교수·학습 방향'
학습자들이 학습 목표에 도달하도록 학습자들의 능력이나 수준 등을 고려하여 다양한 학습의 기회와 방법을 제공한다.
Vygotsky, 사회문화적 발달 이론
Scaffolding은 학습자에게 언어적 입력을 보다 이해 가능하게 만들어 의사소통의 문제를 해결할 뿐만 아니라 ZPD내에서의 언어 발달을 촉진하는 기능을 한다.
Krashen, 입력가설
한 단계 높은 수준의 언어입력이 제공될 때 학습자는 이를 이해할 수 있을 뿐만 아니라 발화를 생성하기 위한 도전의식을 갖게 된다. 한 단계 위의 언어입력을 학습자에게 인위적으로 제공하기보다는 일상적인 대화 상황을 통해서 자연스럽게 제공될 때 효과적이다.

위의 내용에 기초하여 자신의 답변을 구성하면 됩니다.

2015-02 초등

1) 정답
중심 내용을 이해한다.

해설
2009 개정에 근거하면 제시된 답과 같고, 2015 개정에 근거한다면 '[6영01-05] 쉽고 간단한 말이나 대화를 듣고 줄거리를 파악할 수 있다.'가 됩니다.

유1) 정답
쉽고 간단한 말이나 대화를 듣고 줄거리를 파악할 수 있다.

해설
수업의 활동은 '읽기' 수업이지만 문제에서 묻는 것은 '**듣기**' 성취기준임을 놓치면 안 됩니다. 이야기를 듣고 줄거리를 묻고 답하는 모습이 나타나 있으므로, 이에 반영된 성취기준은 '[6영01-05] **쉽고 간단한 말이나 대화를 듣고 줄거리를 파악할 수 있다.**'입니다.

2) 정답
ⓐ : 발음에 치중하게 되어 의미 파악에 어려움을 겪을 수도 있다.
ⓑ : 묵독(silent reading)

해설
김 교사는 reading aloud(음독) 활동을 했음을 일지의 서두에 밝히고 있습니다. 소리내어 읽는 음독의 목적은 발음을 익히고 교정하는데 있기 때문에 **의미 파악에 소홀해질 수 있다는** 단점이 있습니다.
이를 보완하기 위해 의미 파악에 중점을 두는 **묵독(silent reading)** 활동을 하는 것이 필요합니다.

3) 정답
imagination

해설
문제에서 (가)에서 사용된 단어로 한정했기 때문에 'imagine'이라는 단어를 쉽게 찾을 수 있습니다. (가)에서 사용된 단어는 imagine이지만 빈칸에 명사가 들어가야 하므로 'imagination'이라고 적어야 합니다.

> **한줄 조언**
> 빈칸의 답을 영어로 적어야 하는 문제를 풀 때는 빈칸 전후를 살펴 문법적 상황에 맞는 형태로 답을 적어야 합니다. 이 문제의 경우도 (가)에서는 imagine이 등장하지만, 빈칸이 명사 자리이므로 이를 활용하여 imagination을 적어야 답으로 인정받을 수 있어요. 문법적 요소를 놓쳐서 틀리는 일이 없도록 꼭 빈칸이 놓인 문법적 맥락을 확인하여 답을 적도록 하세요.

2014-01 초등

1) 정답
'Playing tennis', not 'play tennis'라는 발화가 잘못되었다. 그 이유는 의사소통에 지장을 주지 않는 한 교사의 즉각적인 오류 수정을 피하고, 가급적 학생 스스로 오류를 발견하고 수정할 수 있도록 지도해야 하기 때문이다.

해설
이 문제는 2009 개정 교육과정에 따라 출제된 문제이지만 2015 개정 교육과정의 '교수·학습 방법 및 유의 사항'에도 오류 지도와 관련하여 비슷한 내용이 제시되어 있습니다.

유1) 정답
'Playing tennis', not 'play tennis'라는 발화가 잘못되었다. 그 이유는 의사소통에 지장을 주지 않는 한 교사의 즉각적인 오류 수정을 피하고, 가급적 학생 스스로 오류를 발견하고 수정할 수 있도록 지도해야 하기 때문이다.

해설
2015 개정 교육과정은 다음의 내용을 밝히고 있습니다. 이에 근거하여 답안을 작성하면 됩니다.

> (다) 교수·학습 방법 및 유의 사항
> 의사소통에 지장을 주지 않는 교사의 즉각적인 오류 수정을 피하고, 학습자 스스로 오류를 발견하고 수정할 수 있도록 다양한 교정적 피드백을 제공한다.

2) 정답
dialogues

해설
최 교사는 대화문을 제시한 뒤, 이를 반복해서 연습하는 수업을 하고 있는데, 이는 ALM(Audio-Lingual Method)을 적용한 수업입니다. ALM에서 '새로운 자료는 대화문 형태로 제시됩니다. (New material is presented in dialogue form.)'는 점을 잘 기억해두었다면 쉽게 풀 수 있는 문제입니다.

이 문제를 풀 때 또 하나 유의할 점은 복수형으로 답을 적어야한다는 점입니다. 제시문의 4번째 줄에 있는 빈 칸 다음 동사가 원형 그대로 provide로 제시되어 있으므로 주어는 복수형 즉, Dialogues가 되어야 문법적으로 맞습니다.

[CT Mart(2013), 'The audio-lingual method: An easy way of achieving speech']

3) 정답
ⓒ : 익힌 표현을 실제적으로 적용하는 모습이므로 3P모형의 세 번째 단계인 'Production'에 적합하다.
ⓑ : 반복적으로 따라하는 활동은 정확한 표현 연습을 할 수 있지만 유창하게 하는 것을 촉진하지는 못한다.

해설
㉠ : 학생들은 Survey활동을 통해 상호 작용하고 있습니다.
㉢ : 2009교육과정과 2015교육과정 모두 학습자가 상호작용하며 말하기하는 협력 활동을 강조하고 있습니다.
㉣, ㉤ : 최 교사의 수업은 CD를 듣고 반복적인 패턴 연습이 주 활동인 교사 중심의 수업입니다.

유3) 정답
ⓒ : 익힌 표현을 실제적으로 적용하는 모습이므로 3P모형의 세 번째 단계인 'Production'에 적합하다.
ⓑ : 반복적으로 따라하는 활동은 정확한 표현 연습을 할 수 있지만 유창하게 하는 것을 촉진하지는 못한다.

해설
㉠ : 학생들은 Survey활동을 통해 상호 작용하고 있습니다.
㉢ : 2015 개정 영어과 교육과정은 '(다) 교수·학습 방법 및 유의 사항'을 통해 다음을 밝히고 있습니다.

> 학습자 상호 간의 협력을 요하는 다양한 과업 제시를 통해 학습자와 학습자 간의 영어 말하기를 통한 상호작용이 활발하게 이루어지도록 하고, 대인 관계 능력 및 타인에 대한 배려와 관용을 함께 신장시킬 수 있도록 지도한다.

㉣, ㉤ : 최 교사의 수업은 CD를 듣고 반복적인 패턴 연습이 주 활동인 교사 중심의 수업입니다.

2014-02 초등

1) 정답
낱말 : chunk
이유 : 아동은 개별 단어를 알지 못하더라도 의미 파악 능력이 뛰어나 의미를 덩어리지어 이해하려는 특성이 있기 때문이다.

해설
이 문제는 '어휘 지도 방법'과 '초등 학습자의 특성'을 모두를 알고 있어야 풀 수 있는 문항입니다.

수업에서 'went camping'은 각각의 구성요소로 다뤄지지 않습니다. 과거 시제에 대한 문법적 설명은 생략하고, 학생들이 전체 덩어리로 'went camping'을 인식하며 활동에 참여하도록 하고 있습니다. 두 개 이상의 단어를 하나의 단위로 인식하고 이러한 이해 의미 단위를 말뭉치(Chunk)라고 합니다. 효과적인 말뭉치 지도를 위해서는 어휘의 개념을 개별 낱말에 한정하여 제시하기보다는 뭉치 단위로 제시하는 것이 필요합니다. 또, 여러 번 반복하면서 문맥(context)상에서 가르쳐야 합니다.

[김수진(2010), 'Chunk를 이용한 초등학교 어휘학습 연구']

초등학생 학습자에게 말뭉치 지도가 유의미한 까닭은 아동이 가지고 있는 '의미 파악 능력' 때문입니다. 아동은 개별적 단어의 의미를 모르더라도 전체적인 맥락이나 상황 속에서 의미를 스스로 파악하는 능력이 있습니다.

2) 정답
주어진 놀이 활동은 교사만 질문하고 학생은 카드를 뒤집어 해당 카드에 대한 내용만을 얘기할 수 있으므로 의미 있는(authentic and meaningful) 발화를 하지 못하고 학생은 질문할 기회조차 없기 때문에 학습 목표를 달성하기 어렵다.

해설
이 문제는 교과교육론이나 교육과정에 대한 이해와 관계없이 제시문 내용만 제대로 해석했다면 충분히 풀 수 있는 문항입니다. 제시된 학습 목표는 '과거에 한 일에 대해 묻고 답할 수 있다.'인데 김 교사 수업에 나타난 놀이 활동에는 질문에 답할 기회는 있으나 물어볼 수 있는 기회는 없다는 점에 기초해 답을 적으면 됩니다.

2013-01 초등

1) 정답
지나간 일에 관한 간단한 말을 듣고 행동한다.

해설

2009 개정 교육과정 4학년 듣기 성취기준에 의해 작성하면 됩니다. 성취기준을 몰랐어도 내용 기준과 수행 기준을 만들 수 있는 문제입니다. 2015 개정 교육과정 3~4학년에는 관련 성취기준이 없습니다.

2) 정답
meaning

해설

TPR(Total Physical Response)은 form(형태)보다 meaning(의미)에 주의를 기울입니다. 학생들은 이해한 바를 몸으로 반응하면 되기 때문에 초기에 불안감(정의적 여과막)이 낮아진다는 장점이 있습니다.

[JJ Asher(1969), 'The total physical response approach to second language learning']

3) 정답
교사 측면 : 학생의 이해 정도를 학생의 동작으로 명료하게 확인할 수 있다.
학생 측면 : 초기에 발화가 요구되지 않아 불안감(정의적 여과막)이 낮아진다. / 몸을 움직여 반응함으로써 흥미 있게 참여가 가능하고 장기 기억에 도움이 된다.

해설

TPR을 이용한 수업의 장점은 다음과 같습니다. 교사 측면의 장점은 언어의 의미를 동작으로 명료하게 제시할 수 있고 학생들의 <u>이해 정도를 즉시 점검</u>할 수 있다는 점입니다. 특히 움직임을 좋아하고 장난기가 있는 초등학습자에게는 아주 흥미롭고 효과적인 교수방법이라고 할 수 있습니다. 학습자 측면의 장점은 언어학습에 극적인 요소를 가미하여 흥미로우며, <u>초기에 발화를 요구하지 않으므로 학습자의 불안감도 감소</u>시킨다는 것입니다.

[JJ Asher(1969), 'The total physical response approach to second language learning']

> **한줄 조언**
> 최근 출제 빈도는 떨어지고 있지만 각 영어교수법의 특징과 장단점은 꼭 알아두어야 하는 내용이에요. 각 특징에 대해 우리말과 영어 모두로 파악할 수 있도록 해두세요.

2013-02 초등

1) 정답
refrain / repetition

해설

refrain(후렴)이나 repetition(반복)이나 다 잘 어울리지만 출제 교수가 의도한 바는 refrain(후렴)이었습니다. refrain과 repetition 모두 정답처리 되었습니다.

2) 정답
- 스토리텔링 활동에서는 억양, 리듬 강세 등의 초분절 음소로서 자연스럽게 영어 발음에 노출시키고 〈활동 A〉, 〈활동 B〉에서는 분절 음소를 학습한다.
- 〈활동 A〉를 통해 다양한 소리를 듣고 p소리를 변별하게끔 하고 (자음의 소리를 변별) 〈활동 B〉에서 공통적으로 발견된 소리(p 소리)를 철자와 연결 짓고 발음하는 학습으로 이끌기 위해 〈활동 A〉를 먼저 실시하였다.

해설

이 문제는 영어 발음 지도와 관련된 요소를 묻는 문항입니다. 스토리텔링 활동을 통해 배울 수 있는 억양, 리듬, 강세 등이 초분절 음소임을 알고, 후속 활동에서 다른 자음의 소리를 변별하는 것이 분절 음소에 대한 학습임을 알고 있어야 풀 수 있습니다.

또한, 〈활동 A〉, 〈활동 B〉의 순서로 지도된 까닭을 이해하기 위해서는 상향식 접근에 따른 Phonics 지도의 순서를 이해하고 있어야 합니다.

Phonics 지도 순서		
1) 알파벳 음소에 대한 인식	2) 철자와 소리와의 상관관계 인식	3) 구체적인 낱말 읽기
4) 인지 낱말의 확장	5) 어구 읽기	6) 문장 읽기	7) 독립적 읽기

〈활동 A〉는 '알파벳 음소에 대한 인식'에 해당하며, 〈활동 B〉는 '철자와 소리와의 상관관계 인식'에 해당합니다.

[김봉순(2006), 'EFL학습자를 위한 효과적인 Phonics 지도전략연구']

빠른 <음악> 정답표

2023학년도 기출

1-1	① aba형식 ② 두 악곡을 이루는 주요 음과 어울리는 화음이 같아야 한다.
1-2	① 〈제재곡 3〉을 먼저 불러본 후 〈제재곡 4〉를 부른다. ② 솔
1-3	실기 평가

2022학년도 기출

1-1	악기로 연주하기
1-2	① 기덕, 더러러러 ② ㉠과 ㉡의 단소 운지법은 동일하다. 하지만 ㉡음을 연주할 때에는 ㉠음을 연주할 때보다 입김을 더 세게 불어야 한다.
1-3	① 노래할 때에는 악보의 음높이대로 소리를 내지만, 리코더로 연주할 때에는 악보의 음높이보다 한 옥타브 높은 소리가 난다. ② 7, 8, 10, 8, 7, 6

2021학년도 기출

1-1	다양한 소리의 어울림
1-2	① 레, 파#, 라 ② 피아노, 바이올린, 비올라, 첼로, 콘트라베이스
1-3	① 천년만세 ② 타령 장단

2020학년도 기출

1-1	음의 높고 낮음
1-2	① 왼손으로 왼 무릎을 친다. ② 우지진
1-3	① 솔라솔파미레 ② 첫 번째 음은 4분음표, 1박이고 세 번째 음은 8분음표, 1/2박

2020학년도 초특 기출

1-1	① 실음 지필 평가 ② 생활화
1-2	음의 높고 낮음

2019학년도 기출

1-1	①: 마, 올림사, 나 ②: ㉢, ⓐ
1-2	(1) '가'음을 으뜸음으로 하는 가단조이다. (2) ㉣을 소금으로 연주할 땐 강한 입김으로 분다.
1-3	태도

2019학년도 초특 기출

1-1	유율타악기
1-2	①: 타 타 타 팀리 타아아 ②: 같은 높이의 두 음을 붙여서 한 음같이 연주한다.

2018학년도 기출

1-1	①: 미 파 솔 솔 도 레 미 ②: 덕, 쿵, 덕, 쿵, 덕
1-2	①: (2) ㉢가락에 어울리는 화음은 주요 3화음 중 딸림화음(Ⅴ)이라고 지도한다. ②: (5) ㉤에 알맞은 시김새는 굵게 떠는 소리로 표현하도록 지도한다.
1-3	가락선

2017학년도 기출

1-1	①: 바순(파곳), ②: 플루트
1-2	ⓑ, 스타카토가 있는 음을 하나하나 짧게 끊어서 표현하기
1-3	①: ㉢, 조상의 문덕을 기리는 것은 '보태평'이다. ②: 숨표
1-4	우리 음악의 가치 인식하기
유4	(연구)보고서

2016학년도 기출

1-1	㉡: 오스티나토 ㉢: 트레몰로(잔결 소리내기)
1-2	①: 창부타령토리(경토리)의 특징을 이해하며 노래 부르기 ②: 메기고 받는 형식으로 노래 부르기
1-3	바른 자세와 주법으로 악기를 연주할 수 있다.

2015학년도 기출

1-1	• [B]에 들어갈 8분쉼표 부분에서 손 들어 올리기 • [C] 부분의 뛰어가기 가락선을 손으로 나타내기
1-2	ⓐ: 12박, ⓑ: 4박, ⓒ: 구음, ⓓ: 부호(기호)
1-3	행진곡을 듣고 음악의 쓰임에 대해 이야기 할 수 있다.
유3	음악과 행사

2015학년도 초특 기출

1-1	ⓐ: 메기고 받는 형식 ⓑ: 자진모리 장단

2014학년도 기출

1-1	제재곡 (가)를 부르는 모습을 동영상으로 찍어 학급 홈페이지에 업로드한다. / 제재곡 (가)를 리코더(단소)로 연주하는 것을 녹음하여 학급 홈페이지의 배경음악으로 사용한다. 등
유1	음악을 활용하여 가정, 학교, 사회 등의 행사에 참여하고 느낌을 발표한다.
1-2	• 음이름: (다 바) 가 가 내림나 가 사 바 • 계이름: (솔 도) 미 미 파 미 레 도 • 음이름 사용의 장점: 음이름은 조가 바뀌어도 명칭이 달라지지 않으므로 조표에 상관없이 리코더를 연주할 수 있다.
1-3	• ㉡의 명칭: 쉼표 • 장단:

2013학년도 기출

1-1	㉠. 원곡을 듣고 5음 가락 따라 부르기 ㉣. (나)의 출처인 아프리카 음악을 감상한 후 느낀 점 이야기하기
1-2	떨림(∨), 건반 번호: 2, 5, 7
1-3	'조'의 이름: 육자배기조 '시김새'의 특징: '미'는 굵게 떨고, '라'는 평으로 내고, '시'는 '도'에서 꺾어서 냅니다.

2023 초등

정답과 해설

1) 정답

① aba형식

② 두 악곡을 이루는 주요 음과 어울리는 화음이 같아야 한다.

해설 ①

악곡의 형식은 크게 같은 가락, 비슷한 가락, 다른 가락이 어떻게 배치되어 있느냐에 따라 나뉩니다.

〈제재곡 1〉

〈제재곡 1〉의 경우, 첫째 줄과 셋째 줄의 가락의 흐름이 같습니다. 그리고 두 번째 줄의 가락은 아예 다른 가락입니다. 이를 ABA 형식이라고 합니다.

〈제재곡 2〉

〈제재곡 2〉의 경우에도 〈제재곡 1〉과 같은 흐름을 볼 수 있습니다. 따라서 같은 ABA 형식이라고 할 수 있습니다.

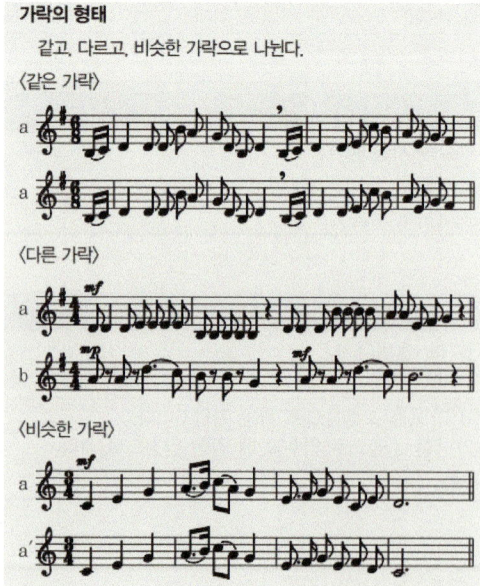

[두산동아 5 지도서 2. 음악이 주는 흥겨움]

해설 ②

소리의 어울림은 음악 요소 '화음'과 관련이 깊습니다. 지문에서 예비 교사1은 〈제재곡 1〉과 〈제재곡 2〉를 동시에 연주하며 소리의 어울림을 느끼게 할 것이라고 하였습니다. 두 악곡을 동시에 연주할 때 서로 어우러지려면 악곡의 기본이 되는 화음이 같아야 합니다.

2) 정답

① 〈제재곡 3〉을 먼저 불러본 후 〈제재곡 4〉를 부른다.
② 솔

해설

〈제재곡 3〉과 〈제재곡 4〉는 경상도 민요인 '칭칭이 소리'의 악보입니다.

[지학사 6 지도서 3. 울긋불긋, 음악에 물들어요]

'칭칭이 소리'는 대표적인 '긴자진형식'의 악곡입니다.

긴자진 형식
긴자진 형식은 한배가 긴 곡(느린 곡)과 한배가 짧은 곡(빠른 곡)이 짝을 이루는 형식을 말한다.
[지학사 6 지도서 3. 울긋불긋, 음악에 물들어요]

ⓒ에서 긴자진 형식으로 부를 때 나타나는 한배의 변화를 느끼려면 느린 곡을 먼저 부른 후, 빠른 곡을 불러야 합니다. 따라서 굿거리 장단에 맞춰 부르는 〈제재곡 4〉를 먼저 불러야 합니다.

② '칭칭이 소리'는 메나리 토리입니다. 메나리 토리 민요의 특징은 다음과 같습니다.

메나리토리 민요의 특징
메나리 토리는 주로 경상도, 강원도, 함경도 지역의 음악적 특징을 말하는데, 우리나라 전역에 분포해 있다. 구성음은 '미, 솔, 라, 도, 레'의 5음이며, '라-솔-미'로 내려가는 가락이 특징이다.
[지학사 6 지도서 3. 울긋불긋, 음악에 물들어요]

메나리토리의 '솔'음은 하행 시에만 출현하는 음으로 자연스럽게 하행 선율을 노래 부를 수 있도록 지도한다.
[천재교육(김) 5~6 지도서 1. 음악의 씨앗을 키워요]

메나리토리의 특징에 따라 정답은 '솔'이 됩니다.

3) 정답

실기 평가

해설

〈표현〉 영역 평가 방법 및 유의 사항
평가의 내용에 따라 실기 평가, 관찰, 포트폴리오 등 다양한 유형의 방법을 적절하게 활용한다.
[2015 개정 음악과 교육과정 표현 영역 평가 방법 및 유의 사항]

현재 예비 교사 및 지도 교사가 논의하는 음악과 영역은 '표현' 영역입니다. 교육과정 평가 방법에서는 표현 영역 평가 방법을 위와 같이 제시하고 있습니다. 그 중 ⓔ과 적합한 평가 방법은 실기 평가입니다.

2022 초등 정답과 해설

1) 정답

악기로 연주하기

해설

'표현' 영역 기능		
노래 부르기	악기로 연주하기	
신체 표현하기	만들기	표현하기

2015 개정 음악과 교육과정의 내용체계표를 살펴보면 각 영역의 기능을 찾을 수 있습니다. 해당 수업의 내용이 (가)는 단소 연주 악보, (나)는 멜로디언과 리코더 연주 악보를 나타내고 있기 때문에 세 영역 중 표현 영역과 관련된 내용임을 짐작할 수 있습니다. 표현 영역의 기능은 위의 5가지입니다. 이중 수업 내용은 악기를 연주하는 내용이기 때문에, 기능 중 '악기로 연주하기'가 정답입니다.

2) 정답

① 기덕, 더러러러
② ㉠과 ㉡음의 단소 운지법은 동일하다. 하지만 ㉡음을 연주 할 때에는 ㉠음을 연주할 때보다 입김을 더 세게 불어야 한다.

해설

〈제재곡 A〉 도라지 타령
[천재교육(김) 3~4 지도서 3. 음악의 행복을 품어요]

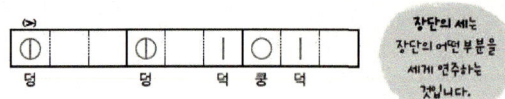

〈제재곡 B〉 늴리리야
[동아출판 6 지도서 2. 음악으로 만드는 어울림]

제재곡 A는 〈도라지 타령〉으로, 세마치 장단의 경기 민요입니다. 제재곡 B는 〈늴리리야〉로, 굿거리 장단의 경기 민요입니다.

❷ 구음으로 세마치장단을 익히고, 장단의 세를 살려 장구로 쳐 봅시다.

[동아출판 4 지도서 2. 음악으로 하나가 되어요]

- 굿거리장단의 한배에 맞추어 한 장단씩 듣고 따라 부른다.
  - 교사의 장구 장단에 맞추어 한 장단씩 노래 부른다.

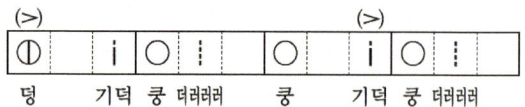

〈제재곡 B〉 늴리리야
[천재교육(김) 5~6 지도서 2. 음악의 나래를 펼쳐요]

〈도라지 타령〉은 세마치 장단이므로 덩, 덕, 쿵의 구음이 나오고 〈늴리리야〉는 굿거리 장단이므로 덩, 쿵, 기덕, 더러러러가 나옵니다. 세마치 장단과 비교하여 굿거리 장단에만 나오는 구음 2가지는 기덕, 더러러러가 됩니다.

㉠, ㉡의 단소 율명은 '임', '무'로 같지만 ㉠은 그냥 임과 무, ㉡은 한 옥타브 높은 청임, 청무입니다. 단소에서 높은 음을 연주하는 방법은 다음과 같습니다.

2. 바른 자세와 정확한 운지로 단소 연주하기

◉ 기본음과 높은음 소리 내는 방법을 알아보고 단소로 연주해 본다.

	율명	仲	林	無	潢	汰
기본음	연주	입김의 세기를 약하게 한다.				
높은음	율명	㳞	淋	潕	㶂	㳲
	연주	입김의 세기를 세게 한다.				

- '汰'와 '㳲'를 제외한 기본음과 높은음의 운지는 같다 ('汰'는 모든 지공을 열고 연주하고, '㳲'는 제1, 3공을 막고 연주한다.). 지도서 87쪽 참고

[두산동아 5 지도서 1. 음악으로 여는 마음]

즉 높은 음을 내기 위해서는 입김을 세게 불어 연주하면 됩니다. 이때 단소의 운지와 입김의 세기를 모두 설명해야 하므로, 운지는 같게 하되 입김의 세기를 다르게 한다는 내용으로 정답을 적으면 됩니다.

3) 정답

① 노래할 때에는 악보의 음높이대로 소리가 나지만, 리코더로 연주할 때에는 악보의 음높이보다 한 옥타브 높은 소리가 난다.
② 7, 8, 10, 8, 7, 6

해설 ①

[두산동아 5 지도서 1. 음악으로 여는 마음]

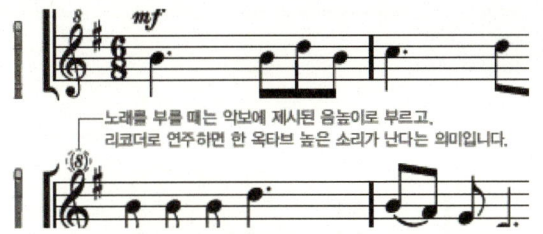

[천재교육(김) 5~6 지도서 2. 음악의 나래를 펼쳐요]

악보에 있는 8자 모양의 기호는 리코더 악보에 보통 나옵니다. 이 뜻은 노래를 부를 때에는 악보의 음높이로 부르고, 이때 리코더로 연주하게 되면 한 옥타브 높은 소리가 난다는 것을 의미합니다. 주의할 점은 한 옥타브 '높은 소리를 내라'는 의미가 아닌, '높은 소리가 난다'라는 의미라는 것입니다.

해설 ②

활동 내용을 살펴보면 2성부일 때 위의 성부는 리코더, 아래의 성부는 멜로디언으로 연주하라 되어 있습니다. 이 의미는 2성부 이전까지는 함께 연주하다가 2성부가 되면 두 부분으로 나누어 연주를 한다는 뜻으로 해석할 수 있습니다. 악보의 ㉣의 계이름을 보면, '파 솔 라 솔 파샵 파'라고 읽을 수 있습니다. 이때, 맨 앞의 파는 이미 해당 마디 내에서 반음이 올려진 올림표 표시가 되어있으므로 그냥 파가 아닌 파샵으로 연주해야 합니다. 따라서 최종적으로 연주할 계이름은 '파샵 솔 라 솔 파샵 파'입니다. 멜로디언 건반에서 이 음들을 찾으면 7, 8, 10, 8, 7, 6이 됩니다.

한 줄 조언

전체적으로 무난한 난이도의 문제였습니다. 한동안 음악이 감상 쪽에서 난이도 있는 문제를 내다가 표현 영역에서 다시 난이도가 낮아졌네요. 조금 까다로웠던 문제는 소문항 3번이었는데요, 악곡의 기호만 꼼꼼하게 보면 실수하지 않고 잘 풀 수 있는 문제였습니다. 표현 영역에서는 악곡 해석을 꼼꼼하게 해야 한다는 점 꼭 기억하세요!

2021 초등 정답과 해설

1) 정답

다양한 소리의 어울림

해설

〈초등학교 음악 요소 및 개념 체계표〉

초등학교 3~4학년	초등학교 5~6학년
• 박, 박자 • 장단, 장단의 세 • 음의 길고 짧음	• 박, 박자 • 장단, 장단의 세
• 간단한 리듬꼴 • 장단꼴 • 말붙임새	• 여러 가지 리듬꼴 • 장단꼴 • 말붙임새
• 음의 높고 낮음 • 차례가기와 뛰어가기	• 음이름, 계이름, 율명 • 장음계, 단음계 • 여러 지역의 토리
• 시김새	• 시김새
• 소리의 어울림	• 주요 3화음 • 다양한 소리의 어울림
• 형식(메기고 받는 형식, ab 등)	• 형식(긴자진 형식, 시조 형식, abc, AB 등)
• 셈여림	• 셈여림의 변화
• 빠르기/한배	• 빠르기의 변화/한배의 변화
• 목소리, 물체 소리, 타악기의 음색	• 관악기, 현악기의 음색

2015 개정 음악과 교육과정에서는 초등 음악에서 지도해야 할 핵심적인 음악 요소 및 개념을 표로 제시하고 있습니다. (가)의 괄호를 살펴보면, 멜로디언 반주에 맞추어 노래 부르기, 악곡의 특징을 이해하여 성부 간 '이것' 느끼기, 관악기와 현악기의 음색 구분 및 다양한 '이것' 지도하기와 관련된 음악 요소를 넣어야 합니다. 반주에 맞춰 노래를 부르는 것은 음악 요소 중 '주요 3화음' 또는 '다양한 소리의 어울림'과 관련이 있습니다. 이때 '관악기와 현악기의 음색을 구분'에서 답의 힌트를 얻을 수 있습니다. 관악기와 현악기는 서로 다른 소리를 내기 때문에 두 악기의 음색을 탐색하고 이를 통해 두 악기의 '소리의 어울림'을 지도할 수 있음을 짐작할 수 있습니다. 이때 5~6학년군은 '다양한 소리의 어울림'으로 명시되어 있으므로 위와 같이 적어야 하지만 이미 제시문에서 '다양한'이 나와 있으므로 '소리의 어울림'만 적어도 정답으로 인정됩니다.

2) 정답

① 레, 파#, 라
② 피아노, 바이올린, 비올라, 첼로, 콘트라베이스

해설 ①

(2) '멜로디언 반주에 맞추어 노래 부르기' 악보 일부

(2)의 악보는 사장조의 악보로, '솔'음을 으뜸음으로 하는 곡입니다. 알맞은 화음을 찾으려면 먼저 해당하는 부분의 계이름을 찾고, 알맞은 화음을 찾으면 됩니다. 문제에서 고정도법 계이름으로 답을 적으라 하였으므로 마지막에 사장조의 계이름에서 고정도법으로 계이름을 바꿔주면 됩니다. 먼저 ㉠ 부분의 계이름은 '솔솔레도시라솔'입니다. 으뜸 화음 '도미솔', 버금딸림화음 '파라도', 딸림화음 '솔시레' 중 적합한 화음을 찾을 때에는 계이름을 보고 겹쳐지는 계이름이 가장 많은 화음을 고르면 됩니다. 따라서 딸림화음이 가장 적합합니다. 사장조에서 딸림화음을 고정도법으로 찾으면 '솔'은 '레', '시'는 '파', '레'는 '라'가 됩니다. 이때 고정도법에서는 올림이

나 내림 표시를 꼭 해줘야 하므로, '파'음에 '#' 또는 '샵'을 적어주어야 합니다. 따라서 답은 '레, 파#, 라'입니다.

해설 ②

피아노 5중주 제4악장 '송어'
슈베르트가 작곡한 5악장으로 구성된 작품으로 피아노, 바이올린, 비올라, 첼로, 더블베이스(콘트라베이스) 5중주 편성이다.

[천재교육(양) 6 지도서 2. 음악의 아름다움을 느껴요]

슈베르트의 '송어'는 피아노 5중주로 연주하는 악곡입니다. 피아노 5중주는 보통 피아노, 바이올린 2대, 비올라, 첼로로 구성되지만 송어는 독특하게 바이올린이 1대이고 더블베이스(콘트라베이스)가 추가됩니다.

3) 정답

① 천년만세
② 타령 장단

해설

천년만세
천년만세는 가야금, 거문고를 중심으로 대금, 세피리, 해금, 장구, 양금, 단소 등이 연주하는 음악이다. '양청도드리'는 모음곡인 '천년만세' 중 두 번째 곡에 해당한다.

[천재교육(양) 6 지도서 2. 음악의 아름다움을 느껴요]

〈활동 자료〉 (1)에서 악기의 구성을 살펴보면 줄풍류의 악기 편성임을 알 수 있습니다. 줄풍류는 조선 후기, 현악기인 가야금과 거문고를 중심으로 편성된 음악의 형태를 말합니다. 악기 편성은 가야금, 거문고, 대금, 세피리, 해금, 양금, 단소, 장구로 합니다. 줄풍류에 해당하는 음악에는 대표적으로 영산회상, 천년만세 등이 있습니다. 천년만세는 계면가락도드리, 양청도드리, 우조가락도드리 세 개의 도드리로 이루어져 있는데, 타령장단을 바탕으로 연주됩니다.

한줄조언

최근 음악과에서 〈초등학교 음악 요소 및 개념 체계표〉와 관련된 문제가 계속 출제되고 있습니다. 교육과정이 개정되면서 학생들이 초등 음악에서 배워야 할 필수적인 요소와 개념들이 무엇인지 더욱 중요해졌다고 생각할 수 있겠죠. 교육과정에서 이렇게까지 중요하게 다뤘으니, 내년이나 내후년에는 각론으로 심화될 여지가 충분하겠죠? 체계표에 나와있는 음악 요소, 개념에 대한 내용을 더 꼼꼼하게 살펴봐야 할 필요가 있을 것입니다. 기출문제 분석이 중요한 이유가 여기에 있답니다! 문제 출제 경향뿐만 아니라, 앞으로 어떻게 출제될지도 스스로 예상할 수 있고 이에 맞게 공부의 방향성을 찾을 수 있어요.

소문항 2번같이 지엽적인 문제는 처음 만나면 당황할 수 있습니다. 만약 생각이 나지 않거나 자신이 본 내용이 아니라면, 그 문제는 포기하고 다른 문제에 집중하는 것을 추천해요. 임용고사는 100점 맞기가 목표가 아니라, 합격이 목표입니다!

2020 초등

1) 정답

음의 높고 낮음

해설

〈초등학교 음악 요소 및 개념 체계표〉

초등학교 3~4학년	초등학교 5~6학년
• 박, 박자 • 장단, 장단의 세 • 음의 길고 짧음 • 간단한 리듬꼴 • 장단꼴 • 말붙임새	• 박, 박자 • 장단, 장단의 세 • 여러 가지 리듬꼴 • 장단꼴 • 말붙임새
• 음의 높고 낮음 • 차례가기와 뛰어가기 • 시김새	• 음이름, 계이름, 율명 • 장음계, 단음계 • 여러 지역의 토리 • 시김새
• 소리의 어울림	• 주요 3화음 • 다양한 소리의 어울림
• 형식(메기고 받는 형식, ab 등)	• 형식(긴자진 형식, 시조 형식, abc, AB 등)
• 셈여림	• 셈여림의 변화
• 빠르기/한배	• 빠르기의 변화/한배의 변화
• 목소리, 물체 소리, 타악기의 음색	• 관악기, 현악기의 음색

2015 개정 교육과정에서는 〈초등학교 음악 요소 및 개념 체계표〉를 제시하고 있습니다. 가락선은 음높이를 시각적으로 보는데 유용한 지도 방법입니다.

2) 정답

① 왼손으로 왼 무릎을 친다.
② 우지진

해설

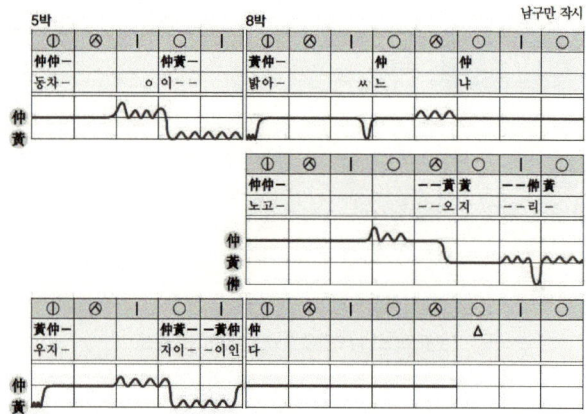

[천재교육(김) 6 지도서 2. 음악의 나래를 펼쳐요]

시조 '동창이'의 정간보를 살펴보면 5•8•8•5•8의 구조로 박자가 구성된 것을 알 수 있습니다. 이때 각 장단의 4박, 6박, 8박은 '쿵'으로 연주합니다. 시조에서 사용하는 무릎장단에서는 '쿵'을 왼손으로 왼무릎을 짚으며 연주합니다. 또한 제시문의 5박 장단에 해당하는 부분을 정간보에서 찾아보면 '우지지ㄴ-'으로 끝나는 것을 알 수 있습니다. 이를 제시문에서 찾으면 '우지진'이 됩니다.

3) 정답

① 솔라솔파미레
② 첫 번째 음은 4분음표, 1박이고 세 번째 음은 8분음표, 1/2박

해설

〈활동 자료〉 제재곡의 일부

활동 내용을 통해서 힌트를 얻어야 합니다. (1)에서 보면 리듬음절이 '타 타 티 티 티 티'라고 되어 있습니다. 이는 안에 들어갈 음이 6개임을 나타냅니다. (2)를 보면 셋째 마디부터 넷째 마디까지 음의 흐름이 차례가기로 진행하도록 하고 있습니다. 이는 마지막음이 넷째 마디의 '도'와 연결되도록 '시' 또는 '레'가 되어야 함을 나타냅니다. 다음으로 가락선을 살펴보면 두 번째 혹은 세 번째 음까지 올라가는 가락으로 진행하다가 내려가기 가락으로 진행합니다. 마지막으로 화음은 딸림 화음으로, 주요 음이 솔, 시, 레가 되어야 합니다. 마지막 음이 '레'라고 가정한다면 차례가기로 진행된다고 하였을 때, '솔라솔파미레'가 가장 자연스럽습니다. 우선 강박에 해당하는 음이 솔이므로 으뜸화음과 어울리고, 차례가기 가락과 가락선의 모습을 충족합니다. 마지막 음이 '시'라고 가정한다면 '미파미레도시'가 가장 적절한 가락이 되는데, 이 가락은 딸림 화음보다는 으뜸 화음이 더 어울리는 가락입니다. 따라서 답은 '솔라솔파미레'가 됩니다.

<표II-2> 홑박자 계에서 리듬 음절 읽기

<표II-3> 겹박자에서의 리듬 계이름 읽기

[이인애(2013), '코다이 교수법에 근거한 초등학']

코다이 리듬음절에서 '타'는 4분음표, '티'는 8분음표를 나타냅니다.

한줄조언

실제 시험장에서 시조 문제를 보는 순간 '아, 이 문제는 틀리라고 낸 문제구나'라고 생각했습니다. 시조에 대한 특징이나 장단이 무엇인지만 공부했지, 장단 자체가 어떤 구음으로 이루어지는지, 차례는 어떠한지, 정간보에서 가사가 어떻게 놓이는지는 그저 읽어보고 넘어갔기 때문이죠. 당시 대부분의 수험생이 그렇게 공부를 했고, 그로 인해 오답률이 높았던 문항이었습니다. 물론 공부를 꼼꼼히 해서 맞추면 좋겠지만 이렇게 모르는 문제를 만나도 너무 당황해하지 마세요! 내가 모르면 모든 수험생이 모른다고 생각하면 됩니다.

마지막 문항은 꽤 난이도가 높은 문항이었습니다. 화음과 가락의 진행, 리듬음절까지 고려해야 하는 문항이어서 음악적 지식을 활용하는 능력을 갖추어야 풀 수 있었습니다. 너무 꼬아서 생각하지 말고 단순하게 접근하면 쉽게 해결할 수 있어요!

2020 초특

1) 정답

① 실음 지필 평가
② 생활화

해설

5~6학년군 감상 영역 평가 방법 및 유의 사항
• 평가의 내용에 따라 실음 지필 평가, 관찰, 포트폴리오, 보고서 등 다양한 유형의 방법을 적절하게 활용한다.

음악과 내용 체계	
생활화	- 음악의 활용 - 음악을 즐기는 태도

제시문에서 교사는 실제 음악을 들려주고, 이를 이모티콘으로 표현하게 하여 평가하려 하고 있습니다. 이처럼 실제 음을 듣고 이에 대한 지식을 쓰는 평가 방법은 '실음 지필 평가'에 해당합니다.

2) 정답

음의 높고 낮음

해설

2015 개정 교육과정에서는 초등학교 음악 요소 및 개념 체계표를 제시하고 있습니다. 현재 □ 속의 숫자는 음이 높으면 숫자가 커지고, 음이 낮으면 숫자가 작아지고 있습니다. 이는 음높이, 즉 음의 높고 낮음을 나타냅니다.

2019 초등

1) 정답

①: 마, 올림사, 나
②: ㉢, ㉣

해설 ①

〈제재곡 1〉을 먼저 살펴보면, '라'음을 으뜸음으로 하는 가단조의 곡입니다. 이때 제7음을 반음 올리는 것으로 보아 가락단음계에 해당하는 것을 알 수 있습니다. 현재 ㉠은 이동도법으로 읽었을 때 '시#'이 네 번 나오는 음입니다. 따라서 '미, 솔, 시'로 이루어진 단음계의 딸림 화음이 가장 적합합니다.(고정도법) 이를 음이름으로 읽으면 '마, 사, 나'가 됩니다. 현재 이 곡은 가락단음계로 '솔'음에 반음을 올리고 있으므로 고정도법으로 나타내었을 때 반드시 이를 표시해야 합니다. 따라서 답은 '마, 올림사, 나'가 됩니다.

[천재교육(김) 5 지도서 1. 음악의 씨앗을 키워요]

해설 ②

㉢의 음은 '레라'입니다. 첫 음인 '솔'을 '태주'라고 지정하였을 때, 위에 율명 악보에서 찾아보면 원래 '파'와 연결되는 '태주'음을 1도 오른쪽으로 이동시켰음을 볼 수 있습니다.

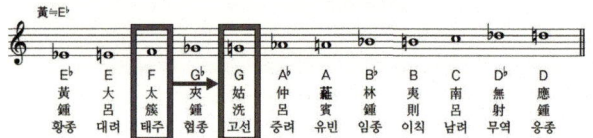

[천재교육(김) 5 지도서 1. 음악의 씨앗을 키워요]

따라서 율명을 이렇게 이동시켜놓고 읽어야 합니다. '레'음은 원래 '응종'이지만, 이동 후에는 '남려'가 되고 '라' 음은 '고선'이 됩니다. 소금에서는 '임종, 남려, 무역, 황종, 태주, 고선, 중려'의 순으로 음을 낼 수 있는데, 이때 황종부터는 정확히 말하면 청음입니다. 그래서 '라'음에 해당하는 '고선'은 '청고선'이 됩니다. 정리하면 '레, 라'는 '남려, 청고선'으로 연주해야 합니다.

2) 정답

(1) '가'음을 으뜸음으로 하는 가단조이다.
(6) ㉣을 소금으로 연주할 땐 강한 입김으로 분다.

해설

[금성출판 5 지도서 3. 자연에 물드는 음악]

(1)에서 〈제재곡 1〉은 '가'음을 으뜸음으로 하는 가단조의 곡입니다. 이때 제시문에서도 으뜸음을 음이름으로 나타내었으므로, 답을 적을 때에도 으뜸음으로 적어주는 것이 맞습니다.

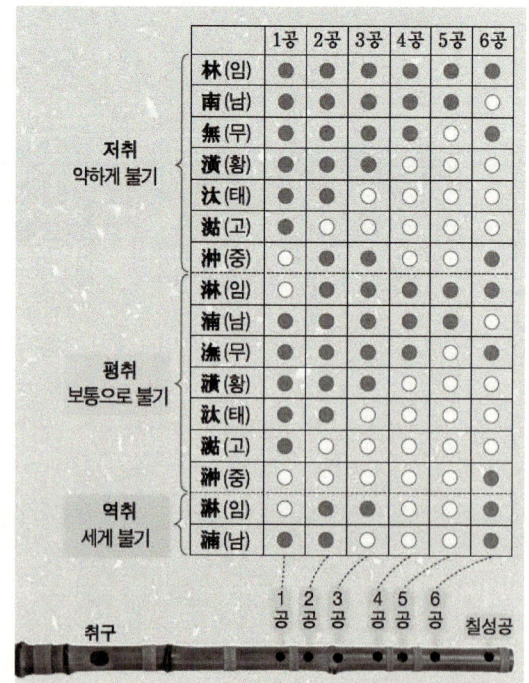

[동아출판 6 지도서 4. 음악이 가득한 세상]

(6)에서 ㉣ 음은 '높은 레'입니다. 이는 청음이 되고, 소금을 불 때 청음은 강한 입김으로 연주해야 합니다.

3) 정답

태도

해설

표현 영역 평가 방법 및 유의사항
• 노래 부르기, 악기 연주하기, 음악 만들기 등의 표현 활동은 기능, 표현, 태도 등을 고루 반영하여 평가한다.
감상 영역 평가 방법 및 유의 사항
• 음악에 관한 포괄적 이해의 정도와 태도 등을 평가한다.
생활화 영역 평가 방법 및 유의 사항
• 학교 내외의 음악 활동에 참여하는 정도, 음악에 대한 태도와 생활화의 실천 정도 등을 평가한다.

2019 초특

1) 정답

유율타악기

해설

핸드벨은 타악기이지만 가락을 표현할 수 있어 가락악기로 분류합니다. 가락을 낼 수 있는 타악기를 '유율타악기'라고 합니다.

2) 정답

① : 타 타 타 팀리 타아아
② : 같은 높이의 두 음을 붙여서 한 음같이 연주한다.

해설

ⓒ은 4분음표, 4분음표, 4분음표, 점8분음표, 16분음표, 점2분음표입니다. 코다이 리듬음절로 나타낼 때, 점8분음표와 16분음표는 특별히 '팀리'라고 부릅니다. 답은 '타 타 타 팀리 타아아'가 됩니다.

붙임줄은 높이가 같은 두 음을 한 음처럼 붙여서 소리내는 것임을 알고 리듬에 유의하여 노래 부른다.

[천재교육(김) 3~4 지도서 3. 음악으로 흥겨운 우리]

ⓒ이 가리키는 음악 기호는 '붙임줄'입니다. 붙임줄은 음높이가 같은 두 음을 한 음처럼 연주하라는 음악 기호입니다.

2018 초등

1) 정답

① : 미 파 솔 솔 도 레 미
② : 덕, 쿵, 덕, 쿵, 덕

해설 ①

[금성출판 5 지도서 1. 만남으로 열리는 마음]

◎ '사' 음으로 시작하는 음계를 들려주고 장음계를 알아본다.

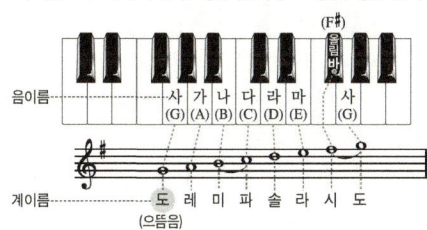

[동아출판 5 지도서 3. 음악으로 떠나는 여행]

(가)의 〈제재곡 1〉은 올림표가 하나 붙은 '사장조'의 곡입니다. 사장조는 '솔'음을 으뜸음으로 하는 장조입니다. 이를 이동도법 계이름으로 읽으면 ⓒ의 가락은 '미 파 솔 솔 도 레 미'가 됩니다.

해설 ②

[동아출판 5 지도서 1. 음악으로 여는 마음]

〈제재곡 2〉인 '고사리 꺾자'는 육자배기 토리, 자진모리 장단의 곡입니다. 기본 장단인 자진모리 장단의 구음은 '덩덕쿵덕쿵덕쿵덕' 이므로 구음을 적절하게 넣어주면 됩니다.

2) 정답

ⓐ : (2) ㉢가락에 어울리는 화음은 주요 3화음 중 딸림화음(Ⅴ)이라고 지도한다.

ⓑ : (5) ㉣에 알맞은 시김새는 굵게 떠는 소리로 표현하도록 지도한다.

해설 ①

(2) ㉢가락의 음을 이동도법으로 읽어보면 '시 시 도 레 파 미 레' 입니다. 강박에 '레'음이 있고 '시, 레'음이 많기 때문에 딸림 화음이 더 적합합니다.

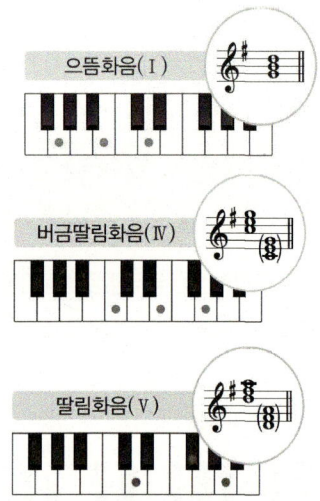

[천재교육 6 지도서 1. 음악의 미소를 키워요]

해설 ②

(5) '고사리꺾자'는 육자배기 토리의 노래로, 육자배기 토리는 '미'음에서 굵게 떠는 시김새를 내는 특징이 있습니다.

[동아출판 5 지도서 1. 음악으로 여는 마음]

3) 정답

가락선

해설

> 3~4학년군 표현 영역
> 교수·학습 방법 및 유의 사항
>
> • 가락, 시김새, 창법을 지도할 때에는 손, 가락선 악보 등을 활용하여 다양하게 표현하도록 한다.

한줄조언

음악과 출제 경향이 이제 눈에 조금은 보이지 않나요? 총 5점에서 1~2점은 교육과정, 2~5점은 각론에서 출제됩니다. 그리고 화음이나 장단을 이해하고 이를 적용하는 수능형 문제가 자주 출제되죠. 그렇기 때문에 음악 이론 공부에서는 수박 겉핥기식으로 무작정 외우는 것이 아닌, 정확하게 이해하고 이를 응용하는 연습을 하는 것이 중요합니다. 화음 문제는 조표, 악기 연주와 같이 나오게 되면 굉장히 복잡하게 나올 수 있기 때문에 이에 대한 대비를 해두는 것도 좋겠죠? 스터디를 할 때 화음 관련 문제를 한 개씩 만들어서 각자 만든 문제를 풀어보는 것도 좋은 공부 방법이 될 것입니다.

2017 초등 정답과 해설

1) 정답

ⓐ : 바순(파곳), ⓑ : 플루트

해설

피터

- 느낌과 떠오르는 장면은? (경쾌하고 신난다, 피터가 재미있게 노는 장면이 떠오른다 등)

새

- 느낌과 떠오르는 장면은? (새가 가볍게 움직이며 날아다니는 모습이 떠오른다.)

할아버지

– 느낌과 떠오르는 장면은? (낮은 소리로 할아버지의 근엄함을 표현했다, 누가 혼나는 것 같은 느낌이 든다 등)

늑대

– 느낌과 떠오르는 장면은? (점차 셈여림이 커지고 빨라져서 긴장감이 느껴지고 무섭다.)

사냥꾼

[동아출판 4 지도서 1. 음악이 좋아요]

'피터와 늑대'는 러시아의 작곡가 프로코피예프가 작곡한 표제음악입니다. 각 악곡은 '피터와 늑대' 이야기에 나오는 등장인물을 표현하며, 인물의 특성 악기와 멜로디로 표현한 것이 특징입니다. [악보 1]의 할아버지는 중후한 느낌의 '바순'으로 연주하였습니다. [악보 2]의 새는 발랄하고 지저귀는 느낌을 '플루트'로 연주하였습니다.

2) 정답

ⓑ, 스타카토가 있는 음을 하나하나 짧게 끊어서 표현하기

해설

💜 스타카토와 당김음 리듬에 유의하며 경쾌하게 노래를 불러 봅시다.

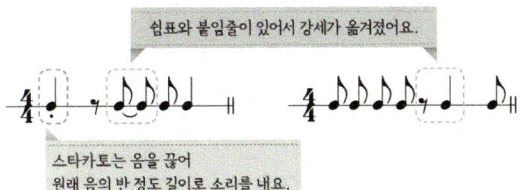

[금성출판 5 지도서 3. 나누며 풍성한 마음]

'"넌 할 수 있어"라고 말해주세요'는 사장조, 4/4박자의 동요입니다. ⓐ에서부터 차례로 살펴보면, 한 마디 안에 4박자가 들어가 있는 것으로부터 4/4박자임을 알 수 있습니다. ⓑ에 있는 기호는 악센트가 아니라 '스타카토'입니다. 스타카토는 해당 음길이의 1/2만큼 짧게 연주하는 것이 특징입니다. 따라서 ⓑ를 스타카토의 설명으로 알맞게 수정하면 됩니다. ⓒ는 붙임줄로, 뒷 음을 앞 음에 붙여 함께 연주합니다. ⓓ는 붙임줄에 의해 앞 음의 리듬이 길어져 당김음이 되었음을 알 수 있습니다.

3) 정답

①: ㉢, 조상의 문덕을 기리는 것은 '보태평'이다.

②: 숨표

해설 ①

감상곡 '종묘제례악'은 조선시대 세종이 지은 악곡입니다. '아리랑'은 우리나라의 대표적인 민요입니다. 각 악곡의 특징을 바탕으로 차례대로 살펴보겠습니다. 종묘제례악은 노래와 춤, 악기 연주가 어우러지는 종합 예술로 각각 부르는 명칭이 있습니다. 노래는 '악장', 춤은 '일무', 악기연주는 '기악'이라고 합니다. 종묘제례악은 만들어질 당시 궁중 잔치용으로 만들어졌으나 세조 때 일부 악곡을 줄이거나 고쳐서 제례 음악으로 만들었습니다. 종묘 제례악은 크게 두 가지로 나뉘는데, 왕의 문덕을 기리는 '보태평'과 무공을 기리는 '정대업'이 그것입니다. '아리랑'과 '종묘제례악'은 유네스코에 각각 2012년, 2001년에 인류 무형 문화유산으로 지정되었습니다. 따라서 ㉢의 '보허자'를 '보태평'으로 수정하면 됩니다.

해설 ②

정간보

조선 시대 세종 대왕이 음의 시가를 알 수 있게 창안한 유량악보이다. '우물 정(井)' 자 모양으로 칸을 만들어 한 칸을 한 박으로 쳐서 음의 시가를 표시하고, 그 안에 율명의 첫 글자를 넣어 음의 높이를 표시한다.

한 정간에 율명이 하나 있으면 1박이 되고, 한 정간에 율명이 있고 그다음 정간이 빈칸이면 그 음은 2박이 된다. 즉 빈 정간은 앞의 음의 연장을 나타낸다.

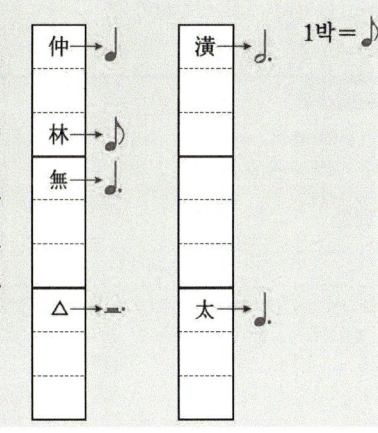

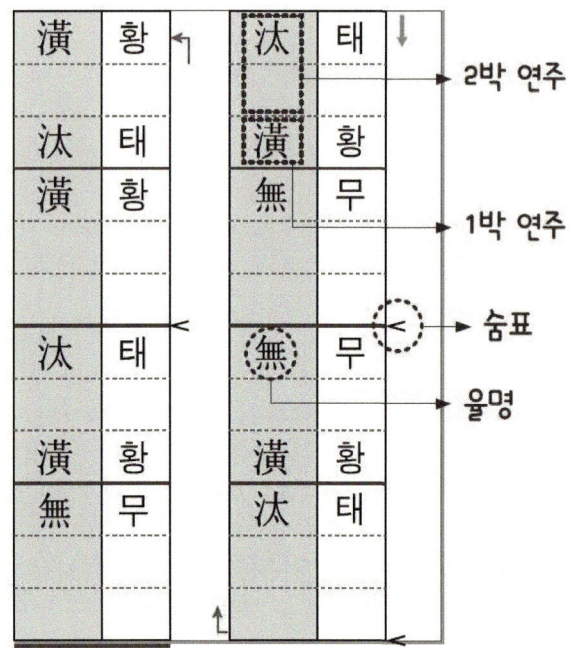

[동아출판 5 지도서 1. 음악으로 여는 마음]

정간보에서는 △, 〉의 기호를 찾아볼 수 있습니다. 〉는 숨표로, 악곡의 박자에 영향을 주지 않을 정도로 짧게 숨을 쉬는 것을 의미합니다.

4) 정답

우리 음악의 가치 인식하기

유4) 정답

(연구)보고서

해설

보고서 평가(연구 보고서)
보고서 평가는 보고서를 대상으로 평가하는 것이며, 음악과에서는 '음악 감상 보고서', '음악 활동 보고서', '음악가 조사 보고서' 등에 대해 평가한다. ⋯(중략)⋯ 보고서 평가는 개인이나 모둠의 활동을 체계적으로 정리한 자료를 평가하는 것이므로 음악 활동에 대한 역사적 기록물이라는 점에서 의미 있는 평가라고 할 수 있다.

[음악(천재교육(양)) 지도서 총론 3-3. 음악과 평가]

제시문에 나온 것은 학생들이 전통 음악에 대해 조사하여 작성한 보고서입니다. 이와 같이 학생들이 작성한 보고서를 바탕으로 하는 과정중심평가의 일종을 '연구보고서(또는 보고서)'라고 합니다. '2015 개정 음악과 교육과정에 근거하여'라는 문구가 있으므로 이에 근거하여 정확한 명칭을 적어주면 됩니다.

한줄 조언

소문항 1번과 같은 문제는 아주 지엽적인 문제인데요, 당시에도 많은 수험생들이 틀렸던 문제입니다. 사실 이런 문제는 모두가 같이 틀리는 문제이기 때문에 틀렸다고 해서 그렇게 타격이 크지는 않답니다! 평소에 음악에 관심이 많거나 지도서에서 우연히 발견했던 것을 맞추는 경우가 대부분이에요. 시험장에서 이런 지엽적인 문제가 나왔는데 모른다고 당황하시면 안 됩니다. 이런 문제는 모르면 쿨하게 넘기고 맞힐 수 있는 문제를 맞히시는 것이 더 좋습니다.

2016 초등·초특 공통

정답과 해설

1) 정답

ⓛ : 오스티나토   ⓒ : 트레몰로(잔결 소리내기)

해설 ⓛ

오스티나토
- 오르프 교수법 중 하나 - 짧은 구절을 반복하여 음악을 익히는 지도법

[음악(천재교육(양)) 지도서 총론 3-1. 음악과 교수법]

'특정한 리듬꼴을 반복하여 연주하라는 뜻'은 음악 이론에서 '오스티나토'라고 합니다. 따라서 ⓛ의 답은 오스티나토가 됩니다. (리듬 오스티나토도 정답이 됩니다.)

해설 ⓒ

● 트레몰로 주법(♩)을 익혀 연주한다.

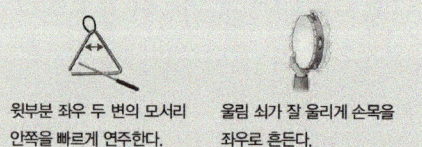

윗부분 좌우 두 변의 모서리 안쪽을 빠르게 연주한다.   울림 쇠가 잘 울리게 손목을 좌우로 흔든다.

[동아출판 5 지도서 1. 음악으로 여는 마음]

리듬악보에 나와 있는 기호는 '트레몰로' 기호로, 탬버린 같은 악기를 잘게 흔들거나 피아노, 실로폰 등의 악기에서 음을 잘게 떨듯이 내는 기법을 말합니다. 따라서 정답은 '트레몰로'가 됩니다.

2) 정답

① : 창부타령토리(경토리)의 특징을 이해하며 노래 부르기
② : 메기고 받는 형식으로 노래 부르기

해설

[동아출판 6 지도서 2. 음악으로 만드는 어울림]

〈악보2〉의 노래는 '늴리리야'입니다. 늴리리야는 경기도 민요로, 굿거리 장단으로 연주하는 민요입니다. 이를 토리로 이야기하면 '경토리'이므로 토리에 해당하는 '메나리 토리'를 '경토리'로 수정해야 합니다. 또한 이 노래는 메기는 소리와 받는 소리로 이루어진 '메기고 받는 형식'이고, '긴자진 형식'에는 해당하지 않습니다. 따라서 '긴자진 형식'을 '메기고 받는 형식'으로 수정해야 합니다.

3) 정답

바른 자세와 주법으로 악기를 연주할 수 있다.

해설

해당 성취기준은 2009 개정 교육과정에서 2015 개정 교육과정으로 그대로 넘어온 성취기준입니다. 두 활동 모두 악기를 바르게 연주하는 것과 관련이 있으니 해당 성취기준을 찾으면 됩니다.

> **한줄조언**
>
> 악보에 쓰이는 기호나 교육 용어 등은 학생들을 가르칠 때에도 쓰이는 표현입니다. 기본적인 악보 해독력은 필수겠죠?
>
> 소문항 2번과 같은 문제를 통해서 알 수 있는 것은, 초등 교과서에 나오는 각 국악곡들은 그 특징, 장단, 지역 등을 정확하고 자세하게 알아야 한다는 것입니다. 시간 날 때마다 틈틈이 악보를 보거나 노래를 듣는 등의 방법을 사용해서 악곡의 특징을 정확히 외워 두도록 하세요!

2015 초등 정답과 해설

1) 정답

- [B]에 들어갈 8분쉼표 부분에서 손 들어 올리기
- [C] 부분의 뛰어가기 가락선을 손으로 나타내기

해설

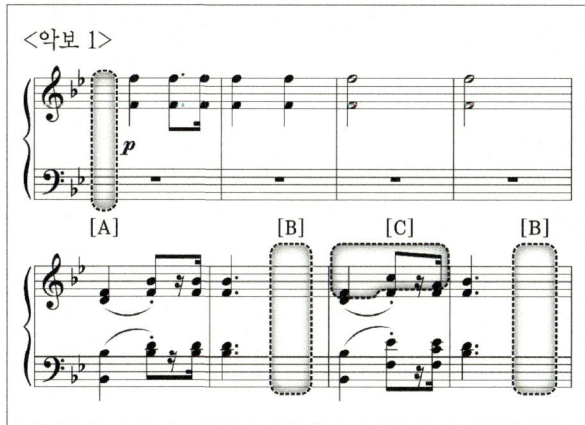

본 악곡은 바그너의 '결혼행진곡'입니다. 악곡의 처음 시작 부분에 'p'가 있는 것으로부터 '여리게' 시작해야 함을 알 수 있습니다. 한 마디 안에 있는 박을 살펴보면 총 2박이 들어가 있습니다. 따라서 본 악곡은 2/4박자입니다. [B]에 들어갈 쉼표는 한 마디 안에 있는 음표의 박자를 보고 유추할 수 있습니다. 해당 마디에는 점4분음표가 있으며, 이는 1박자 반에 해당합니다. 따라서 [B]에는 반박자의 쉼표인 8분쉼표가 들어가야 합니다. 5~6마디와 7~8마디에서는 가락꼴은 다르지만 리듬꼴은 동일한 것을 볼 수 있습니다. 마지막으로 [C]의 부분은 음이 2도 이상 도약하는 뛰어가기 가락의 모습을 보이고 있습니다. 따라서 '차례가기'를 '뛰어가기'라고 수정해야 합니다.

2) 정답

ⓐ : 12박, ⓑ : 4박, ⓒ : 구음, ⓓ : 부호(기호)

해설

〈악보2〉는 '대취타'의 악보입니다. 그리고 〈악보3〉은 '삼채장단'의 악보입니다. '대취타'는 12박, '삼채장단'은 4박으로 구성된 악곡입니다. 따라서 기본박에는 각각 12박, 4박이 정답이 됩니다.

다음으로 기보 방식을 살펴보면 먼저 〈악보2〉에는 대취타에 사용되는 각 악기의 소리를 입으로 흉내내어 적은 말, 즉 구음을 기보한 것을 알 수 있습니다. 반면 〈악보3〉에는 장구 장단의 기호를 기보하였습니다. 따라서 기보 방식에는 각각 '구음', '기호(또는 부호)'가 정답이 됩니다.

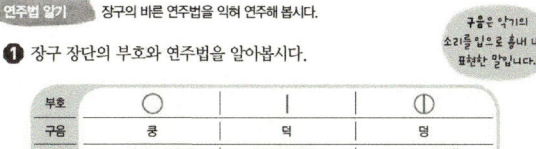

[동아출판 3 지도서 2. 음악을 만나요]

3) 정답
행진곡을 듣고 음악의 쓰임에 대해 이야기 할 수 있다.

유3) 정답
음악과 행사

해설

내용 체계		
생활화	• (　　) • 음악을 즐기는 태도	내용 요소	
		음악과 행사	음악과 행사
		음악과 놀이	(　　)
		(　　)	국악과 문화 유산

★ 빈칸은 스스로 채워봅시다.

(가)의 성취기준은 음악을 활용하여 행사에 참여하는 내용과 관련 있는 성취기준입니다. 또한 학습 활동도 행사와 관련된 것들로 볼 수 있습니다. 이에 해당하는 내용 요소를 2015 개정 음악과 교육 과정 내용 체계표에서 찾으면 '음악과 행사'가 정답이 됩니다.

> **한줄조언**
> 음악과에서 가장 많이 나오는 유형인 틀린 부분을 찾아 수정하는 문제입니다. 음악 이론의 전체적인 내용을 숙지하고 있어야 해결할 수 있습니다. 음악은 기본적인 이론을 잘 알고만 있어도 절반 이상은 맞출 수 있으니 음악 이론 공부를 충실히 해두세요!
> 감상곡을 공부할 때에는 각 곡의 특징을 중심으로 외우고 곁가지를 공부하면 됩니다. 국악 감상곡의 경우 기본박, 사용되는 악기, 유래 등이 시험에 나올 수 있으므로 이를 중심으로 공부해주세요!

2015 초특 · 정답과 해설

2) 정답
ⓐ : 메기고 받는 형식
ⓑ : 자진모리 장단

해설

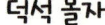

[천재교육(김) 3~4 지도서 4. 음악으로 행복한 세상]

전래 동요에서 '형식'은 메기고 받는 형식이나 주고 받는 형식 등이 있습니다. '덕석몰자'는 메기는 소리와 받는 소리가 번갈아 나오는 메기고 받는 형식입니다. 장단에는 '덕석몰자'의 장구 장단인 '자진모리 장단'이 정답이 됩니다.

2014 초등 · 정답과 해설

1) 정답
제재곡 (가)를 부르는 모습을 동영상으로 찍어 학급 홈페이지에 업로드한다. / 제재곡 (가)를 리코더(단소)로 연주하는 것을 녹음하여 학급 홈페이지의 배경음악으로 사용한다. 등

유1) 정답
음악을 활용하여 가정, 학교, 사회 등의 행사에 참여하고 느낌을 발표한다.

해설

> (3) 생활화
> [6음03-01] 음악을 활용하여 가정, 학교, 사회 등의 행사에 참여하고 느낌을 발표한다.
> [6음03-02] (　　　　　　　　　　　　　　)
> [6음03-03] 우리 지역에 전승되어 오는 (　　　　　　　　　　).

★ 빈칸은 스스로 채워봅시다.

해당 수업 장면은 리코더와 단소 연주를 바탕으로 학예회를 개최하는 것입니다. 따라서 행사와 관련이 있으므로, [6음03-01]성취기준에 해당합니다.

2) 정답
• 음이름 : (다 바) 가 가 내림나 가 사 바
• 계이름 : (솔 도) 미 미 파 미 레 도
• 음이름 사용의 장점: 음이름은 조가 바뀌어도 명칭이 달라지지 않으므로 조표에 상관없이 리코더를 연주할 수 있다.

해설

위 악곡은 동요 '내가 제일 좋아하는 말'의 한 부분입니다. 조표를 살펴보면 ♭이 하나 붙어있는 '바장조'의 곡임을 알 수 있습니다.

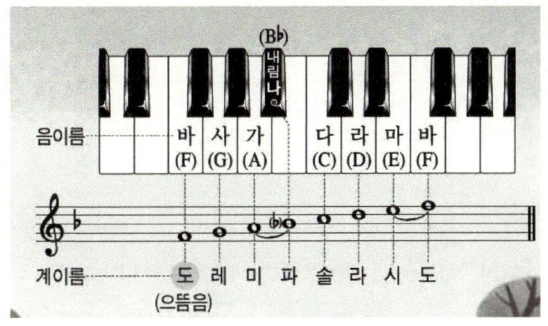

[동아출판 6 지도서 2. 음악으로 만드는 어울림]

각각의 '음이름'과 '계이름'을 적는 것이므로 바장조에 맞는 음을 적어주면 됩니다. 이때 주의할 것은 '음이름'은 고정도법에 맞게 적어야 하고, '계이름'은 이동도법에 맞게 적어야 한다는 점입니다. 또한 고정도법으로 음이름을 적을 때 반드시 조표가 붙은 '바'음은 '내림 바'라고 적어주어야 합니다.

다음으로 장점에서는, 음이름 사용의 장점은 음이름은 이동도법에 의해 음의 자리가 이동하지 않기 때문에, 악기를 연주할 때 용이하다는 것입니다. 악기를 연주할 때에는 조표에 상관없이 음에 따른 연주 방식이 같기 때문입니다.

3) 정답

- ⓒ의 명칭 : 쉼표
- 장단 :

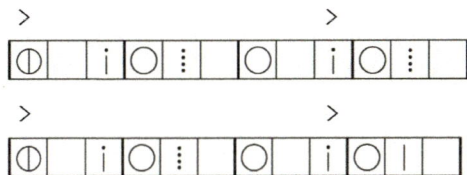

해설

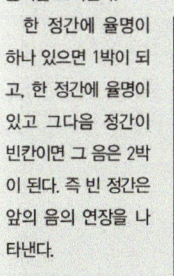

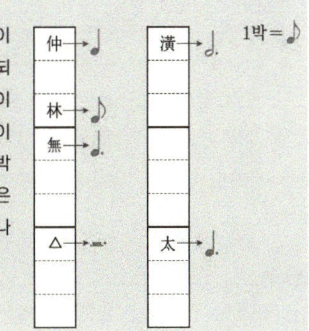

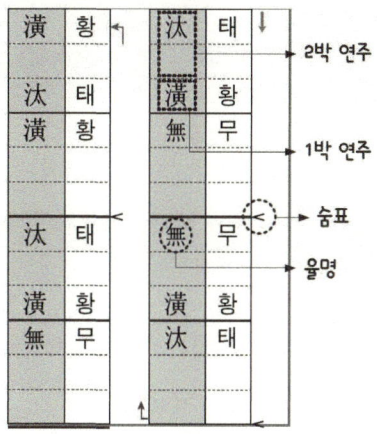

[동아출판 5 지도서 1. 음악으로 여는 마음]

정간보에서는 △, 〉의 기호를 찾아볼 수 있습니다. 〉는 숨표로, 악곡의 박자에 영향을 주지 않을 정도로 짧게 숨을 쉬는 것을 의미합니다. 반면 △는 해당 박자만큼 쉬어주는 쉼표를 의미합니다.

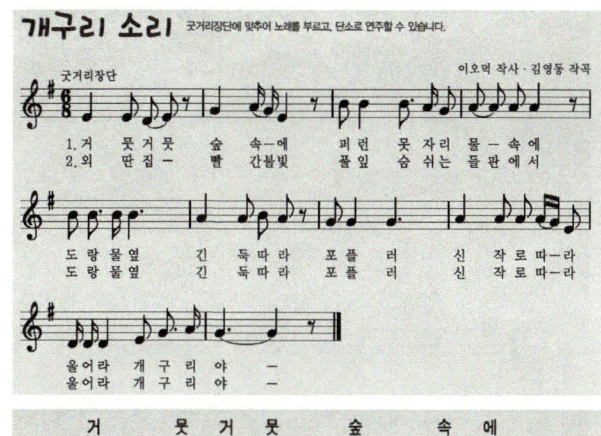

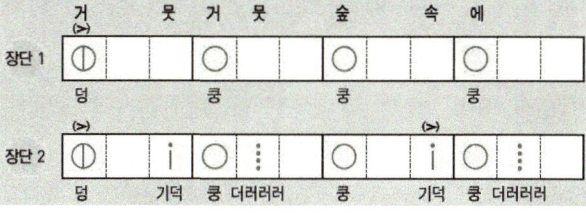

[동아출판 6 지도서 1. 음악으로 하나되는 우리]

다음은 장구 반주의 기호를 채우는 문제입니다. 해당 악곡 '개구리 소리'는 굿거리 장단이므로, 굿거리 장단의 기호를 채우면 됩니다. 또한 굿거리 장단의 세는 1박과 9박에 있으므로 각각의 정간 위에 세 표시를 해주어야 합니다.

한 줄 조언

1번 소문항에 나온 음악 이론에서 '이동도법'과 '고정도법'의 이해는 기본입니다. 생각보다 깊은 이해를 요구하기 때문에 꼼꼼히 공부하시고, 각각의 상황에서 음이름과 계이름 읽기는 가장 기본이기 때문에 꼭 익혀두세요!

정간보 읽는 법, 장구 반주 채우기는 모두 학생들에게 가르치는 내용이기 때문에 꼭 알아야 할 내용입니다. 각각의 기호는 헷갈리기 쉽기 때문에 정확히 알아두셔야 해요! 또한 앞에서도 강조했듯이 각 민요의 장단과 어느 지역의 민요인지는 꼭 숙지하세요!

음악과에서 성취기준 문제는 단골 문제입니다. 성취기준 문제가 나오면 해당 영역에 해당하는 성취기준을 전부 떠올린 후, 문제에 적합하지 않은 성취기준부터 지워나간 후 마지막에 남는 것을 정답으로 선택하면 실수를 줄일 수 있습니다.

2013 초등

1) 정답

㉠, 원곡을 듣고 5음 가락 따라 부르기
㉣, (나)의 출처인 아프리카 음악을 감상한 후 느낀 점 이야기하기

해설

일본 동요 '벚꽃'은 도, 미, 파, 라, 시 총 5음으로 이루어진 동요입니다. 아프리카의 동요 '잠보'는 붙임줄에 의한 당김음이 특징입니다.

2) 정답

딸림(Ⅴ), 건반 번호 : 2, 5, 7

해설

본 곡 '잠보'는 #이 하나가 붙은 '사장조'의 곡입니다. 사장조의 으뜸음은 '솔'로, (A)부분의 계이름을 읽으면 '레시레도'입니다. 계이름을 바탕으로 어울리는 화음을 찾으면 '솔시레'로 이루어진 Ⅴ도 화음, 즉 딸림 화음이 적절한 것을 알 수 있습니다.

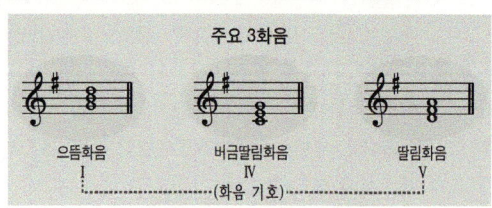

[동아출판 4 지도서 4. 음악을 나누어요]

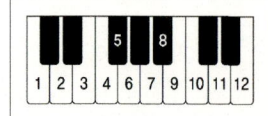

피아노에서 건반을 찾을 때 주의할 점은 화음을 찾을 때에는 이동도법으로 찾았기 때문에 피아노의 건반으로 옮길 때 고정도법으로 찾아야 한다는 것입니다. 사장조에서 '솔'은 고정도법으로는 '레', '시'는 '파', '레'는 '라'입니다. 이때 '파'는 사장조에서 조표가 붙은 음이기 때문에 파#으로 연주해야 합니다. 따라서 알맞은 건반 기호를 고르면 2, 5, 7번이 됩니다. (5, 7, 11도 정답처리가 될 수 있습니다.

3) 정답

'조'의 이름 : 육자배기조
'시김새'의 특징 : '미'는 굵게 떨고, '라'는 평으로 내고, '시'는 '도'에서 꺾어서 냅니다.

해설

[동아출판 3 지도서 3. 음악과 함께해요]

[천재교육(김) 5 지도서 3. 음악의 기쁨을 품어요]

(다) 곡과 (라) 곡은 각각 '개고리 개골청'과 '둥당애 타령'입니다. 두 곡 모두 전라도 민요인 육자배기 토리에 해당합니다.

> **한줄 조언**
> 음악은 최근에는 백악보와 관련된 문제를 지양하는 추세입니다. 하지만 각 악곡의 특징은 악곡을 보자마자 떠오를 정도로 정확히 익히고 있어야 합니다! 음악은 거의 대부분이 악곡을 보여주고 잘못 서술된 특징을 수정하는 형식의 문제가 출제되기 때문입니다.
> 화음 문제는 음악에서 가장 난이도가 있는 문제 유형입니다. 특히 위와 같은 문제는 이동도법과 고정도법, 화음, 조성과 피아노 연주

법 모두를 알고 있어야 하기 때문에 난이도가 매우 높은 문제에 해당합니다. 위와 같은 문제는 시험지에 이동도법 계이름과 고정도법 계이름을 모두 적고, 차근차근 피아노 건반을 찾으면 실수 없이 해결할 수 있습니다.

음악에서 각 지역별 민요의 종류와 이름, 구성음과 시김새의 특징은 기본으로 알고 있어야 합니다. 또한 어떤 장단인지도 익혀 놓아야 해요! 민요같은 경우는 비슷한 노래가 많아서 헷갈리는 경우가 많으니 수시로 들으면서 귀와 몸에 익혀두시길 바랍니다.

빠른 <사회> 정답표

백문이 불여일견 설명이 친절한 기출

2023학년도 기출

1-1	상대적 위치
1-2	① : 적도 ② : 뉴욕은 북아메리카 대륙에 있으며, 대서양과 인접해있다.
1-3	① : 가설 설정 ② : 국가의 지리적 특성에 따라 생활 방식이 달라진다.
2-1	사회 변화
2-2	① : 기능 ② : 정보 격차로 인한 불평등의 문제가 나타난다.
2-3	무인 운영의 정의는 무엇인가?

2022학년도 기출

1-1	① 인간의 사고와 행동, 문화 등은 기후라는 자연적 조건에 의해 결정되는 것이다. ② 기후는 가능성을 제공할 뿐, 인간의 생활양식은 인간이 자유 의지에 따라 자연을 어떻게 이용하는지에 따라 결정되는 것이다.
1-2	위도가 낮은 곳부터 열대 기후, 온대 기후, 냉대 기후, 한대 기후로 나뉜다. / 위도가 높은 곳부터 한대 기후, 냉대 기후, 온대 기후, 열대 기후로 나뉜다.
1-3	① 속성 정보 ② 공정 무역
2-1	사료의 신뢰성을 검토한다.
2-2	우리나라 최초의 근대적 조약은 강화도 조약으로, 갑신정변 이전에 이미 체결되었기 때문이다.
2-3	① 연표 ② 감정이입

2021학년도 기출

1-1	① 인구 집중 ② 행정 기능
1-2	교통이 발달하면서 생활권이 확대되고 시간 거리가 줄어들었다.
2-1	① 환자가 병원에서 치료 받는 것 ② 생산의 결정적인 속성은 '재화나 서비스를 만들어내는 것'인데 '환자가 병원에서 치료받는 것'은 '재화와 서비스를 일정한 대가를 지불하고 사용하는 것'이므로 생산의 비예가 됩니다.
2-2	동위 (개념)
2-3	① 특징(속성)이 모호하여 개념 이해가 어려운 경우에 적절한 예를 통해 개념 이해도를 높일 수 있다. ② 가치·태도 (영역)

2020학년도 기출

1-1	장소감
1-2	환경확대법의 탄력적 적용 / 탄력적 환경확대법
1-3	① ⓒ ② 학교에서 북쪽으로 3km 간 뒤, 동쪽으로 1km 가면 있습니다.
2-1	반성적 탐구 모형 / 반성적 탐구로서의 사회과
2-2	① 공정한 재판을 위한 제도 ② 심급제도
2-3	ⓐ 탄핵소추권 / 국정감사권 ⓑ 법률안 거부권

2019학년도 기출

1-1	2026년, 만 65세 이상의 고령 인구가 총 인구의 20% 이상이 된다.
1-2	인구가 고령화되면 실버산업이 성장할 것이다.
1-3	일반화
2-1	백지도
2-2	독도는 우리나라 영토의 동쪽 끝, 극동에 해당하는 섬이며 썰물일 때의 해안선을 기준으로 하는 '통상기선'으로 영해를 설정한다.
2-3	오세아니아

2019학년도 초특 기출

1-1	백화점과 대형마트는 공익을 위한 일을 하지 않기 때문이다./ 백화점과 대형마트는 국가가 세우거나 관리하지 않기 때문이다.
1-2	국회
1-3	주제 중심의 통합적 구성

2018학년도 기출

1-1	우리 경제의 성장
1-2	① : 의사 결정 학습 모형 ② : ㉠ 사실, ㉡ 가치
1-3	실천(실행, 실천적 행위)
유 1-1	문제해결력 및 의사결정력
유 1-2	의사 결정 도표(의사 결정 매트릭스)
유 1-3	경제적 양극화
2-1	① : 입체인 구 모양의 지구를 평면으로 만들어 실제 면적과 거리의 왜곡이 나타난다. ② : 지구본
2-2	① : 시대 ② : 역사교육의 목표 달성에 유용한 것이 선정되어야 하고 학생의 발달 단계에 적합하도록 재구성되어야 한다.
2-3	위도

2018학년도 초특 기출

1-1	지방 자치
1-2	사료 학습
1-3	① 지역 정체성을 형성하거나 자기 고장과 지역사회를 사랑하는 가치 및 태도를 지닌다. ② 포트폴리오

2017학년도 기출

1-1	전통문화
1-2	탐구 능력(탐구 기능)
1-3	우리나라의 국토는 북쪽과 동쪽이 높아 강이 주로 남쪽과 서쪽으로 흐르기 때문에 강의 하류인 남쪽과 서쪽에 평야가 나타난다.
유 1-1	문화유산
유 1-2	사회과학 모형(사회과학으로서의 사회과)
유 1-3	우리나라의 국토는 북쪽과 동쪽이 높아 강이 주로 남쪽과 서쪽으로 흐르기 때문에 강의 하류인 남쪽과 서쪽에 평야가 나타난다.
2-1	ⓐ: 현장학습, ⓑ: 면담(면접)
2-2	①: 법과 도덕은 사람들이 사회에서 지켜야 할 사회 규범이다. ②: 법은 국가가 강제력을 가지고 지키도록 요구한다.
2-3	헌법재판소
2-4	ⓓ: 자유권, ⓗ: 청구권

2016학년도 기출

1-1	㉠: 민주 시민(시민적 자질) ㉢: 의사 결정 능력
1-2	자원의 희소성
1-3	생산 활동의 개념을 알 수 있다.(설명할 수 있다.)
2-1	①: D＜A＜C＜B ②: 환경 확대법
2-2	방위표, 기호와 범례, 축척 (이중 2개)
2-3	W
2-4	도해력

2015학년도 기출

1-1	사회과학적 탐구 방법, 사회과학의 개념 및 일반화
1-2	1970년부터 2010년 사이에 핵가족의 비율은 증가하고 있고, 대가족(확대가족)의 비율은 감소하고 있다.
1-3	사회 변화에 따른 가족 형태의 변화 이해하기
1-4	㉢: 논쟁 문제(공공 문제) ㉣: 가치
2-1	사실적 지식
2-2	ㄴ. 강수량이란 어떤 곳에 일정 기간 동안 내린 물의 총량이다. ㄷ. 열대 우림 기후는 건기와 우기의 구분 없이 일 년 내내 비가 많이 내리는 기후이다. 또는 열대 초원(사바나) 기후란 연중 기온이 높고 건기와 우기가 뚜렷한 기후이다.
2-3	인구 분포와 지형 분포의 특징을 둘 다 기술하지만, 두 현상 간의 관계를 설명하지 못한 경우

2014학년도 기출

1-1	〈정조 실록〉과 같은 사료를 학생들의 눈높이에 맞게 쉽게 풀어 정조의 업적 중 규장각 설치 등의 왕권 강화와 관련된 다른 사료를 제시한다.
1-2	조선 후기 신분제의 변화
1-3	㉣: 허균 ㉤: 홍길동전
유 1-1	〈정조 실록〉과 같은 사료를 학생들의 눈높이에 맞게 쉽게 풀어 정조의 업적 중 규장각 설치 등의 왕권 강화와 관련된 다른 사료를 제시한다.
유 1-2	서민 문화에 나타난 사람들의 생활 모습
유 1-3	㉣: 허균, ㉤: 홍길동전
2-1	자연환경: ㉠ 지형, ㉡ 기후 지도의 요소: ㉢ 방위, ㉣ 기호
2-2	원형 모형 또는 상황 모형
2-3	㉤: 소수자의 원형을 제시한다. ⓗ: 소수자의 비례를 제시한다.
2-4	평등권
유 2-1	㉠ 공간 인식 ㉡ 방위
유 2-2	원형 모형 또는 상황 모형
유 2-3	㉤: 소수자의 원형을 제시한다. ⓗ: 소수자의 비례를 제시한다.
유 2-4	평등권

2013학년도 기출

1-1	시민성 전달 모형
1-2	학습자를 수동적으로 받아들이는 존재로 파악한다. ㉠: 비판적 사고력
1-3	내용 조직 원리: 나선형 교육과정의 원리 문제점: 나선형 교육과정은 학문적 개념이나 주제로 구성되기 때문에, 학생의 흥미를 유발하기 어렵고, 일상생활에서의 실천이나 문제 해결과 별로 관계없는 내용으로 구성될 수 있다.
2-1	탐구 학습 모형, 가설 설정
2-2	"세계 전통 가옥과 기후의 관계를 어떠한 방법으로 어떻게 조사할 수 있을까요?" / "필요한 자료에는 어떤 것이 있으며, 어떻게 수집할 수 있을까요?" / "필요한 자료의 종류와 적절한 수집 방법에는 무엇이 있을지 생각해 봅시다." 등
2-3	㉢: 기온, ㉣: 강수량

2023-01 초등

1) 정답
상대적 위치

해설

위치는 그 지역의 변하지 않는 고정적 정보를 나타내는 '절대적 위치'와 다른 지역과의 상대적 관계를 표현하는 '상대적 위치(관계적 위치)'가 있습니다. 여기서 절대적 위치는 또 어떤 지역의 위치를 대륙, 해양, 반도, 섬 등 지형지물의 관점에서 파악한 위치인 '지리적 위치'와 지구 표면상 일정 지점을 위도와 경도로 표시한 위치인 '수리적 위치'로 구분할 수 있습니다.

㉠은 다른 사물 또는 다른 장소와 관련지은 위치 표현 방식을 묻고 있으므로 '상대적 위치(관계적 위치)'가 알맞은 답입니다.

2) 정답
①: 적도
②: 뉴욕은 북아메리카 대륙에 있으며, 대서양과 인접해있다.

해설

세계 지도의 가로 선은 위도를 나타내는 위선으로 그 기준은 위도 0°인 '적도'이며 표현 범위는 0°~90° 입니다.

세로 선인 경선은 경도를 나타내는 경선으로 영국의 '그리니치 천문대'를 기준(본초 자오선)으로 하며 표현 범위는 0°~180°이다. 경도 15° 차이가 날 때마다 1시간의 시차가 생기는데 본초 자오선을 기준으로 동쪽으로 15°를 가면 1시간이 늦어지고, 서쪽으로 15°를 가면 1시간이 빨라진다.

그러므로 가장 시간이 빠른 것은 본초 자오선을 기준으로 가장 동쪽에 있는 서울이며 이어서 도하, 뉴욕, 로스엔젤레스 순이다. 그러므로 세 번째로 시간이 빠른 도시는 뉴욕이다. 뉴욕은 북아메리카의 동쪽에 위치하며, 동쪽으로 대서양과 접하고 있다.

3) 정답
①: 가설 설정
②: 국가의 지리적 특성에 따라 사람들의 생활 방식이 달라진다.

해설

(나)의 수업 모형은 '탐구 학습 모형'으로 법칙성이 강한 이론이나 일반화를 도출할 수 있는 주제를 다루기 적합한 모형이다.

'탐구 학습 모형'의 단계
탐구 문제 파악 ▷ 가설 설정 ▷ 탐색 ▷ 정보 수집 및 처리 ▷ 결론 및 일반화

㉢에 들어갈 단계명은 '가설 설정'이다.

본 수업에서는 각 국가의 위치에 따른 전통 음식, 전통 가옥, 도시 입지 즉, 생활 방식의 차이를 비교하고 있으므로 이를 정리하여 답안을 적으면 된다.

2023-02 초등

1) 정답
사회 변화

해설

저출산, 고령화, 정보화, 세계화 등은 사회 변화의 예시이므로 쉽게 답안을 적을 수 있다.

2) 정답
①: 기능
②: 정보 격차로 인한 불평등의 문제가 나타난다.

해설

초등 사회과의 3가지 목표 영역은 지식, 기능, 태도이며 김 교사는 '자료를 분석하고 활용하는 능력'을 습득하게 하는 데 초점을 두겠다고 했으므로 이는 '기능'에 속합니다.

주어진 자료는 공통적으로 정보 격차 또는 정보 소외가 나타남을 보여주고 있습니다. 그러므로 '정보 격차로 인한 불평등의 문제가 나타난다.'와 같이 답안을 구성하면 됩니다.

3) 정답
무인 운영의 정의는 무엇인가?

해설

주어진 수업 모형은 '논쟁 문제 학습 모형'입니다. '개념의 명확화' 단계에서는 논쟁 문제와 관련된 용어와 개념을 명확히 규정하는 활동이 이뤄집니다. 그러므로, 본 문제에서는 '무인 운영'의 개념을 명확히 규정할 수 있는 발문을 적어야 합니다.

2022-01 초등

1) 정답
① 인간의 사고와 행동, 문화 등은 기후라는 자연적 조건에 의해 결정되는 것이다.
② 기후는 가능성을 제공할 뿐, 인간의 생활양식은 인간이 자유 의지에 따라 자연을 어떻게 이용하는지에 따라 결정되는 것이다.

해설

기후(자연 환경)와 인간 간의 관계를 서술하는 문제로, 환경결정론(인간의 사고와 행동, 문화 등은 자연적 조건에 의해 좌우)과 환경가능론(자연 환경은 여러 가능성을 제공할 뿐, 인간은 자유의지에 따라 자연을 개발하고 이용)을 알고 있으면 쉽게 서술할 수 있는 문제였습니다. 문제에서 '기후와 인간 간의 관계'를 서술하라고 했기 때문에 답안에는 기후와 인간은 꼭 들어가야 합니다.

그 외에, 생태학적 관점의 경우 계속해서 인간과 자연환경이 서로 상호작용한다는 입장입니다. 인간이 녹지를 지나치게 베어내고 그 자리에 목축을 하였다가 사막화가 빠르게 진행되고 그로 인한 피해를 입는 것이 그 예가 될 수 있습니다. 문화결정론의 경우 문화가 인간의 자연 이용에 문화적인 요소가 크게 영향을 미친다는 입장입니다. 이에 대한 예로는, 미국 캘리포니아 지역의 농업이 문화적인 배경에 따라서 논농사, 밭농사, 지중해식 농업 등 크게 다른 양상을 보이는 것이 있습니다.

[2015 개정 사회 6-2. 1.세계 여러 나라의 자연과 문화 (2) 세계의 다양한 삶의 모습]

2) 정답

위도가 낮은 곳부터 열대 기후, 온대 기후, 냉대 기후, 한대 기후로 나뉜다. / 위도가 높은 곳부터 한대 기후, 냉대 기후, 온대 기후, 열대 기후로 나뉜다.

해설

기후에 대한 기본적인 지식이 있는 경우 쉽게 풀 수 있었던 문제였습니다. 주의할 점은 ⓒ위도를 기준으로 하여 ⓔ4가지 기후를 나열해야 하므로 반드시 위도가 낮은 순, 혹은 위도가 높은 순으로 서술해야 합니다. 쾨펜의 5가지 기후 분포 중 건조 기후에 속하는 스텝 기후(S)와 사막 기후(W)의 경우 '기온'이 기준이 아닌 '강수량'이 기준이 됩니다.

[2015 개정 사회 6-2. 1.세계 여러 나라의 자연과 문화 (2) 세계의 다양한 삶의 모습]

3) 정답

① 속성 정보
② 공정 무역

해설 ①

지리 정보에는 위치와 같은 공간정보, 지역의 특성을 나타내는 속성 정보, 주변과의 관계를 알 수 있는 관계정보가 있습니다. 이때 지형, 인구, 산업과 같은 것은 지역의 특성을 나타내는 것이므로 속성 정보라고 볼 수 있습니다.

해설 ②

'경제적으로 소외된 지역', '불평등한 세계무역과 빈곤문제'에서 공정무역에 대한 설명임을 알 수 있습니다.

[2015 개정 사회 4-2. 2.필요한 것의 생산과 교환]

> ● 공정무역
> 생산자의 노동에 정당한 대가를 지불하면서 소비자에게는 좀 더 좋은 물건을 공급하는 윤리적인 무역
> [2015 개정 사회 6-1 2. 우리나라의 경제성장]

한줄 조언

이 문제는 지리 인식 영역에서 출제된 문제입니다. 소문항 1번의 경우 교과서/ 지도서와 완벽하게 같게 쓰는 것을 요구하는 것이 아니기 때문에 정답과 비교하여 본인의 답안의 큰 의미가 같으면 정답 처리가 될 가능성이 높은 편입니다. 사회 교과의 경우 지도서를 엄청나게 탐독하지 않더라도 상식선에서 풀 수 있는 문제, 최근 사회 현상과 관련 있는 문제가 출제되는 편입니다.

2022-02 초등 — 정답과 해설

1) 정답

사료의 신뢰성을 검토한다.

해설

사료 비판
역사가는 사료를 접할 때 먼저 사료의 신뢰성을 의심하고 사료 비판을 한다. 모든 사료를 믿을 수 있는 것은 아니다. 사료에는 착오가 있을 수 있고, 거짓이 있을 수 있다. 개인적인 애증이 있을 수 있고, 지방이나 민족적 편견이 있을 수도 있다. 역사가는 사료 비판을 하며 이와 같은 사실을 발견해야 한다.

[사회 지도서 5-2 1. 옛 사람들의 삶과 문화]

사료 학습은 역사적 사실이 적혀있는 여러 사료를 학생의 이해 수준에 맞게 재구성하여 지도하는 수업 기법입니다. 이때 제시된 사료가 믿을만한지, 정확한 자료인지 그 신뢰성을 가려보는 것을 '사료 비판'이라고 합니다. [A]에 있는 세 질문은 작성한 사람, 위조 여부, 제시된 용어의 적합성 여부 등을 판단하는 질문입니다. 즉 사료가 믿을 만 한지를 판단하는 질문이죠. 따라서 ㉠의 활동은 사료의 신뢰성을 검토하는 활동이라고 볼 수 있습니다.

2) 정답

우리나라 최초의 근대적 조약은 강화도 조약으로, 갑신정변 이전에 이미 체결되었기 때문이다.

해설

1875년에 강화도 초지진에서 조선군은 허락 없이 다가오는 일본의 군함 주변에 경고의 의미로 대포를 쏘았다. 그러자 일본의 군함은 초지진을 공격하고 영종도에 상륙해 백성들을 살해했다. 일본은 이 사건을 구실로 조선에 군함을 보내 통상을 요구했다.

흥선 대원군이 물러나고 조선의 개항을 바라는 나라 안의 요구가 높아지고 있는 상황에서 일본의 압박을 받게 되자 조선은 결국 강화도에서 일본과 조약을 맺고 개항했다 (강화도 조약).

강화도 조약은 외국과 맺은 최초의 근대적 조약이지만 불평등한 조약이었다. 이 조약 이후 조선은 서양의 다른 나라들과도 조약을 맺어 교류를 시작했다.

○ 조약
나라와 나라 사이의 약속.

○ 개항
항구를 개방해 외국 배의 출입을 허가하는 것

사회과 부도 85쪽 ▲ 강화도 조약의 체결

[사회 지도서 6-1 1. 사회의 새로운 변화와 오늘날의 우리]

강화도 조약은 1875년에 체결된 조약으로, 우리나라 최초의 근대적 조약이자 불평등 조약이라는 역사적 의의를 가지고 있습니다. 갑신정변은 그로부터 몇 년 뒤인 1884년에 발생하였기 때문에 갑신정변이 강화도 조약에 영향을 주었다는 설명은 틀렸습니다.

3) 정답

① 연표
② 감정이입

해설

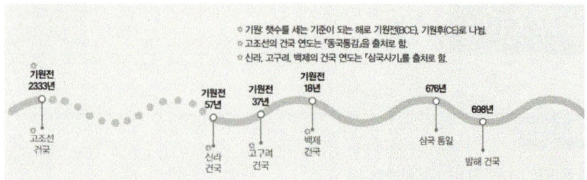

- 교과서 8~9쪽의 아래쪽에 있는 형태의 표를 무엇이라고 하나요?
  - 연표입니다.
- 연표를 보고 알 수 있는 사실을 이야기해 봅시다.
  - 과거에 어떤 나라들이 있었는지 알 수 있습니다.
  - 어떤 사건이 언제 일어났는지 알 수 있습니다.

[사회 지도서 5-2 1. 옛 사람들의 삶과 문화]

학생들이 역사적 사건들을 시간의 흐름에 따라 이해를 하기 쉽도록 제시하는 것을 '연표'라고 합니다.

> **감정 이입적 역사 이해**
>
> 역사적 행위를 이해하려면 그것이 발생한 상황에 대한 맥락적 이해와 행위자 개인의 사상이나 감정, 동기에 대한 이해라는 양면이 필요하다. 역사적 행위에 대한 이해의 이 두 가지 측면은 밀접한 관련이 있어 분리할 수 없다. 상황에 대한 객관적 지식을 바탕으로 하기 때문이다. 따라서 역사적 감정 이입은 역사적 사실이 일어난 상황에 대한 맥락적 이해를 바탕으로 하는 상상적 이해 방식이다. (후략)

[사회 지도서 6-1 2. 사회의 새로운 변화와 오늘날의 우리]

어떠한 역사적 사건, 어떤 인물의 역사적 행위를 이해할 때 단순히 해당 사건의 사실적 지식만을 다루는 것은 한계가 있습니다. 인물의 심리, 시대적 상황과 맥락이 어떻게 흘러갔으며 그로 인해 어떤 사건이 일어났는지를 자세하게 들여다보면 보다 깊은 역사적 이해를 할 수 있습니다. 이 때문에 역사 지도는 학생들이 몰입할 수 있도록, 즉 감정 이입을 할 수 있도록 이루어지는 것이 바람직합니다.

한 줄 조언

역사 문제가 나와서 많이 당황하셨죠? 임용고시에서 역사는 출제 사례를 손에 꼽을 정도로 드뭅니다. 그래서 당시 시험을 치르던 수험생분들도 가장 기억에 남는 문제로 꼽을 정도였어요. 하지만 문제를 자세히 들여다보면, 제시문에 있는 힌트들로 충분히 해결할 수 있는 문제임을 알 수 있습니다. 또한 요구하는 역사적 지식도 교사 자격증을 따기 위해 필수적으로 따야 하는 한국사 능력 검정 시험 3급 수준이면 충분히 알 수 있는 지식이에요. 이렇게 당황스러운 문제를 만나면, 먼저 심호흡을 하고 제시문에서 어떤 힌트를 얻을 수 있는지 살펴보세요. 소문항 1번의 사료 학습의 경우도 [A]의 3가지 질문을 종합하면 충분히 도출해낼 수 있는 답이었습니다.

소문항 3번이 가장 까다로운 문제였는데요, 역사 학습 자체가 초등에서는 깊이 다루어지지 않기 때문에 '역사적 감정이입'이라는 용어가 생소할 수 있었습니다. 초등에서는 이와 비슷한 학습 방법으로 '추체험학습'이 있습니다. 많은 수험생들이 이 정답을 적었고, 이 역시도 정답으로 인정된 것으로 추정되고 있습니다. 정답인지 아닌지 헷갈리면 일단 머릿속에 떠오르는 단어는 무조건 적으세요! 후에 여러분이 쓴 그 내용이 정답이 될지도 모른답니다.

2021-01 초등

정답과 해설

1) 정답

① 인구 집중
② 행정 기능

해설

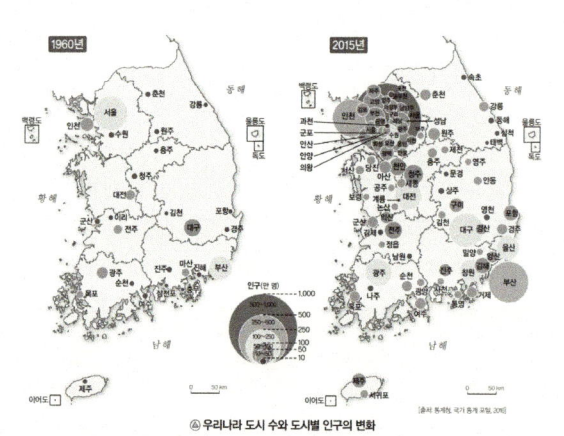

◎ 우리나라 도시 수와 도시별 인구의 변화

밤에 우리나라를 찍은 위성 사진을 보면 밝은 곳과 어두운 곳을 볼 수 있다. 이것은 인구가 어떤 것에 집중해 있다는 것을 뜻한다. 사람이 많이 모여 사는 도시는 불빛으로 밝게 빛나지만, 상대적으로 사람이 적게 사는 촌락은 어둡게 나타난다.

● **산업화와 도시화**

도시화는 도시 수의 증가, 도시 면적의 확대, 도시 주민수의 증가를 의미한다. 한국의 도시화율이 90%라고 말할 때, 도시화는 앞에서 말한 세 가지 의미에서의 양적 증가를 뜻한다.

[사회 지도서 5-1 1. 국토와 우리 생활]

[자료 1]과 [자료 2]를 살펴보면 시간이 흐를수록 한 지역으로 인구 밀집도가 높아지는 모습을 볼 수 있습니다. 이는 인구의 집중 현상 중 하나입니다. 교과서와 지도서에서는 계속해서 인구의 증가, 인구 집중 등으로 이 현상을 표현하고 있습니다. 우리나라는 서울을 비롯한 수도권을 중심으로 산업이 발달하게 되면서 인구가 집중되

었고, 그 때문에 인구의 50%가 수도권에 집중되어 있습니다. 이밖에도 '도시 주민 수의 증가'를 의미하는 '도시화'도 정답이 될 수 있습니다.

우리나라의 세종특별자치시는 정부 청사를 이전시켜 수도권의 과도한 산업, 인구 집중을 해결하기 위해 생겨난 곳입니다. 정부 청사를 옮김으로써 국가의 균형 있는 발전을 이루고자 하였습니다. 이와 관련된 기능은 '행정 기능'입니다.

2) 정답

교통이 발달하면서 생활권이 확대되고 시간 거리가 줄어들었다.

해설

> ● **생활권**
> 생활권이란 사람들이 행정 구역과는 관계없이 일상생활을 하느라고 활동하는 범위를 말한다. 생활권에서는 생산적 흐름의 통근·통학과 소비적 흐름의 쇼핑·오락과 같은 일상생활을 위한 움직임이 뚜렷하게 나타난다. 오늘날 우리나라는 고속 열차와 고속 국도의 발달로 전국이 반나절 생활권으로 접어들었으며 국토의 곳곳을 연결해 아름다운 국토 경관을 쉽고 빠르게 누릴 수 있게 되었다.
> [사회 지도서 5-1 1. 국토와 우리 생활]

먼저 ㉢은 교통 발달에 따라 통학, 통근 등 사람이 일상생활을 할 때 활동하는 범위를 뜻하는 개념입니다. 이 개념은 '생활권'입니다. 생활권은 사람들이 다양한 교통 수단을 통해 이동할 수 있는 지역을 뜻합니다.

> ● **시간 거리**
> 어떤 교통수단을 이용할 때 어느 지점에서 특정 지점까지 소요되는 시간을 말한다. 시간 거리는 크게 두 가지 변화에 따라 줄어든다. 첫째로 교통수단의 발달로 이동 속도
> [사회 지도서 5-1 1. 국토와 우리 생활]

㉣에 해당하는 개념은 '시간 거리'입니다. 시간 거리는 특정한 교통수단으로 특정한 지역 사이를 이동할 때 걸리는 시간을 뜻하는 개념입니다. 즉 교통수단이 발달할수록 같은 거리이더라도 짧은 시간 안에 갈 수 있기 때문에 시간 거리는 점점 짧아지게 됩니다. ㉢과 ㉣을 넣어서 교통 발달에 따른 변화 양상을 서술하면 교통이 발달함에 따라 사람이 활동할 수 있는 범위인 생활권은 확대되고, 같은 거리를 더 짧은 시간 안에 갈 수 있으므로 시간 거리는 줄어들게 됩니다.

> **한줄조언**
> 최근 사회과는 사회 변화 양상에 대한 문제, 이와 관련된 개념을 다루는 문제가 많이 나옵니다. 따라서 사회과 과목을 공부할 때에는 다양한 시사, 여러 가지 예시들을 참고하면서 공부를 하면 더욱 도움이 됩니다.

2021-02 초등 · 정답과 해설

1) 정답

① 환자가 병원에서 치료 받는 것
② 생산의 결정적인 속성은 '재화나 서비스를 만들어내는 것'인데 '환자가 병원에서 치료받는 것'은 '재화와 서비스를 일정한 대가를 지불하고 사용하는 것'이므로 생산의 비예가 됩니다.

해설

㉠은 결정적 속성입니다. 따라서 생산의 결정적인 속성을 고려했을 때, 환자가 병원에서 치료 받는 것은 생산의 비예입니다.

2) 정답

동위 (개념)

해설

동위 개념이란 동일한 유개념 속에 내포되어 있는 종개념 사이의 상호 간을 이르는 개념입니다. 이를테면 '생물'에서 동물과 식물, '학문'에서 인문과학과 자연과학이 그 예입니다. [표준국어대사전] 생산과 소비도 '경제 활동'이라는 유개념에 내포된 종개념들이라고 볼 수 있겠죠? '대등', '등위', '등동'처럼 수평적 관계임을 암시하는 단어도 정답으로 인정될 수 있겠으나, 가장 정확한 정답을 꼽자면 동위 개념입니다. 참고로 '경제 활동'은 '생산'의 상위 개념이며, '생산'과 '소비'는 '경제 활동'의 하위 개념입니다.

3) 정답

① 특징(속성)이 모호하여 개념 이해가 어려운 경우에 적절한 예를 통해 개념 이해도를 높일 수 있다.
② 가치·태도 (영역)

해설 ①

속성 모형과 비교하여 원형 모형이 가지는 장점은 지도서에 명확하게 명시되어 있습니다.

원형 모형
원형 모형은 특징이 모호하여 개념 이해가 어려운 경우에 적절한 예를 활용해 개념 이해도를 높일 수 있는 이점이 있다.

[사회 지도서 총론 3-2. 사회과 주요 교수·학습방법]

속성 모형의 경우 개념의 속성을 중심으로 탐구를 하지만, 개념이 추상적인 경우에는 그 속성조차도 떠올리기 어려운 경우가 있습니다. 원형모형은 그런 속성모형에 비하여 구체적인 예시를 통해 모호함을 해소할 수 있습니다.

해설 ②

사회과 학습 영역은 크게 세 가지로 나눌 수 있습니다. [지식/ 기능/ 가치·태도] (나) 지문에서 보면 **개념 학습은 인지적 수업 모형에**

해당하는 것이기 때문에 **의사 결정 학습**이나 **논쟁 문제 학습** 등과 같은 수업 모형과는 달리 (㉣) 영역을 직접 다루기 힘든 한계점이 있습니다.'라는 부분을 보면 정답을 알기 쉬워집니다.

[사회 지도서 총론 3-2. 사회과 주요 교수·학습방법]

> **한줄조언**
> 이 문제는 기본 이론(교과교육론)을 잘 숙지하고 있다면 쉽게 풀 수 있는 문제입니다. 사회 교과는 굉장히 지엽적인 각론 지식은 대체로 묻지 않으니 너무 부담 갖지 마시고 교과교육론과 모형을 탄탄하게 학습하시는 것이 중요합니다. 교과서 장면 이상의 개념 및 원리에 대한 이해가 필수적인 과학 교과와의 차이점이라고 생각합니다.

2020-01 초등 — 정답과 해설

1) 정답

장소감

해설

2015 개정 사회과 교육과정에는 다음과 같은 성취기준과 교수·학습 방법 및 유의사항이 제시되어 있습니다.

성취기준
[4사01-01] 우리 마을 또는 고장의 모습을 자유롭게 그려보고, 서로 비교하여 공통점과 차이점을 찾아 고장에 대한 서로 다른 장소감을 탐색한다.
교수·학습 방법 및 유의사항
'장소감 나누기'에서는 사람마다 장소에 대한 기억과 느낌이 서로 다르다는 점을 알도록 하면서도 공통적으로 등장하는 지형지물의 위치나 종류에도 관심을 갖도록 유도한다.

장소감(Sense of Place)은 일반적으로 장소에 대한 인간의 정서적 감정을 의미하는 것으로, 장소와 인간의 경험이 상호 작용해 형성되는 느낌을 의미합니다.

[사회 3-1 1. 우리 고장의 모습]

2) 정답

환경확대법의 탄력적 적용 / 탄력적 환경확대법

해설

제시된 수업은 3학년 대상의 수업이지만 고장의 주요 명소와 세계의 명소를 함께 살펴보는 활동을 하고 있습니다. 이는 현대 정보화 사회에서 원근의 판단 기준이 물리적 거리보다는 시간적 거리나 경험적 거리가 더 중요하게 작용할 수 있음을 고려해 환경확대법을 탄력적으로 적용한 것으로 볼 수 있습니다.

[사회 지도서 총론 2-1. 사회과의 내용 구성 원리]

3) 정답

- ⓒ
- 학교에서 북쪽으로 3km 간 뒤, 동쪽으로 1km 가면 있습니다.

해설

군청에서 터미널 방향에는 ⓐ와 ⓒ가 있습니다. 이 중 법원에서 학교 방향으로 직진하다 왼쪽에 있는 것은 ⓒ밖에 없습니다. 법원에서 학교를 바라보는 상황에서 왼쪽임을 유의해서 풀어야 합니다.

학교에서 ⓒ까지 가려면 북쪽으로 3칸 이동한 후, 동쪽으로 1칸을 가야 합니다. 축척에 따르면 지도의 한 칸인 1cm는 1km이므로 축척을 고려하여 답을 적으면 '학교에서 북쪽으로 3km, 동쪽으로 1km 가면 영미의 집이 있습니다.'가 됩니다.

> **한줄조언**
> 보통 사회과는 성취기준이나 교학방평을 외우지 않죠? 저도 수험생 시절에 따로 외우지는 않았어요. 그런데 최근 사회과 기출 문제를 보면 '성취기준에 제시된 용어'로 적으라는 조건을 제시하는 것을 볼 수 있어요. 성취기준을 외우진 않더라도 성취기준에 나오는 키워드가 무엇인지 정도는 봐두면 도움이 될 것 같아요. 출제된 용어가 어려운 내용은 아니고, 여러분이 각론 공부를 하시면서 당연히 봤을 내용들이라 성취기준을 보지 않았더라도 문제를 푸는데 어려움은 없었을 것 같습니다. 하지만, 조금 더 꼼꼼히 공부하고 싶은 학생들은 성취기준에 나오는 키워드 정도는 봐두시면 좋을 것 같아요. 어떤 교과든 공부할 때 교육과정에 중점적으로 나와 있는 각론 내용은 좀 더 자세히 공부해보시는 것을 추천 드립니다.

2020-02 초등 — 정답과 해설

1) 정답

반성적 탐구 모형 / 반성적 탐구로서의 사회과

해설

바, 바스, 셔미스(R. Barr, J. Barth & S. shermis)가 분류한 사회과 교육의 세 유형은 시민성 전달 모형, 사회과학 모형, 반성적 탐구 모형입니다.

제시된 수업은 일상생활 속의 문제 즉, 사실과 가치가 혼재되어 있는 문제와 그 해결 과정을 다루고 있으므로 '반성적 탐구 모형'에 속합니다. '문제'를 다룬다는 점에서 사회과학 모형과 겹치는 부분이 있지만, 사회과학 모형에서 다루는 문제는 가치가 배제된 과학적 문제임을 알고 구별해야 합니다.

[사회 지도서 총론 1-1. 사회과의 성격]

2) 정답

① 공정한 재판을 위한 제도
② 심급제도

해설

(나)에 제시된 내용은 모두 공정한 재판과 관련된 제도들입니다. 이에 기초하여 답안을 구성하면 됩니다. 각론의 내용을 정확히 모르더라도 제시된 내용만으로 충분히 답안을 작성할 수 있으니 당황하지 말고, 제시된 내용을 꼼꼼히 살펴 깔끔한 답변을 구성해야 합니다.

ⓒ을 칭하는 정식 명칭은 '심급 제도'입니다. 일상적으로 알고 있는 '3심제'는 심급 제도의 하위 개념입니다. 우리나라의 재판은 심급 제도에 따라 대부분 3심제로 운영되지만 2심제와 단심제로 이뤄진 재판도 있기 때문에 정확한 답은 '심급 제도'지만, '3심제'도 정답으로 인정되었습니다.

[사회 6-1 2. 우리나라의 정치 발전]

3) 정답

ⓐ 탄핵소추권 / 국정감사권
ⓑ 법률안 거부권

해설

제시된 표와 동일한 도표가 6-1 사회 지도서에도 제시되어 있습니다.

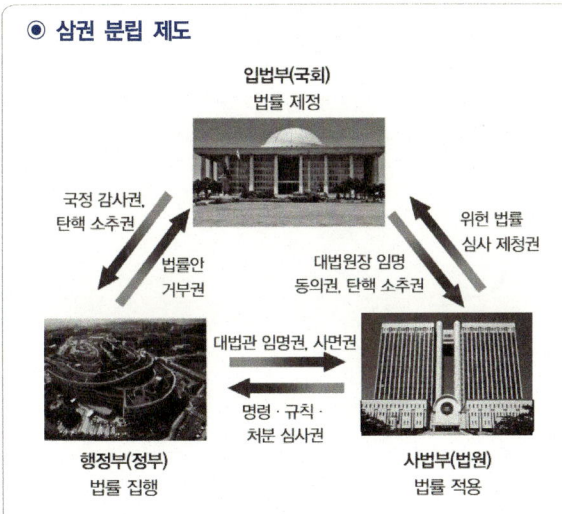

▲ 삼권 분립 제도에서의 견제와 균형

위 도표에 있는 내용은 아니지만, 국회가 정부를 견제하기 위한 '예산안 심의권'과 '국정 조사권'도 정답으로 인정되었습니다.

[사회 6-1 2. 우리나라의 정치 발전]

> **한줄 조언**
> 사회과 교육의 유형은 꾸준히 출제되는 문제입니다. 이런 문제는 틀리지 않고 꼭!! 맞혀야 해요. 보통 제시된 수업 상황을 보고 알맞은 유형을 찾아내는 형태로 문제가 출제됩니다. 각 유형들의 특징과 차이를 비교하여 정확히 알아두세요.

2019-01 초등

1) 정답

2026년, 만 65세 이상의 고령 인구가 총인구의 20% 이상이 된다.

해설

초고령 사회의 개념을 정확히 알고 있어야 풀 수 있는 문제입니다.

> **◉ 고령화 사회**
> 65세 이상 인구가 총인구에서 차지하는 비율이 7% 이상이면 고령화 사회(aging society), 14% 이상이면 고령 사회(aged society)라고 하고, 20% 이상이면 후기 고령 사회(post-aged society) 혹은 초고령 사회라고 한다.
>
> [사회 4-2 3. 사회 변화와 문화의 다양성]

먼저 제시된 도표의 인구 계층 A~C 중 65세 이상 노인 계층이 어느 것인지를 찾아야 합니다. 꾸준히 인구가 증가하는 (C)가 노인 계층임을 찾고, 이 계층이 차지하는 비율이 20%를 넘는 해를 찾아 답안을 작성하면 됩니다.

2) 정답

인구가 고령화되면 실버산업이 성장할 것이다.

해설

2015 개정 사회과 교육과정의 성취기준에서 언급하고 있는 사회 변화는 다음과 같습니다.

> [4사04-05] 사회 변화(저출산·고령화, 정보화, 세계화 등)로 나타난 일상생활의 모습을 조사하고, 그 특징을 분석한다.

이 중 자료 1에 나타난 인구 변화 현상은 '고령화'이며, 자료 2에서 말하는 노인 대상의 산업은 '실버산업'입니다. 관련 내용이 지도서에 나와 있지만 배경지식 만으로도 해결 가능한 문제였습니다.

> **◉ 저출산·고령화 대책**
> 저출산·고령화 현상에 따른 문제점을 해결하기 위해서는 아이 낳기 좋은 사회가 될 수 있도록 적절한 출산 정책을 마련하고 가정과 지방 자치 단체, 사회가 함께 육아를 책임지는 사회로 변해야 한다. 보육 시설 확충, 출산 비용 지원, 육아 휴직 확대 및 자녀 교육비 지원 등으로 자녀를 낳고 키우는 데 어려움이 없는 환경을 만들어 주어야 한다.
> 또한 고령화 사회를 대비해 평생 교육, 재취업 기회 확대, 정년 연장 등으로 노인들의 경제적 기반을 마련해 주어야 한다. 이와 더불어 건강하고 안정적인 노후 생활 보장을 위한 노인 복지 정책이나 노인 편의 시설과 실버산업 확대 등 고령화 사회에 삶의 질을 향상할 수 있는 사회 환경을 마련하는 것이 필요하다.

'고령화'와 '실버산업' 두 가지 키워드를 찾았다면 가설의 형식에 맞게 답안을 구성하면 됩니다.

[사회 4-1 3. 사회 변화와 문화의 다양성]

3) 정답

일반화

해설

이 수업에 적용된 수업 모형은 탐구학습 모형입니다. 탐구학습은 브루너 계열(과학적 탐구)과 듀이 계열(사회적 탐구)로 구분되는데 우리나라 사회과에 영향을 준 것은 사회 문제에 대한 반성적 탐구를 추구하는 듀이 계열입니다.

지도서에 소개된 마시알라스·콕스의 탐구학습의 절차는 다음과 같습니다.

마시알라스·콕스의 탐구학습
탐구 문제 파악 → 가설 설정 → 탐색 → 증거 제시 → 일반화

[사회 지도서 총론 3-2. 사회과 주요 교수·학습 방법]

한줄 조언

사회과는 '개념'이 굉장히 중요한 교과라는 것 모두 아시죠? 특히 각론 공부를 하실 때, 등장하는 각 개념들은 정확한 정의를 꼭 알아두셔야 해요. 몇몇 개념들은 아동의 이해를 돕기 위해 교과서에는 쉽게 풀어서 제시되기도 해요. 저는 교과서에 나온 정의와 지도서에 교사를 위해 제공되는 정의 모두를 따로 정리해서 외웠어요. 표로 만들어서 정리해두시고, 틈날 때 보면서 확인하면 시험에 도움이 될 거예요.

2019-02 초등   정답과 해설

1) 정답

백지도

해설

2015 개정 사회과 교육과정에는 다음의 내용이 제시되어 있습니다.

성취기준
[4사01-02] 디지털 영상 지도 등을 활용하여 주요 지형지물들의 위치를 파악하고, 백지도에 다시 배치하는 활동을 통하여 마을 또는 고장의 실제 모습을 익힌다.
성취기준 해설
[4사01-02]에서는 디지털 영상 지도 등을 활용하여 산, 강이나 바다, 간선 도로, 학교, 건물 등 랜드 마크 역할을 할 수 있는 고장 내 주요 지형지물의 위치를 인식하고, 백지도에 재배치하는 학습을 통해 고장의 실제 모습을 익히도록 한다.

성취기준에 '백지도'가 명시되어 있음을 모르더라도 제시문의 상황에서 충분히 '백지도'라는 개념을 떠올릴 수 있습니다. 출제자도 여러분이 당황하지 않도록 제시문 후반부에서 '(나)의 지도와 같은'이라는 추가 힌트를 주었습니다. 앞부분에서 답을 떠올리지 못했더라도 (나)의 지도를 보고 백지도라는 답을 알 수 있습니다.

2) 정답

독도는 우리나라 영토의 동쪽 끝, 극동에 해당하는 섬이며 썰물일 때의 해안선을 기준으로 하는 '통상기선'으로 영해를 설정한다.

해설

A섬은 우리나라의 극동에 속하는 '독도'입니다. 영해를 설정하는 기준선에는 통상 기선과 직선 기선 두 가지가 있는데 독도의 경우, 통상 기선을 통해 영해가 설정됩니다. 통상 기선이란 통상적으로 사용되는 기준선이라는 뜻으로, 썰물일 때의 해안선이 기선이 됩니다.

● **우리나라의 4극**

동서남북의 끝이 어디인지를 설정하는 것은 영토의 한계를 정하는 것이며 영토가 어디인지에 따라 영해와 영공이 정해지기 때문에 우리 영토의 끝이 어디까지인지 아는 것이 중요하다.

위치	지명
극동	경상북도 울릉군 독도
극서	평안북도 용천군 마안도
극남	제주특별자치도 서귀포시 마라도
극북	함경북도 온성군 유원진

● **영해**

영해는 국가의 주권이 미치는 바다의 범위로, 해수면과 해저를 모두 포함한다. 바다는 육지처럼 선을 그어 경계선을 표시할 수 있는 것이 아니므로 영해를 설정하는 기준선을 이용한다. 영해를 설정하는 기준선에는 통상 기선과 직선 기선 두 가지가 있다.

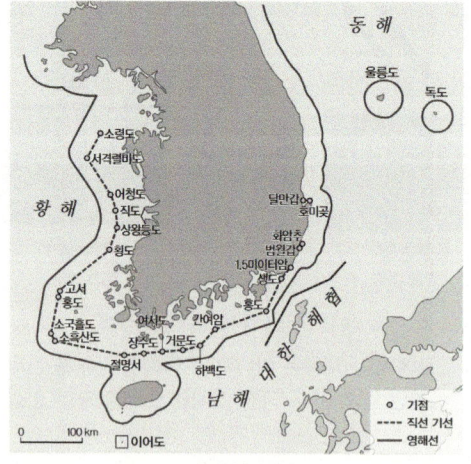

▲ 우리나라의 영해

• **통상 기선**

통상적으로 사용되는 기준선으로, 썰물일 때의 해안선이 기선이 된다. 통상 기선은 우리나라 동해안처럼 해안선이 단조로운 곳에서 사용된다. 따라서 제주도와 울릉도, 독도는 통상 기선을 기준으로 영해가 설정된다.

• **직선 기선**

황해안이나 남해안과 같이 해안선이 복잡한 곳은 일일이 해안선을 긋기가 힘드므로 가장 바깥에 있는 섬들을 직선으로 이어서 기선을 만드는데, 이것을 직선 기선이라고 한다.

[사회 5-1 1. 국토와 우리 생활]

3) 정답

오세아니아

해설

위도는 아래 지도에서 가로축을 의미하는데 적도(위도 0도)를 기준으로 북위, 남위로 나뉩니다. 위도 30도와 60도는 아래 지도의 노란 상자 속에 있는 지역입니다. 세 번째 조건에서 우리나라와 계절이 반대라고 하였으므로, 이 국가는 남반구에 위치합니다.

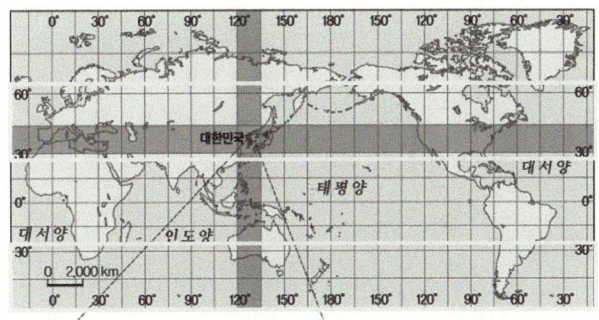

또, 환태평양 조산대에 속한다고 하였으므로 아프리카 대륙은 제외가 됩니다. 이때, 남는 대륙은 남아메리카와 오세아니아인데, 날짜 변경선은 경도 180도이므로, 이의 서쪽에 위치하는 대륙은 '오세아니아'고, 조건을 만족하는 국가는 '뉴질랜드'입니다.

● 수리적 위치

지구의 표면을 마치 위도와 경도로 만들어진 좌표로 생각하고, 그 좌표 값으로 표시한 위치이다. 좌표에서 위도는 가로축이고, 경도는 세로축이다. 위도 0°는 적도로부터 시작한다. 적도는 지구를 위아래로 반으로 나누었을 때 중심이 되는 곳을 뜻한다. 즉, 위도가 높을수록 극지방에 가깝고 낮을수록 적도에 가깝다. 경도 0°는 영국의 그리니치 천문대의 자오선이며 고위도로 갈수록 경선의 간격이 좁아집니다.

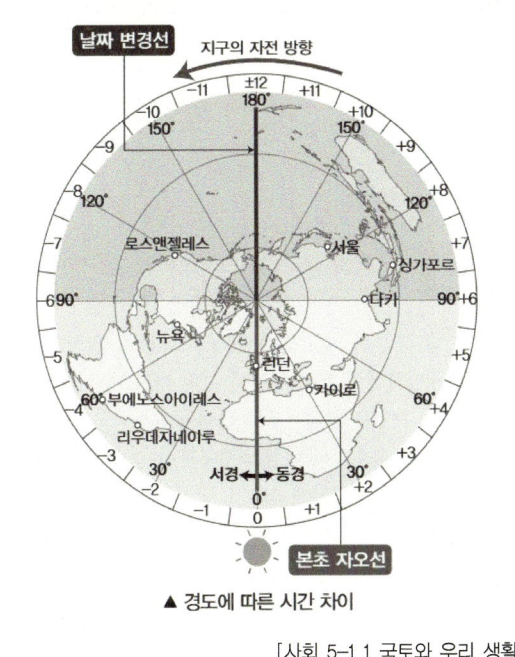

▲ 경도에 따른 시간 차이

[사회 5-1 1. 국토와 우리 생활]

2019 초특

1) 정답

백화점과 대형마트는 공익을 위한 일을 하지 않기 때문이다. / 백화점과 대형마트는 국가가 세우거나 관리하지 않기 때문이다.

해설

공공 기관이란 주민 전체의 이익과 생활 편의를 위해 국가가 세우거나 관리하는 기관입니다. 이러한 공공 기관의 두 가지 특징에 기초하여 답을 적으면 됩니다.

[사회 4-1 3. 지역의 공공 기관과 주민 참여]

2) 정답

국회

해설

국가 기관 중 예산안 심의·확정권과 입법권을 가진 기관은 국회입니다.

● 국회에서 하는 일

• **입법에 관한 일**

① 헌법 개정 제안·의결: 국회는 헌법에 규정된 개정 절차에 따라 특정 조항을 수정, 삭제하거나 새로운 조항을 추가해 헌법의 형식이나 내용을 변경할 수 있다.

② 법률 제정·개정: 법률안의 제정·개정 절차는 제안, 국회 심의·의결, 이송, 공포의 순으로 이루어진다.

③ 조약 체결·비준 동의: 국회는 상호 원조 또는 안전 보장에 관한 조약, 중요한 국제 조직에 관한 조약, 우호 통상 항해 조약, 주권의 제약에 관한 조약, 강화 조약, 국가나 국민에게 중대한 재정적 부담을 지우는 조약 또는 입법 사항에 관한 조약의 체결·비준에 대한 동의권을 가진다 (헌법 제60조).

• **국가 재정에 관한 일**

① 예산안 심의·확정: 국회는 정부가 제출한 예산안을 상임 위원회 예비 심사와 예산 결산 특별 위원회를 거쳐 본회의에서 심의, 의결해 정부에 이송한다.

② 결산 심사: 국회는 한 해 국가의 수입·지출의 실적을 심사해 정부의 예산 집행에 대한 정치적 책임을 밝히고, 장래의 재정 계획과 운영 시 중요한 자료로 활용한다.

③ 재정 입법: 조세 법률주의에 따라 조세의 종류와 세율뿐만 아니라 과세 대상, 과세 표준, 납세 의무자, 납세 의무의 한계 등을 법률로써 규정한다. 그 외 예비비 지출 승인, 국채 동의, 국가의 부담이 될 계약 체결을 동의한다.

• 국정에 관한 일
① 국정 감사·조사: 국회는 국정 감사·조사에서 국정 운영의 실태를 정확히 파악하고 입법과 예산 심의를 하는 데 필요한 자료를 수집하며 국정의 잘못된 부분을 적발, 시정한다.
② 탄핵 소추권: 대통령, 국무총리, 국무 위원, 행정 각부의 장, 헌법 재판소 재판관, 법관, 중앙 선거 관리 위원회 위원, 감사원장, 감사 위원, 기타 법률이 정한 공무원이 그 직무 집행에서 헌법이나 법률을 위반한 때 재적 의원 3분의 1이상(대통령은 재적 의원 3분의 2 이상의 찬성)으로 탄핵할 수 있다.

[사회 6-1 2. 우리나라의 정치 발전]

3) 정답

주제 중심의 통합적 구성

해설

김 교사는 '우리 지역의 어제와 오늘'이라는 대주제를 중심으로 여러 영역에 걸친 내용을 통합한 수업을 계획하였습니다. 이는 사회과 내용 구성의 원리 중 '주제 중심의 통합적 구성'에 해당합니다.
통합적 구성이란 지리, 역사, 일반 사회(정치, 경제, 사회·문화, 법) 등 사회과의 다양한 영역에 해당하는 내용을 상호 연관 지어 구성하는 원리를 의미합니다.

[사회 지도서 총론 2-1. 사회과의 내용 구성 원리]

2018-01 초등   정답과 해설

1) 정답

우리 경제의 성장

해설

2009 개정 교육과정에 해당하는 문제입니다.

2) 정답

①: 의사 결정 학습 모형
②: ㉠ 사실, ㉡ 가치

해설①

〈의사 결정 학습 모형〉

문제 정의	– 의사 결정 상황 제시
대안 나열	– 합리적인 대안을 나열
선택 기준 작성	– 최상의 대안을 선택할 수 있는 기준을 작성 (대안 평가 과정이 과도하게 복잡하지 않도록 선택 기준의 개수를 적정하게 유지하도록 안내)
대안 평가	– 선택 기준에 따라 대안을 평가 (의사 결정 도표 사용, 문제 상황의 특성과 교육 여건 및 필요에 따라 개인별 혹은 모둠별로 자유 선택하도록 안내)
의사 결정	– 평가 점수가 가장 높은 대안을 선택한다.

[사회 지도서 총론 3-2. 사회과 주요 교수·학습 방법]

우선 제시문에 소개된 모형의 단계를 살펴보면 대안을 개발하여 평가 기준을 작성하고, 이에 맞게 대안을 평가하여 결정을 합니다. 이를 미루어볼 때 가장 적합한 학습 모형은 '의사 결정 학습 모형'이라고 할 수 있습니다.

해설②

대안을 작성하는 과정에서 조사하는 두 가지 측면을 적는 문제입니다. 의사 결정 학습 모형에서는 대안을 나열할 때 크게 두 가지 탐구 과정을 거칩니다. 하나는 사회 탐구, 나머지는 가치 탐구입니다. 해당 대안들의 객관적 자료들을 조사하여 분석하고, 가치문제를 해결하기 위해 어떤 가치가 충돌하는지를 분석합니다. 따라서 답은 '사실(사회)'와 '가치'가 됩니다.

3) 정답

실천(실행, 실천적 행위)

2018-01 초등 유사   정답과 해설

1) 정답

문제해결력 및 의사결정력

해설

문제해결력 및 의사결정력
다양한 사회적 문제를 해결하고자 합리적으로 결정하는 능력

(나)의 학습 과정은 의사 결정 학습 모형으로, 일상생활에서 경험할 수 있는 다양한 문제 상황에서 여러 가지 대안들을 구상하고 이들 중 최적의 대안을 합리적으로 선택하는 능력을 함양하는 학습 모형입니다. 이는 사회과의 핵심 역량 5가지 중 문제를 합리적으로 해결하고 자신의 견해에 맞게 의사를 결정하는 역량인 '문제해결력 및 의사결정력'과 가장 관련이 깊습니다.

2) 정답

의사 결정 도표(의사 결정 매트릭스)

| 해설 |

> **의사 결정 매트릭스 모형**
> 여러 가지 선택 기준에 따라 선택 가능한 다양한 대안들을 구안해서 최적의 대안을 결정해야 하는 문제 상황에 직면했을 때에 유용한 의사결정 학습 모형으로는 의사 결정 매트릭스 모형을 들 수 있다.
> …(중략)…
> 특히 학습자 자신이 구성한 선택 기준에 따라 여러 대안들을 평가하는 데 유용한 의사 결정 도표(matrix)를 활용하는 것이 특징이다.
> [사회 지도서 총론 3-2. 사회과 주요 교수·학습 방법]

의사 결정 모형 중 한 종류인 의사 결정 매트릭스 모형에서는 학생들이 스스로 대안 평가 기준을 정하고 대안을 평가하기 쉽도록 '의사 결정 도표'를 사용합니다. 대안을 평가하는 과정에서 평가 기준을 스스로 설정하고, 각 기준에 맞게 대안들에 점수를 매겨 가장 높은 점수의 대안을 선택하게 됩니다.

3) 정답

경제적 양극화

| 해설 |

> ● **경제적 양극화**
> 한 계층이나 집단은 높은 경제적 성과를 내지만 다른 한 계층이나 집단은 침체의 늪에서 빠져 나오지 못하는 현상을 말한다. 중간 집단이 줄어들고 상위 집단과 하위 집단이 늘어나거나 상위 집단은 점점 더 형편이 좋아지는데 하위 집단은 점점 더 나빠지는 현상으로 서로 다른 계층 또는 집단이 점점 더 달라지고 멀어지는 현상을 말한다.
> [사회 6-1 3. 우리나라의 경제 발전]

우리나라는 급격한 경제 성장을 거치면서 계층 간의 경제적 격차가 심해졌습니다. 이에 따라 경제적인 사정이 좋은 사람은 돈을 많이 벌고, 나쁜 사람은 돈을 많이 못 벌게 되는, '경제적 양극화' 현상이 생겼습니다. 전개 과정에서 '경제적 수준에 따라' 원하는 권리를 누릴 수 있는 기회가 달라졌으므로, 이는 경제적 양극화의 대표적인 예시라고 볼 수 있습니다.

2018-02 초등 정답과 해설

1) 정답

① : 입체인 구 모양의 지구를 평면으로 만들어 실제 면적과 거리의 왜곡이 나타난다.
② : 지구본

| 해설 |

세계 지도는 둥근 지구를 평면으로 나타낸 것이다. 세계 지도를 활용하면 세계 여러 나라의 위치와 영역을 한눈에 살펴볼 수 있다. 그러나 세계 지도는 둥근 지구를 평면으로 나타낸 것이기 때문에 실제 모습과 다른 점이 있다.

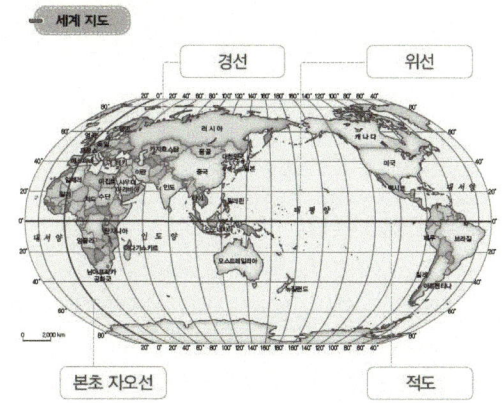

지구본은 실제 지구의 모습을 아주 작게 줄인 모형으로 실제 지구처럼 생김새가 둥글다. 세계 지도나 지구본에 나타난 위도와 경도를 이용하면 세계 여러 나라의 위치를 숫자로 정확하게 나타낼 수 있다.

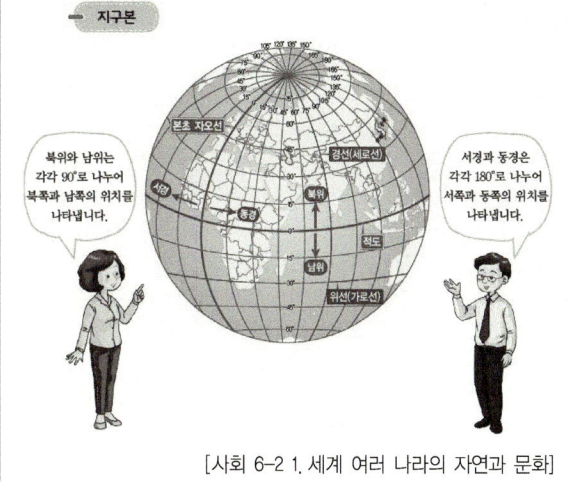

[사회 6-2 1. 세계 여러 나라의 자연과 문화]

교사와 학생의 대화 내용을 살펴보면, 학생이 세계 지도의 내용과 실제 통계 내용이 다른 것에 질문을 하고 있습니다. 세계 지도는 3차원의 지구를 2차원의 평면으로 나타낸 것이기 때문에 면적, 모양 등에서 왜곡이 생길 수 밖에 없습니다. 특히 북쪽 끝이나 남쪽 끝으로 갈수록 그 왜곡은 커지게 됩니다. 이와는 반대로 지구본은 지구의 모습을 그대로 축소시킨 것이기 때문에 실제 지구의 모습을 그대로 볼 수 있다는 장점이 있습니다. 하지만 각 나라의 위치가 한눈에 파악하기 어렵다는 단점도 있습니다.

2) 정답

① : 시대
② : 역사교육의 목표 달성에 유용한 것이 선정되어야 하고 학생의 발달 단계에 적합하도록 재구성되어야 한다.

| 해설 ① |

제시문과 대화 내용을 종합하여 보면, 현재 학생의 능력이 인물과 시대를 연결 짓는 것을 알 수 있습니다. 역사의식의 발달 단계에 따르면 인물과 시대를 관련지어 생각하고 이에 대한 역사적 의식을 파악하는 단계는 '시대 의식'에 해당합니다.

| 해설 ② |

> **사료 학습**
> 교육적인 효과를 높이는 사료 선정의 기준을 소개하면 다음과 같다.
> 첫째, 학습 내용과 관련이 깊어야 한다.
> 둘째, 학습 목표를 달성하는 데 유용해야 한다.
> 셋째, 학생들의 능력이나 발달 단계에 적합해야 한다.
> 넷째, 해당 분야 연구자들에게 신뢰성이 확인된 것이어야 한다.
> 다섯째, 번역된 경우 그 내용이 정확해야 한다.
> [사회 지도서 총론 3-2. 사회과 주요 교수·학습 방법]

초등 사회과에서는 역사 수업에서 사료 학습을 많이 활용합니다. 이때 사료의 원본은 학자들에 의해서 만들어진 것이기 때문에 학생들의 인지 수준이나 발달 단계에 적합하지 않을 수 있습니다. 또한 학습과는 무관한 내용이 있을 수 있기 때문에 교육 목표 도달을 위한 내용을 중심으로 선정해야 합니다. 그리고 학생이 이해할 수 있는 내용으로 재구성해야 합니다.

| 3) 정답 |

위도

| 해설 |

> ● **위도**
> 위도는 적도를 기준으로 남쪽과 북쪽의 위치를 나타내는 것으로, 지도나 지구본에서 위치를 찾을 때 사용한다. 즉, 지구의 중심에서 지표편의 한 점을 이은 선이 적도면과 이루는 각도를 그 지점의 위도하고 하는데, 도(°), 분(′), 초(″)로 표시된다. 위선은 위도를 적도와 평행하게 연결한 가로선이다.
> 위도의 기준이 되는 적도는 지구의 중심을 통화하는 지구의 자전축에 수직이 되며 북극점과 남극점에서 같은 거리에 있는 곳이다. 적도의 북쪽 지역을 북반구, 남쪽 지역을 남반구라고 하는데, 북반구와 남반구의 계절은 반대로 나타난다.
> [사회 6-2 1. 세계 여러 나라의 자연과 문화]

수리적 위치에 사용되는 것은 위도와 경도가 있습니다. 위도는 적도를 기준으로 하여 남쪽, 북쪽의 위치를 나타내는 것이고 경도는 본초 자오선을 기준으로 서쪽과 동쪽의 위치를 나타내는 것입니다. 이때 위도에 따라서 해당 지역의 기후가 변화하게 되고, 경도에 따라서는 해당 지역의 시간이 변화하게 됩니다. 현재 ⊙을 보면 학생은 에티오피아의 기후를 추측하고 있는 것을 볼 수 있습니다. 따라서 수리적 위치의 요소 중 하나인 '위도'가 정답이 됩니다.

2018 초특

| 1) 정답 |

지방 자치

| 해설 |

> ● **지방 자치제**
> 지방 자치제는 1952년에 처음 시행되었다가 5·15 군사 정변 때 폐지되었고 이후 6·29 민주화 선언에 따라 다시 부활했다. 먼저 1991년에 지방 의회가 구성되었고, 1995년에 지방 의회 의원 선거와 함께 지방 자치 단체장 선거가 치러지면서 지방 자치제가 완전하게 자리 잡게 되었다.
> 지방 자치제는 지역의 주민이 직접 선출한 지방 의회 의원과 지방 자치 단체장이 그 지역의 일을 처리하는 제도이다. 지방 자치제를 실시해 주민들은 지역의 문제를 스스로 해결하려고 의견을 제시하고, 지역의 대표들은 주민들의 의견을 수렴해 여러 가지 문제를 민주적으로 해결하고 있다.
> [사회 6-1 2. 우리나라의 정치 발전]

1952년에 처음 시행된 지방 자치제는 5·16 군사 정변 때 폐지되었습니다. 그 후 6월 민주항쟁으로 인해 군부 독재 시대가 끝나고 6·29 민주화 선언에 따라 다시 부활하였습니다. 지방 자치제는 지방의 국회의원, 자치단체장 등을 그 지역의 주민들이 직접 선출하면서 지역의 자율성을 성장시키고 지역의 여건에 맞는 성장을 하는 데 큰 도움이 됩니다.

| 2) 정답 |

사료 학습

| 해설 |

> **사료 학습**
> 사료 학습은 과거 인간의 활동과 사상이 담긴 사료의 내용을 해석함으로써 당시의 사회상을 재구성하며 거기에 역사적 의미를 부여하는 교수·학습 방법이다. 사료 학습은 학생들로 하여금 사실과 견해를 구분할 수 있게 하며, 학생 스스로 사료를 해석함으로써 역사 지식의 생성 과정을 경험할 수 있게 한다는 점에서 유용하다.
> [사회 지도서 총론 3-2. 사회과 주요 교수·학습 방법]

제시문에서 신임 교사는 민주화와 관련된 신문 기사, 다큐멘터리 등 여러 자료를 활용하여 수업을 계획하고 있습니다. 이는 과거 인간의 활동과 쌍이 담긴 다양한 형태의 흔적, 즉 사료라고 볼 수 있습니다. 이를 활용하여 학습하는 사회과의 수업 형태는 '사료 학습'입니다.

| 3) 정답 |

① 지역 정체성을 형성하거나 자기 고장과 지역사회를 사랑하는 가치 및 태도를 지닌다.
② 포트폴리오

해설 ①

교육과정의 지역화 中 내용의 지역화
내용의 지역화(혹은 목적으로서의 지역화)는 학습자가 거주하는 고장이나 지역을 체계적으로 정확하게 이해하고, 지역 정체성을 형성하거나 향토애를 제고하는 것을 목적으로 사회과 학습 내용을 지역 사회의 실정과 특성에 적합하게 구성하는 방식이다.

[사회 지도서 총론 2-1. 사회과의 내용 구성 원리]

사회과 구성 원리 중 하나인 '교육과정의 지역화'는 학습자가 살고있는 지역의 자원, 소재를 활용하여 학습 내용을 구성하는 것을 말합니다. 그 중 ⓒ과 같은 방법은 학습자가 거주하는 고장이나 지역에 대해 이해하는 학습 방법입니다. 이러한 '내용의 지역화'의 목적은 지역 정체성을 형성하거나 향토애를 제고하는 것을 목적으로 합니다.

해설 ②

포트폴리오
포트폴리오는 학생의 논술문, 작품, 시험 답안지 등을 일정 기간 모아서 학생이 얼마나 성장했으며, 교사의 수업이나 교육과정은 적절했는지를 평가할 수 있는 문서집을 말한다.

[사회 지도서 총론 4-4. 사회과 평가의 방법]

사회과의 평가 방법 중 '학생이 쓰거나 만든 결과물을 일정 기간 지속적으로 모아 둔 개인별 작품집 혹은 서류철을 이용한 평가 방법'에는 '포트폴리오' 평가가 있습니다.

> **한줄조언**
> 사회과에서는 다양한 수업 기법들을 매우 중요하게 다룹니다. 따라서 각 수업 기법의 이름과 특징, 방법 등을 정확하게 알아두어야 합니다! 특히 각각의 수업 방법이 가지는 효과들이 있고, 이러한 효과들이 학습 목적과 연결될 수 있기 때문에 사회과 각론 내용과 수업 기법을 연결지어보는 연습을 하는 것도 필요합니다. 또한 평가 부분도 시험에서 충분히 나올 수 있기 때문에 각 평가의 명칭과 특징을 구분해서 잘 알아두어야 합니다.

2017-01 초등 — 정답과 해설

1) 정답
전통문화

해설
2009 개정 교육과정 내용으로 해설이 없습니다.

2) 정답
탐구 능력(탐구 기능)

해설
사회과에서 기르고자 하는 기능의 목표에는 지식과 정보를 획득, 분석, 조직, 활용하는 능력, 탐구능력, 의사 결정 능력, 사회 참여 능력 등이 있습니다. (가)는 정보를 찾아 이를 활용하여 홍보물을 만드는 활동을 주로 하지만, (나)는 정보를 활용하여 객관적인 사실을 탐구하는 탐구 활동을 주로 합니다. 따라서 탐구 기능을 목표로 하고 있다고 볼 수 있습니다.

3) 정답
우리나라의 국토는 북쪽과 동쪽이 높아 강이 주로 남쪽과 서쪽으로 흐르기 때문에 강의 하류인 남쪽과 서쪽에 평야가 나타난다.

해설
2017-1 초등 유사 정답과 해설 참고

2017-01 초등 유사 — 정답과 해설

1) 정답
문화유산

해설

● 문화유산
우리 조상 대대로 내려온 문화 중에서 다음 세대에게 물려줄 만한 가치를 지닌 것을 말한다. 이러한 문화유산은 때로 훼손되거나 계승하는 사람이 없어 사라지는 경우도 있으며 유형 문화재, 무형 문화재, 기념물, 민속 자료 등으로 구분할 수 있다.

[사회 3-1 2. 우리가 알아보는 고장 이야기]

㉠은 우리나라 문화재나 기념물로 등록된 것으로, 조상들이 만든 것 중 물려줄 만한 가치를 지닌 '문화유산'의 예시들입니다.

2) 정답
사회과학 모형(사회과학으로서의 사회과)

해설

사회 과학으로서의 사회과
이 유형은 사회과학의 개념, 과정 그리고 문제들을 터득하여 의사 결정을 내리는 훈련을 하여 시민성을 기르고자 한다. 이 관점에서의 훌륭한 시민이란 사회과학자의 관점, 탐구 방법, 사고방식을 습득하고 이러한 과학적 절차와 방법으로 사회과학의 개념과 일반화된 지식을 발견하는 시민이다. 따라서 개별 혹은 통합적 사회과학의 구조, 개념, 문제 등이 사회과의 내용이며, 교수·학습 방법으로는 개별 사회과학들의 지식을 수집하고 입증하며 이것들을 고유한 방법으로 응용하는 방법이 사용된다.

[사회 지도서 총론 1-1. 사회과의 성격]

(나)활동은 우리나라 지형에 대한 자료들을 수집하고, 가설을 세워 객관적 사실을 증명하는 탐구 활동을 하고 있습니다. 이는 사회과의 3가지 관점 중 사회과학 모형에 해당합니다. 이 관점에서는 꼬마 사회과학자를 육성하는 것을 목표로 합니다.

3) 정답

우리나라의 국토는 북쪽과 동쪽이 높아 강이 주로 남쪽과 서쪽으로 흐르기 때문에 강의 하류인 남쪽과 서쪽에 평야가 나타난다.

해설

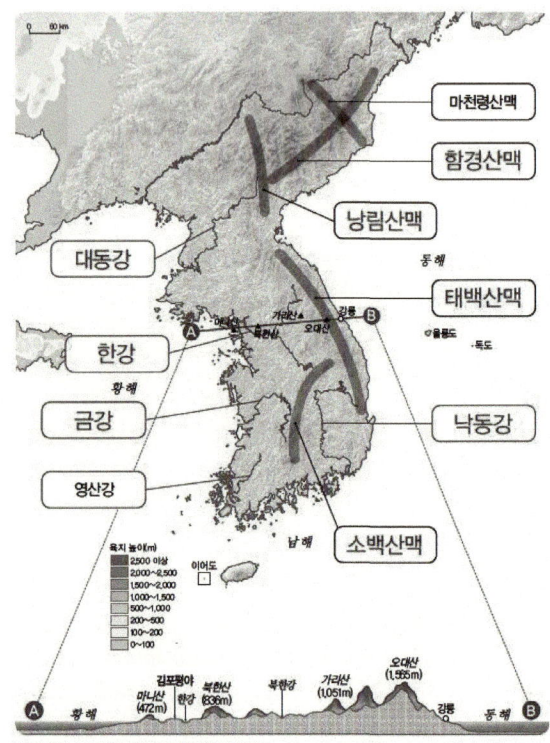

ⓐ 우리나라의 지형도(위)와 지형 단면도(아래)

우리나라는 국토의 약 70%가 산지이다. 높고 험한 산은 대부분 북쪽과 동쪽에 많고, 비교적 낮은 평야는 서쪽에 발달했다. 이와 같이 우리나라는 동쪽이 높고 서쪽이 낮은 지형이며, 이러한 지형의 특징에 따라 큰 하천은 대부분 동쪽에서 서쪽으로 흘러간다. 하천 주변의 평야에는 농사지을 땅이 넓게 나타나며 사람이 많이 모여 사는 도시가 발달했다.

산지, 하천, 평야 등의 지형은 사람들의 생활과 관련이 깊다. 사람들은 지형을 이용해 살아가거나 더 나은 생활을 하려고 지형을 개발하기도 한다.

[사회 5-1 1. 국토와 우리 생활]

(가)에는 우리나라 주요 산맥이, (나)에는 강과 하천이 나타나 있습니다. 따라서 산맥과 강을 중심으로 우리나라의 지형이 어떠한지를 분석하여 답을 작성해야 합니다. 우리나라는 북쪽과 동쪽에 높은 산이 많기 때문에 상대적으로 지형이 높습니다. 이로 인해 강물이 서쪽과 남쪽으로 흐르게 됩니다. 강의 하류에는 대체로 평야가 많이 발달하기 때문에 남쪽과 서쪽에 평야가 많이 분포하고 있습니다.

2017-02 초등

1) 정답

ⓐ : 현장학습, ⓑ : 면담(면접)

해설

> **현장 학습**
> 현장학습은 교과 내용과 실제 상황을 연결하여 지식을 생생하게 이해하도록 돕는 것을 목표로 학교 밖으로 나가서 직접 경험을 하는 것뿐만 아니라, 실질적인 사회 현장을 교실 안으로 가져오는 것까지 두루 포괄하는 개념이다.

[사회 지도서 총론 3-2. 사회과 주요 교수・학습 방법]

사회과에서는 실제 경험을 통해 학습하는 경우가 많습니다. 특히 교과 내용과 실제 상황을 연결하여 생생하게 이해하도록 돕는 '현장학습'을 많이 활용하게 됩니다. 현장학습은 학교 밖으로 직접 경험을 하는 것에서 더 나아가, 학교 안으로 실제 상황들을 가져와서 간접 경험을 할 수 있도록 하는 것까지 포함합니다.

이때 현장학습에서는 녹음기, 카메라, 수첩 등을 활용하여 기록하는 것이 중요한데, 특히 학습하는 내용과 관련된 인물을 만나 질문을 하고 답변을 듣는 방법을 '면담'이라고 합니다.

2) 정답

① : 법과 도덕은 사람들이 사회에서 지켜야 할 사회 규범이다.
② : 법은 국가가 강제력을 가지고 지키도록 요구한다.

해설

> 사람들이 도로 위에서 반드시 지켜야 하는 규칙처럼 국가가 만든 강제성이 있는 규칙을 법이라고 한다. 법은 사람들이 사회생활에서 지켜야 할 행동 기준으로서 이를 어겼을 때는 제재를 받는다. 하지만 법이 사회의 변화에 맞지 않거나 인권을 침해할 때에는 법을 바꾸거나 다시 만들 수 있다.
>
> *제재 : 규칙이나 관습을 지키지 않는 것을 제한하거나 금지함.

> **법**
> 사람들이 사회생활에서 지켜야 할 행동 기준을 사회 규범이라 한다. 사회 규범에는 관습, 종교, 도덕, 법 등이 있다. 이 중 법은 국가에 속한 사람들이면 누구나 무조건 지켜야 하는 사회 규범이다.
> 법은 다른 사회 규범과 달리 국가가 강제적으로 지키도록 요구하는 특징이 있다. 또한, 법은 인간 내면의 동기와 양심을 중시하는 도덕과는 달리 외적으로 보이는 행동을 규율하며, 이를 지키지 않을 경우 일정한 제재를 받는다. 법은 고정불변의 절대적인 규범이 아니라 사회의 변화에 따라 달라질 수 있는 가변성을 갖는다.

[사회 5-1 2. 인권 존중과 정의로운 사회]

사람들이 사회생활에서 지켜야 할 행동 기준을 '사회 규범'이라고 합니다. 이 사회 규범에는 관습, 종교, 도덕, 법 등이 있습니다. 도덕과 법은 이 사람들이 지켜야 한다는 공통점을 가지고 있습니다.

하지만 제시문에 나와 있는 내용을 통해 유추할 수 있듯이 도덕은 강제력이 없고, 지키지 않는다고 해서 제재를 받지 않습니다. 하지만 법은 국가가 강제성을 가지고 지키지 않을 경우 제재를 받습니다.

3) 정답

헌법재판소

해설

> ● 헌법 재판
>
> 법률관계에서 다툼이 발생한 경우 대체로 법원의 재판으로 누구에게 어떠한 내용의 권리가 있는지를 확정해 그 다툼을 해결하게 된다. 그런데 법률관계의 근거가 되는 법률이 헌법에 위반되는 잘못이 있다고 주장하거나, 국민에게 의미를 지우거나, 국민의 자유를 제한하는 국가 공권력의 작용이 헌법에 위반한다고 다툴 때가 있다. 이때에는 헌법에서 정한 권한 있는 재판 기관이 그 분쟁에서 과연 무엇이 헌법에 합치되는 것이고 합치되지 않는 것인지 판단해 헌법에 반하는 법률 조항이나 공권력 행사를 바로잡음으로써 해결하는데, 바로 이러한 것이 헌법 재판이다. 헌법은 국가의 기본적이고 으뜸가는 법으로서 모든 하위 법령, 즉 법률, 명령, 규칙 등의 내용은 헌법에 위반되어서는 안 되며 대통령, 입법부, 행정부, 사법부 등 모든 국가 기관은 모든 통치권의 행사에서 헌법을 준수해야 한다. 그런데 구체적인 문제에서 어떻게 하는 것이 헌법에 부합하는 것인지에 관해 국가 기관 사이, 또는 국가 기관과 국민 사이에서 의견의 차이와 분쟁이 발생할 수 있다. 이러한 다툼을 해결해 국가 공권력 작용이 헌법을 준수하게 하고 국민의 기본권을 보호하게 하는 재판이 바로 헌법 재판이다.
>
> [사회 5-1 2. 인권 존중과 정의로운 사회]

법률이 헌법에 위반되거나, 국민에게 의무를 지우거나, 국민의 자유를 제한하는 등의 일이 생길 때, 법률의 위헌 여부를 심판하고, 국가가 하는 일들이 국민의 기본권을 침해하는지 여부를 판정하는 것을 헌법 재판이라고 합니다. 이 헌법 재판을 시행하는 국가 기관이 '헌법재판소'입니다.

4) 정답

㉤ : 자유권, ㉥ : 청구권

해설

[사회 5-1 2. 인권 존중과 정의로운 사회]

우리나라 헌법에서는 6가지의 기본 권리를 보장하고 있습니다. 이중 ㉤은 통신의 비밀을 침해받지 않는 것으로, 개인정보를 함부로 침해받지 않을 권리를 말합니다. 이는 자유롭게 행동하고 생각할 수 있는 권리인 '자유권'에 해당합니다. ㉥은 국가의 법률에 의해 재판을 받을 권리로, '청구권'에 해당합니다.

2016-01 초등

정답과 해설

1) 정답

㉠ : 민주 시민(시민적 자질)
㉢ : 의사 결정 능력

해설 ㉠

2009 개정 교육과정에서 사회과의 목표는 다음과 같이 제시되어 있습니다.

2009 개정 사회과 교육과정 목표
사회과는 사회생활에 필요한 지식과 기능을 익혀 이를 토대로 사회 현상을 올바르게 인식하고, 민주 사회 구성원에게 요구되는 가치와 태도를 지님으로써 민주 시민으로서의 자질을 갖추도록 하는 교과이다. 사회과에서 육성하고자 하는 민주 시민은 사회생활을 영위하는 데 필요한 지식을 바탕으로 인권 존중, 관용과 타협의 정신, 사회 정의의 실현, 공동체 의식, 참여와 책임 의식 등의 민주적 가치와 태도를 함양하고, 나아가 개인적, 사회적 문제를 합리적으로 해결하는 능력을 길러 개인의 발전은 물론, 사회, 국가, 인류의 발전에 기여할 수 있는 자질을 갖춘 사람이다.

그리고 2015 개정 교육과정에서도 이와 비슷하게 목표가 제시되어 있습니다.

2015 개정 사회과 교육과정 목표
사회과는 학생들이 민주 시민으로서의 자질을 함양할 수 있도록 사회 현상에 관한 기초적 지식을 습득함은 물론, 지리, 역사 및 제반 사회과학의 기본 개념과 원리를 발견하고 탐구하는 능력을 익혀 우리 사회의 특징과 세계의 여러 모습을 종합적으로 이해하게 한다. 또한 사회과는 다양한 정보를 활용하여 현대사회의 문제를 창의적, 합리적으로 해결하고 공동체 생활에 적극적으로 참여하는 능력의 육성을 목표로 한다. 이를 통해 사회과는 개인의 발전은 물론, 사회, 국가, 인류의 발전에 기여할 수 있는 책임 있는 시민을 기른다.

해설 ⓒ

2015 개정 교육과정에서 사회과의 세부 목표는 다음과 같이 제시되어 있습니다.

2015 개정 사회과 교육과정 세부 목표
가. 사회의 여러 현상과 특성을 그 사회의 지리적 환경, 역사적 발전, 정치·경제·사회적 제도 등과 관련지어 이해한다.
나. 지표 공간의 자연환경 및 인문환경에 대한 이해를 통해 지역에 따른 인간 생활의 다양성을 파악하고, 지역적, 국가적, 세계적 수준의 지리 문제와 쟁점에 관심을 갖는다.
다. 각 시대의 특색을 중심으로 우리나라의 역사적 전통과 문화의 특수성을 파악하여 민족사의 발전상을 체계적으로 이해하며, 이를 바탕으로 인류 생활의 발달 과정과 각 시대의 문화적 특색을 파악한다.
라. 사회 생활에 관한 기본적 지식과 정치·경제·사회·문화 현상에 대한 기본적인 원리를 종합적으로 이해하고, 현대사회의 성격 및 민주적 사회생활을 위해 해결해야 할 여러 문제를 파악한다.
마. 사회현상과 문제를 파악하는 데 필요한 지식과 정보를 획득, 분석, 조직, 활용하는 능력을 기르며, 사회생활에서 나타나는 여러 문제를 합리적으로 해결하기 위한 탐구 능력, 의사 결정 능력 및 사회 참여 능력을 기른다.
바. 개인과 사회생활을 민주적으로 운영하고, 우리 사회가 당면한 문제들에 관심을 가지고 민주 국가 발전과 세계의 발전에 적극적으로 이바지하려는 태도를 가진다.

마항을 살펴보면 사회과의 목표를 지식, 기능, 가치·태도로 나눈 것 중 기능에 대한 설명이 나와있습니다. 이를 토대로 ⓒ에 들어갈 말을 채우면 의사 결정 능력이 됩니다.

2) 정답

자원의 희소성

해설

2015 개정 교육과정 성취기준에 다음과 같은 내용이 제시되어 있습니다.

필요한 것의 생산과 교환
[4사04-03] 자원의 희소성으로 경제활동에서 선택의 문제가 발생함을 파악하고, 시장을 중심으로 이루어지는 생산, 소비 등 경제활동을 설명한다.
[4사04-04] 우리 지역과 다른 지역의 물자 교환 및 교류 사례를 조사하여, 지역 간 경제활동이 밀접하게 관련되어 있음을 탐구한다.

또한 사회 4학년 2학기 지도서 2단원에 다음과 같은 내용이 있습니다.

자원의 희소성
경제 활동을 하는 데 필요한 자원이 사람들의 욕구를 충족할 정도로 많지 않고 그 양이 정해져 있는 것을 말한다. 자원의 희소성에는 인간의 무한한 욕망이 전제되어 있으며 이는 선택의 문제인 경제적 문제를 일으킨다. 따라서 사람들은 희소한 자원을 이용해 나름의 만족을 얻어야 하므로 선택을 할 수밖에 없다.

[사회 4-2, 2. 필요한 것의 생산과 교환]

따라서 ⓔ 제한된 용돈으로 선택의 고민이 생긴 이유는 '자원의 희소성' 때문이라고 할 수 있습니다.

3) 정답

생산 활동의 개념을 알 수 있다. (설명할 수 있다.)

해설

먼저 ⓑ에 무엇이 들어가는지 알아야 문제를 수월하게 풀 수 있습니다. 이 부분은 2015 개정 교육과정에도 동일하게 제시되어 있습니다.

이를 통해 ⓑ에 들어갈 말이 '개념'이라는 것을 알 수 있습니다.

지식
지식은 사회 현상에 대한 기초적인 지식(사실)에서부터, 각각의 현상으로부터 공통적·일반적 성질을 추출하여 이루어진 개념, 그리고 둘 또는 그 이상의 개념들의 상호 관계를 표현한 일반적인 보편성을 가진 원리(일반화)로 나눌 수 있다. 후자로 갈수록 더 추상적이고 고차적인 지식이다.

[사회 지도서 총론 1. 사회과의 성격 및 목표]

그다음 A가 무엇인지 알기 위해서는 표를 자세히 살펴보아야 합니다. 이를 위해서는 다음과 같은 배경지식이 필요합니다.

생산
생활에 필요한 물건을 만들거나 우리 생활을 편리하고 즐겁게 해주는 활동

[사회 4-2, 2. 필요한 것의 생산과 교환]

경제학에서의 생산과 소비 개념
일상생활에서 생산은 쓸모 있는 '보이는 재화'를 만들어내는 것이지만 경제학에서 생산은 시장 안에서 재화나 서비스의 가치를 높이거나 유지시키는 것까지 포함한다. 즉 시장 안에서 거래가 이루어지는 과정의 유통, 보관, 판매 활동도 생산으로 본다. 한편 재준이가 주말농장을 해서 배추 10포기를 수확한 것은 시장에서 거래하지 않으므로 생산이 아니다. 재준이 어머니께서 케이크 10개 만든 것도 시장에서 거래되지 않으므로 생산 활동이라고 할 수 없다.
일상생활에서 소비는 단순히 물건을 구입하는 것이지만 경제학에서 소비는 어떤 재화나 서비스를 일정한 대가를 지불하고 사용하는 것을 말한다. 같은 재화를 사더라도 어떻게 활용되는지에 따라 생산 활동이 될

수도 있고 소비 활동이 될 수도 있다. 예를 들어 재준이가 일기를 쓰고자 볼펜을 산다면 소비 활동이지만, 소설가가 소설을 쓰고자 볼펜을 산다면 생산 활동이다.

[사회 4-2. 2. 필요한 것의 생산과 교환]

즉, 농부가 대규모 농사를 짓는 것, 제빵사가 빵을 만드는 것, 의사가 환자를 치료하는 것은 모두 생산 활동이라는 것을 알 수 있습니다.

해당 차시에 생산과 소비라는 개념을 배운다는 것을 알고 있다면 더욱 쉽게 풀 수 있는 문제입니다. 또한 이 문제를 풀기 위해서는 생산의 개념을 외우는 것보다는 생산인 것과 생산이 아닌 것을 구분하는 것이 더 중요하다는 것을 알 수 있습니다. 개념을 외우기만 하는 것보다는 실제 상황에 적용해 보는 연습이 필요합니다.

> **한줄 조언**
> 사회과는 한 세트의 문제 내에서는 같은 분야의 문제를 다루는 경향이 있습니다. 이 문제도 교육과정 문제를 제외하고는 경제 분야에 대한 문제라고 할 수 있습니다. 특히 한 분야에서 문제가 나올 때는 같은 단원 내에 등장하는 개념들을 활용할 때가 많습니다. 그렇기 때문에 사회과는 단원별로 정리하고, 단원 내에서 연계될 수 있는 부분을 확인한다면 효과적으로 공부할 수 있을 것입니다.

2016-02 초등·초특 공통 | 정답과 해설

1) 정답

① : D 〈 A 〈 C 〈 B
② : 환경 확대법

해설

먼저 A~D를 공간 규모에 따라 배열해봅시다. 가장 큰 범위는 B, 즉 지구촌이라는 것은 쉽게 알 수 있습니다. 그다음이 C, 국가인 것도 간단하게 배열할 수 있어요. 하지만 다음이 헷갈리는 부분입니다. A는 지역, D는 고장입니다. 무엇이 더 큰 규모일까요? 답은 A입니다. 지역은 광역시, 도 단위, 고장은 시, 군, 구 단위라고 생각하면 될 것 같아요. 이 부분은 사회 지도서 총론에도 다음과 같이 제시되어 있습니다.

환경 확대법의 탄력적 적용
환경 확대법(동심원 확대법, 지평 확대법, 공동체 확대법)은 사회과 교육 내용의 범위(scope)와 계열(sequence)이 학년이 높아지면서 환경(공간)을 확대하는 방식으로 구성하는 원리를 말한다. 즉, 교육 내용의 범위가 '가족 → 이웃 → 고장 → 지역사회 → 국가 → 지구촌'과 같은 순서와 수준으로 학년이 높아지면서 자기 자신을 중심으로 가까운 곳, 손쉽게 경험할 수 있는 곳에서부터 시작하여 먼 곳으로 확장하는 내용 구성의 원리를 말한다.

[사회 지도서 총론 2. 사회과의 내용 구성]

위 설명에서 이와 같은 배열이 환경확대법에 부합한다는 것을 알 수 있습니다.

이를 통해 답은 ①: D〈A〈C〈B, ②: 환경 확대법이라는 것을 도출해 낼 수 있습니다.

현재 문제에서는 공간 규모에 따라 점진적으로 확대되어가는 내용 구성의 원리를 답으로 요구하고 있습니다. '탄력적 환경 확대법의 원리'는 이러한 환경확대법을 반드시 일률적으로 지켜야하는 것이 아니라, 탄력적으로 환경 확대법의 적용이 가능하다는 것이므로, '환경 확대법'이 정답이 됩니다.

2) 정답

방위표, 기호와 범례, 축척 (이중 2개)

해설

이 문제를 풀기 위해서는 먼저 지도의 기본 요소에 무엇이 있는지 알아야 합니다. 이와 관련된 내용이 사회 4학년 1학기 지도서에 다음과 같이 제시되어 있습니다.

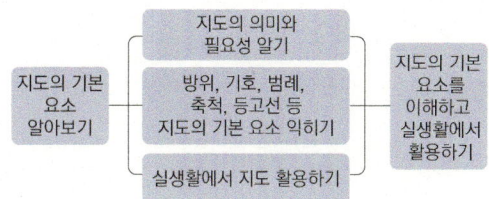

[사회 4-1. 1. 지도로 본 우리 지역]

여기서 알 수 있듯이 지도의 기본 요소는 '방위, 기호, 범례, 축척, 등고선 등'입니다.

지도의 기본 요소
지도의 기본 요소는 지도 제목, 방위표, 기호와 범례, 축척 그리고 제작자와 제작 시기 등 다섯 가지이다. 등고선은 지도의 기본 요소에 포함되지 않지만 대축척 지도에서 땅의 높낮이를 표현하는 수단으로써 활용되기 때문에 지도 학습의 대상이 된다.

[사회 4-1. 1. 지도로 본 우리 지역]

이 설명에서는 등고선이 지도의 기본 요소가 아니라고 나옵니다. 그 때문인지 [자료 1]에서는 등고선이 나타나 있지 않았습니다. 이처럼 기출문제에는 명확한 것들만 나오기 때문에 애매하거나 헷갈리는 것들에는 크게 신경 쓰지 않으셔도 됩니다.

각각의 기본 요소에 대한 설명 또한 다음과 같이 지도서에 제시되어 있으니 참고하시길 바랍니다.

주요 개념 및 용어 해설	
방위	방위는 기준에 따른 일정한 방향 또는 그 방향에서 측정한 다른 방향을 말한다. 지도에서는 동서남북을 이용해 위치를 나타내는데 이것을 방위라고 한다. 지도에서 방위는 방위표를 이용해 나타낸다. 지도에 방위표가 없는 경우 위쪽이 북쪽, 아래쪽이 남쪽, 오른쪽이 동쪽, 왼쪽이 서쪽이라고 약속한다.
기호	기호는 땅 위에 있는 건물이나 도로와 같은 것들을 간단하게 그린 그림이다. 지도에서는 건물의 모양이 어떻게 생겼는지 자세하게 그릴 수 없기 때문에 실제 모습을 간단하고 단순하게 표현한 기호가 필요하다.
범례	범례는 지도에서 기호의 내용을 알기 위해 표시해 둔 것으로 기호의 의미를 설명한다. 이 단원의 학습에서는 기호의 종류를 외우는 활동을 지양하고 지도에서 범례를 먼저 읽으면 기호를 쉽게 파악할 수 있다는 것에 중점을 둔다.

축척	축척은 지구 표면의 두 지점 간의 거리를 짧게 줄여서 지도로 표시한 축소비율이다. 두 지점 간 실제 거리는 지도 축척과 축척 계산식을 사용해 구할 수 있다. 축척 지도는 축척을 계산하기보다는 축척을 이용해 지도상에서 서로 다른 두 지점 간의 상대적 거리 개념을 이해하고 이를 통해 우리 지역의 위치와 영역적 특징을 파악하는 데 활용되어야 한다.
등고선	등고선은 지도에서 해발 고도가 같은 지점을 연결한 곡선이다. 해발 고도가 변하면 여러 개의 곡선이 만들어지고, 이 곡선의 모양을 보고 토지의 높낮이나 지형의 모습을 읽어낼 수 있다.

[사회 4-1. 1. 지도로 본 우리 지역]

3) 정답

W

해설

등고선

지형도 상에는 몇 개의 선이 뚜렷하게 그려져 있는데, 그 중 대표적인 것이 등고선이다. 등고선은 평균 해수면을 기준으로 지상에서 고도가 같은 지점을 연결해 폐곡선(자동차 바퀴처럼 시작과 끝이 없는 곡선)을 만들고 이것을 투영해 지도에 그린 것이다. 이때 해발고도가 달라지면 곡선이 여러 개 만들어지는데 그 곡선의 모양을 보고 토지의 높낮이나 지형의 모습을 알 수 있다.
등고선은 평면상에 높이를 표시하는 방법으로, 곡선의 집합으로부터 지형의 전체적인 윤곽을 파악할 수 있으며 사면의 경사 정도도 계산할 수 있다.
등고선 간의 간격이 넓을수록 완경사, 등고선 간의 간격이 좁을수록 급경사이다.

[사회 4-1. 1. 지도로 본 우리 지역]

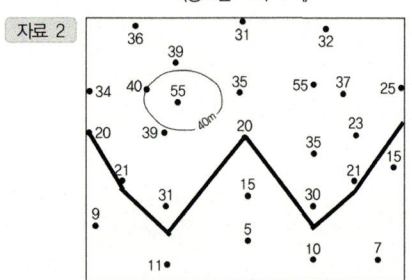

등고선에 대한 설명에 따라 고도 20m에 해당하는 지점을 연결하면 위와 같은 그림이 완성됩니다. 이 모양과 가장 비슷한 알파벳은 W라고 할 수 있습니다.

4) 정답

도해력

해설

지도 학습

지도 학습이란 지도의 본질과 목적을 이해하고, 지도를 이용할 수 있게 함으로써 도해력을 길러 주는 교수·학습 방법이다. 도해력(graphicacy)은 공간적 정보와 자료를 시각 자료(지도, 도표, 그래프 등)로 가공·변환할 수 있으며, 시각 자료에 저장된 정보를 해석할 수 있는 기능을 말한다.

[사회 지도서 총론 3. 사회과의 교수·학습 방법]

지도서 총론의 개념에 따라 정답은 '도해력'임을 알 수 있습니다.

한줄 조언

이 문제는 지리 영역에 대한 문제라고 할 수 있습니다. 조금 더 자세히 말하면 지도 학습에 대한 문제입니다. 지도 학습에서 가장 중요한 지도의 기본 요소에 대한 문제, 그리고 등고선을 실제로 그릴 수 있는지 기능을 평가할 수 있는 문제가 출제되었습니다. 기능을 실제로 활용할 수 있는지도 중시한다는 것을 알 수 있습니다. 또한 지도 학습, 또는 지리 영역을 지도할 때 유의해야 할 점을 지도서 총론과 연계한 문제가 출제되었습니다. 즉 사회과에서는 항상 지도서 총론, 혹은 교과교육론과 연계하면서 공부를 하는 것이 중요하다는 것을 알 수 있습니다.

2015-01 초등

1) 정답

사회과학적 탐구 방법, 사회과학의 개념 및 일반화

해설

바, 바스, 셔미스(R. Barr, J.L. Barth, S.S. Shermis)는 사회과 교사들의 수업을 조사하여 교사들이 생각하는 사회과의 목표, 내용, 방법에 대한 비슷한 입장들을 분류하여, 사회과의 '전통'을 크게 3가지로 분류하였는데, '꼬마 사회과학자'를 목표로 하는 유형은 사회과학 모형입니다. 이 관점에서는 사회과가 학생들이 사회과학자와 같은 지식과 탐구 능력을 얻을 수 있는 사회과학적 탐구 방법과 사회과학의 개념 및 일반화로 이루어져야 한다고 봅니다.

[사회 지도서 총론 3. 사회과의 교수·학습방법]

2) 정답

1970년부터 2010년 사이에 핵가족의 비율은 증가하고 있고, 대가족(확대가족)의 비율은 감소하고 있다.

해설

[그림 1]를 보면 [A]는 결혼으로 맺어진 부부와 자녀만 있고, [B]는 결혼으로 맺어진 부부와 그 자녀 부부의 자녀까지 있습니다. [그림2]를 보면 [A]형태의 가족은 꾸준히 증가하고 있고, [B]형태의 가족은 꾸준히 감소하고 있습니다. 이에, [A], [B]에 해당하는 용어는 각각 핵가족과 대가족(확대가족)임을 알 수 있습니다. 이때, 문제 조건에 따라, '그림 2에 나타난 변화 경향'을 비교해야 하므로 자료의 시기(1970년~2010년)를 반드시 언급하여야 완벽한 답이라고 할 수 있습니다. 사회 변화가 어느 방향으로 기울어지는지(경향)은 시기가 언급되지 않으면 언제부터 언제까지 어떤 변화가 이루어졌는지 정확하게 기술된 것이 아니기 때문입니다. '핵가족의 비율은 점점 증가하는 반면 확대 가족의 비율은 감소한다.'라고 답안을 작성해도 정답으로 인정될 수는 있겠지만, 본 문제와 같이 연도가 주어진 자료를 바탕으로 해석하여 변화 경향에 대한 답변을 작성하는 경우에는 문제에 주어진 정보를 십분 활용하시는 것이 좋습니다.

3) 정답

사회 변화에 따른 가족 형태의 변화 이해하기

해설

"[그림 1]과 [그림 2]가 이번 수업에서 제가 활용할 자료"라는 데서 힌트를 얻을 수 있습니다. 자료는 사회 변화에 따른 가족 형태를 다루고 있으나, 학습 주제에는 빠져 있으므로 '사회 변화에 따른 가족 형태의 변화'와 관련된 내용이 들어가야 함을 알 수 있습니다. 또한, 학습 초반에는 '알아보기', '이해하기'와 같은 개념 이해 활동이 주를 이루므로 '사회 변화에 따른 가족 형태의 변화 이해하기'와 같이 답을 작성할 수 있습니다.

4) 정답

ⓒ: 논쟁 문제(공공 문제), ⓔ: 가치

해설

논쟁 문제
논쟁 문제는 찬반 의견 대립이 팽팽히 맞서고, 사회의 다수에 영향을 미치는 문제로 정답이 없는 것을 말한다. 논쟁 문제는 개념의 불명확을 둘러싼 의견 대립, 사실 여부에 따른 의견 대립, 우선시하는 가치를 둘러싼 의견 대립 등의 측면에서 발생하므로 세 가지 측면에서의 의견 대립 문제를 해결해야 합리적인 대안을 모색할 수 있다. 사회과의 논쟁 문제 학습 모형은 사회적으로 찬반 의견 대립이 있거나 논쟁적인 공공 문제에서 어느 하나의 입장을 합리적으로 선택하고, 그러한 선택을 옹호할 수 있는 능력을 기르는 데 주안점을 두는 교수·학습 방법이다. 헌법적 가치와 같은 법률적 원칙과 가치를 기준으로 제시했다는 점에서 윤리-법률 모형, 법리 모형 등으로 불리기도 한다.

[사회 지도서 총론 3. 사회과 교수·학습 방법]

ⓒ에서 찬반 의견 대립이 팽팽히 맞서고, 정답이 없는 문제를 '논쟁 문제'라고 합니다. 논쟁 문제는 사회 전반에 걸쳐 사람의 가치관과 관점에 따라 답이 달라지는 문제입니다.

ⓔ 역시 지도서에 제시된 논쟁 문제와 관련된 내용에서 답을 찾을 수 있습니다. 논쟁 문제의 발생 측면은 개념의 불명확을 둘러싼 의견 대립(정의), 사실 여부에 따른 의견 대립(사실), 우선시하는 가치를 둘러싼 의견 대립 총 3가지입니다. 제시문에서는 정의, 사실이 나와 있으므로 남은 한 가지는 '가치'입니다.

> **한줄 조언**
>
> 사회과의 경우, 그래프나 도표 등을 사용하는 경우가 더러 있습니다. 그래프나 도표 문제는 자료 안에 힌트가 많기 때문에 천천히 그림을 들여다보시면 정답이 보일 것입니다. 교과교육론은 항상 나오다시피 하기 때문에 반드시 숙지하시는 것이 좋습니다. [2015-2 초등 정답과 해설]

2015-02 초등

1) 정답

사실적 지식

해설

〈예시 1〉은 단순하고 사실적인 정보만을 묻고 있으므로, '사실적 지식'의 습득 여부를 묻고 있음을 알 수 있습니다.

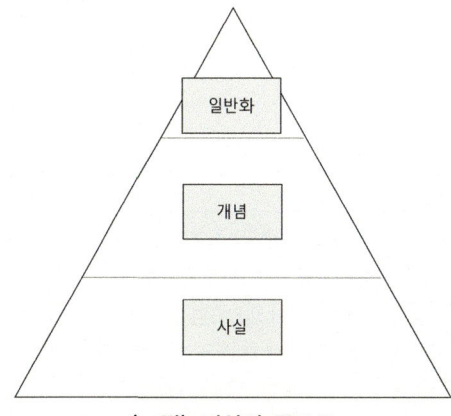

〈그림〉 지식의 구조도

지식 (Knowledge)
개인적·사회적 문제에 대해 합리적으로 의사를 결정하고 실천하여 사회에 참여하기 위해서는 지식이 필요하다. 사회과의 내용은 다양한 사회과학, 인문학, 자연과학 등에서 사회과의 목표를 달성하고자 선택된 지식들로 구성된다. 이러한 지식은 사회 현상에 대한 기초적인 지식(사실)에서부터, 각각의 현상으로부터 공통적·일반적 성질을 추출하여 이루어진 개념, 그리고 둘 또는 그 이상의 개념들의 상호관계를 표현한 일반적인 보편성을 가진 원리(일반화)로 나눌 수 있다. 후자로 갈수록 더 추상적이고 고차적인 지식이다.

[사회 지도서 총론 1. 사회과의 성격 및 목표]

2) 정답

ㄴ. 강수량이란 어떤 곳에 일정기간 동안 내린 물의 총량이다.
ㄷ. 열대 우림 기후는 건기와 우기의 구분 없이 일 년 내내 비가 많이 내리는 기후이다. 또는 열대 초원(사바나) 기후란 연중 기온이 높고 건기와 우기가 뚜렷한 기후이다.

해설

ㄱ. 영역은 한 국가의 주권이 미치는 영토, 영해, 영공을 모두 포함하는 개념입니다.
ㄹ. 경선이란 본초자오선을 기준으로 일정한 간격으로 그은 남북 방향의 세로선입니다. 런던의 그리니치가 표준경선이 되며, 고위도로 갈수록 경선의 간격이 좁아집니다.

3) 정답

인구 분포와 지형 분포의 특징을 둘 다 기술하지만, 두 현상 간의 관계를 설명하지 못한 경우

해설

〈예시 3〉은 인구 분포와 지형 분포의 특징에 대해서 다루고 있습니다. 채점 기준의 상과 하를 보면, 채점 기준-상은 인구 분포와 지형 분포의 특징 둘 다를 기술하고 있는데 반해, 채점 기준-하는 두 현상 간의 관계에 대한 설명 없이, 인구 분포나 지형 분포의 특징 중 하나만 기술하였습니다. 채점 기준-중은 이 둘의 중간 지점이어야 하므로, 두 현상, 즉, '인구 분포나 지형 분포의 특징을 모두 기술하였지만 둘의 관계에 대해서 설명하지 못한 경우'와 같이 써 주면 좋습니다.

이렇게 채점 기준을 작성하는 경우, 1) 학습 자료가 무엇에 대한 자료인지, 2) 학습 목표에서 요구로 하는 능력의 수준이 어느 정도인지, 3) 다른 수준의 채점 기준을 참고하면 쉽게 작성할 수 있습니다.

한줄조언
이번 문제는 크게 어렵지 않았죠? 교과교육론과 기본적인 각론 내용을 충실하게 학습했다면 잘 풀 수 있는 문제였습니다. 기출문제 풀이를 시작한 지 얼마 되지 않았다면 소문항 3번과 같은 문제는 어렵게 느껴질 수도 있겠지만 해설을 꼼꼼히 읽어보고 저런 유형의 문제를 접하면 접할수록 쉽게 느껴질 거예요.

2014 초등 정답과 해설

1) 정답
〈정조 실록〉과 같은 사료를 학생들의 눈높이에 맞게 쉽게 풀어 정조의 업적 중 규장각 설치 등의 왕권 강화와 관련된 다른 사료를 제시한다.

해설
2014-1 초등 유사 정답과 해설 참조

2) 정답
조선 후기 신분제의 변화

해설
2015 개정 교육과정에서 삭제된 내용입니다.

3) 정답
㉣ : 허균, ㉤ : 홍길동전

2014-01 초등 유사 정답과 해설

1) 정답
〈정조 실록〉과 같은 사료를 학생들의 눈높이에 맞게 쉽게 풀어 정조의 업적 중 규장각 설치 등의 왕권 강화와 관련된 다른 사료를 제시한다.

해설

정조의 왕권 강화를 위한 개혁 정치
- 탕평책 실시 - 규장각 설치 : 젊은 인재를 등용하여 나랏일과 관련한 여러 학문을 공부하였다. - 장용영 설치 : 왕의 친위 부대로써 왕권 강화에 힘씀 - 경제 발전 정책 - 수원 화성 건설 : 아버지를 향한 효심과 수도를 수원으로 옮기려는 의도로 축조하였다. 또한 거중기, 녹로 등 과학 기술을 사용하여 건축하여 수원 화성에 정치적·군사적 의미를 부여하였다.

[사회 5-2 2. 사회의 새로운 변화와 오늘날의 우리]

정조의 수원 화성 건설은 아버지를 향한 효심뿐만 아니라 강력한 왕권 강화의 정책 중 하나였습니다. 따라서 학생들이 정조의 왕권 강화 의도를 알게 하기 위해서는 정조가 실시했던 다른 왕권 강화 정책들을 함께 제시해주는 것이 필요합니다.

2) 정답
서민 문화에 나타난 사람들의 생활 모습

해설

서민 문화의 발달
조선 후기에는 농업 생산력이 높아지고 상공업이 발달하면서 여러 가지 변화가 나타났다. 경제적인 여유가 생긴 사람들은 문화와 예술 활동에도 관심을 기울이기 시작했다. 그리하여 양반뿐만 아니라 일반 백성도 참여할 수 있는 문화가 발달했는데 이를 서민 문화라고 부른다. 서민 문화를 즐기는 사람들은 한글 소설, 풍속화, 탈놀이, 판소리 등으로 자신의 생활 모습과 생각을 표현했다.

[사회 5-2 2. 사회의 새로운 변화와 오늘날의 우리]

〈자료 1〉은 탈놀이를 하고있는 사진으로 조선 후기 조선 사회의 서민 문화를 대표하고 있습니다. 따라서 '서민 문화'라는 키워드가 들어가면 정답 처리됩니다.

3) 정답
㉣ : 허균, ㉤ : 홍길동전

해설
'홍길동전'은 '허균'이 쓴 최초의 한글 소설로 그 당시 사람들의 생각과 감정이 잘 드러나 있습니다. 능력이 뛰어나도 신분 때문에 차별받은 홍길동이 살았던 조선에 대한 이야기를 그리고 있습니다.

[사회 5-2 2. 사회의 새로운 변화와 오늘날의 우리]

> **한 줄 조언**
> 다들 역사 공부하시나요? 한다면 얼마나 깊게 하시나요? 제가 공부할 땐 어떤 친구들은 아예 역사는 버린 친구들도 있었어요. 그런데 버리기엔 너무 아까운 것이 역사입니다. 쉽게 점수를 딸 수 있는 부분이기 때문이에요. 깊게 공부하지는 않더라도 역사의 큰 흐름은 공부하셨으면 좋겠어요.

2014-02 초등·초특 공통 — 정답과 해설

1) 정답

자연환경 : ㉠ 지형, ㉡ 기후
지도의 요소 : ㉢ 방위, ㉣ 기호

해설

2009 개정 교육과정 해당 내용입니다.

2) 정답

원형 모형 또는 상황 모형

해설

2014-2 초등·초특 공통 유사 정답과 해설 참조

3) 정답

㉤ : 소수자의 원형을 제시한다.
㉥ : 소수자의 비례를 제시한다.

4) 정답

평등권

2014-02 초등·초특 공통 유사 — 정답과 해설

1) 정답

㉠ 공간 인식, ㉡ 방위

해설

영역	핵심 개념	내용 요소
지리 인식	공간 인식	▷ 지도의 기본 요소 (방위, 기호와 범례, 줄인자, 땅의 높낮이 표현)

2) 정답

원형 모형 또는 상황 모형

해설

원형 모형
학습 단계 : 문제 제기 – 개념의 원형과 정의 제시 – 비례 제시 – 속성 검토 – 개념 분석 – 관련 문제 검토 – 평가
원형 모형은 개념의 원형(전형적 예)에서 그 개념이 지닌 결정적 속성을 탐색하는 교수·학습 모형이다. 원형 모형의 아류 모형으로 수업 단계와 절차는 유사한데, '원형(전형적 사례)' 대신에 '관련 상황이나 학생 경험'을 제시하는 '상황 모형'도 실시될 수 있다.

[사회 지도서 총론 3-2. 사회과 주요 교수·학습 방법]

문제에서는 소수자의 개념을 먼저 제시하고 이후에 개념에 대한 속성을 검토합니다. 따라서 개념 학습 모형 중에서 '원형 모형' 또는 '상황 모형'이 정답입니다.

3) 정답

㉤ : 소수자의 원형을 제시한다.
㉥ : 소수자의 비례를 제시한다.

해설

원형 모형
학습 단계 : 문제 제기 – 개념의 원형과 정의 제시 – 비례 제시 – 속성 검토 – 개념 분석 – 관련 문제 검토 – 평가

[사회 지도서 총론 3-2. 사회과 주요 교수·학습 방법]

4) 정답

평등권

해설

기본권	뜻	법 조항
평등권	법을 공평하게 적용받아 차별 받지 않을 권리	– 모든 국민은 법 앞에 평등하다
자유권	자유롭게 생각하고 행동할 수 있는 권리	– 모든 국민은 거주 이전의 자유를 가진다. – 모든 국민은 직업 선택의 자유를 가진다.
참정권	국가의 정치 의사 형성 과정에 참여할 수 있는 권리	– 모든 국민은 법률이 정하는 바에 의하여 선거권을 가진다. – 모든 국민은 법률이 정하는 바에 의하여 공무 담임권을 가진다.
청구권	기본권이 침해되었을 때 국가에 어떤 일을 해달라고 요구할 수 있는 권리	– 모든 국민은 헌법과 법률이 정한 법관에 의하여 법률에 의한 재판을 받을 권리를 가진다. – 모든 국민은 법률이 정하는 바에 의하여 국가 기관에 문서로 청원할 권리를 가진다.
사회권	인간답게 살 수 있도록 국가에 요구할 수 있는 권리	– 모든 국민은 능력에 따라 균등하게 교육을 받을 권리가 있다. – 모든 국민은 건강하고 쾌적한 환경에서 생활할 권리를 가진다.

[사회 5-2 2. 인권 존중과 정의로운 사회]

문제에서는 북한 이탈 주민이라는 이유 때문에 취업에서 다른 사람들과 비교하여 차별을 받은 것을 이야기하고 있습니다. 이는 기본권 중에서 '평등권'에 어긋나는 사례입니다.

2013-01 초등

정답과 해설

1) 정답

시민성 전달 모형

해설

시민성 전달 모형
- 목표 : 의사 결정의 바탕이 되는 지식이나 올바른 가치를 주입함으로써 시민성을 육성한다.
- 교육 내용 : 권위로 선정되고 교사가 해석한 지식, 가치, 신념, 태도 등

[사회 지도서 총론 1-1. 사회과의 성격]

김 교사는 전통적인 문화유산의 전달을 통해 애국적 시민을 길러내는 것을 중요하게 여기므로 시민성 전달 모형을 따르고 있습니다.

2) 정답

학습자를 수동적으로 받아들이는 존재로 파악한다.
㉠ : 비판적 사고력

해설

반성적 탐구 모형
- 목표 : 반성적 사고를 통해 합리적으로 의사결정하는 시민 양성, 합리적 의사결정력의 발달, 사회 문제를 인식하고 객관적 자료를 분석하여 문제를 해결할 수 있는 시민
- 교육 내용 : 일상적 문제 - 가치 판단 문제, 학생이 흥미를 갖는 문제

[사회 지도서 총론 1-1. 사회과의 성격]

최 교사는 반성적 탐구 모형을 따르고 있습니다. 반성적 탐구 모형에서는 학습자를 능동적인 존재로 생각합니다. 따라서 반성적 탐구 모형의 입장에서 봤을 때 시민성 전달 모형의 학습자는 수동적으로 받아들인다는 비판을 할 수 있습니다. 또한 반성적 탐구 모형에서 강조하는 고급 사고력은 '**비판적 사고(력)**'입니다.

3) 정답

내용 조직 원리 : 나선형 교육과정의 원리
문제점 : 나선형 교육과정은 학문적 개념이나 주제로 구성되기 때문에, 학생의 흥미를 유발하기 어렵고, 일상생활에서의 실천이나 문제 해결과 별로 관계없는 내용으로 구성될 수 있다.

해설

나선형 교육과정
여러 사회과학과 인문학에서 중요한 핵심 개념을 추출하고, 그 개념을 중심으로 학년별로 교육 내용의 범위와 깊이를 점차 확장 시켜가며 구성하는 방식
비판 : 나선형 교육과정은 학문적 개념이나 주제로 구성되기 때문에, 학생의 흥미를 유발하기 어렵고, 일상생활에서의 실천이나 문제 해결과 별로 관계없는 내용으로 구성될 수 있다.

[브루너(1988), '지식의 구조']

박 교사는 여러 가지 개념을 반복, 확장해서 가르칠 것을 강조하기 때문에 사회과의 조직 원리 중 나선형 교육과정을 따랐다고 볼 수 있습니다.

최 교사가 따르는 '반성적 탐구 모형'에서는 학습자가 흥미를 가질만한 가치 문제를 가르쳐서 학생들의 의사결정력을 높일 것을 강조하는데 나선형 교육과정에서는 이와 같은 점을 강조하지 않기 때문에 정답과 같이 비판할 수 있습니다.

> **한줄 조언**
> 굉장히 클래식한 문제라고 생각합니다. 문제에 군더더기도 없고 깔끔해서 풀기에 좋은 문제입니다. 만약 이 문제를 틀렸다면, 사회과에서 가장 기본이 되는 개념이 헷갈린다는 뜻이기 때문에 다시 큰 틀을 잡고 공부하시기 바라요.

2013-02 초등

정답과 해설

1) 정답

탐구 학습 모형, 가설 설정

해설

- **탐구 학습 모형**

단계	교수·학습 활동
문제 제기	• 탐구 문제 상황 제시 • 탐구 주제 제시
가설 설정	• 잠정적 결론인 가설 설정
용어 정의 및 개념화	• 주요 용어나 개념의 의미 명확하게 정의
자료 수집	• 가설 검증에 필요한 자료 수집
자료 분석	• 자료 분석 및 평가
가설 검증 및 일반화	• 가설 검증 • 일반화

[사회 지도서 총론 3-2. 사회과 주요 교수·학습 방법]

문제에서 활용한 모형은 '탐구 학습 모형'입니다. 따라서 정답은 위와 같습니다.

2) 정답

"세계 전통 가옥과 기후의 관계를 어떠한 방법으로 어떻게 조사할 수 있을까요?" / "필요한 자료에는 어떤 것이 있으며, 어떻게 수집할 수 있을까요?" / "필요한 자료의 종류와 적절한 수집 방법에는 무엇이 있을지 생각해 봅시다." 등

해설

ⓒ에서 교사는 학생들이 알맞은 자료를 수집할 수 있도록 발문을 제시해주어야 합니다. 따라서 자료의 수집 방법이나, 종류, 예시 등을 핵심 발문으로 해줘야 합니다. 따라서 정답은 자료 수집과 관련된 발문을 적으면 정답 처리됩니다.

3) 정답

ⓒ : 기온, ⓔ : 강수량

해설

기후
- 일정한 지역에서 여러 해에 걸쳐 나타나는 평균적인 날씨
- 세계의 기후를 분류하는 기준은 기온, 강수량이다.

[사회 6-2 2. 세계의 다양한 삶의 모습]

문제에서는 다양한 집의 종류에 대해 이야기하고 있습니다. 이 가옥들은 각 나라의 기온과 강수량에 맞춰서 지어진 집들입니다. 따라서 정답은 위와 같습니다.

빠른 <도덕> 정답표

백문이 불여일견 설명이 친절한 기출

2023학년도 기출

1-1	① 상황을 복잡하게 하기 ② 도덕 문제를 회피하는 것을 방지한다.
1-2	덕목 보따리
1-3	도덕적 상대주의

2022학년도 기출

1-1	실습 실연
1-2	① 윤지네 반 친구들의 입장에서 생각해 볼 수 있도록 발문한다. ② 모든 사람들이 범수처럼 행동할 때 나타날 결과를 생각해 보도록 발문한다.
1-3	사양지심

2021학년도 기출

1-1	통합성의 원리
1-2	소인
1-3	① 가상의 상황 제시하기 ② 도덕적 갈등(딜레마)가 포함된 상황 제시하기

2020학년도 기출

1-1	㉠ 배려 ㉡ 책임
1-2	도덕적 정서 능력
1-3	① 역량 중심 자율형 통합 심화 단원 ② 기본형 단원은 가치 덕목을 집중적으로 추구하지만, 자율형 단원은 교과 역량의 함양을 추구한다.

2019학년도 기출

1-1	행복
1-2	두려움이 과도할 경우에는 비겁하게 되고, 부족할 경우에는 만용을 부리게 된다. 두려움에 관해서 중용은 용기이다.
1-3	가치 판단 중심의 수업 과정·절차

2018학년도 기출

1-1	참된 아름다움
1-2	① 학습자들이 감동적인 사례를 관찰하여 아름다운 삶을 모방할 수 있다. ② 아름다운 삶과 관련하여 자신의 도덕적 경험을 발표하고 공유하기/ 아름다운 삶과 관련하여 자신의 도덕이야기 구성하기
1-3	자기 보고법

2018학년도 유사

1-1	아름다움에 대한 사랑
1-2	① 학습자들이 감동적인 사례를 관찰하여 아름다운 삶을 모방할 수 있다. ② 아름다운 삶과 관련하여 자신의 도덕적 경험을 발표하고 공유하기/ 아름다운 삶과 관련하여 자신의 도덕이야기 구성하기
1-3	자기 보고법

2017학년도 초등·초특 기출

1-1	① : ㉠, 타율적 도덕성 ② : 양심
유1	㉠ 양심 ㉡ : 자아이상
1-2	문제 상황만을 제시해 줌으로써 학습자가 등장인물의 말과 행동에 대해 자유롭게 생각하고 판단하여 나타낼 수 있다.
1-3	① : 우리·타인과의 관계 ② : 예절
유3	① : 타인과의 관계 ② : 예절

2016학년도 기출

1-1	① : 정언 명령 ② : 스스로 선택한 윤리적 원리를 따르고 그 원칙에 의해서 정의(正義)를 판단한다.
1-2	포함 관계 검사 (포섭 검사)
1-3	법리적

2015학년도 초등·초특 기출

1-1	친구 간의 예절을 알고, 친구 사이에 일어나는 문제를 해결하기 위해 옳게 판단할 수 있다.
1-2	ⓐ : 가치관계 확장법(확대법) ⓑ : 우리·타인과의 관계
1-3	㉣ : 귀납 ㉤ : 연역

2015학년도 초등 유사

1-1	친구 간의 예절을 알고, 친구 사이에 일어나는 문제를 해결하기 위해 올바른 판단할 수 있다.
1-2	ⓐ : 가치관계 확대법 ⓑ : 타인과의 관계
1-3	㉣ : 귀납 ㉤ : 연역

2014학년도 기출

1-1	절제
1-2	• ㉡의 원형: 소크라테스의 문답법 (산파술) • 발문: 절제와 관련된 개념에는 무엇이 있을까?
1-3	수업에서 다루고자 하는 주된 도덕 개념의 의미를 명확하게 한다. (명료화한다.)
유 1-3	절제

2013학년도 기출

1-1	상호 주관성
유	학생 상호 평가법
1-2	도덕 사회화론 A: 도덕적 추론(사고, 판단) 능력
1-3	㉢ 활동: 상황을 복잡하게 하기 ㉣ 보다 한 단계 위의 특징: 이 단계는 집단 구성원과의 조화로운 관계를 유지하는 것이 행위의 동기가 되고 있으며, 다른 사람들과의 관계를 예상하면서 자신의 관점(조망)을 취한다.

2023 초등 — 정답과 해설

1) 정답
① : 상황을 복잡하게 하기
② : 도덕 문제를 회피하는 것을 방지한다.

해설 ①

A안은 '도덕적 토론 수업' 모형을 따른 것이다. 도덕적 토론 도입하기 단계에서는 도덕적 문제 부각하기, '왜'라는 질문하기, 상황을 복잡하게 하기와 같은 활동이 이뤄진다.

해설 ②

'상황을 복잡하게 하기'와 같은 활동을 하는 이유는 인지 갈등과 복잡성을 증가시켜 학생들이 도덕 문제에 대해 회피하는 것을 막기 위함이다.

2) 정답
덕목 보따리

해설

'도덕적 토론 수업' 모형은 콜버그의 이론에 근거하고 있습니다. 콜버그는 인간의 도덕성 발달을 위해 가장 중요한 것은 '보편적 도덕 원리'로서의 정의라고 주장하며, 세세한 행위에 대한 규칙들인 '덕목'을 아무리 가르쳐도 그로부터 발전되는 도덕적 원리나 능력은 없다며 '덕목 보따리' 인격교육론을 비판했습니다. 그러므로 ⓒ에 적합한 단어는 덕목 보따리입니다.

3) 정답
도덕적 상대주의

해설

B안은 '가치 명료화 수업' 모형에 기반하고 있다. 이는 개인의 경험과 생각에 따른 가치의 선택을 중요시하기 때문에 '도덕적 상대주의'를 조장할 수 있다는 한계점을 지니고 있다.

> **한줄 조언**
> 2번 문제의 경우 소크라테스와 메논의 대화만으로는 '덕목 보따리'라는 답을 추론하기 어려울 수 있어요. 문제에는 콜버그를 통해 다시 한번 단서를 주고 있습니다. 임고에 다뤄지는 모든 내용을 공부하고 시험장에 들어가는 것은 불가능합니다. 내가 알고 있는 내용을 기반으로 답안을 추론하는 연습을 미리미리 해두시는 것을 추천합니다.

2022 초등 — 정답과 해설

1) 정답
실습 실연

해설

문제의 예비 교사는 ⓐ의 특징으로 도덕적 행동을 직접적 훈련으로 익히는 것과 가상의 상황을 설정해 올바른 행동을 실제로 익히는 것이라고 말하고 있습니다. 이 두 가지 특징 중 훈련을 통해 익히는 것은 실습의 방법이고, 가상의 상황은 활용하는 것은 실연의 방법입니다.

6 수업 과정·절차의 특징을 숙지해 두었다면 어렵지 않게 해결할 수 있는 문제입니다.

[도덕 지도서 총론 3-3. 도덕과 교수 학습의 일반적 과정·절차]

2) 정답
① : 윤지네 반 친구들의 입장에서 생각해 볼 수 있도록 발문한다.
② : 모든 사람들이 범수처럼 행동할 때 나타날 결과를 생각해 보도록 발문한다.

해설

역할 교환 검사는 가치 원리에 의한 결정에 영향을 받은 개인이나 집단의 입장에서 생각해 보도록 하는 것입니다. 위 문제의 상황에서는 '윤지네 반 친구들'의 입장에서 생각해 보게끔 하는 발문이 필요합니다.

보편적 결과 검사는 모든 사람이 가치 원리에 따라 행동할 경우 보편적으로 나타날 결과를 받아들일 수 있는지를 검토하기 위한 것입니다. 그러므로, 준수가 결정한 가치 원리에 따라 모든 사람이 행동할 때의 보편적 결과를 생각해 보도록 하는 발문이 필요합니다.

[도덕 지도서 총론 3-4. 도덕의 주요 교수·학습 모형]

3) 정답
사양지심

해설

맹자는 3성선설을 주장하며 그 증거로 불인인지심을 주장하며, 인간의 본성이 측은지심, 수오지심, 사양지심, 시비지심이라는 사단을 통해 드러난다고 말하였습니다. 그러므로, 빈칸에는 사단 중 지문에 언급되지 않은 '사양지심'을 적으면 됩니다.

[도덕 지도서 총론 1-2. 도덕과 교육의 이론적 기초]

한줄조언

지난해에 이어 '맹자'에 대한 문제가 2년 연속 출제되었습니다. 같은 주제에 대해 연속적으로 묻지 않는다는 통념을 깨주는 사례이죠. 같은 맹자를 다루고 있어도 충분히 다양한 문제가 만들어질 수 있다는 것을 잊어서는 안 됩니다.

기출 분석은 어떤 분야에서 자주 문제가 출제되는지, 어떤 방식으로 문제가 나오고 답안을 요구하는지를 분석하는 것입니다. '작년에 맹자 문제가 나왔으니 올해 맹자는 안 나오겠네.' 같은 생각으로 특정 주제에 대한 공부를 소홀히 하는 것은 바람직하지 않겠죠.

2021 초등 정답과 해설

1) 정답
통합성의 원리

해설

㉠에서는 인지, 정서, 행동 세 측면의 조화로운 형성을 강조하고 있습니다. 이는 도덕과 학습 지도의 기본 원리 중 '**통합성의 원리**'에 해당합니다.

통합성의 원리
도덕적 가치 규범을 지도함에 도덕적 덕성과 인격의 인지적, 정의적, 행동적 측면이 조화롭게 형성되도록 지도 방법과 교수학습 과정을 고려하는 원리를 말하는 것이다.

[도덕 지도서 총론 3-1. 도덕과 학습 지도의 기본 원리]

2) 정답
소인

해설

이 문제는 유가의 도덕적 인간상인 '군자(君子)'와 대비되는 개념을 묻고 있습니다.

유가의 주된 관심은 어떻게 하면 인간이 도덕적 완성을 이룰 수 있는가에 있었으며, 이를 설명하기 위해 도덕적인 측면에서 **소인(小人)**과 **군자(君子)**를 구별함으로써 학문의 목적을 뚜렷이 내세우고 교육의 역할과 가능성을 긍정하였습니다.

[도덕 지도서 총론 1-2. 도덕과 교육의 이론적 기초]

3) 정답
①: 가상의 상황 제시하기
②: 도덕적 갈등(딜레마)가 포함된 상황 제시하기

해설

3차시 수업에는 하인즈 딜레마가 제시되어 있습니다. 박 교사는 수업에 적합한 이야기로 콜버그의 토론식 수업을 적용하겠다고 했으므로 '도덕적 토론 수업 모형'과 연결지어 답을 구성해야 합니다. 지도 교수가 상황 제시 조건을 묻고 있으므로 상황을 도입하는 단계 즉, '도덕적 문제 사태의 제시' 단계의 활동에서 힌트를 얻어 상황 제시 조건을 생각하면 됩니다.

ⓑ에는 유럽의 어느 마을에 사는 하인즈라는 가상의 상황을 가져왔기 때문에 ⓑ에서 찾을 수 있는 상황 제시 조건은 '가상의 상황을 제시한다.'입니다.

ⓒ에는 '부인을 살리기 위해 하나밖에 없는 약을 훔칠 것인가와 도덕 규칙을 지킬 것인가' 사이의 딜레마 상황이 제시되어 있습니다. 그러므로 ⓒ에서 찾을 수 있는 상황 제시 조건은 '도덕적 갈등(딜레마)이 포함된 상황을 제시한다.'입니다.

[도덕 지도서 총론 3-4. 도덕의 주요 교수·학습 모형]

한줄조언

임용 문제를 풀 때 막히는 부분이 생긴다면 지문을 다시 읽으며 놓친 것이 없는지 확인해야 해요. 3번 문항의 경우, 박 교사의 마지막 발화에서 얻을 수 있는 힌트가 문제를 해결하는 큰 실마리가 될 수 있었죠? '상황 제시 조건'이라는 표현만 보면 무엇을 적어야 할지 잘 생각이 안 날 수 있지만, 박 교사의 발화에 나타난 '도덕적 토론 수업 모형'과 연결하면 좀 더 쉽게 문제에 접근할 수 있어요. 답이 잘 생각나지 않을 때는 일단 문제와 지문으로 다시 돌아가서 생각해 보는 것을 추천해요!

2020 초등 정답과 해설

1) 정답
㉠: 배려
㉡: 책임

해설

2015 개정 도덕과 교육과정에서 제시하고 있는 핵심가치는 다음과 같습니다.

영역	핵심가치
자신과의 관계	성실
타인과의 관계	배려
사회·공동체와의 관계	정의
자연·초월과의 관계	책임

길리건은 남성의 도덕으로 이름할 수 있는 정의와 권리의 도덕 외에 여성의 도덕이라 할 수 있는 따뜻한 배려와 책임의 도덕이 존재함을 밝혀냈습니다. 그러므로 빈칸에 들어갈 핵심가치는 배려와 책임이 적절합니다. 길리건은 이러한 입장을 바탕으로 정의 지향적 도덕성과 배려 지향적 도덕성은 상호 보완적이고 또 그렇게 접근되어야 함을 강조하는 한편, 이런 현상과 관점들이 도덕 교육에서 고

려 또는 보완되어야 함을 역설하였습니다.

[도덕 지도서 총론 1-2. 도덕과 교육의 이론적 기초]

2) 정답

도덕적 정서 능력

해설

2015 도덕과 교육과정은 '1. 성격'항을 통해 아래와 같이 핵심역량에 대해 서술하고 있습니다.

> 도덕과에서는 교육과정 총론에서 추구하는 핵심 역량의 바탕 아래, 자신을 존중하고 사랑하는 토대 위에서 자주적인 삶을 살고 자신의 욕구나 감정을 조절하며 이겨낼 수 있는 자기 존중 및 관리 능력, 일상의 문제를 도덕적으로 인식하고 도덕적 판단 및 추론의 탐구 과정을 거쳐 타당한 근거를 가지고 옳고 그름을 분별할 수 있는 <u>도덕적 사고 능력</u>, 의사소통 과정에서 타인의 도덕적 요구 인식 및 수용과 이상적인 의사소통 공동체를 지향하면서 타인과 더불어 살아갈 수 있는 도덕적 대인 관계 능력, 도덕성을 전제로 자신 및 타인의 감정을 인식하고 배려할 수 있는 도덕적 정서 능력, 도덕규범과 정서 및 유대감을 근간으로 자신이 속한 다양한 공동체의 구성원으로서의 소속감을 갖고 살아갈 수 있는 도덕적 공동체 의식, 일상 세계에서 자신의 삶을 윤리적으로 성찰하는 토대 위에서 도덕적 가치와 규범을 지속적으로 실천할 수 있는 윤리적 성찰 및 실천 성향을 함양하고자 한다.

3) 정답

① : 역량 중심 자율형 통합 심화 단원
② : 기본형 단원은 가치 덕목을 집중적으로 추구하지만, 자율형 단원은 교과 역량의 함양을 추구한다.

해설

도덕 지도서 총론 '4. 도덕과 교과용 도서의 편찬 방향과 체제구성 및 활용'항에서 5) 자율형 단원 구성의 실제를 통해 그 의미와 특징에 대해 밝히고 있습니다.

자율형 단원의 정확한 명칭은 '역량 중심의 자율형 통합 심화 단원'입니다. 2015 개정 교육과정의 중요한 특징 중 하나는 <u>핵심 역량의 함양</u>을 추구한다는 것입니다. 자율형 단원은 이러한 교육과정의 정신에 부응하기 위해 만들어졌습니다.

자율형 통합 심화 단원의 특징을 정리하면 다음과 같습니다.

> - 교과 역량의 함양을 직접 추구한다.
> - 가치·덕목의 통합과 심화를 추구한다.
> - 학교 현장에서 교사와 학생들이 자율적으로 만들어 가는 도덕 수업을 도모한다.

[도덕 지도서 총론 4-5. 자율형 단원 구성의 실제]

문제에서 기본형 단원과 비교하여 자율형 단원의 특징을 적으라고 했으므로 가치·덕목을 추구한다는 답은 적절치 않습니다. '교과 역량의 함양 추구' 또는, '가치·덕목의 통합과 심화를 추구'와 같은 키워드가 들어가도록 서술해야 합니다.

> **한줄 조언**
>
> 임용 공부를 할 때, 너무 세세한 내용까지 다 보려고 하기 보다는 기본에 충실한 공부가 훨씬 중요합니다. 임용은 남들이 못 맞히는 문제를 맞히는 것보다 모두 맞히는 문제를 놓치지 않고 풀어내는 게 중요한 시험이니까요.

2019 초등 정답과 해설

1) 정답

행복

해설

'지적 덕'과 '도덕적 덕'이라는 키워드를 통해 ⊙이 아리스토텔레스임을 쉽게 파악할 수 있습니다. 아리스토텔레스는 인간 존재와 활동은 어떤 목적을 지향하며, 그 목적은 인간에게 좋고 옳은 것으로서의 선을 실현하는 데 있다고 보았습니다. 인간이 추구하는 다양한 목적이 있을 수 있는데 그 중 보다 좋고 훌륭하여 모두가 공동으로 추구하는 최고의 궁극적 목적과 선을 '<u>행복</u>'이라고 보았습니다.

[도덕 지도서 총론 1-2. 도덕과 교육의 이론적 기초]

2) 정답

두려움이 과도할 경우에는 비겁하게 되고, 부족할 경우에는 만용을 부리게 된다. 두려움에 관해서 중용은 용기이다.

해설

중용이란 지나치거나 모자라지 않고, 한쪽으로 치우치지도 않는 상태를 의미합니다. 이 문제는 제시된 '두려움'이라는 키워드를 가지고, 어울리는 덕목을 찾아 형식에 맞게 서술하는 문제입니다. 문제를 해결하는 핵심은 두려움의 중용인 '용기'라는 덕목을 떠올리는 것입니다. 그 후에 두려움이 부족하거나 과도한 경우를 표현하는 단어를 찾아 차근차근 답을 구성해야 합니다.

3) 정답

가치 판단 중심의 수업 과정·절차

해설

합리적 의사 결정의 학습을 통해 바른 선택 즉, 도덕적 판단을 주된 활동으로 하는 수업 과정·절차는 가치 판단 중심의 수업 과정·절차입니다.

[도덕 지도서 총론 3-3. 도덕과 교수·학습의 일반적 과정·절차]

한줄 조언

제가 시험을 봤던 해의 문제인데 시험장에서 이 문제를 받을 때 굉장히 당황했던 기억이 납니다. 이 문제는 사람에 따라 느끼는 난이도가 굉장히 달랐을 것이라고 생각해요. '비겁-용기-만용'이라는 키워드는 아리스토텔레스가 쓴 '니코마코스 윤리학'에 실제 등장하는 예시라 수능 때 윤리 관련 과목을 공부했던 수험생들은 쉽게 해결했을 수 있는 문제였을 수 있어요. 저는 수능 때 '윤리와 사상'을 봤는데도 임용 시험장에서는 아무 생각이 나지 않아 오랫동안 고민하며 이 문제를 풀었습니다.

보통 이와 같은 현장 적용형 문제는 주어진 형식에 맞고, 의미가 통하도록 서술하면 점수를 주는 경우가 많습니다. 그러니 여러분을 당황시키는 문제일수록 문제를 꼼꼼하게 읽고, 단계적으로 문제에 접근하여 해결하는 것이 필요해요. 바로 답이 생각이 나지 않더라도 주어진 조건 안에서 가장 정선된 키워드를 떠올려 답안을 작성하려고 노력해보세요. 저는 두려움의 반대를 먼저 떠올린 후, 하나씩 맞는 덕목을 생각해서 답을 적었던 기억이 납니다.

2018 초등 — 정답과 해설

1) 정답

참된 아름다움

해설

2009 도덕과 교육과정에 제시된 각 영역별 가치·덕목은 아래와 같습니다.

도덕적 주체로서의 나	감정의 조절과 표현 자기 행동에 대한 책임감
우리·타인과의 관계	정보 사회에서의 올바른 생활 웃어른 공경과 예절
사회·국가·지구 공동체와의 관계	인권 존중과 보호 법과 규칙의 준수 공동체 의식과 시민의 역할
자연·초월적 존재와의 관계	참된 아름다움

2) 정답

① : 학습자들이 감동적인 사례를 관찰하여 아름다운 삶을 모방할 수 있다.
② : 아름다운 삶과 관련하여 자신의 도덕적 경험을 발표하고 공유하기 / 아름다운 삶과 관련하여 자신의 도덕이야기 구성하기
도덕 이야기 수업 모형에서의 세 번째 단계 혹은 네 번째 단계의 일부를 활용할 수 있다.

해설 ①

반두라(A. Bandura), 시어스(R. W. Sears) 등의 학자는 인간의 행동 변화가 강화나 벌이 아닌 모범 행동을 관찰하고 모방함으로써도 이뤄질 수 있음을 주장하였습니다. 관찰과 모방, 인간의 인지적 특성에 의한 학습을 강조하는 이론을 '사회학습이론'이라 합니다. 사회학습이론에 따르면 도덕적 행동의 학습, 도덕성의 형성과 발달은 관찰, 모방, 동일시를 통해서도 이뤄집니다.

학습자들은 전개 1의 활동을 통해 감동적인 사례를 관찰하고, 아름다운 삶을 모방함으로써 도덕적 행동을 학습할 수 있습니다.

[도덕 지도서 총론 1-2.도덕과 교육의 이론적 기초]

해설 ②

전개 2에 제시된 내용을 통해 이 단계의 교수·학습 활동이 '도덕 이야기 수업 모형'에 기초하고 있음을 알 수 있습니다. 그러므로 도덕 이야기 수업 모형의 2번째(도덕 이야기의 제시와 주요 내용 파악) 혹은 3단계(도덕 이야기의 탐구 및 자신의 도덕적 경험 발표와 공유)에 기초하여 '아름다운 삶'이라는 수업 주제에 어울리는 답을 구성하면 됩니다.

3) 정답

자기 보고법

해설

어떤 문제에 대해 학생이 자기 생각이나 의견을 답하게 하는 평가 방법을 '자기 보고법'이라고 합니다. 이는 학생의 도덕적 경험이나 내면적 움직임, 가치·태도, 도덕적 관심과 흥미의 정도, 인격적 특성 및 도덕 생활의 여러 양상을 깊숙이 알아내는 데 도움을 줍니다. 자기 보고법을 활용할 때에는 자유 반응형, 체크리스트형, 등위형, 도덕 생활 평가표 등 여러 방법을 활용할 수 있습니다.

2018 초등 유사 — 정답과 해설

1) 정답

아름다움에 대한 사랑

해설

2015 도덕과 교육과정에 제시된 각 영역별 가치·덕목은 아래와 같습니다.

영역	가치·덕목 (3-4학년군)
자신과의 관계	• 근면, 정직 • 시간 관리와 절약 • 인내
타인과의 관계	• 효, 우애 • 우정 • 예절 • 협동
사회·공동체와의 관계	• 공익, 준법 • 공정성, 존중 • 통일의지, 애국심
자연·초월과의 관계	• 생명 존중, 자연애 • 아름다움에 대한 사랑

주어진 수업에서 '아름답게 살아가는 사람들의 모습'에 대해 다루고 있으므로 이 수업에 어울리는 가치·덕목은 '아름다움에 대한 사랑' 입니다.

2) 정답

① : 학습자들이 감동적인 사례를 관찰하여 아름다운 삶을 모방할 수 있다.
② : 아름답게 살아가는 사람들의 삶과 관련하여 자신의 도덕적 경험을 발표하고 공유하기 / 아름답게 살아가는 사람들의 삶과 관련하여 자신의 도덕이야기 구성하기

해설 ①

반두라(A. Bandura), 시어스(R. W. Sears) 등의 학자는 인간의 행동 변화가 강화나 벌이 아닌 모범 행동을 관찰하고 모방함으로써도 이뤄질 수 있음을 주장하였습니다. 관찰과 모방, 인간의 인지적 특성에 의한 학습을 강조하는 이론을 '사회학습이론'이라 합니다. 사회학습이론에 따르면 도덕적 행동의 학습, 도덕성의 형성과 발달은 관찰, 모방, 동일시를 통해서도 이뤄집니다.

학습자들은 전개 1의 활동을 통해 감동적인 사례를 관찰하고, 아름답게 살아가는 사람들의 삶을 모방함으로써 도덕적 행동을 학습할 수 있습니다.

[도덕 지도서 총론 1-2. 도덕과 교육의 이론적 기초]

해설 ②

전개 2에 제시된 내용을 통해 이 단계의 교수·학습 활동이 '도덕 이야기 수업 모형'에 기초하고 있음을 알 수 있습니다. 그러므로 도덕 이야기 수업 모형의 2번째(도덕 이야기의 제시와 주요 내용 파악) 혹은 3단계(도덕 이야기의 탐구 및 자신의 도덕적 경험 발표와 공유)에 기초하여 수업 주제에 어울리는 답을 구성하면 됩니다.

3) 정답

자기 보고법

해설

어떤 문제에 대해 학생이 자기 생각이나 의견을 답하게 하는 평가 방법을 '자기 보고법'이라고 합니다. 이는 학생의 도덕적 경험이나 내면적 움직임, 가치·태도, 도덕적 관심과 흥미의 정도, 인격적 특성 및 도덕 생활의 여러 양상을 깊숙이 알아내는 데 도움을 줍니다. 자기 보고법을 활용할 때에는 자유 반응형, 체크리스트형, 등위형, 도덕 생활 평가표 등 여러 방법을 활용할 수 있습니다.

2017 초등·초특 공통

1) 정답

① : ㉠, 타율적 도덕성
② : 양심

해설

피아제는 아동의 도덕성이 타율적 도덕성에서 자율적 도덕성으로 발전한다고 보았습니다. ㉠은 타율적 도덕성에 대한 설명이며, ㉡의 설명은 자율적 도덕성에 대한 설명입니다.

'나쁜 행동을 했을 경우에 도덕 규칙이 자연에 내재되어 있어서 하늘이 벌을 줄 것이라는 믿음에 근거하는 경향'은 규칙과 규제를 자신들의 외부에서 부과되는 것으로 인식하며, 그러한 규칙과 규제를 부여하는 절대적 권위의 힘이 존재한다고 믿는 것에 기초하므로 이는 타율적 도덕성에 해당합니다.

[도덕 지도서 총론 1-2. 도덕과 교육의 이론적 기초]

정신 분석학적 도덕 심리학에서는 인성의 구조를 원초아, 자아, 초자아로 구분하고 있습니다. 도덕 심리학에서의 도덕 교육은 초자아의 형성에 유의할 것을 지적하고 있는데 초자아는 보통 양심이라고 일컫는 것으로 일종의 죄책감이라고 할 수 있습니다. 즉, ㉢에서 말하는 우리에게 죄책감을 느끼게 하고 하지 말아야 할 것을 일러주는 것은 '양심'입니다.

[도덕 지도서 총론 1-2. 도덕과 교육의 이론적 기초]

유1) 정답

㉠ : 양심
㉡ : 자아이상

해설

정신 분석학적 도덕 심리학에서는 인성의 구조를 원초아, 자아, 초자아로 구분하고 있습니다. 도덕 심리학에서의 도덕 교육은 초자아의 형성에 유의할 것을 지적하고 있는데 초자아는 '양심'과 '자아 이상'으로 구성되어 있습니다. 양심은 일종의 죄책감이라고 할 수 있는데, 이는 어린 시절부터 부모나 성인들이 반복적으로 제시하는 금지의 소리가 내면화되어 형성된 것입니다. 자아 이상은 바람직한 자기 모습, 이루고자 소망하는 자기 모습에 대한 이상적 이미지로 이는 선행과 선의지를 증진시키는 내부의 격려자가 됩니다.

[도덕 지도서 총론 1-2. 도덕과 교육의 이론적 기초]

2) 정답

문제 상황만을 제시해 줌으로써 학습자가 등장인물의 말과 행동에 대해 자유롭게 생각하고 판단하여 나타낼 수 있다.

해설

A안은 상황을 물론 구체적인 대사와 지문을 포함한 대본이 있는 역할극 활동이고, B안은 상황만 제시되어 있는 역할 놀이 활동입니다

다. 역할 놀이는 주어진 상황 외에는 학습자가 자유롭게 등장인물의 말과 행동을 구성할 수 있다는 장점이 있습니다.

3) 정답

① : 우리·타인과의 관계
② : 예절

해설

2015 도덕과 교육과정에 제시된 각 영역과 영역별 가치·덕목은 아래와 같습니다.

영역	가치·덕목 (3-4학년군)
자신과의 관계	• 근면, 정직 • ( ) • 인내
타인과의 관계	• 효, 우애 • 우정 • 예절 • 협동
사회·공동체와의 관계	• ( ), ( ) • 공정성, 존중 • 통일의지, 애국심
자연·초월과의 관계	• ( ), ( ) • 아름다움에 대한 사랑

★ 빈칸은 스스로 채워봅시다.

2016 초등 — 정답과 해설

1) 정답

① : 정언 명령
② : 스스로 선택한 윤리적 원리를 따르고 그 원칙에 의해서 정의 (正義)를 판단한다.

해설 ①

> 칸트는 인간이 도덕적인 존재가 되고자 하는 한, 타당한 도덕 법칙이 명령하는 바를 존중하고 그것에 따라야 한다고 말했습니다. 칸트는 도덕 법칙의 근원을 이성에서 찾았으며, 인간 행동과 사회적 삶의 최고의 도덕 법칙을 '정언 명령'이라고 보았습니다.
> [도덕 지도서 총론 1-2. 도덕과 교육의 이론적 기초]

콜버그는 도덕성 발달 단계를 아래와 같이 3수준 6단계로 나누어 설명하였습니다.

콜버그의 도덕성 발달 단계	
처벌과 복종의 정향	벌을 피하고 권위자에 복종하기 위해 옳은 행동을 하며, 행위의 결과에 의해 옳고 그름을 판단함.
도구적 상대주의 정향	자신의 욕구나 타인의 욕구를 만족시켜주는 것이 옳은 행동으로 여기며, 개인적 이해관계에 기초하여 판단함.
착한 아이 정향	다른 사람을 기쁘게 하고 도와주는 행동 그래서 타인이 인정해주는 행동을 옳은 행동이라고 판단함.
사회 유지의 정향	사회 질서 자체를 유지하는 것이 옳음의 기준이며 행위의 동기나 결과보다는 규칙의 준수 여부를 중시함.
사회 계약적 정향	규칙을 사회 구성원의 검토와 동의해 의해 정해진 것으로 여기며, 규칙이나 법률을 개정될 수 있다고 생각함.
보편적 윤리적 정향	개별적 인간의 존엄성, 사회 정의 등 보편적 원리에 입각해 판단하며, 스스로 규정한 정의와 도덕 원리에 따라 판단함.

[도덕 지도서 총론 1-2. 도덕과 교육의 이론적 기초]

그러므로, ⓒ과 같이 인간 존엄성을 기초로 하여 판단하는 단계는 6단계인 '**보편적 윤리적 정향**'에 해당합니다. 이 단계에서 판단의 기준은 인간의 존엄성, 사회 정의 등과 같은 보편적 원리이며, 스스로 규정한 도덕적 정의와 원리에 따른 양심의 결단을 통해 도덕적 판단을 내립니다.

한줄 조언

> 이 문제는 칸트 사상의 핵심을 잘 알아두었다면 어렵지 않게 해결할 수 있는 문제였어요. 도덕 지도서에 보면 '도덕과 교육의 이론적 기초(p.9~25)'라고 하여 주요 학자들의 사상을 정리해 둔 부분이 있습니다. 최소한 이 부분에 나온 내용은 빼먹지 말고 공부해야 해요. 사실 이 부분의 내용 서술 방식이 그리 깔끔하지는 않아서 한 번에 내용이 잘 들어오지는 않을 거예요. 저도 공부하면서 답답하고 사실 화가 나기도 했었어요. 그래서 저는 완전히 이해가 될 때까지 계속 읽은 뒤, 제가 받아들이기 쉬운 표현으로 따로 노트에 정리해서 가지고 다녔어요. 지도서에 나온 내용은 임용 출제 시, 그 근거가 분명하게 있는 것이니 이 내용은 무조건 내 것으로 만든다는 생각으로 꼼꼼히 공부해두는 것을 추천해요.
> 콜버그의 도덕성 발달 단계와 같이 어떤 발달 단계를 공부할 때, 초등생에 해당하는 부분만 공부하는 학생들이 있어요. 하지만, 이 문제에서 볼 수 있듯이 꼭 초등학생에 해당하는 단계나 내용만 출제되지는 않는답니다. 화이팅입니다! ㅠㅠ

2) 정답

포함 관계 검사 (포섭 검사)

해설

가치 분석 모형에서 제시하고 있는 가치 원리 검사는 다음과 같습니다.

가치 원리 검사	
새 사례 검사	가치 원리가 유사한 다른 사례에 일관되게 적용될 수 있는지를 검토하는 것.
포함 관계 검사	가치 원리가 더욱 일반적인 가치 원리로부터 타당하게 추론 가능한지 따져보는 것.
역할 교환 검사	가치 원리에 기초한 결정에 영향을 받는 개인이나 집단들의 태도를 바꿔놓고 생각 해보는 것.
보편적 결과 검사	모든 사람이 그러한 가치 원리에 따라 행동할 경우, 보편적으로 나타낼 결과를 받아들일 수 있겠는가를 검토해보는 것.

주어진 상황에서 경수는 '친구끼리는 서로 도와주어야 한다.'고 주장합니다. 경수가 주장한 원리보다 보편적인 '모든 사람을 공정하게 대해야 한다.'는 일반적 가치 원리를 제시하였기 때문에 이는 '포함 관계 검사'에 해당합니다.

'모든 사람'이라는 표현 때문에 '보편적 결과 검사'를 답으로 적는 경우가 있습니다. 정답이 보편적 결과 검사가 되기 위해서는 '모든 사람이 친구라는 이유로 반칙을 눈감아준다면 어떻게 될까요?'와 같은 질문이 제시되었어야 합니다.

> **한줄조언**
> 도덕은 모형도 참 많은데 모형 안에 무슨 검사도 있고 여러 가지 이름이 붙은 질문들도 있죠? 모형 안에도 너무나 내용이 많아 도덕과의 모형을 공부하다 보면 산 넘어 산이라는 생각이 들기도 합니다. 이러한 검사나 질문들은 내용만 알아두면 상황에 적용하기가 생각보다 쉽지가 않아요. 꼭, 질문의 예시와 함께 공부해두세요. 설명만 보고는 잘 이해가 가지 않는 것들도 예시를 보면 아마 감이 올 거예요. 또, 모형의 각 단계에서 실제적으로 사용할 수 있는 발문도 한 번씩 떠올려보는 것이 도움이 된답니다.

3) 정답

법리적

해설

'가치 갈등 해결 수업 모형'이 어디에 기초하고 있는지를 공부해 두었다면 어렵지 않게 해결할 수 있는 문제입니다.

'가치 갈등 해결 수업 모형'은 올리버와 셰이버의 법리적 모형에서 비롯된 것입니다. 법리적 모형이란 이름이 붙은 까닭은 이들이 이상적으로 생각한 시민들의 모습이 유능한 재판관의 모습이라고 생각하였기 때문입니다. 올리버와 셰이버는 복합적이고 논쟁적인 문제들을 해결하기 위해서는, 서로 대화하는 가운데 성공적으로 그 차이를 해결해 갈 수 있는 시민들이 필요하다고 보았습니다. 즉, 올바른 가치 판단과 합리적 의사 결정이란 이성적이고도 공정한 입장에서 사안을 판단하는 재판관이 하는 일과 같은 것으로 간주하였습니다.

[도덕 지도서 총론 3-4.도덕의 주요 교수학습 모형]

> **한줄조언**
> 모형을 공부할 때에는 그 모형이 갖고 있는 이론적 배경을 함께 공부해두는 것이 좋아요. 도덕과 모형 공부에 도전하신 여러분을 응원합니다! 이왕 시작하신 것이니 끝까지 힘내셔서 도덕과 모형을 뽀셔주세요!

2015 초등·초특 공통 정답과 해설

1) 정답

친구 간의 예절을 알고, 친구 사이에 일어나는 문제를 해결하기 위해 옳게 판단할 수 있다.

해설

제시된 수업 계획에 어울리는 '학습 목표'를 적어야 하는 문제입니다. 위 수업은 친구 간의 예절을 지키지 않은 문제 상황에 대한 해결 방법을 찾고, 실천 의지를 다짐하는 과정으로 계획되어 있습니다. 그러므로 '친구 간의 예절'이라는 내용 요소를 도출한 뒤, 문제 해결과 실천의 과정을 행동 진술하는 학습 목표를 만들어야 합니다.

2) 정답

ⓐ : 가치관계 확장법(확대법)
ⓑ : 우리·타인과의 관계

해설

2009 개정 도덕과 교육과정 개정의 기본 방향과 중점에 따르면, 도덕과는 내용 영역을 '**가치 관계 확장법**'에 의해 설정된 각 내용 영역별로 성취하고 도달해야 할 것들이 무엇인지를 명확하게 보여 주는 방식으로 나타내고 있습니다.

3) 정답

ⓔ : 귀납
ⓜ : 연역

해설

도덕과 뿐만 아니라 많은 과목에서 추론 방법에 대해 다루고 있습니다. 김 교사가 말한 논의가 되는 문제 상황을 해결한 여러 사례들로부터 일반적인 해결 방법을 추론하는 방식은 '귀납적 추론'을 말하며, 상위의 도덕 원리로부터 '친구 간에 서로 피해를 주지 말아야 한다.'는 구체적인 행동 준거를 도출해내는 방식은 '연역적 추론'을 의미합니다.

> **한줄 조언**
> 1번 문제와 같은 현장 적용형 문제는 주어진 제시문과 조건을 잘 분석하는 것이 중요합니다. 실제 여러분이 치를 시험에서 어떤 내용을 주제로 한 문제가 나올지 예측하기란 참 어려워요. 기출문제나 유사 문제를 풀 때, 제시문을 통해 답의 근거를 찾고, 조건에 맞는 형태로 답을 쓰는 연습을 해두면 현장에서도 쉽게 해결하실 수 있으리라고 생각합니다.

> **한줄 조언**
> 도덕과는 '내용 체계'가 참 자주 출제되는 과목입니다. 특히, 영역과 가치·덕목은 단골 출제 요소예요. 조금 더 힘을 내어 내용체계표의 기능까지 외워봅시다. 화이팅!

2015 초등·초특 공통 유사   정답과 해설

1) 정답
친구 간의 예절을 알고, 친구 사이에 일어나는 문제를 해결하기 위해 올바른 판단할 수 있다.

해설
제시된 수업 계획에 어울리는 '학습 목표'를 적어야 하는 문제입니다. 위 수업은 친구 간의 예절을 지키지 않은 문제 상황에 대한 해결 방법을 찾고, 실천 의지를 다짐하는 과정으로 계획되어 있습니다. 그러므로 '친구 간의 예절'이라는 내용 요소를 도출한 뒤, 문제 해결과 실천의 과정을 행동 진술하는 학습 목표를 만들어야 합니다.

2) 정답
ⓐ: 가치관계 확대법
ⓑ: 타인과의 관계

해설
2015 개정 초등 도덕과 교육과정에서는 '**가치 관계 확대법**'에 따라 자신과의 관계, 타인과의 관계, 사회·공동체와의 관계, 자연·초월과의 관계라는 4개의 영역을 설정하고 있습니다.
위 수업은 친구 사이의 벌어진 문제를 다루고 있으므로 도덕과의 네 영역 중 '**타인과의 관계**'에 속하는 내용입니다.
[도덕 지도서 총론 2-4. 도덕과의 성격·목표·내용]

3) 정답
ⓔ: 귀납
ⓓ: 연역

해설
(가)에 제시된 수업 모형은 '합리적 의사 결정 수업 모형'입니다. [A] 활동을 지도할 때에는 가치 규범의 의미와 타당성을 파악하는 과정이 필요합니다. 가치 규범의 타당성을 알아보는 방법에는 상위 도덕 원리로부터 연역적으로 추론해 보는 방식과 학생들의 경험이나 사실적 지식, 정보 등을 통해 귀납적으로 검토해보는 방식이 있습니다.

2014 초등   정답과 해설

1) 정답
절제

해설
이 단원은 교육과정상 '도덕적 주체로서의 나' 영역의 '감정의 올바른 관리'라는 지도 요소 및 주제를 다루고 있습니다. 중심 가치·덕목은 절제이며 관련 가치·덕목은 책임, 성실 등 입니다.
[2007 교육과정 5학년 지도서 128쪽]

2) 정답
• ⓒ의 원형: 소크라테스의 문답법 (산파술)
• 발문: 절제와 관련된 개념에는 무엇이 있을까요?

해설
개념 분석 모형은 윌슨(J. Wilson)이 개발한 것으로, 이러한 도덕 교육적 측면에서의 개념 분석 교육의 원형은 소크라테스에게서 찾아볼 수 있습니다. D단계는 '그 개념과 관련된 개념의 분석'단계로 도덕 개념을 더욱 넓은 범위에서 논리적, 경험적으로 분석하는 단계입니다. 이렇게 개념을 확대 분석하면서 그 수업에서 다루고자 하는 주된 도덕 개념의 의미를 보다 명료화하고 깊이 이해할 수 있습니다.
[도덕 지도서 총론 3-4. 도덕의 주요 교수학습 모형]

3) 정답
수업에서 다루고자 하는 주된 도덕 개념의 의미를 명확하게 한다. (명료화한다.)

해설
제시된 수업 모형은 '개념 분석 수업 모형'이며, 세 단계가 공통적으로 추구하는 것은 수업에서 다루는 개념의 의미를 더욱 명료화하는 것입니다.
[도덕 지도서 총론 3-4.도덕의 주요 교수학습 모형]

한 줄 조언

도덕과에는 참 많은 수업 모형이 있죠? 저도 처음에는 도덕 모형이라는 말만 들어도 질리는 기분이 들곤 했어요. 저는 도덕과 모형을 따로 종이 한 장에 청킹과 함께 정리하고 코팅해서 들고 다녔어요. 어쩔 수 없이 외워야 하는 상황이었던지라 저는 도덕 모형 외우기를 일종의 퀘스트처럼 생각했어요. 하나씩 모형을 외우는 것이 게임 속 퀘스트를 하나씩 정복해가는 것 같은 기분이 들더라고요. 마치 보스 몬스터처럼 여겨지는 콜버그 모형의 모든 단계와 질문까지 완전히 외웠을 때에는 정말 뿌듯했던 기억이 납니다.

수업 모형의 출제 빈도가 점점 떨어지는 경향이 있지만 여전히 도덕과에서는 수업 모형에 따른 수업 상황이 지문으로 제시되는 경우가 많습니다. 요즘은 단계의 이름을 묻기보다는 각 단계에서 추구하는 것이 무엇인지, 해당 단계에서 적절한 학습 활동은 무엇인지를 묻는 경우가 훨씬 많아요. 단계명을 토씨 하나 틀리지 않고 외우겠다는 마음보다는 모형의 배경 이론을 이해하고 그에 따른 수업 전개 방향을 아는 것이 필요해요. 각 모형이 어떤 이론에 기초하고 있는지를 이해하고, 각 단계에 어울리는 수업 활동을 생각해낼 수 있다면 여러분은 도덕과 모형을 충분히 잘 알고 계신 거예요. 물론, 단계까지 완벽히 외울 수 있다면 금상첨화겠죠?

2014 초등 유사 — 정답과 해설

1) 정답

감정표현과 충동조절

해설

이 단원은 교육과정상 '자신과의 관계' 영역의 '어떻게 하면 감정을 잘 조절할 수 있을까'라는 내용 요소를 다루고 있습니다. 이에 해당하는 가치·덕목은 절제이며 관련 가치·덕목은 **감정표현과 충동조절**입니다.

2) 정답

- ⓒ의 원형: 소크라테스의 문답법 (산파술)
- 발문: 절제와 관련된 개념에는 무엇이 있을까요?

해설

개념 분석 모형은 윌슨(J. Wilson)이 개발한 것으로, 이러한 도덕 교육적 측면에서의 개념 분석 교육의 원형은 소크라테스에게서 찾아볼 수 있습니다. D단계는 '그 개념과 관련된 개념의 분석' 단계로 도덕 개념을 더욱 넓은 범위에서 논리적, 경험적으로 분석하는 단계입니다. 이렇게 개념을 확대 분석하면서 그 수업에서 다루고자 하는 주된 도덕 개념의 의미를 보다 명료화하고 깊이 이해할 수 있습니다.

[도덕 지도서 총론 3-4. 도덕의 주요 교수학습 모형]

3) 정답

수업에서 다루고자 하는 주된 도덕 개념의 의미를 명확하게 한다. (명료화한다.)

해설

제시된 수업 모형은 '개념 분석 수업 모형'이며, 세 단계가 공통적으로 추구하는 것은 수업에서 다루는 개념의 의미를 더욱 명료화하는 것입니다.

[도덕 지도서 총론 3-4. 도덕의 주요 교수·학습 모형]

2013 초등 — 정답과 해설

1) 정답

상호 주관성

해설

2007 개정 도덕과 교육과정의 '**5. 평가**'에서는 '라'항에서 다음을 밝히고 있습니다.

> 라. 도덕과 평가에서 상호 주관성을 확보하기 위하여 성취기준형으로 제시된 학년별 교육 내용을 도덕과 평가의 실질적인 기준으로 적극 활용하도록 한다.

유1) 정답

학생 상호 평가법

해설

2015 개정 도덕과 교육과정의 '타인과의 영역'의 '평가 방법 및 유의사항'에서는 다음을 밝히고 있습니다.

> 교사는 연구 보고서법을 활용하여 사이버 상황과 관련된 문제 해결 능력을 평가할 수 있으며 보고서를 평가할 때 자기 평가, 동료 평가, 교사 평가 등 다면적인 평가가 이루어지도록 한다. 그리고 다른 사람을 배려하는 행동 등에 대한 평가는 학생 상호 평가법을 사용할 수 있다.

'평가 방법 및 유의사항'에는 영역별로 활용할 수 있는 구체적인 평가 방법이 제시되어 있습니다. 제시된 평가 방법과 유의사항을 잘 알아두는 것이 좋습니다.

2) 정답

도덕 사회화론
A : 도덕적 추론(사고, 판단) 능력

해설

현대 교육에서 도덕적 사회화 접근은 학생들에게 사회적 가치들과 행동들을 주입한다면, 학생들이 사회적인 도덕적 성향들을 지니게 될 것이라고 주장합니다. 그러므로, 이야기를 통해 학생들에게 감동을 주고 좋은 친구가 되려는 마음을 길러주는 ⓒ의 방법은 도덕 사회화론에 근거하고 있습니다.

도덕 발달론의 대표 학자인 피아제(J. Piaget)는 특정한 도덕적 행동 방안을 택해야 하는 혹은 택해서는 안 되는지에 대한 복잡하고도 보편적인 이유들을 구성해 나가는 과정을 중시하였으며, 그는 이것을 도덕적 판단력의 발달이라고 규정하였습니다. 도덕 발달론자들은 도덕적 판단, 추론, 사고 능력을 도덕 교육의 목표로 합니다.

[도덕 지도서 총론 1-2. 도덕과 교육의 이론적 기초]

3) 정답

ⓒ 활동 : 상황을 복잡하게 하기
ⓔ 보다 한 단계 위의 특징 : 이 단계는 집단 구성원과의 조화로운 관계를 유지하는 것이 행위의 동기가 되고 있으며, 다른 사람들과의 관계를 예상하면서 자신의 관점(조망)을 취한다.

해설

위 문제에 제시된 수업 모형은 콜버그의 도덕적 토론 수업 모형입니다. '박 교사'가 던진 질문의 목적은 상황을 복잡하게 만들어 문제의 여러 측면을 탐색하도록 하는 것입니다. 이러한 질문은 원래 문제에 새로운 정보 또는 상황을 부가함으로써 복잡성과 인지적 갈등을 증대시키고, 학생들이 문제를 회피하는 것을 막기 위해 도입됩니다.

ⓔ의 단계는 콜버그의 도덕성 발달 단계의 제 2단계(도구적 상대주의 정향)로 자신의 이익이 도덕 판단의 기준이 됩니다. 한 단계 위인 제 3단계(착한 아이 정향)는 사회 구성원으로서의 관점을 취하며, 이 단계에서 올바른 행동이란 다른 사람을 기쁘게 하고 도와주는 행동, 그리하여 다른 사람들이 승인하는 행동입니다.

[도덕 지도서 총론 3-4. 도덕의 주요 교수·학습 모형]

빠른 <바른생활> 정답표

백문이 불여일견 설명이 친절한 기출

2023학년도 기출
스스로 하기

2023학년도 유사
하루 생활 관리하기

2022학년도 기출
자기관리 역량

2022학년도 유사
우리는 누구로 살아갈까

2021학년도 기출
습관화하기

2021학년도 유사
실천하기

2020학년도 기출
내면화

2020학년도 유사
성찰

2019학년도 기출
나라 사랑

2019학년도 유사
나라 사랑

2018학년도 기출
공중도덕

2018학년도 유사
공동체 생활 모습

2017학년도 기출
내면화하기

2017학년도 유사
공동체성

2016학년도 기출
협동하기

2016학년도 유사
관계 맺기

2015학년도 기출
물건 소중히 하기

2015학년도 유사
안전하고 건강한 생활

2014학년도 기출
공동체적 삶의 자세

2014학년도 유사
위험 감수

2013학년도 기출
기본 학습 습관

2013학년도 유사
학습 습관

2023 초등

정답
스스로 하기

해설
바른 생활과의 실천 기능을 묻는 문제입니다. 문제에서 제시된 수업 장면을 보면 학생들이 '저는 제 방의 휴지통을 비울 수 있어요.', '저는 제 책상을 정리할 수 있어요.'와 같이 발표하고 있습니다. 이러한 발표를 참고할 때 가장 적합한 실천기능은 '되돌아보기, 스스로 하기, 내면화하기, 관계 맺기, 습관화하기' 중 스스로 하기이므로, 정답은 스스로 하기가 되겠습니다.

한줄 조언
통합교과에서 중시하는 실천 기능 문제가 또 나왔네요. 특히 스스로 하기 실천 기능은 이전에 출제된 적이 없어서 많은 사람들이 예상 문제로 많이 꼽아왔습니다. 2022 개정 교육과정이 고시되고 실천 기능이 전면 수정되면서 마지막이라는 느낌으로 출제된 문제가 아닐까 싶습니다.

2023 초등 유사

정답
하루 생활 관리하기

해설
2022 개정 교육과정 바른 생활과의 과정·기능을 묻는 문제입니다. 문제에서 제시된 수업 장면을 보면 학생들이 '저는 제 방의 휴지통을 비울 수 있어요', '저는 제 책상을 정리할 수 있어요.'와 같이 발표하고 있습니다. 이러한 발표를 참고할 때 가장 적합한 실천기능은 '하루 생활 관리하기'라고 할 수 있습니다.

영역	핵심아이디어	범주	내용요소 바른 생활
우리는 지금 어떻게 살아갈까	· 우리는 여러 유형의 주기로 생활한다. · 우리는 과거, 현재, 미래를 생각하며 생활한다.	지식·이해	· 인물의 삶 · 지속가능한 삶의 방식
		과정·기능	· 하루 생활 관리하기 · 변화에 대응하기 · 실천하기
		가치·태도	· 시간의 가치 · 적절성 · 공동체성 · 지속가능성

2022 초등

정답
자기관리 역량

해설
바른 생활과의 교과 역량은 '자기관리 역량, 의사소통 역량, 공동체 역량'입니다. 다음은 지도서 총론의 역량 설명입니다.

바른생활과 교과 역량
- 자기관리 역량: 일상생활을 하는 데 필요한 기본 생활 습관 및 기본 학습 습관을 형성함으로써 변화하는 사회에 유연하게 적응하며 살아갈 수 있는 능력
- 의사소통 역량: 가족, 학교, 지역사회 구성원들의 의사를 이해하고 소통하며, 자신의 생각을 알고 상황에 맞게 효과적으로 표현할 수 있는 능력
- 공동체 역량: 가족, 학교, 지역사회, 국가의 구성원으로서 요구되는 가치와 태도를 받아들이고 공동체의 일원으로 주변 사람들과 원만한 관계를 형성·유지하고, 상호작용할 수 있는 능력

역량 설명을 보고 박 교사의 말을 보면, 자기관리 역량의 설명과 동일함을 알 수 있습니다.

한줄 조언
자칫하면 공동체 역량과 헷갈릴 수 있는 문항입니다. 역량은 가장 기본이지만 그에 대한 이해는 부족한 경우도 많습니다. 각 역량의 이름이 주는 느낌이 아니라, 그 설명 또한 주의 깊게 보시길 바랍니다. 바른 생활뿐 아니라 다른 통합교과를 공부할 때에도 역량이나 기능에 대한 설명을 잘 읽고, 상황에 따라 분류하는 연습을 해보길 바랍니다.

2022 초등 유사

정답
우리는 누구로 살아갈까

해설
(가)의 장면을 보면 다른 사람을 배려하고 관계를 맺는 것이 필요함을 알 수 있습니다. 2022 개정 교육과정의 내용 체계에서 이러한 내용 요소가 포함된 영역은 '우리는 누구로 살아갈까'입니다.

영역	핵심아이디어	범주	내용요소
			바른 생활
우리는 누구로 살아갈까	• 우리는 내가 누구인지 생각하며 생활한다. • 우리는 서로 관계를 맺으며 생활한다.	지식·이해	• 학교 생활 습관과 학습 습관 • 자기 이해 • 생태환경
		과정·기능	• 습관 형성하기 • 관계 맺기
		가치·태도	• 안전하고 건강한 생활 • 자기 존중 • 배려 • 더불어 사는 삶

2021 초등   정답과 해설

정답
습관화하기

해설
바른 생활의 실천 기능은 '되돌아보기, 스스로 하기, 내면화하기, 관계 맺기, 습관화하기'입니다.

여름에 해당하는 성취기준은 '[2바04-01] 여름철의 에너지 절약 수칙을 알고 습관화한다.'입니다.

> **한줄조언**
> '앗, 성취기준에서 나왔으니 이제 성취기준 외워야겠다!'라고 생각하면 절대 안 됩니다. 기능만 알고 있어도 답을 쓸 수 있는 문제이기 때문입니다. 주목해야 할 점은 성취기준과 '연계'를 할 수 있는 요소들이 나올 수 있다는 것입니다. 성취기준과 연계하면서 문제화될 수 있는 요소들을 찾으면 문제를 보는 눈이 생길 거로 생각합니다. 실천 기능은 많이 출제되던 빈출 요소이기 때문에 당연히 외우고 계시겠지만, 기능 그 자체만으로 외우기보다는 다른 요소들과 연계하면서 외우면 더 도움이 됩니다.

2021 초등 유사   정답과 해설

정답
실천하기

해설
해당 수업 장면은 계절에 적응하며 에너지를 아끼는 것이기 때문에 '우리는 지금 어떻게 살아갈까' 영역에 해당합니다. 그리고 실천 기록표와 지도 교사의 말에서 이 수업에서는 '실천하기' 과정·기능을

기른다는 것을 알 수 있습니다.

영역	핵심아이디어	범주	내용요소
			바른 생활
우리는 지금 어떻게 살아갈까	• 우리는 여러 유형의 주기로 생활한다. • 우리는 과거, 현재, 미래를 생각하며 생활한다.	지식·이해	• 인물의 삶 • 지속가능한 삶의 방식
		과정·기능	• 하루 생활 관리하기 • 변화에 대응하기 • 실천하기
		가치·태도	• 시간의 가치 • 적절성 • 공동체성 • 지속가능성

2020 초등   정답과 해설

정답
내면화

해설

2015 개정 교육과정 바른생활
◎ **목표** • 일상생활에 필요한 기본 생활 습관과 학습 습관을 길러 공동체의 구성원으로서 기본 소양과 인성을 갖춘 바른 사람으로 성장한다. 가. 가정, 학교, 사회에서 생활하는 데 필요한 기본 생활 습관과 학습에 필요한 기본 학습 습관을 기른다. 나. 바른생활을 실천하는 과정에서 가치와 태도를 **내면화**하고, 다양한 실천 기능을 익힌다. 다. 더불어 사는 데 필요한 공동체 의식을 함양하고, 자기관리 능력과 의사소통 능력을 기른다.

> **한줄조언**
> 바른 생활에서 가장 나올만한 부분은 기능이죠. 그 중에서도 내면화하기는 목표에도 중복되어 쓰여 있기 때문에 문제 내기에 적합합니다. 이렇게 출제자의 눈을 가지고 내용을 본다면 스터디를 할 때에도 퀄리티가 높은 문제를 낼 수 있을 거예요! 먼저 중요하게 다루는 것, 그리고 다른 카테고리지만 중복되어 다루는 것에 집중하시면 됩니다! 특히 바른 생활은 기출문제가 다 평이한 편이라, 외워야 하는 것만 잘 외우면 크게 걱정하지 않으셔도 됩니다. 겨우 이런 것 때문에 스트레스받지 마시길!!

2020 초등 유사 — 정답과 해설

정답

성찰

해설

2022 개정 교육과정 바른생활
◉ 목표 공동체 구성원으로서 '지금-여기-우리 삶'의 문제를 성찰하고 실천한다. 첫째, 지금 만나는 삶의 문제를 인식하고 스스로 해결하려 노력한다. 둘째, 자신이 속한 공동체에서 살아가는 데 필요한 생활 습관과 학습 습관을 형성한다. 셋째, 주변 사람들과 소통하고 배려하며 생활한다.

2019 초등 — 정답과 해설

정답

나라 사랑

해설

'통일이 된 우리나라'에 대한 내용은 7.1 우리나라에 해당하는 내용입니다. 그러므로 관련 내용요소는 나라사랑이 됩니다.

영역	핵심 개념	내용요소	영역	핵심 개념	내용요소
1. 학교	1.1 학교와 친구	▷ 학교 생활과 규칙	5. 마을	5.1 우리 이웃	▷ 공중도덕
	1.2 나	▷ 몸과 마음의 건강		5.2 우리 동네	▷ 일의 소중함
2. 봄	2.1 봄맞이	▷ 건강 수칙과 위생	6. 가을	6.1 가을 맞이	▷ 질서
	2.2 봄 동산	▷ 생명 존중		6.2 가을 모습	▷ 감사
3. 가족	3.1 가족과 친척	▷ 가정 예절	7. 나라	7.1 우리 나라	▷ **나라 사랑**
	3.2 다양한 가족	▷ 배려와 존중		7.2 다른 나라	▷ 타문화 공감
4. 여름	4.1 여름 맞이	▷ 절약	8. 겨울	8.1 겨울 맞이	▷ 나눔과 봉사
	4.2 여름 생활	▷ 여름 생활 및 학습 계획		8.2 겨울 나기	▷ 동식물 보호 ▷ 겨울 생활 및 학습 계획

한줄 조언

저는 2019학년도 시험을 봤었기 때문에 이 문제가 생각보다 오답률이 낮지는 않았던 걸 기억해요. 모두 내용체계표는 외웠지만 통일, 즉 북한에 대한 내용이 '우리나라'가 아닌 '다른 나라'에 해당한다고 생각한 선생님들이 있었던 거죠. 내용체계표를 외우는 것도 물론 중요하지만, 어떤 내용이 해당하는지도 분명히 알고 계셔야 합니다.

2019 초등 유사 — 정답과 해설

정답

나라 사랑

해설

영역	핵심아이디어	범주	내용요소 바른 생활
우리는 어디서 살아 갈까	· 우리는 여러 공동체 속에서 생활한다. · 우리는 삶의 공간을 넓히며 생활한다.	지식·이해	· 공동체 생활 모습 · 우리나라의 소중함
		과정·기능	· 실천하기 · 호기심 갖기
		가치·태도	· 나라 사랑 · 다양성 존중 · 적극성과 도전의식

2018 초등 — 정답과 해설

정답

공중도덕

해설

일반화된 지식을 통해 핵심 개념은 '5.1 우리 이웃'인 것을 알 수 있어요. 여기에서 알지 못하더라도 활동 내용을 보면 공공장소에서의 바른생활을 공부하는 부분이라는 것을 알 수 있죠. 가장 적절한 내용 요소는 '공중도덕'이 됩니다.

영역	핵심 개념	내용요소	영역	핵심 개념	내용요소
1. 학교	1.1 학교와 친구	▷ 학교 생활과 규칙	5. 마을	5.1 우리 이웃	▷ **공중도덕**
	1.2 나	▷ 몸과 마음의 건강		5.2 우리 동네	▷ 일의 소중함
2. 봄	2.1 봄맞이	▷ 건강 수칙과 위생	6. 가을	6.1 가을 맞이	▷ 질서

3. 가족	2.2 봄 동산	▷ 생명 존중		6. 2 가을 모습	▷ 감사
	3.1 가족과 친척	▷ 가정 예절	7. 나라	7.1 우리 나라	▷ 나라 사랑
	3.2 다양한 가족	▷ 배려와 존중		7. 2 다른 나라	▷ 타문화 공감
4. 여름	4.1 여름 맞이	▷ 절약	8. 겨울	8.1 겨울 맞이	▷ 나눔과 봉사
	4.2 여름 생활	▷ 여름 생활 및 학습 계획		8.2 겨울 나기	▷ 동식물 보호 ▷ 겨울 생활 및 학습 계획

> **한 줄 조언**
> 바른 생활에서 내용체계표가 중요한 것은 모두 알고 계시죠? 하지만 문제는 내용체계표에 빈 칸을 뚫어놓는 것이 아니라, 학습 활동이나 내용을 제시한 후 그에 맞는 내용 요소를 묻는 문제로 나왔어요. 단편적으로 표만 외울 것이 아니라 학습 요소나 내용과 함께 연결해서 공부해주세요!

2018 초등 유사 — 정답과 해설

정답

공동체 생활 모습

해설

영역	핵심아이디어	범주	내용요소 바른 생활
우리는 어디서 살아갈까	・우리는 여러 공동체 속에서 생활한다. ・우리는 삶의 공간을 넓히며 생활한다.	지식・이해	・**공동체 생활 모습** ・우리나라의 소중함
		과정・기능	・실천하기 ・호기심 갖기
		가치・태도	・나라 사랑 ・다양성 존중 ・적극성과 도전의식

2017 초등 — 정답과 해설

1) 정답

내면화하기

해설

바른 생활의 실천 기능은 '되돌아보기, 스스로 하기, 내면화하기,

관계 맺기, 습관화하기'입니다. 이 중 헷갈릴 만한 것들은 되돌아보기, 내면화하기, 관계 맺기가 되겠네요. 더 자세한 설명을 봅시다.

되돌아보기

초등학교 1, 2학년 학생이 학교 수업과 학교생활 중에 한 일들을 여러 가지 형태로 성찰하도록 지도한다.
・수행 전 되돌아보기
・수행 중 되돌아보기
・수행 후 되돌아보기
 – 한 일, 하고 있는 일, 할 일 중 성찰할 대상 정하기
 – 수행 결과 생각해 보기, 수행 전략 생각해 보기
 – 앞으로의 수행 예상해 보기

내면화하기

초등학교 1, 2학년 학생이 학교생활 중 만나고 당면하는 **바른생활에 필요한 가치들**을 마음으로 받아들이도록 지도한다.
– 바른생활에 필요한 일상적인 사례 및 사실들을 접하면서 동기를 형성하도록 하기
– 당면한 사례나 사실들을 공감하고 감동하도록 하기
– 자기 삶의 태도나 자세에 반영해 보기

관계맺기

[관계 맺기]
초등학교 1, 2학년 학생이 학교생활 중 만나는 사람들과 관계하는 모습이다. 학교에서 수업과 생활을 함께하는 급우들, 동급생, 하급생, 상급생, 교사와 그 밖에 학교에서 일하는 사람들, 학교를 방문하는 사람들과 관계하며 생활하는 것을 의미하며, 그 외에 학교 밖에서 만나는 사람들과도 어떻게 지내야 하는지 지도한다.
– 협동, 배려, 존중, 감사, 봉사하는 자세와 태도 갖기
– 실제로 협동하고, 배려하고, 존중하고, 감사하고, 봉사하기
– 자신의 수행에 대해 사회적으로 성찰하기

[통합교과 지도서 총론 실천기능]

설명을 보면 관계 맺기도 그럴 듯해 보이지만 '추수하는 사람들'이 학생들이 학교생활 중 만나는 사람이라고 보기가 어렵습니다. 또 만약 만나는 사람이라고 해도 그 사람들과 어떻게 지낼지에 대한 내용의 수업이 아니라, 감사하는 마음을 가지는 내용이기 때문에 적합하지 않습니다. '동기를 형성'하고 '공감'한다는 키워드가 있기 때문에 내면화하기가 답이 됩니다.

> **한 줄 조언**
> 바른 생활에서 중요하게 생각하는 '기능' 문제입니다. 저는 바른 생활 기능을 청킹(관습되스내)로 외웠는데요. 문제에서 확실한 정답을 고르기 위해서는 정확한 기능 설명까지도 알고 계시는 게 좋아요. 실제 문제에서 맞닥뜨렸을 때는 생각보다 헷갈리거든요. 학습 내용을 보고 어떤 기능이 길러지는 지 답할 수 있을 정도로 공부해주세요.

2017 초등 유사 — 정답과 해설

정답

공동체성

해설

영역	핵심아이디어	범주	내용요소 바른 생활
우리는 지금 어떻게 살아 갈까	• 우리는 여러 유형의 주기로 생활한다. • 우리는 과거, 현재, 미래를 생각하며 생활한다.	지식·이해	• 인물의 삶 • 지속가능한 삶의 방식
		과정·기능	• 하루 생활 관리하기 • 변화에 대응하기 • 실천하기
		가치·태도	• 시간의 가치 • 적절성 • 공동체성 • 지속가능성

2016 초등 — 정답과 해설

정답

협동하기

해설

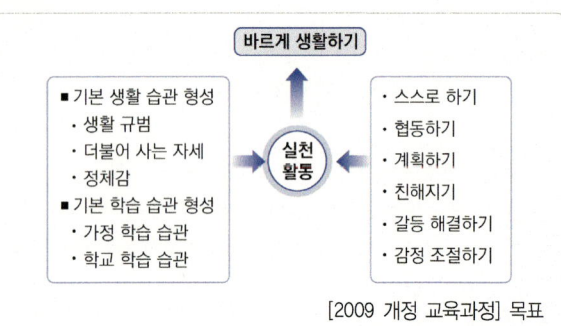

[2009 개정 교육과정] 목표

> 2009 개정 교육과정에는 바른 생활의 실천 기능이 '스스로 하기, 협동하기, 계획하기, 친해지기, 갈등 해결하기, 감정 조절하기'였습니다. 지금은 '관계 맺기, 습관화하기, 되돌아보기, 스스로하기, 내면화하기'가 기능이라는 점을 확인해주세요.

2016 초등 유사 — 정답과 해설

정답

관계 맺기

해설

영역	핵심아이디어	범주	내용요소 바른 생활
우리는 누구로 살아 갈까	• 우리는 내가 누구인지 생각하며 생활한다. • 우리는 서로 관계를 맺으며 생활한다.	지식·이해	• 학교 생활 습관과 학습 습관 • 자기 이해 • 생태환경
		과정·기능	• 습관 형성하기 • 관계 맺기
		가치·태도	• 안전하고 건강한 생활 • 자기 존중 • 배려 • 더불어 사는 삶

수업의 주요 활동을 살펴보면 모둠별, 친구들과 함께 하는 활동이 많으므로 협동과 의미가 가까운 과정·기능을 쓰면 됩니다.

2009 개정교육과정에 있던 협동하기는 2022 개정 교육과정에서는 '관계 맺기'로 변화한 것으로 보입니다. 즉 알맞은 과정·기능은 관계 맺기가 됩니다.

2015 초등 — 정답과 해설

정답

물건 소중히 하기

해설

대주제	소주제	교과별 활동 주제		
		바른 생활	슬기로운 생활	즐거운 생활
이웃	• 이웃 • 가게 • 우리 마을 • 직업	• 이웃과 인사 하기 • 물건 소중히 하기 • 공공시설과 물건 아끼기 • 일의 소중함 알기	• 나의 이웃 살펴보기 • 생활에 필요한 물건 알아보기 • 우리 마을 둘러보기 • 마을 사람들이 하는 일 조사하기	• 이웃 생활 표현하기 • 가게 놀이하기 • 우리 마을 자랑하기 • 직업 놀이하기

[2009 개정 교육과정] 2. 주제의 영역과 기준 - 가. 주제 체계]

> 2009 개정 교육과정에는 주제 체계가 있었어요. 2015 개정 교육과정의 내용 체계랑 비슷한 부분입니다. 그래서 이런 문제가 나올 수 있었지만 지금은 굳이 알 필요 없죠. 하지만 주제 체계가 사라지면서 대신 내용체계표에서 문제가 많이 나오는 추세입니다.

2015 초등 유사

정답
안전하고 건강한 생활

해설
봄철 외출할 때의 건강 수칙에 대한 역할극이기 때문에 적절한 내용 요소는 '안전하고 건강한 생활'이 됩니다.

영역	핵심아이디어	범주	내용요소 바른 생활
우리는 누구로 살아갈까	• 우리는 내가 누구 인지 생각하며 생활한다. • 우리는 서로 관계를 맺으며 생활한다.	지식·이해	• 학교 생활 습관과 학습 습관 • 자기 이해 • 생태환경
		과정·기능	• 습관 형성하기 • 관계 맺기
		가치·태도	• **안전하고 건강한 생활** • 자기 존중 • 배려 • 더불어 사는 삶

2014 초등

정답
공동체적 삶의 자세

해설
(5) 기본 생활 습관의 형성을 위해서 '기본 생활 규범', '공동체적 삶의 자세', '자기 정체감' 등을 지도한다.
① 기본 생활 규범영역에서는 '질서', '규칙', '예절', '건강', '안전', '절약', '인터넷 중독 예방' 등에 대해서 지도한다.
② 공동체적 삶의 자세 영역에서는 '이해와 배려', '나눔과 봉사', '감사', '생명 존중' 등에 대해서 지도한다.
③ 자기 정체감 영역에서는 '자기 존중감', '통일과 국가에 대한 생각', '문화적 정체성', '한국인으로서의 정체성' 등에 대해서 지도한다.

[2009 개정 교육과정] 3. 교수·학습-나. 교수·학습 지도

2014 초등 유사

정답
위험 감수

해설
2022 개정 교육과정의 '성취기준 적용 시 고려사항'에서 새로운 활동에 호기심을 갖고 도전하기 위해서는 '위험 감수'가 필요하다는 것을 알 수 있습니다.

성취기준 적용 시 고려 사항
[2바02-04] 새로운 활동에 대한 도전과 관련하여 자기 인식과 자신감, 자기주도성, **위험 감수**, 비판적 사고, 창의성, 문제 해결력 등을 다룰 수 있다. 또한 다양한 매체를 활용하면서 디지털 소양과 연계할 수 있다.

2013 초등

정답
기본 학습 습관

2013 초등 유사

정답
(자신이 속한 공동체에서 살아가는 데 필요한) 학습 습관

해설
◉ 목표
• 공동체 구성원으로서 '지금-여기-우리 삶'의 문제를 성찰하고 실천한다.

> 첫째, 지금 만나는 삶의 문제를 인식하고 스스로 해결하려 노력한다.
> 둘째, <u>자신이 속한 공동체에서 살아가는 데 필요한 생활 습관과 학습 습관</u>을 형성한다.
> 셋째, 주변 사람들과 소통하고 배려하며 생활한다.

빠른 <실과> 정답표

백문이 불여일견 설명이 친절한 기출

2023학년도 기출

1	우유 및 유제품류
2	학습 내용을 실생활에 적극적으로 적용해 보려는 실천적 태도
3	ⓐ: 이동 방향을 90°로 정하기, ⓑ: 이동 방향을 90°만큼 회전하기/ 또는 ⓐ: 이동 방향을 180°로 정하기, ⓑ: 이동 방향을 270°만큼 회전하기

2023학년도 초특 기출

1	관계형성능력
2	홈 프로젝트 학습 모형

2022학년도 기출

1	동물 등록제 (반려동물 등록 제도)
2	실천적 문제해결능력
3	① 자연의 동식물에서 아이디어를 빌려 새로운 물건을 만드는 '자연물 본뜨기'기법이다. ② 기존에 존재하던 제품의 모양, 크기, 방향, 수, 성질 등을 반대로 하는 '반대로 하기'(반대로 생각하기, 거꾸로 하기) 기법이다.

2022학년도 초특 기출

1	생활 문화
2	①: 파지 (단계) ②: 단백질, 탄수화물, 지방, 비타민, 미네랄(무기질), 물 (※4가지 이상의 6대 영양소를 정확하게 썼을 경우에만 정답 인정)

2021학년도 기출

1	지속 가능
2	곡류
3	① (수렴적 사고 기법 등을 사용하여) 구상한 아이디어의 장단점, 실행 가능성 등을 비교 및 평가한다. ② 가공

2020학년도 기출

1	ㅣㅡㅣㅡㅣ (그림 참고)
2	고무뜨기 방법을 시범보이기
3	ⓐ: 진행방향으로 1칸만큼 이동하기 ⓑ: 진행방향에서 왼쪽으로 90°만큼 회전하기

2019학년도 기출

1	생활 자립 능력
2	①: 특용(약용) ②: 각 모둠에서 같은 과제를 맡은 모둠원(전문가)들끼리 전문가 집단을 구성한다.
3	교차오염

2019학년도 초특 기출

1	경제 동물

2018학년도 기출

1	여러 대안(간식) 중 자신이 먹을 간식을 정하기
2	①: (a) ②: (a) 발광 다이오드의 다리가 긴 쪽은 직류 전원 장치의 (+)극, 짧은 쪽은 (-)극, 즉 순방향으로 연결해야 한다.
3	실험 및 실습 방법과 과정에 따른 실천적 수행 능력

2018학년도 유사

1	① ㉠: 문제 해결 ② ㉡: 컴퓨팅 사고력
2	동건, 선생님과 똑같이 만들고 오브젝트만 2배 빠르게 움직이고 싶다면, 초(시간)의 길이를 선생님보다 1/2만큼 짧게 하면 돼.
3	㉢: 패스트 패션
4	학습 내용을 실생활에 적극적으로 적용해보려는 실천적 태도

2017학년도 기출

1	㉠: 학습 과제의 선택 ㉡: 수업 시간을 연속적으로 편성·운영
2	채소를 가꾸는 과정과 수확한 채소를 자기 평가 및 동료 평가 하기 (재배 일지 발표하기, 수확한 채소를 전시하기, 채소 가꾸기에 대한 재배 보고서 전시 및 발표회 등)
3	①: 재료 바꾸기 ②: 모양 바꾸기 또는 더하기
4	①: 가공하기 ②: 일정한 방향으로 사포질을 하여 아크릴의 절단면을 매끄럽게 만들어 준다.

2017학년도 유사

1	㉠: 학습 과제의 종류 ㉡: 수업 시간을 연속적으로 편성·운영
2	채소를 가꾸는 과정과 수확한 채소를 자기 평가 및 동료 평가 하기 (재배 일지 발표하기, 수확한 채소를 전시하기, 채소 가꾸기에 대한 재배 보고서 전시 및 발표회 등)
3	①: 더하기 ②: 재료 바꾸기
4	PMI 기법

2016학년도 기출

1	①:ⓒ, 범퍼카 로봇이 벽에 부딪힌 것을 감지하기 위해서는 접촉 센서가 필요한다. ②:ⓔ, 로봇의 왼쪽 앞바퀴는 정지하고, 오른쪽 앞바퀴는 앞으로 회전해야 한다.
2	바늘을 뒷면의 'ㅣ'자 모양 수 밑으로 몇 땀 지나 남은 실을 수 밑에 끼워 넣고 잘라 마무리한다.
3	나눔을 실천
3 유	ⓗ : 노작의 즐거움 ⓢ : 창의성

2015학년도 기출

1	ⓐ : 탄수화물, 지방, 단백질 ⓑ : 채소류
2	발명 (아이디어) 기법
2 유	다양한 재료
3	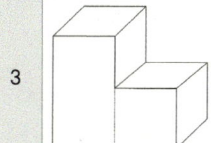

2014학년도 기출

1	학생의 실생활과 밀착된 경험 및 생활 속에서의 실천 및 유용성 강조
2	인터넷을 이용하여 자신이 원하는 정보를 검색하고 선택하여 활용할 수 있는가?
3	• 실체도 : 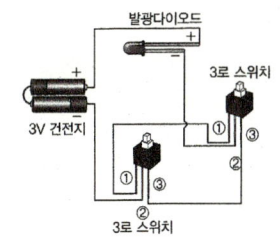 • 대체 후 변화 : 발광다이오드만을 사용한 회로와 비교하여 밝기가 약간 어두워지지만 전류가 일정하게 흘러 밝기가 일정하게 유지된다.

2014학년도 유사

1	기술시스템
2	Ⓐ, 타이어 공기압은 최대 공기압의 약 80%가 적정
3	㉮ : 독신 가족 (1인 가족) ㉯ : 무자녀 가족 (딩크족, DINK족)
4	경제적(인) 보상 ※ 급여, 소득도 정답으로 인정

2013학년도 유사

1	목적 설정, 계획, 실행, 평가
2	쓰레기 처리와 재활용
3	• 부품 (A)의 치수 : 가로 100, 세로 70, 두께 10 • 유의 할 점 : 톱질로 잘려 나가고 사포질하면서 없어지는 부분을 고려하여 2~3mm정도 가공 여유를 두고 선을 그어야 한다.

2013학년도 초특 기출

1	㉠, 프로젝트 학습은 학생들 스스로 과제를 선정해야하지만 ㉠은 교사가 결정했기 때문이다. ⓒ, 프로젝트 학습은 학생 스스로 계획을 세워 이에 대한 문제를 찾고 해결해야하나 ⓒ은 교사가 직접교수법으로 지도하였기 때문이다.

2013학년도 유사

1	㉠ : 기술 활용 ⓒ : 자기 이해와 직업 탐색
2	ⓒ : 성격, ⓔ : 흥미, ⓜ : 적성
3	Ⓐ : 자신의 신체 변화를 잘 알고 있고, 적절한 관리 방법을 탐색할 수 있다. Ⓑ : 자신의 신체 변화를 비교적 잘 알지만, 적절한 관리 방법을 탐색하고 실천하는 데 다소 어려움을 느낀다.

2023 초등 — 정답과 해설

1) 정답
우유 및 유제품류

해설

[(사)한국영양학회(2010), '한국인 영양섭취기준 개정판']

(가)의 식품 재료
• 밥: 곡류
• 쇠고기, 달걀: 고기, 생선, 달걀, 콩류
• 애호박, 당근, 다진 마늘: 채소류
• 사과: 과일류
• 소금, 설탕, 간장, 식용유, 참기름, 고추장: 유지, 당류

따라서, (가)에 포함되어 있지 않은 식품군은 우유 및 유제품류입니다.

2) 정답
학습 내용을 실생활에 적극적으로 적용해 보려는 실천적 태도

해설

평가 중점
㈎ 기본적인 개념이나 원리, 사실 등의 기초 지식과 배경 지식의 이해 능력
㈏ 비판적 사고 능력, 의사결정능력, 창의력 등을 활용한 실천적문제해결 능력
㈐ 실험·실습 방법과 과정에 따른 실천적 수행 능력
㈑ 학습 내용을 실생활에 적극적으로 적용해 보려는 실천적 태도

[2015 개정 실과 교육과정-나. 평가 방향]

3) 정답
ⓐ: 이동 방향을 90°로 정하기,
ⓑ: 이동 방향을 90°만큼 회전하기
또는
ⓐ: 이동 방향을 180°로 정하기,
ⓑ: 이동 방향을 270°만큼 회전하기

해설
(1) 각도에 따른 엔트리봇 이동방향

0도	90도
(위)	(오른쪽)
180도	270도
(아래)	(왼쪽)

(2) 블록 기능 설명

- 이동 방향을 90°(으)로 정하기
  • 처음 엔트리봇이 바라보는 방향 설정
- 이동 방향을 90°만큼 회전하기
  • 해당 각도만큼 시계 방향으로 회전한 후 다음 동작을 하게 함

[B-1]을 분석해보면, 처음에 엔트리봇이 위쪽을 향해서 보고 그리기를 시작합니다. 한번 그리고, 시계 방향으로 270도(즉, 시계 반대 방향으로 90도)를 회전합니다. 그리고 회전하기를 4번 반복하면 처음 위치로 다시 돌아오게 됩니다. 그 이후, 다시 이동 방향이 아래 방향(180도)로 바뀝니다. 한번 그리고 시계 방향으로 90도만큼 회전합니다. 이를 두 번 반복하면 실행 결과가 됩니다.

[B-2]의 실행 결과가 나오려면 처음에 이동 방향을 90도(오른쪽)로 설정한 후, 시계 방향으로 1/4만큼(90도) 회전해서 가는 것 한 가지 방법이 있습니다.

또 다른 방법으로는 이동 방향을 180도(아래쪽)으로 설정하여, 시계 반대 방향으로 1/4만큼(270도) 회전해서 가는 방법이 있습니다.

> **한줄조언**
> 1, 2번은 비교적 평이한 문제였지만, 3번 문제는 엔트리에 익숙하지 않은 상태였다면 당황스럽게 느껴질 수 있는 문제입니다. 최근 2022 개정 교육과정에서 SW 교육을 강조하고 있는 만큼 각론에 나오는 SW 기능은 직접 실행하여 체득하는 것을 추천드립니다.

2023 초특 — 정답과 해설

1) 정답
관계형성능력

| 해설

'관계형성능력'은 대상과의 관계를 소중히 여기고, 존중과 공감, 배려와 돌봄을 통해 공동체 감수성을 함양하여 자신과 가족, 친구, 지역사회, 자원, 환경과의 건강한 상호작용과 관계를 형성·유지 할 수 있는 능력이다.

[2015 개정 실과 교육과정 핵심 역량]

2) 정답
홈 프로젝트 학습 모형

2022 초등 정답과 해설

1) 정답
동물 등록제 (반려동물 등록 제도)

| 해설

(가)의 ㉠에 해당하는 제도는 동물 등록제입니다. 동물 등록제는 2014년 1월 1일부터 전국 의무 시행중입니다.

등록대상동물의 소유자는 동물의 보호와 유실·유기 방지 등을 위하여 가까운 시·군·구청에 동물등록을 해야 하며, 등록하지 않을 경우 과태료가 부과됩니다.

등록대상동물
주택·준주택에서 기르거나 그 외의 장소에서 반려 목적으로 기르는 월령 2개월 이상인 개

[동물보호관리시스템 - 동물등록 - 동물등록제란?]

2) 정답
실천적 문제해결능력

| 해설

㉡은 배경 이해에 기초하여 식품 소비 문제를 해결하기 위한 대안을 탐색한 후, 가치 판단에 따라 결정된 의사를 실행할 수 있는 능력이 어떤 실과 교과 역량에 해당하는지를 고르는 문제였습니다.

실천적 문제해결능력은 일상생활 속에서 발생 될 수 있는 다양한 문제에 대하여 그 배경을 이해하고 문제 해결의 대안을 탐색한 후, 비판적 사고를 통한 추론과 가치 판단에 따른 의사 결정으로 실행할 수 있는 능력이다.

[2015 개정 실과 교육과정 1. 성격]

3) 정답
① 자연의 동식물에서 아이디어를 빌려 새로운 물건을 만드는 '자연물 본뜨기' 기법이다.
② 기존에 존재하던 제품의 모양, 크기, 방향, 수, 성질 등을 반대로 하는 '반대로 하기'(반대로 생각하기, 거꾸로 하기) 기법이다.

| 해설

① 자연물 본뜨기 기법은 동물, 식물 등의 자연물을 관찰하고 특징을 적용하여 새로운 물건을 만드는 기법입니다. (예: 우엉 열매의 갈고리 → 벨크로 테이프)
② 반대로 하기 기법은 이미 있는 제품의 모양, 크기, 방향, 성질 등을 반대로 적용해 보는 기법입니다. (예: 일반 화장품 → 거꾸로 세운 화장품)

[교학사 6학년 실과 지도서 5. 발명과 로봇]

발명 기법은 자주 출제되는 유형 중 하나입니다. 반대로 하기 기법의 경우 지도서 및 교과서에 따라 '반대로 생각하기', '거꾸로 하기' 등의 다른 명칭으로 제시되는 경우도 있습니다. 문제에 나온 발명 기법 외에도 더하기 기법, 빼기 기법, 모양 바꾸기 기법, 크기 바꾸기 기법, 용도 바꾸기 기법, 재료 바꾸기 기법 등이 있습니다. 각 발명 기법의 의미만을 외우기보다는 예시 등을 함께 두루 살펴 어떤 기법을 사용해서 만든 발명품인지를 아는 것도 중요합니다.

한줄 조언

2022년도의 문제의 난이도는 역시나 실과답게 크게 어렵지 않게 나온 편입니다. 하지만 소문항 1번으로 나왔던 동물 등록제의 경우 집에서 반려동물을 키우고 있지 않거나 아파트와 같은 공동 주택에 붙어있는 동물 등록제 공고문을 보신 적이 없는 분이라면 맞추기 어려웠을 수도 있는 문제였을 것 같습니다. 이것을 알고 있는 분이라면 단번에 답안을 쓰셨겠지만, 한 번도 이 단어를 접해보지 않으셨거나 이 내용이 등장하는 지도서 부분을 보지 않으셨다면 조금 어려웠겠죠. 하지만 그렇다고 하더라도 너무 걱정하지 마세요. 시험장에서 정말 답을 쥐어짜 낼 수 없는 문제를 가끔 마주하게 되는데 이때 깔끔하게 포기하고 '다른 문제 잘 풀어서 점수 잘 받으면 된다!' 하는 마음가짐으로 다른 문제에 정성을 쏟으시는 것도 중요한 시험 전략 중 하나라고 생각합니다.

2022 초특 정답과 해설

1) 정답
생활 문화

| 해설

[A]에서 제시된 건강하고 안전한 식품 선택과 골고루 먹는 식습관이라는 학습 목표를 고려하였을 때, 이는 가정생활과 안전 영역의 '생활 문화'라는 핵심 개념에 해당하는 부분임을 알 수 있습니다.

(*본 문제는 초등 수험생들을 위해 변형한 문제입니다. 기존 문제는 2015 개정 특수교육 교육과정 중 기본 교육과정 실과에 근거한 핵심역량을 쓰는 문제였습니다.)

2) 정답

① : 파지 (단계)
② : 단백질, 탄수화물, 지방, 비타민, 미네랄(무기질), 물
   소문항 2번의 경우 4가지 이상의 6대 영양소를 정확하게 썼을 경우에만 정답 인정, 하나라도 틀리거나 개수가 3개 이하인 경우 오답.

해설 ①

활동 1이었던 [B]에서 음식을 찾아보고, 범주화하고, 노래를 부르는 활동을 통해 학습자의 기억을 유도하는 파지 과정임을 알 수 있습니다.

> 관찰 학습은 대리 학습(vicarious learning)이나 모델링(modeling)이라고도 하며, 반두라(A. Bandura)의 사회 학습 이론(social learning theory)에 근거를 두고 있다. 관찰 학습은 학습자가 모델에게 주의를 기울이는 주의집중 과정, 모델의 행동을 상징적인 형태로 기억하는 파지 과정, 모델의 행동을 따라해 보는 운동재생 과정, 따라해 보고 강화를 받게 되는 동기화 과정을 거쳐 이루어진다.
>
> [관찰 학습, 특수교육학 용어사전, 국립특수교육원]

해설 ②

[B]의 경우 여러 음식 그림이 그려져 있습니다. 그와 함께 대표적인 영양소를 함께 살펴보자면 밥(탄수화물), 고구마(탄수화물), 생선(단백질), 두부(단백질), 고추(비타민), 배추(비타민), 물, 사과(비타민), 바나나(비타민), 치즈(무기질), 우유(무기질), 요구르트(무기질), 땅콩(지방), 버터(지방)이 제시된 것을 볼 수 있습니다. 이렇게 단백질, 탄수화물, 지방, 비타민, 미네랄(무기질), 물이 모두 제시되어 있으므로 이 중 4개 이상 정확하게 명칭을 쓰셨다면 정답으로 인정됩니다. 4개 이상 쓰셨지만 그중 명칭이 잘못된 것이 있다면 오답입니다.

> **한줄 조언**
> 이 문제의 경우 초등 특수에서 제출되었던 것을 일반 초등 임용을 준비하시는 선생님들이 풀 수 있도록 약간 조정한 문제입니다. 원래 소문항 1번은 특수교육 교육과정 중 기본 교육과정 실과에 근거하여 작성하는 문항이었습니다. 초등 특수 문제의 경우 특수교육 문항 비중이 높기에 초등과의 공통 문항을 제외하고는 일반적인 초등 문제에 비하여 각론 내용이 어렵게 나오지 않는 편입니다. 그래도 최근 어떤 부분에서 문제가 나오는지 경향을 파악하고 나의 학습을 점검하기 위해 이 책에 실린 초등 특수 문제도 빼놓지 않고 풀어보는 것을 추천드립니다.

2021 초등

1) 정답

지속 가능

해설

[A]에 등장하는 이번 단원의 내용 요소(친환경 미래 농업, 생활 속 농업 체험)로 미루어보아 해당하는 핵심 개념은 '지속 가능' 입니다.

[2015 개정 실과 교육과정 내용체계표]

2) 정답

곡류

해설

㉠은 식품구성자전거에서 가장 많은 분량을 차지하고 있는 식품군입니다. 따라서 정답은 '곡류'입니다. 식품구성자전거에서는 하루에 어떤 식품을 얼마나 먹어야 하는지 그 양을 나타내고 있습니다. 양과는 별개로 식품군별 섭취 권장 횟수가 가장 많은 것은 '채소류' 입니다.

[(사)한국영양학회(2010), '한국인 영양섭취기준 개정판']

3) 정답

① (수렴적 사고 기법 등을 사용하여) 구상한 아이디어의 장단점, 실행 가능성 등을 비교 및 평가한다.
② 가공

해설

이 문제는 '박 교사'의 말에 어떤 교수·학습 모형을 사용하였는지 드러나 있어 모형을 공부하셨다면 비교적 쉽게 해결할 수 있었던 문제였습니다.

> 박 교사: 그렇습니다. 그래서 (나)와 같이 기술적 문제 해결 과정 중심의 교수·학습 과정안을 작성해 보았습니다.

박 교사의 말에서 기술적 문제해결과정 모형임을 알 수 있었고, 그 단계는 크게 ① 문제 이해, ② 연구와 개발, ③실현, ④ 평가입니다. 이때 ② 연구와 개발 단계에서는 정보와 자료를 수집하고, 아이디어를 구상 및 선정하며, 아이디어를 구체화하고 실행 계획을 수립하는 단계입니다. 그런데 (㉡) 아래에 바로 표가 그려져 있고 1안

에서 3안까지의 아이디어를 비교하고 있고, 그 다음 단계에서는 아이디어를 선정하였으므로 (ⓒ)에는 아이디어를 선정하기 위해 '구상한 아이디어의 장단점, 실행 가능성 등을 평가'하는 과정이 들어가야 합니다. 실현 단계에서는 작품을 제작해야 하는데 그 순서는 '마름질 하기-가공하기-조립하기'입니다. 따라서 (ⓒ)에 들어갈 단어는 '가공'입니다.

[비상교육 6학년 실과 지도서 6-나. 기술적 문제 해결 학습]

> **한 줄 조언**
> 실과는 몇몇 해를 제외하고는 다른 과목에 비해서 수험생에게 크게 어렵지 않은 과목인 것 같습니다. 특히 이번 교육과정 관련 문제는 핵심 개념을 묻고 있으므로 내용체계표를 대략이라도 외우셨다면 맞히기 쉬우셨을 것입니다. 실과의 교육모형이 조금 많은 편이어서 조금 힘들기는 하지만 여러분만의 외우는 방법을 찾아가시면서 공부하시다보면 실과는 다 맞고 가실 수 있을 거예요!
> 예: [실과 제작 3단계: 마-가-조: '막아줘!'등의 비슷한 발음의 단어로 외워두시면 편합니다.]

2020 초등 정답과 해설

1) 정답

⋮					
둘째 단	|	―	|	―	|
첫째 단	|	―	|	―	|

(그림 참고)

해설

문제에서 활용할 수 있는 힌트는 크게 3가지가 있습니다. 첫 번째로, "㉠소매 끝, 목둘레 부분 등 가로로 신축성이 필요한 부분을 떠야 해요."입니다. 이 설명으로부터 고무뜨기임을 짐작할 수 있습니다. 그래도 감이 오지 않을 학생들을 위해서 또다시 힌트를 줍니다. "그래서 대바늘뜨기 기본 조직 중 하나인 겉뜨기와 안뜨기를 1코씩 규칙적으로 반복하여 뜨는 조직"이라고요. 이 조건은 고무뜨기도 '1코' 고무뜨기임을 알려주기 위해 넣은 내용이네요. 마지막 힌트로는 기호가 헷갈릴 수험생들을 위해서 [그림]에서 "겉뜨기: \|, 안뜨기: ―"힌트를 주고 있습니다. 문제에서 요구하는 것은 '둘째 단의 첫 코~다섯째 코까지의 기호'이기 때문에 \|―\|―\| 만 작성해주시면 됩니다.

2) 정답

고무뜨기 방법을 시범 보이기

해설

실습중심 교수학습 방법의 흐름을 알면 풀 수 있었던 문제입니다. 실험·실습 교수·학습 방법에서는 학생들의 실습 전에 교사 등이 시범을 보이는 단계 선행합니다. (3단계) 이때, 문제에서는 김 교사가 선택한 학습 내용을 포함하라고 하였으므로 단순히 '시범보이기'만이라고 쓸 것이 아니라 '(실습 내용)을 시범보이기'의 형태로 작성해주어야 합니다.

교수·학습 단계	교수·학습 활동

실습 활동의 목적 및 관련 지식 이해	• 실습 활동의 중요성 및 목적
	  - 실습과 생활의 연계성 제시
	• 실습의 목적 및 목표 제시
	• 관련 지식 이해
	  - 새로운 개념이나 기능 설명

실습 과정 제시	• 실습 과정, 실습 방법, 유의점 등 설명 - 시각적 자료 제공

기본 기능 시범 관찰	• 실습 활동의 시범 제공
	  - 실습 순서, 실습 방법, 유의점 등을 토대로 시범 제시
	  - 학생에게 관찰 관점 제시
	  - 학생의 이해도 점검

기본 기능 습득	• 연습 활동
	  - 실습 순서, 실습 방법, 유의점 등에 따라 연습
	  - 학생에게 즉각적 피드백 제공

평가
(자기 평가 및 교사 평가)
	• 자기 평가 및 교사 평가
	  - 실습 태도 평가
	  - 실습 관련 지식 평가
	  - 실습 과정 및 결과 평가

[양서원(2017), 전국교육대학교 실과교과교육연구회 편, 초등실과교육]

3) 정답

ⓐ: 진행 방향으로 1칸만큼 이동하기
ⓑ: 진행 방향에서 왼쪽으로 90°만큼 회전하기

해설

블록형 코딩과 관련된 문제입니다. 로봇 청소기의 작동 명령어 꾸러미를 알맞게 골라 작성하면 되는 문제였습니다. 충전소까지 가는 길을 나타낸 그림을 참고하였을 때 로봇은 가장 먼저 전진 해야 합니다. 이와 관련된 명령어는 '진행 방향으로 1칸만큼 이동하기'입니다. 이 동작은 충전소에 도착할 때까지 반복이 됩니다. 이 동작이 3번째 반복되려고 하는 순간 벽에 막혀 진행할 수 없는 상황이 됩니다. 그림 이때 그림을 고려하여 적용 가능한 명령어는 '진행 방향에서 □°만큼 회전하기'입니다. □안에 90을 넣었을 때 충전소로 가는 방향입니다.

> **한 줄 조언**
> 소문항 1번은 뜨개질 기법에 대해서 대략적으로 알고 있다면 본문과 [그림] 속 힌트로도 충분히 풀 수 있었던 문제입니다. 시험장에서 마주하는 90% 이상의 문제는 공부했던 내용일 테니 차분하게 풀어나가시면 된답니다! 2020학년도 시험은 2015 교육과정이 적용

된 교과서/지도서 내용이 나온지 얼마 안 된 해였기 때문에 역시 이전 교육과정과 비교하여 새롭게 추가된 부분이 나왔어요. 공부하시면서도 '올해는 무엇이 이슈일까~? 예전과는 내용 자체는 다르고 새롭게, 그러나 유형은 비슷하게 낸다면 어떤 소재를 낼 수 있을까? 이전 교육과정/교과서와 비교하여 새롭게 추가된 부분은 무엇이 있지?' 이렇게 생각해보시면서 공부하시면 좀 더 효율적이고 전략적인 학습이 가능할 것이라고 생각해요.

한 줄 조언

교차오염 문제는 시험장에서 굉장히 당황했답니다. 답안이 떠오르지 않아서 과감히 포기했어요. 제가 보았던 지도서에 전혀 등장하지도 않았을 뿐더러, 여러 임용고시 대비 강의 등에서도 다뤄지지 않았었거든요. 이런 당황스러운 문제가 종종 등장하기도 합니다. 그런데 이전 년도의 몇몇 강사의 수업에서는 다뤄졌던 내용이어서 당시에 현역 수험생의 오답률이 굉장히 높았던 것으로 기억해요. 여러분도 당황스러운 문제 만나실 수 있어요. 그럴 땐 '남들도 어렵겠지~!' 하고 넘기시고 다음 문제에 집중!

2019 초등 — 정답과 해설

1) 정답
생활 자립 능력

해설
'생활 자립 능력'은 삶의 주체로서 자신의 발달 과정에서 자아정체감을 형성하여 일상생활의 문제를 스스로 판단·수행할 수 있으며, 주도적인 관점에서 자기 관리 및 생애를 설계할 수 있는 능력입니다.

2) 정답
① : 특용(약용)
② : 각 모둠에서 같은 과제를 맡은 모둠원(전문가)들끼리 전문가 집단을 구성한다.

해설 ①
작물은 크게 원예작물, 특용작물, 식량작물로 나뉩니다. 이 중에서 등장하지 않은 종류는 특용작물입니다.
[천재교서 실과 5 2. 동식물과 함께하는 나의 생활]

해설 ②
전문가 협동학습의 Ⅲ 단계에서는 각 모둠에서 같은 과제를 맡은 모둠원들끼리 전문가 집단을 구성합니다.

3) 정답
교차오염

해설
교차오염은 음식 조리 시 손/도구를 통해 음식에 세균이 옮겨져 오염되는 것입니다. 이를 막기 위해서는 손과 조리도구를 청결히 해야 합니다.

2019 초특 — 정답과 해설

정답
경제 동물

해설
경제적 이익을 얻기 위해 키우는 동물을 경제 동물이라고 합니다. 소고기나 돼지고기를 팔아 이익을 얻기 위해 키우는 소나 돼지, 알을 팔기 위해 키우는 닭과 같은 동물이 이에 해당합니다.

2018 초등 — 정답과 해설

1) 정답
여러 대안(간식) 중 자신이 먹을 간식을 정하기

해설
학습 주제인 '건강 간식 만들기'를 '문제 해결 방안 설정' 단계에 맞게 적용하여 구체화된 답안을 구성하면 됩니다.

2) 정답
① : (a)
② : (a) 발광 다이오드의 다리가 긴 쪽은 직류 전원 장치의 (+)극, 짧은 쪽은 (−)극, 즉 순방향으로 연결해야 한다.

해설
(a) 발광 다이오드의 다리가 긴 쪽이 직류 전원 장치의 (+)극으로 연결되지 않았기 때문에 (a)가 불이 들어오지 않습니다. 따라서 전원의 (+)과 발광 다이오드의 긴 다리, 전원의 (−)극과 발광 다이오드의 짧은 다리를 연결하면 됩니다.

3) 정답

실험 및 실습 방법과 과정에 따른 실천적 수행 능력

| 해설

이 문제는 2009 개정 교육과정을 바탕으로 출제된 문제입니다.

> 가. 평가의 목표는 학습자가 실과(기술·가정) 교육과정에서 제시한 교육목표 및 성취기준을 달성하였는가를 전반적으로 평가하되, 구체적으로 다음과 같은 사항에 중점을 두어 평가한다.
> (1) 기본적인 개념이나 원리, 사실 등의 기본 지식과 배경 지식의 이해 능력
> (2) 자료 수집 능력, 의사 결정 능력, 창의력 등을 활용한 실천적 문제해결 능력
> (3) 실험 및 실습 방법과 과정에 따른 실천적 수행 능력
> (4) 학습 내용을 실생활에 적극적으로 적용해 보려는 실천적 태도
> [2009 개정 실과 교육과정]

2018 초등 유사

1) 정답

① ㉠ : 문제 해결
② ㉡ : 컴퓨팅 사고력

2) 정답

동건, 선생님과 똑같이 만들고 오브젝트만 2배 빠르게 움직이고 싶다면, 초(시간)의 길이를 선생님보다 1/2만큼 짧게 하면 돼.

| 해설

초(시간)와 x와 y 뒤의 숫자를 선생님의 2배로 입력하면 어떻게 될까요? 선생님의 오브젝트와 똑같은 속도로 움직이게 될 것입니다. 다만, 이동 거리와 이동하는 시간이 두 배가 되겠지요. 선생님과 똑같이 만들고(거리 등은 동일) 오브젝트만 2배 빠르게 하고 싶다면, 시간의 길이를 줄여야 합니다. 따라서 '동건'이의 오류를 정답과 같이 정정해주어야 합니다.

3) 정답

㉢ : 패스트 패션

| 해설

최신 트렌드를 즉각 반영하여 빠르게 제작하고 빠르게 유통시키는 의류를 가리키는 말은 '패스트패션'입니다. 이는 주문하자마자 바로 먹을 수 있는 패스트푸드처럼, 빠르게 제작되고 유통된다는 의미에서 이런 이름이 붙었습니다.

4) 정답

학습 내용을 실생활에 적극적으로 적용해보려는 실천적 태도

| 해설

> 나. 평가 방향
> (2) 평가에서는 지적, 정의적, 기능적 영역에서 모든 영역이 균형 있게 평가될 수 있도록 계획하되 다음과 같은 사항에 중점을 두어 평가한다.
> ㈎ 기본적인 개념이나 원리, 사실 등의 기초 지식과 배경 지식의 이해 능력
> ㈏ 비판적 사고 능력, 의사결정능력, 창의력 등을 활용한 실천적 문제해결능력
> ㈐ 실험·실습 방법과 과정에 따른 실천적 수행 능력
> ㈑ 학습 내용을 실생활에 적극적으로 적용해 보려는 실천적 태도
> [2015 개정 실과 교육과정]

2017 초등

1) 정답

㉠ : 학습 과제의 선택
㉡ : 수업 시간을 연속적으로 편성·운영

| 해설

> 가. 교수·학습 계획은 교육과정에 제시된 '가정생활' 영역과 '기술의 세계' 영역의 모든 내용을 고르게 지도할 수 있도록 하되, 교육과정을 영역별로 균형 있게 편성·운영한다. 단, 교과 내용이 실생활과의 관련성이 높으므로 학생, 학교, 지역 사회의 여건 등을 고려하여 학습 내용의 순서나 비중, <u>학습 과제의 선택</u> 등을 달리하여 지도한다.
> 다. 수업은 실험·실습, 협동 학습, 토론 학습, 역할 놀이 등 다양한 활동을 중심으로 운영하는 경우가 많으므로 필요에 따라 학습의 실효성을 거둘 수 있도록 <u>수업시간을 연속적으로 편성·운영</u>할 수 있다.
> [2009 개정 실과 교육과정의 교수·학습 계획]

2) 정답

채소를 가꾸는 과정과 수확한 채소를 자기 평가 및 동료 평가하기, 재배 일지 발표하기, 수확한 채소를 전시하기, 채소 가꾸기에 대한 재배 보고서 전시 및 발표회 등

| 해설

프로젝트 수업의 마지막인 평가 단계에 들어갈 학생활동을 작성하는 문제입니다. 평가 단계에서는 프로젝트의 활동 과정 및 결과를 평가하기 위한 결과물이 필요합니다. '채소 가꾸기' 프로젝트를 실

시하며 재배 일지를 작성하였으므로 그 결과물(재배 일지, 수확한 채소) 등에 대해서 발표, 전시, 평가하는 등의 활동이 적합합니다.

3) 정답

① : 재료 바꾸기
② : 모양 바꾸기 또는 더하기

해설

발명 기법에는 더하기, 빼기, 모양 바꾸기, 용도 바꾸기, 재료 바꾸기, 반대로 하기 등이 있습니다. A에서 짧은 연필이 잘 보이도록 투명한 아크릴을 이용한 것은 재료를 바꾸는 것에 해당하고, B에서 연필이 쓰러지지 않고 뒤섞이지 않도록 칸을 만든 것은 모양 바꾸기(기존의 모양에서 변경) 혹은 더하기(기존의 모양에 칸을 추가)에 해당합니다.

4) 정답

① : 가공하기
② : 일정한 방향으로 사포질을 하여 아크릴의 절단면을 매끄럽게 만들어 준다.

해설

"선생님께서는 (㉡)을/를 하지 않고 그대로 조립했기 때문에 자른 면과 모서리가 날카롭다고 말씀하셨다."라는 다솜이의 말에서 마름질한 재료를 매끄럽게 다듬는 작업을 건너뛰었음을 짐작할 수 있습니다. 마름질한 재료의 면과 모서리 등을 매끄럽게 다듬는 단계의 활동명은 "가공하기"입니다. 아크릴의 경우 절단면이 날카롭기 때문에 다칠 위험이 있습니다. 따라서 일정한 방향으로 사포를 이용하여 절단면을 다듬는 작업이 필요합니다.

> **한줄 조언**
> 교육과정 문제는 사전에 꼼꼼히 공부한 분께는 보자마자 맞출 수 있는 문제였지만 그렇지 않았다면 풀기 어려웠을 것입니다. 아무리 양이 방대해보이더라도 꾸준히 준비해나가면 충분히 할 수 있어요. 내용체계표나 교학방 같은 출제 확률 높은 것부터 차근차근 해나가시면 된답니다.

2017 초등 유사 — 정답과 해설

1) 정답

㉠ : 학습 과제의 종류
㉡ : 수업 시간을 연속적으로 편성·운영

해설

> 4. 교수·학습 및 평가의 방향
>   가. 교수·학습 방향
>   (1) '가정생활'과 '기술의 세계' 분야의 내용을 고르게 지도할 수 있도록 하되, 각 분야의 영역별로 균형 있게 편성·운영한다. 단, 학생, 학교, 지역 사회의 여건 등을 고려하여 학습 내용의 순서나 비중, <u>학습 과제의 종류</u> 등을 달리하여 지도할 수 있다.
>   (2) 국가 수준의 배당 시간은 반드시 확보하여야 하며, 교과 내용의 특성상 실험·실습, 현장 견학 등의 체험 활동으로 인하여 수업 시간이 부족할 경우에는 창의적 체험 시간 등을 활용하도록 하고, 다양한 체험 활동을 중심으로 수업을 계획할 경우, 교수·학습의 효율성을 위해 <u>수업 시간을 연속적으로 편성·운영</u>할 수 있다.

2) 정답

채소를 가꾸는 과정과 수확한 채소를 자기 평가 및 동료 평가하기, 재배 일지 발표하기, 수확한 채소를 전시하기, 채소 가꾸기에 대한 재배 보고서 전시 및 발표회 등

해설

프로젝트 수업의 마지막인 평가 단계에 들어갈 학생활동을 작성하는 문제입니다. 평가 단계에서는 프로젝트의 활동 과정 및 결과를 평가하기 위한 결과물이 필요합니다. '채소 가꾸기' 프로젝트를 실시하며 재배 일지를 작성하였으므로 그 결과물(재배 일지, 수확한 채소) 등에 대해서 발표, 전시, 평가하는 등의 활동이 적합합니다.

3) 정답

① : 더하기
② : 재료 바꾸기

해설

발명 기법에는 더하기, 빼기, 모양 바꾸기, 용도 바꾸기, 재료 바꾸기, 반대로 하기 등이 있습니다. A에서 책상에 통을 붙여 우산을 별도로 보관하는 의견은 더하기(기존의 책상+통)에 해당합니다. B에서 짧은 우산이 잘 보이도록 투명한 아크릴을 이용한 것은 재료를 바꾸는 것에 해당합니다.

4) 정답

PMI 기법

해설

여러 개의 아이디어 중에서 가장 좋은 아이디어를 선택하는 방법으로, 초등학생 수준에서 적용 가능합니다. 이 기법은 각 아이디어의 장점(Plus), 단점(Minus), 흥미로운 점(Interesting)을 각각 평가하여 가장 좋은 아이디어를 선정하는 사고 기법입니다.

2016 초등 정답과 해설

1) 정답
①: ㉡, 범퍼카 로봇이 벽에 부딪힌 것을 감지하기 위해서는 접촉 센서가 필요하다.
②: ㉣, 로봇의 왼쪽 앞바퀴는 정지하고, 오른쪽 앞바퀴는 앞으로 회전해야 한다.

해설
황화카드뮴(Cds) 센서는 빛을 감지하는 센서입니다. 따라서 부딪힌 것을 감지하기에는 부적절합니다.

2) 정답
바늘을 뒷면의 'ㅣ'자 모양 수 밑으로 몇 땀 지나 남은 실을 수 밑에 끼워 넣고 잘라 마무리한다.

해설
십자수는 매듭을 짓지 않고 마무리하여 풀리는 것을 방지하기 위해서 정답과 같이 마무리합니다.

3) 정답
나눔을 실천

유3) 정답
ⓑ: 노작의 즐거움
ⓐ: 창의성

2015 초등·초특 공통 정답과 해설

1) 정답
ⓐ: 탄수화물, 지방, 단백질, ⓑ: 채소류

해설
ⓐ는 간식 상에 포함된 에너지 영양소의 종류를 쓰는 문제입니다. 에너지 영양소는 에너지원으로 사용되는 영양소 즉, 탄·단·지의 영양소를 일컫습니다. 간식 상의 메뉴는 1) 고구마 샐러드(고구마, 달걀, 사과, 마요네즈) 2) 우유입니다. 고구마와 사과는 탄수화물, 달걀과 우유는 단백질, 마요네즈는 지방의 비율이 높은 식품이므로 탄수화물, 지방, 단백질 모두 언급해야합니다. ⓑ는 식품구성 자전거의 식품군 중 간식상에서 빠져있는 식품군이므로 나와 있는 재료들의 식품군을 생각하면 됩니다. 고구마-곡류/달걀-고기, 생선, 달걀, 콩류/사과-과일류/마요네즈-유지, 당류/우유-우유, 유제품류이므로 여기에서 빠진 식품군은 '채소류'입니다.

2) 정답
발명 (아이디어) 기법

해설
㉡ 2009 개정 실과 교육과정 중 '창의적인 제품 만들기' 소단원의 성취 기준에 제시된 기법은 "발명 아이디어 기법을 이용하여 창의적인 물건을 구상하고, 목재, 플라스틱 등을 이용하여 일상생활에 필요한 생활용품을 창의적으로 만들 수 있다."[2009개정 실과 교육과정]라는 성취기준을 참고할 때 정답은 '발명 아이디어 기법'입니다.

유2) 정답
다양한 재료

3) 정답
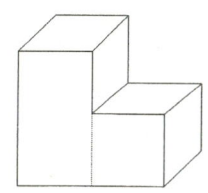

해설
'입체'적으로 그리는 스케치이므로 문제의 제작도에서 나온 크기와 방향을 참고하여 정투상도나 사투상도의 형식으로 그리면 됩니다.

2014 초등 정답과 해설

1) 정답
학생의 실생활과 밀착된 경험 및 생활 속에서의 실천 및 유용성 강조

해설
'간단한 음식 만들기' 단원은 학생의 실생활 경험과 밀접한 관련이 있으므로 2007 개정 교육과정 개정의 중점 중 가장 적절한 것은 학생의 실생활과 밀착된 경험 및 생활 속에서의 실천 및 유용성 강조입니다.

[2007 개정 초등학교 실과 해설서]
지금과는 다른 교육과정이라 다소 당황하셨죠?

2) 정답
인터넷을 이용하여 자신이 원하는 정보를 검색하고 선택하여 활용할 수 있는가?

해설

교육과정에 제시된 실과 평가 중점에 근거하여 제시된 단원의 평가 기준을 작성해야하는 문제입니다. 지식과 태도 영역은 평가 기준이 작성되어 있고, 빈칸으로 제시된 평가 기준의 평가 중점은 '실험·실습 방법과 절차에 따른 실험·실습 능력'이므로 평가 기준의 어미는 "~할 수 있는가?"의 형태로 진술되어야 합니다. 이에 "인터넷을 이용(사용)하여 자신이 원하는 정보를 검색(탐색)하고 선택하여 활용할 수 있는가?"와 같이 서술해주면 됩니다.

3) 정답

- 실체도

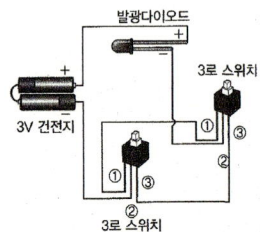

- 대체 후 변화 : 발광다이오드만을 사용한 회로와 비교하여 밝기가 약간 어두워지지만 전류가 일정하게 흘러 밝기가 일정하게 유지된다.

해설

발광다이오드(LED)에 불이 들어오도록 하기 위해서는 전자회로 즉, 전기가 흐르도록 길이 모두 연결되어 있어야 합니다. 크게 한 바퀴 도는 길을 만든다고 생각하면 됩니다. 발광다이오드의 긴 쪽 다리는 전지의 (+)극과 연결, 짧은 다리는 (-)극과 연결되어야 순방향으로 연결되어 빛이 들어오게 됩니다. 하지만 3로 스위치 2개를 같이 설치하여야 하기 때문에 발광다이오드 두 다리와 건전지를 바로 연결하지 않고, 발광다이오드의 한쪽 다리에만 먼저 연결하도록 합니다. 이때, 전류가 흐르는 방향을 (+)극에서 (-)극으로 약속하였으므로 발광다이오드의 긴 다리를 건전지의 (+)극과 연결합니다. 3로 스위치는 세 개의 다리가 있는 스위치입니다. 3로 스위치는 가운데 다리(②)는 반드시 항상 회로와 연결되어 있어야 하기 때문에 한 3로 스위치의 ②는 건전지의 나머지 극에 연결하고, 다른 3로 스위치의 가운데 다리는 발광다이오드의 짧은 다리에 연결합니다. 하지만 이 상태로는 열린회로이기 때문에 각 3로 스위치를 서로 연결해주어야 합니다. 한쪽이 연결되면 한쪽이 끊겨야 하기 때문에 각 3로 스위치의 ①, ③을 엇갈리게 연결해주면 버튼을 누를 때마다 연결이 전환되어 회로에 불이 들어오게 됩니다. 완성된 회로에서 '발광다이오드'를 '저항기(100Ω)를 연결한 발광다이오드'로 대체하여 회로를 구성하면 V=IR이므로 이전 회로와 전압(V)은 같고 저항값(R)이 커지기 때문에 전류(I)가 약해져서 밝기가 약간 어두워지지만 전류가 일정하게 흘러 밝기가 일정하게 유지됩니다.

한 줄 조언

2015 개정 교육과정에서 전기회로 부분은 삭제되었고 그 자리를 소프트웨어 교육 내용이 추가 및 강화되었습니다. 실과는 시대에 따라서 가장 모습을 달리하는 교과목인 것 같습니다.^^ 공부하시면서 새로 추가된 영역에서 사회 이슈를 연결짓거나 최근에 추가/보강되었지만 출제되지 않은 내용이 무엇인지 생각해보시는 건 어떨까요?

2014 초등 유사 | 정답과 해설

1) 정답

기술시스템

2) 정답

Ⓐ, 타이어 공기압은 최대 공기압의 약 80%가 적정

해설

타이어의 공기압이 지나치게 높으면 충격 흡수가 되지 않아 승차감이 나빠지며 안정성이 떨어집니다. 지나치게 공기압이 낮을 경우 타이어 마모 등의 문제가 발생할 수 있습니다.

3) 정답

㉮ : 독신 가족 (1인 가족)
㉯ : 무자녀 가족 (딩크족, DINK족)

해설

가족의 종류를 묻고 있으므로, 조건에 맞는 가족의 이름을 써넣으면 됩니다.

4) 정답

경제적(인) 보상
※급여, 소득 등도 정답 범위로 인정.

해설

경제적인 보상은 일과 직업을 구분 짓는 기준 중 하나입니다. 똑같이 요리를 하더라도, 집 안에서 가족들을 위해 요리하는 것은 일(가사)이지만, 직장에서 경제적인 보상을 위해 요리하는 것은 직업(요리사)입니다.

한 줄 조언

여기까지 푸신 여러분에게 박수를! 거의 다 왔습니다. 조금만 더 힘을 내어 풀어볼까요? 실과는 각론도, 교육과정도 비중이 적다고 할 수 있는 것이 없지만, 또 엉뚱한 문제의 비중은 높지 않아 공부한 만큼 점수가 나오는 경우가 많다고 봅니다. 열심히 하시는 만큼 성과가 있을 거예요!

2013 초등

1) 정답
목적 설정, 계획, 실행, 평가

해설

학생들과 논의하여 주제를 정하고 그 안에서 학생이 주체적으로 소주제를 선정하고 활동하는 것에서 프로젝트 접근법의 수업임을 알 수 있습니다. 따라서 '목적 설정-계획-실행-평가'의 단계를 순서대로 쓰면 됩니다.

프로젝트 교수·학습 방법

교수·학습 단계	교수·학습 활동
목적 설정	• 프로젝트 주제 선정 – 주제 선정은 학생의 관심, 학교, 학부모의 요구를 반영하여 결정 – 주제에 대한 여러 가지 생각이나 아이디어를 정리한 주제망 작성
계획	• 수행 방법 검토 및 계획 – 프로젝트 수행을 위한 정보 수집 방법 계획 – 프로젝트 수행 방법을 결정하고 검토 – 프로젝트 수행 일정을 위한 계획 수립 – 프로젝트 수행을 위한 학생 조직, 역할 분담 결정
실행	• 프로젝트 실행 – 조사·탐구·협의, 현장 견학, 전문가 초청, 실습 등 프로젝트 활동 진행 – 수집한 정보를 어떻게 정리하고 표현할지 협의 – 다양한 방법으로 표현 – 실행 결과 정리
평가	• 프로젝트 실행 결과를 다른 학생들과 공유 – 전시(사진, 보고서 등), 발표, 역할놀이, 신체 표현 등을 통해 표현하고 친구들과 공유 • 프로젝트 평가 – 프로젝트 전 과정과 결과 평가(자기 평가, 교사 평가, 동료 평가를 병행)

[금성출판사 5학년 실과 지도서 2-나. 프로젝트 교수·학습 방법]

2) 정답
쓰레기 처리와 재활용

해설

버려진 목재를 '재활용'한 것은 2007 개정 실과 교육과정 중 '쓰레기 처리와 재활용' 요소에 해당하는 내용입니다.

3) 정답
• 부품 (A)의 치수 : 가로 100, 세로 70, 두께 10
• 유의할 점 : 톱질로 잘려 나가고 사포질하면서 없어지는 부분을 고려하여 2~3mm정도 가공 여유를 두고 선을 그어야 한다.

해설

가로가 300mm, 세로가 250mm, 높이가 80mm인 정리함입니다. 이때 A부품의 두께는 판재의 두께가 10mm이므로 동일합니다. A부품의 세로 길이는 높이(80mm)에서 두께(10mm)를 뺀 값(70mm)입니다. A부품의 가로 길이는 정리함 가로 길이(250mm)에서 판재 3겹의 두께(30mm)와 정리함 한 칸의 너비(120mm)를 뺀 100mm입니다.

> **한줄조언**
> 실과에서 모형이 1순위로 중요하다고 할 수는 없지만 그래도 무시할 수 없는 부분입니다. 각 모형의 단계명과 활동은 꼭 알아두시는 것이 좋습니다.

2013 초등 유사

1) 정답
㉠ : 기술 활용
㉡ : 자기 이해와 직업 탐색

해설

대화에서 진로 지도와 관련된 단원이라고 하였습니다. 진로 교육은 기술 활용 영역에 해당하는 내용이며 학생들의 성격, 흥미, 적성을 알아보는 수업 내용을 고려했을 때 이는 자기 이해와 직업 탐색이라는 내용 요소와 연결된 학습 내용임을 알 수 있습니다.

2) 정답
㉢ : 성격, ㉣ : 흥미, ㉤ : 적성

해설

㉢은 16개의 성격 유형을 알아보는 검사, ㉣은 홀랜드가 개인과 직업을 조직화한 검사, ㉤은 하워드 가드너의 다중지능이론을 사용한 검사로 각각 성격/흥미/적성을 알아볼 수 있는 검사입니다.

3) 정답
Ⓐ: 자신의 신체 변화를 잘 알고 있고, 적절한 관리 방법을 탐색할 수 있다.
Ⓑ: 자신의 신체 변화를 비교적 잘 알지만, 적절한 관리 방법을 탐색하고 실천하는 데 다소 어려움을 느낀다.

'자신의 신체 변화', '적절한 관리 방법'을 넣어서 '잘함'은 '매우 잘함'보다 성취수준을 낮게 했으면 모두 정답 인정, '보통'은 '노력요함'보다 성취 수준을 높게 했으면 정답 인정합니다.

| 해설

평가 기준은 평가 과제에서 요구하는 조건, 성취기준, 그리고 주어진 다른 수준의 평가 기준을 참고하여 작성하면 됩니다. '내 몸에게 하고 싶은 말(남녀의 성적 발달 변화에 대한 이해를 전제)'과 '내 몸을 사랑하는 방법(자기 관리 방법)'을 평가 과제에서 요구하고 있으므로 '잘함' 단계는 '매우 잘함'보다 수준을 낮추어 작성하면 됩니다. (예: 적극적 실천 → 실천) '보통' 단계는 '잘함' 단계에서 서술한 내용과 '노력 요함'에서 서술한 내용의 중간 정도가 될 수 있도록 작성합니다. '~를 비교적 잘 알지만 ~에 다소 어려움을 느낀다.' 등과 같이 작성하면 됩니다. 평가 과제에 정량적 요소가 있었다면 개수를 정하여 평가 기준에 반영해도 됩니다. (예: 매우 잘함-3개 이상, 보통-1개 이상, 노력 요함-0개)

> **한줄 조언**
> 평가 기준을 작성하는 문제는 어떤 문제가 나올지 모르는 것이 임용이기 때문에 연습 차원으로 넣어보았는데, 다소 당황하셨나요? 실제 현장에서도 문제를 보고 당황할 수 있지만 정신만 차리면 생각보다 문제 내의 힌트를 잘 활용할 수 있답니다.

2013 초특 〔정답과 해설〕

1) 정답

㉠, 프로젝트 학습은 학생들 스스로 과제를 선정해야하지만 ㉠은 교사가 결정했기 때문이다.

㉡, 프로젝트 학습은 학생 스스로 계획을 세워 이에 대한 문제를 찾고 해결해야하나 ㉡은 교사가 직접교수법으로 지도하였기 때문이다.

| 해설

프로젝트 학습은 학생들이 주체적으로 과제를 선정하고 학생 스스로 계획을 세워 이에 대한 문제를 찾고 해결하는 결과로 다양한 형태의 산출물을 생산합니다. 목적설정-계획-실행-평가의 단계로 이루어지는 점을 고려하였을 때 이와 맞지 않는 것은 ㉠과 ㉡입니다.

[금성출판사 5학년 실과 지도서 2-나. 프로젝트 교수·학습 방법]